Ami lecteur

Cette 3ᵉ édition du Guide Michelin Suisse
propose une sélection actualisée d'hôtels et
de restaurants.

Réalisée en toute indépendance par nos
inspecteurs, elle offre au voyageur de
passage un large choix d'adresses à tous
les niveaux de confort et de prix.

Toujours soucieux d'apporter à nos lecteurs
l'information la plus récente, nous avons
mis à jour cette édition avec le plus grand
soin.

C'est pourquoi, seul, le Guide de l'année en
cours mérite votre confiance.

Merci de vos commentaires toujours
appréciés.

Michelin vous souhaite
un bon voyage en Suisse. _____

D1432019

Sommaire

5   *Comment se servir du guide*

11   *Curiosités*

12   *Les cartes de voisinage et leur tableau d'assemblage*

14   *La voiture, les pneus, les Automobiles Clubs*

15   *Légende des plans*

60   *Cartes des cantons et des langues parlées*

65   *Le vignoble suisse*

67   *Principaux vins et spécialités régionales*

70   *Cartes des bonnes tables à étoiles (⊛),*
      établissements agréables, isolés, très tranquilles

75   *Hôtels, restaurants, plans de ville, curiosités*

354   *Liechtenstein*

      pages bordées de bleu
      Des conseils pour vos pneus

360   *Liste et carte des principales stations de sports d'hiver*

370   *Jours fériés en Suisse*

372   *Principales marques automobiles*

374   *Principales foires*

375   *Lexique*

396   *Distances*

400   *Atlas des principales routes*

404   *Index des localités classées par cantons*

413   *Indicatifs téléphoniques européens*

415   *Guides et cartes Michelin*

Le choix d'un hôtel, d'un restaurant

Ce guide vous propose une sélection d'hôtels et restaurants établie à l'usage de l'automobiliste de passage. Les établissements, classés selon leur confort, sont cités par ordre de préférence dans chaque catégorie.

Catégories

Grand luxe et tradition
Grand confort
Très confortable
De bon confort
Assez confortable
Simple mais convenable
Dans sa catégorie, hôtel d'équipement moderne

sans rest.
garni, senza rist   *L'hôtel n'a pas de restaurant*

avec ch.
mit Zim, con cam   *Le restaurant possède des chambres*

Agrément et tranquillité

Certains établissements se distinguent dans le guide par les symboles rouges indiqués ci-après. Le séjour dans ces hôtels se révèle particulièrement agréable ou reposant.

Cela peut tenir d'une part au caractère de l'édifice, au décor original, au site, à l'accueil et aux services qui sont proposés, d'autre part à la tranquillité des lieux.

à   *Hôtels agréables*
à   *Restaurants agréables*
« Parc fleuri »   *Élément particulièrement agréable*
Hôtel très tranquille ou isolé et tranquille
Hôtel tranquille
≤ lac   *Vue exceptionnelle*
≤   *Vue intéressante ou étendue.*

Les localités possédant des établissements agréables ou très tranquilles sont repérées sur les cartes pages 70 à 73.

Consultez-les pour la préparation de vos voyages et donnez-nous vos appréciations à votre retour, vous faciliterez ainsi nos enquêtes.

L'installation

Les chambres des hôtels que nous recommandons possèdent, en général, des installations sanitaires complètes. Il est toutefois possible que dans les catégories 🏨, 🏠 et 🏡, certaines chambres en soient dépourvues.

30 ch (Zim, cam)	Nombre de chambres
|↕|	Ascenseur
▤	Air conditionné
TV, vidéo	Télévision, magnétoscope dans la chambre
⊀	Établissement en partie réservé aux non-fumeurs
☎	Téléphone dans la chambre, direct avec l'extérieur
🦽	Chambres accessibles aux handicapés physiques
👫	Equipement d'accueil pour les enfants
🍽	Repas servis au jardin ou en terrasse
⚐	Balnéothérapie, cure thermale
⅃⅚ ≡ₛ	Salle de remise en forme, Sauna
🛝 🏊	Piscine : de plein air ou couverte
⛱ 🌳	Plage aménagée – Jardin de repos
⚒ |18|	Tennis à l'hôtel – Golf et nombre de trous
⚓	Ponton d'amarrage
👥 25/150	Salles de conférences : capacité minimale et maximale des salles
🚗	Garage dans l'hôtel (généralement payant)
P	Parking réservé à la clientèle
🐕⃠	Accès interdit aux chiens (dans tout ou partie de l'établissement)
mai-oct. – Mai-Okt. maggio-ottobre	Période d'ouverture, communiquée par l'hôtelier
saison nur Saison stagionale	Ouverture probable en saison mais dates non précisées. En l'absence de mention, l'établissement est ouvert toute l'année.

La table

Les étoiles

Certains établissements méritent d'être signalés à votre attention pour la qualité de leur cuisine. Nous les distinguons par les étoiles de bonne table.

Nous indiquons, pour ces établissements, trois spécialités culinaires qui pourront orienter votre choix.

✿✿✿ **Une des meilleures tables, vaut le voyage**
On y mange toujours très bien, parfois merveilleusement, grands vins, service impeccable, cadre élégant... Prix en conséquence.

✿✿ **Table excellente, mérite un détour**
Spécialités et vins de choix... Attendez-vous à une dépense en rapport.

✿ **Une très bonne table dans sa catégorie**
L'étoile marque une bonne étape sur votre itinéraire. Mais ne comparez pas l'étoile d'un établissement de luxe à prix élevés avec celle d'une petite maison où à prix raisonnables, on sert également une cuisine de qualité.

Le nom du chef de cuisine figure après la raison sociale lorsqu'il exploite personnellement l'établissement.

Exemple : ✿✿ ✿ **Panorama** (Martin)...

Consultez les cartes des localités (étoiles de bonne table) pages 70 à 73.

Principaux vins et spécialités régionales voir p. 67 à 69.

Les prix

Les prix que nous indiquons dans ce guide ont été
établis en été 1995 et s'appliquent à la haute
saison. Ils sont susceptibles de modifications,
notamment en cas de variations des prix des biens
et services. Ils s'entendent taxes et services compris.
Aucune majoration ne doit figurer sur votre note,
sauf éventuellement la taxe de séjour.
Les hôtels et restaurants figurent en caractères gras
lorsque les hôteliers nous ont donné tous leurs prix
et se sont engagés (sauf variation importante
du coût de la vie), sous leur propre responsabilité,
à les appliquer aux touristes de passage porteurs
de notre guide.
Hors saison, certains établissements proposent
des conditions avantageuses, renseignez-vous
lors de votre réservation.
Entrez à l'hôtel ou au restaurant le guide
à la main, vous montrerez ainsi qu'il vous conduit
là en confiance.

Repas

→   *Etablissement proposant un plat du jour à moins*
de 20 CHF

enf. 15   *Prix du menu pour enfants*
(Kinder – bambini)

Plat du jour :

Repas *18,50*   *Prix moyen du plat du jour généralement servi*
(Menu – Pasto)   **le midi**, *en semaine, au café ou à la brasserie.*

Menus à prix fixe :

Repas 36/80   *minimum 36 maximum 80*

(Menu – Pasto)

Repas à la carte :

Repas à la carte   *Le premier prix correspond à un repas normal comprenant*
50/95   *potage ou hors-d'œuvre, plat garni et dessert.*
(Menu – Pasto)   *Le 2ᵉ prix concerne un repas plus complet (avec*
spécialité) comprenant : deux plats, fromage et dessert

Chambres

29 ch 100/200
(Zim – cam)

Prix minimum 100 *pour une chambre d'une personne/prix maximum* 200 *pour une chambre de deux personnes. (Suites et Junior suites : se renseigner auprès de l'hôtelier)*

ch ☕ 120/220
Prix des chambres petit déjeuner compris

☕ 20
Prix du petit déjeuner

Demi-pension

½ P suppl. 30
(Zuschl. – sup.)

Ce supplément par personne et par jour s'ajoute au prix de la chambre pour obtenir le prix de 1/2 pension. La plupart des hôtels saisonniers pratiquent également, sur demande, la pension complète. Dans tous les cas, il est indispensable de s'entendre par avance avec l'hôtelier pour conclure un arrangement définitif.

Les arrhes

Certains hôteliers demandent le versement d'arrhes. Il s'agit d'un dépôt-garantie qui engage l'hôtelier comme le client. Bien faire préciser les dispositions de cette garantie. Demandez à l'hôtelier de vous fournir dans sa lettre d'accord toutes précisions utiles sur la réservation et les conditions de séjour.

Cartes de crédit

⓪ **E** **VISA** **JCB**

Cartes de crédit acceptées par l'établissement : American Express – Diners Club – Eurocard/MasterCard – Visa – Japan Credit Bureau

Les villes

	Armoiries du canton indiquées au chef lieu du canton
(BIENNE)	Traduction usuelle du nom de la localité
3000	Numéro de code postal de la localité
✉ 3123 BELP	Numéro de code postal et nom de la commune de destination
Ⓒ - Ⓚ	Chef-lieu de canton
Bern (BE)	Canton auquel appartient la localité
217 ⑥	Numéro de la Carte Michelin et numéro du pli
1 057 h. (Ew. – ab.)	Population
Alt. (Höhe) 1 500	Altitude de la localité
Kurort Stazione termale	Station thermale
Wintersport Sport invernali	Sports d'hiver
1 200/1 900	Altitude minimum et maximum atteinte par les remontées mécaniques
2 🚡	Nombre de téléphériques ou télécabines
14 🚠	Nombre de remonte-pentes et télésièges
🎿	Ski de fond
⇻	Localité interdite à la circulation
BY **B**	Lettres repérant un emplacement sur le plan
⛳18	Golf et nombre de trous
☀ ≼	Panorama, point de vue
✈	Aéroport
🚗	Localité desservie par train-auto. Renseignements au numéro de téléphone indiqué
🅰	Information touristique
✪	Touring Club Suisse (T.C.S.)
✪	Automobile Club de Suisse (A.C.S.) (Voir page 14)

Les curiosités

Intérêt _____

★★★	*Vaut le voyage*
★★	*Mérite un détour*
★	*Intéressant*

Les musées sont généralement fermés le lundi

Situation _____

Voir
Sehenswert *Dans la ville*
Vedere

Environs
Ausflugsziel *Aux environs de la ville*
Dintorni

La curiosité est située :
Nord, Sud, Süd, *au Nord, au Sud de la ville*
Est, Ost, *à l'Est de la ville*
uest, West, Ovest, *à l'Ouest de la ville*
② ④ *On s'y rend par la sortie ② ou ④ repérée par le même signe sur le plan du Guide et sur la carte*
2 km *Distance en kilomètres*

Les cartes
de voisinage

*Vous souhaitez trouver une bonne adresse,
par exemple, aux environs de BERNE ?
Consultez désormais la carte qui accompagne
les ressources de la ville.*

*La « carte de voisinage » (ci-contre) attire votre
attention sur toutes les localités citées au Guide
autour de la ville choisie, et particulièrement
celles qui sont accessibles en automobile en moins
de 20 minutes (limite de couleur).*

*Les « cartes de voisinage » vous permettent ainsi
le repérage rapide de toutes les ressources proposées
par le Guide autour des métropoles régionales.*

Nota :

*Lorsqu'une localité est présente sur une « carte
de voisinage », sa métropole de rattachement
est imprimée en BLEU sur la ligne des distances
de ville à ville.*

Exemple :

SOLOTHURN (SOLEURE) **4500** 🅺 Solothurn (SO) 216
– 15 592 Ew. – Höhe 432 – ☎ 065

Sehenswert : Altstadt★ Z – St. Ursenkathedrale★ Y – Schi
der Jesuitenkirche Y

Museum : Kunstmuseum : Madonna in den Erdbeeren
Solothurner Madonna★ Y

Ausflugsziel : Weissenstein★★★ über ⑤ : 10 km

🛏 Wylihof in Luterbach, ✉ 4708, ✆ 42 28 28, Fax 42 28

Lokale Veranstaltungen
16.01 – 21.01 : Solothurner Filmtage
15.06 – 16.06 : Solothurner Volksmusig-Fescht

🅱 Verkehrsverein, Hauptgasse 69, ✆ 22 19 24, Fax 23 16
🅰 Westbahnhofstr. 12, ✆ 22 13 56, Fax 22 15 34
🅐 Hauptgasse 75, ✆ 22 19 25, Fax 22 58 48

◆Bern 37 ② – ◆Basel 69 ② – ◆Biel 22 ⑤ – ◆Luzern 80 ② – ◆O
34 ②.

*Vous trouverez
SOLOTHURN sur la
carte de voisinage
de BERN.*

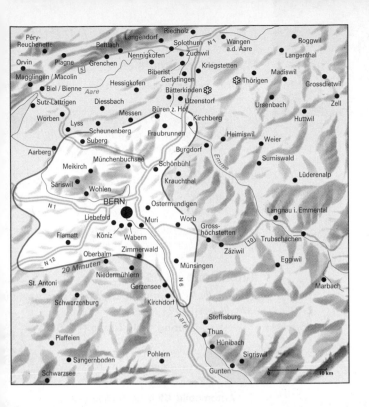

*Tableau d'assemblage
des cartes de voisinage*

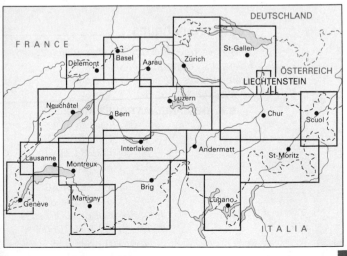

La voiture, les pneus

Marques automobiles

Une liste des principales marques automobiles fig
pages 372 et 373.

En cas de panne, l'adresse du plus proche agent
la marque vous sera communiquée en appelant l
numéro de téléphone indiqué, entre 9 h et 17 h.

Vitesse : limites autorisées

Autoroute	*Route*	*Agglomératior*
120 km/h	*80 km/h*	*50 km/h*

Le port de la ceinture de sécurité est obligatoire à
l'avant et à l'arrière des véhicules.

Automobile clubs

Les principales organisations de secours automobi
dans le pays sont :

Touring Club Suisse (T.C.S.)
9, rue Pierre Fatio
CH – 1211 GENEVE 3
Tél. : (022) 737 12 01
Fax : (022) 737 13 10

Automobile Club de Suisse (A.C.S.)
Theaterplatz 13
CH – 3000 BERN 7
Tél. : (031) 311 26 37
Fax : (031) 311 38 13

Vos pneumatiques

Vous avez des observations, vous souhaitez des
précisions concernant l'utilisation de vos
pneumatiques Michelin, écrivez-nous
ou téléphonez-nous à :

S.A. DES PNEUMATIQUES MICHELIN
36, Route Jo Siffert
CH – 1762 GIVISIEZ
Tél. : (037) 83 71 11
Fax : (037) 26 16 74

MICHELIN AG
Neugutstrasse 81
CH – 8600 DÜBENDORF
Tél. : (01) 821 21 60
Fax : (01) 821 22 93

Les plans

- *Hôtels*
- *Restaurants*

Curiosités

Bâtiment intéressant et entrée principale
Édifice religieux intéressant :
  Catholique – Protestant

Voirie

Autoroute
Voie à chaussées séparées
Grande voie de circulation
Voie en escalier – Allée piétonnière – Sentier
Rue piétonne – Rue impraticable, réglementée
Sens unique – Tramway
Dunant *Rue commerçante – Parc de stationnement*
Porte – Passage sous voûte – Tunnel
Gare et voie ferrée
Funiculaire, voie à crémaillère
Téléphérique, télécabine

Signes divers

Information touristique
Mosquée – Synagogue
Tour – Ruines
Jardin, parc, bois – Cimetière
Stade – Golf – Hippodrome – Patinoire
Piscine de plein air, couverte – Port de plaisance
Vue – Panorama – Table d'orientation
Monument – Fontaine – Usine – Centre commercial
Aéroport – Station de métro – Gare routière
Transport par bateau :
  passagers et voitures, passagers seulement
(3) *Repère commun aux plans et aux cartes Michelin détaillées*
Bureau principal de poste restante
Hôpital – Marché couvert
Bâtiment public repéré par une lettre :
G H *– Police cantonale (Gendarmerie) – Hôtel de ville*
J M *– Palais de justice – Musée*
P T U *– Préfecture – Théâtre – Université, grande école*
POL. *– Police municipale*
(18) *Passage bas (inf. à 4 m 50) – Charge limitée (inf. à 19 t)*
Touring Club Suisse (T.C.S.)
Automobile Club de Suisse (A.C.S.)

15

Lieber Leser

Diese 3. Ausgabe des Michelin-Hotelführers Schweiz bietet Ihnen eine aktualisierte Auswahl an Hotels und Restaurants

Von unseren unabhängigen Hotelinspektoren ausgearbeitet, bietet der Hotelführer dem Reisenden eine grosse Auswahl an Hotels und Restaurants in jeder Kategorie sowohl was den Preis als auch den Komfort anbelangt.

Stets bemüht, unseren Lesern die neueste Information anzubieten, wurde diese Ausgabe mit grösster Sorgfalt erstellt.

Deshalb sollten Sie immer nur dem aktuellen Hotelführer Ihr Vertrauen schenken.

Ihre Kommentare sind uns immer willkommen.

Michelin wünscht Ihnen gute Reise durch die Schweiz. _____

Inhaltsverzeichnis

19 Zum Gebrauch dieses Führers

25 Sehenswürdigkeiten

26 Umgebungskarten und ihre Übersicht

28 Das Auto, die Reifen, die Automobilclubs

29 Zeichenerklärung der Stadtpläne

60 Karten der Kantone und der Sprachgebiete

65 Das Schweizer Weinanbaugebiet

67 Wichtigste Weine und regionale Spezialitäten

70 Karten der Stern-Restaurants (❀), und angenehm abgelegenen, besonders ruhigen Hotels und Restaura

75 Hotels, Restaurants, Stadtpläne, Sehenswürdigkeiten

354 Liechtenstein

Blau umrandete Seiten
Einige Tips für Ihre Reifen

360 Karte und Liste der wichtigsten Wintersportplätze

370 Wichtigste Feiertage in der Schweiz

372 Die wichtigsten Automobilfirmen

374 Wichtigste Messen

382 Lexikon

396 Entfernungen

400 Atlas : Hauptverkehrsstrassen

404 Ortsverzeichnis nach Kantonen geordnet

413 Telefon-Vorwahlnummern europäischer Länder

415 Michelin-Karten und -Führer

*Die Auswahl der in diesem Führer aufgeführten
Hotels und Restaurants ist für Durchreisende
gedacht. Sie sind nach ihrem Komfort klassifiziert.
In jeder Kategorie drückt die Reihenfolge dieser
Betriebe eine weitere Rangordnung aus.*

Kategorien

🏨	XXXXX	*Grosser Luxus und Tradition*
🏨	XXXX	*Grosser Komfort*
🏨	XXX	*Sehr komfortabel*
🏨	XX	*Mit gutem Komfort*
🏠	X	*Mit Standard Komfort*
🏡		*Bürgerlich*
M		*In seiner Kategorie, Hotel mit moderner Einrichtung*

s rest.
ni, senza rist

Hotel ohne Restaurant

avec ch.
mit Zim, con cam

Restaurant vermietet auch Zimmer

Annehmlichkeiten

*Manche Häuser sind im Führer durch rote Symbole
gekennzeichnet (s. unten). Der Aufenthalt in diesen
ist wegen der schönen, ruhigen Lage, der nicht
alltäglichen Einrichtung und Atmosphäre sowie dem
gebotenen Service besonders angenehm und
erholsam.*

🏨 bis 🏠		*Angenehme Hotels*
XXXXX bis X		*Angenehme Restaurants*
« Park »		*Besondere Annehmlichkeit*
🐾		*Sehr ruhiges oder abgelegenes und ruhiges Hotel*
🐾		*Ruhiges Hotel*
≤ Berge		*Reizvolle Aussicht*
≤		*Interessante oder weite Sicht*

*Die Übersichtskarten S. 70 bis 73, auf denen die
Orte mit besonders angenehmen oder sehr ruhigen
Häusern eingezeichnet sind, helfen Ihnen bei der
Reisevorbereitung.*

*Teilen Sie uns bitte nach der Reise Ihre
Erfahrungen und Meinungen mit. Sie helfen uns
damit, den Führer weiter zu verbessern.*

Einrichtung

Die meisten der empfohlenen Hotels verfügen über
Zimmer, die alle oder doch zum grössten Teil mi
Bad oder Dusche ausgestattet sind. In den Häuse
der Kategorien 🏠🏠, 🏠 und ⚐ kann dies jedoch
in einigen Zimmern fehlen.

30 Zim **(ch, cam)**	Anzahl der Zimmer
|⇕|	Fahrstuhl
▤	Klimaanlage
TV Video	Fernsehen, Videorecorder im Zimmer
⊱✕	Haus teilweise reserviert für Nichtraucher
☎	Zimmertelefon mit direkter Aussenverbindung
♿	Für Körperbehinderte leicht zugängliche Zimmer
⛹	Spezielle Einrichtungen / Angebote für Kinder
⌂	Garten-, Terrassenrestaurant
♨	Badeabteilung, Thermalkur
ⓕ ≡s	Fitness-Center, Sauna
⌑ ▣	Freibad, Hallenbad
🚿⊸ ⌇	Strandbad – Liegewiese, Garten
✂ ⌗18	Hoteleigener Tennisplatz – Golfplatz und Lochzahl
⌊⚓⌋	Bootssteg
⚒ 25/150	Konferenzräume (Mindest- und Höchstkapazität)
⇔	Hotelgarage (wird gewöhnlich berechnet)
Ⓟ	Parkplatz reserviert für Gäste
⊰✕	Hunde sind unerwünscht (im ganzen Haus bzw. in den Zimmern oder im Restaurant)
Mai-Okt. – mai-oct. maggio–ottobre	Öffnungszeit, vom Hotelier mitgeteilt
nur Saison saison - stagionale	Unbestimmte Öffnungszeit eines Saisonhotels. Fettgedruckte Häuser ohne Angabe von Schliessungszeiten sind ganzjährig geöffnet.

Küche

Die Sterne

*Einige Häuser verdienen wegen ihrer überdurchschnittlich guten Küche Ihre besondere Beachtung. Auf diese Häuser weisen die Sterne hin. Bei den mit **Stern** ausgezeichneten Betrieben nennen wir drei kulinarische Spezialitäten, die Sie probieren sollten.*

❀❀❀ **Eine der besten Küchen : eine Reise wert**
Man isst hier immer sehr gut, öfters auch hervorragend, edle Weine, tadelloser Service, gepflegte Atmosphäre... entsprechende Preise.

❀❀ **Eine hervorragende Küche : verdient einen Umweg**
Ausgesuchte Menus und Weine... angemessene Preise.

❀ **Eine sehr gute Küche : verdient Ihre besondere Beachtung**
Der Stern bedeutet eine angenehme Unterbrechung Ihrer Reise.

Vergleichen Sie aber bitte nicht den Stern eines sehr teuren Luxusrestaurants mit dem Stern eines kleineren oder mittleren Hauses, wo man Ihnen zu einem annehmbaren Preis eine ebenfalls vorzügliche Mahlzeit reicht.

Wenn ein Hotel oder Restaurant vom Küchenchef selbst geführt wird, ist sein Name (in Klammern) erwähnt.

Beispiel : ❀ **Panorama** (Martin)...

Siehe Karten der Orte mit Stern S. 70 bis 73.

Wichtigste Weine und regionale Spezialitäten
siehe S. 67 bis 69.

Preise

Die in diesem Führer genannten Preise wurden ι im Sommer 1995 angegeben und beziehen sich ɑ die Hochsaison. Sie können sich mit den Preisen für Waren und Dienstleistungen ändern. Sie enthalten Taxen und Bedienung. Es sind Inklusivpreise, die sich nur noch durch die evtl. zahlende Kurtaxe erhöhen können.

Die Namen der Hotels und Restaurants, die ihre Preise genannt haben, sind fett gedruckt. Gleichzeitig haben sich diese Häuser verpflichtet, von den Hoteliers selbst angegebenen Preise den Benutzern des Michelin-Führers zu berechnen (ausser bei einer starken Änderung der allgemeiɲ Lebenshaltungskosten).

Halten Sie beim Betreten des Hotels oder des Restaurants den Führer in der Hand. Sie zeigen damit, dass Sie aufgrund dieser Empfehlung gekommen sind.

Mahlzeiten

← *Häuser die einen Tagesteller unter 20 CHF bieten*

Kinder 15
(enf. – bambini)

Preis des Kindermenus

Tagesteller :

Menu *18,50*
(Repas – Pasto)

Mittlere Preislage des Tagestellers im allgemeinen **mittags** *während der Woche in der Gaststube oder Brasserie serviert*

Feste Menupreise :

Menu 36/80
(Repas – Pasto)

Mindestpreis 36, *Höchstpreis* 80

Mahlzeiten « à la carte » :

Menu à la carte
50/95
(Repas – Pasto)

Der erste Preis entspricht einer einfachen Mahlzeit uɲ umfasst Suppe oder Vorspeise, Hauptgericht, Dessert. Ɖ zweite Preis entspricht einer reichlicheren Mahlzeit (ɲ Spezialität) bestehend aus : Vorspeise, Hauptgang, Käɛ und Dessert.

Zimmer

29 Zim 100/200
(ch – cam)

Mindestpreis 100 *für ein Einzelzimmer, Höchstpreis*
200 *für ein Doppelzimmer (Suiten und Junior*
Suiten : sich erkundigen)

Zim ☕ 120/220

Zimmerpreis inkl. Frühstück

☕ 20

Preis des Frühstücks

Halbpension

½ P Zuschl. 30
(suppl. - sup.)

Dieser Zuschlag pro Person und pro Tag wird dem
Zimmerpreis hinzugefügt und ergibt den
Halbpensionspreis.
In den meisten Hotels können Sie auf Anfrage auch
Vollpension erhalten. Auf jeden Fall sollten Sie den
Endpreis vorher mit dem Hotelier vereinbaren.

Anzahlung

Einige Hoteliers verlangen eine Anzahlung. Diese ist
als Garantie sowohl für den Hotelier als auch für
den Gast anzusehen.
Bitten Sie den Hotelier, dass er Ihnen in seinem
Bestätigungsschreiben alle seine Bedingungen
mitteilt.

Kreditkarten

Vom Haus akzeptierte Kreditkarten :
American Express – Diners Club –
Eurocard/MasterCard – Visa – Japan Credit Bureau

Städte

	Wappen des Kantons am Hauptort des Kantons angegeben
(BIENNE)	*Gebräuchliche Übersetzung des Ortschaftsnamens*
3000	*Postleitzahl*
⊠ 3123 BELP	*Postleitzahl und Name des Verteilerpostamtes*
K̲ - C̲	*Kantonshauptort*
(Bern) (BE)	*Kanton, in dem der Ort liegt*
217 ⑥	*Nummer der Michelin-Karte und Faltseite*
1 057 Ew. (h. – ab.)	*Einwohnerzahl*
Höhe (alt.) 1 500	*Höhe*
Station thermale – Stazione termale	*Kurort*
Sports d'hiver – Sport invernali	*Wintersport*
1 200/1 900	*Minimal- und Maximal-Höhe, die mit Kabinenba. oder Skilift erreicht werden kann*
2 🚡	*Anzahl der Luftseil- und Gondelbahnen*
14 🚠	*Anzahl der Schlepp- und Sessellifts*
🎿	*Langlaufloipen*
➡	*Für den Autoverkehr nicht zugängliche Ortschaft*
BY **B**	*Markierung auf dem Stadtplan*
🏌18	*Golfplatz und Lochzahl*
☀ <	*Rundblick – Aussichtspunkt*
✈	*Flughafen*
🚗	*Ladestelle für Autoreisezüge – Nähere Auskunft un der angegebenen Telefonnummer*
🛈	*Informationsstelle*
⊗	*Touring Club der Schweiz (T.C.S.)*
Ⓐ	*Automobil Club der Schweiz (A.C.S.)*
	(Siehe Seite 28)

24

Sehenswürdigkeiten

Bewertung

★★★	*Eine Reise wert*
★★	*Verdient einen Umweg*
★	*Sehenswert*
	Museen sind im allgemeinen montags geschlossen

Lage

Sehenswert
Voir
Vedere *In der Stadt*

Ausflugsziel,
Environs *In der Umgebung der Stadt*
Dintorni

Nord, Süd, Sud, *Im Norden, Süden der Stadt*
Ost, Est, *Im Osten der Stadt*
Vest, Ouest, Ovest, *Im Westen der Stadt*
② ④ *Zu erreichen über die Ausfallstrasse ② bzw. ④,*
die auf dem Stadtplan und auf der Michelin-Karte
identisch gekennzeichnet sind
2 km *Entfernung in Kilometern*

Umgebungskarten

Wenn Sie beispielsweise in der Nähe von BERN ei
gute Adresse suchen, hilft Ihnen dabei unsere
Umgebungskarte.

Diese Karte (siehe rechts) ermöglicht Ihnen einen
Überblick über alle im Michelin erwähnten Orte,
die in der Nähe von Bern liegen.

Die innerhalb der blau markierten Grenze
liegenden Orte sind in weniger als 20 Autominute
erreichbar.

Anmerkung :

*Auf der Linie der Entfernungen zu anderen Orten
erscheint im Ortstext die jeweils nächste grössere
Stadt mit Umgebungskarte in BLAU.*

Beispiel:

SOLOTHURN (SOLEURE) **4500** K Solothurn (SO) 215
– 15 592 Ew. – Höhe 432 -✿ 065
Sehenswert : Altstadt★ z – St. Ursenkathedrale★ y – Schi'
der Jesuitenkirche y
Ausflugsziel : Weissenstein★★★ über ⑤ : 10 km
🏨 Wylihof in Luterbach, ✉ 4708, ✆ 42 28 28, Fax 42 28
Museum : Kunstmuseum : Madonna in den Erdbeeren
Solothurner Madonna★ y
Lokale Veranstaltungen
16.01 – 21.01 : Solothurner Filmtage
15.06 – 16.06 : Solothurner Volksmusig-Fescht
🛈 Verkehrsverein, Hauptgasse 69, ✆ 22 19 24, Fax 23 16
🖐 Westbahnhofstr. 12, ✆ 22 13 56, Fax 22 15 34
🅰 Hauptgasse 75, ✆ 22 19 25, Fax 22 58 48
◆Bern 37 ② – ◆Basel 69 ② – ◆Biel 22 ⑤ – ◆Luzern 80 ② – ◆Ol
34 ②.

*Sie finden
Solothurn auf der
Umgebungskarte
von Bern.*

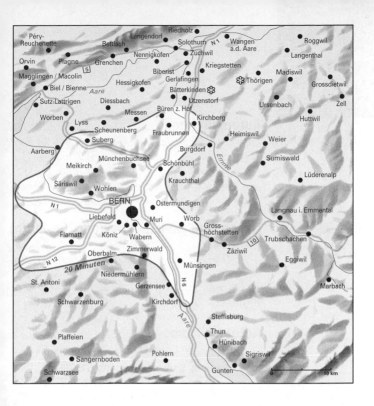

Übersicht
der Umgebungskarten

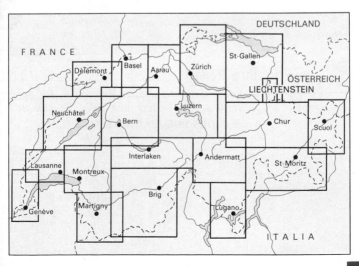

Automobilfirmen

Eine Liste der wichtigsten Automobilhersteller finde
Sie am Ende des Führers (Seite 372 und 373).
Im Pannenfall erfahren Sie zwischen 9 und 17 U
die Adresse der nächstgelegenen Vertragswerkstatt,
wenn Sie die angegebene Rufnummer wählen.

Geschwindigkeitsbegrenzung (in km/h)

Autobahn	*Landstrasse*	*Geschlossene*
120 km/h	*80 km/h*	*Ortschaften*
		50 km/h

Das Tragen von Sicherheitsgurten ist auf Vorder-u
Rücksitzen obligatorisch.

Automobilclubs

Die wichtigsten Automobilclubs des Landes sind :

Touring Club der Schweiz (T.C.S.)
9, rue Pierre Fatio
CH – 1211 GENEVE 3
Tel. : (022) 737 12 01
Fax : (022) 737 13 10
Automobil Club der Schweiz (A.C.S.)
Theaterplatz 13
CH – 3000 BERN 7
Tel. : (031) 311 26 37
Fax : (031) 311 38 13

Ihre Reifen

Wenn Sie Fragen zu Ihren Michelin-Reifen haben,
dann schreiben Sie uns oder rufen Sie uns an :

S.A. DES PNEUMATIQUES MICHELIN
36, Route Jo Siffert
CH – 1762 GIVISIEZ
Tel. : (037) 83 71 11
Fax : (037) 26 16 74

MICHELIN AG
Neugutstrasse 81
CH – 8600 DÜBENDORF
Tel. : (01) 821 21 60
Fax : (01) 821 22 93

- *Hotels*
- *Restaurants*

Sehenswürdigkeiten

Sehenswertes Gebäude mit Haupteingang
Sehenswerte katholische bzw. evangelische Kirche

Strassen

Autobahn
Strasse mit getrennten Fahrbahnen
Hauptverkehrsstrasse
Treppenstrasse – Fussweg – Weg, Pfad
Fussgängerzone – Gesperrte Strasse, mit
Verkehrsbeschränkungen
Einbahnstrasse – Strassenbahn
Dunant *Einkaufsstrasse – Parkplatz*
Tor – Passage – Tunnel
Bahnhof und Bahnlinie
Standseilbahn, Zahnradbahn
Seilbahn, Kabinenbahn

Sonstige Zeichen

Informationsstelle
Moschee – Synagoge
Turm – Ruine
Garten, Park, Wäldchen – Friedhof
Stadion – Golfplatz – Pferderennbahn – Eisbahn
Freibad – Hallenbad – Jachthafen
Aussicht – Rundblick – Orientierungstafel
Denkmal – Brunnen – Fabrik – Einkaufszentrum
Flughafen – U-Bahnstation – Autobusbahnhof
Schiffsverbindungen : Autofähre – Personenfähre
③ *Strassenkennzeichnung (identisch auf Michelin*
Stadtplänen– und Abschnittskarten)
Hauptpostamt (postlagernde Sendungen)
Krankenhaus – Markthalle
Öffentliches Gebäude, durch einen Buchstaben
gekennzeichnet :
G H *– Kantonspolizei – Rathaus*
J M P *– Justizpalast – Museum – Kantonale Verwaltung*
T U *– Theater – Universität, Hochschule*
POL. *– Stadtpolizei*
⑱ *Unterführung (Höhe bis 4,50 m) – Höchstbelastung*
(unter 19 t)
Touring Club der Schweiz (T.C.S.)
Automobil Club der Schweiz (A.C.S.)

Amico lettore

*Questa 3ᵃ edizione della Guida Rossa
Michelin Svizzera propone una selezione
di alberghi e ristoranti
completamente aggiornata.*

*Realizzata dai nostri ispettori in piena
autonomia, essa intende fornire al
viaggiatore di passaggio un'ampia scelta
di indirizzi a tutti i livelli di confort
e prezzo.*

*Con l'intento di fornire ai nostri lettori
un' informazione più recente, abbiamo
aggiornato questa edizione con la massima
cura. Per questo solo la Guida dell'anno
in corso merita pienamente la vostra
fiducia.*

*Grazie delle vostre osservazioni
sempre gradite.*

*Michelin Vi augura Buon Viaggio
in Svizzera!*

Sommario

33   *Come servirsi della Guida*

39   *Le curiosità*

40   *Le carte dei dintorni e il quadro d'insieme*

42   *L'automobile, i pneumatici, gli Automobile Clubs*

43   *La legenda delle piante*

60   *Carte dei cantoni e lingue utilizzate*

65   *La Svizzera vinicola*

67   *Principali vini e specialità regionali*

70   *Carte delle ottime tavole con stelle (*❀*), degli esercizi ameni, isolati, molto tranquilli*

75   *Alberghi, ristoranti, piante di città, « curiosità »...*

354   *Liechtenstein*

Pagine bordate di blu
Consigli per i vostri pneumatici

360   *Elenco e carta delle principali stazioni di sport invernα*

370   *Principali festività in Svizzera*

372   *Principali marche automobilistiche*

374   *Principali fiere*

389   *Lessico*

396   *Distanze*

400   *Carta della Svizzera : principali strade*

404   *Indice delle località suddivise per cantoni*

413   *Indicativi telefonici dei paesi europei*

415   *Guide e carte Michelin*

La scelta di un albergo, di un ristorante

Questa guida vi propone una selezione di alberghi e ristoranti stabilita ad uso dell'automobilista di passaggio. Gli esercizi, classificati in base al confort che offrono, vengono citati in ordine di preferenza per ogni categoria.

Categorie

🏨	XXXXX	*Gran lusso e tradizione*
🏨	XXXX	*Gran confort*
🏨	XXX	*Molto confortevole*
🏨	XX	*Di buon confort*
🏠	X	*Abbastanza confortevole*
🏠		*Semplice, ma conveniente*
M		*Nella sua categoria, albergo con attrezzatura moderna*

senza rest.
sans rest. garni
L'albergo non ha ristorante

con cam
avec ch, mit Zim
Il ristorante dispone di camere

Amenità e tranquillità

Alcuni esercizi sono evidenziati nella guida dai simboli rossi indicati qui di seguito. Il soggiorno in questi alberghi si rivela particolarmente ameno o riposante.

Ciò puo dipendere sia dalle caratteristiche dell'edificio, dalle decorazioni non comuni, dalla sua posizione e dal servizio offerto, sia dalla tranquillità dei luoghi.

🏨 a 🏠	*Alberghi ameni*
XXXXX a X	*Ristoranti ameni*
« Parco fiorito »	*Un particolare piacevole*
🐾	*Albergo molto tranquillo o isolato e tranquillo*
🐾	*Albergo tranquillo*
≤ lago	*Vista eccezionale*
≤	*Vista interessante o estesa*

Le località che possiedono degli esercizi ameni o molto tranquilli sono riportate sulle carte da pagina 70 a 73.

Consultatele per la preparazione dei vostri viaggi e, al ritorno, inviateci i vostri pareri ; in tal modo agevolerete le nostre inchieste.

Installazioni

Le camere degli alberghi che raccomandiamo
possiedono, generalmente, delle installazioni
sanitarie complete. È possibile tuttavia che nelle
categorie 🏠, 🏠 e ✿ alcune camere ne siano
sprovviste.

30 cam (ch, Zim) Numero di camere

Ascensore

Aria condizionata

video Televisione, videoregistratore in camera

Esercizio riservato in parte ai non fumatori

Telefono in camera comunicante direttamente con
l'esterno

Camere di agevole accesso per portatori di handicap

Attrezzatura per accoglienza e ricreazione dei
bambini

Pasti serviti in giardino o in terrazza

Cura termale, Idroterapia

Palestra, Sauna

Piscina : all'aperto, coperta

Spiaggia attrezzata – Giardino da riposo

Tennis appartenente all'albergo – Golf e numero
di buche

Pontile d'ormeggio

25/150 Sale per conferenze : capienza minima e massima
delle sale

Garage nell'albergo (generalmente a pagamento)

Parcheggio riservato alla clientela

Accesso vietato ai cani (in tutto o in parte
dell'esercizio)

**maggio-ottobre
mai-oct. – Mai-Okt.** Periodo di apertura, comunicato dall'albergatore

**stagionale
saison
nur Saison** Probabile apertura in stagione, ma periodo non
precisato. Gli esercizi senza tali menzioni sono
aperti tutto l'anno.

La tavola

Le stelle

Alcuni esercizi meritano di essere segnalati alla Vostra attenzione per la qualità tutta particolare della loro cucina. Noi li evidenziamo con le « stelle di ottima tavola ».

Per questi ristoranti indichiamo tre specialità culinarie che potranno aiutarVi nella scelta.

❀❀❀ **Una delle migliori tavole, vale il viaggio**
Vi si mangia sempre molto bene, a volte meravigliosamente, grandi vini, servizio impeccabile, ambientazione accurata... Prezzi conformi.

❀❀ **Tavola eccellente, merita una deviazione**
Specialità e vini scelti... Aspettatevi una spesa in proporzione.

❀ **Un'ottima tavola nella sua categoria**
La stella indica una tappa gastronomica sul vostro itinerario.
Non mettete però a confronto la stella di un esercizio di lusso, dai prezzi elevati, con quella di un piccolo esercizio dove, a prezzi ragionevoli, viene offerta una cucina di qualità.

Il nome dello chef figura dopo la ragione sociale quando si occupa personalmente dell'esercizio.

Esempio : XX ❀ **Panorama (Martin)...**

Consultate le carte delle località con stelle (pagine 70 a 73).

Principali vini e specialità regionali :
vedere p. 67 a 69

I prezzi

I prezzi indicati in guida, stabiliti nell'estate 1995, si riferiscono all'alta stagione. Potranno pertanto subire delle variazioni in relazione ai cambiamenti dei prezzi di beni e servizi. Essi s'intendono comprensivi di tasse e servizio. Nessuna maggiorazione deve figurare sul vostro conto, salvo eventualmente la tassa di soggiorno.

Gli alberghi e i ristoranti vengono menzionati in carattere grassetto quando gli albergatori ci hanno comunicato tutti i loro prezzi e si sono impegnati (salvo notevoli variazioni del costo della vita), sotto la propria responsabilità, ad applicarli ai turisti di passaggio, in possesso della nostra guida.

In bassa stagione, certi esercizi applicano condizioni più vantaggiose, informatevi al momento della prenotazione

Entrate nell'albergo o nel ristorante con la Guida in mano, dimostrando in tal modo la fiducia in chi vi ha indirizzato.

Pasti

— *Esercizio che offre un piatto del giorno per meno di 20 CHF*

bambini 15
(enf. – Kinder)
Prezzo del menu riservato ai bambini

Piatto del giorno :

Pasto *18,50*
(Repas – Menu)
Prezzo medio del piatto del giorno generalmente servito **a pranzo** *nei giorni settimanali alla « brasserie ».*

Menu a prezzo fisso :

Pasto 36/80
(Repas – Menu)
minimo 36 *massimo* 80

Pasto alla carta :

Pasto à la
carte 50/95
(Repas – Menu)
Il primo prezzo corrisponde ad un pasto semplice comprendente : minestra o antipasto, piatto con contorno e dessert. Il secondo prezzo corrisponde ad un pasto più completo (con specialità) comprendente : due piatti, formaggio e dessert.

Camere

29 cam 100/200
(ch – Zim)

Prezzo minimo 100 *per una camera singola e prezzo massimo* 200 *per una camera per due persone (Suite e Junior suite : informarsi presso l'albergatore)*

9 cam ⌑ 120/220

⌑ 20

Prezzo della camera compresa la prima colazione
Prezzo della prima colazione

Mezza pensione

½ P sup. 30
(suppl. – Zuschl.)

Questo supplemento di 30 franchi per persona al giorno va aggiunto al prezzo della camera per ottenere quello della ½ pensione. La maggior parte degli alberghi pratica anche, su richiesta, la pensione completa.
E' comunque consigliabile prendere accordi preventivi con l'albergatore per stabilire le condizioni definitive.

La caparra

Alcuni albergatori chiedono il versamento di una caparra. Si tratta di un deposito-garanzia che impegna sia l'albergatore che il cliente. Vi raccomandiamo di farvi precisare le norme riguardanti la reciproca garanzia di tale caparra. Chiedete all'albergatore di fornirvi nella sua lettera di conferma, ogni dettaglio sulla prenotazione e sulle condizioni di soggiorno.

Carte di credito

AE ⓪ E VISA JCB

American Express – Diners Club – Eurocard/MasterCard – Visa – Japan Credit Bureau

Le città

 Stemma del cantone e capoluogo cantonale

(BIENNE)	*Traduzione in uso dei nomi di comuni*
3000	*Codice di avviamento postale*
✉ 3123 BELP	*Numero di codice e sede dell'ufficio postale di destinazone*
C - **K**	*Capoluogo cantonale*
Bern (BE)	*Cantone a cui la località appartiene*
217 ⑥	*Numero della carta Michelin e numero della piega*
1 057 ab. (h. – Ew.)	*Popolazione*
alt. (Höhe) 1500	*Altitudine della località*
Station thermale Kurort	*Stazione termale*
Sports d'hiver Wintersport	*Sport invernali*
1 200/1 900	*Altitudine minima e massima raggiungibile con le risalite meccaniche*
2 ⛷	*Numero di funivie e cabinovie*
14 ⛷	*Numero di sciovie e seggiovie*
⛷	*Sci di fondo*
⇢	*Località chiusa al traffico*
BY **B**	*Lettere indicanti l'ubicazione sulla pianta*
⛳18	*Golf e numero di buche*
⁂ ≼	*Panorama, vista*
✈	*Aeroporto*
�car	*Località con servizio auto su treno. Informarsi al numero di telefono indicato*
🄸	*Ufficio informazioni turistiche*
⊛	*Touring Club Svizzero (T.C.S.)*
⊛	*Club Svizzero dell'Automobile (A.C.S.)*
	Vedere pagina 42

38

Le curiosità

Grado di interesse

★★★ *Vale il viaggio*
★★ *Merita una deviazione*
★ *Interessante*

I musei sono generalmente chiusi il lunedì

Ubicazione

Vedere
Voir   *Nella città*
Sehenswert

Dintorni
Environs   *Nei dintorni della città*
Ausflugsziel

  La curiosità è situata :
Ouest, West, Ovest,   *a Ovest della città*
Nord, Sud, Süd.,   *a Nord, a Sud della città*
Est, Ost,   *a Est della città*
② ④   *Ci si va dall'uscita ② o ④ indicata con lo stesso segno sulla pianta della guida e sulla carta stradale*
2 km   *Distanza chilometrica*

Le carte
dei dintorni

Desiderate, per esempio, trovare un buon indirizzo nei dintorni di BERNA ?

D'ora in avanti potrete consultare la carta che accompagna le risorse della città.

La « carta dei dintorni » (qui accanto) attira la vostra attenzione su tutte le località citate nella Guida che si trovano nei dintorni della città prescelta, e in particolare su quelle raggiungibili in automobile in meno di 20 minuti (limite di colore

In tal modo, le « carte dei dintorni » vi permetton la localizzazione rapida di tutte le risorse proposte dalla Guida nei dintorni delle metropoli regionali.

Nota :

Quando una località è presente su una « carta dei dintorni », la città a cui è ricollegata è scritta in BLU nella linea delle distanze da città a città.

Esempio :

SOLOTHURN (SOLEURE) **4500** K Solothurn (SO) 216 – 15 592 Ew. – Höhe 432 – 065

Sehenswert : Altstadt★ Z – St. Ursenkathedrale★ Y – Schiff der Jesuitenkirche Y

Ausflugsziel : Weissenstein★★★ über ⑤ : 10 km

⛽ Wylihof in Luterbach, ✉ 4708, ✆ 42 28 28, Fax 42 28 2

Museum : Kunstmuseum : Madonna in den Erdbeeren★ Solothurner Madonna★ Y

Lokale Veranstaltungen

16.01 – 21.01 : Solothurner Filmtage
15.06 – 16.06 : Solothurner Volksmusig-Fescht

🄱 Verkehrsverein, Hauptgasse 69, ✆ 22 19 24, Fax 23 16 3
⊛ Westbahnhofstr. 12, ✆ 22 13 56, Fax 22 15 34
🄰 Hauptgasse 75, ✆ 22 19 25, Fax 22 58 48

♦Bern 37 ② – ♦Basel 69 ② – ♦Biel 22 ⑤ – ♦Luzern 80 ② – ♦Olte 34 ②.

Troverete Solothurn sulla carta dei dintorni di Bern.

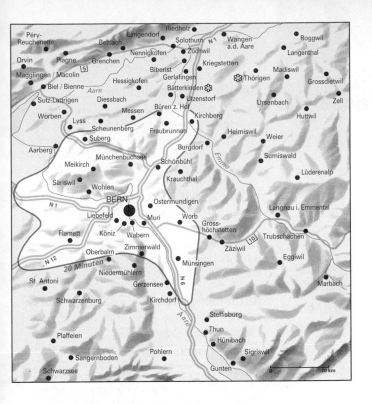

Quadro d'insieme delle carte dei dintorni

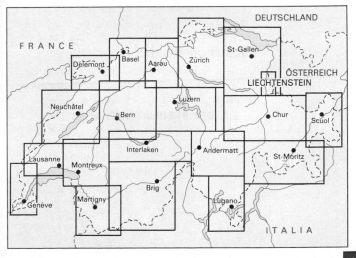

L'automobile,
I pneumatici

Marche automobilistiche

L'elenco delle principali case automobilistiche si trova alle pagine 372 e 373.

In caso di necessità l'indirizzo della più vicina officina autorizzata, vi sarà comunicato chiamando dalle 9 alle 17, il numero telefonico indicato.

Velocità massima autorizzata

Autostrada	Strada	Abitato
120 km/ora	80 km/ora	50 km/ora

L'uso della cintura di sicurezza è obbligatorio sia sui sedili anteriori che su quelli posteriori degli autoveicoli.

Automobile clubs

Le principali organizzazioni di soccorso automobilistico sono

Touring Club Svizzero (T.C.S.)
9, rue Pierre Fatio
CH - 1211 GENEVE 3
Tél. : (022) 737 12 01
Fax : (022) 737 13 10

Club Svizzero dell'Automobile (A.C.S.)
Theaterplatz 13
CH - 3000 BERN 7
Tél. : (031) 311 26 37
Fax : (031) 311 38 13

I vostri pneumatici

Se avete delle osservazioni o se desiderate precisazioni sull'utilizzo dei vostri pneumatici Michelin, scriveteci o telefonateci a :

S.A. DES PNEUMATIQUES MICHELIN
36, Route Jo Siffert
CH - 1762 GIVISIEZ
Tél. : (037) 83 71 11
Fax : (037) 26 16 74

MICHELIN AG
Neugutstrasse 81
CH - 8600 DÜBENDORF
Tél. : (01) 821 21 60
Fax : (01) 821 22 93

Le piante

- *Alberghi*
- *Ristoranti*

Curiosità

Edificio interessante ed entrata principale
Costruzione religiosa interessante : Cattolica – Protestante

Viabilità

Autostrada
Strada a carreggiate separate
Grande via di circolazione
Via a scalini – Passeggiata – Sentiero
Via pedonale – Via impraticabile, a circolazione regolamentata
Senso unico – Tranvia
Dunant *Via commerciale – Parcheggio*
Porta – Sottopassaggio – Galleria
Stazione e ferrovia
Funicolare, Ferrovia a cremagliera – Funivia, Cabinovia

Simboli vari

Ufficio informazioni turistiche
Moschea – Sinagoga
Torre – Ruderi
Giardino, parco, bosco – Cimitero
Stadio – Golf – Ippodromo – Pista di pattinaggio
Piscina : all'aperto, coperta – Porto per imbarcazioni da diporto
Vista – Panorama – Tavola d'orientamento
Monumento – Fontana – Fabbrica – Centro commerciale
Aeroporto – Stazione della Metropolitana – Autostazione
Trasporto con traghetto :
- passeggeri ed autovetture, solo passeggeri
③ *Simbolo di riferimento comune alle piante ed alle carte Michelin particolareggiate*
Ufficio centrale di fermo posta
Ospedale – Mercato coperto
Edificio pubblico indicato con lettera :
G H *– Polizia cantonale – Municipio*
J M P *– Palazzo di Giustizia – Museo – Prefettura*
T U *– Teatro – Università*
POL. *– Polizia*
⑱ *Sottopassaggio (altezza inferiore a m 4,50) – Portata limitata (inf. a 19 t)*
Touring Club Svizzero (T.C.S.)
Club Svizzero dell'Automobile (A.C.S.)

Dear Reader

This 3rd edition of the Michelin Guide to Switzerland offers the latest selection of hotels and restaurants.

Independently compiled by our inspectors, the Guide provides travellers with a wide choice of establishments at all levels of comfort and price.

We are committed to providing readers with the most up to date information and this edition has been produced with the greatest care.

That is why only this year's guide merits your complete confidence.

Thank you for your comments, which are always appreciated.

Michelin wishes you a pleasant trip in Switzerland.

Contents

47 *How to use this guide*

53 *Sights*

54 *Local maps, Layout diagram*

56 *Car, Tyres, Automobile Clubs*

57 *Legend to town plans*

60 *Maps of the Swiss districts (cantons) and languages spoken*

65 *Swiss wine*

67 *Main wines and regional specialities*

70 *Maps of star-rated restaurants (✿), and pleasant, secluded and very quiet establishments*

75 *Hotels, restaurants, town plans, sights*

354 *Liechtenstein*

Pages bordered in blue
Useful tips for your tyres

360 *List and map of the main winter sports stations*

370 *Table of main public holidays in Switzerland*

372 *Main car manufacturers' head offices*

374 *Main fairs*

375 *Lexicon*

396 *Distances*

400 *Atlas: main roads*

404 *List of localities by "canton"*

413 *European dialling codes*

415 *Michelin maps and guides*

Choosing a hotel
or restaurant

*This guide offers a selection of hotels and restaurants to help the motorist on his travels. In each category establishments **are listed in order of preference** according to the degree of comfort they offer.*

Categories

🏰	XXXXX	*Luxury in the traditional style*
🏨	XXXX	*Top class comfort*
🏛	XXX	*Very comfortable*
🏤	XX	*Comfortable*
🏠	X	*Quite comfortable*
🏡		*Simple comfort*
M		*In its category, hotel with modern amenities*

ans rest,
arni, senza rist

The hotel has no restaurant

avec ch,
mit Zim, con cam

The restaurant also offers accommodation

Peaceful atmosphere and setting

Certain establishments are distinguished in the guide by the red symbols shown below.

Your stay in such hotels will be particularly pleasant or restful, owing to the character of the building, its decor, the setting, the welcome and services offered, or simply the peace and quiet to be enjoyed there.

🏰 to 🏡	*Pleasant hotels*
XXXXX to X	*Pleasant restaurants*
« Parc fleuri »	*Particularly attractive feature*
⊱	*Very quiet or quiet, secluded hotel*
⊱	*Quiet hotel*
≼ lac	*Exceptional view*
≼	*Interesting or extensive view*

The maps on pages 70 to 73 indicate places with such very peaceful, pleasant hotels and restaurants.

By consulting them before setting out and sending us your comments on your return you can help us with our enquiries.

47

Hotel facilities

In general the hotels we recommend have full bathroom and toilet facilities in each room. However, this may not be the case for certain room in categories 🏠, 🏠 and ♤.

30 ch **(Zim, cam)**	Number of rooms
|❖|	Lift (elevator)
▭	Air conditioning
📺 video	Television, video recorder in room
⧳⤬	Hotel partly reserved for non-smokers
☎	Direct-dial phone in room
👍	Rooms accessible to disabled people
⭒🏃	Special facilities for children
🏠	Meals served in garden or on terrace
⚕	Hydrotherapy
⌘ ⌂s	Exercise room, Sauna
⚲ ⬛	Outdoor or indoor swimming pool
🐎s 🌿	Beach with bathing facilities – Garden
✗ ⌐18	Hotel tennis court – Golf course and number of holes
⚓	Landing stage
🎤 25/150	Equipped conference hall (minimum and maximum capacity)
🚗	Hotel garage (additional charge in most cases)
℗	Car park for customers only
⊗	Dogs are not allowed in all or part of the hotel
mai-oct. Mai-Okt. *maggio-ottobre*	Dates when open, as indicated by the hotelier
	Probably open for the season – precise dates not available.
saison *nur Saison* *stagionale*	Where no date or season is shown, establishments are open all year round.

Cuisine

Stars

*Certain establishments deserve to be brought to your
attention for the particularly fine quality of their
cooking.* **Michelin stars** *are awarded for the
standard of meals served. For each of these
restaurants we indicate three culinary specialities
to assist you in your choice.*

❀❀❀ **Exceptional cuisine, worth a special journey**
*One always eats here extremely well, sometimes
superbly. Fine wines, faultless service, elegant
surroundings. One will pay accordingly !*

❀❀ **Excellent cooking, worth a detour**
*Specialities and wines of first class quality.
This will be reflected in the price.*

❀ **A very good restaurant in its category**
*The star indicates a good place to stop on your
journey.
But beware of comparing the star given to an
expensive "de luxe" establishment to that of a simple
restaurant where you can appreciate fine cooking
at a reasonable price.*

*The name of the chef appears between brackets
when he is personally managing the establishment.
Example :* 💥💥 ❀ **Panorama (Martin)**...

*Please refer to the map of star-rated restaurants
(pp 70 to 73).*

**Main wines and regional specialities :
see pages 67 to 69**

Prices

The prices indicated in this Guide supplied in Summer 1995, apply to high season. Changes may arise if goods and service costs are revised. The rates include tax and service and no extra charge should appear on your bill, with the possible exception of visitors' tax.

Hotels and restaurants in bold type have supplied details of all their rates and have assumed responsibility for maintaining them (except in the case of a large variation in the cost of living) for all travellers in possession of this guide.

Out of season certain establishments offer special rates. Ask when booking.

Your recommendation is self-evident if you always walk into a hotel or restaurant Guide in hand.

Meals

←	*Establishment serving a dish of the day under* 20 CHF
enf. 15 (Kinder – bambini)	*Price of childrens' menu*

Dish of the day :

Repas *18,50* (**Menu – Pasto**)	*Average price of midweek dish of the day, most often served* **at lunch** *in the "café".*

Set meals :

Repas 36/80 (**Menu – Pasto**)	*Lowest* 36 *and highest* 80 *prices for set meals*

« A la carte » meals :

Repas à la carte 50/95 (**Menu – Pasto**)	*The first figure is for a plain meal and includes sou, or hors-d'œuvre, main dish and dessert.* *The second figure is for a fuller meal (with "spécialité") and includes 2 main courses, cheese and dessert.*

Rooms

29 ch 100/200
(Zim – cam)

Lowest price 100 *for a single room and highest price* 200 *for a double (Suites and Junior suites : ask the hotelier)*

29 ch ☞ 120/220

Price includes breakfast

☞ 20

Price of continental breakfast

Half-board

½ P suppl. 30
(Zuschl. - sup.)

This supplement per person per day should be added to the cost of the room in order to obtain the half-board price.
Most hotels also offer full board terms on request.
It is essential to agree terms with the hotelier before making a firm reservation.

Deposits

Some hotels will require a deposit, which confirms the commitment of customer and hotelier alike.
Make sure the terms of the agreement are clear.
Ask the hotelier to provide you, in his letter of confirmation, with all terms and conditions applicable to your reservation.

Credit cards

Credit cards accepted by the establishment :
American Express – Diners Club –
Eurocard/MasterCard – Visa – Japan Credit Bureau

Towns

	Coat of arms of "Canton"
	indicated on the capital of "Canton"
(BIENNE)	*Usual translation for the name of the town*
3000	*Local postal number*
⊠ 3123 BELP	*Postal number and name of the postal area*
C - **K**	*Capital of "Canton"*
Bern (BE)	*Canton in which a town is situated*
217 ⑥	*Number of the appropriate sheet and fold of the Michelin road map*
1 057 h.	*Population*
Ew. – ab.	
alt. Höhe 1 500	*Altitude (in metres)*
Station thermale	
Kurort	*Spa*
Stazione termale	
Sports d'hiver	*Winter sports*
Sport invernali	
1 200/1 900	*Lowest and highest point reached by lifts*
2 ⛷	*Number of cablecars*
14 ⛷	*Number of ski and chairlifts*
⛷	*Cross-country skiing*
⛬	*Traffic is forbidden in this area*
BY **B**	*Letters giving the location of a place on the town plan*
⛳	*Golf course and number of holes*
※ ≼	*Panoramic view. Viewpoint*
✈	*Airport*
🚗	*Places with motorail pick-up point. Further information from phone No. listed*
🛈	*Tourist Information Centre*
⊛	*Touring Club Suisse (T.C.S.)*
⊛	*Automobil Club der Schweiz (A.C.S.)*
	(see pp 56)

Sights

Star-rating

★★★ *Worth a journey*
★★   *Worth a detour*
★   *Interesting*
     Museums and art galleries are generally closed on Mondays

Location

Voir
Sehenswert   *Sights in town*
Vedere

Environs
Ausflugsziel   *On the outskirts*
Dintorni

Nord, Sud, Süd,   *The sight lies north, south of the town*
Est, Ost,   *The sight lies east of the town*
Ouest, West, Ovest,   *The sight lies west of the town*
② ④   *Sign on town plan and on the Michelin road map indicating the road leading to a place of interest*
2 km   *Distance in kilometres*

Local maps

Should you be looking for a hotel or restaurant not too far from BERN, for example, you can now consult the map along with the selection.

The local map (opposite) draws your attention to all places around the town or city selected, provided they are mentioned in the Guide. Places located within a 20 minute drive are clearly identified by the use of a different coloured background.

The various facilities recommended near the different regional capitals can be located quickly and easily.

Note :

Entries in the Guide provide information on distances to nearby towns. Whenever a place appears on one of the local maps, the name of the town or city to which it is attached is print in BLUE.

Example :

SOLOTHURN (SOLEURE) **4500** K Solothurn (SO) 216 – 15 592 Ew. – Höhe 432 - 065
Sehenswert : Altstadt★ Z – St. Ursenkathedrale★ Y – Schi der Jesuitenkirche Y
Ausflugsziel : Weissenstein★★★ über ⑤ : 10 km
🛏 Wylihof in Luterbach, ✉ 4708, ✆ 42 28 28, Fax 42 28
Museum : Kunstmuseum : Madonna in den Erdbeeren Solothurner Madonna★ Y

Lokale Veranstaltungen
16.01 – 21.01 : Solothurner Filmtage
15.06 – 16.06 : Solothurner Volksmusig-Fescht
🗓 Verkehrsverein, Hauptgasse 69, ✆ 22 19 24, Fax 23 16
🏵 Westbahnhofstr. 12, ✆ 22 13 56, Fax 22 15 34
🅐 Hauptgasse 75, ✆ 22 19 25, Fax 22 58 48
♦Bern 37 ② – ♦Basel 69 ② – ♦Biel 22 ⑤ – ♦Luzern 80 ② – ♦O 34 ②.

Solothurn is to be found on the local map BERN.

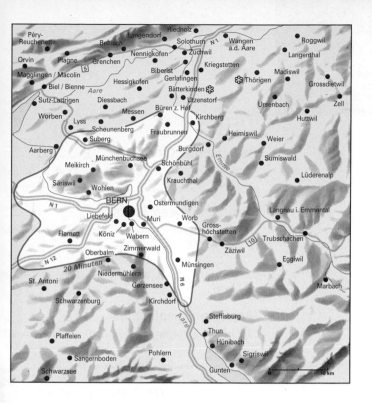

Layout diagram
of the local maps

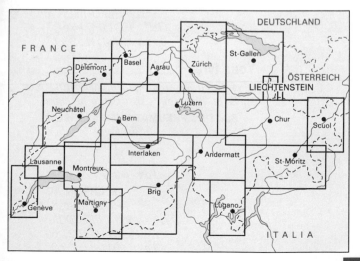

Car, tyres

Car manufacturers

A list of the main Car Manufacturers is to be found on pages 372 and 373.

Maximum speed limits

Motorways	All other roads	Built-up area
120 km/h	*80 km/h*	*50 km/h*
(74 mph)	*(50 mph)*	*(31 mph)*

The wearing of seat belts is compulsory in the front and rear of vehicles.

Motoring organisations

The major motoring organisations in Switzerland are

Touring Club Suisse (T.C.S.)
9, rue Pierre Fatio
CH – 1211 GENEVE 3
Tél. : (022) 737 12 01
Fax : (022) 737 13 10

Automobil Club der Schweiz (A.C.S.)
Theaterplatz 13
CH – 3000 BERN 7
Tél. : (031) 311 26 37
Fax : (031) 311 38 13

Your tyres

If you need any information concerning your Michelin Tyres, you can write to or phone :

S.A. DES PNEUMATIQUES MICHELIN
36, Route Jo Siffert
CH – 1762 GIVISIEZ
Tél. : (037) 83 71 11
Fax : (037) 26 16 74

MICHELIN AG
Neugutstrasse 81
CH – 8600 DÜBENDORF
Tél. : (01) 821 21 60
Fax : (01) 821 22 93

Town plans

- Hotels
- Restaurants

Sights

Place of interest and its main entrance
Interesting place of worship : Catholic – Protestant

Roads

Motorway
Dual carriageway
Major thoroughfare
Stepped street – Footpath – Path
Pedestrian street – Unsuitable for traffic, street subject to restrictions
One-way street – Tramway
Dunant ⓟ Shopping street – Car park
Gateway – Street passing under arch – Tunnel
Station and railway
Funicular, rack railway
Cablecar, cable way

Various signs

Tourist Information Centre
Mosque – Synagogue
Tower – Ruins
Garden, park, wood – Cemetery
Stadium – Golf course – Racecourse – Skating rink
Outdoor or indoor swimming pool
Pleasure boat harbour
View – Panorama – Viewing table
Monument – Fountain – Factory – Shopping centre
Airport – Underground station – Coach station
Ferry services : passengers and cars, passengers only
③ Reference number common to town plans and Michelin maps
Main post office with poste restante
Hospital – Covered market
Public buildings located by letter :
G   H   – Local Police Station – Town Hall
J   M   P   – Law Courts – Museum – Offices of cantonal authorities
T   U   – Theatre – University, College
POL.   – Police
⑱ Low headroom (15 ft. max.) – Load limit (under 19 t)
Touring Club Suisse (T.C.S.)
Automobil Club der Schweiz (A.C.S.)

57

Char lectur

Questa 3. ediziun dal Guide Michelin Suisse propona ina schelta actualisada d'hotels e da restaurants.

El è vegnì realisà en tutta independenza da noss inspecturs, ed el offra al viagiatur da transit ina vasta elecziun d'adressas da tut ils nivels da comfort e da pretsch.

Nus ans dain tutta fadia da furnir a noss lecturs l'infurmaziun la pli recenta e nus vain elavurà questa ediziun cun la pli gronda attenziun.

Perquai merita sulettamain il Guide da l'onn current vossa confidenza.

Nus engraziain per voss commentaris adina bainvis.

Michelin as giavischa in bun viadi en Svizra. ————————

Les cantons suisses

La Confédération Helvétique regroupe 23 cantons dont 3 se divisent en demi-cantons. Le « chef-lieu » est la ville principale où siègent les autorités cantonales.
Berne, centre politique et administratif du pays, est le siège des autorités fédérales (voir Guide Vert Suisse).
Le 1er août, jour de la Fête Nationale, les festivités sont nombreuses et variées dans tous les cantons.

Die Schweizer Kantone

*Die Schweizer Eidgenossenschaft umfasst 23 Kantone, wobei
3 Kantone in je zwei Halbkantone geteilt sind. Im Hauptort
befindet sich jeweils der Sitz der Kantonsbehörden.*
*Bern ist verwaltungsmässig und politisch das Zentrum der
Schweiz und Sitz der Bundesbehörden (siehe Grüner Führer
Schweiz).*
*Der 1. August ist Nationalfeiertag und wird in allen Kantonen
festlich begangen.*

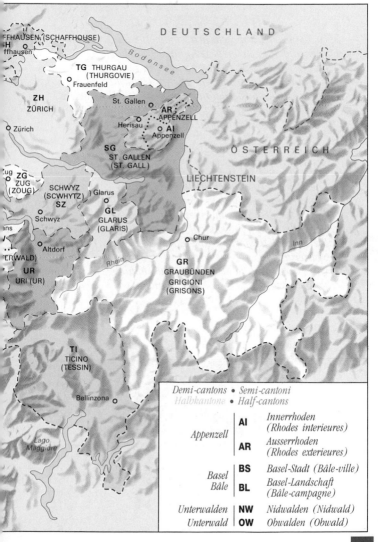

I cantoni svizzeri

La Confederazione Elvetica raggruppa 23 cantoni, dei quali 3 dividono in semi-cantoni. Il "capoluogo" è la città principale dove risiedono le autorità cantonali.

Berna, centro politico ed amministrativo del paese, è sede delle autorità federali (vedere Guida Verde Svizzera in francese, inglese, tedesco).

Il 1° Agosto è la festa Nazionale e numerosi sono i festeggiamenti in tutti i cantoni.

Ils chantuns svizzers

La Confederaziun Helvetica cumpiglia 23 chantuns dals quals 3 èn dividids en mezs chantuns. La "chapitala" è la citad nua che las autoritads civilas sa chattan.

Berna, il center politic ed administrativ dal pajais, è la sedia da las autoritads federalas (vesair Guid Verd Svizra).

Il prim d'avust, il di da la festa naziunala, dat i en tut ils chantuns numerasas festivitads da different gener.

Swiss Districts (Cantons)

The Helvetica Confederation comprises 23 cantons of which 3 are divided into half-cantons. The "chef-lieu" is the main town where the district authorities are based.

Bern, the country's political and administrative centre, is where the Federal authorities are based (see Green Guide to Switzerland).

On 1st August, the Swiss National Holiday, lots of different festivities take place in all the cantons.

Les langues parlées

*Outre le « Schwyzerdütsch », dialecte d'origine germanique,
quatre langues sont utilisées dans le pays : l'allemand, le français,
l'italien et le romanche, cette dernière se localisant dans la
partie ouest, centre et sud-est des Grisons. L'allemand, le français
et l'italien sont considérés comme langues officielles administratives
et généralement pratiqués dans les hôtels et restaurants.*

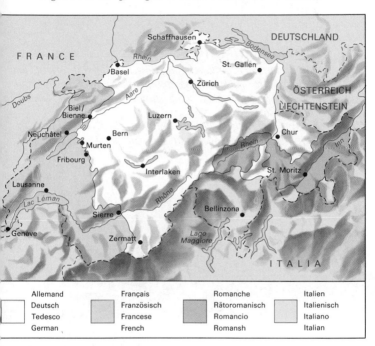

Allemand	Français	Romanche	Italien
Deutsch	Französisch	Rätoromanisch	Italienisch
Tedesco	Francese	Romancio	Italiano
German	French	Romansh	Italian

Die Sprachen

*Neben dem "Schwyzerdütsch", einem Dialekt deutschen Ursprungs,
wird Deutsch, Französisch, Italienisch und Rätoromanisch
gesprochen, wobei Rätoromanisch im westlichen, mittleren und
südöstlichen Teil von Graubünden beheimatet ist.
Deutsch, Französisch und Italienisch sind Amtssprachen ; man
beherrscht sie in den meisten Hotels und Restaurants.*

Le lingue parlate

*Oltre allo "Schwyzerdütsch", dialetto di origine germanica, nel
paese si parlano quattro lingue : il tedesco, il francese, l'italiano
ed il romancio ; quest'ultimo nella parte ovest, centrale e sud-est
dei Grigioni. Il tedesco, il francese e l'italiano sono considerate
le lingue amministrative ufficiali e generalmente praticate negli
alberghi e ristoranti.*

Ils lingvatgs

Ultra il "Schwyzerdütsch", in conglomerat da dialects d'origin german, vegnan quatter linguas utilisadas : il tudestg, il franzos, il talian ed il rumantsch che è derasà en la part vest sid-ost e la part centrala dal Grischun.

Il tudestg, il franzos ed il talian èn renconuschids sco linguatg uffizials ed en general san ins discurrer quels en hotels ed ustarias.

Spoken Languages

Apart from "Schwyzerdütsch", a dialect of German origin, four languages are spoken in the country: German, French, Italian and Romansh, the latter being standard to the West, Centre and South-East of Grisons.

German, French and Italian are recognised as the official administrative languages and generally spoken in hotels and restaurants.

Le vignoble suisse

La production vinicole suisse, estimée à 1,4 million d'hectolitres, dont 60 % de vins blancs, suffit à peine à la consommation du pays. Le relief tourmenté du pays rend difficile l'exploitation du vignoble, mais assure une grande variété de climats et de terroirs (voir page 67).

Cépage blanc typique de Suisse romande et peu cultivé ailleurs, le Chasselas est sensible à toute nuance de terroir et de vinification, d'où une grande variété de caractères selon les régions. Gamay, Pinot et Merlot sont les principaux cépages rouges cultivés dans le pays.

La réglementation d'« Appellation d'Origine Contrôlée », en cours d'élaboration, est de la compétence des cantons. Elle existe déjà dans le Valais et le canton de Genève.

1989, 1990 et 1992 sont les meilleurs millésimes récents

Das Schweizer Weinanbaugebiet

Die Weinproduktion in der Schweiz, die auf 1,4 Millionen Hektoliter (davon 60 % Weisswein) geschätzt wird, deckt kaum den Eigenbedarf des Landes. Die Topographie der Schweiz macht den Weinanbau zwar schwierig, sorgt jedoch für eine grosse Vielfalt verschiedener Klimazonen und Böden (Siehe Seite 67).

Der Chasselas, eine typische weisse Rebsorte aus der Welschschweiz, die woanders kaum angebaut wird, reagiert sehr unterschiedlich auf den Boden und die Verarbeitung des Weins. Daher variiert der Charakter dieses Weins sehr stark je nach der Region, in der er angebaut wird. Gamay, Blauburgunder und Merlot sind die wichtigsten roten Rebsorten.

Eine Regelung zur kontrollierten Ursprungsbezeichnung wird derzeit erarbeitet. Diese steht der Kompetenz der Kantone zu und existiert schon für die Kanton Wallis und Genf.

1989, 1990 und 1992 sind die besten letzten Jahrgänge

La Svizzera vinicola

La produzione vinicola svizzera, stimata in 1,4 milioni d'ettolitri, il 60 % dei quali di vino bianco, basta appena al fabbisogno del paese.

Il rilievo accidentato del paese rende difficoltosa l'attività vitivinicola, ma assicura una grande varietà di climi e terreni (Vedere pagina 67).

Vitigno bianco tipico della Svizzera romanda e poco coltivato altrove, lo Chasselas è sensibile a tutte le sfumature del terreno e della vinificazione ; da ciò deriva una grande varietà di caratteristiche. Gamay, Pinot e Merlot sono i principali vitigni rossi coltivati nel paese. La normativa sulla "Denominazione d'Origine Controllata", in corso di elaborazione, è di competenza dei cantoni, ma già esiste, nel Vallese e nel cantone di Ginevra.

1989, 1990 e 1992 sono le migliori annate recenti

Swiss Wine

Swiss wine production, estimated at 1.4 million hectolitres per year, of which 60 % is white, scarcely meets the country's own needs.

The tortuous relief of the country makes cultivation of vineyards difficult but ensures a great variation in climate and soil (See page 67).

The Chasselas, a typical white Swiss grape little grown elsewhere is sensitive to the slightest variation in soil or fermentation ; hence its noticeable change in character according to the region in which it is grown. Gamay, Pinot and Merlot are the main red grapes grown in the country

A district standard of "Appellation d'Origine Contrôlée" is currently being implemented. It already exists on a regional basis in Le Valais and the Geneva district.

1989, 1990 and 1992 are the best of the recent vintages

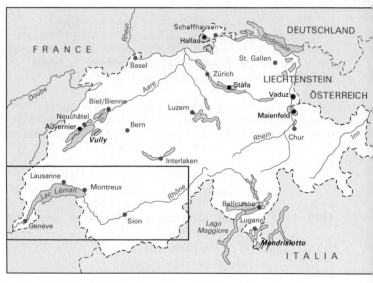

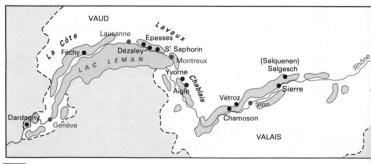

Principaux Vins et Spécialités régionales
Wichtigste Weine und regionale Spezialitäten
Principali Vini e specialità regionali
Main wines and regional specialities

Principaux cépages *Wichtigste Rebsorten* Principali vitigni *Main grape stock* *(*)*	Caractéristiques *Charakteristiken* Caratteristiche *Characteristics*	Mets et principales spécialités culinaires régionales *Gerichte und wichtigste regionale* *kulinarische Spezialitäten* Vivande e principali specialità culinarie regionali *Food and main regional* *culinary specialities*
GENÈVE (Genf) (GE)		
Chasselas (b)	fruité, léger, frais *fruchtig, leicht,* *mundig frisch*	Poissons du lac (omble chevalier), Fondue, Gratin genevois *Süsswasserfische (Saibling),* *Käse-Fondue, Genfer Auflauf*
Gamay (r)	frais, souple, fruité *mundig frisch,* *zart, fruchtig*	Viandes blanches, Ragoût de porc (fricassée) Longeole au marc (saucisse fumée) *helles Fleisch, Schweinsragout (Frikassee),* *« Longeole » (geräucherte Wurst)*
GRAUBÜNDEN (Grisons) (Grigioni) (GR)		
Blauburgunder (Pinot noir) (r)	velouté *körperreich,* *samtig*	Bœuf en daube - *Bündner Beckribraten,* Viande de bœuf séchée des Grisons *– Bündnerfleisch*
NEUCHÂTEL (Neuenburg) (NE)		
Chasselas, **Chasselas sur lie** (b)	nerveux *feine Säure*	Palée : Féra du lac de Neuchâtel *Felchen aus dem Neuenburgersee*
Pinot noir (r) *(Blauburgunder)*	bouqueté, racé *blumig, rassig*	Viandes rouges *dunkles Fleisch*
Œil de Perdrix (rosé de Pinot noir) *Rosé von* *Blauburgunder*	vif *anregend-frisch*	Tripes à la Neuchâteloise *Kutteln nach Neuenburger Art*
TICINO (Tessin) (TI)		
Merlot (r)	corsé, équilibré *kräftig,* *ausgeglichen* robusto, equilibrato	Viandes rouges, Gibier à plumes, fromages, Polpettone (viandes hachées aromatisées) *dunkles Fleisch, Wildgeflügel, Käse,* *« Polpettone » (gewürztes Hackfleisch)*
Merlot rosato (rosé)	fruité, frais *fruchtig, mundig* *frisch* fruttato, fresco	Poissons d'eau douce, Pesci in carpione (Fera en marinade) *Süsswasserfische, Pesci in carpione,* *Felchen in einer Marinade*

*) (b) (w) : *blanc, weiss, bianco, white*   (r) : *rouge, rot, rosso, red*

Principaux cépages / *Wichtigste Rebsorten* / Principali vitigni / *Main grape stock (*)*	Caractéristiques / *Charakteristiken* / Caratteristiche / *Characteristics*	Mets et principales spécialités culinaires régionales / *Gerichte und wichtigste regionale kulinarische Spezialitäten* / Vivande e principali specialità culinarie regionali / *Food and main regional culinary specialities*
VALAIS (Wallis) (VS)		
Fendant (Chasselas) (b)	rond, équilibré, fruité, parfois perlant *füllig, ausgeglichen, fruchtig, gelegentlich perlend*	Poissons, Raclette, Filets de truite *Fische, Raclette, Forellenfilets*
Petite Arvine (b)	certains secs, d'autres doux *einige trocken, andere mild*	Vins secs : Poissons, fromages de chèvre *Trockene Weine : Fische, Ziegenkäse*
Amigne (b)	corsé, sapide, parfois sec, très souvent doux *kräftig, schmackhaft, voll, manchmal trocken, oft mild*	Vins doux : Foie gras, desserts *Milde Weine : Ente-, Gänseleber, Desserts*
Johannisberg (b)	sec ou doux *trocken oder mild*	
Malvoisie flétrie (Pinot gris vendanges tardives, *Grauburgunder Beerenauslese)* (b)	moelleux, riche *weich, rund gehaltvoll*	Vin d'apéritif et de dessert, *Aperitif- und Dessert-Wein* Foie Gras *Ente-, Gänseleber*
Dôle (mélange de Pinot noir et de Gamay) *(Mischung aus Blauburgunder und Gamay)* (r)	robuste, ferme, bouqueté *robust, verschlossen, bukettreich*	Assiette valaisanne (viande séchée, jambon fromage) *Walliserteller (Trockenfleisch Schinken, Hobel-, und Bergkäse)*
Cornalin (r)	corsé, tanique *kräftig, gerbstoffhaltig*	Gibiers : cerf, chevreuil, sanglier *Wild : Hirsch, Reh, Wildschwein* Fromages – *Käse*
Humagne rouge	charnu, généreux *kernig, edel*	
VAUD (Waadt) (VD)		
Chasselas (b)	équilibré, fruité *ausgeglichen fruchtig*	Truite, brochet, perche ; Fondue (vacherin gruyère) *Forelle, Hecht, Egli, Käse-Fondue (Vacherin und Greyerzer)*
Pinot noir/Gamay en assemblage (r) *(Blauburgunder und Gamay in Zusammenstellung)*	harmonieux, velouté *harmonisch, samtig*	Viandes blanches, Papet vaudois (poireaux, p. de terre, saucissons) *helles Fleisch, Waadtländer Papet (Lauch, Kartoffeln, Würste)*

(*) (b) (w) : *blanc, weiss, bianco, white*   (r) : *rouge, rot, rosso, r*

Principaux cépages *Wichtigste Rebsorten* Principali vitigni *Main grape stock* *(*)*	Caractéristiques *Charakteristiken* Caratteristiche *Characteristics*	Mets et principales spécialités culinaires régionales *Gerichte und wichtigste regionale kulinarische Spezialitäten* Vivande e principali specialità culinarie regionali *Food and main regional culinary specialities*
ÜRICH (ZH)		
CHAFFHAUSEN (Schaffhouse) (SH)		
iesling-Sylvaner (w)	parfum délicat, léger, sec *feines Aroma, leicht, trocken*	Zuger Röteli (poisson du lac de Zug) *Zuger Röteli (Fisch aus dem Zugersee)*
auburgunder *Pinot noir*) (r)	léger, aromatique *leicht, aromatisch*	Cochonailles. *Deftige Wurstwaren* Eminicé de veau *Geschnetzeltes Kalbfleisch* Potée aux choux, *Zürcher Topf* *(verschiedene Fleischsorten mit Kohl)* Assiette bernoise (viandes diverses, choucroute, choux, haricots, pommes de terre) *Berner Platte (verschiedene Fleischsorten Sauerkraut, Kohl, Bohnen, Kartoffeln)*

(b) (w) : *blanc, weiss, bianco, white*   (r) : *rouge, rot, rosso, red*

Les étoiles _____

Die Sterne _____

Le stelle _____

The stars _____

L'agrément _____

Annehmlichkeit _____

Amenità e tranquillità _____

Peaceful atmosphere and
setting _____

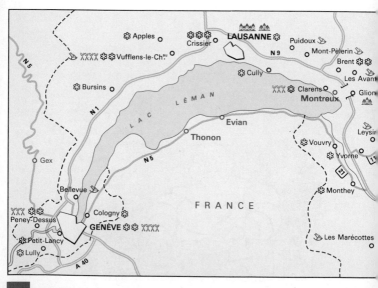

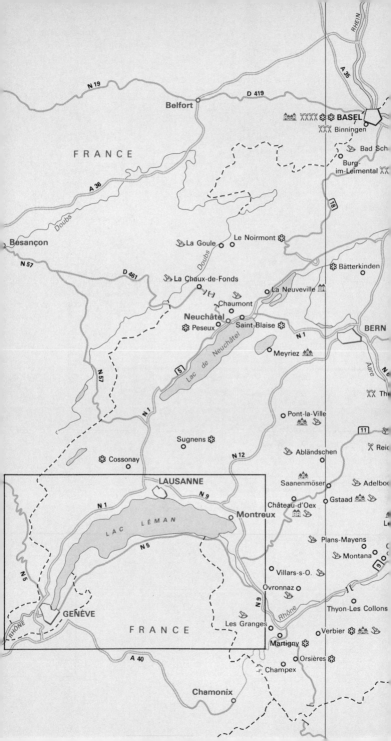

Villes

classées par ordre alphabétique

*Les renseignements sont exprimés dans la langue
principale parlée sur place.*

Städte

in alphabetischer Reihenfolge

Die Informationen sind in der lokalen Sprache angegeben.

Città

in ordine alfabetico

*Le informazioni sono indicati nella lingua che si parla in
prevalenza sul posto.*

Towns

in alphabetical order

Information is given in the local language.

Ausflugsziel : Schloss Hallwil★ über ③ : 18 km.

☞ Mittelland in Oberentfelden, ✉ 5036 (April - Okt.) ℰ 723 89 84, Fax 723 84 3
über ④ : 4 km ; ☞ in Schinznach Bad, ✉ 5116 (April - Okt.) ℰ 056/443 12 2
Fax 056/443 34 83, über ② : 16 km Richtung Brugg.

Lokale Veranstaltung
05.07 : "Maienzug", alter Brauch.

🛈 Verkehrsbüro, Bahnhofstr. 20, ℰ 824 76 24, Fax 824 77 50.

⊛ Rathausgasse 2, ℰ 822 39 33, Fax 822 45 73.

Ⓐ Vordere Vorstadt 8, ℰ 824 02 02, Fax 824 66 61.

♦Bern 78 ④ – ♦Basel 56 ① – ♦Luzern 47 ④ – ♦Zürich 47 ②.

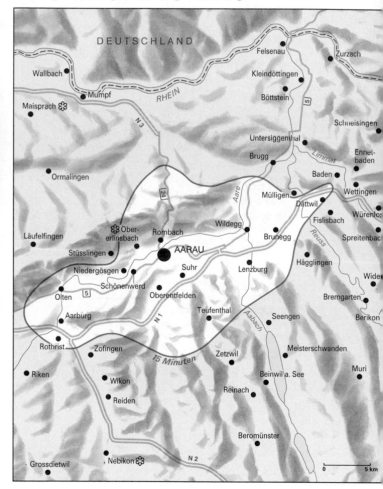

🏨 **Aarauerhof,** Bahnhofstr. 68, ✉ 5001, ℰ 837 83 00, Fax 837 84 00, 🍴 – 🛗 ↝ Zi
🍴 🗐 📺 ☎ 🚗 – 🛄 25/50. 🟦 ① 🅴 VISA JCB   B
General Herzog (Samstag - Sonntag, 26. - 30. Dez. und 8. Juli - 10. Aug. gesch
Menu 29.50 - 39 (mittags)/75 und à la carte 40/84 – **Grand Café :** **Menu** 19 und à
carte 32/74, Kinder 10 – **81 Zim** ⊐ 210/280.

AARAU

...gergasse	A 4	Aumattweg	B 3
...nengasse	A 13	Frey-Herose-	
...renzentorgasse	A 15	Strasse	B 6
...hausgasse	A 19	Güterstrasse	B 7
...rchengasse	A 27	Hintere	
...schen den Toren	A 31	Vorstadt	A 9
		Hunzikerstrasse	B 10
		Kirchgasse	A 12

Metzgergasse	A 16
Rain	A 18
Rössligutstrasse	B 21
Schachenallee	A 22
Schlossplatz	A 24
Sengelbachweg	B 25
Viehmarktplatz	A 28
Vordere Vorstadt	A 30

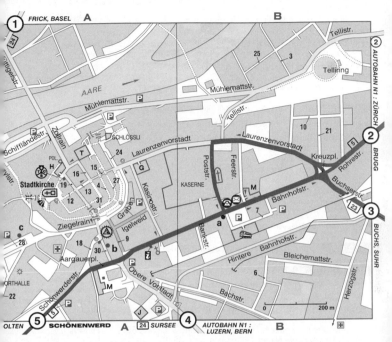

Chez Jeannette, Vordere Vorstadt 17 (1. Etage), ℘ 822 77 88, Fax 822 62 12, 🍴 – AE E VISA   A **b**
Sonntag - Montag und 15. Juli - 7. Aug. geschl. – **Menu** *33 -* 78/120 und à la carte 64/114.

Mürset, Schachen 18, ℘ 822 13 72, 🍴 – AE ➀ E VISA   A **c**
Menu *21 -* 59 (abends) und à la carte 33/94, Kinder 12.50.

in Obererlinsbach Nord-West : 4,5 km – ⊠ 5016 Obererlinsbach – ☎ 062 :

Hirschen mit Zim, Hauptstr. 125, ℘ 857 33 33, Fax 857 33 00, 🍴, 🌳 – 🛗 🍽 Rest 📺 ☎ 🅿 – 🔏 25. AE ➀ E VISA. 🌸
Weihnachten - Neujahr geschl. – **Menu** *25 -* 46 (mittags)/105 und à la carte 56/103 – **15 Zim** 😴 110/185.

in Rombach über ① : 1 km – ⊠ 5022 Rombach – ☎ 062 :

Basilea M, Bibersteinerstr. 4, ℘ 827 36 36, Fax 827 35 39, 🍴 – 🛗 ⇌ Zim 📺 video → ☎ 🚹 ⇌. AE ➀ E VISA
Menu *(Sonntag und 28. Juli - 11. Aug. geschl.)* 17.50 - 33 (mittags) und à la carte 43/87 – **26 Zim** 😴 110/210 – ½ P Zuschl. 30.

Non confondete :

    Confort degli alberghi   : 🏨🏨🏨 ... 🏠, 😊

    Confort dei ristoranti   : XXXXX ... X

    Qualità della tavola   : ✿✿✿, ✿✿, ✿

AARBERG 3270 Bern (BE) 216 ⑭ – 3 359 Ew. – Höhe 449 – ☎ 032.

Sehenswert : Stadtplatz★.

🛈 Verkehrsverein, Stadtplatz 48, ℰ 82 97 50.

◆Bern 19 – ◆Biel 15 – ◆Fribourg 36 – ◆Neuchâtel 35 – ◆Solothurn 31.

🏠 **Krone,** Stadtplatz 29, ℰ 82 25 88, Fax 82 49 52, 😤 – |🛠| 📺 ☎ ℗ – 🔏 25/250.
⓪ 🗜 𝚟𝚒𝚜𝚊
Menu 20.50 - 44 (mittags)/79 und à la carte 48/84 – **18 Zim** ⇌ 130/180 – ½ P Zusc
30.

🍴 **Bahnhof,** Bahnhofstr. 5, ℰ 82 48 88, 😤 – ℗. 🝂 ⓪ 🗜 𝚟𝚒𝚜𝚊 𝙹𝙲𝙱
Sonntag - Montag und Sept. geschl. – **Menu** (abends nur Menu) 16 - 50/95.

🍴 **Commerce,** Stadtplatz 20, ℰ 82 45 45, 😤 – 🝂 🗜 𝚟𝚒𝚜𝚊. 🎉
Sonntag - Montag, 27. Feb. - 6. März und 17. - 31. Juli geschl. – **Menu** (Tischb
stellung erforderlich) 15 - 50/95.

AARBURG 4663 Aargau (AG) 216 ⑯ – 5 843 Ew. – Höhe 395 – ☎ 062.

◆Bern 65 – ◆Aarau 18 – ◆Basel 53 – ◆Luzern 48 – ◆Solothurn 34.

🏠 **Krone,** Bahnhofstr. 52, ℰ 791 52 52, Fax 791 31 05, 😤, 😤𝘀 – 📺 ☎ 🚗 ℗
🔏 25/120. 🝂 ⓪ 🗜 𝚟𝚒𝚜𝚊 𝙹𝙲𝙱
4. - 20. Jan. und 20. Juli - 8. Aug. geschl. – **Menu** (Montag geschl.) 18 - 32/90 ur
à la carte 41/97 – **25 Zim** ⇌ 130/200 – ½ P Zuschl. 35.

Dans la plupart des hôtels, les chambres non réservées par écrit,
ne sont plus disponibles après 18 h

Si on doit arriver après 18 h, il convient de préciser
l'heure d'arrivée – mieux – d'effectuer une réservation par écrit.

L'ABBAYE Vaud 217 ② – voir à Joux (Lac de).

ABLÄNDSCHEN 1657 Bern (BE) 217 ⑤ – Höhe 1 310 – ☎ 029.

◆Bern 82 – ◆Montreux 64 – Bulle 29 – Gstaad 45 – Spiez 50.

🍴 **Croix-Blanche** 😤 mit Zim, ℰ 7 85 50, Fax 7 85 88, ≼, 😤, « Freiburger Bauernha
aus dem 19. Jh. », 😤𝘀 – 📺 ☎ ℗. 🝂 ⓪ 🗜 𝚟𝚒𝚜𝚊 𝙹𝙲𝙱. 🎉 Rest
18. Nov. - 20. Dez. geschl. – **Le Mignon** (Tischbestellung ratsam) (Montag aben
und Dienstag geschl.) **Menu** 54/110 und à la carte 50/91 – **Le Café** (Dienstag auss
Saison geschl.) **Menu** 18 und à la carte 39/67 – **18 Zim** ⇌ 85/160 – ½ P Zuschl. 4

ABTWIL 9030 St. Gallen (SG) 216 ㉑ – Höhe 658 – ☎ 071.

◆Bern 196 – ◆St. Gallen 6 – Bregenz 45 – ◆Frauenfeld 47 – Konstanz 36.

🏠 **Säntispark** 🅼, ℰ 32 15 75 (ab 03/96 : 311 85 75), Fax 31 49 91 (ab 03/96 : 311 85 7€
😤, 🌿 – |🛠| 🏊 Zim 📺 ☎ 🚗 ℗ – 🔏 25/120. 🝂 ⓪ 🗜 𝚟𝚒𝚜𝚊. 🎉 Rest
22. - 28. Dez. geschl. – **Gourmet :** **Menu** 32 (mittags)/78 und à la carte 50/98
Parkrestaurant : **Menu** 22 (mittags) und à la carte 30/71 – **72 Zim** ⇌ 165/240.

ADELBODEN 3715 Bern (BE) 217 ⑯ – 3 581 Ew. – Höhe 1 356 – Wintersport
1 356/2 350 m ⸝6 ⸝18 ⸝ – ☎ 033.

Sehenswert : Engstligenfälle★★★ – Lage★★.

Lokale Veranstaltung
10.08 - 11.08 : Drehorgelfestival.

🛈 Kur- und Verkehrsverein Adelboden, Dorfstr. 23, ℰ 73 80 80, Fax 73 42 52.

◆Bern 70 – Interlaken 49 – ◆Fribourg 104 – Gstaad 81.

🏠 **Parkhotel Bellevue** 😤, ℰ 73 16 21, Fax 73 41 73, ≼ Berge, 😤, 😤𝘀, 🔲, 🌿 – |
📺 ☎ ℗. 🎉 Rest
21. Dez. - 19. April und 16. Juni - 14. Okt. – **Menu** 48/68 (abends) und à la cart
43/88 – **40 Zim** ⇌ 135/310, 10 Suiten – ½ P Zuschl. 25.

🏠 **Grand Hotel Regina** 🅼, ℰ 73 42 82, Fax 73 38 82, ≼, 😤, 🎋, 😤𝘀 – |🛠| 🏊 Zim 🗜
☎ 🚗 ℗ – 🔏 25/60. 🝂 ⓪ 🗜 𝚟𝚒𝚜𝚊. 🎉 Rest
21. Dez. - 8. April und 15. Juni - 14. Okt. – **Menu** 65 (abends) und à la carte 31/6
– **91 Zim** ⇌ 170/360 – ½ P Zuschl. 20.

78

Viktoria Eden, 🕭 73 46 73, Fax 73 46 81, ≼ Berge, 🍽 – 🛗 📺 ☎ ⇔ – 🏛 150.
🝙 ⒶⒺ ⓪ Ⓔ 𝑽𝑰𝑺𝑨 𝙟𝙘𝙗
Dienstag, in April, Mai, Nov. auch Montag (ausser Hotel) und Juni geschl. – **Chez Romy :** Menu 42/95 und à la carte 60/91, Kinder 12 – **Dorfpintli :** Menu 15.50 und à la carte 28/66, Kinder 9 – **25 Zim** ⌧ 175/270 – ½ P Zuschl. 35.

Beau Site, 🕭 73 22 22, Fax 73 33 33, ≼ Berge, 🍽, 🛋, ≘s – 🛗 🕬 Zim 📺 ☎ ⇔
🅟 – 🏛 30. ⒶⒺ ⓪ Ⓔ 𝑽𝑰𝑺𝑨. 🕸 Rest
15. Dez. - 19. April und 2. Juni - 12. Okt. – **Gourmet :** Menu 55/88 und à la carte 46/87 – **Gaststube :** Menu à la carte 38/77 – **40 Zim** ⌧ 130/320 – ½ P Zuschl. 25.

Sporthotel Adler Ⓜ, 🕭 73 41 41, Fax 73 42 39, ≼, 🍽, 🛋, ≘s – 🛗 📺 ☎ 🅖 ⇔.
🝙 ⒶⒺ ⓪ Ⓔ 𝑽𝑰𝑺𝑨
17. Nov. - 13. April und 15. Mai - 19. Okt. – **Menu** (von April - Mitte Juni und Nov. - Mitte Dez. Dienstag geschl.) 15.50 und à la carte 28/80, Kinder 7.50 – **43 Zim** ⌧ 123/250 – ½ P Zuschl. 30.

Bären Ⓜ, 🕭 73 21 51, Fax 73 21 90, 🍽, ≘s – 🛗 📺 ☎ ⇔. ⒶⒺ ⓪ Ⓔ 𝑽𝑰𝑺𝑨
Juni und Mitte Nov. - Mitte Dez. geschl. – **Menu** (Donnerstag ausser Saison geschl.) 20- 31 und à la carte 31/83, Kinder 8 – **14 Zim** ⌧ 115/250 – ½ P Zuschl. 33.

ADLIGENSWIL 6043 Luzern (LU) 𝟮𝟭𝟲 ⑱ – 4 396 Ew. – Höhe 540 – ☎ 041.
Bern 117 – ◆Luzern 6 – ◆Aarau 53 – ◆Schwyz 33 – ◆Zug 30.

Rössli, Dorfstr. 1, 🕭 370 10 30, 🍽 – 🅟. ⒶⒺ Ⓔ 𝑽𝑰𝑺𝑨
Mittwoch abends - Donnerstag, 11. - 25. Feb. und 22. Juli - 4. Aug. geschl. – **Menu** 17.50- 58 und à la carte 43/90, Kinder 12.50.

AESCH 4147 Basel-Landschaft (BL) 𝟮𝟭𝟲 ④ – 9 396 Ew. – Höhe 318 – ☎ 061.
Bern 106 – ◆Basel 16 – ◆Delémont 32 – Liestal 26.

Nussbaumer, Klusstr. 178, 🕭 751 16 85, Fax 751 37 04, 🍽, « Schöne Lage in den Weinbergen » – 🅟. ⒶⒺ ⓪ Ⓔ 𝑽𝑰𝑺𝑨
Montag - Dienstag und 12. Feb. - 5. März geschl. – **Menu** 25 - 45/125 und à la carte 50/110.

AESCHI BEI SPIEZ Bern 𝟮𝟭𝟳 ⑦ – siehe Spiez.

AFFOLTERN AM ALBIS 8910 Zürich (ZH) 𝟮𝟭𝟲 ⑱ – 9 227 Ew. – Höhe 494 – ☎ 01.
Bern 121 – ◆Zürich 19 – ◆Aarau 43 – ◆Luzern 35 – ◆Schwyz 45.

La Fleur, Untere Bahnhofstr. 33, 🕭 761 62 82, Fax 761 84 49 – 🅟. ⒶⒺ Ⓔ 𝑽𝑰𝑺𝑨. 🕸
Dienstag mittags, Montag, 27. Feb. - 12. März und 20. Juli - 13. Aug. geschl. – **Menu** 49 (mittags)/105 und à la carte 74/113, Kinder 16 – **Rosengarten** (Brasserie) **Menu** 15.50 und à la carte 43/94, Kinder 12.

AGARN 3951 Wallis (VS) 𝟮𝟭𝟳 ⑯ ⑰ – 684 Ew. – Höhe 650 – ☎ 027.
Bern 179 – ◆Brig 27 – Aosta 125 – ◆Montreux 95 – ◆Sion 26.

Central, 🕭 63 14 47, Fax 63 44 94, 🍽 – 🛗 📺 ☎ 🅟. Ⓔ 𝑽𝑰𝑺𝑨
Menu (von Nov. - Mai Mittwoch geschl.) 17 und à la carte 28/69, Kinder 12 – **17 Zim** ⌧ 73/126 – ½ P Zuschl. 20.

AGARONE 6597 Ticino (TI) 𝟮𝟭𝟵 ⑧ – alt. 350 – ☎ 091.
Bern 257 – ◆Lugano 39 – ◆Bellinzona 11 – ◆Locarno 14.

Della Posta, 🕭 859 12 42, 🍽 – Ⓔ 𝑽𝑰𝑺𝑨
chiuso mercoledì – **Pasto** (coperti limitati - prenotare) 16 - 43/65 ed à la carte 40/68, bambini 9.

Grotto Romitaggio, 🕭 859 15 77, Fax 859 16 00, 🍽, Grotto ticinese, « Terrazza panoramica » – 🅟. ⒶⒺ Ⓔ 𝑽𝑰𝑺𝑨. 🕸
chiuso lunedì e dal 1° gennaio al 3 marzo – **Pasto** 18 - 40/69 ed à la carte 43/78.

AGIEZ Vaud 𝟮𝟭𝟳 ③ – rattaché à Orbe.

AGNO Ticino 𝟮𝟭𝟵 ⑧ – vedere Lugano.

AIGLE 1860 Vaud (VD) 2|17 ⑭ – 7 702 h. – alt. 417 – ✪ 025.

↑₁₈ ✎ 26 46 16, Fax 27 10 47.

♦Bern 100 – ♦Montreux 16 – Evian-les-Bains 37 – ♦Lausanne 42 – ♦Martigny 32.

🏨 **Nord,** 4 r. Colomb, ✎ 26 10 55, Fax 26 42 48 – |≋| 📺 ☎ – 🅰 25. 🖭 ⓞ 🝙 𝘝𝘐𝘚𝘈
↠ **Repas** *(fermé dim.) 18* et à la carte 33/66 – **19 ch** ⌥ 90/180 – ½ P suppl. 25.

AIROLO 6780 Ticino (TI) 2|18 ⑪ – 1 886 ab. – alt. 1 142 – Sport invernali : 1 142/2 065
↗2 ↙5 ⤢ – ✪ 091.

Dintorni : Strada★★ del passo della Novena Ovest – Strada★ del San Gottardo Nord vers
Andermatt e Sud-Est verso Giornico.

🅳 Ente Turistico, ✎ 869 15 33, Fax 869 26 42.

♦Bern 188 – Andermatt 26 – ♦Bellinzona 60 – ♦Brig 73.

🏨 **Forni,** ✎ 869 12 70, Fax 869 15 23, ≼ – |≋| 📺 ☎ – 🅰 40. 🖭 ⓞ 🝙 𝘝𝘐𝘚𝘈 𝘑𝘊𝘉. ⊛ ri
↠ *chiuso dal 6 novembre al 12 dicembre* – **Pasto** *(chiuso mercoledì da gennaio a
aprile) 18-* 37 (mezzogiorno)/70 ed à la carte 35/77, bambini 11.50 – **19 ca**
⌥ 80/160 – ½ P sup. 25.

ALBINEN Wallis 2|17 ⑯ – siehe Leukerbad.

ALDESAGO Ticino 2|19 ⑧ – vedere Lugano.

ALLAMAN Vaud 2|17 ⑫ – rattaché à Rolle.

ALLSCHWIL 4123 Basel-Landschaft (BL) 2|16 ④ – 18 742 Ew. – Höhe 287 – ✪ 061.

♦Bern 106 – ♦Basel 6 – Belfort 62 – ♦Delémont 48 – ♦Olten 52.

🏨 **Rössli,** Dorfplatz 1, ✎ 481 11 55, Fax 481 85 45 – ☎ ⓟ. 🖭 ⓞ 🝙 𝘝𝘐𝘚𝘈
↠ **Menu** *18.50-* 42 (mittags) und à la carte 40/88, Kinder 15 – **23 Zim** ⌥ 135/190.

XX **Mühle,** Mühlebachweg 41, ✎ 481 33 70, 🏠, Ehemalige Getreidemühle aus der
↠ 19. Jh., « Original Mahlwerk » – ⓟ. 🝙 𝘝𝘐𝘚𝘈 ⊛
Sonntag - Montag und über Fasnacht zwei Wochen geschl. – *Gourmet :* Menu 5
(mittags)/90 und à la carte 60/99 – *Buurestube :* Menu *18.50* und à la carte 50/9

ALTDORF 6460 🅺 Uri (UR) 2|18 ① – 8 206 Ew. – Höhe 462 – ✪ 044 (ab 03/96 : 041

Sehenswert : Telldenkmal und Museum.

🅳 Verkehrsverein, ✎ 2 28 88 (ab 03/96 : 870 28 88), Fax 2 02 88 (ab 03/96
870 02 88).

🅱 Bahnhofstr. 1, ✎ 2 47 41 (ab 03/96 : 870 47 41), Fax 2 73 93 (ab 03/96
870 73 93).

♦Bern 153 – ♦Luzern 40 – Andermatt 24 – ♦Chur 113 – Interlaken 91 – ♦Zürich 71.

XX **Kreuz,** Vorstadt 1, ✎ 2 26 67 (ab 03/96 : 870 26 67), 🏠 – ⓟ. 🖭 ⓞ 🝙 𝘝𝘐𝘚𝘈
↠ *Sonntag, Feiertage, 3. - 17. März und 20. Juli - 11. Aug. geschl.* – **Menu** (1. Etage
16.50- 39 (mittags)/70 und à la carte 40/79.

ALTENDORF 8852 Schwyz (SZ) 2|16 ⑲ – 4 048 Ew. – Höhe 412 – ✪ 055.

♦Bern 164 – ♦Zürich 39 – Glarus 35 – Rapperswil 7 – ♦Schwyz 34.

XX **Seehotel Hecht,** ✎ 63 53 66 (ab 03/96 : 442 53 66), Fax 63 63 84 (ab 03/96
442 63 84), ≼ Zürichsee, 🏠, Riegelhaus am See, 🛥 – ⓟ. 🖭 ⓞ 🝙 𝘝𝘐𝘚𝘈
Menu *23-* 46 (mittags)/98 und à la carte 47/115.

ALTNAU 8595 Thurgau (TG) 2|16 ⑩ – 1 556 Ew. – Höhe 409 – ✪ 072 (ab 03/96 : 071

♦Bern 204 – ♦St. Gallen 31 – Arbon 18 – Bregenz 49 – ♦Frauenfeld 37 – Konstanz 12 – ♦Winterthur 54

XXX ✿ **Urs Wilhelm's Rest.** Ⓜ ⊗ mit Zim, im Schäfli, ✎ 65 18 47 (ab 03/96 : 695 18 47
Fax 65 31 05 (ab 03/96 : 695 31 05), 🏠 – 📺 ☎ ⓟ. 🖭 𝘝𝘐𝘚𝘈
Donnerstag mittags, Mittwoch und Mitte Jan. - Mitte Feb. geschl. – **Menu** (Tisch
bestellung ratsam) 54 (mittags)/125 und à la carte 68/134 – **4 Zim** ⌥ 165/235
Spez. Bodensee Fische. Curry Spezialitäten mit Langustinen und Poularde. Schokoladen
schaum und Vanille Glacé aus der Trommel.

ALT ST. JOHANN 9656 St. Gallen (SG) 216 ㉑ – 1 461 Ew. – Höhe 890 – Wintersport : 4/1 620 m ⚡5 ⚡ – ✪ 074 (ab 03/96 : 071).

🛈 Verkehrsbüro, Hauptstrasse, ℰ 5 18 88 (ab 03/96 : 999 18 88), Fax 5 18 33 (ab 03/96 : 99 18 33).

Bern 215 – ◆St. Gallen 53 – Bregenz 57 – ◆Chur 63 – ◆Zürich 83.

🏠 **Schweizerhof,** ℰ 5 11 21 (ab 03/96 : 999 11 21), Fax 5 90 28 (ab 03/96 : 999 90 28), 🌤 – 🛗 ☎ 🅿. 🅴 𝑉𝐼𝑆𝐴
    9. April - 11. Mai und 28. Okt. - 22. Dez. geschl. – **Menu** à la carte 42/90 – **25 Zim** ⚏ 80/160 – ½ P Zuschl. 25.

🏠 **Rössli,** ℰ 5 24 60 (ab 03/96 : 999 24 60), Fax 5 22 40 (ab 03/96 : 999 22 40), 🌤 – ☎ 🅿. 🆎 ⓞ 🅴 𝑉𝐼𝑆𝐴
    11. - 22. Dez. und 9. April - 5. Mai geschl. – **Menu** *(Mittwoch geschl.)* 25 und à la carte 42/91 – **15 Zim** ⚏ 80/180 – ½ P Zuschl. 20.

♨ **Hirschen,** ℰ 5 12 71 (ab 03/96 : 999 12 71), 🌤 – 🅿. ⓞ 🅴 𝑉𝐼𝑆𝐴
    In der Zwischensaison Montag - Dienstag, Mai und Nov. geschl. – **Menu** *16.50* und à la carte 26/56, Kinder 9.50 – **12 Zim** ⚏ 58/126 – ½ P Zuschl. 20.

ALTSTÄTTEN 9450 St. Gallen (SG) 216 ㉒ – 10 028 Ew. – Höhe 464 – ✪ 071.

🛈 Verkehrsbüro, Rathaus, ℰ 76 77 11 (ab 03/96 : 757 77 11), Fax 76 77 22 (ab 03/96 : 57 77 22).

Bern 234 – ◆St. Gallen 25 – Bregenz 26 – Feldkirch 20 – Konstanz 61.

🍴🍴 **Frauenhof,** Marktgasse 56, ℰ 75 16 37 (ab 03/96 : 755 16 37), 🌤 – 🅴 𝑉𝐼𝑆𝐴
    Sonntag - Montag, 3. - 20. Jan. und 20. Juli - 10. Aug. geschl. – **Rest. Français** (1. Etage) **Menu** 46 (mittags) und à la carte 64/102 – **Bistro : Menu** *19.50* - 38 und à la carte 38/67.

AMDEN 8873 St. Gallen (SG) 216 ㉔ – 1 416 Ew. – Höhe 935 – Wintersport : 908/1 700 m 5 ⚡ – ✪ 058 (ab 03/96 : 055).

🛈 Verkehrsbüro, ℰ 46 14 13 (ab 03/96 : 611 14 13), Fax 46 17 06 (ab 03/96 : 611 17 06).

Bern 192 – ◆St. Gallen 66 – Chur 69 – Feldkirch 70 – ◆Luzern 93 – ◆Zürich 67.

🏠 **Bellevue** 🏠, Süd-West : 2 km Richtung Weesen, ℰ 46 11 57 (ab 03/96 : 611 11 57), Fax 46 16 12 (ab 03/96 : 611 16 12), ≼ Walensee und Berge, 🌤, 𝐹ᵇ, ≋ᵇ, 🏊, 🎾 – 🛗 📺 ☎ ⇦ 🅿. 🆎 ⓞ 🅴 𝑉𝐼𝑆𝐴. 🍴 Rest
    15. Nov. - 15. Jan. geschl. – **Menu** 20 und à la carte 28/70 – **30 Zim** ⚏ 100/190 – ½ P Zuschl. 30.

    im Arfenbühl Ost : 4 km – ✉ 8873 Amden – ✪ 058 (ab 03/96 : 055) :

🏠 **Arvenbüel** 🏠, ℰ 46 12 86 (ab 03/96 : 611 12 86), Fax 46 21 01 (ab 03/96 : 611 21 01), ≼, 🌤, 🎾 ⇦ 🅿. 🆎 ⓞ 🅴 𝑉𝐼𝑆𝐴. 🍴 Zim
    9. - 26. April und 1. - 21. Dez. geschl. – **Menu** 39 und à la carte 36/77, Kinder 9.50 – **21 Zim** ⚏ 112/192 – ½ P Zuschl. 37.

AMRISWIL 8580 Thurgau (TG) 216 ⑩ – 10 279 Ew. – Höhe 437 – ✪ 071.

🛈 Verkehrsbüro, Arbonerstr. 2, ℰ 68 12 32 (ab 03/96 : 414 11 11), Fax 68 11 55 (ab 03/96 : 14 11 55).

Bern 203 – ◆St. Gallen 19 – Bregenz 41 – Konstanz 22 – ◆Winterthur 53.

🍴🍴 **Hirschen** mit Zim, Weinfelderstr. 80, ℰ 67 79 71 (ab 03/96 : 411 79 71), Fax 67 79 75 (ab 03/96 : 411 79 75), 🌤 – 📺 ☎ 🅿. 🆎 ⓞ 🅴 𝑉𝐼𝑆𝐴
    Sonntag abends - Montag, 1. - 15. Jan. und 14. Juli - 5. Aug. geschl. – **Menu** 49 (mittags)/103 und à la carte 61/108 – **8 Zim** ⚏ 65/150.

ANDEER 7440 Graubünden (GR) 218 ⑭ – 593 Ew. – Höhe 983 – ✪ 081 – Kurort.

🛈 Verkehrsverein, ℰ 61 18 77 (ab 04/96 : 661 18 77), Fax 61 10 80 (ab 04/96 : 661 10 80).

Bern 279 – St. Moritz 74 – Andermatt 107 – ◆Bellinzona 80 – ◆Chur 37.

🏠 **Post,** ℰ 61 11 26 (ab 04/96 : 661 11 26), 🌤, 🎾 – 🅿. 🅴 𝑉𝐼𝑆𝐴
    Dienstag (ausser Mitte Juni - Mitte Okt.) und Ende Nov. - Weihnachten geschl. – **Menu** 20 und à la carte 32/69 – **15 Zim** ⚏ 80/140 – ½ P Zuschl. 20.

ANDERMATT **6490** Uri (UR) 🟦🟦🟦 ① – 1 488 Ew. – Höhe 1 438 – Wintersport
1 444/2 963 m ⛷2 ⛷7 ⛷ – ☺ 044 (ab 03/96 : 041).

Sehenswert : Lage★.

Ausflugsziel : Göscheneralpsee★★ Nord : 15 km – Schöllenen★★ Nord : 3 km.

Lokale Veranstaltung
10.03 - 11.03 : Internationales Schlittenhunderennen.

🚂 Andermatt - Sedrun, Information 𝒫 6 72 20 (ab 03/96 : 887 12 20).

🖪 Verkehrsbüro, Gotthardstr.2, 𝒫 6 74 54 (ab 03/96 : 887 14 54), Fax 6 81 85 (ab 03/96
887 01 85).

◆Bern 173 – Altdorf 24 – ◆Bellinzona 84 – ◆Chur 89 – Interlaken 91.

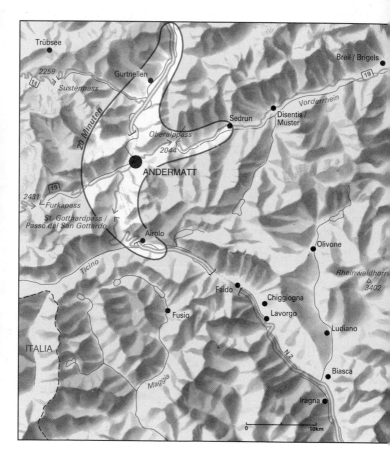

🏠 **3 Könige und Post,** 𝒫 6 72 03 (ab 03/96 : 887 00 01), Fax 6 76 66 (ab 03/96
887 16 66), 🍴, 🍴s – 📺 ☎ 🅿. 🄰🄴 ① 🄴 𝓥𝓘𝓢𝓐, 🍴 Rest
20. Dez. - 8. April und 11. Mai - 19. Okt. – **Menu** *22* und à la carte 32/109, Kinder 1
– **21 Zim** ☑ 110/220 – ½ P Zuschl. 35.

🏠 **Monopol-Metropol,** 𝒫 6 75 75 (ab 03/96 : 887 15 75), Fax 6 79 23 (ab 03/96
887 19 23), 🍴, 🎿 – 📶 ☎ 🅿. 🄰🄴 ① 🄴 𝓥𝓘𝓢𝓐
21. Dez. - 13. April und 17. Mai - 12. Okt. – **Menu** *19* und à la carte 46/82, Kinder
– **33 Zim** ☑ 110/220, 4 Suiten – ½ P Zuschl. 35.

🔲 **Zur Sonne,** ℘ 6 72 26 (ab 03/96 : 887 12 26), Fax 6 86 26 (ab 03/96 : 887 06 26), 🏠,
◆ ⬛ – 🍴 📺 ☎ 🅿. 🆎 E 𝘝𝘐𝘚𝘈
22. April - 31. Mai und 2. Nov. - 20. Dez. geschl. – **Menu** *16.50* und à la carte 37/85
– **19 Zim** ⊑ 95/170 – ½ P Zuschl. 32.

🔲 **Badus,** ℘ 6 72 86 (ab 03/96 : 887 12 86), Fax 6 83 38 (ab 03/96 : 887 03 38), 🏠 –
◆ 🍴 ☎ 🅿. 🆎 ⓪ E 𝘝𝘐𝘚𝘈
15. Dez. - 12. Mai und 11. Juni - 13. Okt. – **Menu** *20* - 35 und à la carte 35/62,
Kinder 10 – **23 Zim** ⊑ 85/150 – ½ P Zuschl. 25.

APPENZELL 9050 Ⓚ Appenzell Innerrhoden (AI) 216 ㉑ – 5 373 Ew. – Höhe 789 – 🕓 071.

Ausflugsziel : Hoher Kasten★★ : Panorama★★ Süd-Ost : 7 km und Luftseilbahn
– Ebenalp★★ : Seealpsee★★ Süd : 7 km und Luftseilbahn.

Lokale Veranstaltung
28.04 : Landsgemeinde.

🛈 Appenzell Tourismus, Hauptgasse 4, ℘ 87 96 41 (ab 03/96 : 788 96 41),
Fax 87 96 49 (ab 03/96 : 788 96 49).

Bern 218 – ◆St. Gallen 20 – Bregenz 41 – Feldkirch 35 – Konstanz 57.

🏨 **Säntis,** Landsgemeindeplatz, ℘ 87 87 22 (ab 03/96 : 787 87 22), Fax 87 48 42 (ab
03/96 : 787 48 42), 🏠, « Appenzeller Holzfassade » – 🍴 📺 ☎ ⅋ – 🖼 30. 🆎 ⓪
E 𝘝𝘐𝘚𝘈 JCB
15. Jan. - 28. Feb. geschl. – **Menu** (1. Etage) *25* - 58/95 und à la carte 50/102 –
Landsgemeindestube *(in Winter Mittwoch - Donnerstag geschl.)* **Menu** *25* und à la
carte 30/89 – **32 Zim** ⊑ 160/260 – ½ P Zuschl. 35.

🏨 **Appenzell,** Landsgemeindeplatz, ℘ 87 42 11 (ab 03/96 : 787 42 11), Fax 87 42 84 (ab
◆ 03/96 : 787 42 84), 🏠 – 🍴 📺 ☎ 🅿. 🆎 ⓪ E 𝘝𝘐𝘚𝘈 JCB
9. Nov. - 2. Dez. geschl. – **Menu** *(Dienstag mittags geschl.)* *19* und à la carte 26/60,
Kinder 8.50 – **16 Zim** ⊑ 120/200 – ½ P Zuschl. 30.

🏠 **Hecht,** Hauptgasse 9, ℘ 87 10 26, (ab 03/96 : 787 10 26) Fax 87 10 47, (ab 03/96 :
787 10 47) – 🍴 ☎ – 🖼 30. 🆎 ⓪ E 𝘝𝘐𝘚𝘈 JCB
März geschl. – **Menu** *30* und à la carte 41/94, Kinder 11 – **38 Zim** ⊑ 120/200 –
½ P Zuschl. 38.

in Weissbad Süd-Ost : 4 km – ✉ 9057 Weissbad – 🕓 071 :

🏨 **Hof Weissbad** Ⓜ, ℘ 88 80 80 (ab 03/96 : 798 80 80), Fax 88 80 90 (ab 03/96 :
798 80 90), 🏠, Park, 🛠, ⬛, 🏊, ⚡, ❀ – 🍴 📺 ☎ ⅋ ⇔ 🅿 – 🖼 35. 🆎 E 𝘝𝘐𝘚𝘈
JCB. ❀ Rest
Schotte-Sepp Stube : **Menu** *25* - 55 und à la carte 40/87 – **78 Zim** ⊑ 205/350 –
½ P Zuschl. 30.

Süd-West : 4 km – ✉ 9050 Appenzell – 🕓 071 :

🏠 **Kaubad** ⊗, ℘ 87 48 44 (ab 03/96 : 787 48 44), Fax 87 15 53 (ab 03/96 : 787 15 53),
≤, 🏠, ⬛, ⬛, ⚡ – ☎ 🅿. 🆎 ⓪ E 𝘝𝘐𝘚𝘈
Montag und Jan. geschl. – **Menu** à la carte 25/75, Kinder 10 – **18 Zim** ⊑ 95/170 –
½ P Zuschl. 35.

APPLES 1143 Vaud (VD) 217 ② – 1 016 h. – alt. 642 – 🕓 021.
Bern 128 – ◆Lausanne 24 – ◆Genève 50 – Pontarlier 64 – ◆Yverdon-les-Bains 48.

XXX ❀ **Aub. de la Couronne** (Joseph) avec ch, ℘ 800 31 67, Fax 800 53 28, 🏠 – 📺 ☎.
🆎 E 𝘝𝘐𝘚𝘈
fermé 1er au 8 janv. et 21 juil. au 21 août – **Repas** *(fermé lundi et mardi)* 45 (midi)/135
et à la carte 95/125 – ⊑ 15 – **5 ch** 115/140
Spéc. Panaché de volaille et foie gras au Sauternes. Farci de pâte fraîche aux cuisses de
grenouilles et morilles (printemps). Rognonnade de râble de lapereau au basilic (été).

ARAN 1603 Vaud (VD) 217 ⑬ – alt. 468 – 🕓 021.
Bern 98 – ◆Lausanne 5 – ◆Montreux 18 – ◆Yverdon-les-Bains 42.

X **Guillaume Tell,** 5 rte de la Petite Corniche, ℘ 799 11 84, Fax 799 11 84, 🏠 – 🆎 E 𝘝𝘐𝘚𝘈
fermé 1er. au 15 janv., 20 juil. au 10 août, dim. et lundi – **Repas** *26* - 46 (midi)/95
et à la carte 53/100.

ARBON **9320** Thurgau (TG) 216 ⑩ – 12 804 Ew. – Höhe 399 – ☎ 071.

Lokale Veranstaltung

29.06 - 01.07 : Seenachtfest.

ℹ Verkehrsverein, Bahnhofstr. 40, ✆ 46 33 37 (ab 03/96 : 446 33 37), Fax 46 33 36 (ab 03/9 446 33 36).

♦Bern 212 – ♦St. Gallen 14 – Bregenz 32 – ♦Frauenfeld 45 – Konstanz 27.

Metropol Ⓜ, Bahnhofstr. 49, ✆ 46 35 35 (ab 03/96 : 446 35 35), Fax 46 47 01 (03/96 : 446 47 01), ≤, ☂, ≘, ⛱, ⚓ – ⫼ TV ☎ Ⓟ – 🕴 25/50. AE ⓓ VISA
22. - 29. Dez. geschl. – ***Bel Etage*** (1. Etage) **Menu** à la carte 46/96, Kinder 7.50 ***Bistro :*** **Menu** *21* und à la carte 27/70, Kinder 7.50 – **42 Zim** ☕ 150/230 – ½ P Zusc 35.

Seegarten Ⓜ 🐴, Seestr. 66, ✆ 46 57 57 (ab 03/96 : 446 57 57), Fax 46 39 03 (03/96 : 446 39 03), ☂, ≘, ☂ – ⫼ TV ☎ 🚗 Ⓟ. AE ⓓ E VISA
1. - 15. Jan. geschl. – **Menu** *24* und à la carte 28/90, Kinder 10 – **42 Zim** ☕ 140/2 – ½ P Zuschl. 30.

✕✕ **Frohsinn** mit Zim, Romanshornerstr. 15, ✆ 46 10 46 (ab 03/96 : 446 10 4 Fax 46 41 42 (ab 03/96 : 446 41 42), ≤, ☂, Hausbrauerei – TV ☎ Ⓟ – 🕴 30. AE E VISA
Frohsinnstube *(Sonntag - Montag und 14. Juli - 11 Aug. geschl.)* **Menu** (mittags)/85 und à la carte 42/89 – ***Braukeller :*** **Menu** *13.50* und à la carte 30/ – **14 Zim** ☕ 115/175.

ARDON **1957** Valais (VS) 217 ⑮ – 2 129 h. – alt. 488 – ☎ 027.

♦Bern 160 – ♦Martigny 21 – ♦Montreux 59 – ♦Sion 9.

Relais du Petit Bourg Ⓜ, ✆ 86 86 00 (rest. 86 74 74), Fax 86 86 01, ☂ – ⫼ TV Ⓟ – 🕴 25/100. AE ⓓ E VISA
Repas *(fermé dim. soir)* *15* et à la carte 43/69, enf. 9 – **30 ch** ☕ 80/160 – ½ P sup 28.

ARFENBÜHL St. Gallen 216 ⑳ – siehe Amden.

ARLESHEIM **4144** Basel-Landschaft (BL) 216 ④ – 8 171 Ew. – Höhe 330 – ☎ 061.

Sehenswert : Stiftskirche★.

♦Bern 103 – ♦Basel 7 – ♦Baden 68 – ♦Olten 49 – ♦Solothurn 72.

Zum Ochsen Ⓜ 🐴, Ermitagestr. 16, ✆ 706 52 00, Fax 706 52 54 – ⫼ ⇔ Zim ☎ 🚗 – 🕴 25/40. AE ⓓ E VISA. ✂ Rest
Menu *24* - 58 (mittags)/98 und à la carte 46/122 – **35 Zim** ☕ 225/340.

ARNEGG **9212** St. Gallen (SG) 216 ㉑ – Höhe 621 – ☎ 071.

♦Bern 200 – ♦St. Gallen 15 – Bregenz 51 – ♦Frauenfeld 38 – Konstanz 33.

✕✕ **Ilge** Ⓜ mit Zim, ✆ 85 67 67, Fax 85 67 64, ☂, Taverne aus dem 17. Jh. – TV ☎ – **14 Zim**.

AROLLA **1986** Valais (VS) 219 ③ – alt. 1 998 – Sports d'hiver : 2 003/2 889 m ⛷5 – ☎ 027.

ℹ Office du Tourisme, ✆ 83 10 83, Fax 83 22 70.

♦Bern 192 – ♦Brig 90 – ♦Martigny 69 – ♦Montreux 108 – ♦Sion 39.

du Pigne, ✆ 83 11 65, Fax 83 14 64, ≤, ☂ – TV ☎ Ⓟ. AE ⓓ E VISA. ✂ rest
20 déc. - 31 mai et 15 juin - 30 oct. – **Repas** *(fermé merc. hors saison)* *14* - 40 à la carte 29/82, enf. 13 – **10 ch** ☕ 80/170 – ½ P suppl. 30.

du Glacier, ✆ 83 12 18, Fax 83 14 78, ≤ – TV Ⓟ. AE E VISA
fermé 6 nov. au 15 déc., 15 au 30 mai et lundi (sauf saison) – **Repas** *14* - 19/40 à la carte 24/67, enf. 8 – **19 ch** ☕ 47/118 – ½ P suppl. 19.

Gute Küchen
haben wir durch
✿, ✿✿ oder ✿✿✿ kenntlich gemacht.

ROSA 7050 Graubünden (GR) 🗺️🔢 ⑤ – 2 466 Ew. – Höhe 1 742 – Wintersport :
⁹9/2 653 m ✂2 ✂14 ⅍ – ✿ 081.

…enswert : Lage★★★ – Weisshorn★★ mit Seilbahn.

…sflugziel : Strasse von Arosa nach Chur★ ; Strasse durch das Schanfigg★.

Juni - Mitte Okt.) 𝄞 31 22 15 (ab 04/96 : 377 22 15), Fax 31 46 77 (ab 04/96 : 377 46 77).

…ale Veranstaltung
…ang Dezember : Humor-Festival.

…urverein, 𝄞 31 51 51 (ab 04/96 : 377 51 51), Fax 31 31 35 (ab 04/96 : 377 31 35).

…rn 278 – ◆Chur 31 – ◆Davos 102 – St. Moritz 119.

Tschuggen Grand Hotel 🏩, 𝄞 31 02 21 (ab 04/96 : 377 02 21), Fax 31 41 75 (ab 04/96 : 377 41 75), ≤ Arosa und Berge, ⊆s, 🔲, – 📶 📺 ☎ ⅋ ⇔ 🅿. 🆎 Ɇ 𝗩𝗜𝗦𝗔.
🞿 Rest
9. Dez. - 9. April – **La Vetta** - *italienische Küche* - *(nur Abendessen)* **Menu** 95 und à
la carte 59/104 – **Bündnerstube** *(nur Abendessen)* **Menu** 65 und à la carte 32/84 –
136 Zim ⊆ 405/710, 4 Suiten – ½ P Zuschl. 30.

Arosa Kulm, 𝄞 31 01 31 (ab 04/96 : 377 01 31), Fax 31 40 90 (ab 04/96 : 377 40 90),
≤, 🍽️, ⊆s, 🔲, 🞿 – 📶 📺 ☎ ⅋ – 🅿 60. 🆎 ⓞ Ɇ 𝗩𝗜𝗦𝗔. 🞿 Rest
9. Dez. - 14. April und 15. Juni - 15. Sept. – **Menu** à la carte 28/77 **Ahaan Thaï** *(nur
Abendessen) (9. Dez. - 14. April geöffnet ; Sonntag geschl.)* **Menu** à la carte 47/106
– **Taverne** *(nur Abendessen)* **Menu** 22 - 39 und à la carte 36/106, Kinder 9 – **137 Zim**
⊆ 345/700, 5 Suiten – ½ P Zuschl. 30.

Waldhotel National 🏩, 𝄞 31 13 51 (ab 04/96 : 377 13 51), Fax 31 32 10 (ab 04/96 :
377 32 10), ≤ Arosa und Berge, 🍽️, ⊆s, 🔲, 🌿 – 📶 ⇌ Rest 📺 ☎ 🅿 – 🅿 25/140.
🆎 ⓞ Ɇ 𝗩𝗜𝗦𝗔. 🞿 Rest
3. Dez. - 7. April und 30. Juni - 20. Sept. – **Kachelofen-Stübli** *(im Sommer von Montag
- Donnerstag geschl.)* **Menu** 24 - 34 (mittags)/98 und à la carte 61/129 – **83 Zim**
⊆ 215/520, 5 Suiten – ½ P Zuschl. 25.

Parkhotel Arosa 🏩, 𝄞 31 01 65 (ab 04/96 : 377 01 65), Fax 31 44 74 (ab 04/96 :
377 44 74), ≤ Arosa und Berge, ⊆s, 🔲, 🞿 – 📶 📺 ☎ ⅋ ⇔ 🅿 – 🅿 60. 🆎 ⓞ
Ɇ 𝗩𝗜𝗦𝗔. 🞿 Rest
21. Dez. - 9. April und 16. Aug. - 29. Sept. – **Menu** *(im Sommer mittags geschl.)* à
la carte 42/99, Kinder 10 – **97 Zim** ⊆ 230/620, 3 Suiten – ½ P Zuschl. 15.

Valsana, 𝄞 31 02 75 (ab 04/96 : 377 02 75), Fax 31 41 59 (ab 04/96 : 377 41 59),
🍽️, ⊆s, 🔲, 🔲, 🌿, 🞿 – 📶 📺 video ☎ 🅿 – 🅿 25/100. 🆎 ⓞ Ɇ 𝗩𝗜𝗦𝗔.
🞿 Rest
2. Dez. - Mitte April und Mitte Juni - 30. Sept. – **Menu** *(nur ½ Pens. für Hotelgäste)
(mittags geschl.)* – **86 Zim** ⊆ 240/450 – ½ P Zuschl. 25.

Posthotel, 𝄞 31 01 21 (ab 04/96 : 377 01 21), Fax 31 40 43 (ab 04/96 : 377 40 43),
🍽️, 🛗, ⊆s – 📶 📺 ☎ 🅿. 🆎 ⓞ Ɇ 𝗩𝗜𝗦𝗔. 🞿 Rest
Mai und Nov. geschl. – **Grill zur Alten Post :** **Menu** 18.50 - 26 (mittags)/40 und à la
carte 46/103 – **Peking** - *chinesische Küche* - *(von Juli - Okt. Montag - Mittwoch, Mai,
Juni und Nov. geschl.) (nur Abendessen)* **Menu** 45/95 und à la carte 47/68 – **62 Zim**
⊆ 170/450, 3 Suiten – ½ P Zuschl. 35.

Excelsior 🏩, 𝄞 31 16 61 (ab 04/96 : 377 16 61), Fax 31 16 64 (ab 04/96 : 377 16 64),
≤ Berge und Arosa, ⊆s, 🔲 – 📶 📺 ☎ 🅿. 🞿 Rest
22. Dez. - 14. April – **Menu** à la carte 50/89 – **78 Zim** ⊆ 220/360, 5 Suiten –
½ P Zuschl. 50.

Prätschli 🏩, *auf dem Prätschli, Nord :* 4 km, 𝄞 31 18 61 (ab 04/96 : 377 18 61),
Fax 31 11 48 (ab 04/96 : 377 11 48), ≤ Berge, 🛗, ⊆s – 📶 📺 ☎ 🅿. 🆎 ⓞ Ɇ 𝗩𝗜𝗦𝗔
17. Dez. - 14. April – **Menu** 22 - 38/65 und à la carte 43/100, Kinder 12 – **94 Zim**
⊆ 219/464 – ½ P Zuschl. 20.

Hof Maran 🏩, *in Maran, Nord :* 2 km, 𝄞 31 01 85 (ab 04/96 : 377 01 85), Fax 31 45 28
(ab 04/96 : 377 45 28), ≤ Berge, 🍽️, 🛗, ⊆s, 🌿, 🞿 – 📶 📺 ☎ ⅋ 🅿 – 🅿 30. 🆎
ⓞ Ɇ 𝗩𝗜𝗦𝗔. 🞿 Rest
8. Dez. - 8. April und 15. Juni - 6. Okt. – **Veranda** *(nur Abendessen)* **Menu** 26 und
à la carte 46/92 – **Maraner Stube :** **Menu** 23 und à la carte 29/61 – **59 Zim** ⊆ 210/410
– ½ P Zuschl. 20.

Cristallo, 𝄞 31 22 61 (ab 04/96 : 377 22 61), Fax 31 41 40 (ab 04/96 : 377 41 40), ≤
◆ Berge – 📶 📺 ☎ – 🅿 25/100. 🆎 ⓞ Ɇ 𝗩𝗜𝗦𝗔. 🞿 Rest
7. Dez. - 13. April und 29. Juni - 21. Sept. – **Menu** 18.50 - 58/78 und à la carte 48/103
– **36 Zim** ⊆ 140/300 – ½ P Zuschl. 40.

🏨 **Eden** Ⓜ, ☎ 31 02 61 (ab 04/96 : 377 02 61), Fax 31 40 66 (ab 04/96 : 377 40 ◀
≼ Berge, Einrichtung im Designer-Stil, 🎸, ⇔s – 🛗 📺 🖭 🚣 Ⓟ – 🏊 25. 🖭 ◉ 🇪 ▮
🍴 Rest – *7. Dez. - 8. April und 6. Juli - 19. Okt.* – **Gran Bretagna** - italienische Küc▮
Menu *25* und à la carte 37/88 – *Roggenmoser (nur Abendessen)* **Menu** 45 und à la ca▮
37/89 – 🖙 19 – **72 Zim** 170/400, 4 Suiten – ½ P Zuschl. 65.

🏨 **Bellavista,** ☎ 31 24 21 (ab 04/96 : 377 24 21), Fax 31 14 06 (ab 04/96 : 377 14 ▮
≼ Berge, ⇔s, 🔲 – 🛗 📺 🖭 ⇔ Ⓟ – 🏊 25. 🖭 🇪 🆅🅸🆂🅰 🍴 Rest
Mitte Dez. - Mitte April – **Menu** à la carte 40/91 – **77 Zim** *(nur ½ Pens.)* 🖙 165/▮
– ½ P Zuschl. 20.

🏨 **Bellevue,** ☎ 31 12 51 (ab 04/96 : 377 21 51), Fax 31 44 14 (ab 04/96 : 377 44 ▮
≼ Berge, 🎸, ⇔s – 🛗 📺 🖭 Ⓟ. 🖭 🇪 🆅🅸🆂🅰 🍴 Rest
22. Dez. - 31. März – **Menu** *(nur ½ Pens. für Hotelgäste) (mittags geschl.)* – *Bü.*
nerkeller - Käsespezialitäten - *(Montag - Dienstag geschl.)* **Menu** à la carte ca. 2▮
64 Zim 🖙 200/430 – ½ P Zuschl. 30.

🏨 Hohenfels, ☎ 31 01 01, Fax 31 14 89, ≼ Arosa und Berge, ⇔s – 🛗 📺 🖭
nur Saison – **50 Zim.**

🏨 **Seehof,** ☎ 31 15 41 (ab 04/96 : 377 15 41), Fax 31 46 79 (ab 04/96 : 377 46 7▮
≼ Berge – 🛗 📺 🖭 Ⓟ – 🏊 40. 🖭 ◉ 🇪 🆅🅸🆂🅰 🇯🇨🇧 🍴 Rest
Mai geschl. – **Menu** *(im Sommer und Nov. geschl.)* à la carte 37/89, Kinder 10 – **43 Z**
🖙 150/320, – ½ P Zuschl. 30.

🏨 **Alpensonne,** ☎ 31 15 47 (ab 04/96 : 377 15 47), Fax 31 34 70 (ab 04/96 : 377 34 7
≼ Berge, ⛲, ⇔s – 🛗 📺 🖭 Ⓟ – 🏊 25. 🖭 🇪 🆅🅸🆂🅰 🇯🇨🇧 – *15. April - 1. Juli gesc*
– **Menu** *16* - 50/70 und à la carte 37/86 – **32 Zim** 🖙 145/320 – ½ P Zuschl. 2▮

🏨 **Astoria** 🎇, ☎ 31 13 13 (ab 04/96 : 377 13 13), Fax 31 44 76 (ab 04/96 : 377 44 7
≼ Berge, ⛲, 🎸, ⇔s – 🛗 📺 🖭 Ⓟ. 🖭 🆅🅸🆂🅰 🍴 Rest
19. Dez. - 20. April und 2. Juli - 7. Sept. – **Menu** *19* - 36/44 und à la carte 31/▮
Kinder 9 – **30 Zim** 🖙 155/348, 6 Suiten – ½ P Zuschl. 20.

🏨 **Obersee,** ☎ 31 12 16 (ab 04/96 : 377 12 16), Fax 31 45 66 (ab 04/96 : 377 45 66),
⛲ – 🛗 📺 🖭 🖭 ◉ 🇪 🆅🅸🆂🅰
17. Dez. - 8. April und 23. Juni - 12. Okt. – **Menu** *(im Sommer Montag geschl.)* 17.
und à la carte 35/99, Kinder 12.50 – **21 Zim** 🖙 115/310 – ½ P Zuschl. 25.

🏨 **Panarosa** 🎇, ☎ 31 10 66 (ab 04/96 : 377 10 66), Fax 31 41 21 (ab 04/96 : 377 41 2
≼ Berge, ⇔s – 🛗 📺 🖭 ⇔ Ⓟ. 🖭 ◉ 🇪 🆅🅸🆂🅰 🍴 Rest
13. Dez. - 20. April und 15. Juni - 19. Okt. – **Menu** *(nur ½ Pens. für Hotelgäs*
(mittags geschl.) – **31 Zim** 🖙 157/344 – ½ P Zuschl. 45.

🏨 **Anita,** ☎ 31 11 09 (ab 04/96 : 377 11 09), Fax 31 36 18 (ab 04/96 : 377 36 18), ≼ Ber▮
und Arosa, ⛲ – 🛗 🖭. 🍴 Rest
14. April - 29. Juni, 8. - 26. Sept. und 6. Okt. - 30. Nov. geschl. – **Menu** (siehe au▮
Rest. **Zum Wohl Sein**) – **31 Zim** 🖙 145/300 – ½ P Zuschl. 20.

🏨 **Central,** ☎ 31 02 52 (ab 04/96 : 377 02 52), Fax 31 42 71 (ab 04/96 : 377 42 71), 🇫▮
⇔s – 🛗 📺 🖭 – 🏊 90. 🖭 ◉ 🇪 🆅🅸🆂🅰
Menu *23* - 28 (mittags)/88 und à la carte 52/104 – **49 Zim** 🖙 149/280 – ½ P Zuschl. 3▮

🏨 **Hohe Promenade,** ☎ 31 26 51 (ab 04/96 : 377 26 51), Fax 31 44 04 (ab 04/9▮
377 44 04), ≼ Arosa und Berge – 🛗 🖭. 🆅🅸🆂🅰 🍴 Rest
21. Dez. - 13. April und 29. Juni - 31. Aug. – **Menu** *(nur ½ Pens. für Hotelgäst*
(mittags geschl.) – **30 Zim** 🖙 130/300 – ½ P Zuschl. 20.

🏨 **Isla** 🎇, ☎ 31 12 13 (ab 04/96 : 377 12 13), Fax 31 44 42 (ab 04/96 : 377 44 4▮
≼ Berge, ⛲ – 🛗 📺 🖭 Ⓟ. 🖭 🇪 🆅🅸🆂🅰 🍴 Rest – *20. Dez. - 14. April und 23. Juni - 7. Sep*
– **Menu** *(nur für Hotelgäste)* 30/50 (abends) – **47 Zim** 🖙 150/320 – ½ P Zuschl. 15.

XX **Stueva-Cuolm,** ☎ 31 22 76 (ab 04/96 : 377 22 76), Fax 31 40 90 (ab 04/9▮
377 40 90), ⛲, « Rustikale Einrichtung » – 🖭
9. Dez. - 14. April und 15. Juni - 15. Sept. geöffnet ; im Sommer Montag - Diensta
geschl. – **Menu** - italienische Küche - (Tischbestellung ratsam) 90 (abends) und à
carte 63/118.

XX 🌟 **Zum Wohl Sein** (Caduff) - Hotel Anita, ☎ 31 11 09 (ab 04/96 : 377 11 09), Fax 31 36 1▮
(ab 04/96 : 377 36 18) – 🍴 – *Montag, 14. April - 29. Juni, 8. - 26. Sept. und 6. Ok*
- 30. Nov. geschl. – **Menu** *(nur Abendessen)* (Tischbestellung erforderlich) 110
Spez. Caduffli. Steinpilzrisotto. Rohmilchquarkmousse.

X **Bajazzo,** ☎ 31 21 15 (ab 04/96 : 377 21 15) – 🖭 🇪 🆅🅸🆂🅰
von Mai - Nov. Dienstag mittags - Montag, 14. Mai - 28. Juni und 17. - 29. Nov. geschl.
– **Menu** - italienische Küche - *18* - 45 (mittags)/98 und à la carte 46/105.

TH **6415** Schwyz (SZ) 216 ⑱ – 8 659 Ew. – Höhe 420 – ✪ 041.

n 143 – ◆Luzern 22 – Cham 20 – Einsiedeln 29 – ◆Schwyz 14.

Hofmatt mit Zim, ℘ 82 10 33 (ab 03/96 : 855 10 33), Fax 82 21 70 (ab 03/96 : 855 21 70), 🍽 – **❷**. **AE** 🖭 **E** **VISA**. 🍽
Montag - Dienstag und 18. Dez. - 10. Jan. geschl. – **Menu** *20* und à la carte 46/92, Kinder 15 – **3 Zim** ⇆ 85/165 – ½ P Zuschl. 30.

ZIER **1273** Vaud (VD) 217 ⑫ – 1 575 h. – alt. 842 – ✪ 022.

rn 146 – ◆Genève 35 – ◆Lausanne 42 – Lons-le-Saunier 82 – ◆Yverdon-les-Bains 66.

Bel Horizon, rte de Saint-Cergue, ℘ 366 15 20, Fax 366 15 20, ≤, 🍽 – **❷**. **E** **VISA**
fermé 2 sem. en avril et 14 au 30 oct. – **Repas** *(fermé lundi soir et mardi)* 15.50 et à la carte 21/77, enf. 9 – **6 ch** ⇆ 70/120.

ZO **6864** Ticino (TI) 219 ⑧ – 919 ab. – alt. 502 – ✪ 091.

rn 263 – ◆Lugano 25 – ◆Bellinzona 53 – Como 18 – Varese 16.

Al Torchio Antico, ℘ 646 49 94, 🍽, « In un edificio del 700 », – **❷**. **AE** 🖭 **E** **VISA**. 🍽
chiuso lunedì, martedì ed in gennaio ed agosto 2 settimane – **Pasto** *21* - 48 ed à la carte 51/72.

SCONA **6612** Ticino (TI) 219 ⑦ ⑧ – 4 814 ab. – alt. 210 – ✪ 091.

torni : Circuito di Ronco★★ per strada di Losone.

(marzo-novembre), ℘ 791 21 32, Fax 791 07 96, Est : 1,5 km Y.

nifestazioni locali
08 - 18.10 : Settimane musicali
09 - 15.09 : Festival delle marionette.

Ente Turistico, piazza San Pietro - Casa Serodine, ℘ 791 00 90, Fax 792 10 08.

rn 269 ② – ◆Lugano 43 ② – ◆Bellinzona 23 ② – Domodossola 51 ① – ◆Locarno 3 ②.

Piante pagina a lato

Castello del Sole ≫, via Muraccio 142, ℘ 791 02 02, Fax 792 11 18, 🍽, « Parco-giardino », ๒, ⇌, ☒, 🏊, 🖼, ✀, 🖵 – 🛗 📺 ☎ & 🚗 **❷**. **AE** **E** **VISA** **JCB**. 🍽
15 marzo - 1° novembre – **Locanda Barbarossa** : **Pasto** 45 (mezzogiorno)/120 ed à la carte 67/128, bambini 25 – **67 cam** ⇆ 300/520. 18 suites – ½ P sup. 30.

Park Hotel Delta ≫, via Delta 137, ℘ 791 11 05, Fax 791 67 24, 🍽, « Grande parco-giardino con 🏊 », ⇌, ☒, ✀ – 🛗 📺 ☎ & 🖧 **❷** – 🔬 50. **AE** 🖭 **E** **VISA**. 🍽 rist
X **a**
15 marzo - 31 ottobre – **Pasto** *30* - 70/120 ed à la carte 58/75 – **40 cam** ⇆ 450/680, 9 suites – ½ P sup. 25.

Giardino ≫, via Segnale (1,5 km per via Muraccio), ℘ 791 01 01, Fax 792 10 94, 🍽, « Giardino fiorito in un'atmosfera mediterranea », ๒, ⇌, 🏊, ✀ – 🛗 ▤ rist 📺 ☎ 🖧 **❷**. **AE** 🖭 **E** **VISA**
16 marzo - 27 ottobre – **Pasto** (vedere anche rist. **Aphrodite**) – **Osteria Giardino** *(chiuro a mezzogiorno, lunedì e martedì)* **Pasto** 61 ed à la carte 45/83 – **54 cam** ⇆ 355/610, 18 suites – ½ P sup. 40.

Eden Roc ≫, via Albarelle 16, ℘ 791 01 71, Fax 791 15 71, ≤, 🍽, « Giardino in riva al lago con 🏊 », ⇌, ☒, 🖼, 🖵 – 🛗 📺 ☎ & 🖧 **❷**. **AE** 🖭 **E** **VISA** **JCB**. 🍽 rist
Y **r**
chiuso dal 4 gennaio al 23 marzo – **Pasto** 48 (mezzogiorno)/90 ed à la carte 41/110 – **48 cam** ⇆ 350/660, 9 suites – ½ P sup. 20.

Europe au Lac ≫, via Albarelle 10, ℘ 791 28 81, Fax 792 18 09, ≤, 🍽, « Giardino in riva al lago con 🏊 », ๒, ☒, 🖼 – 🛗 📺 ☎ & 🖧 **❷**. **AE** 🖭 **E** **VISA**. 🍽 rist
25 marzo - 31 ottobre – **La Locanda** : **Pasto** *25* - 62/95 ed à la carte 55/104 – **57 cam** ⇆ 330/485, 8 suites – ½ P sup. 45.
Y **n**

Ascona ≫, via Collina, ℘ 791 11 35, Fax 792 17 48, ≤ lago e monti, 🍽, « Giardino e terrazza fiorita con 🏊 », ๒, ⇌, ✀ – 🛗 📺 ☎ & 🖧 **❷** – 🔬 25/100. **AE** 🖭 **E** **VISA**. 🍽 rist
X **d**
chiuso dal 6 gennaio al 4 marzo – **Al Grotto** : **Pasto** 24.50 - 45 ed à la carte 40/91, bambini 15 – **74 cam** ⇆ 138/400 – ½ P sup. 30.

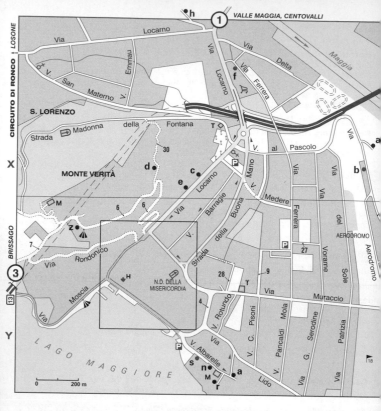

ASCONA

Borgo (Via) . . . . **Z**
Maggiore (Contrada) . . . **Z** 13
Pecore (Strada delle) . . . **Z** 19

Buona Mano
  (Strada della) . . . . **Z** 3
Circonvallazione (Via) . . **Y** 4
Collina (Strada) . . . . **Y** 6
Collinetta (Strada) . . . . . . **Y** 7
Franscini (Via) . . . . **Y** 9
Ghiriglioni
  (Vicolo dei) . . . . **Z** 10
Losone (Via) . . . . **X** 12
Motta (Piazza G.) . . . . . . **Z** 15
Muraccio (Via) . . . . **Z** 16
Pasini (Vicolo) . . . . **Z** 18
Querce (Via delle) . . . . . **Y** 21
S. Pietro (Via) . . . . **Z** 22
S. Sebastiano (Via) . . . . . **Z** 24
Sacchetti (Via) . . . . **Z** 25
Schelcie (Via) . . . . **Y** 27
Scuole (Via delle) . . . . . **Z** 28
Signore in Crocce (Via) . . **Y** 30

I nomi delle principali
vie commerciali
sono scritti in rosso
all'inizio dell'indice
toponomastico
delle piante di città.

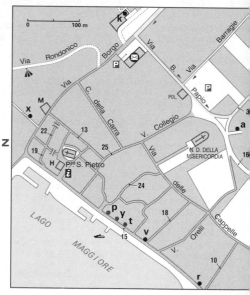

Castello, piazza G. Motta, ℰ 791 01 61, Fax 791 18 04, ≤, 佘, « Giardino ombreggiato », ℐ, ⊗ – 團 ▤ cam 🖵 ☎ ⇔ 🅿. 🆀 ⑩ 🔄 𝘝𝘐𝘚𝘈   Z r
17 marzo - 3 novembre – De' Ghiriglioni : Pasto 30 - 56/68 (sera) ed à la carte 44/88, bambini 17 – **45 cam** ⌑ 150/480 – ½ P sup. 34.

Ascovilla ⑤, via Albarelle 5, ℰ 785 41 41, Fax 785 44 00, 佘, « Giardino con ℐ », ℩δ, ⇌s – 團 ☎ ⅙ ⇔ 🅿. 🆀 ⑩ 🔄 𝘝𝘐𝘚𝘈. ⁒ rist   Y a
15 marzo - 3 novembre – **Pasto** 38/45 ed à la carte 40/71 – **53 cam** ⌑ 160/330, 5 suites – ½ P sup. 38.

Sasso Boretto, via Locarno 45, ℰ 791 71 15, Fax 791 50 18, 佘, ⇌s, ℐ – 團 🖵 ☎ ⅙ ⇔ – ⬒ 70. 🆀 ⑩ 🔄 𝘝𝘐𝘚𝘈. ⁒ rist   X c
chiuso dal 4 gennaio al 19 marzo – **Pasto** *(chiuso martedì a mezzogiorno e lunedì da novembre a dicembre)* 48 (sera) ed à la carte 41/77, bambini 14 – **42 cam** ⌑ 160/260 – ½ P sup. 37.

Tamaro, piazza G. Motta 35, ℰ 791 02 82, Fax 791 29 28, ≤, 佘 – 團 🖵 ☎. 🆀 ⑩ 🔄 𝘝𝘐𝘚𝘈
aprile - ottobre – **Pasto** 24 - 38 ed à la carte 42/67, bambini 12 – **51 cam** ⌑ 160/280 – ½ P sup. 30.   Z v

Mulino ⑤, via delle Scuole 17, ℰ 791 36 92, Fax 791 06 71, 佘, ⇌s, ℐ, ⊗ – 團 🖵 ☎ ⅙ ⇔ 🅿. 🆀 🔄 𝘝𝘐𝘚𝘈. ⁒ rist   Z a
16 marzo - 30 ottobre – **Pasto** 32 - 46 ed à la carte 38/96 – **32 cam** ⌑ 140/260 – ½ P sup. 30.

Riposo ⑤, scalinata della ruga 4, ℰ 791 31 64, Fax 791 46 63, 佘, « Terrazza-solarium panoramica con ℐ » – 團 ☎ ⇔. 🔄 𝘝𝘐𝘚𝘈. ⁒ rist   Z x
21 marzo - 25 ottobre – **Pasto** 25 - 39 ed à la carte 37/55 – **33 cam** ⌑ 120/240 – ½ P sup. 32.

Moro, strada della Collina, ℰ 791 10 81, Fax 791 51 69, ⇌s, ℐ, ⊗ – 團 🖵 ☎ 🅿. ⁒ rist   Z k
marzo - 15 novembre – **Pasto** à la carte 37/71, bambini 13 – **33 cam** ⌑ 90/180, 3 suites – ½ P sup. 28.

Schiff, piazza G. Motta 21, ℰ 791 25 33, Fax 792 13 15, 佘 ≤ – 團 🖵 ☎ ⇔. 🆀 🔄 𝘝𝘐𝘚𝘈
chiuso 15 novembre al 1° marzo – **Pasto** 22 - 50 ed à la carte 38/64, – **16 cam** ⌑ 135/240 – ½ P sup. 35.

Michelangelo ⑤, via Collina 81, ℰ 791 80 42, Fax 791 67 32, ≤, 佘, ℐ – 團 🖵 ☎ ⇔. 🆀 🔄 𝘝𝘐𝘚𝘈 𝗝𝗖𝗕. ⁒ rist   X f
Pasto 32 ed à la carte 38/78 – **17 cam** ⌑ 160/300 – ½ P sup. 35.

Sport senza rist, via Locarno 25, ℰ 791 00 31 – 團 🖵 ☎ ⇔. 🆀 🔄 𝘝𝘐𝘚𝘈   X e
15 marzo - 31 ottobre – **19 cam** ⌑ 100/190.

Aphrodite - Hotel Giardino, via Segnale (1,5 km per via Muraccio), ℰ 791 01 01, Fax 792 10 94, 佘 – ▤ 🅿. 🆀 ⑩ 🔄 𝘝𝘐𝘚𝘈
16 marzo - 27 ottobre – **Pasto** 50 (mezzogiorno) solo la sera, 98 ed à la carte 66/88.

❀ **Ascolago** ⑤ con cam, via Albarelle 6, ℰ 791 20 55, Fax 791 42 26, ≤, 佘, « Giardino in riva al lago », ⇌s, ℐ, ℄, 🜄, ⊞ – 團 ▤ rist 🖵 ☎ ⅙ ⇔ 🅿. 🆀 🔄 𝘝𝘐𝘚𝘈   Y s
Hotel : chiuso dal 15 novembre al 20 dicembre ; Rist : chiuso dal 1° novembre al 23 marzo e lunedì in marzo ed aprile – **Pasto** 32 - 58 (mezzogiorno)/98 ed à la carte 63/102, bambini 24 – **20 cam** ⌑ 290/460, 3 suites – ½ P sup. 50
Spec. Salmone crudo marinato con finocchi. Branzino di crosta di sale. Bacche di bosco gratinate e gelato all' Amaretto.

Al Porto con cam, piazza G. Motta, ℰ 791 13 21, Fax 791 30 40, ≤, 佘, ⊗ – 團 🖵 ☎. 🆀 ⑩ 🔄 𝘝𝘐𝘚𝘈   Z p
chiuso gennaio – **Pasto** *(chiuso lunedì da novembre ad aprile)* à la carte 37/76, bambini 12 – **37 cam** ⌑ 120/244 – ½ P sup. 38.

Al Pontile, piazza G. Motta 31, ℰ 791 46 04, ≤, 佘   Z t

Al Fagiano, via Ferrera 107, ℰ 792 17 17, 佘 – 🅿. 🆀 ⑩ 🔄 𝘝𝘐𝘚𝘈   Y z
chiuso lunedì e martedì – **Pasto** (coperti limitati - prenotare) 45/60 ed à la carte 54/80.

Al Faro con cam, piazza G. Motta 27, ℰ 791 85 15, Fax 791 65 77, ≤, 佘 – 🖵 ☎. 🔄 𝘝𝘐𝘚𝘈. ⁒ cam   Z y
16 febbraio - 31 ottobre – **Pasto** *(chiuso martedì da marzo ad aprile)* 24 ed à la carte 41/83, bambini 16 – **9 cam** ⌑ 130/220 – ½ P sup. 28.

Aerodromo, via Aerodromo 3, ℰ 791 13 73, 佘 – 🅿. 🆀 ⑩ 🔄 𝘝𝘐𝘚𝘈   X b
chiuso dal 7 novembre al 15 dicembre e mercoledì da dicembre a febbraio – **Pasto** à la carte 42/99.

a Losone Nord-Ovest : 2 km per ① X – ⊠ 6616 Losone – 🕿 091 :

🏨 **Losone** ⑤, ℘ 791 01 31, Fax 792 11 01, ㎡, « Giardino fiorito con ⤢ », ﬢ, ⋚
⫴ ⎖ ☎ ⅙ ℗ – 🛏 40. 🕮 E 𝘝𝘐𝘚𝘈, ⅍ rist
metà marzo - ottobre – **Pasto** 70 (sera) ed à la carte 53/101, bambini 18 – **78**
⊑ 150/410 – ½ P sup. 38.

🏛 **Alle Arcate,** via Locarno 58, ℘ 791 42 42, Fax 791 74 59, ㎡, ⤢, ☞ – ⫴ ⎖ ⍩
➡ ℗. 🕮 ① E 𝘝𝘐𝘚𝘈. ⅍ rist
chiuso dal 22 dicembre al 1° febbraio – **Pasto** *(chiuso domenica e lunedì)* 15 ⍧
la carte 28/62, bambini 11 – **24 cam** ⊑ 115/190 – ½ P sup. 30.

XX **Osteria Delea Enoteca,** contrada Maggiore 24, ℘ 791 78 17, Fax 791 78 17, ⍨
🕮 ① E 𝘝𝘐𝘚𝘈
chiuso lunedì, martedì e gennaio - febbraio – **Pasto** (coperti limitati - prenot
36 - 52 (mezzogiorno)/98 ed à la carte 77/92.

X **Grotto Broggini,** via San Materno 18, ℘ 791 15 67, Fax 743 43 82, ㎡, « Ambie
tipico ticinese », ☞ – ℗. 🕮 ① E 𝘝𝘐𝘚𝘈
20 marzo - 20 ottobre – **Pasto** 21 ed à la carte 33/79, bambini 11.

sulla strada Panoramica di Ronco Ovest : 3 km :

🏨 **Casa Berno** ⑤, ⊠ 6612 Ascona, ℘ 791 32 32, Fax 792 11 14, ≤ lago e monti,
« Terrazza con ⤢ », ﬢ, ⇌, ☞ – ⫴ ⎖ ☎ ⅙ ℗. 🕮 ① E 𝘝𝘐𝘚𝘈. ⅍ rist
marzo - novembre – **Pasto** 30 - 60 (sera) ed à la carte 45/87, bambini 13 – **71** ⍧
⊑ 220/464 – ½ P sup. 20.

ASSENS 1042 Vaud (VD) 𝟤𝟣𝟕 ③ – 648 h. – alt. 625 – 🕿 021.
◆Bern 90 – ◆Lausanne 12 – ◆Genève 69 – ◆Montreux 38 – ◆Yverdon-les-Bains 21.

XX **Le Moulin d'Assens,** Est : 1,5 km par rte Brétigny, ℘ 881 41 21, Fax 881 48 70 –
➡ 🕮 ① E 𝘝𝘐𝘚𝘈
fermé 4 au 19 août, dim. soir et lundi – **Repas** 19 - 40 (midi)/120 et à la carte 46/

ASTANO 6999 Ticino (TI) 𝟤𝟣𝟫 ⑧ – 257 ab. – alt. 638 – 🕿 091.
◆Bern 289 – ◆Lugano 18 – ◆Bellinzona 46 – ◆Locarno 58.

XX **Elvezia,** ℘ 608 11 88, ㎡ – ℗.

ASUEL 2954 Jura (JU) 𝟤𝟣𝟨 ⑭ – 252 h. – alt. 573 – 🕿 066.
◆Bern 87 – ◆Delémont 19 – ◆Basel 46 – Belfort 49 – Montbéliard 46.

X **Au Cheval Blanc,** ℘ 72 24 41, ㎡, ☞ – ℗. E 𝘝𝘐𝘚𝘈. ⅍
➡ *fermé lundi et mardi* – **Repas** 15 - 35 (midi)/52 et à la carte 49/75.

ATTISWIL 4536 Bern (BE) 𝟤𝟣𝟨 ⑮ – 1 345 Ew. – Höhe 467 – 🕿 065.
◆Bern 44 – ◆Basel 62 – Langenthal 20 – ◆Solothurn 7.

XX **Bären** mit Zim, ℘ 77 15 35, Fax 77 28 88, ㎡ – ℗. 🕮 ① E 𝘝𝘐𝘚𝘈. ⅍
➡ *Montag - Dienstag, 19. Feb. - 5. März und 24. Juni - 9. Juli geschl.* – **Menu** 18 -
(mittags)/96 und à la carte 45/84 – **3 Zim** ⊑ 50/90.

AUBONNE 1170 Vaud (VD) 𝟤𝟣𝟕 ⑫ – 2 371 h. – alt. 502 – 🕿 021.
◆Bern 129 – ◆Lausanne 25 – ◆Genève 40 – ◆Montreux 56 – ◆Yverdon-les-Bains 48.

XX **L'Esplanade,** ℘ 808 52 50, Fax 808 71 09, ㎡ – 🕮 ① E 𝘝𝘐𝘚𝘈
➡ *fermé 24 déc. au 4 janv., 11 au 29 fév., mardi soir et merc.* – **Repas** 18 - 34/54
à la carte 38/82, enf. 20.

X **Café du Commerce** avec ch, 5 r. de Trévelin, ℘ 808 51 92, Fax 808 77 43, Évocati
➡ de bistrot parisien – ⎖ 🕮 ① E 𝘝𝘐𝘚𝘈 𝘑𝘊𝘉
fermé août – **Repas** *(fermé dim. soir et lundi)* 20 - 33/51 et à la carte 36/86, enf.
– **8 ch** ⊑ 70/150.

à Féchy Sud-Ouest : 2,5 km – ⊠ 1173 Féchy – 🕿 021 :

XX **Aub. Communale,** ℘ 808 50 29, Fax 808 73 78, ㎡ – ℗. 🕮 E 𝘝𝘐𝘚𝘈
➡ *fermé 2 sem. en fév., 22 juil. au 6 août, dim. soir, mardi midi et lundi* – **Rep**
18 - 60 et à la carte 57/94.

UBORANGES 1079 Fribourg (FR) 🔢🔢🔢 ④ – 148 h. – alt. 650 – 🕲 021.

ern 79 – ♦Montreux 28 – ♦Fribourg 50 – ♦Lausanne 21 – ♦Yverdon-les-Bains 54.

Rôtisserie d'Auboranges, 𝒫 907 72 88 – 𝗩𝗜𝗦𝗔. ⌁
fermé 10 au 26 fév., dim. soir et lundi – **Repas** 18 - 45/75 et à la carte 48/70.

UGIO 6547 Grigioni (GR) 🔢🔢🔢 ⑬ – alt. 1 034 – 🕲 091.

ern 270 – St. Moritz 158 – ♦Bellinzona 31 – ♦Chur 122 – ♦Locarno 52.

Cascata, 𝒫 828 13 12, Fax 828 13 12, 🍴 – 🅿. 🖲 𝗩𝗜𝗦𝗔. ⌁
chiuso lunedì – 18 et à la carte 37/61 – **10 cam** 🖃 65/150 – ½ P sup. 25.

USSERBERG 3938 Wallis (VS) 🔢🔢🔢 ⑰ – Höhe 1 008 – 🕲 028.

ern 184 – ♦ Brig 17 – Andermatt 107 – Saas Fee 33 – ♦Sion 52.

Sonnenhalde ⌁, 𝒫 46 25 83, Fax 46 18 05, ≤, 🍴 – 🛗 📺 ☎ 🅿. 🖭 🖲 𝗩𝗜𝗦𝗔
Feb. geschl. – **Menu** (von Nov. - 15. April Mittwoch - Donnerstag geschl.) à la carte
41/87, Kinder 17 – **15 Zim** 🖃 78/144 – ½ P Zuschl. 33.

UVERNIER Neuchâtel 🔢🔢🔢 ⑫ ⑬ – rattaché à Neuchâtel.

es AVANTS Vaud 🔢🔢🔢 ⑭ – rattaché à Montreux.

VEGNO 6670 Ticino (TI) 🔢🔢🔢 ⑦ – 485 ab. – alt. 293 – 🕲 091.

ern 273 – ♦ Lugano 47 – ♦Bellinzona 28 – ♦Locarno 8.

Grotto Mai Morire, 𝒫 796 15 37, 🍴, Grotto ticinese – 🅿. 🖭 🖲 𝗩𝗜𝗦𝗔
15 marzo - 31 ottobre – **Pasto** 23 - 38/55 ed à la carte 41/62.

VENCHES 1580 Vaud (VD) 🔢🔢🔢 ⑤ – 2 555 h. – alt. 480 – 🕲 037.

oir : Musée romain★.

Office du Tourisme, 3 pl. de l'Église, 𝒫 75 11 59, Fax 75 33 93.

ern 40 – ♦Neuchâtel 37 – ♦Fribourg 18 – ♦Lausanne 58.

Couronne Ⓜ, 𝒫 76 14 14, Fax 76 14 22, 🍴, Décor contemporain, 🍴 – 🛗 📺 ☎
🍴 – 🕍 25/40. 🖭 🖲 🖲 𝗩𝗜𝗦𝗔
fermé 1er au 31 janv. et merc. de sept. à mai – **Chez Nous :** Repas 42 et à la carte 42/70
– **Bistro :** **Repas** 18 - 38 et à la carte 36/63 – **12 ch** 🖃 110/230 – ½ P suppl. 35.

Rest. de l'Hôtel de Ville, 33 r. Centrale, 𝒫 75 28 33, Fax 75 20 35, 🍴 – 🖭 🖲 🖲
𝗩𝗜𝗦𝗔. ⌁
fermé 11 au 29 fév., 12 au 31 août, dim. soir et lundi – **Repas** 55/98 et à la carte
70/104 – **Brasserie :** **Repas** 28 - 48 et à la carte 31/76.

rte de Salavaux Nord : 2,5 km

Lacotel, ✉ 1580 Avenches, 𝒫 75 34 44, Fax 75 11 88, 🍴, 🖛, 🏊, ⚒ – 📺 ☎ 🅿
🍴 – 🕍 25/45. 🖭 🖲 🖲 𝗩𝗜𝗦𝗔
fermé 22 déc. au 20 janv. – **Rest. Français :** Repas 38 (midi)/85 et à la carte 40/84,
enf. 10 – **Brasserie :** **Repas** 15 et à la carte 33/78, enf. 10 – **38 ch** 🖃 100/140 –
½ P suppl. 40.

AVRY-DEVANT-PONT 1644 Fribourg (FR) 🔢🔢🔢 ⑤ – 332 h. – alt. 790 – 🕲 029.

ern 51 – ♦Montreux 43 – ♦Fribourg 19 – Murten 34 – ♦Thun 81.

Host. du Vignier avec ch, 𝒫 5 21 95, Fax 5 20 61, ≤, 🍴, « Terrasse dominant le
lac de la Gruyère » – 📺 ☎ 🅿. 🖭 🖲 🖲 𝗩𝗜𝗦𝗔 ᴊᴄʙ. ⌁ ch
fermé fév. – **Repas** (fermé jeudi du 15 sept. au 1er mai) 49 (midi)/95 et à la carte
48/144, enf. 9 – **7 ch** 🖃 95/170 – ½ P suppl. 50.

BÄCH 8806 Schwyz (SZ) 🔢🔢🔢 ⑲ – Höhe 411 – 🕲 01.

Bern 157 – ♦Zürich 32 – Glarus 42 – Rapperswil 9 – ♦Schwyz 32.

Seeli, Seestr. 189, 𝒫 784 03 07, 🍴, Schönes Riegelhaus – ⌁ 🅿. 🖭 🖲 🖲 𝗩𝗜𝗦𝗔 ᴊᴄʙ
Sonntag - Montag, 24. Dez. - 10. Jan. und 6. - 20. Okt. geschl. – **Menu** - Fisch-
spezialitäten - (Tischbestellung ratsam) 55 (mittags)/95 und à la carte 70/108,
Kinder 15.50.

BADEN 5400 Aargau (AG) 216 ⑥ ⑦ – 15 228 Ew. – Höhe 396 – ✪ 056 – Kurort.
Sehenswert : Lage★ – Altstadt★ : Blick★ von der Hochbrücke.

⌐₉ in Schinznach Bad, ⊠ 5116 (April - Okt.) ✆ 443 12 26, Fax 443 34 83, über 14 km.

🖪 Kur- und Verkehrsverein, Bahnhofstr. 50, ✆ 222 53 18, Fax 222 53 20.

🎭 Theaterplatz 3, ✆ 221 03 71, Fax 221 15 87.

◆Bern 105 ③ – ◆Aarau 27 ③ – ◆Basel 65 ④ – ◆Luzern 66 ③ – ◆Zürich 24 ②.

BADEN

Badstrasse	YZ
Bäderstrasse	Y
Bahnhofstrasse	YZ
Bruggerstrasse	YZ
Cordulaplatz	Z 3
Ehrendingerstrasse	YZ
Gartenstrasse	Y 4
Gstühlstrasse	Z 6
Haselstrasse	Y
Kronengasse	Z 7
Kurplatz	Y 9
Landstrasse	Y
Limmatpromenade	YZ
Mellingerstrasse	Z
Neuenhoferstrasse	Z
Oberdorfstrasse	Y
Oelrainstrasse	Z
Parkstrasse	Y
Römerstrasse	Y
Rütistrasse	Z
Schartenstrasse	Z 10
Schlossbergplatz	Z
Schulhausplatz	Z 12
Seminarstrasse	Z
Sonnenbergstrasse	YZ
Stadtturmstrasse	YZ
Theaterstrasse	Z 13
Untere Halde	Z 15
Weite Gasse	Z 16
Wettingerstrasse	Z

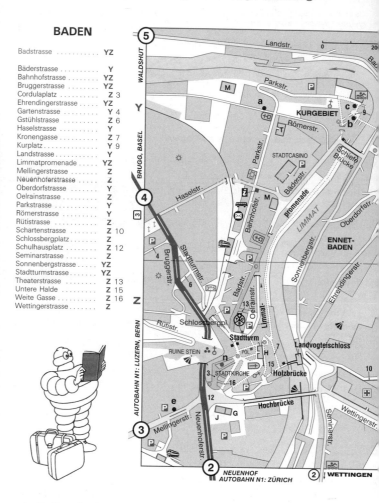

🏨 **Du Parc** ⤸, Römerstr. 24, ✆ 221 03 11, Fax 222 07 93, 🍴 – 🛗 ⇌ Zim 📺 ☎ ⇄ – 🛎 25/60. 🆎 ⓪ 🗲 𝓥𝐼𝑆𝐴
Y
23. Dez. - 1. Jan. geschl. – **Menu** 24 - 50 (mittags) und à la carte 44/92 – **106 Z** ⊑ 195/290 – ½ P Zuschl. 35.

🏨 **Verenahof** ⤸, Kurplatz 1, ✆ 203 93 93, Fax 203 94 94, direkter Zugang zum öffe lichen Bad, ⇌ – 🛗 📺 ☎ – 🛎 30. 🆎 ⓪ 🗲 𝓥𝐼𝑆𝐴 𝐽𝐶𝐵. ⤸ Rest
Y
Menu 25 - 35 (mittags)/50 und à la carte 43/81 – **70 Zim** ⊑ 155/310 – ½ P Zusc 38.

Linde, Mellingerstr. 22, ℰ 222 53 85, Fax 222 07 70, 斎, ⇌ – 🛗 📺 ☎ ⇐. 🅰🅴 ⓞ
🅴 *VISA*
Z e
Menu *23* - 28/42 (mittags) und à la carte 34/121, Kinder 13.50 – **56 Zim** ⌑ 148/250.

Atrium-Hotel Blume 🌺, Kurplatz 4, ℰ 222 55 69, Fax 222 42 98, ♨ – 🛗. 🅰🅴 ⓞ 🅴
VISA *JCB*
Y b
23. Dez. - 15. Jan. geschl. – Menu *18* - 28 – **35 Zim** ⌑ 83/250 – ½ P Zuschl. 25.

Zunfthaus zum Paradies, Cordulaplatz 1, ℰ 221 50 58, Fax 221 57 12, 斎 – 🅰🅴 🅴
VISA
Z n
Sonntag - Montag, 1. - 10. Jan. und 4. - 24. April geschl. – Menu (1. Etage) *28* - 48
(mittags)/105 und à la carte 67/106 – *Bistro :* Menu *19.50* und à la carte 31/77.

in Ennetbaden Nord-Ost : 2 km Richtung Freienwil – ✉ 5400 Baden 1 – 🕲 056 :

Hertenstein, Hertensteinstr. 80, ℰ 221 10 20, Fax 221 10 29, ≤ Baden, 斎 – 🅿. 🅰🅴
ⓞ 🅴 *VISA*
Sonntag abends - Montag und 28. Jan. - 19. Feb. geschl. – Menu 38 (mittags)/64
und à la carte 48/86.

in Dättwil Süd-West über ③ : 3,5 km – ✉ 5405 Baden 5 – 🕲 056 :

Pinte, Sommerhaldenstr. 20, ℰ 493 20 30, Fax 493 14 66, 斎 – 🅿. 🅰🅴 🅴
VISA
Samstag, Sonn- und Feiertage, 23. Dez. - 7. Jan. und 5. - 18. Aug. geschl. –
Bacchusstube (Tischbestellung ratsam) Menu *38* - 55 (mittags)/115 und à la carte
68/112, Kinder 16 – *Pinte :* Menu *22* und à la carte 41/81, Kinder 12.

AD RAGAZ St. Gallen 🄩🄸🄱 ④ – siehe Ragaz, Bad.

ÄLE Basel-Stadt 🄩🄸🄶 ④ – voir à Basel.

ALERNA 6828 Ticino (TI) 🄩🄸🄹 ⑧ – 3 414 ab. – alt. 270 – 🕲 091.
ern 297 – ♦Lugano 25 – Bellagio 36 – Como 7 – Milano 56 – Varese 23.

Bellavista, via San Gottardo 80, ℰ 683 94 41 – 🛗 📺 ☎ ⇐ 🅿. 🅰🅴 ⓞ 🅴
VISA
chiuso dal 1º al 20 agosto – **Pasto** 30 (mezzogiorno)/68 ed à la carte 45/86,
bambini 12 – ⌑ 9.50 – **20 cam** 95/139 – ½ P sup. 25.

ALGACH 9346 St. Gallen (SG) 🄩🄸🄶 ㉒ – 3 724 Ew. – Höhe 410 – 🕲 071.
ern 240 – ♦St. Gallen 31 – Altstätten 8 – Bregenz 18 – Lustenau 6.

Bad Balgach mit Zim, ℰ 72 14 14 (ab 03/96 : 722 14 14), Fax 72 25 16 (ab 03/96 :
722 25 16), 斎 – 📺 ☎ ⇐ 🅿. 🅰🅴 ⓞ 🅴 *VISA* *JCB*. ✂ Zim
Weihnachten - Mitte Jan. geschl. – Menu 52/85 und à la carte 51/95 – **10 Zim**
⌑ 105/160.

ALSTHAL 4710 Solothurn (SO) 🄩🄸🄶 ⑮ – 5 634 Ew. – Höhe 489 – 🕲 062.
ısflugsziel : Passwanggipfel : Panorama★★ Nord : 14 km.
ern 53 – ♦Basel 48 – ♦Solothurn 22 – ♦Zürich 80.

Kreuz, ℰ 391 58 58, Fax 391 19 36, 斎 – 🛗 📺 ☎ 🅿 – 🔬 25/250. 🅰🅴 ⓞ 🅴
VISA
Menu *14* - 50 und à la carte 45/109 – **82 Zim** ⌑ 85/140.

ALZERS Fürstentum Liechtenstein 🄩🄸🄶 ㉑ ㉒ – siehe Seite 356.

Besonders angenehme Hotels oder Restaurants
sind im Führer rot gekennzeichnet.
Sie können uns helfen, wenn Sie uns die Häuser angeben,
in denen Sie sich besonders wohl gefühlt haben.
Jährlich erscheint eine komplett überarbeitete Ausgabe
aller Roten Michelin-Führer.

🏨🏨🏨 ... 🏠
XXXXX ... X

Basel *(Bâle)*

4000 Ⓚ Basel-Stadt (BS) 🯲🯱🯶 ④ – 175 510 Ew. – Höhe 273 – ✿ 061

Sehenswert : Zoologischer Garten★★★ AZ – Altstadt★ : Münster★★ CY ; Blick★ von der Pfalz ; Fischmarktbrunnen★ BY ; – Alte Strassen★ BY ; – Hafen T : Blick★ von der Aussichtsterrasse auf dem Siloturm der Schweizerischen Reederei AG, unser weg zum Meer★.

Museen : Kunstmuseum★★★ CY – Museum für Völkerkunde★ BY **M¹** ; – Historisches Museum★ BY – Antikenmuseum und Sammlung Ludwig★ CY – Basler Papiermühle★ DY **M⁶** – Haus zum Kirschgarten★ BZ .

Ausflugsziele : Römische Ruinen in Augst★★ Süd-Ost : 11 km – St.-Chrischona-Kapelle★ 8 km über ② – Wasserturm Bruderholz★ U.

▆ in Hagenthal-le-Bas, ✉ F-68220 (März-Nov.) Süd-West : 10 km. ℘ (0033) 89 68 50 91, Fax (0033) 89 68 55 66.

🛈 Verkehrsverein, Schifflände 5, ℘ 261 50 50, Fax 261 59 44

✵ Steinentorstr. 13, ℘ 272 19 55, Fax 272 93 54

Ⓐ Birsigstr. 4, ℘ 272 39 33, Fax 281 36 57.

✈ Euro-Airport, ℘ 325 31 11, Basel (Schweiz) über zollfreie Strasse 8 km und in Saint-Louis (Frankreich), ℘ (0033) 89 90 31 11.

Fluggesellschaften

Swissair Elisabethenanlage 7, ℘ 284 55 55, Fax 284 56 80.
Crossair P.O. Box, ℘ 325 36 36, Fax 325 32 68
British Airways Euro-Airport Basel. ℘ 325 47 77, Fax 325 47 81
Lufthansa Elisabethenanlage 7, ℘ 272 88 53, Fax 272 82 72

Lokale Veranstaltung

26.02 – 28.02 : Fasnacht, "Morgenstraich".

◆Bern 100 ⑤ – ◆Aarau 56 ⑤ – Belfort 79 ⑦ – Freiburg im Breisgau 72 ① – ◆Schaffhausen 99 ⑤.

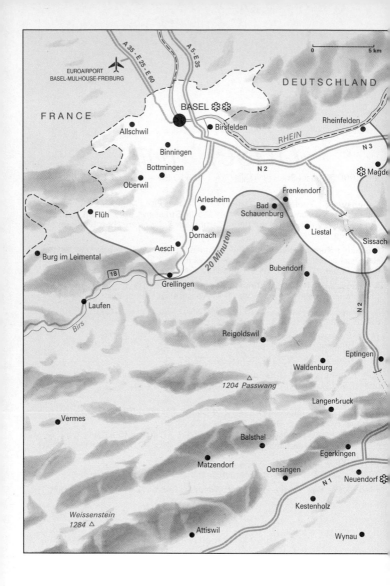

BASEL

umlihofstrasse	T 10
nderholzallee	U 13
glingerstrasse	U
gfelderstrasse	U
nacherstrasse	U
eirosenbrücke	T 21
asserstrasse	U
il Frey-Strasse	T
enstrasse	T
sanenstrasse	T
ghafenstrasse	T 30

Gärtnerstrasse	T
Gellertstrasse	U
Grenzacherstrasse	T 34
Gundeldingerrain	T 36
Gundeldingerstrasse	T 37
Hirzbrunnenstrasse	T 38
Holeestrasse	T 39
Horburgstrasse	T 40
Hüningerstrasse	T 42
Jakobsbergerstrasse	U
Klybeckstrasse	T
Lauperning	U 54
Luzerning	T
Mauerstrasse	T

Morgartenring	TU
Mülhauserstrasse	TU
Münchensteinerstrasse	U 67
Neubadstrasse	U 72
Reinacherstrasse	U
Reservoirstrasse	U
Riehenring	T
Riehenstrasse	T
St.Galler-Ring	TU
St.Jakobs-Strasse	U 79
Thiersteinerallee	U 91
Untere Batterieweg	U 93
Voltastrasse	T
Zürcherstrasse	TU

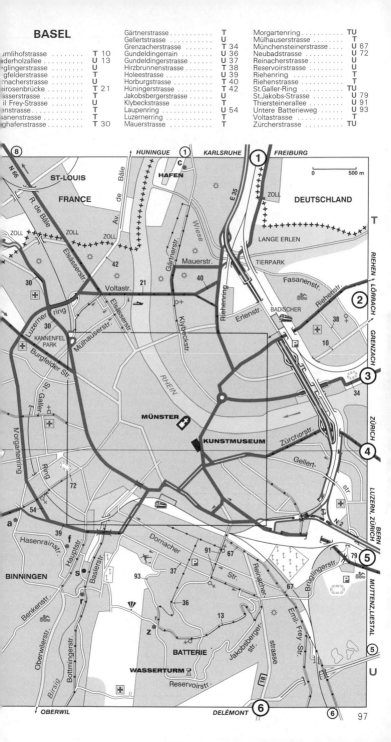

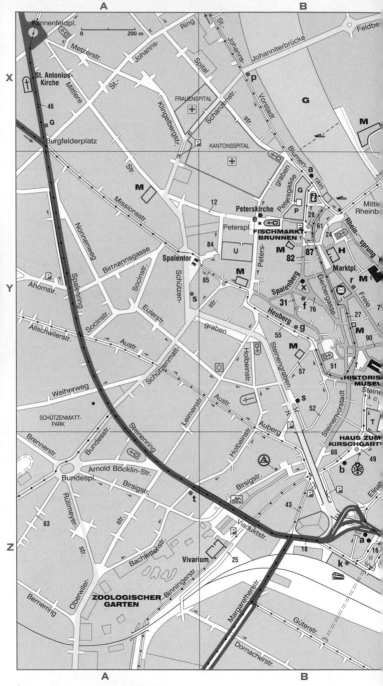

BASEL

Aeschenvorstadt ..... **CYZ**
Barfüsserplatz .... **BY** 7
Centralbahnplatz ..... **BZ** 16
Claraplatz .... **CX**
Eisengasse .... **BY** 24
Falknerstrasse .... **BY** 27
Freie Strasse .... **BY**
Gerbergasse .... **BY**
Greifengasse .... **BCY** 33
Marktplatz .... **BY**
Steinenvorstadt ..... **BYZ**

Alemannengasse ..... **DY** 3
Andreas Heusler-
Strasse .... **DZ** 4
Augustinergasse ..... **BY** 6
Bäumleingasse ...... **CY** 9
Bernoullistrasse ..... **ABY** 12
Brunngässlein ...... **CYZ** 15
Centralbahnstrasse ... **BZ** 18
Drahtzugstrasse ..... **CX** 19
Dufourstrasse ...... **CY** 22
Erdbeergraben ...... **BZ** 25
Fischmarkt .... **BY** 28
Gemsberg .... **BY** 31
Innere Margarethen-
strasse .... **BZ** 43
Isteinerstrasse ...... **DX** 45
Kannenfeldstrasse .... **AX** 46
Klingentalstrasse .... **CX** 48
Klosterberg .... **BZ** 49
Kohlenberg .... **BY** 51
Kohlenberggasse ..... **BY** 52
Leonhardsgraben .... **BY** 55
Leonhardsstrasse ..... **BY** 57
Lindenhofstrasse ..... **CZ** 58
Luftgässlein .... **CY** 60
Marktgasse .... **BY** 61
Marschalkenstrasse ... **AZ** 63
Messeplatz .... **DX** 64
Mühlenberg .... **CDY** 66
Münsterberg .... **BY** 69
Münsterplatz .... **BY** 70
Peter Merian-Strasse . **CZ** 73
Riehentorstrasse ..... **CY** 75
Rümelinsplatz ...... **BY** 76
St.Alban-Graben ..... **CY** 78
Schaffhauserrheinweg . **DY** 81
Schneidergasse ..... **BY** 82
Spalengraben ...... **BY** 84
Spalenvorstadt ...... **BY** 85
Stadthausgasse ..... **BY** 87
Steinentorstrasse .... **BZ** 88
Streitgasse .... **BY** 90
Wettsteinstrasse ..... **CY** 94

*Es ist empfehlenswert,
in der Hauptsaison
und vor allem
in Urlaubsorten,
Hotelzimmer im
voraus zu bestellen.*

Drei Könige, Blumenrain 8, ✉ 4001, ℰ 261 52 52, Fax 261 21 53, ≤, 🏤 – 🛗 ✦ Z
📺 🔲 ☎ 🅿 – 🍴 25/80. 🆎 ⓸ 🗲 𝘝𝘐𝘚𝘈 𝙅𝘊𝘽 BY
Rôtisserie des Rois : **Menu** 52 (mittags)/105 und à la carte 69/116, Kinder 10
Königsbrasserie : **Menu** 21 und à la carte 31/79, Kinder 10 – 🍽 29 – **82 Zim** 320/5
6 Suiten.

Plaza 🅼, Messeplatz 25, ✉ 4021, ℰ 690 33 33, Fax 690 39 70, 🚗, 🔲 – 🛗 ✦ Z
← 📺 🔲 ☎ 🚲 ⇔ – 🍴 35. 🆎 ⓸ 🗲 𝘝𝘐𝘚𝘈 𝙅𝘊𝘽. ⛝ Rest DX
Le Monet (Anfang Juli - Mitte Aug. geschl.) **Menu** 29-49 (mittags)/64 und à
carte 55/95 – *Le Provence :* **Menu** 19-23 (mittags) und à la carte 32/80 – **218 Z**
🍽 370/525, 20 Suiten – ½ P Zuschl. 30.

Hilton 🅼, Aeschengraben 31, ✉ 4002, ℰ 271 66 22, Telex 965555, Fax 271 52
← 🛁, 🚗, 🔲 – 🛗 ✦ Zim 📺 🔲 ☎ 🚲 – 🍴 25/300. 🆎 ⓸ 🗲 𝘝𝘐𝘚𝘈 𝙅
⛝ Rest CZ
Le Wettstein : **Menu** 39 und à la carte 52/105 – *Marine Suisse (Sonntag und*
- Aug. 4 Wochen geschl.) **Menu** 17.50 und à la carte 33/78 – 🍽 25 – **205 Zim** 295/4
9 Suiten.

International, Steinentorstr. 25, ✉ 4001, ℰ 281 75 85, Fax 281 76 27, 🛁, 🚗,
– 🛗 ✦ Zim 📺 🔲 ☎ ⇔ – 🍴 25/180. 🆎 ⓸ 🗲 𝘝𝘐𝘚𝘈 𝙅𝘊𝘽. ⛝ Rest BZ
Rôtisserie Charolaise (Ende Juni - Mitte Aug. an Wochenenden geschl.) **Me**
29-50/80 und à la carte 41/110 – *Steinenpick* (Brasserie) **Menu** 23-30/50 un
la carte 31/92, Kinder 10 – **200 Zim** 🍽 270/480, 7 Suiten.

Euler, Centralbahnplatz 14, ✉ 4002, ℰ 272 45 00, Fax 271 50 00, 🏤 – 🛗 ✦ R
📺 video ☎ ⇔ – 🍴 25/100. 🆎 ⓸ 🗲 𝘝𝘐𝘚𝘈 𝙅𝘊𝘽 BZ
Menu 39-49 (mittags) und à la carte 64/118 – 🍽 28.50 – **58 Zim** 295/5
6 Suiten.

Europe 🅼, Clarastr. 43, ✉ 4005, ℰ 690 80 80, Fax 690 88 80 – 🛗 ✦ 📺 ☎ &
← – 🍴 25/100. 🆎 ⓸ 🗲 𝘝𝘐𝘚𝘈 𝙅𝘊𝘽. ⛝ Rest CX
Menu (siehe auch Rest. *Les Quatre Saisons*) – *Bajazzo* (Brasserie) **Menu** 19 und à
carte 30/72 – **166 Zim** 🍽 290/390.

Basel 🅼, Münzgasse 12, ✉ 4051, ℰ 264 68 00, Fax 264 68 11 – 🛗 Rest 📺
← 🆎 ⓸ 🗲 𝘝𝘐𝘚𝘈. ⛝ Rest BY
Basler Keller (Samstag mittags, Sonntag und 6. Juli - 5. Aug. geschl.) **Menu**
(mittags) und à la carte 47/112 – *Brasserie Münz :* **Menu** 19.50 und à la carte 31/
– **72 Zim** 🍽 220/345.

Mérian 🅼, Rheingasse 2, ✉ 4058, ℰ 681 00 00, Fax 681 11 01, ≤, 🏤 – 🛗 📺
← 🚲 ⇔ – 🍴 25/100. 🆎 ⓸ 🗲 𝘝𝘐𝘚𝘈 𝙅𝘊𝘽 BY
Menu 17.50-46/70 und à la carte 47/84, Kinder 12 – **65 Zim** 🍽 220/300 – ½
Zuschl. 28.

Schweizerhof, Centralbahnplatz 1, ✉ 4002, ℰ 271 28 33, Fax 271 29 19, 🏤 –
📺 Zim 📺 ☎ 🅿 – 🍴 25/100. 🆎 ⓸ 🗲 𝘝𝘐𝘚𝘈 BZ
Menu 27-90 und à la carte 48/106 – **75 Zim** 🍽 210/350.

Victoria, Centralbahnplatz 3, ✉ 4002, ℰ 271 55 66, Telex 962362, Fax 271 55 0
🛗 📺 Rest 📺 ☎ – 🍴 25/80. 🆎 ⓸ 🗲 𝘝𝘐𝘚𝘈 𝙅𝘊𝘽 BZ
Menu 24 und à la carte 41/79, Kinder 13 – **95 Zim** 🍽 220/300.

St. Gotthard 🅼 garni, Centralbahnstr. 13, ✉ 4051, ℰ 271 52 50, Fax 271 52 14 –
✦ 📺 ☎. 🆎 ⓸ 🗲 𝘝𝘐𝘚𝘈 𝙅𝘊𝘽 – **64 Zim** 🍽 220/320. BZ

Drachen, Aeschenvorstadt 24, ✉ 4010, ℰ 272 90 90, Fax 272 90 02 – 🛗 📺 ☎
– 🍴 30. 🆎 ⓸ 🗲 𝘝𝘐𝘚𝘈 CY
Au Premier (1. Etage) *(Sonntag geschl.)* **Menu** 26-55 (mittags) und à la carte 47/
– **41 Zim** 🍽 200/290 – ½ P Zuschl. 35.

Wettstein garni, Grenzacherstr. 8, ✉ 4058, ℰ 691 28 00, Fax 691 05 45 – 🛗 ✦
☎. 🆎 ⓸ 🗲 𝘝𝘐𝘚𝘈 DY
22. Dez. - 3. Jan. geschl. – **40 Zim** 🍽 200/330.

Admiral, Rosentalstr. 5 / Am Messeplatz, ✉ 4021, ℰ 691 77 77, Fax 691 77 89,
← – 🛗 ✦ Zim 📺 ☎ – 🍴 25. 🆎 ⓸ 🗲 𝘝𝘐𝘚𝘈 𝙅𝘊𝘽 DX
23. Dez. - 2. Jan. geschl. – **Menu** 16.50-30/60 und à la carte 30/86 – **140 Z**
🍽 200/350 – ½ P Zuschl. 30.

Metropol garni, Elisabethenanlage 5, ✉ 4002, ℰ 271 77 21, Telex 9622
Fax 271 78 82 – 🛗 📺 video ☎ – 🍴 25/120. 🆎 ⓸ 🗲 𝘝𝘐𝘚𝘈 BZ
46 Zim 🍽 260/400.

Rochat, Petersgraben 23, ✉ 4051, ℘ 261 81 40, Fax 261 64 92 – 🛗 📺 ☎ –
🏋 25/80. 🖭 ⓞ 🗲 𝘝𝘐𝘚𝘈   BY **e**
Menu (alkoholfrei) *16* und à la carte 23/45 – **48 Zim** ☲ 145/220.

Steinenschanze garni, Steinengraben 69, ✉ 4051, ℘ 272 53 53, Fax 272 45 73 – 🛗
📺 ☎. 🖭 ⓞ 🗲 𝘝𝘐𝘚𝘈 – **53 Zim** ☲ 160/240.   BY **s**

🎇 ❀❀ **Stucki,** Bruderholzallee 42, ✉ 4059, ℘ 361 82 22, Fax 361 82 03, 🌫,
« Blumengarten », 🌳 – Ⓟ. 🖭 🗲 𝘝𝘐𝘚𝘈   U **z**
Sonntag - Montag, 24. Dez. - 8. Jan. und 26. Feb. - 6. März geschl. – **Menu** 85
(mittags)/185 und à la carte 118/160
Spez. Escalope de foie de canard chaud. Saint-Pierre grillé au citron vert, huile d'olives et
gingembre. Chausson de pigeon aux truffes et aux poireaux blancs (hiver).

🎇 ❀ **Der Teufelhof** mit Zim, Leonhardsgraben 47, ✉ 4051, ℘ 261 10 10,
Fax 261 10 04, « Zimmergestaltung von zeitgenössischen Künstlern » – ⟻ Rest ☎.
🖭 🗲 𝘝𝘐𝘚𝘈   BY **g**
Menu (1. Etage) *(Sonntag - Montag und 8. Juli - 10. Aug. geschl.)* 65 (mittags) und
à la carte 114/163 – **Weinstube :** **Menu** *45* - 70 und à la carte 58/97 – ☲ 13.50 –
8 Zim 210/280
Spez. Variation von der Challans Ente mit Honig-Sesam Vinaigrette. Gratiniertes Zacken-
barschfilet mit Krustentieren auf Estragonsauce. Grouse im Wirsingmantel mit Wacholder-
Specksauce (Herbst - Winter).

🎇 ❀ **Les Quatre Saisons** - Hotel Europe, Clarastr. 43 (1. Etage), ✉ 4005, ℘ 690 80 80,
Fax 690 88 80 – ▤. 🖭 ⓞ 🗲 𝘝𝘐𝘚𝘈 𝙹𝙲𝙱. 🌫   CX **k**
Sonntag und 15. Juli - 4. Aug. geschl. – **Menu** 55 (mittags)/165 und à la carte 92/145
Spez. Saint-Pierre rôti au romarin et jus de veau. Filet d'épaule de veau à l'huile d'olive et
aux artichauts. Mousseline de citron vert chaude et la soupe à la noix de coco.

🎇 **Le Bourguignon,** Bachlettenstr. 1, ✉ 4054, ℘ 281 14 10, Fax 281 14 20 – ▤ Ⓟ. 🖭
ⓞ 🗲 𝘝𝘐𝘚𝘈. 🌫   AZ **t**
*Samstag mittags (im Sommer auch abends), Sonntag, über Fasnacht 1 Woche und
22. Juli - 12. Aug. geschl.* – **Menu** 38 (mittags)/125 und à la carte 56/126.

🎇 **Chez Donati,** St. Johanns-Vorstadt 48, ✉ 4056, ℘ 322 09 19, Fax 322 09 81, 🌫
Montag - Dienstag und 15. Juli - 14. Aug. geschl. – **Menu** - italienische Küche - à la
carte 58/112.   BX **p**

🎇 **Zum Goldenen Sternen,** St. Alban-Rheinweg 70, ✉ 4052, ℘ 272 16 66,
Fax 272 16 67, 🌫. 🖭 ⓞ 🗲 𝘝𝘐𝘚𝘈   DY **b**
27. Dez. - 21. Jan. geschl. – **Menu** *25* - 52/75 und à la carte 45/95, Kinder 14.

🎇 **St. Alban-Eck,** St. Alban-Vorstadt 60, ✉ 4052, ℘ 271 03 20, « Typische lokale
Atmosphäre » – 🖭 🗲 𝘝𝘐𝘚𝘈. 🌫   CDY **t**
13. Juli - 11. Aug., Samstag (ausser Mitte Sept. - Juni), Sonn- und Feiertage geschl.
– **Menu** *28* - 75 und à la carte 67/103.

🎇 **Schlüsselzunft,** Freie Strasse 25, ✉ 4001, ℘ 261 20 46, Fax 261 20 56, « Haus aus
dem 15. Jh. » – 🖭 🗲 𝘝𝘐𝘚𝘈   BY **r**
Sonn- und Feiertage geschl. – **Menu** *22.50* - 48 (mittags) und à la carte 49/99,
Kinder 9.50.

🎇 **Schifferhaus,** Bonergasse 75, ✉ 4057, ℘ 631 14 00, Fax 632 12 60, 🌫 – Ⓟ. 🖭 ⓞ
🗲 𝘝𝘐𝘚𝘈   T **c**
Sonntag - Montag und 23. Sept. - 14. Okt. geschl. – **Menu** *24* und à la carte 49/108.

🎇 **Charon,** Schützengraben 62, ✉ 4051, ℘ 261 99 80, Fax 261 99 09, Bistro Ambiente
– 🖭 🗲 𝘝𝘐𝘚𝘈 𝙹𝙲𝙱   AY **s**
*von Nov. - April Sonntag - Montag, von Mai - Okt. Samstag - Sonntag, Weihnachten,
Ostern und Juli geschl.* – **Menu** *30* - 85 (abends) und à la carte 67/104.

🎇 **Sakura,** Centralbahnstr. 14, ✉ 4051, ℘ 272 05 05, Fax 295 39 88, japanische Küche
– ▤. 🖭 ⓞ 🗲 𝘝𝘐𝘚𝘈 𝙹𝙲𝙱   BZ **k**
Sonntag und 15. Juli - 12. Aug. geschl. – **Teppanyaki :** Menu *29* - 48/99 – **Yakitori**
(Grill) **Menu** *17.50* und à la carte 30/70.

🎇 **St. Alban-Stübli,** St. Alban-Vorstadt 74, ✉ 4052, ℘ 272 54 15, 🌫 – 🗲
𝘝𝘐𝘚𝘈   DY **a**
Samstag mittags, Sonntag und 23. Dez. - 8. Jan. geschl. – **Menu** *19.50* - 45 und à
la carte 36/92.

🎇 **Zum Schnabel,** Trillengässlein 2, ✉ 4051, ℘ 261 49 09, 🌫, « Typisches Bistro »
– 🖭 ⓞ 🗲 𝘝𝘐𝘚𝘈   BY **f**
Sonn- und Feiertage geschl. – **Menu** *17* und à la carte 36/72.

in Birsfelden Ost über ④ : 3 km – ⊠ 4127 Birsfelden – 🕲 061 :

🏨 **Alfa,** Hauptstr. 15, 𝒫 311 80 15, Fax 311 05 77 – |🛗| 📺 ☎ 🅿 – 🕿 25/100. 🆎
➡ 🖃 𝘝𝘐𝘚𝘈 – Menu *18.50* und à la carte 43/78 – **52 Zim** 🖙 170/210.

XX **Waldhaus** 🐾 mit Zim, Ost : 2 km Richtung Rheinfelden, 𝒫 313 00 11, ⦙
« Schönes Fachwerkhaus in einer Parkanlage am Rheinufer » – 📺 ☎ 🅿 – 🕿
🆎 ⓪ 🖃 𝘝𝘐𝘚𝘈. ⅏
Sonntag abends, Montag und 23. Dez. - 15. Jan. geschl. – **Menu** 60 und à la ca⦙
35/103, Kinder 15.50 – **8 Zim** 🖙 112/176.

in Binningen 2 km ∪ – ⊠ 4102 Binningen – 🕲 061 :

🏨 **Schlüssel,** Schlüsselgasse 1, 𝒫 421 25 66, Fax 421 66 62, 🍴 – |🛗| 📺 ☎ 🅿. 🆎
➡ 🖃 𝘝𝘐𝘚𝘈 ⦙
Menu *(Sonntag abends und Samstag geschl.)* 19 und à la carte 31/80, Kinder 2⦙
29 Zim 🖙 108/190.

XXX **Schloss Binningen,** Schlossgasse 5, 𝒫 421 20 55, Fax 421 06 35, 🍴, « Al⦙
Rittergut in einer Parkanlage, stilvolle Einrichtung » – 🅿. 🆎 ⓪ 🖃 𝘝𝘐𝘚𝘈 𝙅𝘾𝘉 ⦙
Sonntag - Montag und über Fasnacht 2 Wochen geschl. – **Menu** 22.⦙
45 (mittags)/95 und à la carte 46/103, Kinder 15.

XX **Gasthof Neubad** mit Zim, Neubadrain 4, 𝒫 302 07 05, Fax 302 81 16, 🍴, 🚲 –
☎ 🅿. 🖃 𝘝𝘐𝘚𝘈 ⦙
Mittwoch und 16. Feb. - 6. März geschl. – **Menu** 21 - 50 (mittags)/85 und à la ca⦙
40/110 – **6 Zim** 🖙 110/170.

XX **Leimbach,** Hasenrainstr. 59, 𝒫 421 24 30, Fax 421 24 90, 🍴 – 🅿. 🖃 𝘝𝘐𝘚𝘈 ⦙
Mittwoch, Ende Feb. und Ende Sept. jeweils 2 Wochen geschl. – **Menu** 49/110 ⦙
à la carte 49/99.

im Flughafen Euro-Airport über ⑧ : 8 km :

XX **Euroairport,** 5. Etage vom Flughafen, ⊠ 4030 Basel, 𝒫 325 32 32, Fax 325 32 65⦙
– 🖃. 🆎 ⓪ 🖃 𝘝𝘐𝘚𝘈
Grill : Menu 55 und à la carte 38/70, Kinder 8.50 – **Brasserie :** Menu 24 und à la ca⦙
31/47, Kinder 8.50.

BASSECOURT 2854 Jura (JU) 🔢🔢🔢 ⑭ – 3 301 h. – alt. 478 – 🕲 066.
♦Bern 76 – ♦Delémont 11 – ♦Basel 56 – ♦Biel 41 – Montbéliard 57.

🏨 **Croix Blanche,** 51 r. Colonel Hoffmeyer, 𝒫 56 71 89, 🍴 – 📺 ☎ 🅿 – 🕿 25/1⦙
➡ 🆎 ⓪ 🖃 𝘝𝘐𝘚𝘈 𝙅𝘾𝘉
fermé 21 fév. au 4 mars – **Repas** *(fermé dim. sauf fériés)* 17.50 - 48 et à la carte 30,⦙
– **9 ch** 🖙 70/140 – ½ P suppl. 25.

BÄTTERKINDEN 3315 Bern (BE) 🔢🔢🔢 ⑮ – 2 605 Ew. – Höhe 472 – 🕲 065.
♦Bern 24 – ♦Biel 33 – Burgdorf 14 – ♦Olten 45 – ♦Solothurn 11.

XXX ✿ **Krone** (Hubler), Bahnhofstr. 1, 𝒫 45 34 34, Fax 45 34 83 – 🅿. 🆎 🖃 𝘝𝘐𝘚𝘈
Dienstag abends, Mittwoch, 31. Jan. - 28. Feb. und 9. - 31. Juli gesch.
Menu 55 (mittags)/120 und à la carte 63/102
Spez. Knusperforelle mit drei Saucen. Lammkarree mit Thymian im Salzteig. Rindsfile⦙
Pfannkuchenmantel mit Schalottensauce.

BAUEN 6466 Uri (UR) 🔢🔢🔢 ① – 224 Ew. – Höhe 440 – 🕲 044 (ab 03/96 : 041).
Sehenswert : Lage★.
♦Bern 164 – ♦Luzern 50 – Altdorf 11.

X **Zwyssighaus,** 𝒫 6 91 77 (ab 03/96 : 878 11 77), Fax 6 90 77 (ab 03/96 : 878 10⦙
≤, 🍴, Geburtshaus des Komponisten der Schweizer Nationalhymne – 🆎 ⓪ 🖃
Montag - Dienstag und Nov. geschl. – **Menu** (Tischbestellung ratsam) 45 (mittags)⦙
und à la carte 49/96.

BAUMA 8494 Zürich (ZH) 🔢🔢🔢 ⑲ – 3 933 Ew. – Höhe 639 – 🕲 052.
♦Bern 163 – ♦Zürich 40 – ♦Frauenfeld 38 – Rapperswil 22 – ♦Winterthur 25.

XX **Heimat** mit Zim, Richtung Rapperswil : 1 km, 𝒫 46 11 66 (ab 03/96 : 386 11 66),
– 📺 🅿
Menu *(8. - 30. Jan. geschl.)* (Tischbestellung erforderlich) 26 - 43 (mittags)/80 un⦙
la carte 34/74, Kinder 9 – **10 Zim** 🖙 55/120 – ½ P Zuschl. 25.

EATENBERG 3803 Bern (BE) 217 ⑦ – 1 374 Ew. – Höhe 1 150 – ✆ 036.

henswert : Niederhorn★★.

kale Veranstaltung
09 : Alphornbläsertreffen.

Kur- und Verkehrsverein, ☎ 41 12 86, Fax 41 13 35.

ern 66 – Interlaken 10 – Brienz 28.

in Waldegg Ost : 1 km – ⊠ 3802 Waldegg – ✆ 036 :

Beausite ⑤, ☎ 41 19 41, Fax 41 19 43, ≤ Jungfraugebiet, 🏠 – 🗚 ◑ E 🚾.
🎇 Rest
15. Nov. - 20. Dez. geschl. – **Menu** *(nur Abendessen für Hotelgäste)* 22 – **11 Zim** ☲ 60/134 – ½ P Zuschl. 22.

Sporthotel Eiger ⑤ garni, ☎ 41 12 18, Fax 41 10 18, ≤ Jungfraugebiet, 🚗 – ❷.
🗚 E 🚾
Nov. geschl. – **11 Zim** ☲ 70/130.

West : 2,5 km Richtung Schmocken

Gloria ⑤, ⊠ 3803 Beatenberg, ☎ 41 11 29, Fax 41 18 97, ≤ Jungfraugebiet, 🏠 –
📶 ☎. 🗚 ◑ E 🚾
1. - 16. Dez. geschl. – **Menu** *16* und à la carte 33/75, Kinder 12 – **16 Zim** ☲ 65/140 – ½ P Zuschl. 22.

ECKENRIED 6375 Nidwalden (NW) 217 ⑩ – 2 609 Ew. – Höhe 435 – Wintersport :
/1 937 m ≰1 ≴7 – ✆ 041.

kale Veranstaltung
11 : Aelplerchilbli mit Umzug.

Verkehrsbüro, ☎ 64 31 70 (ab 03/96 : 620 31 70), Fax 64 32 05 (ab 03/96 : 620 32 05).

ern 135 – ◆Luzern 22 – Andermatt 39 – Brienz 57 – ◆Schwyz 34 – Stans 12.

Sternen, ☎ 64 61 61 (ab 03/96 : 620 61 61), Fax 64 69 25 (ab 03/96 : 620 69 25),
≤ Vierwaldstättersee, 🏠, 🔺₆, 🚗, 🖪 – 📶 🗺 ☎ ❷. 🗚 ◑ E 🚾
Menu *21.50* und à la carte 34/81, Kinder 12 – **40 Zim** ☲ 115/220 – ½ P Zuschl. 35.

Nidwaldnerhof, ☎ 64 52 52 (ab 03/96 : 620 52 52), Fax 64 52 64 (ab 03/96 :
620 52 64), ≤ Vierwaldstättersee, 🏠, 🖪 – 📶 🗺 ☎ ⟷ ❷. 🗚 ◑ E 🚾 🗚
von Nov. - April Sonntag abends (ausser Hotel), Montag und 8. Jan. - 6. Feb. geschl.
– **Menu** *25* und à la carte 35/77, Kinder 10 – **15 Zim** ☲ 100/190 – ½ P Zuschl. 32.

EDANO 6930 Ticino (TI) 219 ⑧ – 971 ab. – alt. 360 – ✆ 091.

rn 270 – ◆Lugano 7 – ◆Bellinzona 27 – ◆Locarno 39.

Osteria Carletti ⑤ con cam, ☎ 945 12 14, 🏠 – ❷. 🗚 E 🚾
chiuso lunedì e gennaio – **Pasto** 58 ed à la carte 44/74 – **10 cam** ☲ 53/96.

EDIGLIORA 6981 Ticino (TI) 219 ⑧ – 442 ab. – alt. 615 – ✆ 091.

rn 289 – ◆Lugano 18 – ◆Bellinzona 46 – ◆Locarno 58 – Varese 29.

Osteria la Palma, località Nerocco, Nord : 3 km, ⊠ 6981 Nerocco-Banco,
☎ 608 11 18, 🏠 – ❷. 🎇
chiuso febbraio, martedì sera (salvo luglio ed agosto) e mercoledì – **Pasto** à la carte
31/57.

EINWIL AM SEE 5712 Aargau (AG) 216 ⑰ – 2 405 Ew. – Höhe 519 – ✆ 062.

rn 108 – ◆Aarau 22 – ◆Baden 31 – ◆Luzern 30 – ◆Olten 35 – ◆Zürich 51.

Löwen mit Zim, Löwenplatz 1, ☎ 771 11 33, Fax 771 07 11, 🏠 – 🗺 video ☎ ❷ –
🔏 60. E 🚾. 🎇
im Sommer Samstag - Sonntag geschl. – **Menu** *17.50* und à la carte 32/61 – ☲ 15
– **7 Zim** 60/100.

ELLELAY 2713 Bern (BE) 216 ⑬ ⑭ – alt. 940 – ✆ 032.

rn 61 – ◆Delémont 25 – ◆Basel 71 – Montbéliard 39 – ◆Solothurn 42.

Ours, ☎ 91 97 27, Fax 91 97 27 – ❷ – 🔏 25/50 – **8 ch.**

ELLEVUE Genève 217 ⑪ – rattaché à Genève.

BELLINZONA 6500 C Ticino (TI) 218 ⑫, 219 ⑧ – 17 159 ab. – alt. 233 – ۞ 091.

Vedere : Castelli★ : castello di Montebello★, ≤★ dal castello di Sasso Corba

Manifestazioni locali
Febbraio : "Rabadan" corteo mascherato e animazione carnevalesca
Aprile : Pianoforte in Castelgrande, festival pianistico
Agosto : "Città a Corte", rassegna di balletto e musica barocca.

🛈 Ente Turistico, via Camminata 2, ℘ 825 21 31, Fax 825 38 17.

⊛ viale Stazione 32, ℘ 826 11 55, Fax 825 13 69.

❻ via Pellandini, ℘ 825 56 55, Fax 825 55 18.

◆Bern 247 – ◆Lugano 28 – Andermatt 84 – ◆Chur 115 – ◆Locarno 20.

🏤 **Unione,** via Generale Guisan 1, ℘ 825 55 77, Fax 825 94 60, 🏠, 🌫 – 🛗 📺 ☎ – 🛖 120. 🆎 ⓞ ☒ 🆅🆂🅰 🆓🅲🅱. ❀ rist
chiuso dal 20 dicembre al 20 gennaio – **Pasto** *(chiuso domenica)* 30 - 35/60 e la carte 53/70, bambini 15 – **33 cam** ☞ 160/195 – ½ P sup. 30.

🏠 **Internazionale,** piazza Stazione, ℘ 825 43 33, Fax 826 13 59, 🏠 – 🛗 📺 ☎ 🅿. ⓞ ☒ 🆅🆂🅰
Pasto à la carte 29/68, bambini 8 – **20 cam** ☞ 130/180 – ½ P sup. 20.

🏵🏵🏵 **Castelgrande,** Salita al Castello, ℘ 826 23 53, Fax 826 23 65, 🏠, « Nel comple medioevale del Castelgrande » – 🍽. 🆎 ⓞ ☒ 🆅🆂🅰
chiuso lunedì e dal 2 al 18 gennaio – **Pasto** 34 - 35 (mezzogiorno)/105 ed à la ca 59/101 – **Grottino San Michele :** **Pasto** 22 - 30/40 ed à la carte 31/59.

🏵🏵 ❀ **Locanda Orico** (Charpié), via Orico 13, ℘ 825 15 18, Fax 825 15 19 – 🆎 ⓞ ☒ ▮ ❀
chiuso domenica, lunedì e 2 settimane in agosto – **Pasto** (coperti limitati - prenota 25 - 42 (mezzogiorno)/95 ed à la carte 68/88
Spec. Carpaccio di branzino all'olio d'oliva. Filetto di coniglio ai semi di zucca e me Crespelle alle ciliege con gelato alla cannella.

🏵🏵 Montebello, via alla Chiesa 3 (Località Daro), ℘ 825 83 95, 🏠 – 🅿.

🏵🏵 **Corona,** via Camminata 5, ℘ 825 28 44, Fax 825 21 48 – 🆎 ⓞ ☒ 🆅🆂🅰. ❀
◆ **Pasto** 18 - 23 (mezzogiorno)/60 ed à la carte 38/68.

sull'autostrada N2 Sud-Ovest : 2 km :

🏤 **Mövenpick Benjaminn** Ⓜ senza rist, area di servizio Bellinzona Sud, ⌧ 6513 Mor Carasso, ℘ 857 01 71, Fax 857 76 35 – 🛗 ↹ 📺 ☎ ♿ 🅿. 🆎 ⓞ ☒ 🆅🆂🅰
☞ 14.50 – **55 cam** 98/150.

BELPRAHON Bern 216 ⑭ – rattaché à Moutier.

BERGDIETIKON 8962 Aargau (AG) 216 ⑱ – 2 194 Ew. – Höhe 465 – ۞ 01.
◆Bern 119 – ◆Zürich 13 – ◆Aarau 40 – ◆Baden 17 – Dietikon 9 – Wohlen 15.

🏵🏵 Bergli, Bergstr. 34, ℘ 740 81 38, Fax 740 87 53 – 🅿.

BERGÜN (BRAVUOGN) 7482 Graubünden (GR) 218 ⑮ – 523 Ew. – Höhe 1 376 – ۞ (
🛈 Verkehrsverein, ℘ 73 11 52 (ab 04/96 : 407 11 52), Fax 73 14 04 (ab 04/96 : 407 14
◆Bern 298 – St. Moritz 37 – ◆Chur 56 – ◆Davos 39.

🏤 **Sporthotel Darlux,** ℘ 73 14 15 (ab 04/96 : 407 14 15), Fax 73 14 40 (ab 04/ 407 14 40), ≤ Piz Aela, 🏠, 🏋, ≘s, 🔲, 🌫, 🌹 – 🛗 📺 ☎ ⇦ 🅿. 🆎 ⓞ ☒
16. Dez. - 7. April und 11. Juni - 22. Okt. – **Menu** 27.50 - 40 und à la carte 39/ Kinder 9.50 – **40 Zim** ☞ 120/260, 8 Suiten – ½ P Zuschl.· 30.

🏠 **Weisses Kreuz,** ℘ 73 11 61 (ab 04/96 : 407 11 61), Fax 73 16 86 (ab 04/ ◆ 407 16 86), 🏠 – ☎ 🅿. 🆎 ⓞ ☒ 🆅🆂🅰
21. Dez. - 14. März und 15. Juni - 13. Okt. – **Menu** (in der Zwischensaison Mor geschl.) 20 - 32 und à la carte 42/84, Kinder 13 – **26 Zim** ☞ 113/238 – ½ P Zuschl.

BERIKON 8965 Aargau (AG) 216 ⑱ – 3 848 Ew. – Höhe 554 – ۞ 056.
◆Bern 114 – ◆Aarau 36 – ◆Baden 17 – Dietikon 14 – Wohlen 12 – ◆Zürich 18.

🏵 **Stalden** ⌂ mit Zim, Friedlisbergstr. 9, ℘ 633 11 35, Fax 633 71 88, 🏠 – 📺 ☎ ◆ 🆎 ☒ 🆅🆂🅰
Montag - Dienstag, 24. Jan. - 6. Feb. und 8. Juli - 8. Aug. geschl. – **Menu** 20 - 44 und à la carte 45/79 – **8 Zim** ☞ 78/110 – ½ P Zuschl. 25.

104

Bern *(Berne)*

3000 Ⓚ Bern (BE) 🔢 ⑥ – 130 069 Ew. – Höhe 548 – ☼ 031

Sehenswert : Alt-Bern★★ : Marktgasse★ DZ ; Zytgloggeturm★ EZ **C** ; Kramgasse★ EZ ; Ausblicke★ von der Nydeggbrücke FY ; Bärengraben★ FZ ; Münster St. Vinzenz★ EZ : Bogenfeld★★, Rundblick★★ vom Turm EZ – Rosengarten FY : Blick★ auf die Altstadt – Botanischer Garten★ DY – Tierpark im Dählhölzli★ BX – Bruder-Klausenkirche★ BX **B**.

Museen : Kunstmuseum★★ DY – Naturhistorisches Museum★★ EZ – Bernisches Historisches Museum★★ EZ – Schweizerisches Alpines Museum★★ EZ – Schweizerisches Postmuseum★ EZ.

Ausflugsziele : Gurten★★ AX.

🏌 Blumisberg ✉ 3184 Wünnewil (18 März-13 Nov.), ℘ (037) 36 34 38 Fax (037) 36 35 23. Süd-West 18 km über ③.

🛈 Verkehrs- und Kongressbüro, Im Bahnhof, ℘ 311 66 11, Fax 312 12 33
🌐 Thunstr. 63, ℘ 352 22 22, Fax 352 22 29
🅰 Theaterplatz 13, ℘ 311 38 13, Fax 311 26 37.

✈ Bern-Belp, ℘ 960 21 11, Fax 960 21 12 BX.

Fluggesellschaften
Swissair Im Hauptbahnhof 10b, ℘ 329 62 62, Fax 329 62 66.
Crossair Airport Bern, 3123 Bern-Belp, ℘ 961 55 33, Fax 960 21 28

Lokale Veranstaltungen
Anfang Mai : Internationales Jazz-Festival.
25.11 : Zibelemärit.

◆Biel 35 ① – ◆Fribourg 34 ③ – Interlaken 59 ② – ◆Luzern 111 ② – ◆Zürich 125 ①.

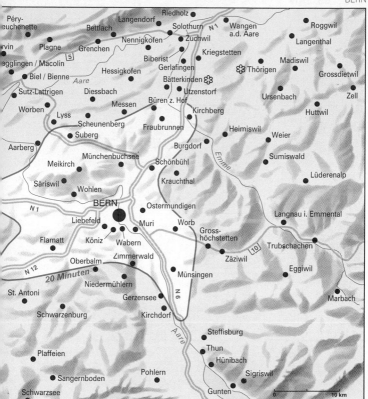

Bellevue Palace, Kochergasse 3, ⊠ 3001, 𝒫 320 45 45, Telex 911524, Fax 311 47 43, 🏛, « Terrasse mit Aussicht auf die Aare » – ⧈ ▤ Rest 🆃🆅 video 🕿 ⅙ ⟷ – ⚒ 25/150. 🆀🅴 ⓞ 🅴 𝘝𝘐𝘚𝘈 🅹🅲🅱. ⅙ Rest EZ **p**
Menu (siehe auch Rest. **Bellevue-Grill/La Terrasse**) - **Zur Münz :** **Menu** 20 und à la carte 53/105 – **131 Zim** � 290/450, 14 Suiten.

Schweizerhof, Bahnhofplatz 11, ⊠ 3001, 𝒫 311 45 01, Telex 911782, Fax 312 21 79, « Geschmackvolle Einrichtung » – ⧈ ▤ 🆃🆅 🕿 ⟷ – ⚒ 25/140. 🆀🅴 ⓞ 🅴 𝘝𝘐𝘚𝘈. ⅙ Rest
Menu (siehe auch Rest. **Schultenheissenstube** und **Jack´s Brasserie**) - **Yamato** - japanische Küche - *(Sonntag - Montag geschl.) (nur Abendessen)* **Menu** 60/80 – **87 Zim** ⊆ 260/430, 4 Suiten. DY **e**

Innere Enge ⅗, Engestr. 54, ⊠ 3012, 𝒫 309 61 11, Fax 309 61 12, 🏛, Park – ⧈ ↬ Zim ▤ Zim 🆃🆅 🕿 🅿. 🆀🅴 ⓞ 🅴 𝘝𝘐𝘚𝘈 AX **n**
Menu 17 - 29 und à la carte 30/76 – **26 Zim** ⊆ 185/260.

Belle Epoque 🅼 garni, Gerechtigkeitsgasse 18, ⊠ 3011, 𝒫 311 43 36, Fax 311 39 36, « Einrichtung im Jugendstil » – ⧈ ↬ 🆃🆅 🕿. 🆀🅴 ⓞ 🅴 𝘝𝘐𝘚𝘈
17 Zim ⊆ 220/300. EY **u**

Savoy garni, Neuengasse 26, ⊠ 3011, 𝒫 311 44 05, Fax 312 19 78 – ⧈ 🆃🆅 🕿. 🆀🅴 🅴 𝘝𝘐𝘚𝘈 🅹🅲🅱
⊆ 18 – **56 Zim** 157/244. DY **n**

City 🅼 garni, Bahnhofplatz 7, ⊠ 3007, 𝒫 311 53 77, Fax 311 06 36 – ⧈ 🆃🆅 🕿. 🆀🅴 ⓞ 🅴 𝘝𝘐𝘚𝘈 🅹🅲🅱 – ⊆ 16 – **58 Zim** 105/175. DZ **a**

BERN

Bärenplatz	DZ	
Kramgasse	EZ	
Marktgasse	DZ	
Spitalgasse	DYZ	
Amthausgasse	DEZ	3
Bethlehemstrasse	AX	4
Brunngasse	EY	6
Bundesterrasse	DZ	7
Christoffelgasse	DZ	9

Helvetiaplatz	EZ	10
Jubiläumsstrasse	EZ	12
Kochergasse	DEZ	13
Kreuzgasse	EZ	15
Münstergasse	EZ	16
Münsterplatz	EZ	18
Nägeligasse	DY	19
Neubrückstrasse	AX	21
Ostermundigenstrasse	BX	24
Papiermühlestrasse	BX	27
Rathausgasse	EY	28

Rathausplatz	EY	
Schlossstrasse	AX	
Schosshaldenstrasse	FZ	
Schwarzenburgstrasse	CZ	
Schwarztorstrasse	CZ	
Seftigenstrasse	CZ	
Untertorbrücke	FY	
Waisenhausplatz	DY	
Weissensteinstrasse	AX	
Winkelriedstrasse	BX	
Worblaufenstrasse	BX	
Zeughausgasse	DY	
Zieglerstrasse	CZ	

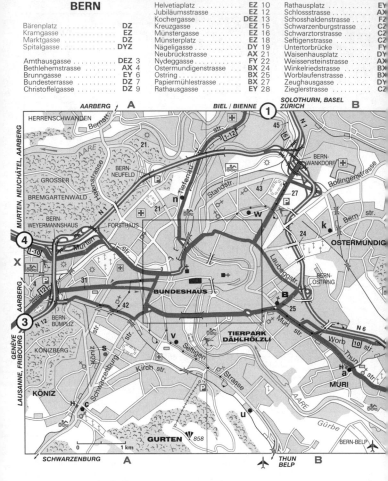

🏦 **Bern,** Zeughausgasse 9, ⊠ 3011, ℰ 312 10 21, Fax 312 11 47, 🛖 – 📱 ᗄ ≥
🔶 ☰ Rest 📺 ☎ ⅙ – 🏛 25/160. 🆎 ① 🇪 𝘝𝘐𝘚𝘈 ᴊᴄʙ
Kurierstube (Sonntag und Juli - Mitte Aug. geschl.) **Menu** *26.50* - 60/80 (abends)
à la carte 43/90 – **7 Stube :** **Menu** *19.50* und à la carte 30/77 – **100 Zim** ⊊ 180/2

🏦 **Bristol** garni, Schauplatzgasse 10, ⊠ 3011, ℰ 311 01 01, Fax 311 94 79, 🛏s – 📱
☎. 🆎 ① 🇪 𝘝𝘐𝘚𝘈 ᴊᴄʙ – **92 Zim** ⊊ 165/265. DZ

🏦 **Bären** garni, Schauplatzgasse 4, ⊠ 3011, ℰ 311 33 67, Fax 311 69 83, 🛏s – 📱
☎. 🆎 ① 🇪 𝘝𝘐𝘚𝘈 ᴊᴄʙ – **57 Zim** ⊊ 165/265. DZ

🏦 **Ambassador,** Seftigenstr. 99, ⊠ 3007, ℰ 370 99 99, Fax 371 41 17, 🛖, 🛏s,
– 📱 ☰ Rest 📺 ☎ ⇔ 🅿 – 🏛 25/150. 🆎 ① 🇪 𝘝𝘐𝘚𝘈 ᴊᴄʙ AX
Menu à la carte 34/74, Kinder 10 – **Teppan Taishi** - japanische Küche - *(Sonnt.*
Montag und 15. Juli - 15. Aug. geschl.) **Menu** *24/84* – ⊊ 16 – **97 Zim** 130/19
½ P Zuschl. 24.

🏦 **Metropole,** Zeughausgasse 28, ⊠ 3011, ℰ 311 50 21, Fax 312 11 53, 🛖 –
🔶 ᗄ Zim 📺 ☎ – 🏛 25/100. 🆎 ① 🇪 𝘝𝘐𝘚𝘈 DY
Rôtisserie Vieux Moulin (Samstag mittags und Sonntag geschl.) **Menu** *26*
(mittags) und à la carte 41/91 – **Brasserie :** **Menu** *16.50* und à la carte 34/
Kinder 21.50 – **58 Zim** ⊊ 150/220 – ½ P Zuschl. 25.

Waldhorn garni, Waldhöheweg 2, ⊠ 3013, ℰ 332 23 43, Fax 332 18 69 – |♨| 🔟 ☎
🕭 🖴. 🄰🄴 ⓘ 🄴 VISA   EY **d**
46 Zim ⊂⊃ 117/190.

Kreuz, Zeughausgasse 41, ℰ 311 11 62, Fax 311 37 47 – |♨| ⇝ Zim 🔟 ☎ –
🕭 25/120. 🄰🄴 ⓘ 🄴 VISA JCB   DY **v**
Menu *(Samstag - Sonntag und 1. Juli - 15. Aug. geschl.)* 19.50 und à la carte 38/59
– **103 Zim** ⊂⊃ 138/210.

Jardin, Militärstr. 38, ⊠ 3014, ℰ 333 01 17, Fax 333 09 43, 斎 – |♨| 🔟 ☎ ⓟ – 🕭 50.
🄰🄴 ⓘ 🄴 VISA   BX **w**
Menu *(Mittwoch abends, Sonntag und Mitte Juli - Mitte Aug. geschl.)* 15 und à la
carte 27/63, Kinder 9 – **18 Zim** ⊂⊃ 95/130 – ½ P Zuschl. 20.

Pergola garni, Belpstr. 43, ⊠ 3007, ℰ 381 91 46, Fax 381 50 54 – |♨| 🔟 ☎. 🄴
VISA   CZ **y**
23. Dez. - 1. Jan. geschl. – **55 Zim** ⊂⊃ 132/180.

✗✗ **Bellevue Grill / Bellevue Terrasse** - Hotel Bellevue Palace, Kochergasse 3, ⊠ 3001,
ℰ 320 45 45, Telex 911524, Fax 311 47 43, 斎, « Terrasse mit Aussicht auf die Aare »
– 🍴. 🄰🄴 ⓘ 🄴 VISA JCB. ✎   EZ **p**
Grill : mittags und Juni - Sept. geschl. ; Terrasse : abends von Nov. - Mai geschl. –
Menu 95/114 und à la carte 76/120.

✗ **Schultenheissenstube** - Hotel Schweizerhof, Bahnhofplatz 11 (1. Etage), ⊠ 3001,
ℰ 311 45 01, Telex 911782, Fax 312 21 79 – 🍴. 🄰🄴 ⓘ 🄴 VISA. ✎   DY **e**
Sonntag geschl. – **Menu** 48 - 75/120 und à la carte 68/128.

✗ **Jack's Brasserie** - Hotel Schweizerhof, Bahnhofplatz 11, ⊠ 3001, ℰ 311 45 01,
Telex 911782, Fax 312 21 79, 斎 – 🍴. 🄰🄴 ⓘ 🄴 VISA   DY **e**
Menu 29 und à la carte 49/108.

✗ **du Théâtre,** Theaterplatz 7, ⊠ 3011, ℰ 312 30 31, Fax 311 71 77, 斎 – 🄰🄴 ⓘ 🄴
VISA   EZ **t**
Sonntag und 15. Juli - 5. Aug. geschl. – **Menu** 24 - 36/55 (mittags) und à la carte
52/116.

✗ **Ermitage,** Marktgasse 15, ⊠ 3011, ℰ 311 35 41, Fax 311 35 42 – 🄰🄴 🄴
VISA   EZ **g**
Sonntag geschl. – **Bonbonnière** (1. Etage) **Menu** 59/125 und à la carte 30/112 –
Carnozet : **Menu** 17.50 - 27 und à la carte 30/78.

Büner, Kasernenstr. 31, ⊠ 3013, ℰ 331 67 63, 斎 – 🄰🄴 🄴 VISA   FY **q**
Samstag und Sonntag geschl. – **Stübli :** **Menu** 50 (mittags) und à la carte 70/104
– **Bistro :** **Menu** 16.50 und à la carte 36/62.

Kirchenfeld, Thunstr. 5, ⊠ 3005, ℰ 351 02 78, Fax 351 84 16, 斎 – 🄰🄴 🄴
VISA   EZ **e**
Sonntag - Montag und 15. Juli - 7. Aug. geschl. – **Menu** 16 - 35 (mittags)/55 und à
la carte 39/70.

Lorenzini, Theaterplatz 5, ⊠ 3011, ℰ 311 78 50 – 🄰🄴 ⓘ 🄴 VISA   EZ **x**
Sonntag geschl. – **Menu** - italienische Küche - (Tischbestellung ratsam) 13 - 20 (mittags) und à la carte 30/81.

Zum Zähringer, Badgasse 1, ⊠ 3013, ℰ 311 32 70, 斎 – 🄰🄴 ⓘ 🄴 VISA   EZ **d**
Sonntag geschl. – **Menu** 17.50 - 26 (mittags) und à la carte 48/79.

Frohegg, Belpstr. 51, ⊠ 3007, ℰ 382 25 24, 斎 – 🄰🄴 ⓘ 🄴 VISA   CZ **r**
Sonntag geschl. – **Menu** 16.50 - 45 und à la carte 38/87.

Zimmermania, Brunngasse 19, ⊠ 3011, ℰ 311 15 42, Fax 312 28 22, Altes Berner
Bistro – 🄴 VISA   EY **h**
Sonntag, Montag, Feiertage und Anfang Juli 4 Wochen geschl. – **Menu** (Tischbe-
stellung ratsam) 17.50 - 35 (mittags) und à la carte 38/88.

Frohsinn, Münstergasse 54, ⊠ 3011, ℰ 311 37 68, 斎 – 🄴 VISA   EZ **m**
Sonntag - Montag und 9. Juli - 9. Aug. geschl. – **Menu** 17 - 75 und à la carte 44/92.

in Ostermundigen Ost : 5 km - BX – ⊠ 3072 Ostermundigen – ✆ 031 :

Bären, Bernstr. 25, ℰ 932 08 32, Fax 931 08 31, 斎 – 🔟 ☎ ⓟ – 🕭 25/80. 🄰🄴 ⓘ
🄴 VISA   BX **k**
Wintergarten : **Menu** 28 und à la carte 42/85, Kinder 7 – **Grotto** - italienische Küche
- **Menu** à la carte 42/78 – **26 Zim** ⊂⊃ 110/180.

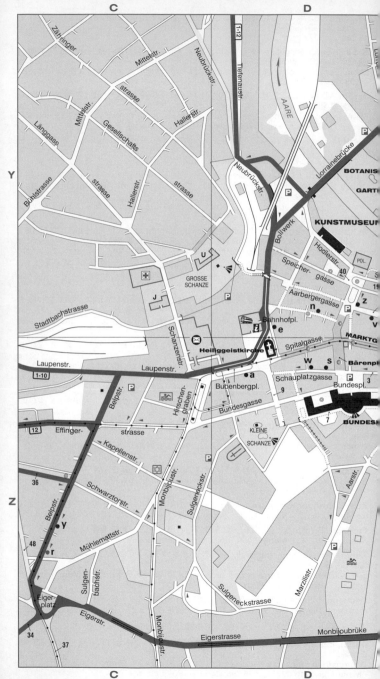

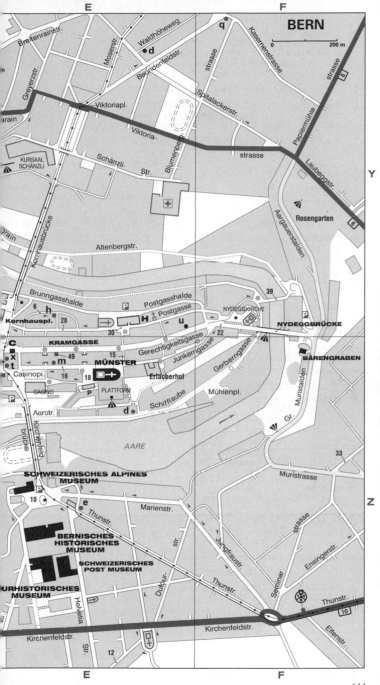

in Muri Süd-Ost : 3,5 km - BX – ⊠ 3074 Muri bei Bern – ☎ 031 :

🏨🏨 **Sternen,** Thunstr. 80, ℰ 950 71 11, Fax 950 71 00, 🍴 – 🛗 🌡 📺 ☎ ⟺
🔧 25/120. ⏪ ⓞ ⏎ ⅤⅠⅤⅠ̄̄̄̄̄̄̄̄̄̄̄̄   A⟩
Läubli : Menu 39 (mittags)/60 und à la carte 40/93 – **Da Pietro** - italienische Küc⟩
(Samstag, Sonn- und Feiertage jeweils mittags und 8. Juli - 4. Aug. geschl.) **Menu** 1⟩
und à la carte 32/70 – **44 Zim** ⊐ 170/250.

in Wabern Süd : 5 km Richtung Belp - BX – ⊠ 3084 Wabern – ☎ 031 :

🍴🍴 **Maygut** mit Zim, Seftigenstr. 370, ℰ 961 39 81, 🍴 – ℗. ⏪ ⓞ ⏎ ⅤⅠⅤⅠ̄̄ ⊿ⅭⒷ B⟩
Sonntag - Montag geschl. – **Kreidolfstube :** Menu 65/85 und à la carte 73/10⟩
Gaststube : Menu 15.50 und à la carte 40/89 – ⊐ 9 – **3 Zim** 105/120.

in Liebefeld Süd-West : 3 km Richtung Schwarzenburg - AX – ⊠ 3097 Liebefe⟩
☎ 031 :

🍴🍴 **Landhaus,** Schwarzenburgstr. 134, ℰ 971 07 58, Fax 972 02 49, 🍴 – ℗. ⏪ ⓞ⟩
ⅤⅠⅤⅠ̄̄   A⟩
Sonntag und über Weihnachten und Ostern geschl. – **Rôtisserie :** Menu
(mittags)/108 und à la carte 62/111 – **Taverne Alsacienne :** Menu 15.50 und à la c⟩
25/63.

in Köniz Süd-West : 4 km Richtung Schwarzenburg – ⊠ 3098 Köniz – ☎ 031

🏠 **Sternen** Ⓜ, Schwarzenburgstr. 279, ℰ 971 02 18, Fax 971 86 84, 🍴 – 📺 ☎ ⟨
⏪ ⓞ ⏎ ⅤⅠⅤⅠ̄̄
Menu 15.50 und à la carte 32/72 – ⊐ 8.50 – **20 Zim** 101/160 – ½ P Zuschl. ⟩

BERNECK 9442 St. Gallen (SG) 🔢🔢 ㉒ – 3 218 Ew. – Höhe 427 – ☎ 071.
♦Bern 246 – ♦St. Gallen 36 – Altstätten 11 – Bregenz 21 – Dornbirn 14 – Feldkirch 28.

🍴🍴 **Ochsen,** ℰ 71 14 53 (ab 03/96 : 744 14 53), Fax 71 14 57 (ab 03/96 : 744 14 57),
– ⏪ ⓞ ⏎ ⅤⅠⅤⅠ̄̄. 🍴
Donnerstag und Mitte Juli - Anfang Aug. 3 Wochen geschl. – **Menu** 17 - 47 (mitta⟩
und à la carte 34/82, Kinder 14.50.

BEROMÜNSTER 6215 Luzern (LU) 🔢🔢 ⑰ – 2 046 Ew. – Höhe 650 – ☎ 041.
Sehenswert : Gestühl★ der Stiftskirche.
♦Bern 98 – ♦Aarau 27 – ♦Luzern 20 – ♦Zürich 61.

🏠 **Hirschen,** ℰ 930 33 71, Fax 930 39 44, « Ehemaliges Amtshaus aus dem 16. J⟩
– 🛗 ⏪ ⏎ ⅤⅠⅤⅠ̄̄
21. - 29. Feb. und 15. Juli - 8. Aug. geschl. – **Menu** *(Sonntag abends - Montag ges⟩*
22 - 58 (mittags) und à la carte 46/100 – **15 Zim** ⊐ 90/160.

BETTLACH 2544 Solothurn (SO) 🔢🔢 ⑭ – 4 208 Ew. – Höhe 441 – ☎ 065.
♦Bern 35 – ♦Delémont 60 – ♦Basel 82 – ♦Biel 14 – ♦Solothurn 9.

🏠 **St. Urs + Viktor,** ℰ 55 16 24, Fax 55 18 93, 🍴 – 🛗 🌡 Zim 📺 ☎ ♿ ℗ – 🔧 25/⟩
⏪ ⏎ ⅤⅠⅤⅠ̄̄
Menu 15.50 - 38 (mittags) und à la carte 33/78 – **30 Zim** ⊐ 85/150.

BETTMERALP 3992 Wallis (VS) 🔢🔢 ⑱ – Höhe 1 950 – ⛷ – Wintersport : 1 950/2 70⟩
⛷4 ⛷9 ⛷ – ☎ 028.
🛈 Verkehrsbüro, ℰ 27 12 91, Fax 27 33 45.
♦Bern 160 – ♦Brig 14 – Andermatt 83 – Domodossola 80 – ♦Sion 67.

mit Luftseilbahn ab Betten FO erreichbar

🏨🏨 **La Cabane** Ⓜ garni, ℰ 27 42 27, Fax 27 44 40, ≤, 🍴 – 🛗 📺 ☎. ⏪ ⓞ ⏎ Ⅴ⟩
15. Dez. - 30. April und 1. Juli - 31. Okt. – **12 Zim** ⊐ 210/274.

🏠 **Bettmerhof** 🍴, ℰ 27 17 41, Fax 27 37 61, ≤ Berge und Tal, 🍴 – 📺 ☎. ⏎ ⟩
🍴 Zim
15. Dez. - 19. April und 25. Juni - 30. Okt. – **Menu** 19 und à la carte 38/95, Kinder⟩
– **23 Zim** ⊐ 85/140 – ½ P Zuschl. 35.

🏠 **Alpfrieden,** ℰ 27 22 32, Fax 27 29 97, ≤ Berge, 🍴 – 📺 ☎. ⏪ ⓞ ⏎ ⅤⅠⅤⅠ̄̄. 🍴 ⟩
14. Dez. - 21. April und 1. Juli - 20. Okt. – **Menu** 18.50 und à la carte 36/88, Kinder⟩
– **28 Zim** ⊐ 120/260 – ½ P Zuschl. 37.

VER 7502 Graubünden (GR) 218 ⑮ – 549 Ew. – Höhe 1 714 – ✪ 082 (ab 04/96 : 081).

rn 339 – St. Moritz 11 – ♦Davos 59.

Chesa Salis ⤳ mit Zim, ℘ 6 48 38 (ab 04/96 : 852 48 38), Fax 6 47 06 (ab 04/96 : 852 47 06), ≤, 佘, « Schöne rustikale Einrichtung in einem Engadiner Haus aus dem 16. Jh. », 屏 – 🛗 🆃🆅 ☎ ⟲ 🅿, 🆔 ⓞ 🅴 𝒱𝐼𝒮𝐀, ⅀ Rest
22. Dez. - 7. April und 16. Juni - 19. Okt. – **Menu** *30* - 58/75 und à la carte 42/92 – **18 Zim** ⟳ 152/300 – ½ P Zuschl. 48.

X 1880 Vaud (VD) 217 ⑭ – 5 444 h. – alt. 411 – ✪ 025.

r : Mine de sel★.

rn 112 – ♦Martigny 20 – ♦Lausanne 49 – ♦Sion 46 – Evian-les-Bains 37.

rte de Saint-Maurice Sud : 2,5 km – ⊠ 1880 Bex – ✪ 025 :

Le St-Christophe avec ch, ℘ 65 29 77, Fax 65 24 45, « Ancienne ferme fortifiée du 18ᵉ siècle », 屏 – 🆃🆅 ☎ 🅿, 🆔 ⓞ 🅴 𝒱𝐼𝒮𝐀, ⅀ rest
fermé Noël, 15 au 28 juil. et dim. en juil. - août – **Repas** 56 (midi)/135 et à la carte 69/111 – **12 ch** ⟳ 55/140.

ASCA 6710 Ticino (TI) 218 ⑫ – 5 890 ab. – alt. 304 – ✪ 091.

torni : Malvaglia : campanile★ della chiesa Nord : 6 km.

nte Turistico, ℘ 862 33 27, Fax 862 42 69.

rn 227 – Andermatt 64 – ♦Bellinzona 24 – ♦Brig 111 – ♦Chur 131.

Al Giardinetto con cam, ℘ 862 17 71, Fax 862 23 59, 佘 – 🛗 ☎ 🅿 ⟲ 🅿 – 🏛 50. 🆔 ⓞ 🅴 𝒱𝐼𝒮𝐀, ⅀ rist
Pasto *(chiuso martedì da ottobre a maggio)* 15 - 40 ed à la carte 33/76, bambini 9 – **33 cam** ⟳ 110/155 – ½ P sup. 23.

3ERBRUGG Schwyz (SZ) 216 ⑲ – Höhe 830 – ⊠ 8836 Bennau – ✪ 055.

rn 161 – ♦Luzern 46 – Einsiedeln 7 – Rapperswil 14 – ♦Zürich 36.

Post, ℘ 53 27 71 (ab 03/96 : 412 27 71), Fax 53 70 72 (ab 03/96 : 412 70 72), 佘 – 🆃🆅 ☎ 🅿, 🆔 ⓞ 🅴 𝒱𝐼𝒮𝐀
Rôtisserie : **Menu** 22 - 26/44 und à la carte 38/97 – **12 Zim** ⟳ 80/130 – ½ P Zuschl. 30.

3ERIST Solothurn 216 ⑮ – siehe Solothurn.

EL (BIENNE) 2500 Bern (BE) 216 ⑭ – 51 319 Ew. – Höhe 438 – ✪ 032.

enswert : Altstadt★ BY.

seum : Schwab★ AY **M**.

flugsziel : St. Petersinsel★★ Süd-West – Taubenlochschlucht★ über ② : 3 km.

ale Veranstaltungen
6 - 30.06 : ''Braderie'', Volksfest
7 - 03.08 : Internationales Schachfestival.

Verkehrsbüro, Bahnhofplatz, ℘ 22 75 75, Fax 23 77 57.

Aarbergstr. 95, ℘ 28 70 50, Fax 28 70 59.

Aarbergstr. 29, ℘ 23 15 25, Fax 23 71 69.

rn 35 ③ – ♦Neuchâtel 35 ④ – ♦Basel 91 ① – ♦La Chaux-de-Fonds 44 ① – Montbéliard 96 ① – othurn 22 ②.

Stadtplan siehe nächste Seite

Plaza Ⓜ, Neumarktstr. 40, ⊠ 2502, ℘ 22 97 44, Fax 22 01 94, 佘 – 🛗 ⤬ Zim 🆃🆅 ☎ 🅿, 🆔 ⓞ 🅴 𝒱𝐼𝒮𝐀   BY **a**
Menu *17* - 21 (mittags) und à la carte 48/93, Kinder 13 – **96 Zim** ⟳ 190/265, 10 Suiten – ½ P Zuschl. 20.

Elite, Bahnhofstr. 14, ⊠ 2501, ℘ 22 54 41, Fax 22 13 83 – 🛗 🆃🆅 ☎ – 🏛 25/120. 🆔 ⓞ 🅴 𝒱𝐼𝒮𝐀, ⅀ Rest   ABZ **b**
Menu (siehe auch Rest. *Rôtisserie de l'Amphitryon*) – **63 Zim** ⟳ 175/260, 7 Suiten – ½ P Zuschl. 35.

Atlantis garni, Mittelstr. 10, ⊠ 2502, ℘ 42 44 11, Fax 42 44 29 – 🛗 🆃🆅, 🆔 ⓞ 🅴 𝒱𝐼𝒮𝐀
Sonntag und 20. Dez. - 4. Jan. geschl. – **16 Zim** ⟳ 95/135.   BY **e**

BIEL   BIENNE

Bahnhofstrasse	R. de la Gare	**ABZ** 4
Industriegasse	R. de l'Industrie	**ABY** 18
Marktgasse	R. du Marché	**BY** 28
Nidaugasse	R. de Nidau	**BY** 33
Unionsgasse	R. de l'Union	**ABY** 46
Zentralstrasse	R. Centrale	**BZ**

Adam Göuffi-Strasse	R. Adam Göuffi	**BY** 3
Bözingenstrasse	Rte de Boujean	**BY** 6
Brühlstrasse	R. du Breuil	**BY** 7
Burggasse	R. du Bourg	**BY** 9
Florastrasse	R. de Flore	**BY** 10
Freiburgstrasse	R. de Fribourg	**BZ** 12
General Guisan-Platz	Pl. du Gén. Guisan	**AZ** 13
Gerbergasse	R. des Tanneurs	**BY** 15
Güterstrasse	R. des Marchandises	**BZ** 16

Jakob Rosius-Strasse	R. Jakob Rosius	**AB**Y
Juravorstadt	Faubourg du Jura	**B**Y
Kanalgasse	R. du Canal	**B**Y
Karl Stauffer-Strasse	R. Karl Stauffer	**B**Y
Kreuzplatz	Pl. de la Croix	**B**Z
Logengasse	R. de la Loge	**B**Y
Murtenstrasse	R. de Morat	**B**Z
Neumarktplatz	Pl. du Marché-Neuf	**B**Y
Obergasse	R. Haute	**B**Y
Quellgasse	R. de la Source	**AB**Y
Reuchenettestrasse	Rte de Reuchenette	**B**Y
Rüschlistrasse	R. de Rüschli	**AB**Y
Schüsspromenade	Prom. de la Suze	**AY**Z
Silbergasse	R. de l'Argent	**B**Z
Spitalstrasse	R. de l'Hôpital	**AY**Z
Tschärisplatz	Pl. de la Charrière	**A**Y
Unterer Quai	Quai du Bas	**A**Z
Untergasse	R. Basse	**B**Y
Zentralplatz	R. Centrale	**B**Y

Die Stadtpläne sind eingenordet (Norden = oben).

✗ **Rôtisserie de l'Amphitryon** - Hotel Elite, Bahnhofstr. 14, ✉ 2501, ☎ 22 54 41, Fax 22 13 83 - AE ⓓ E VISA. ✻ ABZ **b**
Sonntag und 14. Juli - 4. Aug. geschl. - **Menu** *23* - 43 (mittags)/90 und à la carte 58/91, Kinder 18.

Bielstube, Rosius 18, ✉ 2502, ☎ 22 65 88, 余 - AE E VISA BY **f**
Sonn- und Feiertage und Weihnachten - Neujahr geschl. - **Menu** *15* und à la carte 40/68, Kinder 8.50.

Süd-West Richtung Neuchâtel über ④ : 2 km

✗ **Gottstatterhaus,** ✉ 2505 Biel, ☎ 22 40 52, 余, « Terrasse ≤ Bielersee », ⚓ - Ⓟ. AE ⓓ E VISA
Mittwoch - Donnerstag und Jan. geschl. - **Menu** *29.50* - 49 (mittags)/65 und à la carte 43/93, Kinder 12.

ENNE Bern 216 ⑭ - voir Biel.

ÈRE **1145** Vaud (VD) 217 ② - 1 419 h. - alt. 698 - ☎ 021.
rn 137 - ♦Lausanne 33 - ♦Genève 48 - ♦Montreux 64 - Pontarlier 63.

Trois Sapins, ☎ 809 51 23, Fax 809 59 27 - 🏛 60. E VISA. ✻ rest
fermé fév. - **Repas** *(fermé lundi - mardi) 14* - 38 et à la carte 30/90, enf. 10 - ☕ 9 - **11 ch** 40/80 - ½ P suppl. 25.

NII Valais 217 ⑮ - rattaché à Sion.

NNINGEN Basel-Landschaft 216 ④ - siehe Basel.

OGGIO **6934** Ticino (TI) 219 ⑧ - 1 344 ab. - alt. 292 - ☎ 091.
rn 272 - ♦Lugano 7 - ♦Bellinzona 28 - ♦Locarno 40 - Varese 28.

✗ **Grotto Antico,** ☎ 605 12 39, 余 - Ⓟ. AE ⓓ VISA
Pasto (prenotare) à la carte 47/73.

✗ **Stazione,** ☎ 605 11 67, Fax 605 11 67, 余 - VISA
chiuso domenica sera, lunedì e dal 1° febbraio all'11 marzo - **Pasto** *20* - 33/60 à la carte 36/80.

s BIOUX Vaud 217 ② - voir à Joux (Lac de).

RMENSDORF **8903** Zürich (ZH) 216 ⑱ - 4 730 Ew. - Höhe 488 - ☎ 01.
rn 123 - ♦Zürich 9 - ♦Aarau 44 - ♦Baden 21 - ♦Luzern 45.

Sonne, Luzernerstr. 1, ☎ 737 17 67, Fax 737 07 67 - TV Ⓟ. AE ⓓ E VISA JCB
Menu *(Dienstag geschl.) 18.50* und à la carte 31/85, Kinder 10 - **10 Zim** ☕ 73/155 - ½ P Zuschl. 15.

RSFELDEN Basel-Landschaft 216 ④ - siehe Basel.

SSONE **6816** Ticino (TI) 219 ⑧ - 742 ab. - alt. 274 - ☎ 091.
rn 282 - ♦Lugano 9 - ♦Bellinzona 38 - ♦Locarno 50 - Varese 30.

Campione, via Campione 62 (Nord : 2 km), ☎ 649 96 22, Fax 649 68 21, 余, ⛱ - |‡| TV ☎ 🚗. AE E VISA
Pasto *(chiuso novembre e dicembre) 19* - 39/70 ed à la carte 36/99 - **36 cam** ☕ 150/270, 5 suites - ½ P sup. 36.

La Palma con cam, piazza Borromini, ☎ 649 84 06, Fax 649 67 69, ≤ lago, 余, « Terrazza sul lago » - |‡| TV ☎. AE ⓓ E VISA
chiuso mercoledì dal 1° novembre al 1° marzo - **Pasto** 35/45 ed à la carte 38/94, bambini 10 - **12 cam** ☕ 85/120 - ½ P sup. 30.

Elvezia, via Cantonale, ☎ 649 73 74, 余 - Ⓟ. AE ⓓ E VISA
chiuso lunedì e dal 15 gennaio al 15 febbraio - **Pasto** *20* ed à la carte 45/69.

BLATTEN 3919 Wallis (VS) 217 ⑰ – 334 Ew. – Höhe 1 540 – ☎ 028.
◆Bern 208 – ◆Brig 38 – Domodossola 55 – ◆Sierre 34 – ◆Sion 49.

🏠 **Edelweiss** 🐎, ℰ 49 13 63, Fax 49 10 53, ≤ Tal, 🍽 – 📶 📺 ☎ 🅿. Ε 𝘝𝘐𝘚𝘈. 🛳 F
⬤ *1. - 15. Dez. geschl. –* **Menu** *(in der Zwischensaison Donnerstag geschl.) 20 -* 38 u
à la carte 33/58, Kinder 11 – **17 Zim** ⌛ 124/200 – ½ P Zuschl. 30.

BLONAY Vaud 217 ⑭ – rattaché à Vevey.

BLUCHE Valais 217 ⑯ – rattaché à Crans-Montana.

BLUMENSTEIN 3638 Bern (BE) 217 ⑥ – 1 223 Ew. – Höhe 661 – ☎ 033.
◆Bern 29 – Interlaken 36 – ◆Fribourg 44 – Spiez 20 – ◆Thun 18.

in Pohlern Süd-Ost : 3 km Richtung Wimmis – ✉ 3638 Blumenstein – ☎ 033

XX **Landhaus Rohrmoos,** ℰ 56 22 95, Fax 56 33 92, 🍽, « Berner Bauernhaus aus d
⬤ 18. Jh. » – 🅿. AE ⓞ Ε 𝘝𝘐𝘚𝘈
Montag - Dienstag geschl. – **Menu** *18 -* 75 und à la carte 44/121.

BOGNO 6951 Ticino (TI) 219 ⑧ – 121 ab. – alt. 963 – ☎ 091.
◆Bern 284 – ◆Lugano 25 – ◆Bellinzona 40 – ◆Locarno 52 – Varese 52.

X Locanda San Lucio con cam, ℰ 944 13 03, Fax 944 16 57, 🏊 – 📺 🅿 – **13 cam**

Les BOIS 2336 Jura (JU) 216 ⑬ – 1 004 h. – alt. 1 029 – ☎ 039.
◆Bern 81 – ◆Delémont 49 – ◆Biel 46 – ◆La Chaux-de-Fonds 13 – Montbéliard 73.

X **Aub. de l'Ours,** ℰ 61 14 45 – 🅿. ⓞ Ε 𝘝𝘐𝘚𝘈
⬤ *fermé 20 juil. au 5 août, mardi midi, dim. soir et lundi –* **Repas** (nombre de couv
limité - prévenir) *15 -* 52/79 et à la carte 35/74.

BONADUZ 7402 Graubünden (GR) 218 ④ – 2 027 Ew. – Höhe 659 – ☎ 081.
◆Bern 255 – ◆Chur 14 – Andermatt 80 – ◆Davos 59 – Vaduz 51.

🏠 **Weiss Kreuz,** Versamerstr. 5, ℰ 37 11 74 (ab 04/96 : 641 11 74), Fax 37 16 55
04/96 : 641 16 55), 🍽 – 📶 📺 ☎ 🅿 – 🛡 60. AE Ε 𝘝𝘐𝘚𝘈
Menu *(Freitag mittags, Donnerstag und 14. Juni - 5. Juli geschl.) 28.50 -* 75 un
la carte 37/89 – **15 Zim** ⌛ 90/160 – ½ P Zuschl. 40.

X **Alte Post** mit Zim, Versamerstr. 1, ℰ 37 12 18 (ab 04/96 : 641 12 18), Fax 37 29
⬤ (ab 04/96 : 641 29 32), 🍽 – 🅿 – 🛡 35. AE ⓞ Ε 𝘝𝘐𝘚𝘈
1. Jan. - 5. Feb. geschl. – **Menu** *(Montag - Dienstag geschl.) 18.50 -* 65 und à la c
35/76 – **8 Zim** ⌛ 55/150 – ½ P Zuschl. 30.

BONCOURT 2926 Jura (JU) 216 ② – 1 349 h. – alt. 373 – ☎ 066.
◆Bern 108 – ◆Delémont 40 – ◆Basel 58 – Belfort 25 – Montbéliard 23.

XXX **La Rochette** avec ch, 1 r. des Grottes, ℰ 75 56 14, Fax 75 57 18, 🍽 – 📺 ☎ 🅿. AE Ε
⬤ *fermé mi-janv. à mi-fév., dim. soir et lundi –* **Repas** *15 -* 50/110 et à la carte 62
– **7 ch** ⌛ 85/130 – ½ P suppl. 26.

BÖNIGEN Bern 217 ⑦ ⑧ – siehe Interlaken.

BOSCO LUGANESE 6935 Ticino (TI) 219 ⑧ – 309 ab. – alt. 443 – ☎ 091.
◆Bern 275 – ◆Lugano 10 – ◆Bellinzona 31 – ◆Locarno 43.

🏰 **Villa Margherita** 🐎, ℰ 605 14 31, Fax 604 61 49, ≤ lago Maggiore, di Lugar
monti, 🍽, « Parco-giardino con 🏊 », 🎣, 🏊 – 📺 ☎ 🚗 🅿 – 🛡 30. AE ⓞ
𝘝𝘐𝘚𝘈. 🛳 rist
1° aprile - 20 ottobre – **Pasto** *32 -* 52 (mezzogiorno)/68 ed à la carte 49/116, b
bini 18 – **34 cam** ⌛ 205/400, 3 suites – ½ P sup. 62.

BOTTIGHOFEN Thurgau 216 ⑩ – siehe Kreuzlingen.

Le ottime tavole
Per voi abbiamo contraddistinto alcuni alberghi e ristoranti con
❀, ❀❀ o ❀❀❀.

OTTMINGEN 4103 Basel-Landschaft (BL) 216 ④ – 5 534 Ew. – Höhe 292 – ✪ 061.

ern 105 – ◆Basel 5 – ◆Aarau 60 – ◆Baden 69 – Belfort 67.

🕱 **Weiherschloss,** Schlossgasse 9, ℘ 421 15 15, Fax 421 19 15, ㈜, « Im Barockstil renovierte Wasserburg in einer Parkanlage » – 🅿. 🆎 ⓞ 🇪 𝘝𝘐𝘚𝘈
Sonntag - Montag, Weihnachten - Neujahr und 14. - 31. Juli geschl. – **Menu** 84/130 und à la carte 65/119.

ÖTTSTEIN 5315 Aargau (AG) 216 ⑥ – 3 612 Ew. – Höhe 360 – ✪ 056.

ern 111 – ◆Aarau 31 – Baden 20 – ◆Basel 59 – ◆Schaffhausen 49.

🕱 **Schloss Böttstein** ⑤ mit Zim, Schlossweg 20, ℘ 245 71 81, Fax 245 21 51, ㈜, « Patrizierhaus aus dem 16. Jh. », ㈜ – 🆎 ⓞ 🇪 𝘝𝘐𝘚𝘈
Weihnachten geschl. – **Menu** *(Montag - Dienstag geschl.)* 24 - 49/94 und à la carte 57/103, Kinder 12 – **19 Zim** ⌑ 110/190 – ½ P Zuschl. 45.

OUDEVILLIERS 2043 Neuchâtel (NE) 216 ⑫ ⑬ – 546 h. – alt. 756 – ✪ 038.

ern 57 – ◆Neuchâtel 8 – ◆Biel 43 – ◆La Chaux-de-Fonds 17 – ◆Yverdon-les-Bains 48.

🕱🕱 **Aub. de l'Auvent,** ℘ 57 23 43, Cadre rustique – 🅿. 🆎 ⓞ 🇪 𝘝𝘐𝘚𝘈
fermé mi-juil. à mi-août, dim. soir, mardi midi et lundi – **Repas** 48 (midi)/85 et à la carte 52/83.

OURGUILLON Fribourg 217 ⑤ – rattaché à Fribourg.

OUSSENS 1034 Vaud (VD) 217 ③ – 350 h. – alt. 604 – ✪ 021.

ern 110 – ◆Lausanne 11 – ◆Genève 64 – ◆Fribourg 81 – ◆Yverdon-les-Bains 24.

🕱 **Le Chalet,** ℘ 731 11 28, Fax 731 26 91, Chalet fleuri – 🅿. ⓞ 🇪 𝘝𝘐𝘚𝘈
fermé 24 déc. au 15 janv., 24 juil. au 15 août, dim. et lundi – **Repas** à la carte 53/97.

Europe	Wenn der Name eines Hotels dünn gedruckt ist, dann hat uns der Hotelier Preise und Öffnungszeiten nicht oder nicht vollständig angegeben.

e BOUVERET 1897 Valais (VS) 217 ⑭ – alt. 374 – ✪ 025.

ern 104 – ◆Montreux 17 – Aigle 16 – Évian-les-Bains 21 – ◆Martigny 41.

🕱 **Rive-Bleue** ⑤ avec ch, à Bouveret plage, ℘ 81 17 23, Fax 81 1/ 49, ≤, ㈜, « Au bord du lac », ㈜, 🔟 – 📺 ☎ 🅿. 🆎 ⓞ 🇪 𝘝𝘐𝘚𝘈
hôtel : fermé 3 janv. au 1ᵉʳ mars ; rest. : fermé 3 janv. au 15 mars, lundi et mardi de sept à mai – **Repas** 25 - 52/98 et à la carte 60/116, enf. 18 – **12 ch** ⌑ 140/240 – ½ P suppl. 55.

e BRASSUS Vaud 217 ② – voir à Joux (Lac de).

RAUNWALD 8784 Glarus (GL) 218 ② – 478 Ew. – Höhe 1 280 – ⇵ – Wintersport : 56/1 900 m ⟨5 ⟨2 ⟨ – ✪ 058 (ab 03/96 : 055).

Verkehrsbüro, ℘ 84 11 08 (ab 03/96 : 643 11 08), Fax 84 25 74 (ab 03/96 : 643 25 74).

ern 215 – ◆Chur 95 – Altdorf 51 – Glarus 20 – Vaduz 82 – ◆Zürich 90.

mit Standseilbahn ab Linthal erreichbar

🏠 **Niederschlacht** ⑤, ℘ 84 36 84 (ab 03/96 : 643 36 84), Fax 84 29 26 (ab 03/96 : 643 29 26), ≤ Berge, ㈜, ⇔, 🔟, ㈜ – ⃒ 📺. 🆎 ⓞ 🇪 𝘝𝘐𝘚𝘈
Dez. - März und Juni - Sept. – **Menu** à la carte 58/85 – **50 Zim** ⌑ 110/340 – ½ P Zuschl. 50.

🏠 **Rubschen** ⑤, über Wanderweg in Rubschen : 30 min, ℘ 84 15 34 (ab 03/96 : 643 15 34), Fax 84 15 35 (ab 03/96 : 643 15 35), ≤ Tal und Berge, ㈜, ㈜ – 📺. 🇪 𝘝𝘐𝘚𝘈. ❀ Zim
15. Dez. - März und Juni - Okt. – **Menu** 30 - 55 und à la carte 40/98 – **11 Zim** ⌑ 75/194 – ½ P Zuschl. 25.

REGANZONA Ticino 219 ⑧ – vedere Lugano.

117

BREIL (BRIGELS) **7165** Graubünden (GR) 218 ② – 1 315 Ew. – Höhe 1 289 – Wintersp
1 289/2 400 m ≰7 ≰ – ✪ 081.

Lokale Veranstaltung
Mitte Juli - Mitte August : Sommermusikwochen.

🛂 Verkehrsbüro, ✆ 941 13 31, Fax 941 24 44.

◆Bern 225 – Andermatt 52 – ◆Chur 50 – ◆Bellinzona 112.

🏠 **La Val** ⮑, ✆ 941 12 52, Fax 941 23 13, ⇌, ◨, ≈ – ⧉ ⊡ ☎ ⇐ ℗. ⅭⅭ ⓞ
ⅥⅤⅣ ⋯ ⅛ Rest – Mitte April - Mitte Juni geschl. – **Menu** à la carte 31/74 – **30 ⅛**
⊡ 152/274 – ½ P Zuschl. 28.

🏠 **Crestas**, ✆ 941 11 31, Fax 941 21 71, ≤, 🏠, ⇌, ≈ – ⧉ ⅛ ⇐ ℗. ⅭⅭ Ⅵ⅐ ⅥⅤⅣ. ⅛ R
23. Dez. - 8. April und 19. Mai - 31. Okt. – **Menu** 22 - 39 und à la carte 35/75 – **25 ⅛**
⊡ 91/182 – ½ P Zuschl. 24.

🏠 **Kistenpass**, ✆ 941 11 43, Fax 941 14 40, ≤ Rheintal und Berge, 🏠 – ⧉ ⅛ ☎ ⇐
◆ – 🛁 25/50. ⅭⅭ ⓞ Ⅳ ⅥⅤⅣ
in der Zwischensaison Mittwoch und ab Mitte April 4 Wochen geschl. – **Menu**
und à la carte 32/76 – **35 Zim** ⊡ 85/170 – ½ P Zuschl. 20.

XX **Casa Fausta Capaul** mit Zim, ✆ 941 13 58, 🏠, « Bündner Bauernhaus aus d
18. Jh. » – ⅭⅭ Ⅳ ⅥⅤⅣ
Mittwoch (ausser Weihnachten - Neujahr), 14. April - 11. Mai und 1. Nov. - 15. D
geschl. – **Menu** 30 und à la carte 61/83, Kinder 15 – **5 Zim** ⊡ 58/116.

BREMGARTEN **5620** Aargau (AG) 216 ⑰ ⑱ – 5 091 Ew. – Höhe 386 – ✪ 056.

◆Bern 108 – ◆Aarau 30 – ◆Baden 20 – ◆Luzern 50 – ◆Zürich 21.

🏠 **Sonne** ⮑, Marktgasse 1, ✆ 631 12 40, Fax 633 50 85, 🏠 – ⧉ ⊡ ☎ ⇐
◆ – 🛁 25/100. ⅭⅭ ⓞ Ⅳ ⅥⅤⅣ
Menu 16 - 40 (mittags)/50 und à la carte 33/107 – **15 Zim** ⊡ 130/175.

BRENT Vaud 217 ⑭ – rattaché à Montreux.

Les BREULEUX **2724** Jura (JU) 216 ⑬ – 1 312 h. – alt. 1 020 – ✪ 039.

◆Bern 71 – ◆Delémont 42 – Belfort 82 – ◆Biel 36 – ◆La Chaux-de-Fonds 26 – ◆Neuchâtel 39.

🏠 **Balance,** Sud-Ouest : Les Vacheries, ✆ 54 14 13, Fax 54 11 45, 🏠, ≈ – ℗ – 🛁 1
◆ Ⅳ ⅥⅤⅣ
fermé 25 mars au 23 avril et 4 au 21 nov. – **Repas** (fermé mardi) 16.50 et à la ca
31/72, enf. 10 – **25 ch** ⊡ 70/160 – ½ P suppl. 25.

La BRÉVINE **2125** Neuchâtel (NE) 070 ⑦ – 622 h. – alt. 1 046 – ✪ 039.

◆Bern 86 – ◆Neuchâtel 38 – ◆La Chaux-de-Fonds 24 – Morteau 20 – Pontarlier 31 – ◆Yverdon
Bains 47.

♒ **National,** ✆ 35 13 13, Fax 35 14 17 – Ⅳ ⅥⅤⅣ
◆ fermé merc. – **Repas** 14 - 30/45 et à la carte 24/65 – **10 ch** ⊡ 45/90 – ½ P suppl.

BRIENZ **3855** Bern (BE) 217 ⑧ – 2 929 Ew. – Höhe 570 – ✪ 036.
Sehenswert : Brienzer Rothorn★★★ – Giessbachfälle★★ – Ballenberg★, schweizeriscⅠ
Freilichtmuseum – Brienzer See★, Nordufer★ – Oltschibachfall★.

Lokale Veranstaltungen
01.07 - 06.07 : Internationale Holzbildhauerwoche, Thema "Naturgewalt"
10.07 - 24.08 : "Sunnsits am Rothorn", Festspiel (850 Jahre Brienz).

🛂 Tourismusverein, Hauptstr. 143, ✆ 51 32 42, Fax 51 35 73.

◆Bern 77 – Interlaken 18 – ◆Luzern 52 – Meiringen 15.

🏠 **Lindenhof** ⮑, ✆ 51 10 72, Fax 51 40 72, ≤ Berge und See, 🏠, Park, ◨ – ⧉
☎ ⵜ ℗ – 🛁 35. ⅭⅭ ⓞ Ⅳ ⅥⅤⅣ. ⅛ Rest
Jan. - Feb. geschl. – **Menu** 32 und à la carte 39/71, Kinder 7 – **40 Zim** ⊡ 110/2
– ½ P Zuschl. 35.

🏠 **Brienzerburli-Löwen,** ✆ 51 12 41, Fax 51 38 41, 🏠, « Terrasse am See », ≈ –
◆ ⅛ Rest ⊡ ☎ ℗. ⅭⅭ ⓞ Ⅳ ⅥⅤⅣ
Mitte Nov. - Mitte Dez. geschl. – **Menu** (von Jan. - März Mittwoch - Donners
geschl.) 20 und à la carte 40/67, Kinder 9 – **32 Zim** ⊡ 90/180 – ½ P Zuschl. 2

♒ **Schönegg** ⮑ garni, Talstr. 8, ✆ 51 11 13, « Mit Blumen geschmückte Holzfassad
– Ⅳ ⅥⅤⅣ. ⅛ – 5. April - 31. Okt. – **16 Zim** ⊡ 68/150.

118

in Hofstetten Nord-Ost : 4 km – ⊠ 3858 Hofstetten bei Brienz – 🕿 036 :

🏠 **Alpenrose** ॐ, 𝒫 51 14 10, Fax 51 44 81, ≤, 🏠 – 🛗 📺 🕿 👌 🅿 – 🔬 30. 🆎 ⓄⒸ Ⓔ 🆅🅸🆂🅰
➤ *Nov. geschl.* – **Menu** *15* - 48 und à la carte 40/84 – **12 Zim** ☲ 110/170 – ½ P Zuschl. 25.

in Giessbach Süd-West : 6 km – ⊠ 3855 Brienz – 🕿 036 :

🏨 **Grandhotel Giessbach** ॐ, 𝒫 51 35 35, Fax 51 37 07, 🏠, Park, « Einrichtung im Stil der Jahrhundertwende, ≤ See und Giessbachfälle », 🗱, ℅ – 🛗 📺 🕿 👌 – 🔬 25/100. 🆎 Ⓔ 🆅🅸🆂🅰
28. April - 20. Okt. – **Menu** 30 (mittags)/65 und à la carte 45/97, Kinder 12 – **72 Zim** ☲ 130/340 – ½ P Zuschl. 65.

🅱🆁🅸🅶 **3900** Wallis (VS) 🔢 ⑱ – 10 977 Ew. – Höhe 678 – Wintersport : 684/2 600 m ⚡1 ⤳ – 🕿 028.

henswert : Stockalperschloss : Hof★.

sflugziel : Simplonpass★★ über ② : 23 km.

kale Veranstaltung Mitte August : Festspielwoche.

Kur- und Verkehrsverein, Bahnhofplatz, 𝒫 23 19 01, Fax 24 31 44.

ern 167 ① – Andermatt 90 ① – Domodossola 66 ② – Interlaken 110 ③ – ◆Sion 53 ③.

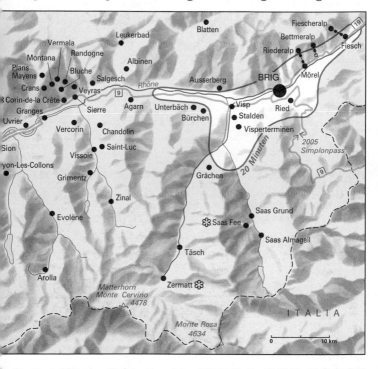

🏨 **Stadthotel Simplon** Ⓜ, Sebastiansplatz, 𝒫 24 22 33, Fax 24 30 88 – 🛗 🍽 Rest 📺
➤ 🕿 – 🔬 25/150. 🆎 Ⓔ 🆅🅸🆂🅰   **Z m**
8. - 21. Jan. geschl. – **Menu** *20* - 70/105 und à la carte 58/103 – **32 Zim** ☲ 125/200
– ½ P Zuschl. 30.

🏨 **Alpina Volkshaus,** Belalpstr. 10, 𝒫 23 76 36, Fax 23 45 20, 🏠 – 🛗 📺 🕿 🅿. 🆎 Ⓔ 🆅🅸🆂🅰
➤ *20. Dez. - 15. Jan. geschl.* – **Menu** *(Sonntag geschl.) 16* - 34/42 und à la carte 28/72
– **30 Zim** ☲ 100/160 – ½ P Zuschl. 25.   **Y d**

🏨 **Schlosshotel** garni, Kirchgasse 4, 𝒫 23 64 55, Fax 23 95 36 – 🛗 📺 🕿. 🆎 ⓄⒺ 🆅🅸🆂🅰
25 Zim ☲ 105/180.   **Z c**

BRIG

Bahnhofstrasse	**YZ** 4
Mariangasse	**Z** 9
Sebastiangasse	**Z** 21
Alte Simplonstrasse	**Z**
Bachstrasse	**Z** 3
Belalpstrasse	**Y** 6
Chavezweg	**Y** 7
Dammweg	**Y**
Englischgruss-Strasse	**Z**
Furkastrasse	**YZ**
Gliserallee	**Z**
Glismattenstrasse	**Z**
Kapuzinerstrasse	**Z**
Kehrstrasse	**Y**
Kettelerstrasse	**Z**
Marktplatz	**Z** 10
Neue Simplonstrasse	**Z**
Nordstrasse	**Y**
Oberer Saltinadamm	**Z** 12
Rhodaniastrasse	**Y**
Rhonesandstrasse	**Y**
Saflischstrasse	**Y** 13
Saltinaplatz	**Z** 15
Saltinapromenade	**YZ** 16
Schloss-Strasse	**Z** 18
Schulhausstrasse	**Z** 19
Sebastiansplatz	**Z** 22
Spitalweg	**Z**
Termerweg	**Z**
Tunnelstrasse	**YZ**
Überlandstrasse	**YZ**
Untere Brigg	**Z**
Viktoriastrasse	**Y** 24
Winkelgasse	**Z**
Zenhausernstrasse	**Z**

*Benachrichtigen
Sie sofort das Hotel,
wenn Sie ein
bestelltes Zimmer
nicht belegen können.*

🏠 **Victoria,** Bahnhofstr. 2, ℘ 23 15 03, Fax 24 21 69, 🌂 – 🛗 📺 ☎. ⒶⒺ ⓄⒹ Ⓔ 𝑽𝑰𝑺𝑨 ｊ
🍴 Rest
Y
Anfang Nov. - Anfang Dez. geschl. – **Menu** 24 - 39 und à la carte 36/57, Kinder
– **33 Zim** ⊆ 140/215 – ½ P Zuschl. 30.

🏠 **Du Pont,** Marktplatz 1, ℘ 23 15 02, Fax 23 95 72, 🌂 – 🛗 📺 ☎ ₺. ⒶⒺ ⓄⒹ Ⓔ ▮
ＪＣＢ
Z
Menu 24 - 50 und à la carte 32/60, Kinder 13 – **17 Zim** ⊆ 120/220 – ½ P Zuschl. ▮

🍴🍴 **Schlosskeller,** Alte Simplonstr. 26, ℘ 23 33 52, Fax 23 69 75, 🌂 – ⒶⒺ ⓄⒹ Ⓔ ▮
➜ *Montag, 2. - 15. Jan. und 2. - 15. Juli geschl.* – **Menu** 17 - 48 und à la carte 47/1▮
Kinder 14.
Z

in Ried über ② : 3,5 km Richtung Simplon – ⊠ 3911 Ried bei Brig – ☎ 028 :

🏠 **Mühle** 🦢, ℘ 23 38 38, Fax 24 37 85, ≤ Tal und Berner Alpen, 🌂, 🈺 – 📺 ☎
➜ – 🛁 25/120. ⒶⒺ ⓄⒹ Ⓔ 𝑽𝑰𝑺𝑨
Menu 16 - 27 und à la carte 40/87, Kinder 13 – **20 Zim** ⊆ 85/160, 5 Suiten – ½
Zuschl. 30.

BRIGELS Graubünden 🄿🄸🄸 ② – siehe Breil.

BRIONE Ticino 🄿🄸🄹 ⑧ – vedere Locarno.

Gli alberghi o ristoranti ameni sono indicati nella guida
con un simbolo rosso.
Contribuite a mantenere la guida aggiornata segnalandoci
gli alberghi e ristoranti dove avete soggiornato
piacevolmente.

🏠🏠 … 🏠

🍴🍴🍴🍴🍴 … 🍴

6614 Ticino (TI) 219 ⑦ – 1 925 ab. – alt. 210 – ✪ 091.

Ente Turistico, ℰ 793 11 70, Fax 793 32 44.

ern 275 – ◆Lugano 49 – ◆Bellinzona 30 – Domodossola 62 – ◆Locarno 10 – Verbania 28.

🏨 **Villa Caesar,** ℰ 793 27 66, Fax 793 31 04, ≤, 🏤, ₭ፚ, 🛥, ℥, ◨ – ⧈ ▤ rist 📺 ☎ ⟞ 🅿 – 🅼 35. 🆎 ☰ 𝘝𝘐𝘚𝘈. ⅏ rist
16 marzo - 31 ottobre – **Pasto** 55/70 ed à la carte 53/103, bambini 18 – ***Grottino al Cortile :* Pasto** *24* ed à la carte 40/64 – **24 cam** ☲ 220/320, 8 suites – ½ P sup. 40.

🏨 **Mirto al Lago** ⑤, ℰ 793 13 28, Fax 793 13 33, ≤, 🏤, ℥, 🛁 – ⧈ ▤ rist 📺 ☎ ⅓ ⟞ 🅿. ⅏
aprile - ottobre – ***Vecchio Porto :* Pasto** *28* - 40 ed à la carte 37/81, bambini 12 – **22 cam** ☲ 110/225, 3 suites – ½ P sup. 28.

🏨 **Rivabella** senza rist, ℰ 793 11 37, Fax 793 25 37, ≤, « Terrazza-giardino sul lago » – ⧈ ☎ 🅿. ⅏
aprile - ottobre – **18 cam** ☲ 74/136.

🏨 **Mirafiori,** ℰ 793 12 34, ≤, 🏤, « Terrazza ombreggiata sul lago », 🏖ᴳ – ⧈ 📺 🅿. ☰ 𝘝𝘐𝘚𝘈. ⅏ rist
16 marzo - 30 ottobre – **Pasto** *32.50* - 45 ed à la carte 36/70 – **16 cam** ☲ 90/190 – ½ P sup. 28.

a Piodina Sud-Ovest : 3 km - alt. 360 – ⊠ 6614 Brissago – ✪ 091 :

🏨 **La Favorita** ⑤, ℰ 793 20 61, Fax 793 20 63, ≤ lago e monti, 🏤, ℥, 🛥 – ⧈ 📺 ☎ 🅿. 🆎 ⓞ ☰ 𝘝𝘐𝘚𝘈 ᴊᴄʙ
chiuso da dicembre a febbraio – **Pasto** *22* - 40 ed à la carte 41/78 – **17 cam** ☲ 150/195 – ½ P sup. 40.

🍴 **Osteria Grotto Borei,** Ovest : 3 km, alt. 850, ℰ 793 01 95, ≤ lago e monti, 🏤, Osteria ticinese – 🅿. 𝘝𝘐𝘚𝘈. ⅏
chiuso giovedì e dal 24 dicembre all'8 marzo ; da novembre a dicembre aperto solo i week-end – **Pasto** (prenotare) à la carte 37/63.

Wenn Sie ein ruhiges Hotel suchen,
benutzen Sie zuerst die Karte in der Einleitung
oder wählen Sie im Text ein Hotel mit dem Zeichen ⑤ *bzw.* ⑤.

1636 Fribourg (FR) 217 ⑤ – alt. 719 – ✪ 029.

ern 66 – ◆Montreux 41 – Bulle 6 – Gstaad 42 – ◆Vevey 36.

🍴 **Aub. des Montagnards,** ℰ 6 15 26, ≤, 🏤 – 🆎 ☰ 𝘝𝘐𝘚𝘈
fermé 21 fév. au 7 mars, 30 août au 19 sept., mardi soir et merc. – **Repas** *14.50* - 55/65 et à la carte 40/85.

St. Gallen 216 ⑨ – siehe Wil

5200 Aargau (AG) 216 ⑥ – 9 177 Ew. – Höhe 352 – ✪ 056.

ern 101 – ◆Aarau 20 – ◆Basel 55 – ◆Luzern 65 – Waldshut-Tiengen 22 – ◆Zürich 34.

🏨 **Terminus,** Bahnhofplatz 1, ℰ 441 18 21, Fax 441 82 20 – ⧈ 📺 ☎ 🅿 – 🅼 25. 🆎 ☰ 𝘝𝘐𝘚𝘈. ⅏ Zim
23. Dez. - 7. Jan. und Juli - Aug. 3 Wochen geschl. – **Menu** *(Sonntag geschl.)* 29 - 34 (mittags)/48 und à la carte 38/87 – **53 Zim** ☲ 110/170.

🍴 **Da Lorenzo,** Hummelstr. 2, ℰ 441 10 30, Fax 441 10 30, 🏤 – 🆎 ⓞ ☰ 𝘝𝘐𝘚𝘈
Sonntag - Montag und Mitte Juli - Mitte Aug. geschl. – **Menu** - italienische Küche - *24.50* - 37 (mittags)/95 und à la carte 51/113.

5505 Aargau (AG) 216 ⑰ – 366 Ew. – Höhe 434 – ✪ 062.

ern 96 – ◆Aarau 18 – ◆Baden 11 – Wohlen 13 – ◆Zürich 31.

🍴 **Zu den drei Sternen** mit Zim, ℰ 896 04 11, Fax 896 04 12, 🏤 – 📺 ☎ 🅿 – 🅼 25. 🆎 ⓞ ☰ 𝘝𝘐𝘚𝘈. ⅏ Rest
Menu *(Sonntag abends geschl.)* *18.50* - 54 (mittags)/68 und à la carte 58/97 – **14 Zim** ☲ 105/180.

BRUNNEN 6440 Schwyz (SZ) 218 ① – Höhe 439 – ❸ 043 (ab 03/96 : 041).

Sehenswert : Lage★★ – Die Seeufer★★.

🖪 Verkehrsbüro, Bahnhofstr. 32, ℰ 31 39 39 (ab 03/96 : 820 39 39), Fax 31 17 78 (ab 03/¶ 820 17 78).

◆Bern 156 – ◆Luzern 40 – Altdorf 13 – ◆Schwyz 7.

🏨🏨 **Waldstätterhof,** ℰ 33 11 33 (ab 03/96 : 820 00 20), Fax 31 47 66 (ab 03/9 820 47 66), ≤ Vierwaldstättersee und Berge, 佘, « Lage am See », 🏤, 🏔®, 🈂, ▨ – 🛗 ✆ Zim ▥ video ☎ ❷ – 🔬 25/120. 🖭 ◉ ᴇ ᴠᴵˢᴬ
Rôtisserie : **Menu** 45/110 und à la carte 57/104 – *Sust-Stube :* **Menu** 24 und à la ca 41/86, Kinder 17.50 – **105 Zim** � 280/390 – ½ P Zuschl. 45.

🏨 **Elite,** Axenstr. 1, ℰ 31 10 24 (ab 03/96 : 820 10 24), Fax 31 55 65 (ab 03/9 820 55 65), ≤ Vierwaldstättersee – 🛗 ▥ ☎. 🖭 ◉ ᴇ ᴠᴵˢᴬ
23. März. - 14. Nov. – **Menu** 24 - 28/70 und à la carte 34/96, Kinder 13 – **42 ⯈** ⊏ᴢ 120/190 – ½ P Zuschl. 25.

🏨 **Alfa** Ⓜ, Axenstr. 5, ℰ 31 18 82 (ab 03/96 : 820 18 82), Fax 31 11 31 (ab 03/9 ↔ 820 11 31), ≤ – 🛗 ▥ ☎. 🖭 ◉ ᴇ ᴠᴵˢᴬ
Hotel - 1. April - 15. Okt. geöffnet ; Rest. : 15. Feb. - 30. Okt. geöffnet und vom Okt. - 1. April Dienstag - Mittwoch geschl. – **Menu** 18 und à la carte 35/70, Kinder 8 – **27 Zim** ⊏ᴢ 90/170 – ½ P Zuschl. 28.

🏨 **Weisses Rössli,** Bahnhofstr. 8, ℰ 31 10 22 (ab 03/96 : 820 10 22), Fax 31 11 22 ↔ 03/96 : 820 11 22), 佘 – ▥ ☎. 🖭 ◉ ᴇ ᴠᴵˢᴬ
von Nov. - April Montag - Dienstag, 26. Feb. - 20. März und 20. Nov. - 6. Dez. gese – **Menu** 18.50 - 45 und à la carte 49/87, Kinder 11.50 – **17 Zim** ⊏ᴢ 120/190 – ¼ Zuschl. 25.

BUBENDORF 4416 Basel-Landschaft (BL) 216 ④ ⑤ – 3 348 Ew. – Höhe 360 – ❸ 0

◆Bern 78 – ◆Basel 25 – ◆Aarau 44 – Liestal 5 – ◆Olten 31.

🏨🏨 **Bad Bubendorf,** Kantonsstr. 3, ℰ 931 25 95, Fax 931 34 10, 佘, 🍴 – 🛗 ▥ ☎ ↔ – 🔬 25/60. 🖭 ◉ ᴇ ᴠᴵˢᴬ. ⅍ Rest
Menu 20 - 40 (mittags)/70 und à la carte 43/100, Kinder 14 – **28 Zim** ⊏ᴢ 110/1

XX **Murenberg,** Krummackerstr. 4, ℰ 931 14 54, Fax 931 18 46, 佘, 🍴 – ❷. 🖭 ᴇ Mittwoch - Donnerstag, 26. Feb. - 15. März und 9. - 27. Sept. geschl. – **Menu** - Fis spezialitäten - 49 (mittags)/70 und à la carte 46/114.

BUCH BEI FRAUENFELD 8533 Thurgau (TG) 216 ⑧ – Höhe 468 – ❸ 054 (ab 03/9 052).

◆Bern 173 – ◆Zürich 52 – ◆Frauenfeld 8 – ◆St. Gallen 46 – ◆Schaffhausen 33 – ◆Winterthur 23.

XX **Schäfli,** in Horben, Süd-Ost Richtung Warth, ℰ 57 11 58 (ab 03/96 : 746 11 5 Fax 57 11 13 (ab 03/96 : 746 11 13), 佘 – ❷. 🖭 ◉ ᴇ ᴠᴵˢᴬ
Montag - Dienstag und 1. - 16. Jan. geschl. – **Menu** 45 (mittags)/67 und à la ca 58/109.

BUCHBERG 8454 Schaffhausen (SH) 216 ⑦ – 720 Ew. – Höhe 489 – ❸ 01.

◆Bern – ◆Zürich – ◆Baden – ◆Schaffhausen – ◆Winterthur.

X **Engel,** ℰ 867 19 19, Fax 867 19 44, 佘 – ❷. ᴇ ᴠᴵˢᴬ. ⅍ ↔ Dienstag - Mittwoch geschl. – **Menu** 17.50 - 50 und à la carte 41/99.

BUCHS 9470 St. Gallen (SG) 216 ㉑ – 10 001 Ew. – Höhe 451 – ❸ 081.

🖪 Verkehrsbüro, Bahnhofstr. 16, ℰ 756 65 65, Fax 756 55 25.

◆Bern 237 – ◆St. Gallen 52 – Bregenz 47 – ◆Chur 46 – Vaduz 6.

🏨 **Buchserhof,** Grünaustr. 2, ℰ 756 11 05, Fax 756 47 91, 佘 – 🛗 ▥ ☎ ❷ – 🔬 ↔ 🖭 ◉ ᴇ ᴠᴵˢᴬ
Menu 18.50 - 36 und à la carte 40/82, Kinder 12.50 – **55 Zim** ⊏ᴢ 92/184 – ½ P Zus 27.

XX **Schneggen,** Fallengässli 6, ℰ 756 11 22, Fax 756 32 96, ≤, 佘 – ❷. 🖭 ◉ ᴠᴵˢᴬ
Samstag mittags, Sonntag abends, Montag, 5. - 19. Feb. und 30. Sept. - 21. O geschl. – **Menu** 37 - 66/110 und à la carte 58/126, Kinder 15.

122

UCHS 8107 Zürich (ZH) 216 ⑦ - 3 622 Ew. - Höhe 424 - ✪ 01.

ern 115 - ◆Zürich 21 - ◆Baden 13 - ◆Schaffhausen 56 - ◆Winterthur 34.

❌ **Weinberg,** Weinbergstr. 1, ℰ 844 06 60, Fax 844 48 19, 🍴 – 🅿. 🆎 ⓪ 🄴 𝖵𝖨𝖲𝖠
Sonntag mittags, Samstag und Feiertage geschl. – **Menu** 21 - 75 und à la carte
43/109, Kinder 16.50.

UGNAUX Vaud 217 ⑫ – rattaché à Rolle.

ÜLACH 8180 Zürich (ZH) 216 ⑦ – 13 588 Ew. – Höhe 428 – ✪ 01.

ern 142 - ◆Zürich 20 - ◆Baden 40 - ◆Schaffhausen 29 - ◆Winterthur 18.

🏨 **Zum Goldenen Kopf,** Marktgasse 9, ℰ 860 39 31, Fax 862 01 51, 🍴 – 🛗 📺 ☎ 🅿
◆ – 🔬 25/180. 🆎 ⓪ 🄴 𝖵𝖨𝖲𝖠
Menu 20 - 39 (mittags) und à la carte 35/93, Kinder 9 – **20 Zim** ⬜ 120/180 – ½ P
Zuschl. 30.

ULLE 1630 Fribourg (FR) 217 ④ ⑤ – 9 346 h. – alt. 769 – ✪ 029.

ir : Musée Gruérien★★.

Office du Tourisme, 4 av. de la Gare, ℰ 2 80 22, Fax 2 88 83.

ern 60 - ◆Montreux 35 - Gstaad 42 - ◆Yverdon-les-Bains 80.

🏨 **Le Rallye,** 8 rte de Riaz, ℰ 3 13 81, Fax 2 13 07, 🍴 – 🛗 📺 ☎ 🅿. 🆎 ⓪ 🄴
◆ 𝖵𝖨𝖲𝖠
fermé 4 au 26 fév. – **Repas** *(fermé dim. et lundi)* 15 et à la carte 33/79, enf. 14.50
– **22 ch** ⬜ 85/195.

🏨 **des Alpes,** 3 r. Nicolas Glasson (gare), ℰ 2 92 92, Fax 2 40 15 – 🛗 📺 ☎ – 🔬 50.
🆎 🄴 𝖵𝖨𝖲𝖠
fermé 25 oct. au 10 nov. – **Repas** 14 - 28/45 et à la carte 32/70, enf. 9.50 – **30 ch**
⬜ 107/187 – ½ P suppl. 15.

❌ **Buffet de la Gare,** 1er étage, ℰ 2 55 05, Fax 3 95 94 – 🄴 𝖵𝖨𝖲𝖠. 🍽
fermé dim. soir et lundi – **Repas** 43 (midi)/72 et à la carte 43/80.

❌ **Gruyérien,** 2 av. de la Gare, ℰ 2 52 61 – 🄴 𝖵𝖨𝖲𝖠
◆ *fermé 1er au 15 avril, dim. soir et lundi* – **Repas** 16 - 41 (midi)/75 et à la carte 45/80,
enf. 12.

❌ **Fleur de Lys,** 31 r. de Gruyères, ℰ 2 76 40, Fax 2 07 71 – 🆎 ⓪ 🄴 𝖵𝖨𝖲𝖠
◆ *fermé 11 au 19 fév., 22 juil. au 11 août, dim. soir et lundi* – **Repas** 15 et à la carte
48/88.

à Morlon Nord-Est : 2 km – ✉ 1638 Morlon – ✪ 029 :

🏨 **Le Gruyérien** 🍳, ℰ 2 71 58, Fax 2 16 84, 🍴 – 📺 🅿 – 🔬 25. 🆎 ⓪ 🄴
𝖵𝖨𝖲𝖠
fermé 15 au 31 janv. et mardi – **Repas** 22 - 41 (midi) et à la carte 47/79, enf. 12 –
13 ch ⬜ 85/160 – ½ P suppl. 35.

à La Tour-de-Trême Sud-Est : 2 km – ✉ 1635 La Tour-de-Trême – ✪ 029 :

❌❌ **de La Tour,** ℰ 2 74 70, Fax 2 59 98 – 🆎 ⓪ 🄴 𝖵𝖨𝖲𝖠 𝖩𝖢𝖡
◆ *fermé 20 au 26 fév., 15 au 31 juil., dim. soir et lundi* – **Repas** 45 (midi)/95 et à la
carte 65/98 – **Brasserie : Repas** 15.

à Le Pâquier Sud : 3 km – ✉ 1661 Le Pâquier – ✪ 029 :

❌ **Le Castel** avec ch, ℰ 2 72 31, ≼ – 🅿. 🆎 ⓪ 🄴 𝖵𝖨𝖲𝖠
◆ *fermé 15 janv. au 5 fév., dim. soir et lundi* – **Repas** 18 - 22 (midi)/85 et à la carte 61/95
– **6 ch** ⬜ 80/120.

UOCHS 6374 Nidwalden (NW) 217 ⑨ – 4 518 Ew. – Höhe 450 – ✪ 041.

Verkehrsbüro, ℰ 64 20 64.

ern 130 - ◆Luzern 19 - Altdorf 24 - Cham 41 - Engelberg 23 - Stans 5.

🏨 **Krone** Ⓜ garni, Dorfplatz 2, ℰ 64 08 20 (ab 03/96 : 620 08 20), Fax 64 17 29 (ab
03/96 : 620 17 29), 🍴 – 🛗 📺 ☎ 🅿 – 🔬 25/40. 🆎 🄴 𝖵𝖨𝖲𝖠
10. - 31. März geschl. – **27 Zim** ⬜ 110/180.

BUONAS 6343 Zug (ZG) 216 ⑱ – Höhe 417 – 🌣 042 (ab 03/96 : 041).

◆Bern 130 – ◆Luzern 22 – ◆Zug 12 – ◆Zürich 43.

XX **Wildenmann,** 🖉 64 11 64 (ab 03/96 : 790 11 64), Fax 64 51 41 (ab 03/96 : 790 51 4
◄ Zugersee, �, Typisches Zuger Haus – **P.** AE E VISA
Sonntag abends - Montag und Jan. - Feb. geschl. – **Menu** 90/120 und à la ca
49/103.

BÜRCHEN 3935 Wallis (VS) 217 ⑰ – 680 Ew. – Höhe 1 250 – 🌣 028.

◆Bern 185 – ◆Brig 18 – ◆Sierre 37 – Zermatt 38.

🏠 **Bürchnerhof,** in Zenhäusern, 🖉 44 24 34, Fax 44 34 17, ◄, �, 🗲, ☎, 🖳 – 📺
P. E VISA
21. Dez. - 9. April und 25. Mai - 26. Okt. – **Menu** 25 - 35/90 und à la carte 39/
Kinder 13 – **19 Zim** ☷ 138/186 – ½ P Zuschl. 36.

BÜREN ZUM HOF 3313 Bern (BE) 216 ⑮ – 386 Ew. – Höhe 506 – 🌣 031.

◆Bern 21 – ◆Biel 30 – Burgdorf 12 – ◆Solothurn 16.

X **Rössli,** 🖉 767 82 96, � – **P.** AE E VISA
Mittwoch - Donnerstag und 17. Sept. - 17. Okt. geschl. – **Menu** 15 und à la carte 51/

BURG IM LEIMENTAL 4117 Basel-Landschaft (BL) 216 ③ ④ – 196 Ew. – Höhe 48
🌣 061.

◆Bern 96 – ◆Basel 22 – ◆Delémont 30 – Reinach 88.

XX **Bad-Burg,** 🖉 731 21 31, Fax 731 21 31, �, Gemäldesammlung – **P.** AE E VISA
Montag, Jan. und Feb. geschl. – **Menu** à la carte 60/117.

BURGDORF 3400 Bern (BE) 216 ⑮ – 14 865 Ew. – Höhe 533 – 🌣 034.

Ausflugsziel : Aussichtspunkt Lueg★ Nord-Ost : 8,5 km.

🛈 Verkehrsverein, Poststr. 10, 🖉 22 24 45.

🅰 Schmiedegasse 28, 🖉 23 47 78, Fax 23 47 65.

◆Bern 23 – ◆Aarau 63 – ◆Basel 85 – ◆Biel 41 – Brienz 98 – ◆Luzern 67.

XX **Emmenhof,** Kirchbergstr. 70, 🖉 22 22 75, Fax 23 46 29 – **P.** AE E VISA
Montag - Dienstag, 24. Dez. - 3. Jan. und 14. Juli - 13. Aug. geschl. – **Menu** 15 -
(mittags)/100 und à la carte 61/111.

in Heimiswil Ost : 4 km – ✉ 3412 Heimiswil – 🌣 034 :

XX **Löwen,** 🖉 22 32 06, Fax 22 26 35, � Typisches Berner Haus – **P.** AE E VISA
Montag - Dienstag, 11. - 27. Feb. 14. Juli - 7. Aug. geschl. – **Menu** 16 - 47/67 u
à la carte 56/110, Kinder 15.

BÜRGENSTOCK 6363 Nidwalden (NW) 217 ⑨ – Höhe 874 – 🌣 041.

🗗 Bürgenstock (Mai - Mitte Okt.) 🖉 61 55 45 (ab 03/96 : 610 55 45).

◆Bern 135 – ◆Luzern 23 – Beckenried 11 – Stans 10.

🏨 **Park Hotel** M 🖄, 🖉 63 25 45 (ab 03/96 : 611 05 45), Telex 866288, Fax 61 14 15
03/96 : 610 14 15), ※ Luzern und Vierwaldstättersee, �, Park, 🗲, 🗲, ☎, 🟢,
🕱 – 📳 📺 ☎ **P** – 🛦 25/100. AE ① E VISA JCB. ◄ Rest
März - Nov. – **Le Club** 🖉 61 58 28 (ab 03/96 : 610 58 28) *(April - Okt. geöffn*
Sonntag abends und Montag ausser Juli - Aug. geschl.) **Menu** 42 (mittags)/110 u
à la carte 73/118 – **Trotte** - italienische Küche - **Menu** 25 - 45 und à la carte 54/1
Kinder 13 – **58 Zim** ☷ 295/460.

🏨 **Waldheim** 🖄, 🖉 63 23 83 (ab 03/96 : 611 03 83), Fax 61 64 66 (ab 03/96 : 610 64 6
◄, �, 🗲, ☎, 🖳 – 📳 📺 ☎ **P** – 🛦 25/40. AE ① E VISA
27. Dez. - 7. Jan. geschl. – **Menu** 23.50 - 39 (mittags) und à la carte 35/77 – **50 Z**
☷ 90/210 – ½ P Zuschl. 30.

BURSINS Vaud 217 ⑫ – rattaché à Rolle.

BUSSIGNY-PRÈS-LAUSANNE 1030 Vaud (VD) 217 ③ – 6 861 h. – alt. 407 – 🌣 02

◆Bern 112 – ◆Lausanne 11 – Pontarlier 63 – ◆Yverdon-les-Bains 31.

🏨 **Novotel Lausanne-Bussigny** M, 35 rte de Condémine, 🖉 701 28 71, Fax 702 29
�, 🟢 – 📳 ⇆ ch ▤ rest 📺 ☎ **P** – 🛦 25/100. AE ① E VISA JCB
Repas 16 - 29 et à la carte 29/74, enf. 16 – ☷ 15 – **98 ch** 125/159.

CADEMARIO 6936 Ticino (TI) 219 ⑧ – 547 ab. – alt. 770 – ✪ 091.

ntorni : Monte Lema★ : ☀★★ per seggiovia da Miglieglia.

ern 278 – ♦ Lugano 13 – ♦Bellinzona 34 – ♦Locarno 46 – Varese 34.

- **Cacciatori** ⚘ con cam, Nord-Est : 1,5 km, 𝒫 605 22 36, Fax 604 58 37, ≤, ⭐, ⭐ – ▥ ☎ ℗, ⁂ ⓞ 𝐄 𝑽𝑰𝑺𝑨. ⁂ rist
  30 marzo - 3 novembre – **Pasto** 25 ed à la carte 42/81, bambini 12 – **18 cam** ⌑ 85/196 – ½ P sup. 38.

CAGIALLO 6955 Ticino (TI) 219 8 – 538 ab. – alt. 535 – ✪ 091.

ern 266 – ♦ Lugano 10 – ♦Bellinzona 24 – ♦Locarno 34.

- **Osteria San Matteo,** 𝒫 943 55 67, Fax 943 23 78, ⭐, Edificio settecentesco – 𝑽𝑰𝑺𝑨. ⁂
  chiuso a mezzogiorno, domenica, lunedì, dal 24 dicembre al 5 gennaio e dal 1° al 22 agosto – **Pasto** (coperti limitati - prenotare) à la carte 38/65.

CAPOLAGO 6825 Ticino (TI) 219 ⑧ – 708 ab. – alt. 274 – ✪ 091.

ern 288 – ♦ Lugano 15 – Como 16 – Varese 24.

- **Svizzero** con cam, 𝒫 648 14 21, Fax 648 17 53, ⭐ – ▥ ☎ – ⚖ 40. ⁂ ⓞ 𝐄 𝑽𝑰𝑺𝑨. ⁂
  Pasto 36/46 ed à la carte 39/87, bambini 13 – ⌑ 9.50 – **23 cam** 66/110 – ½ P sup. 25.

CARNAGO Ticino 219 ⑧ – vedere Origlio.

CAROUGE Genève 217 ⑪ – rattaché à Genève.

CARTIGNY 1236 Genève (GE) 217 ⑪ – 698 h. – alt. 434 – ✪ 022.

ern 175 – ♦ Genève 12 – St-Julien-en-Genevois 15.

- **L'Escapade,** 31 r. du Trabli, 𝒫 756 12 07, ⭐, Galerie d'exposition – ℗. ⁂ ⓞ 𝐄 𝑽𝑰𝑺𝑨
  fermé 24 déc. au 9 janv., 1ᵉʳ au 8 avril, 25 août au 9 sept., dim. et lundi – **Repas** 47 (midi)/120 et à la carte 69/117.

CASLANO Ticino 219 ⑧ – vedere Ponte Tresa.

CASTAGNOLA Ticino 219 ⑧ – vedere Lugano.

CAUX Vaud 217 ⑭ – rattaché à Montreux.

CELERINA (SCHLARIGNA) 7505 Graubünden (GR) 218 ⑮ – 1 038 Ew. – Höhe 1 730 – Winrsport : 1 730/3 057 m ⚡1 ⚡8 ⚡ – ✪ 082 (ab 04/96 : 081).

ehenswert : Lage★.

kale Veranstaltung 01.03. : "Chalandamarz" alter Frühlingsbrauch und Kinderfest.

 Kur- und Verkehrsverein, 𝒫 3 39 66 (ab 04/96 : 833 39 66), Fax 3 86 66 (ab 04/96 : 33 86 66).

ern 332 – St. Moritz 3 – ♦Davos 68 – Scuol 60.

- **Cresta Palace,** 𝒫 3 35 64 (ab 04/96 : 833 35 64), Fax 3 92 29 (ab 04/96 : 833 92 29), ≤, ⭐, ≦s, ⬛, ⭐, ⁂ – ⧖ ▥ ☎ ℗ – ⚖ 25/70. ⁂ ⓞ 𝐄 𝑽𝑰𝑺𝑨
  22. Dez. - 13. April und 29. Juni - 13. Okt. – **Classico :** Menu 28 - 53/105 und à la carte 51/104 – **93 Zim** ⌑ 165/475, 3 Suiten – ½ P Zuschl. 40.

- **Cresta Kulm,** 𝒫 3 33 73 (ab 04/96 : 833 33 73), Fax 3 70 01 (ab 04/96 : 833 70 01), ≤, ≦s, ⬛, ⭐ – ⧖ ▥ ☎ ℗. ⁂ ⓞ 𝐄 𝑽𝑰𝑺𝑨. ⁂ Rest
  Mitte Dez. - Mitte April und Mitte Juni - Mitte Okt. – **Menu** (nur für Hotelgäste) 35/60 – **45 Zim** ⌑ 150/330 – ½ P Zuschl. 30.

- **Saluver,** 𝒫 3 13 14 (ab 04/96 : 833 13 14), Fax 3 06 81 (ab 04/96 : 833 06 81), ≤, ⭐, ≦s – ▥ ☎ ⬅ ℗. 𝐄 𝑽𝑰𝑺𝑨. ⁂ Rest
  Nov. geschl. – **Menu** 18 - 45 (abends) à la carte 38/92, Kinder 8.50 – **21 Zim** ⌑ 105/250 – ½ P Zuschl. 45.

- **Chesa Rosatsch,** 𝒫 837 01 01, Fax 837 01 00 – ▥ ☎ ⬅ ℗. ⁂ ⓞ 𝐄 𝑽𝑰𝑺𝑨 𝐉𝐂𝐁. ⁂
  4. Dez. - 21. April und 11. Juni - 21. Okt. – **Menu** 17 - 45 (mittags) und à la carte 43/102, Kinder 11 – **36 Zim** ⌑ 150/340 – ½ P Zuschl. 45.

XX **Stüvetta Veglia** Ⓜ mit Zim, *ℰ* 3 80 08 (ab 04/96 : 833 80 08), Fax 3 45 42 (ab 04/9
833 45 42), 🍴, « Gemälde von Schweizer Malern » – 📺 video ☎ ⟸ Ⓟ. 💳 ⓪
💳
7. Dez. - 13. April und 23. Juni - 25. Okt. – **Menu** 29 - 45 (mittags) und à la carte 66/1
– **9 Zim** ⊏⊐ 240/380 – ½ P Zuschl. 50.

CÉLIGNY 1298 Genève (GE) 🔢 ⑪ ⑫ – 652 h. – alt. 391 – ❸ 022.
◆Bern 148 – ◆Genève 18 – Saint-Claude 56 – Thonon-les-Bains 53.

🏨 **Relais de Céligny,** 32 ch. du Port, *ℰ* 776 60 61, Fax 776 09 32, ≤, 🍴, ⌇, ⬇ –
☎ Ⓟ. 💳 🅴 💳
Repas - cuisine italienne - 35/70 et à la carte 40/79 – **12 ch** ⊏⊐ 150/300 – ½ P sup
45.

✗ **Buffet de la Gare,** *ℰ* 776 27 70, Fax 776 70 54, 🍴, parc – 💳 🅴 💳
◆ fermé 6 au 26 fév., 3 au 16 sept., dim. et lundi – **Repas** 16 - 49 (midi)/70 et à la ca
52/96.

à *Crans-près-Céligny* Nord-Est : 1 km – ✉ 1299 Crans-près-Céligny – ❸ 022 :

XXX **Cerf** avec ch, 2 r. Antoine Saladin, *ℰ* 776 23 23, Fax 776 02 21, 🍴 – 📺 ☎.
💳
fermé 5 au 18 fév. – **Repas** (fermé dim.) 25 - 47 (midi)/140 et à la carte 59/139
⊏⊐ 12 – **9 ch** 86/175 – ½ P suppl. 47.

CERNIAT 1654 Fribourg (FR) 🔢 ⑤ – 365 h. – alt. 932 – ❸ 029.
◆Bern 73 – ◆Montreux 49 – Bulle 12 – Gstaad 50 – ◆Thun 57.

✗ **La Pinte des Mossettes,** à la Valsainte : 3,5 km, *ℰ* 7 11 38, Fax 7 11 38, – Ⓟ
fermé 30 oct. au 15 mars, lundi et mardi – **Repas** 78 et à la carte 44/77.

CERTOUX Genève (GE) 🔢 ⑪ – alt. 425 – ✉ 1258 Perly – ❸ 022.
◆Bern 172 – ◆Genève 9 – St-Julien-en-Genevois 3.

XX **Café de Certoux,** 133 rte de Certoux, *ℰ* 771 10 32, Fax 771 28 43, 🍴 – Ⓟ. 💳
◆ 💳. ❀
fermé 23 déc. au 7 janv., 15 juil. au 5 août, dim. et lundi – **Repas** 19 - 43 (midi)/
et à la carte 61/99.

CHAILLY Vaud 🔢 ⑭ – voir à Montreux.

CHAM 6330 Zug (ZG) 🔢 ⑱ – 11 394 Ew. – Höhe 418 – ❸ 042 (ab 03/96 : 041).
◆Bern 131 – ◆Zürich 34 – ◆Aarau 50 – ◆Baden 44 – ◆Luzern 20 – Wädenswil 27 – ◆Zug 8.

XX **Raben,** Luzernerstr. 20, *ℰ* 36 13 12 (ab 03/96 : 780 13 12), Fax 36 11 38 (ab 03/9
780 11 38), 🍴 – 💳 ⓪ 🅴 💳
Sonntag - Montag, 24. Dez. - 4. Jan. und 2. - 23. Juni geschl. – **Menu** 2
59 (mittags)/95 und à la carte 53/96.

CHAMBÉSY Genève 🔢 ⑪ – rattaché à Genève.

CHAMBY Vaud 🔢 ⑭ – rattaché à Montreux.

CHAMPÉRY 1874 Valais (VS)🔢 ⑭ – 1 086 h. – alt. 1 055 – Sports d'hiver : 1 049/2 277
✦1 ✦5 – ❸ 025. – **Voir** : Site★.
🅱 Office du Tourisme, *ℰ* 79 11 41, Fax 79 18 47.
◆Bern 121 – ◆Martigny 35 – Aigle 26 – Évian-les-Bains 50 – ◆Montreux 37.

🏨 **Suisse,** *ℰ* 79 18 81, Fax 79 18 32, ≤, 🍴 – 📺 ☎ Ⓟ – 🔏 25. 💳 🅴 💳
fermé mai et nov. – **Repas** 25 - 37/65 et à la carte 56/88 – **40 ch** ⊏⊐ 230/300
½ P suppl. 37.

🏨 **Champéry,** *ℰ* 79 10 71, Fax 79 14 02, ≤, 🍴, ≋ – 🛗 📺 video ☎ Ⓟ – 🔏 25/13
💳 ⓪ 🅴 💳
fermé 15 oct. au 15 déc. – **Repas** (fermé le midi) à la carte 40/80 – **71 ch** ⊏⊐ 145/30
– ½ P suppl. 35.

🏠 **Beau-Séjour,** 🏖 79 17 01, Fax 79 23 06, ≤ – 📶 📺 ☎ 🚗, 🝌 ① 🝍 _VISA_. 🍴 rest
fermé 15 avril au 1ᵉʳ juin et 30 sept. au 15 déc. – **Repas** _(½ pens. seul.) (résidents seul.)_ – **18 ch** �? 125/210 – ½ P suppl. 30.

🏠 **National,** 🏖 79 11 30, Fax 74 11 55, ≤, 🍴 – 📶 ☎ 🅿 – 🕍 25. 🝍 _VISA_
◆ **Repas** _20_ - 40 et à la carte 28/66, enf. 8 – **24 ch** �?? 85/170 – ½ P suppl. 25.

🏠 **Rose des Alpes,** 🏖 79 12 18, Fax 79 17 74, ≤, Intérieur de chalet montagnard, 🍂
– 🅿. 🝍 _VISA_. 🍴 rest
20 déc. - 8 avril et 8 juin - 20 sept. – **Repas** _(résidents seul.)_ 25 – **20 ch** ☝ 69/138 – ½ P suppl. 25.

CHAMPEX **1938** Valais (VS) 🈲 ② – alt. 1 466 – 🜨 026.

virons : La Breya★★ Sud-Ouest par téléphérique.

Office du Tourisme, 🏖 83 12 27, Fax 83 35 27.

ern 144 – ◆Martigny 17 – Aosta 62 – Chamonix-Mont-Blanc 54 – ◆Sion 47.

🏠 **Glacier,** 🏖 83 14 02, Fax 83 32 02, 🍴, 🈺, 🍂, 🍴 – 📶 📺 ☎ 🅿. 🝌 ① 🝍 _VISA_
◆ _20 déc. - 15 avril et 15 mai - 19 oct._ – **Repas** _(fermé jeudi midi et merc. hors saison)_ 20 - 30/54 et à la carte 42/72, enf. 16 – **29 ch** ☝ 85/165 – ½ P suppl. 35.

🏠 **Belvédère** 🈺, 🏖 83 11 14, Fax 83 25 76, ≤ vallée d'Entremont, 🍴 – 📺 🅿. 🝍 _VISA_
◆ _fermé 1ᵉʳ nov. au 23 déc., 1 sem. en mai et merc. hors saison_ – **Repas** _15_ - 50 et à la carte 34/98, enf. 10 – **9 ch** ☝ 80/150 – ½ P suppl. 25.

CHAMPFÈR Graubünden 🈲 ⑮ – siehe St. Moritz.

CHANDOLIN Valais 🈲 ⑯ – rattaché à Saint-Luc.

CHANDOLIN-PRÈS-SAVIÈSE Valais 🈲 ⑮ – rattaché à Sion.

CHARDONNE Vaud 🈲 ⑭ – rattaché à Vevey.

CHARMEY **1637** Fribourg (FR) 🈲 ⑤ – 1 483 h. – alt. 891 – Sports d'hiver : 882/1 630 m
`1 ⚡7 ⚡ – 🜨 029.

anifestations locales
.07 : Fête alpestre de lutte suisse
.10 - 13.10 : Bénichon de la montagne, célèbres courses de charrettes à foin.

Office du Tourisme, 🏖 7 14 98, Fax 7 23 95.

ern 72 – ◆Montreux 47 – Bulle 12 – Gstaad 48 – ◆Thun 58.

🏠 **Cailler** 🈺, 🏖 7 10 13, Fax 7 24 13, ≤, 🛁, 🈺, 🍴 – 📶 📺 ☎ 🅿 – 🕍 25/100. 🝌
◆ ① 🝍 _VISA_
Le Moléson : **Repas** 42/82 et à la carte 44/87 – _Bistro :_ **Repas** _18_ et à la carte 31/73, enf. 11 – **45 ch** ☝ 160/210 – ½ P suppl. 45.

🏠 **Le Sapin** Ⓜ, 🏖 7 23 23, Fax 7 12 44, 🍴 – 📶 📺 ☎ 🅿 – 🕍 180. 🝌 ① 🝍 _VISA_
◆ **Repas** _14.50_ - 20 (midi) et à la carte 42/63 – **15 ch** ☝ 92/150 – ½ P suppl. 27.

CHÂTEAU-D'OEX **1837** Vaud (VD) 🈲 ⑮ – 3 098 h. – alt. 1 000 – Sports d'hiver :
8/1 700 m ⚡1 ⚡15 ⚡ – 🜨 029.

ir : Site★.

usée : Vieux Pays d'Enhaut★.

anifestation locale
.01 - 28.01 : Semaine internationale de ballons à air chaud.

Office du Tourisme, 🏖 4 77 88, Fax 4 59 58.

ern 87 – ◆Montreux 49 – Bulle 27 – Gstaad 15 – ◆Thun 67.

🏠 **Hostellerie Bon Accueil** 🈺, 🏖 4 63 20, Fax 4 51 26, ≤, 🍴, « Chalet du 18ᵉ siècle »,
◆ 🈺, 🍂 – 🍴 rest 📺 ☎ 🅿. 🝌 ① 🝍 _VISA_. 🍴
fermé 10 nov. au 15 déc. – **Repas** _(fermé mardi)_ _18_ - 38/50 et à la carte 39/90 –
23 ch ☝ 120/200 – ½ P suppl. 35.

🏠 **Résidence La Rocaille,** 🏖 4 62 15, Fax 4 52 49, ≤, 🍴 – 📶 📺 ☎ 🅿 – 🕍 25. 🝌
◆ ① 🝍 _VISA_
21 déc. - 8 avril et 2 juin - 6 oct. – _Au Train Bleu :_ **Repas** 38/48 et à la carte 43/82, enf. 12 – _Café des Bossons :_ **Repas** _18_ et à la carte 37/79, enf. 12 – **12 ch** ☝ 95/195 – ½ P suppl. 30.

🏛 **Ermitage,** ℰ 4 60 03, Fax 4 50 76, ≤, 🍴, 🌳 – 📳 📺 ☎ 🄿. 🄰🄴 🄾 🄴 𝘝𝘐𝘚𝘈
➡ *fermé 23 oct. au 16 nov.* – **Repas** *15* - 58 et à la carte 37/83, enf. 11 – **20**
☐ 100/160 – ½ P suppl. 32.

🏛 **Hôtel de Ville** Ⓜ, ℰ 4 74 77, Fax 4 41 21 – 📳 📺 ☎. 🄰🄴 🄴 𝘝𝘐𝘚𝘈
➡ *fermé mi-mai à début juin, fin oct. à mi-nov. et mardi hors saison* – **Repas** *20* - 35 (m
et à la carte 35/80, enf. 10 – **12 ch** ☐ 100/155 – ½ P suppl. 32.

à L'Etivaz Sud : 7,5 km par rte d'Aigle – ✉ 1831 L'Etivaz – ☎ 029 :

🏡 **Chamois,** ℰ 4 62 66, Fax 4 60 16, 🍴, 🌳, 🍽 – 🄿. 🄰🄴 🄾 🄴 𝘝𝘐𝘚𝘈
➡ *fermé 7 au 21 oct., dim. soir et lundi* – **Repas** *18* et à la carte 28/69, enf. 10 – **18**
☐ 42/100 – ½ P suppl. 20.

Le CHÂTELARD 1925 Valais (VS) 𝟚𝟙𝟡 ① – alt. 1 129 – ☎ 026.
◆Bern 150 – ◆Martigny 23 – Aosta 77 – Chamonix-Mont-Blanc 19 – ◆Sion 53.

🏛 **Suisse,** ℰ 68 11 35, Fax 68 11 35, 🍴 – 🄿. 🄴 𝘝𝘐𝘚𝘈
➡ *fermé nov. et mardi (sauf juil. - août)* – **Repas** (Brasserie) *14* - 45 et à la carte 29/
enf. 12 – **19 ch** ☐ 65/120 – ½ P suppl. 35.

CHÂTEL-ST-DENIS 1618 Fribourg (FR) 𝟚𝟙𝟟 ⑭ – 3 859 h. – alt. 809 – ☎ 021.
◆Bern 75 – ◆Montreux 19 – Gstaad 62 – ◆Lausanne 30.

🍽 **Buffet de la Gare,** ℰ 948 70 80, Fax 941 71 09 – 🄿. 🄴 𝘝𝘐𝘚𝘈. 🍽
➡ *fermé 22 juil. au 12 août, dim. soir et lundi* – **Repas** *14.50* - 30 (midi)/80 et à la ca
48/87.

| Les prix | Pour toutes précisions sur les prix indiqués dans ce guide, reportez-vous aux pages de l'introduction. |

CHAUMONT 2067 Neuchâtel (NE) 𝟚𝟙𝟞 ⑬ – alt. 1 087 – ☎ 038.
🏌 (avril - nov.) ℰ 33 50 05.
◆Bern 58 – ◆Neuchâtel 9 – ◆Biel 34 – ◆La Chaux-de-Fonds 30.

🏛 **Chaumont et Golf** 🍸, ℰ 35 21 75, Fax 33 27 22, ≤ lac et les Alpes, 🍴, parc, 🔼
➡ 🔼, 🍽 – 📳 📺 ☎ 🄿 – 🔼 25/150. 🄰🄴 🄾 🄴 𝘝𝘐𝘚𝘈
fermé 15 déc. au 8 janv. – **Repas** *16* - 42/65 et à la carte 40/95, enf. 15 – ☐ 18
65 ch 120/200, 22 suites – ½ P suppl. 35.

La CHAUX-DE-FONDS 2300 Neuchâtel (NE) 𝟚𝟙𝟞 ⑫ – 36 844 h. – alt. 994 – ☎ 039.
Musées : International d'horlogerie★★ C – Beaux-Arts★ B.
Environs : Route de la Vue des Alpes★★ par ③ – Tête de Ran★★ par ② : 7 km – Vue d
Alpes★ par ② : 10 km.
🏌 Les Bois, ✉ 2336 (juil. - oct.), ℰ 61 10 03, par ② rte de Saignelégier : 12 km.
Manifestation locale
01.06 : Fête de Mai, Arrivée du Vin avec cortège.
🄱 Office du Tourisme, 1 Espacité, ℰ 24 20 10, Fax 24 20 14.
🄰🄱 88 av. Léopold-Robert, ℰ 23 11 22, Fax 23 88 81.
🄰 65 r. de la Serre, ℰ 23 24 84, Fax 23 78 78.
◆Bern 74 ② – ◆Neuchâtel 25 ③ – ◆Biel 45 ② – ◆Martigny 163 ② – Montbéliard 67 ① – Pontarlier
④.

Plan page ci-contre

🏛 **Grand Hotel Les Endroits** Ⓜ 🍸, 94 bd des Endroits, par r. du Succès : 2,5 k
➡ ℰ 25 02 50, Fax 25 03 50, 🍴, 🛁, ≦ – 📳 🛌 ch 📺 ☎ 🕭 🄿 – 🔼 25/300. 🄰🄴 🄾
🄴 𝘝𝘐𝘚𝘈 🄹🄲🄱
Repas *13.50* - 45 et à la carte 30/94, enf. 10 – **38 ch** ☐ 150/240, 4 suites – ½ P sup
25.

🏛 **Moreau,** 45 av. Léopold-Robert, ℰ 23 22 22, Fax 23 22 45, ≦ – 📳 📺 video ☎
➡ – 🔼 25/50. 🄰🄴 🄾 🄴 𝘝𝘐𝘚𝘈 B
Le Coq Hardi (fermé lundi) **Repas** *18* - 39/74 et à la carte 43/107 – *Brasserie Bel Éta*
(fermé le soir et dim.) **Repas** *15* et à la carte 27/60 – **44 ch** ☐ 130/350, 4 suites
½ P suppl. 23.

La CHAUX-DE-FONDS

Léopold-Robert (Av.) . . . . . **BC**

Abeille (R. de l') . . . . **B** 3
Alexis-Marie Piaget (R.) . . **A** 4
Arsenal (R. de l') . . . . **C** 6
Banneret (R. du) . . . . **C** 7
Beaufond (R. de) . . . . **A** 9
Boucherie (R. de la) . . . . . **C** 10
Casino (R. du) . . . . **B** 12
Chapelle (R. de la) . . . . . . **C** 13
Charrière (R.) . . . . **A** 15
Coq (R. du) . . . . **BC** 16
Croix-Fédérale (R. de la) . . **A** 18
Cygne (R. du) . . . . **B** 19
Éperon (R. de l') . . . . **C** 21
Fleur de Lys
(Ruelle de la) . . . . **C** 22
Granges (R. des) . . . . **C** 24
Guillaume Ritter (R.) . . . . . **BC** 25
Industrie (R. de l') . . . . **C** 27
Jardinière (R.) . . . . **B** 28
Lac (Pl. de) . . . . **B** 30
Marais (Pl. des) . . . . **C** 31
Marronniers (Pl. des) . . . . **C** 33
Marche (R. de la) . . . . **A** 34
St-Hubert (R.) . . . . **C** 36
Stand (R. du) . . . . **B** 37
Succès (R. du) . . . . **A** 39
Temple Allemand (R. du) . **B** 40
Traversière (R.) . . . . **BC** 42
Vieux-Cimetière (R. du) . . **C** 43
Premier-Mars (R. du) . . . . . **BC** 45

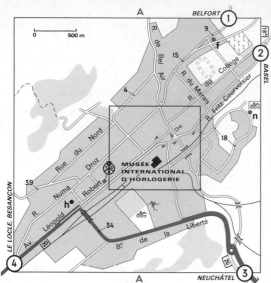

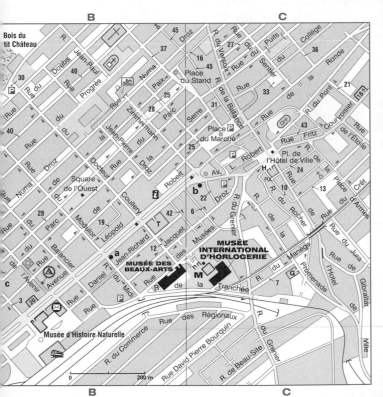

🏨 **Club** Ⓜ sans rest, 71 r. Parc, ℘ 23 53 00, Fax 23 95 01 – |🛗| ⇔ 📺 ☎. 🆎 ⓪
VISA
38 ch ⊊ 140/190.
B

🏨 **Fleur de Lys** sans rest, 13 av. Léopold-Robert, ℘ 23 37 31, Fax 23 58 51, 𝄃⃜, ⊜
|🛗| 📺 ☎. 🆎 ⓪ 🄴 *VISA*
28 ch ⊊ 125/180.
C

XX **Au Cafignon,** 5 Croix-Fédérale (centre des Arêtes par r. de l'Étoile), ℘ 28 48 47, ⬧
⬧ – 🅿. 🆎 ⓪ 🄴 *VISA*
A
fermé lundi – **Repas** *14* - 48/84 et à la carte 52/96.

X **La Cheminée,** 91 r. Charrière (au parc des Sports), ℘ 28 62 87, « Ferme du 1
siècle »
A
fermé 23 juil. au 7 août et lundi – **Repas** *13.50* et à la carte 35/83.

CHERNEX Vaud **2️⃣1️⃣7️⃣** ⑭ – rattaché à Montreux.

CHÉSEREX **1275** Vaud (VD) **2️⃣1️⃣7️⃣** ⑪ – 778 h. – alt. 530 – ✪ 022.
𝖆 Bonmont ℘ 369 23 45, Fax 369 24 17.
◆Bern 150 – ◆Genève 28 – Divonne-les-Bains 13 – ◆Lausanne 43 – ◆Nyon 9.

XXX **Aub. Les Platanes,** ℘ 369 17 22, Fax 369 30 33, 🍽 – 🅿. 🄴 *VISA*
⬧ *fermé 22 déc. au 8 janv., 2 sem. de fin juil. à début août, dim. soir et lundi* – **Rep**
18 - 45/78 et à la carte 38/86, enf. 12.

CHEXBRES **1605** Vaud (VD) **2️⃣1️⃣7️⃣** ⑭ – alt. 580 – ✪ 021.
◆Bern 90 – ◆Lausanne 13 – ◆Montreux 13 – ◆Fribourg 60 – ◆Yverdon-les-Bains 47.

XX **La Petite Auberge,** rue du Bourg, ℘ 946 12 64, Fax 946 12 64 – 🄴 *VISA*
fermé 15 juil. au 15 août, dim. et lundi – **Repas** 48 (midi)/95 et à la carte 52/1

CHIASSO **6830** Ticino (TI) **2️⃣1️⃣9️⃣** ⑧ – 8 221 ab. – alt. 238 – ✪ 091.
🏵 Morbio Inferiore, ✉ 6836 Serfontana, ℘ 683 66 62, Fax 683 09 01.
◆Bern 298 – ◆Lugano 26 – Como 4 – Varese 27.

🏨 **Touring Mövenpick,** piazza Indipendenza, ℘ 682 53 31, Fax 682 56 61, 🍽 – |🛗| ⬧
⬧ 🔲 📺 video ☎ – 🔬 30. 🆎 ⓪ 🄴 *VISA* 🄾🄲🄱
Gabbiano d'Oro : **Pasto** *16* ed à la carte 38/85, bambini 9 – ⊊ 13.50 – **54 ca**
125/158.

🏨 **Centro** senza rist, corso San Gottardo 80, ℘ 683 44 02, Fax 683 44 58 – 📺 ☎ ⬧
🆎 ⓪ 🄴 *VISA*
chiuso dal 23 dicembre al 7 gennaio e dal 1º al 20 agosto – **18 cam** ⊊ 118/16

XX **Corso,** via Valdani 1, ℘ 682 57 01, Fax 682 53 08 – 🍽. 🆎 🄴 *VISA*. 🦐
⬧ *chiuso sabato a mezzogiorno, domenica ed agosto* – **Pasto** *18* - 38 (mezzogiorno)/
ed à la carte 49/73.

CHIGGIOGNA **6764** Ticino (TI) **2️⃣1️⃣8️⃣** ⑫ – 449 ab. – alt. 668 – ✪ 091.
◆Bern 208 – Andermatt 45 – ◆Bellinzona 41 – ◆Locarno 60.

XX **La Conca,** ℘ 866 23 66, 🍽, « Ambiente tipico ticinese » – 🅿. 🆎 🄴 *VISA*
⬧ *chiuso giovedì da settembre a maggio, mercoledì e febbraio* – **Pasto** *20* ed à la car
56/72.

Chur *(Coire)*

7000 Ⓚ Graubünden (GR) 218 ④ – 30 599 Ew. – Höhe 585
Wintersport : 595/2 174 m 🚡 2 🎿 3 – ☎ 081

Sehenswert : Arosastrasse : Blick★ auf die Stadt Z – Schnitzaltar★ der Kathedrale Z.

Ausflugsziele : Parpaner Rothorn★★ : Blick★★ über ③ : 16 km und Luftseilbahn – Strasse von Chur nach Arosa★ : Strasse durch das Schanfigg★ – Soliser Brücken★ über ③ : 32 km.

🛈 Verkehrsverein der Stadt Chur, Grabenstr. 5, ✆ 22 18 18 (ab 04/96 : 252 18 18), Fax 22 90 76 (ab 04/96 : 252 90 76)

Grabenstr. 34, ✆ 22 30 61 (ab 04/96 : 252 30 61), Fax 22 50 09 (ab 04/96 : 252 50 09)

Hartbertstr. 1, ✆ 22 90 50 (ab 04/96 : 252 90 50), Fax 22 83 82 (ab 04/96 : 252 83 82).

Lokale Veranstaltung

23.08 – 25.08 : Grosses Churer Fest

◆Bern 247 ① – Andermatt 89 ③ – ◆Davos 71 ① – St Moritz 88 ③ – Vaduz 43 ①.

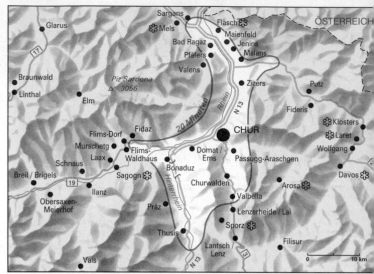

🏨 **Duc de Rohan,** Masanserstr. 44 (über ①), ℰ 22 10 22 (ab 04/96 : 252 10 2
Fax 22 45 37 (ab 04/96 : 252 45 37), 🏤, 🌡, 🍵, 🔲 – 📳 📺 ☎ ❷ – 🏧 25/120.
⓪ 🗲 𝑉𝐼𝑆𝐴
Menu - italienische Küche - *25* und à la carte 42/89 – **35 Zim** 🛏 140/250 – ½ P Zusc
45.

🏨 **ABC Terminus** Ⓜ garni, Bahnhofplatz, ℰ 22 60 33 (ab 04/96 : 252 60 3
Fax 22 55 24 (ab 04/96 : 252 55 24), 🍵 – 📳 🗮 📺 ☎ ❷. 🗛 ⓪ 🗲 𝑉𝐼𝑆𝐴 𝐽𝐶𝐵 Y
🛏 17.50 – **31 Zim** 135/300.

🏨 **Stern,** Reichsgasse 11, ℰ 22 35 55 (ab 04/96 : 252 35 55), Fax 22 19 15 (ab 04/9
→ 252 19 15), 🏤 – 📳 📺 ☎ ₼ ❷ – 🏧 25/80. 🗛 ⓪ 🗲 𝑉𝐼𝑆𝐴. 🗮 Y
Menu *20* und à la carte 40/83 – **56 Zim** 🛏 135/260 – ½ P Zuschl. 40.

🏠 **Chur,** Welschdörfli 2, ℰ 22 21 61 (ab 04/96 : 252 21 61), Fax 23 34 92 (ab 04/9
→ 253 34 92), 🏤 – 📳 📺 ☎ ₼ ❷ – 🏧 25/180. 🗛 ⓪ 🗲 𝑉𝐼𝑆𝐴 Z
Menu *(Samstag mittags und Sonntag geschl.)* *18.50* und à la carte 44/81 – **49 Z**
🛏 88/160 – ½ P Zuschl. 27.

🏠 **Ibis** Ⓜ, Richtstr. 19 (über ③ : 1 km), ℰ 21 50 21 (ab 04/96 : 252 60 60), Fax 21 50
→ (ab 04/96 : 253 50 22), 🏤 – 📳 🗮 Zim 📺 ☎ ₼ 🚐 – 🏧 18. 🗛 ⓪ 🗲 𝑉𝐼𝑆𝐴
Menu *15.50* - 29 und à la carte 29/51, Kinder 10.50 – 🛏 13 – **57 Zim** 85/140
½ P Zuschl. 25.

🍴🍴 **Obelisco,** Vazerolgasse 12, ℰ 22 58 58 (ab 04/96 : 252 58 58) – 🗛 ⓪ 🗲 𝑉𝐼𝑆𝐴 Z
→ *14. Juli - 18. Aug. geschl.* – **Menu** - italienische Küche - *15.50* - 21 (mittags) unc
la carte 34/87.

🍴🍴 **Basilic,** Susenbühlstr. 43, Richtung Lenzerheide : 1 km, ℰ 22 35 05 (ab 04/9
252 35 05), Fax 22 16 51 (ab 04/96 : 252 16 51), 🏤 – ❷. 🗛 ⓪ 🗲 𝑉𝐼𝑆𝐴
Samstag mittags, Sonntag und 15. Juli - 15. Aug. geschl. – **Menu** 48 (mittags)/
und à la carte 66/113.

🍴 **Zum Kornplatz,** Kornplatz 1, ℰ 22 27 59 (ab 04/96 : 252 27 59) – 🗛 🗲 𝑉𝐼𝑆𝐴 Z
→ *Sonntag - Montag und Juli geschl.* – **Menu** (Tischbestellung ratsam) *20* - 35/60 u
à la carte 35/91.

in Passugg-Araschgen Süd-Ost : über Malixerstrasse und Richtung Lenzerheid
4 km – ✉ 7062 Passugg-Araschgen – ⚙ 081 :

🍴🍴 **Sorriso,** ℰ 22 41 62 (ab 04/96 : 252 41 62), 🏤 – ❷. 🗛 ⓪ 🗲 𝑉𝐼𝑆𝐴. 🗮
Sonntag und 7. - 21. Juli geschl. – **Menu** (abends Tischbestellung ratsam)
(mittags)/148 und à la carte 72/127.

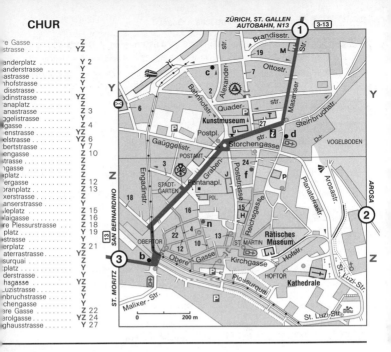

CHUR

...e Gasse . . . . Z
...strasse . . . . YZ
...anderplatz . . . . Y 2
...anderstrasse . . . . . . Y
...astrasse . . . . Y
...hhofstrasse . . . . Y
...disstrasse . . . . Y
...dinstrasse . . . . YZ
...anaplatz . . . . Z
...anastrasse . . . . Z 3
...ggelistrasse . . . . . . Y
...lgasse . . . . Z 4
...enstrasse . . . . YZ
...elstrasse . . . . YZ 6
...bertstrasse . . . . . . Y 7
...engasse . . . . Z 10
...strasse . . . . Z
...ngasse . . . . Z
...ergasse . . . . Z 12
...oranplatz . . . . Z 13
...xerstrasse . . . . Y
...anserstrasse . . . . . . Y
...leplatz . . . . Z 15
...laigasse . . . . Z 16
...re Plessurstrasse . . . Z 18
...platz . . . . Y 19
...strasse . . . . Y
...erplatz . . . . Z 21
...aterrastrasse . . . . . YZ
...surqual . . . . Z
...platz . . . . Y
...derstrasse . . . . Y
...hsgasse . . . . YZ
...uzistrasse . . . . Y
...nbruchstrasse . . . . . Y
...chengasse . . . . Y
...re Gasse . . . . Z 22
...erolgasse . . . . YZ 24
...ghausstrasse . . . . . . Y 27

HURWALDEN 7075 Graubünden (GR) 216 ④ – 1 322 Ew. – Höhe 1 230 – Wintersport :
30/2 865 m ≴ 11 ⚹ – ✪ 081.

🛈Verkehrsverein, 🕿 35 14 35 (ab 04/96 : 382 14 35), Fax 35 18 25 (ab 04/96 : 382 18 25).

Bern 256 – ◆Chur 12 – Andermatt 98 – ◆Davos 48 – St. Moritz 66.

Post, 🕿 35 11 09 (ab 04/96 : 382 11 09), Fax 35 22 13 (ab 04/96 : 382 22 13), ☂,
« Patrizierhaus im Renaissancestil » – 🕿 🅿 – 🔬 40. 🆀 ⓞ 🇪 𝘝𝘐𝘚𝘈
Mai und Mitte Nov. - Mitte Dez. geschl. – **Menu** *(Dienstag geschl.)* à la carte 31/69,
Kinder 8.50 – **17 Zim** ⌹ 107/182 – ½ P Zuschl. 28.

LARENS Vaud 217 ⑭ – voir à Montreux.

OEUVE Jura 216 ② – rattaché à Porrentruy.

OFFRANE 2207 Neuchâtel (NE) 216 ⑫ – 604 h. – alt. 805 – ✪ 038.
Bern 59 – ◆Neuchâtel 7 – ◆Biel 46 – ◆La Chaux-de-Fonds 20 – ◆Yverdon-les-Bains 50.

🕌 Couronne, 🕿 57 11 35 – 🅿.

OINSINS 1267 Vaud (VD) 217 ⑫ – 353 h. – alt. 475 – ✪ 022.
Bern 139 – ◆Genève 28 – ◆Neuchâtel 98 – ◆Lausanne 35 – ◆Nyon 8 – Saint-Cergue 17.

🏠 **Aub. de la Réunion,** 🕿 364 23 01, Fax 364 66 90, ☂, ⩩ – ⬚ 📺 🕿 🅿 – 🔬 30.
🇪 𝘝𝘐𝘚𝘈
fermé fév., lundi soir et mardi – **Repas** *16* - 34 (midi)/68 et à la carte 36/83 – ⌹ 5
– **16 ch** 85/130.

OINTRIN Genève 217 ⑪ – rattaché à Genève.

OIRE Graubünden 218 ④ – voir à Chur.

OLLOMBEY-LE-GRAND Valais 217 ⑭ – rattaché à Monthey.

es COLLONS Valais 217 ⑮ ⑯ – voir Thyon - Les Collons.

COLOGNY Genève 217 ⑪ – rattaché à Genève.

COLOMBIER 2013 Neuchâtel (NE) 216 ⑫ – 4 610 h. – alt. 490 – ✆ 038.
♦Bern 55 – ♦Neuchâtel 7 – ♦Biel 42 – ♦La Chaux-de-Fonds 32 – ♦Lausanne 69 – Morteau 52.

🍴 **Le Lacustre,** 3 allée du Port, ✆ 41 34 41, Fax 41 34 42, 🎜 – **℗. ⋿ VISA**
➤ *fermé Noël à Nouvel An et dim.* – **Repas** *14* - 40/93 et à la carte 37/83, enf. 1

CONCHES Genève 217 ⑪ – rattaché à Genève.

CONFIGNON 1232 Genève (GE) 217 ⑪ – 2 657 h. – alt. 435 – ✆ 022.
♦Bern 171 – ♦Genève 7 – Annecy 42 – Bellegarde-sur-Valserine 29.

Voir plan de Genève agglomération

🍴🍴 **Aub. de Confignon** 🛏 avec ch, 6 pl. de l'Église, ✆ 757 19 44, Fax 757 18 89,
– 📺 ☎. 🆎 ⋿ VISA JCB
AV
Repas *(fermé dim. soir et lundi)* 39 (midi)/110 et à la carte 71/116 – **6 ch** ⌁ 103/1

CONTHEY Valais 217 ⑮ – rattaché à Sion.

COPPET 1296 Vaud (VD) 217 ⑪ ⑫ – 2 216 h. – alt. 380 – ✆ 022.
Voir : Intérieur★ du Château.
♦Bern 153 – ♦Genève 13 – ♦Lausanne 49 – Saint-Claude 61 – Thonon-les-Bains 48.

🏛 **Lac,** Grand-Rue, ✆ 776 15 21, Fax 776 53 46, ≼, 🎜, Relais du 17ᵉ siècle, 🛁 – 📶
☎ ⟷ – 🕿 25. 🆎 ⋿ VISA JCB
La Rôtisserie : **Repas** 49 (midi)/95 et à la carte 72/119 – ⌁ 17 – **12 ch** 145/2
7 suites – ½ P suppl. 49.

CORIN-DE-LA-CRÊTE Valais 217 ⑯ – rattaché à Sierre.

CORSEAUX Vaud 217 ⑭ – rattaché à Vevey.

CORTAILLOD 2016 Neuchâtel (NE) 217 ④ – 4 204 h. – alt. 482 – ✆ 038.
♦Bern 58 – ♦Neuchâtel 9 – ♦Biel 44 – ♦La Chaux-de-Fonds 34 – ♦Lausanne 65.

🏛 **du Vaisseau,** à Petit Cortaillod, ✆ 42 19 42, Fax 42 10 92, 🎜 – 📶 📺 video ☎
– 🕿 25/150. 🆎 ⓞ ⋿ VISA
fermé 25 déc. au 16 janv. – **Repas** *25* - 38/55 et à la carte 40/89 – **22 ch** ⌁ 95/2
– ½ P suppl. 30.

🏛 **Le Chalet** 🛏, r. Chanélaz 2, ✆ 42 40 32, Fax 42 52 84, 🎜 – 📺 ☎ ℗ – 🕿 25/
➤ 🆎 ⓞ ⋿ VISA. 🍴
fermé 22 déc. au 14 janv. et dim. soir – **Repas** *15* - 32 (midi)/80 et à la carte 40/
– **17 ch** ⌁ 90/140, – ½ P suppl. 30.

CORTÉBERT 2607 Bern (BE) 216 ⑬ – 699 h. – alt. 677 – ✆ 032.
♦Bern 53 – ♦Delémont 45 – ♦Biel/Bienne 18 – ♦La Chaux-de-Fonds 26 – Moutier 29 – Saignelégier 2

🍴 **de l'Ours,** ✆ 97 17 75, 🎜 – ℗. 🆎 ⓞ ⋿ VISA JCB
fermé 15 janv. au 15 fév. et mardi – **Repas** - cuisine thaï - (prévenir) 38/49 et à
carte 32/74.

COSSONAY 1304 Vaud (VD) 217 ③ – 2 043 h. – alt. 565 – ✆ 021.
♦Bern 107 – ♦Lausanne 16 – ♦Fribourg 78 – ♦Genève 62 – ♦Yverdon-les-Bains 28.

🍴🍴🍴 ✿ **Cerf** (Crisci), 10 r. du Temple, ✆ 861 26 08, Fax 861 26 09 – 🆎 ⋿ VISA JCB
fermé Noël à Nouvel An, 8 au 30 juil., dim. et lundi – **Repas** 43 (midi)/155 et à
carte 97/136
Spéc. Soupe d'huîtres froide aux truffes (janv.). Filets de rouget mi-cuits en écail
d'aubergines. Rognonnade de veau fumé.

🍴🍴 **Aub. de la Couronne,** 4 Petite Rue, ✆ 861 05 68, Fax 862 22 58, 🎜 – ℗.
➤ VISA
fermé 23 juil. au 14 août, dim. et lundi – **Repas** *14* - 38/55 et à la carte 44/78

134

OURCHAVON 2922 Jura (JU) 216 ② – 308 h. – alt. 406 – 🕾 066.

ern 100 – ♦Delémont 32 – ♦Basel 54 – Belfort 32 – Montbéliard 30 – Porrentruy 4.

à Mormont Ouest : 2 km – ✉ 2900 Porrentruy – 🕾 066 :

Aub. St. Hubert 🦫 avec ch., ⌀ 66 35 33, 🌿 – 🅿. 🄰🄴 🄴 𝑉𝐼𝑆𝐴
fermé merc. (sauf hôtel) et fév. – **Repas** 15 - 39/55 et à la carte 34/74, enf. 12 – **6 ch** ⊆ 50/100.

OURFAIVRE 2853 Jura (JU) 216 ⑭ – 1 456 h. – alt. 451 – 🕾 066.

ern 79 – ♦Delémont 7 – ♦Basel 53 – ♦Biel 44 – Montbéliard 61.

Soleil, ⌀ 56 71 86, Fax 56 84 07 – 🅿. 🄴 𝑉𝐼𝑆𝐴
fermé 15 juil. au 4 août et merc. – **Repas** 16 - 40 et à la carte 47/70.

OURGENAY 2892 Jura (JU) 216 ② ⑬ – 2 122 h. – alt. 488 – 🕾 066.

ern 92 – ♦Delémont 24 – ♦Basel 54 – ♦Biel 57 – Montbéliard 38.

Boeuf, ⌀ 71 11 21, Fax 71 12 89, 🌿 – 🅿. 🄴 𝑉𝐼𝑆𝐴
fermé 2 au 15 janv., mardi soir (sauf de juin à sept.) et merc. – **Repas** 15 et à la carte 36/60, enf. 10 – **11 ch** ⊆ 42/96.

Aub. de la Diligence, ⌀ 71 11 65, 🌿 – 🅿. 🄰🄴 🄾 🄴 𝑉𝐼𝑆𝐴
fermé 5 au 29 fév., 16 au 31 juil., dim. soir et lundi – **Repas** 16 - 40/70 et à la carte 37/87.

Si vous cherchez un hôtel tranquille,
consultez d'abord les cartes de l'introduction
ou repérez dans le texte les établissements indiqués avec le signe 🦫 ou 🦫.

OURTEMAÎCHE 2923 Jura (JU) 216 ② – 618 h. – alt. 398 – 🕾 066.

ern 103 – ♦Delémont 35 – ♦Basel 57 – Belfort 31 – Montbéliard 28.

Chez L'Cabri, ⌀ 66 19 93, Fax 66 53 71 – 🅿. 𝑉𝐼𝑆𝐴
fermé 3 sem. en fév. et merc. – **Repas** 17 - 41/51 et à la carte 41/69, enf. 12.

OUVET 2108 Neuchâtel (NE) 217 ③ – 2 919 h. – alt. 734 – 🕾 038.

ern 79 – ♦Neuchâtel 31 – ♦La Chaux-de-Fonds 36 – Morteau 32 – Pontarlier 29 – ♦Yverdon-les-Bains 39.

Aigle, 27 Grand-Rue, ⌀ 63 26 44, Fax 63 21 89, 🌿, 🌾 – 📺 🕾 🅿 – 🔏 80. 🄰🄴 🄴
𝑉𝐼𝑆𝐴
Repas *(fermé dim.)* 14 - 45 et à la carte 28/65 – **20 ch** ⊆ 90/180 – ½ P suppl. 30.

Gare, 14 r. Pierre Dubied, ⌀ 63 11 16 – 🅿. 🄴 𝑉𝐼𝑆𝐴
fermé dim. soir, mardi soir, merc. et 2 sem. en août – **Repas** à la carte 31/72.

RANS-MONTANA Valais (VS) 217 ⑯ – Sports d'hiver : 1 500/2 927 m 🚡7 🚠33 🎿 – 027.

ir : Site★★.

virons : Bella Lui★★★ par télécabine AY.

(mai - oct.) ⌀ 41 21 68, Fax 41 95 68 - AZ.

nifestation locale
02 - 04.02 : Rassemblement international de montgolfières.

ern 182 ② – ♦Brig 52 ① – ♦Martigny 59 ② – ♦Sierre 14 ① – ♦Sion 29 ②.

Plan page suivante

Crans-sur-Sierre 3963 – alt. 1 460.

🛈 Office du Tourisme, ⌀ 41 21 32, Fax 41 17 94.

Royal 🄼 🦫, ⌀ 41 39 31, Fax 41 39 36, ≤, 🌿, « Elégantes installations », 🌾 – 📶
📺 🕾 🅿 – 🔏 30. 🄰🄴 🄾 🄴 𝑉𝐼𝑆𝐴 🄹🄲🄱. 🛇 rest   AZ z
16 déc. - 20 avril et 9 juin - 30 sept. – **Repas** 35 - 50/60 et à la carte 62/105 – **50 ch**
⊆ 260/660, 4 suites – ½ P suppl. 40.

Grand Hôtel du Golf, ⌀ 41 42 42, Fax 41 97 58, ≤, 🌿, ≘s, 🏊, 🌾 – 📶 📺 video
🕾 🅿 – 🔏 50. 🄰🄴 🄾 🄴 𝑉𝐼𝑆𝐴. 🛇 rest   AZ a
18 déc. - 13 avril et 1er juin - 29 sept. – **Repas** 75/95 et à la carte 97/155 – **72 ch**
⊆ 315/570, 8 suites – ½ P suppl. 40.

Centrale (R.)	**AZ** 3	
Grand-Place (R. du)	**AZ** 15	
Prado (R. du)	**AZ** 21	
Ehanoun (R. de l')	**AZ** 9	
Elysée Bonvin (R.)	**AZ** 10	
Fleurs des Champs (Rte. des)	**ABZ** 12	
Pont du Diable (R. du)	**AZ** 19	
Sommets de Crans (Rte. des)	**BZ** 22	

Gare (Av. de la)	**BY**
Théodore Stéphani (R.)	**BY**
Chorecrans (Rte. de)	**BY**
Comba (Rte. de la)	**BY**
Crête du Louché (Rte de la)	**BY**
Louis Antille (R.)	**BY**
Petit Signal (Rte. du)	**BY**
Transit (Rte. du)	**BY**

$\underline{\hat{m}\hat{m}\hat{m}}$ **Grand Hôtel Rhodania** ⊗, ℘ 40 11 41, Fax 41 51 00, 佘, 舜 – |‡| TV ☎ ℗ – 益
   AE ⓄⒹ Ⲉ VISA. ⋘ rest   AZ
   17 déc. - 8 avril et 16 juin - 30 sept. – **Repas** 35 - 50/120 et à la carte 45/105
   45 ch ⊇ 190/440 – ½ P suppl. 25.

$\underline{\hat{m}\hat{m}}$ **Alpina et Savoy,** ℘ 41 21 42, Fax 41 61 75, ≤, 佘, ⌘, ⌘⌘, ⌷, 舜 – |‡| TV ☎
   AE ⓄⒹ Ⲉ VISA. ⋘ rest   AY
   mi-déc. - Pâques et début juil. - mi-sept. – **Repas** 38/68 et à la carte 52/95, enf.
   – **47 ch** ⊇ 180/310 – ½ P suppl. 35.

$\underline{\hat{m}\hat{m}}$ **Alpha,** ℘ 43 31 13, Fax 43 31 19, ≤, 佘, ⌘, ⌷, 舜 – |‡| TV ☎ ⌷ ℗ – 益
   AE Ⲉ VISA. ⋘ rest   AZ
   15 déc. - 15 avril et 15 juin - 30 sept. – **Repas** 25 - 50 et à la carte 48/90 – **23**
   ⊇ 230/300 – ½ P suppl. 45.

$\underline{\hat{m}\hat{m}}$ **Elite** ⊗, ℘ 41 43 01, Fax 41 24 21, ≤, ⌷, 舜 – |‡| TV ☎ ℗. AE ⓄⒹ Ⲉ VISA. ⋘ rest   AZ
   16 déc. - 30 mars et 2 juin - 27 sept. – **Repas** 32 – **25 ch** ⊇ 108/230 – ½ P suppl. 32.

$\underline{\hat{m}\hat{m}}$ **Miedzor,** ℘ 41 44 33, Fax 41 85 50, ≤, 佘 – |‡| TV ☎ ⌷. AE ⓄⒹ Ⲉ VISA. ⋘ rest   AZ
   8 déc. - 14 avril et 8 juin - 13 oct. – **Repas** 24 - 34 (midi)/42 et à la carte 42/80
   22 ch ⊇ 135/290 – ½ P suppl. 35.

$\underline{\hat{m}\hat{m}}$ **Eden** ⊗, ℘ 40 11 71, Fax 41 41 31, ≤, 舜 – |‡| TV ☎ ℗. AE Ⲉ VISA. ⋘ rest   AZ
   20 déc. - 20 mars et 21 juin - 7 sept. – **Repas** 50 et à la carte 43/84 – **41**
   ⊇ 160/320 – ½ P suppl. 40.

$\underline{\hat{m}}$ **des Alpes** ⊗, ℘ 41 37 54, Fax 41 15 52, ≤, 佘, 舜 – |‡| TV ☎ ℗. AE ⓄⒹ Ⲉ V
   ⋘ rest   AZ
   21 déc. - mi-avril et fin juin - mi-sept. – **Repas** 20/35 – **35 ch** ⊇ 155/230 – ½ P suppl. 3

$\underline{\hat{m}}$ **National,** ℘ 41 26 81, Fax 41 73 81, 舜 – |‡| TV ☎ ℗. AE ⓄⒹ Ⲉ VISA. JCB   AZ
   déc. - avril et juin - sept. – **Repas** 17 - 35 – **29 ch** ⊇ 120/250 – ½ P suppl. 30.

Le Splendide ⚜, 𝄢 41 20 56, Fax 41 20 08, ≤, 🌭 – 📶 📺 ☎ 🅿. 🆎 ⓞ Ⓔ 𝗩𝗜𝗦𝗔.
🛠 rest   AZ **q**
15 déc. - 14 avril et 16 juin - 19 sept. – **Repas** *25*/45 – **31 ch** ⌑ 85/200 – ½ P suppl. 32.

City, 𝄢 41 11 61, Fax 41 28 61, 🍽 – 📶 📺 ☎ 🅿. 🆎 ⓞ Ⓔ 𝗩𝗜𝗦𝗔. 🛠 rest   AZ **n**
15 déc. - 30 mars et 30 juin - 15 sept. – **Repas** *20* - 50 et à la carte 52/84, enf. 12
– **26 ch** ⌑ 100/220 – ½ P suppl. 30.

🗙 **Host. du Pas de l'Ours** Ⓜ avec ch, 𝄢 40 93 33, Fax 40 93 34, 🍽, « Décor soigné »
– 📶 📺 ☎ 🅿. 🆎 𝗩𝗜𝗦𝗔   AZ **u**
Repas *(fermé dim. soir et lundi hors saison)* 38 - 75/115 et à la carte 73/126 – **5 ch**
⌑ 500/800, 4 suites.

🗙 **Rôtisserie de la Reine,** 𝄢 41 18 85 – *saison.*   AZ **r**

à Plans Mayens Nord : 3,5 km - AY – ✉ 3963 Crans-sur-Sierre – ☎ 027 :

🗙 **Le Mont-Blanc** ⚜ avec ch, 𝄢 41 31 43, Fax 41 31 46, 🍽, « Restaurant
panoramique ≤ Alpes valaisannes », 🌭 – ☎ 🅿. 🆎 ⓞ Ⓔ 𝗩𝗜𝗦𝗔   AY **s**
15 déc. au 30 avril et 10 juin au 15 oct. – **Repas** *36* - 54 (midi)/95 et à la carte 58/117,
enf. 24 – **17 ch** ⌑ 150/200 – ½ P suppl. 55.

La Dent Blanche ⚜ avec ch, 𝄢 41 11 79, Fax 41 11 79, 🍽, « Chalet rustique » –
📺 🅿. 🆎 ⓞ Ⓔ 𝗩𝗜𝗦𝗔   AY **t**
1er déc. au 15 avril, 15 juin au 1er oct. ; fermé lundi hors saison – **Repas** - spécialités
valaisannes - à la carte 40/85 – **7 ch** ⌑ 80/150.

Montana **3962** – 2 189 h. – alt. 1 234.

🛈 Office du Tourisme, av. de la Gare, 𝄢 41 30 41, Fax 41 74 60.

Crans-Ambassador, 𝄢 41 52 22, Fax 41 91 55, ≤, 🍽, centre de phytothérapie, 🛁,
≘s, 🏊 – 📶 📺 video ☎ 🚘 🅿 – 🔬 25/150. 🆎 ⓞ Ⓔ 𝗩𝗜𝗦𝗔. 🛠 rest   BY **a**
fermé 3 au 17 déc. – **Repas** *35* - 65 (midi)/75 et à la carte 66/132 – **63 ch** ⌑ 280/660,
12 suites – ½ P suppl. 45.

Aïda Castel ⚜, 𝄢 40 11 11, Fax 41 70 62, 🍽, « Décor valaisan », 🛁, ≘s, 🏊, 🌭
– 📶 📺 ☎ 🚘 – 🔬 25/180. 🆎 ⓞ Ⓔ 𝗩𝗜𝗦𝗔   BZ **b**
Repas 45/65 et à la carte 45/110 – **61 ch** ⌑ 290/370 – ½ P suppl. 32.

Parc ⚜, 𝄢 41 41 01, Fax 41 53 01, ≤ montagnes, 🍽, parc, 🛁, ≘s, 🎾 – 📶 📺 ☎
🅿 – 🔬 25/50. Ⓔ 𝗩𝗜𝗦𝗔. 🛠 rest   BY **c**
fermé nov. – **Repas** 25/45 et à la carte 40/98 – **74 ch** ⌑ 230/340 – ½ P suppl. 35.

Les Hauts de Crans Ⓜ ⚜, aux Hauts de Crans, Nord : 2 km, 𝄢 41 55 53, Fax 41 55 47,
≤, 🍽, ≘s, 🏊, 🌭, 🎾 – 📶 📺 ☎ 🚘 – 🔬 50. 🆎 ⓞ Ⓔ 𝗩𝗜𝗦𝗔. 🛠 rest   BY **d**
mi-déc. - mi-avril et mi-juin - mi-sept. – **Repas** *(fermé dim. soir et lundi hors saison)*
24 - 29 (midi)/58 et à la carte 33/97, enf. 9 – **36 ch** ⌑ 186/418 – ½ P suppl. 45.

St-Georges ⚜, 𝄢 41 24 14, Fax 41 58 96, 🍽, 🛁, ≘s, 🏊, 🌭 – 📶 📺 ☎ 🅿. 🆎
ⓞ Ⓔ 𝗩𝗜𝗦𝗔   BY **n**
Hôtel : 15 déc. - 19 avril et 2 juin - 31 oct. ; Rest : 15 déc. - 19 avril et 2 juin - 30 sept.
– **Repas** *22* - 40/50 et à la carte 34/102 – **36 ch** ⌑ 110/300 – ½ P suppl. 35.

de la Forêt, par ①, 𝄢 40 21 31, Fax 41 31 20, ≤, 🍽 – 📶 ☎ 🚘 🅿 – 🔬 25/50.
🆎 ⓞ Ⓔ 𝗩𝗜𝗦𝗔. 🛠 rest
21 déc. - 12 avril et 26 mai - 12 oct. – **Repas** 30/40 et à la carte 44/84 – **72 ch**
(½ pens. seul. en hiver) ⌑ 90/276 – ½ P suppl. 25.

Primavera, 𝄢 41 42 14, Fax 41 74 14, 🍽 – 📶 📺 ☎ 🅿 – 🔬 40. 🆎 ⓞ Ⓔ 𝗩𝗜𝗦𝗔   BY **e**
Repas *30* - 43 et à la carte 48/93, enf. 15 – **32 ch** ⌑ 116/252 – ½ P suppl. 36.

Colorado, par ① et rte d'Aminona, 𝄢 41 32 71, Fax 41 31 09, ≤, 🍽, ≘s, 🌭 – 📶
📺 ☎ 🚘 🅿. 🆎 ⓞ Ⓔ 𝗩𝗜𝗦𝗔
1er déc. - 30 avril et 21 juin - 19 oct. – ***Channes de Barzettes :*** Repas 16 - 24/55 et
à la carte 51/96, enf. 14 – **16 ch** ⌑ 140/180 – ½ P suppl. 40.

La Prairie ⚜, 𝄢 41 44 21, Fax 41 85 86, 🍽, 🌭 – 📶 📺 ☎ 🚘 🅿 – 🔬 40. 🆎
ⓞ Ⓔ 𝗩𝗜𝗦𝗔. 🛠 rest   BZ **t**
Repas *15* - 40/75 et à la carte 39/107, enf. 12 – **30 ch** ⌑ 90/230 – ½ P suppl. 28.

Eldorado, ⚜, 𝄢 41 13 33, Fax 41 95 22, ≤, 🍽, 🛁, ≘s, 🌭 – 📶 📺 ☎ 🅿. 🆎 Ⓔ
𝗩𝗜𝗦𝗔. 🛠 rest   AZ **v**
fermé 15 oct. au 15 déc. – **Repas** 22/60 et à la carte 29/72 – **35 ch** ⌑ 170/258
– ½ P suppl. 20.

XX **de la Poste,** ✆ 41 27 45, Fax 41 27 45 – 🆎 ⓪ 🄴 𝚅𝙸𝚂𝙰   B
— *fermé juin et dim.* – **Repas** *18* - 55/80 (soir) et à la carte 60/93.

X **Au Gréni,** ✆ 41 24 43 – **ⓟ**. 🆎 ⓪ 🄴 𝚅𝙸𝚂𝙰   B
— *fermé mai, nov. et merc. hors saison* – **Repas** *19* et à la carte 42/101.

à *Vermala* Nord-Est : 1,5 km – BY – ✉ 3962 Montana-Vermala – ☎ 027 :

XX **Cervin,** ✆ 41 21 80, Fax 40 10 64, 🏭, « Cadre rustique, bergerie avec animaux
la ferme » – **ⓟ**. 🆎 ⓪ 🄴 𝚅𝙸𝚂𝙰
fermé lundi - mardi hors saison – **Repas** *90/125* et à la carte 69/116 – *La Berg*
(fermé le midi) **Repas** à la carte 44/91.

à *Bluche* Est : 3 km par ① – ✉ 3975 Randogne – ☎ 027 :

🕯 **Petit Paradis** 🦌, ✆ 41 21 48, Fax 41 02 32, ≤ Alpes valaisannes, 🏭 – 🛗 **ⓟ**
— 🄴 𝚅𝙸𝚂𝙰
Repas *15.50* et à la carte 28/61, enf. 10 – **12 ch** ⊑ 65/120.

à *Randogne* Est : 5 km par ① – ✉ 3975 Randogne – ☎ 027 :

X **du Rawyl,** ✆ 41 22 07, ≤ Alpes valaisannes – **ⓟ**. ⓪ 🄴 𝚅𝙸𝚂𝙰
— *fermé août et merc.* – **Repas** *19* et à la carte 42/74.

CRANS-PRÈS-CÉLIGNY Vaud 𝟸𝟷𝟽 ⑪ ⑫ – rattaché à Céligny.

CRESSIER 2088 Neuchâtel (NE) 𝟸𝟷𝟼 ⑬ – 1 825 h. – alt. 436 – ☎ 038.
♦Bern 46 – ♦Neuchâtel 11 – ♦Biel 23 – ♦La Chaux-de-Fonds 36.

🕯 **Croix-Blanche,** 12 rte de Neuchâtel, ✆ 47 11 66, Fax 47 32 15, 🏭 – 📺 **ⓟ**. 🆎
— 🄴 𝚅𝙸𝚂𝙰. 🍴
Repas *(fermé merc.)* 14 - 65/80 et à la carte 31/76 – **12 ch** ⊑ 60/100 – ½ P suppl. 1

CRÉSUZ 1653 Fribourg (FR) 𝟸𝟷𝟽 ⑤ – 211 h. – alt. 912 – ☎ 029.
♦Bern 70 – ♦Montreux 45 – Bulle 10 – ♦Fribourg 29 – Gstaad 46 – ♦Thun 60.

X **Le Vieux Chalet** 🦌 avec ch, ✆ 7 12 86, 🏭, « Chalet d'alpage avec ≤ lac e
— Moléson » – 📺 **ⓟ**. 🆎 🄴 𝚅𝙸𝚂𝙰
fermé janv. et mardi sauf juil. - août – **Repas** *15.50* - 38/65 et à la carte 41/
enf. 15.50 – **5 ch** ⊑ 75/140 – ½ P suppl. 35.

CRISSIER 1023 Vaud (VD) 𝟸𝟷𝟽 ③ – 5 245 h. – alt. 470 – ☎ 021.
♦Bern 106 – ♦Lausanne 5 – ♦Montreux 28 – ♦Nyon 45 – Pontarlier 64.

🏨 **Ibis** Ⓜ, 4 chemin de l'Esparcette, ✆ 636 37 38, Fax 634 62 72, 🏭 – 🛗 🍴 ch 📺
— 🅿 🚗 **ⓟ** – 🎿 25/100. 🆎 ⓪ 🄴 𝚅𝙸𝚂𝙰
Repas *15.50* - 29 et à la carte 31/49, enf. 10.50 – ⊑ 13 – **113 ch** 95/10
½ P suppl. 21.

XXXX ✿✿✿ **Girardet,** 1 r. d'Yverdon, ✆ 634 05 05, « Décor élégant » – ▤
fermé 23 déc. au 16 janv., 27 juil. au 19 août, dim. et lundi – **Repas** 180/195
la carte 125/195
Spéc. Rognon de veau Bolo. Volaille fermière ''pattes noires'' au coulis de poireaux et tru
(hiver). Tarte vaudoise à la raisinée.

CRONAY Vaud 𝟸𝟷𝟽 ③ – rattaché à Yverdon-les-Bains.

CROY 1322 Vaud (VD) 𝟸𝟷𝟽 ③ – 259 h. – alt. 642 – ☎ 024.
♦Bern 99 – ♦Lausanne 31 – Pontarlier 41 – ♦Yverdon-les-Bains 20.

XX **Rôtisserie au Gaulois,** ✆ 53 14 89, Fax 53 12 27, Cadre rustique – **ⓟ**. 🆎 🄴
— *fermé 8 au 21 janv., 21 juil. au 13 août, dim. soir et lundi* – **Repas** - grillade
15 - 45 (midi)/95 et à la carte 53/97.

CUDREFIN 1588 Vaud (VD) 𝟸𝟷𝟽 ⑤ – 755 h. – alt. 438 – ☎ 037.
♦Bern 52 – ♦Neuchâtel 43 – ♦Biel 49 – ♦Lausanne 71 – ♦Yverdon-les-Bains 44.

à *la Sauge* Nord-Est : 3,5 km – ✉ 1588 Cudrefin – ☎ 037 :

XX **Aub. de la Sauge** avec ch, ✆ 77 14 20, 🏭, 🌳 – **ⓟ**. 🆎 ⓪ 🄴 𝚅𝙸𝚂𝙰. 🍴 ch
fermé mi-déc. au 1er mars, lundi et mardi sauf juil. - août – **Repas** à la carte 50/
– **8 ch** ⊑ 70/140.

JLLY 1096 Vaud (VD) 2|1|7 ⑬ – 1 765 h. – alt. 391 – ✪ 021.

rn 93 - ◆ Lausanne 8 - ◆ Montreux 15 - Pontarlier 77 - ◆ Yverdon-les-Bains 45.

※ ❀ **Aub. du Raisin** (Blokbergen) avec ch, 1 pl. de l'Hôtel de Ville, ✆ 799 21 31, Fax 799 25 01, 🐾, « Élégantes installations » – |⋕| 🗏 📺 ☎. 巫 ① ∈ 𝘝𝘐𝘚𝘈
Repas 65 (midi)/150 et à la carte 88/129 – **10 ch** ☲ 180/380 – ½ P suppl. 60
Spéc. Confit de pigeon et foie gras. Coeur de cabillaud aux amandes fraîches. Pêches rôties au Sauternes.

Est 1,5 km sur rte de Vevey :

※ **Au Vieux Moulin**, ⊠ 1098 Epesses, ✆ 799 21 73, Fax 799 37 93, ≤, 🐾 – ℗. 巫 ∈ 𝘝𝘐𝘚𝘈
fermé lundi – **Repas** 22 et à la carte 48/94.

CURE 1265 Vaud (VD) 2|1|7 ⑪ – alt. 1 155 – ✪ 022.

rn 160 - ◆ ◆ Genève 41 - ◆ Lausanne 56 - ◆ Nyon 21 - Les Rousses 4.

※ **Arbez Franco-Suisse** Ⓜ avec ch, ✆ 360 13 96, Fax (0033) 84 60 08 59, 🐾 – 📺 ☎ ℗. ∈ 𝘝𝘐𝘚𝘈. ❀ rest
fermé 12 au 30 nov., lundi soir et mardi sauf de déc. à mars et de juil. à sept. – **Repas** 16 - 25/55 et à la carte 48/91, enf. 12.50 – ☲ 10 – **10 ch** 70/95 – ½ P suppl. 35.

JREGLIA Ticino 2|1|9 ⑧ – vedere Lugano.

Pour être inscrit au Guide Michelin
– pas de piston,
– pas de pot de vin !

ALLENWIL 6383 Nidwalden (NW) 2|1|7 ⑨ – 1 570 Ew. – Höhe 486 – ✪ 041.

rn 129 - ◆ Luzern 17 - Altdorf 32 - Brienz 52 - Engelberg 16.

※ ❀ **Kreuz** (Weder), ✆ 65 17 51 (ab 03/96 : 628 17 51), Fax 61 23 58 (ab 03/96 : 628 23 58), 🐾, « Heimelige Einrichtung » – ℗. ① ∈ 𝘝𝘐𝘚𝘈
Montag - Dienstag, Jan. 2 Wochen und Aug. 3 Wochen geschl. – **Menu** (Tischbestellung erforderlich) 50 (mittags)/120 und à la carte 60/98
Spez. Eierschwämme, Morcheln, Steinpilze-Ragout mit Lasagne. Schottischer Lammrücken mit Kräutern. Wildspezialitäten (Okt. - Nov.).

ÄTTWIL Aargau 2|1|6 ⑥ – siehe Baden.

AVOS 7270 Graubünden (GR) 2|1|0 ⑤ – 11 015 Ew. – Wintersport . 1 560/2 844 m ⟜⟜ 11 4 𝓧 – ✪ 081.

henswert : Lage★★★ – Weissfluhgipfel★★ mit Standseilbahn AY – Schatzalp★ AY – Hohe menade★ ABY.

sflugsziel : Die Zügenschlucht über ③ und die Flüela★★ über ②.

Juni - Okt.) ✆ 46 56 34 (ab 04/96 : 416 56 34), Fax 46 25 55 (ab 04/96 : 416 25 55) - BZ.

kale Veranstaltung
07 - 10.08 : Internationales Musik-Festival.

Verkehrsbüro, Promenade 67, ✆ 415 21 21, Fax 415 21 00.

rn 282 ① - ◆ Chur 71 ① - St. Moritz 71 ③ - Vaduz 78 ①.

Stadtplan siehe nächste Seite

Davos Dorf – Höhe 1 563 – ⊠ 7260 Davos Dorf – ✪ 081 :

🏠 **Seehof**, Promenade 159, ✆ 47 12 12 (ab 04/96 : 416 12 12), Fax 46 61 10 (ab 04/96 : 416 61 10), ≤, 🐾, « Elegante Einrichtung », 🐟, ⇌ – |⋕| ↭ Zim 📺 ☎ ⟿ ℗ – 🔬 25/60. 巫 ① ∈ 𝘝𝘐𝘚𝘈 𝗝𝗖𝗕 BY **a**
26. Nov. - 14. April und 31. Mai - 12. Okt. – **Stübli :** Menu 18.50 - 23 (mittags)/65 und à la carte 34/91, Kinder 9 – **Cascada** - mexikanische Küche - *(nur Abendessen)*
Menu 43/57 und à la carte 36/84 – **115 Zim** ☲ 260/500, 3 Suiten – ½ P Zuschl. 30.

🏠 **Flüela**, Bahnhofstr. 5, ✆ 47 12 21 (ab 04/96 : 416 82 21), Fax 46 44 01 (ab 04/96 : 416 44 01), ≤, ⇌, 🏊, – |⋕| 📺 ☎ ⟿ ℗ – 🔬 25/150. 巫 ① ∈ 𝘝𝘐𝘚𝘈. ❀ Rest
25. Nov. - 14. April – **Menu** 28 - 60 (mittags) und à la carte 55/107, Kinder 12 – **80 Zim** ☲ 225/580 – ½ P Zuschl. 60. BY **v**

139

Bobbahnstrasse	**BY** 3	Museumstrasse	**B**
Guggerbachstrasse	**AZ** 4	Salzgäbastrasse	**B**
Horlaubenstrasse	**BY** 6	Tanzbühlstrasse	**A**
Promenade	**AZ**	Kurgartenstrasse	**AZ** 7	Tobelmühlestrasse	**A**

Derby, Promenade 139, ℘ 47 11 66 (ab 04/96 : 417 95 00), Fax 46 46 38 (ab 04/ 417 95 95), ≤, 斎, ⇌, 🏊, ℀ – 🛗 📺 ☎ 🅿 – 🚗 25/200. 🆎 ⓪ 🔁 📮
℀ Rest   B
Mitte Dez. - Mitte April und Mitte Juni - Ende Okt. – **Menu** 24 - 30/70 und à la ca 33/88 – **Palüda Grill** *(nur Abendessen) (Montag und im Sommer geschl.)* **Menu** carte 43/91 – **101 Zim** ⚌ 240/460 – ½ P Zuschl. 20.

Meierhof, Promenade 135, ℘ 47 12 85 (ab 04/96 : 416 82 85), Fax 46 39 82 04/96 : 416 39 82), 斎, 🏋, ⇌, 🏊 – 🛗 📺 ☎ 🚗 🅿 – 🚗 35. 🆎 ⓪ 🔁 📮
℀ Zim   B
11. Dez. - 13. April und 9. Juni - 30. Sept. – **Menu** *(im Winter nur Abendess* 60/80 und à la carte 38/87, Kinder 12 – **68 Zim** ⚌ 225/480, 9 Suiten – ½ P Zus 40.

140

🏛 **Cristiana** Ⓜ, Alte Flüelastr. 2, 𝒫 417 53 00, Fax 417 53 80, ⇔ – 🛗 📺 ☎ ⇦, 🆑 ⓞ ⴹ *VISA*, 🍴 BY **d**
20. April - 25. Mai und 30. Okt. - 27 Nov. geschl. – **Menu** (nur für Hotelgäste) 45 und à la carte 35/60 – **48 Zim** ⚏ 160/320 – ½ P Zuschl. 25.

🏛 Davos Face, Promenade 136, 𝒫 47 12 61, Fax 46 57 20 – 🛗 📺 ☎ ⇦ ⓟ BY **b**
– **44 Zim**, 6 Suiten.

🏛 **Cresta,** Talstr. 57, 𝒫 46 46 66 (ab 04/96 : 416 46 66), Fax 46 46 85 (ab 04/96 : 416 46 85), ⇔, 🔲 – 🛗 📺 ☎ ⇦ ⓟ. 🆑 ⓞ ⴹ *VISA*. 🍴 Rest BY **h**
Menu (nur für Hotelgäste) 25 - 60 und à la carte 38/70 – **41 Zim** ⚏ 120/300 – ½ P Zuschl. 10.

✗ **Bündnerstübli,** Dischmastr. 8, 𝒫 46 33 93 (ab 04/96 : 416 33 93) – 🆑 ⴹ *VISA* BY **e**
Montag, Mai, Juni und Nov. geschl. – **Menu** - Bündner Spezialitäten - (nur Abendessen) (Tischbestellung ratsam) 64 und à la carte 31/81.

Davos Platz – Höhe 1 543 – ✉ 7270 Davos Platz – ☻ 081 :

🏨 **Steigenberger Belvédère,** Promenade 89, 𝒫 44 12 81 (ab 04/96 : 415 60 00), Fax 43 11 71 (ab 04/96 : 415 60 01), ≤, 🍽, ₠, ⇔, 🔲 – 🛗 ⤴ Zim 📺 ☎ ⓟ – 🔬 25/140. 🆑 ⓞ ⴹ *VISA* ᴊᴄв. 🍴 Rest AY **f**
2. Dez. - 7. April und 30. Mai - 13. Okt. – **Romeo und Julia** - italienische Küche – (im Winter nur Abendessen) (im Sommer geschl.) **Menu** à la carte 47/93 – **Bistro Voilà :**
Menu 23 - 58/68 und à la carte 45/74 – **133 Zim** ⚏ 277/574, 8 Suiten – ½ P Zuschl. 48.

🏨 **Schweizerhof,** Promenade 50, 𝒫 44 11 51 (ab 04/96 : 413 26 26), Fax 43 49 66 (ab 04/96 : 413 49 66), ≤, 🍽, ⇔, 🔲 – 🛗 📺 ☎ ⓟ – 🔬 25. 🆑 ⓞ ⴹ *VISA* ᴊᴄв. 🍴 Rest AZ **u**
1. Dez. - 9. April und 30. Mai - 2. Okt. – **Menu** 24 - 60 (abends) und à la carte 50/93, Kinder 14 – **90 Zim** ⚏ 171/472, 3 Suiten – ½ P Zuschl. 24.

🏨 **Morosani Posthotel,** Promenade 42, 𝒫 44 11 61 (ab 04/96 : 413 74 74), Fax 43 16 47 (ab 04/96 : 413 70 60), 🍽, ⇔, 🔲 – 🛗 📺 ☎ ⓟ – 🔬 35. 🆑 ⓞ ⴹ *VISA* AZ **a**
8. April - 1. Juni und 29. Sept. - 7. Dez. geschl. – **Menu** (im Sommer Montag geschl.) 27 - 38 (mittags)/75 und à la carte 44/98, Kinder 15 – **79 Zim** ⚏ 166/484, 5 Suiten – ½ P Zuschl. 24.

🏨 Europe, Promenade 63, 𝒫 43 59 21, Fax 43 13 93, 🍽, ⇔, 🔲, 🌊, ✗ – 🛗 📺 ☎ ⇦ – 🔬 50 **e** – **64 Zim**.

🏨 **Central Sporthotel,** Tobelmühlestr. 1, 𝒫 44 11 81 (ab 04/96 : 413 81 81), Fax 43 52 12 (ab 04/96 : 413 52 12), ⇔, 🔲 – 🛗 📺 ☎ ⓟ – 🔬 25. 🆑 ⓞ ⴹ *VISA* AZ **q**
Hotel : 8. April - 29. Juni geschl. ; Rest. : von Juli - Sept. Dienstag - Mittwoch und Juni geschl. **Bündnerstübli :** **Menu** 25 - 45/75 und à la carte 46/97 – **95 Zim** ⚏ 260/480 – ½ P Zuschl. 25.

🏨 **Golfhotel Waldhuus** ⚐, Mattastr. 58, 𝒫 47 11 31 (ab 04/96 : 416 81 31), Fax 46 39 39 (ab 04/96 : 416 39 39), 🍽, ₠, ⇔, 🔲, ✗ – 🛗 📺 ☎ ⇦ ⓟ. 🆑 ⓞ ⴹ *VISA* ᴊᴄв. 🍴 Rest BZ **p**
8. April - 15. Juni und 6. Okt. - 24. Nov. geschl. – **Menu** (im Sommer Dienstag geschl.) 27 - 40 (mittags)/79 und à la carte 57/100, Kinder 17 – **37 Zim** ⚏ 225/390, 10 Suiten – ½ P Zuschl. 40.

🏨 **Waldhotel Bellevue** ⚐, Buolstr. 3, 𝒫 44 13 23 (ab 04/96 : 415 37 47), Fax 43 39 42 (ab 04/96 : 415 37 99), ≤ Berge und Davos, 🍽, ⇔ 🔲 (Solbad), 🌊 – 🛗 📺 ☎ ⓟ. ⓞ ⴹ *VISA*. 🍴 Rest AY **b**
17. Dez. - 7. April und 23. Juni - 4. Okt. – **Menu** 24 - 44 (mittags)/54 und à la carte 45/85, Kinder 12 – **53 Zim** ⚏ 231/462 – ½ P Zuschl. 20.

🏨 **Sunstar Park und Sunstar** ⚐, Parkstr. 1, 𝒫 44 12 41 (ab 04/96 : 413 14 14), Fax 43 15 79 (ab 04/96 : 413 15 79), ⇔, 🔲, 🌊 – 🛗 📺 ☎ ⇦ ⓟ – 🔬 25/100. 🆑 ⓞ ⴹ *VISA*. 🍴 Rest AZ **t**
8. Dez. - 9. April und 9. Juni - 5. Okt. – **Menu** (Montag geschl.) 38 (abends) und à la carte 43/83 – **289 Zim** ⚏ 235/510 – ½ P Zuschl. 25.

🏨 **Davoserhof,** am Postplatz, 𝒫 43 68 17 (ab 04/96 : 415 66 66), Fax 43 16 14 (ab 04/96 : 415 66 67), 🍽 – 📺 ☎ ⓟ – 🔬 25. 🆑 ⓞ ⴹ *VISA*. 🍴 AZ **z**
15. April - 15. Juli geschl. – (siehe auch Rest. **Jenatschstube**) – **22 Zim** ⚏ 170/320 – ½ P Zuschl. 43.

🏨 **Kongress Hotel Davos,** Promenade 94, ☞ 47 11 81 (ab 04/96 : 416 81 8
Fax 46 48 61 (ab 04/96 : 416 48 61), ≼, 🔥, ⬟s, 🖼 – 📳 📺 ☎ ⬅ ℗ 🅰 ⓪ 🄴 🕎
🏖 Rest   BY
2. Dez. - 7. April und 13. Mai - 11. Okt. – **Menu** *26* - 56 und à la carte 41/84, Kinder
– **80 Zim** ⚏ 175/350 – ½ P Zuschl. 25.

🏨 **National,** Obere Strasse 31, ☞ 43 60 46 (ab 04/96 : 413 60 46), Fax 43 16 50 (
04/96 : 413 16 50), 🔥, 🖼 – 📳 📺 ☎ ℗. 🅰 ⓪ 🄴 *VISA*. 🏖 Rest   AZ
1. Dez. - 29. März und 2. Juni - 4. Okt. – **Rest. Mignon :** **Menu** à la carte 34/82
65 Zim ⚏ 165/350 – ½ P Zuschl. 15.

🏨 **Terminus** Talstr. 3, ☞ 43 77 51 (ab 04/96 : 413 25 25), Fax 43 71 77 (ab 04/9
⬥ 413 71 77), ⬟s – 📳 📺 ☎ ℗ – 🏋 25/90. 🅰 ⓪ 🄴 *VISA*   AZ
Zum Goldenen Drachen - chinesische Küche - **Menu** 65 und à la carte 40/81
Veltlinerstube : **Menu** *18* und à la carte 41/70 – **52 Zim** ⚏ 130/330 – ½ P Zusc
25.

🏨 **Cresta Sun,** Talstr. 52, ☞ 46 46 66 (ab 04/96 : 416 46 66), Fax 46 46 85 (ab 04/9
416 46 85), ⬟s, 🔲, 🖼 – 📳 📺 ☎ ℗. 🅰 ⓪ 🄴 *VISA*. 🏖 Rest   BYZ
Menu *25* - 60 und à la carte 38/70 – **45 Zim** ⚏ 220/360 – ½ P Zuschl. 10.

🏨 **Bündnerhof,** Sportweg 3, ☞ 43 56 30 (ab 04/96 : 413 56 30), Fax 43 11 77 (ab 04/9
413 11 77) – 📳 📺 ☎ ℗. 🅰 🄴 *VISA*. 🏖 Zim   AZ
9. Dez. - 24. April und 22. Juni - 1. Okt. – **Menu** *(nur Abendessen)* 25/35 – **27 Z**
⚏ 125/270 – ½ P Zuschl. 20.

🏛 **Bellavista,** Scalettastr. 21, ☞ 46 42 52 (ab 04/96 : 416 42 52), Fax 46 54 15 (ab 04/9
⬥ 416 54 15), ⬟s – 📳 📺 ☎ ⬅ ℗ – 🏋 25. 🅰 ⓪ 🄴 *VISA*. 🏖 Rest   BY
1. Dez. - 14. April und 1. Juni - 9. Okt. – **Menu** *(nur Abendessen für Hotelgäste)* 17.5
25/50 und à la carte 25/75 – **24 Zim** ⚏ 140/300 – ½ P Zuschl. 30.

🏛 **Larix** 🦢 Obere Albertistr. 9, ☞ 43 11 88 (ab 04/96 : 413 11 88), Fax 43 33 49 (
04/96 : 413 33 49) – 📺 ☎ ℗. 🅰 🄴 *VISA*   AZ
15. Dez. - 12. April und 14. Juli - 4. Okt. – **Menu** *(Mittwoch geschl.) (nur Abendesse*
38/56 und à la carte 50/82 – **17 Zim** ⚏ 110/220 – ½ P Zuschl. 30.

🏛 **Crystal,** Eisbahnstr. 2, ☞ 43 57 57 (ab 04/96 : 413 57 57), Fax 43 32 62 (ab 04/9
⬥ 413 32 62), 🔥 – 📳 📺 ☎ ⬅. 🄴 *VISA*. 🏖 Zim
im Sommer Montag, 15. April - 15. Juni und 30. Nov. - 15. Dez. geschl. – **Menu** *(
Winter nur Abendessen)* *16* - 45 und à la carte 33/78 – **27 Zim** ⚏ 160/280 – ½
Zuschl. 20.

🏛 **Ochsen,** Talstr. 10, ☞ 43 52 22 (ab 04/96 : 413 52 22), Fax 43 76 71 (ab 04/9
⬥ 413 76 71), 🔥 – 📳 📺 ☎ ℗ – 🏋 40. 🅰 ⓪ 🄴 *VISA* 🄹🄲🄱   AZ
Menu *18* - 24/50 und à la carte 39/85, Kinder 13 – **46 Zim** ⚏ 149/268 – ½ P Zusc
29.

🏚🏚🏚 ⊛ **Jenatschstube** - Hotel Davoserhof, am Postplatz, ☞ 43 68 17 (ab 04/96 : 415 66 6
Fax 43 16 14 (ab 04/96 : 415 66 67), 🔥 – 🅰 ⓪ 🄴 *VISA*. 🏖   AZ
im Sommer Montag und 15. April - 15. Juli geschl. – **Menu** 49 (mittags)/75 un
la carte 62/131
Spez. Saiblingsfilet auf Fenchelchiffonnade mit Safranfäden. Bündner Lammfilet mit Alp
kräutern. Riesling-Quarkparfait auf mariniertem Traubensalat.

🍴 **Vinikus,** Promenade 119, ☞ 46 59 79 (ab 04/96 : 416 59 79), Fax 46 48 20 (ab 04/9
416 48 20), 🔥, Restaurant im Bistro-Stil – ℗. 🅰 🄴 *VISA*
20. Dez. - 31. März geöffnet ; Montag - Dienstag geschl. – **Menu** *(nur Abendesse*
à la carte 39/101.

in Wolfgang über ① : 4 km – Höhe 1 629 – ✉ 7265 Davos-Wolfgang – ⊛ 081

🏛 **Kulm,** ☞ 417 07 07, Fax 417 07 99, ≼, 🔥 – 📳 📺 ☎ ℗. 🅰 ⓪ 🄴 *VISA* 🄹🄲🄱
⬥ **Menu** *20* - 48 (abends) und à la carte 36/75, Kinder 12 – **35 Zim** ⚏ 132/292 – ½
Zuschl. 25.

in Laret über ① : 6 km – ✉ 7265 Davos-Wolfgang – ⊛ 081 :

🏨 ⊛ **Hubli's Landhaus,** ☞ 46 21 21 (ab 04/96 : 416 21 21), Fax 46 33 42 (ab 04/9
416 33 42), 🔥, ⬟s – ☎ ⬅ ℗. 🅰 ⓪ 🄴 *VISA*
15. Dez. - 14. April und 2. Juni - 1. Nov. – **Menu** *(Dienstag mittags und Mon*
geschl.) (im Winter nur Abendessen) *28* - 48 (mittags) und à la carte 76/124 – **21 Z**
⚏ 129/262 – ½ P Zuschl. 25
Spez. Gebratener Steinbutt auf Steinpilzen mit Ingwer. Davoser Lammkarré mit frisch
Kräutern. Gefüllte Taube im Blätterteigmantel an Truffelsaüce.

EGERSHEIM 9113 St. Gallen (SG) 216 ⑳ – 3 967 Ew. – Höhe 798 – ✪ 071.

Verkehrsbüro, ✆ 54 12 14 (ab 03/96 : 371 12 14).

Bern 211 – ◆St. Gallen 18 – Konstanz 50 – ◆Winterthur 62.

🏠 **Wolfensberg** ⊗, ✆ 54 12 27 (ab 03/96 : 371 12 27), Fax 54 18 02 (ab 03/96 :
◆ 371 18 02), 🏔, ⇌, 🌂 – 📺 ☎ 🅿 – 🔏 25/40. 🏧 ⅏ Rest
Menu *(20. Nov. - 4. Dez. geschl.)* 17 - 32/45 und à la carte 39/78, Kinder 18 – **23 Zim**
⊇ 105/186 – ½ P Zuschl. 20.

ELÉMONT 2800 ⓒ Jura (JU) 216 ⑭ – 11 709 h. – alt. 436 – ✪ 066.

Manifestation locale
06.09 - 08.09 : Fête du Peuple Jurassien.

🛈 Office du Tourisme, 12 pl. de la Gare, ✆ 22 97 78, Fax 22 87 81.

🏵 2 rte de Bâle, ✆ 22 66 86, Fax 22 37 26.

🅰 12 pl. de la Gare, ✆ 22 65 22, Fax 22 87 81.

Bern 95 – ◆Basel 46 – Montbéliard 62 – ◆Solothurn 64.

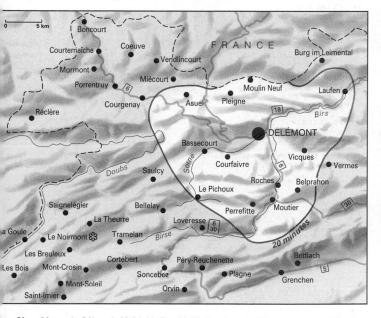

🏠 **City,** 38 rte de Bâle, ✆ 22 94 44, Fax 22 77 49, 🏔 – 🕃 📺 ☎ 🅿. 🏧 ⓞ ⅇ 🏧
◆ *fermé 15 juil. au 6 août, sam. et dim.* – **Repas** 13 et à la carte 31/73 – **15 ch**
⊇ 120/180 – ½ P suppl. 30.

🏠 **National,** 25 rte de Bâle, ✆ 22 96 22, Fax 22 39 12, 🏔, ⇌ – 🕃 📺 ☎ ⇌ –
◆ 🔏 25/200. 🏧 ⓞ ⅇ 🏧
Repas 15 - 39 et à la carte 28/79 – **27 ch** ⊇ 110/165 – ½ P suppl. 25.

💥 **du Midi,** 10 pl. de la Gare, ✆ 22 17 77, Fax 23 19 89 – ⅇ 🏧 ⅏
◆ *fermé merc.* – **Repas** 16 - 36 (midi)/105 et à la carte 37/85.

Les hôtels ou restaurants agréables
sont indiqués dans le Guide par un signe rouge.
Aidez-nous en nous signalant les maisons où,
par expérience, vous savez qu'il fait bon vivre.
Votre **Guide Michelin** sera encore meilleur.

🏨🏨🏨 ... 🏠

XXXXX ... X

1865 Vaud (VD) 217 ⑮ – alt. 1 155 – Sports d'hiver : 1 155/3 000
⛷9 ⛷16 ⛷ – ۞ 025.

Voir : site★.

Environs : Sex Rouge★★★ : panorama★★★ Est : 4 km et téléphérique – Glacier d
Diablerets★★ Est.

Manifestations locales
23.09 - 29.09 : Festival international du film alpin
02.08 - 04.08 : Festival de musique Country.

🛈 Office du Tourisme, ℘ 53 13 58, Fax 53 23 48.

◆Bern 122 – ◆Montreux 38 – Aigle 22 – Gstaad 21 – ◆Martigny 54 – ◆Sion 80.

🏨 **Eurotel** 🏖, ℘ 53 17 21, Fax 53 23 71, ≤, 斎, ≦s, 🔲 – 📶 🆃🆅 video ☎ ⇔ 🅿
🔏 25/70. 🆀 ⓞ 🄴 𝘝𝘐𝘚𝘈. ۞ rest
mi-déc. - 12 avril et 26 mai - 20 oct. – **Repas** (fermé le midi) 45 et à la carte 43/
– **103 ch** ☷ 143/312 – ½ P suppl. 20.

🏨 **Grand Hôtel,** ℘ 53 15 51, Fax 53 23 91, ≤, 斎, ≦s, 🔲, 🈺 – 📶 🆃🆅 ☎ – 🔏 25/8
🖙 🆀 ⓞ 🄴 𝘝𝘐𝘚𝘈
16 déc. - 15 avril et 11 mai - 27 oct. – **Repas** 20 - 42 et à la carte 39/112, enf.
– **65 ch** ☷ 140/230, 4 suites – ½ P suppl. 38.

🏨 **Host. Les Sources** 🏖, ℘ 53 21 26, Fax 53 23 35, ≤, 斎 – ⇔ ch 🆃🆅 ☎ 🅿 – 🔏 ≀
🖙 🆀 🄴 𝘝𝘐𝘚𝘈
fermé 15 avril au 1er juin et 1er nov. au 15 déc. – **Repas** (fermé lundi) 19 - 28 e
la carte 33/71 – **50 ch** ☷ 110/180 – ½ P suppl. 25.

🏨 **Le Chamois,** ℘ 53 26 53, Fax 53 26 06, ≦s – 📶 🆃🆅 ☎ 🏃 🅿. 🆀 🄴 𝘝𝘐𝘚𝘈
Repas (½ pens. seul. et résidents seul.) (fermé le midi) – **62 ch** ☷ 110/180 – ½
suppl. 25.

🍴🍴 **Les Lilas** avec ch, ℘ 53 11 34, 斎, Cadre montagnard – 🅿. 🆀 ⓞ 🄴 𝘝𝘐𝘚𝘈
fermé 6 au 20 mai – **Repas** 24/47 et à la carte 44/83, enf. 11 – **11 ch** ☷ 80/
– ½ P suppl. 30.

🍴 **Café de la Couronne,** ℘ 53 11 75, Fax 53 11 75 – 🅿. 🄴 𝘝𝘐𝘚𝘈
🖙 fermé 5 au 14 déc., 16 juin au 11 juil. et mardi hors saison – **Repas** 20 - 60 e
la carte 35/72.

8157 Zürich (ZH) 216 ⑦ – 4 412 Ew. – Höhe 429 – ۞ 01.

◆Bern 122 – ◆Zürich 22 – ◆Baden 20 – ◆Schaffhausen 57 – ◆Winterthur 35.

🍴🍴🍴 **Zur Sonne,** Bahnhofstr. 1, ℘ 853 12 45, Fax 853 29 55 – 🍽 🅿. 🆀 ⓞ 🄴 𝘝𝘐𝘚𝘈
🖙 Montag, Weihnachten - Neujahr und 22. Juli - 6. Aug. geschl. – **Menu** 20 -
(mittags)/110 und à la carte 63/102.

🍴🍴 **Bienengarten** 🅼 mit Zim, Regensbergstr. 9, ℘ 853 12 17, Fax 853 24 41, 斎, 🈺
📶 🆃🆅 ☎ 🅿. 🆀 ⓞ 🄴 𝘝𝘐𝘚𝘈
über Weihnachten, Ostern und 19. Juli - 4. Aug. geschl. – **Menu** (Samstag mitta
geschl.) 25 - 85/105 (abends) und à la carte 43/102 – **8 Zim** ☷ 155/350.

🍴 **Löwen** mit Zim, Hinterdorfstr. 21, ℘ 853 11 32, Fax 853 17 24, 斎 – ☎ 🅿. 🆀
🖙 𝘝𝘐𝘚𝘈
22. Juli - 12. Aug. geschl. – **Menu** (Sonntag abends und Montag geschl.) 18 -
(mittags) und à la carte 48/104 – **12 Zim** ☷ 130/160.

3264 Bern (BE) 216 ⑭ – 798 Ew. – Höhe 457 – ۞ 032.

◆Bern 20 – ◆Biel 10 – Burgdorf 34 – ◆Neuchâtel 47 – ◆Solothurn 18.

🍴🍴 **Storchen,** ℘ 81 13 15, Fax 81 53 06, 斎 – 🅿 – 🔏 30. 🆀 ⓞ 🄴 𝘝𝘐𝘚𝘈. ۞
🖙 Dienstag, 8. - 17. Jan. und 17. Juni - 2. Juli geschl. – **Menu** 18 - 42 (mittags)/85 u
à la carte 41/95.

8253 Thurgau (TG) 216 ⑧ – 3 134 Ew. – Höhe 413 – ۞ 053 (ab 03/9
052).

◆Bern 169 – ◆Zürich 57 – ◆Baden 80 – ◆Frauenfeld 22 – ◆Schaffhausen 10.

🍴🍴 **Rheinperle,** Steinerstr. 491, ℘ 37 14 84 (ab 03/96 : 657 14 84), Fax 37 41 84 (
03/96 : 657 41 84), ≤, 斎 – 🅿. 🆀 ⓞ 🄴 𝘝𝘐𝘚𝘈
Montag und 1. - 16. Jan. geschl. – **Menu** à la carte 40/93.

IETIKON 8953 Zürich (ZH) 216 ⑱ – 21 051 Ew. – Höhe 388 – ✪ 01.

ern 113 – ♦Zürich 13 – ♦Aarau 34 – ♦Baden 11 – ♦Luzern 57 – ♦Schaffhausen 60.

🏨 **Conti,** Heimstr. 41, Industrie Gebiet Nord, Richtung N1, ☎ 741 31 61, Fax 740 74 62, ➡ 😭 – 🛗 📺 ☎ 🅿 – 🔥 40. 🔤 ⓪ 🗲 VISA
Menu 20 - 36 (mittags) und à la carte 40/92 – ☐ 17 – **68 Zim** 160/180, 3 Suiten – ½ P Zuschl. 30.

🏨 **Sommerau Ticino,** Zürcherstr. 72, ☎ 745 41 41, Fax 745 44 88, 😭 – 🛗 ▤ Rest 📺 ➡ ☎ ⬅ 🅿 – 🔥 25/50. 🔤 ⓪ 🗲 VISA
Menu - italienische Küche - 18 und à la carte 42/93, Kinder 12 – **84 Zim** ☐ 165/213.

ISENTIS/MUSTÉR 7180 Graubünden (GR) 218 ② – 2 265 Ew. – Höhe 1 133 – Winsport : 1 150/2 903 m ✝1 ✝8 ✝ – ✪ 081.

henswert : Klosterkirche St. Martin★.

Kur- und Verkehrsverein, ☎ 947 58 22, Fax 947 49 37.

ern 198 – Andermatt 25 – Altdorf 49 – ♦Bellinzona 85 – ♦Chur 64.

🏨 **Parkhotel Baur** ⑤, ☎ 947 45 45, Fax 947 45 48, ≤ Berge, 😭, ≘s, 🔲, 🎇 – 🛗 📺 ☎ ⬅ 🅿 – 🔥 50
nur Saison – **50 Zim**, 4 Suiten.

🏨 **Cucagna,** ☎ 929 55 55, Fax 929 55 00, ≤, 😭, ≘s, 🔲, 🛲 – 🛗 📺 ☎ 🛝 ⬅ 🅿. 🔤 ⓪ 🗲 VISA
Menu 22 - 40 (abends) und à la carte 30/75 – **35 Zim** ☐ 79/173, 4 Suiten – ½ P Zuschl. 37.

🏨 **Sporthotel Sax,** Oberalpstrasse, ☎ 947 44 48, Fax 947 53 68, ≤ Berge, 😭 – ☎ 🅿. 🔤 ⓪ 🗲 VISA
in der Zwischensaison Dienstag, 15. Mai - 10. Juni und 1. Nov. - 1. Dez. geschl. – **Menu** 16 - 40 und à la carte 30/62 – **19 Zim** ☐ 85/140 – ½ P Zuschl. 28.

OMAT/EMS 7013 Graubünden (GR) 218 ④ – 6 564 Ew. – Höhe 584 – ✪ 081.

ern 250 – ♦Chur 7 – Andermatt 82 – ♦Davos 64 – St. Moritz 81.

🏨 **Sternen,** via Nova 102, ☎ 36 27 27 (ab 04/96 : 633 27 27), Fax 36 41 32 (ab 04/96 : 633 41 32), 😭, 🛲 – 🛗 ▤ Rest 📺 ☎ 🅿 – 🔥 25/80. 🔤 ⓪ 🗲 VISA, 🎇 Rest
Menu 16.50 und à la carte 35/92 – **38 Zim** ☐ 75/210 – ½ P Zuschl. 20.

OMBRESSON 2056 Neuchâtel (NE) 216 ⑬ – 1 231 h. – alt. 743 – ✪ 038.

ern 61 – ♦Neuchâtel 14 – ♦Biel 43 – ♦La Chaux-de-Fonds 30 – ♦Delémont 61.

🍴 **Hôtel de Commune** avec ch, 24 Grand'Rue, ☎ 53 24 01, Fax 53 60 08 – 📺. 🔤 ⓪ 🗲 VISA
fermé 3 sem. fin déc. à début janv., 3 sem. fin juil. à début août, mardi et merc. – **Repas** 18 - 51/100 et à la carte 50/95 – **7 ch** ☐ 50/130.

OPPLESCHWAND 6112 Luzern (LU) 216 ⑯ – 596 Ew. – Höhe 755 – ✪ 041.

ern 65 – ♦Luzern 30 – Langnau im Emmental 32.

🍴 **Linde,** ☎ 480 13 82, Fax 480 42 82, 😭 – 🅿. 🔤 🗲 VISA
Dienstag und 21. Feb. - 5. März geschl. – **Menu** 16 - 31 (mittags)/65 und à la carte 37/90.

ORNACH 4143 Solothurn (SO) 216 ④ – 5 700 Ew. – Höhe 294 – ✪ 061.

ern 104 – ♦Basel 14 – ♦Delémont 33 – Liestal 24 – ♦Olten 50.

🏨 **Zum Engel** M, Hauptstr. 22, ☎ 701 96 60, Fax 701 96 64, 😭 – 🛗 📺 ☎ 🕭 ⬅ – 🔥 40. 🔤 ⓪ 🗲 VISA
Menu 17.50 - 46 (mittags)/70 und à la carte 56/96, Kinder 12.50 – **17 Zim** ☐ 200/280.

ÜBENDORF 8600 Zürich (ZH) 216 ⑲ – 20 928 Ew. – Höhe 440 – ✪ 01.

ern 125 – ♦Zürich 5 – ♦Baden 23 – ♦Schaffhausen 45 – ♦Winterthur 23.

🏨 **Sonnental,** Zürichstr. 94, ☎ 821 41 81 (Rest. 821 30 52), Fax 821 41 91 (Rest. 821 30 54) – 🛗 📺 ☎ 🅿. 🔤 ⓪ 🗲 VISA
23. Dez. - 2. Jan. (nur Hotel) geschl. – **Menu** 19.50 - 31 (mittags) und à la carte 32/76, Kinder 11 – **Le Tournesol** (Samstag mittags und Sonntag geschl.) **Menu** 39 - 45 (mittags)/55 und à la carte 48/99 – **57 Zim** ☐ 130/250.

CHELIN AG Neugutstr. 81, ☎ (01) 821 21 60, Fax (01) 821 22 93

145

DÜDINGEN 3186 Freiburg (FR) 🔢🔢 ⑤ – 6 346 Ew. – Höhe 596 – ⊙ 037.

♦Bern 28 – ♦Neuchâtel 42 – ♦Fribourg 6.

🏨 **Central** Ⓜ, Hauptstr. 25, ℰ 43 13 48, Fax 43 34 88 – ▤ Rest 🔲 ☎ ⓟ. 🗲 *VISA*
→ **Menu** - italienische Küche - *(11. - 25. Feb., 21. Juli - 11. Aug. und Sonntag mitta*
geschl.) 18 - 50 und à la carte 49/89 – **16 Zim** ☞ 120/180.

🍴 **Garmiswil**, Süd-West : 1,5 km, ℰ 43 11 23, Fax 43 21 12, 🏤 – ⓟ. 🆎 ⓞ 🗲 *VI*
→ *Montag geschl.* – **Menu** *14.50* - 48 und à la carte 31/66.

DUILLIER Vaud 🔢🔢 ⑫ – rattaché à Nyon.

DÜRNTEN Zürich 🔢🔢 ⑲ – siehe Rüti.

EBIKON 6030 Luzern (LU) 🔢🔢 ⑱ – 11 133 Ew. – Höhe 421 – ⊙ 041.

♦Bern 116 – ♦Luzern 5 – ♦Aarau 52 – ♦Schwyz 38 – ♦Zürich 51.

🏨 **Löwen,** ℰ 445 04 04, Fax 445 04 40, 🏤 – ⒔ 🔲 ☎ ⓟ. 🆎 ⓞ 🗲 *VISA*
→ *23. Dez. - 8. Jan. und 5. - 8. April geschl.* – **Menu** *(Montag geschl.) 19.50* - 59 ∪
à la carte 40/82 – **18 Zim** ☞ 85/140.

EBNAT-KAPPEL 9642 St. Gallen (SG) 🔢🔢 ⑳ – 5 092 Ew. – Höhe 630 – Winterspo
630/1 300 m ⚡4 ⚡ – ⊙ 074 (ab 03/96 : 071).

🅱 Verkehrsverein, ℰ 3 29 11 (ab 03/96 : 993 29 11), Fax 3 10 10 (ab 03/96 : 993 10 1C

♦Bern 195 – ♦St. Gallen 41 – Bregenz 78 – Vaduz 44 – ♦Zürich 63.

🏨 **Kapplerhof,** Kapplerstr. 111, ℰ 3 91 91 (ab 03/96 : 993 91 91), Fax 3 35 68 (ab 03/!
→ 993 35 68), 🏤, *ℹ6*, 🔳, ☰, ☞ – ⒔ 🔲 ☎ ⟵ ⓟ – 🅰 25/200. 🆎 ⓞ 🗲 *VISA* ∪
Menu *17.50* - 25 (mittags)/36 und à la carte 34/83, Kinder 15 – **49 Zim** ☞ 130/!
– ½ P Zuschl. 25.

🍴 **Post,** Ebnaterstr. 6, beim Bahnhof, ℰ 3 17 72 (ab 03/96 : 993 17 72), 🏤 – ⓟ. 🆎
→ 🗲 *VISA*
Montag, 20. Juli - 10. Aug. und 1. - 7. Okt. geschl. – **Menu** *18* - 60 und à la ca
60/101.

ECHANDENS 1026 Vaud (VD) 🔢🔢 ③ – 2 050 h. – alt. 434 – ⊙ 021.

♦Bern 100 – ♦Lausanne 8 – ♦Morges 5.

🍴 **Auberge Communale,** 8 pl. du Saugey, ℰ 702 30 70, Fax 702 30 71, 🏤 – 🆎 🗲 !
→ *fermé 13 au 21 fév., 3 au 25 sept., mardi (sauf le midi de mars à sept.) et me*
– **Repas** *15.50* - 43 (midi)/110 et à la carte 61/93.

EGERKINGEN 4622 Solothurn (SO) 🔢🔢 ⑯ – 2 472 Ew. – Höhe 435 – ⊙ 062.

♦Bern 58 – ♦Basel 44 – ♦Aarau 22 – ♦Luzern 57 – ♦Solothurn 27.

🏨 **Mövenpick** Ⓜ, Höhenweg, ℰ 398 07 07, Telex 982936, Fax 398 22 82, ≤, 🏤,
→ – ⒔ ⇥ Zim 🔲 ☎ ⚫ ⓟ – 🅰 25/250. 🆎 ⓞ 🗲 *VISA*
La Muetta (Samstag mittags und Mitte Juli - Mitte Aug. geschl.) **Menu** *28* - 48 (mitta
und à la carte 49/100 – **Rest. Mövenpick :** Menu à la carte 36/79 – ☞ 20.50 – **134 ۲**
170/230, 6 Suiten.

🏨 **SSG Hotel Egerkingen,** ℰ 398 21 21, Fax 398 28 53, 🏤, ☞ – ⇥ Zim 🔲 ☎
→ – 🅰 25/70. 🆎 ⓞ 🗲 *VISA*
Menu *20* und à la carte 29/58, Kinder 7 – **68 Zim** ☞ 139/187.

🍴🍴 **Kreuz** Ⓜ mit Zim, ℰ 398 03 33, Fax 398 43 40, 🏤 – ⒔ 🔲 ☎ ⟵ ⓟ – 🅰 25/
🗲 *VISA*. ⚡
Menu *(Sonntag - Montag geschl.) 32* - 38/100 und à la carte 49/100 – **8 ۲**
☞ 110/190.

EGGIWIL 3537 Bern (BE) 🔢🔢 ⑦ – 2 769 Ew. – Höhe 741 – ⊙ 035.

♦Bern 35 – Burgdorf 35 – Interlaken 55 – ♦Luzern 75.

🏨 **Hirschen** ⚡, ℰ 6 10 91, Fax 6 17 08, 🏤 – ⒔ 🔲 ☎ ⓟ – 🅰 25/80. 🆎 ⓞ 🗲
→ **Menu** *(Donnerstag geschl.) 14.50* und à la carte 31/85, Kinder 10 – **33 Zim** ☞ 95/!
– ½ P Zuschl. 29.

146

IGENTHAL 6013 Luzern (LU) 2️⃣1️⃣7️⃣ ⑨ – Höhe 1 010 – ☎ 041.

ern 121 – ♦ Luzern 11 – Kriens 8 – ♦Olten 63.

% **Hammer** 🦌 mit Zim, *ℰ* 497 12 87, Fax 497 13 87, ≤, 🏡 – **Ⓟ**. 🆎 **ⓞ** **E** 𝗩𝗜𝗦𝗔 𝗝𝗖𝗕
Feb. geschl. – **Menu** *(Montag - Dienstag geschl.)* 28 - 50/78 und à la carte 45/105
– **11 Zim** �ⓩ 90/180 – ½ P Zuschl. 30.

INSIEDELN 8840 Schwyz (SZ) 2️⃣1️⃣6️⃣ ⑲ – 11 183 Ew. – Höhe 881 – Wintersport :
)/1 113 m ⸗8 ⸗ – ☎ 055.

•henswert : Lage★★ – Klosterkirche★★.

kale Veranstaltung
06 - 21.08 : Konzerte im Kloster.

Verkehrsverein, Hauptstr. 85, *ℰ* 52 44 88 (ab 03/96 : 418 44 88), Fax 53 25 10 (ab 03/96 :
8 44 80).

ern 166 – ♦ Luzern 51 – Glarus 53 – ♦Schwyz 27.

🏠 **Drei Könige,** am Klosterplatz, *ℰ* 53 24 41 (ab 03/96 : 412 24 41), Fax 53 66 52 (ab
▶ 03/96 : 412 66 52), 🏡 – 📶 📺 ☎ **Ⓟ** – 🔬 25/70. 🆎 **ⓞ** **E** 𝗩𝗜𝗦𝗔
Jan. geschl. – **Menu** *(Freitag geschl.)* 20 - 33 (mittags) und à la carte 30/76, Kinder 14
– **54 Zim** ⊑ 115/220 – ½ P Zuschl. 32.

🏠 **Schiff,** Hauptstr. 50, *ℰ* 53 51 41 (ab 03/96 : 412 51 41), Fax 53 64 97 (ab 03/96 :
▶ 412 64 97), 🏡 – 📶 📺 ☎. 🆎 **ⓞ** **E** 𝗩𝗜𝗦𝗔. ⁓
Montag und März geschl. – **Blauer Saal** (1. Etage) **Menu** 60 und à la carte 35/80,
Kinder 11 – **Grill :** **Menu** 19.50 und à la carte 29/76, Kinder 11 – **34 Zim** ⊑ 90/160
– ½ P Zuschl. 25.

% **Pfauen,** Am Klosterplatz (1. Etage), *ℰ* 53 81 18 (ab 03/96 : 412 81 18), Fax 53 81 24
(ab 03/96 : 412 81 24), 🏡, « Terrasse gegenüber dem Kloster » – 🆎 **E** 𝗩𝗜𝗦𝗔
Montag geschl. – **Menu** - italienische Küche - 23 - 92 und à la carte 46/102.

〽 **Linde** mit Zim, Schmiedenstr. 28, *ℰ* 53 27 20 (ab 03/96 : 412 27 20), Fax 53 56 44 (ab
03/96 : 412 56 44), 🏡 – 📶 📺 ☎. 🆎 **E** 𝗩𝗜𝗦𝗔
Mittwoch und Nov. geschl. – **Menu** 26 - 45 (mittags)/100 und à la carte 37/100,
Kinder 16 – **18 Zim** ⊑ 115/180 – ½ P Zuschl. 37.

LM 8767 Glarus (GL) 2️⃣1️⃣8️⃣ ③ – 831 Ew. – Höhe 982 – Wintersport : 962/2 105 m ⸗7 ⸗
🖐 058 (ab 03/96 : 055).

Kur- und Verkehrsverein, *ℰ* 86 60 67 (ab 03/96 : 642 60 67), Fax 86 60 61 (ab 03/96 :
2 60 61).

ern 216 – ♦ Chur 96 – Altdorf 74 – Andermatt 129 – Glarus 21.

🏠 **Sardona,** *ℰ* 86 68 68 (ab 03/96 : 642 68 68), Fax 86 68 69 (ab 03/96 : 642 68 69), ≤,
🏡, ⸗s, 🏊, – 📶 📺 ☎ 🔧, ⇔ **Ⓟ** – 🔬 25/80. 🆎 **ⓞ** **E** 𝗩𝗜𝗦𝗔. ⁓ Rest
31. März - 15. April geschl. – **Glarnerstube :** **Menu** à la carte 42/90, Kinder 11 – *Web-*
stube : **Menu** 39 und à la carte 32/71, Kinder 11 – **65 Zim** ⊑ 147/284 – ½ P Zuschl. 39

🏠 **Bergführer** Ⓜ, *ℰ* 86 21 06 (ab 03/96 : 642 21 06) – 📺. **E**
15. April - 15. Mai und 4. Nov. - 7. Dez. geschl. – **Menu** *(Dienstag und im Sommer*
geschl.)(im Winter nur ½ Pens. für Hotelgäste) – **8 Zim** ⊑ 65/116 – ½ P Zuschl. 24.

Camperdun, *ℰ* 86 16 88 (ab 03/96 : 642 16 88), 🏡 – **Ⓟ**. **E** 𝗩𝗜𝗦𝗔
Dienstag abends, Mittwoch, 6. - 26. Juni und 21. Nov. - 9. Dez. geschl. – **Menu** 18.50
und à la carte 31/81, Kinder 12.50.

MOSSON (Barrage d') Valais (VS) 2️⃣1️⃣9️⃣ ① – alt. 1 930 – ✉ 1925 Finhaut – ☎ 026.

ir : vue★★.

ern 161 – ♦ Martigny 34 – Chamonix Mont-Blanc 32 – ♦Sion 64.

du Barrage d'Emosson, *ℰ* 68 12 74, Fax 68 12 74, ≤ massif du Mont-Blanc, 🏡
15 mai - 15 nov. – **Repas** à la carte 24/53.

Gute Küchen
haben wir durch
❀ , ❀❀ oder ❀❀❀ kenntlich gemacht.

Sehenswert : Lage★.

Ausflugsziel : Titlis★★ Süd mit Luftseilbahn – Schwand★ Nord : 4 km.

🖪 Kur- und Verkehrsverein, Klosterstr. 3, 🕿 94 11 61 (ab 03/96 : 637 37 37), Fax 94 41 56 03/96 : 637 41 56).

◆Bern 145 – ◆Luzern 32 – Altdorf 47 – Interlaken 83 – Sarnen 36.

🏛 **Regina Titlis,** 🕿 94 28 28 (ab 03/96 : 637 28 28), Fax 94 23 92 (ab 03/96 : 637 23 9 🍴, ⅄6, ⊜s, 🔲 – 📳 📺 video 🕿 ⇌ – 🛗 25/120. 🖭 ⓪ ᗙ 𝑉𝐼𝑆𝐴. 🛠 Rest
Rôtisserie (Mai - Nov. geschl.) (nur Abendessen) **Menu** 38/80 und à la carte 45/
– *Titlis :* **Menu** 23 und à la carte 42/89, Kinder 9.50 – **96 Zim** ⊆ 165/276, 32 Sui
– ½ P Zuschl. 38.

🏛 **Waldegg** ⌂, 🕿 94 18 22 (ab 03/96 : 637 18 22), Fax 94 43 21 (ab 03/96 : 637 43 ≼ Engelberg und Titlis, 🍴, ⊜s, 🚗 – 📳 ⤢ Zim 📺 🕿 🅿 – 🛗 25/60. 🖭 ⓪
𝑉𝐼𝑆𝐴
Menu *(Mitte April - Anfang Mai und Ende Okt. - Mitte Dez. geschl.)* 22 - 28 (mittags)/
und à la carte 49/103, Kinder 12 – **65 Zim** ⊆ 155/300 – ½ P Zuschl. 35.

🏨 **Spannort,** 🕿 94 26 26 (ab 03/96 : 637 26 26), Fax 94 44 77 (ab 03/96 : 637 44 🍴 – 📳 📺 🕿. 🖭 ⓪ ᗙ 𝑉𝐼𝑆𝐴 𝐽𝐶𝐵
8. April - 24. Mai geschl. – **Menu** *(Montag geschl.)* 28.50 - 48/65 und à la carte 47/1
– **13 Zim** ⊆ 130/210 – ½ P Zuschl. 35.

🏨 **Eden,** 🕿 94 32 94 (ab 03/96 : 637 32 94), Fax 94 39 47 (ab 03/96 : 637 39 47), ⊜s – 📳 📺 🅿. 🖭 ⓪ ᗙ 𝑉𝐼𝑆𝐴
Mitte Dez. - Mitte April und Mitte Mai - Mitte Okt. – **Au Premier** *(Sonnta Montag geschl.) (nur Abendessen)* **Menu** 49/69 und à la carte 51/79, Kinder
Beizli : **Menu** 25 und à la carte 37/68, Kinder 9 – **12 Zim** ⊆ 95/200 – ½ P Zus
38.

🏨 **Sonnwendhof** Ⓜ, 🕿 94 45 75 (ab 03/96 : 637 45 75), Fax 94 42 38 (ab 03/9 637 42 38), ⊜s – 📳 ⤢ Zim 📺 🕿 ⇌ 🅿. 🖭 ⓪ ᗙ 𝑉𝐼𝑆𝐴. 🛠 Rest
Menu *(nur Abendessen für Hotelgäste)* 30 – **28 Zim** ⊆ 140/200 – ½ P Zuschl.

🏨 **Hess,** 🕿 94 13 66 (ab 03/96 : 637 13 66), Fax 94 35 38 (ab 03/96 : 637 35 38), ⊜s, 🚗 – 📳 📺 🕿 🅿 – 🛗 30. 🖭 ⓪ ᗙ
Hotel : 1.- 21. Mai und Ende Okt.- Mitte Dez. geschl. ; Rest. : im Sommer Sonn abends - Dienstag mittags, Mitte April - Juni und Okt.- Mitte Dez. geschl. – **Tu** *Stübli (im Winter nur Abendessen)* **Menu** 50/85 und à la carte 46/105 – **40**
⊆ 163/275 – ½ P Zuschl. 30.

🏨 **Schweizerhof,** 🕿 94 11 05 (ab 03/96 : 637 11 05), Fax 94 41 47 (ab 03/9 637 41 47), ⊜s – 📳 📺 🕿 🅿. 🖭 ⓪ ᗙ 𝑉𝐼𝑆𝐴 𝐽𝐶𝐵. 🛠
26. Okt. - 21. Dez. geschl. – **Menu** *(nur ½ Pens. für Hotelgäste) (mittags gesch* **42 Zim** ⊆ 125/280 – ½ P Zuschl. 30.

🏨 **Crystal,** 🕿 94 21 22 (ab 03/96 : 637 21 22), Fax 94 29 79 (ab 03/96 : 637 29 79), ← – 📳 📺 🕿 🅿. 🖭 ⓪ ᗙ 𝑉𝐼𝑆𝐴. 🛠 Rest
18. Dez. - 14. April und 27. Mai - 19. Okt. – **Menu** 15.50 und à la carte 26/72 – **27**
⊆ 74/211 – ½ P Zuschl. 30.

🏠 **Sunnmatt** garni, 🕿 94 20 45 (ab 03/96 : 637 20 45), Fax 94 15 33 (ab 03/9 637 15 33) – 📳 📺 🕿 ⇌ 🅿. ᗙ 𝑉𝐼𝑆𝐴. 🛠
Nov. geschl. – **16 Zim** ⊆ 86/160.

🏠 **Engelberg,** 🕿 94 11 68 (ab 03/96 : 637 11 68), Fax 94 32 35 (ab 03/96 : 637 32 🍴 – 📳 📺 🕿 – 🛗 25/40. 🖭 ⓪ ᗙ 𝑉𝐼𝑆𝐴 𝐽𝐶𝐵
Ende Okt. - Anfang Dez. geschl. – **Menu** *(von Mai - Okt. Donnerstag geschl.)* 32 und à la carte 33/87, Kinder 10 – *Dorfstübli* (1. Etage) *(Dez. - Mai geöffnet)* **Menu**
- 40 und à la carte 38/71 – **20 Zim** ⊆ 110/220 – ½ P Zuschl. 30.

in Trübsee mit Gondelbahn erreichbar – Höhe 1 796 – ✉ 6390 Engelberg – ⊙ 0

🏨 **Sporthotel Trübsee** ⌂, 🕿 94 13 71 (ab 03/96 : 637 13 71), Fax 94 37 20 (ab 03/ 637 37 20), ≼ Titlis und Engelberg, 🍴, ⊜s – 📳 📺 🕿. 🖭 ⓪ ᗙ 𝑉𝐼𝑆𝐴
🛠 Rest
23. Dez. - 13. April und 23. Juni - 19. Okt. – **Menu** 48 (abends) und à la carte 38
– **26 Zim** ⊆ 137/274 – ½ P Zuschl. 48.

IGES 2073 Neuchâtel (NE) 216 ⑬ – 281 h. – alt. 820 – © 038.
ⓘ 50 – ◆Neuchâtel 11 – ◆Biel 36 – ◆La Chaux-de-Fonds 36.

Chasseur ⤴ avec ch, ℘ 47 18 03, Fax 47 17 98, ☕ – ℗ – 🏛 80. 🆎 ⓪ 🅴 *VISA*
fermé 19 fév. au 3 mars – **Repas** *(fermé dim. soir et lundi)* 16 - 50 et à la carte 39/82,
enf. 11 – **6 ch** ⛲ 55/130 – ½ P suppl. 25.

INETBADEN Aargau 216 ⑦ – siehe Baden.

ITLEBUCH 6162 Luzern (LU) 217 ⑧ – 3 308 Ew. – Höhe 684 – © 041.
ⓘ 61 – ◆Luzern 33 – Langnau im Emmental 28.

Drei Könige M, ℘ 480 12 27, Fax 480 28 27, ☕ – 📺 ☎ ℗. 🆎 🅴 *VISA*
Donnerstag abends (ausser Hotel), Mittwoch und Mitte Jan. - Anfang Feb. geschl.
– Biedermeier-Stube : **Menu** 29 - 47 (mittags)/82 und à la carte 52/91 – **13 Zim**
⛲ 90/140 – ½ P Zuschl. 35.

ENDES 1731 Fribourg (FR) 217 ⑤ – 925 h. – alt. 755 – © 037.
ⓘ 42 – ◆Neuchâtel 47 – ◆Fribourg 12 – ◆Montreux 71 – ◆Yverdon-les-Bains 46.

Aub. du Château, ℘ 33 28 34, Fax 33 39 82 – ℗. 🆎 🅴 *VISA*. ⤴
fermé 30 juil. au 19 août, dim. soir et lundi – **Repas** 48 (midi) et à la carte 60/110.

ESSES 1098 Vaud (VD) 217 ⑬ – 328 h. – alt. 383 – © 021.
ⓘ 91 – ◆Lausanne 10 – ◆Montreux 13 – ◆Fribourg 62.

Aub. de la Crochettaz avec ch, rte de la Corniche, ℘ 799 34 34, Fax 799 26 76,
≤ vignes et lac Léman, ☕ – 📺 ☎. 🆎 ⓪ 🅴 *VISA*
fermé 17 déc. au 1er fév. – **Repas** *(fermé lundi d'oct. à mars et mardi)* 20 - 39 (midi)/89
et à la carte 45/83, enf. 12 – **2 ch** ⛲ 115/170.

TINGEN 4458 Basel-Landschaft (BL) 216 ⑯ – 546 Ew. – Höhe 567 – © 062.
ⓘ 66 – ◆Basel 36 – ◆Aarau 30 – Liestal 18 – ◆Olten 17.

Bad Eptingen mit Zim, Hauptstr. 25, ℘ 299 19 49, Fax 299 13 04, ☕ – 🛗 📺 ☎ ℗
– 🏛 25/70. 🆎 🅴 *VISA*
Menu 15.50 - 50 (mittags) und à la carte 40/101, Kinder 12.50 – **11 Zim** ⛲ 160/220.

LACH 3235 Bern (BE) 216 ⑬ – 1 105 Ew. – Höhe 429 – © 032.
ⓘ 38 – ◆Neuchâtel 16 – ◆Biel 24 – ◆La Chaux-de-Fonds 41 – Murten 17.

Zülli, Im Städtchen 2, ℘ 88 11 22, Fax 88 11 23 ☕ – ℗ 🆎 🅴 *VISA*
Mittwoch, von Okt. - Ostern auch Donnerstag, 14. - 29. Feb. und 30. Sept. - 17. Okt.
geschl. – **Menu** 14.50 und à la carte 38/69.

In Lüscherz Ost : 5 km – ✉ 2576 Lüscherz – © 032 :

3 Fische, Hauptstr. 29, ℘ 88 12 21, Fax 82 12 03, ☕ – ℗. 🅴 *VISA*
Mittwoch - Donnerstag, 24. Jan. - 15. Feb. und 25. Aug. - 7. Sept. geschl. – **Menu**
à la carte 50/99.

in Tschugg Süd : 2 km – ✉ 3233 Tschugg – © 032 :

Rebstock, ℘ 88 11 61, Fax 88 13 73, ☕ – ℗. 🆎 ⓪ 🅴 *VISA*
Montag und Dienstag geschl. – **Menu** 20 - 39 (mittags)/105 und à la carte 47/98.

in Gals Süd-West : 3 km – ✉ 2076 Gals – © 032 :

Zum Kreuz, ℘ 88 24 14, ☕ – ℗. 🅴 *VISA*
Montag - Dienstag, 24. Dez. - 15. Jan. und 15. Juli - 5. Aug. geschl. – **Menu** 25 - 50/70
und à la carte 45/98.

Verwechseln Sie nicht :

Komfort der Hotels	: 🏨🏨 ... 🏠, 🏡
Komfort der Restaurants	: XXXXX ... X
Qualität der Küche	: ✿✿✿, ✿✿, ✿

ERLEN 8586 Thurgau (TG) 216 ⑩ – 2 372 Ew. – Höhe 449 – ✪ 072 (ab 03/96 : 07
🏠 ✉ 8586 (März - Nov.), ✆ 48 29 30 (ab 03/96 : 648 29 30), Fax 48 29 40 (ab 03/9
648 29 40)

◆Bern 196 – ◆St. Gallen 25 – Bregenz 48 – Konstanz 21.

XX **Aachbrüggli** M mit Zim, Poststr. 8, ✆ 48 26 26, Fax 48 26 26, ☆ – 📺 ☎ ❷
⬤ **E** 𝘝𝘐𝘚𝘈
24. Dez. - 8. Jan. und 2 1. Juli - 12. Aug. geschl. – **Menu** *(Sonntag - Montag gesc*
20- 54/86 und à la carte 53/92 – **7 Zim** ⪥ 90/150 – ½ P Zuschl. 30.

ERLENBACH 8703 Zürich (ZH) 216 ⑱ – 4 297 Ew. – Höhe 419 – ✪ 01.

◆Bern 136 – ◆Zürich 10 – Rapperswil 21 – ◆Winterthur 50 – ◆Zug 50.

XX **Erlibacherhof** mit Zim, Seestr. 83, ✆ 910 55 22, Fax 910 33 25, ☆ – 🛗 ☎ ❻
🅰 25/200. 🆎 ⬤ **E** 𝘝𝘐𝘚𝘈
11. - 25. Feb. und 30. Sept. - 24. Okt. geschl. – **Menu** *18.50* - 72 und à la carte 51/
– **19 Zim** ⪥ 162/176.

ERMATINGEN 8272 Thurgau (TG) 216 ⑨ – 2 318 Ew. – Höhe 402 – ✪ 072 (ab 03/9
071).

◆Bern 197 – ◆St. Gallen 46 – ◆Frauenfeld 30 – Konstanz 11 – ◆Schaffhausen 39.

🏠 **Ermatingerhof** garni, Hauptstr. 82, ✆ 63 20 20 (ab 03/96 : 663 20 20), Fax 63 2(
(ab 03/96 : 663 20 30), ☞ – 🛗 📺 ☎ ❷. 🆎 ⬤ **E** 𝘝𝘐𝘚𝘈. ⍋
15. Dez. - 15. Jan. geschl. – **16 Zim** ⪥ 170/270.

XXX **Adler** M mit Zim, Fruthwilerstr. 2, ✆ 64 11 33 (ab 03/96 : 664 11 33), Fax 64 3(
(ab 03/96 : 664 30 11), ☆, « Historischer Gasthof aus dem 16. Jh. », ☏, ☞ – 🛗
☎ ❷ – 🅰 25. 🆎 ⬤ **E** 𝘝𝘐𝘚𝘈 𝘑𝘊𝘉
Mitte Jan. - Mitte Feb. geschl. – **Menu** *(Montag abends - Dienstag gesc*
22.50 - 45/75 und à la carte 51/97, Kinder 16.50 – **10 Zim** ⪥ 110/240 – ½ P Zus
35.

XX **Fischstube Seetal**, Untere Seestr. 60, ✆ 64 14 14 (ab 03/96 : 664 14 1
Fax 64 32 14 (ab 03/96 : 664 32 14), ☆, « Gartenterrasse » – ❷. 🆎 ⬤ **E** ▮
⍋
Montag, von Sept. - April auch Dienstag und 28. Okt. - 25. Nov. geschl. – **Me**
Fischspezialitäten - à la carte 37/102.

ERZENHOLZ Thurgau 216 ⑧ – siehe Frauenfeld.

ESCHLIKON 8360 Thurgau (TG) 216 ⑨ – 1 814 Ew. – Höhe 567 – ✪ 073 (ab 03/96 : 0
◆Bern 180 – ◆St. Gallen 36 – ◆Frauenfeld 16 – Wil 7 – ◆Winterthur 31.

XX **Löwen**, Bahnhofstr. 71, ✆ 43 17 83 (ab 03/96 : 971 17 83), Fax 43 18 43 (ab 03/
971 17 80), ☆ – ❷. 🆎 **E** 𝘝𝘐𝘚𝘈
Mittwoch geschl. – **Menu** *25* - 59 und à la carte 45/81.

ESSERTINES-SUR-ROLLE 1186 Vaud (VD) 217 ⑫ – 461 h. – alt. 698 – ✪ 021.

◆Bern 137 – ◆Lausanne 33 – Pontarlier 67 – ◆Yverdon-les-Bains 57.

XX **Aub. du Chasseur**, ✆ 828 32 12, Fax 828 31 83 – 🆎 **E** 𝘝𝘐𝘚𝘈
fermé jeudi midi et merc. – **Repas** *15* - 60 et à la carte 48/80.

ESTAVAYER-LE-LAC 1470 Fribourg (FR) 217 ④ – 3 824 h. – alt. 454 – ✪ 037.

Voir : Choeur★ de l'Église St-Laurent.

Manifestations locales
06.04 : Chant du Surrexit, cortège aux flambeaux, ancienne tradition
09.08 -10.08 : Grande Brocante en plein air.

🅱 Office du Tourisme, pl. du Midi, ✆ 63 12 37, Fax 63 42 07.

◆Bern 59 – ◆Neuchâtel 49 – Pontarlier 67 – ◆Yverdon-les-Bains 20.

🏠 **du Lac**, 1 pl. du Port, ✆ 63 52 20, Fax 63 53 43, ≤ port de plaisance et lac, 🔲
🕯 – 🅰 40. 🆎 ⬤ **E**
Repas *16* - 42/93 et à la carte 39/84, enf. 20 – **36 ch** ⪥ 77/135 – ½ P suppl.

🏠 du Port, 3 rte du Port, ✆ 63 10 32, Fax 63 34 70, ☆, ☏ – 📺 ☎ ❷ – **20 ch**.

150

La Gerbe d'Or, 5 r. Camus (1ᵉʳ étage), ℰ 63 11 81, Fax 63 39 35 – ⚎ **E** *VISA*
fermé 19 au 25 fév. et dim. sauf fériés – **Repas** *15.50* - 42/85 et à la carte 34/86, enf. 10.

Hôtel de Ville, 16 r. de l'Hôtel de Ville (1ᵉʳ étage), ℰ 63 12 62, Fax 63 24 59, ⋚ – ⚎ ⓞ **E** *VISA*
fermé 3 sem. en janv., mardi soir et merc. sauf juil. - août – **Repas** *17* - 46/57 et à la carte 31/82, enf. 14.

ETIVAZ Vaud 2|1|7 ⑮ – rattaché à Château-d'Oex.

THAL 8844 Schwyz (SZ) 2|1|6 ⑲ – Höhe 893 – ✆ 055.
↱n 173 – ♦ Luzern 58 – Einsiedeln 9 – Rapperswil 26 – ♦Schwyz 34.

❀ **Bürgi's Burehof,** ℰ 53 24 17 (ab 03/96 : 412 24 17), Fax 53 53 32 (ab 03/96 : 412 53 32) – ℗. **E**
Montag - Dienstag und Juli geschl. – **Menu** 59 (mittags)/115 und à la carte 78/119
Spez. Milchlamm mit Knoblauch. Wild (Herbst). Erdbeerchoux auf Vanillesauce mit Rhabarberglace.

OLÈNE 1983 Valais (VS) 2|1|9 ③ – 1 616 h. – alt. 1 378 – Sports d'hiver : 1 378/2 700 m ⚐ – ✆ 027.
↱ : Maisons de bois ★★
↱ffice du Tourisme, ℰ 83 12 35, Fax 83 22 58.
↱n 179 – ♦ Brig 77 – ♦ Martigny 56 – ♦Montreux 95 – ♦Sion 26.

Hermitage, ℰ 83 12 32, Fax 83 32 12, ⋚, « Hôtel du début du siècle, vieux décor en bois d'Arolle », ⇌ – ⫟ ℗. **E** *VISA*
hôtel : fermé 7 nov. au 20 déc. ; rest. : ouvert du 23 déc. - 7 janv., fév. et 15 juin - 15 sept. – **Repas** *(fermé le midi)* 20 - 32 – **23 ch** ⛉ 70/130.

s ÉVOUETTES 1891 Valais (VS) 2|1|7 ⑭ – alt. 375 – ✆ 025.
↱n 101 – ♦Montreux 14 – Aigle 13 – ♦Lausanne 38 – Monthey 15.

Aux 7 Nains, ℰ 81 26 04, Fax 81 37 97, ⋚ – ℗. **E** *VISA*
fermé Noël à Nouvel An, 1ᵉʳ au 15 août et dim. – **Repas** *16* - 50 (midi)/60 et à la carte 42/80.

IDO 6760 Ticino (TI) 2|1|8 ⑫ – 1 629 ab. – alt. 717 – ✆ 091.
↱nte Turistico, ℰ 866 16 16, Fax 866 23 29.
↱n 206 – Andermatt 43 – ♦Bellinzona 44 – ♦Brig 90.

Faido con cam, ℰ 866 15 55, Fax 866 12 62 – ▐▌ ⫟ ☎ – ⌂ 60. ⚎ **E** *VISA* *JCB*.
⌖ rist
Pasto *17.50* - 35 (mezzogiorno) ed à la carte 33/88, bambini 10 – **16 cam** ⛉ 95/140 – ½ P sup. 30.

OUG 1595 Vaud (VD) 2|1|7 ⑤ – 552 h. – alt. 434 – ✆ 037.
↱n 35 – ♦Neuchâtel 32 – ♦Biel 38 – ♦Fribourg 18.

Les Rochettes avec ch, ℰ 71 22 77, Fax 71 12 73, ⋚, « Jardin » – ⫟ ℗. ⚎ **E** *VISA*.
fermé 6 au 31 janv., mardi midi et lundi – **Repas** 25 - 75/115 et à la carte 54/119 – ⛉ 15 – **3 ch** 150.

ULENSEE Bern 2|1|7 ⑦ – siehe Spiez.

CHY Vaud 2|1|7 ⑫ – rattaché à Aubonne.

HRALTORF Zürich 2|1|6 ⑲ – siehe Pfäffikon.

LSENAU 5316 Aargau (AG) 2|1|6 ⑥ – Höhe 321 – ✆ 056.
↱n 90 – ♦ Aarau 30 – ♦Baden 20 – ♦Basel 45 – Waldshut-Tiengen 4 – ♦Zürich 44.

Bahnhof mit Zim, Hauptstr. 13, ℰ 246 10 77, Fax 246 10 74, ⋚, « Terrasse mit Sicht auf die Aare » – ⫟ ☎ ℗ – ⌂ 30. ⚎ ⓞ **E** *VISA* *JCB*
Menu 25 - 48/54 und à la carte 35/105, Kinder 10 – **7 Zim** ⛉ 85/150 – ½ P Zuschl. 25.

FEUSISBERG 8835 Schwyz (SZ) 216 ⑲ – 3 236 Ew. – Höhe 685 – ⊕ 01.

◆Bern 160 – ◆Luzern 51 – ◆Zürich 35 – Einsiedeln 12.

🏨 **Panorama,** ℰ 784 24 64, Fax 784 90 80, ≤ Zürichsee, 佘, ⊆s, 屛 – 韜 ⇔ Zim
🕿 & 🅿 – 🔬 25/100. 🖭 ⓪ 🗲 𝘝𝘐𝘚𝘈
Menu 21 - 70 und à la carte 48/94 – **100 Zim** ⊑ 180/270.

FIDAZ Graubünden 218 ③ – siehe Flims Dorf.

FIDERIS 7235 Graubünden (GR) 218 ⑤ – 570 Ew. – Höhe 900 – ⊕ 081.

◆Bern 251 – ◆Chur 41 – Ragaz, Bad 29 – ◆Davos 34.

%% **Ritterhof,** ℰ 54 32 32 (ab 04/96 : 332 32 32), 佘 – 🅿. 🖭 🗲 𝘝𝘐𝘚𝘈
⬥ Mittwoch - Donnerstag, 22. Mai - 14. Juni und 23. Okt. - 15. Nov. geschl. – **M**
19.50 - 48/74 und à la carte 40/93.

FIESCH 3984 Wallis (VS) 217 ⑱ – 991 Ew. – Höhe 1 062 – Wintersport : 1 062/2 86
🎿3 🎿7 🎿 – ⊕ 028.

Ausflugsziel : Eggishorn★★★ Nord-West mit Luftseilbahn.

🛈 Verkehrsverein, ℰ 71 14 66, Fax 71 23 73.

◆Bern 150 – ◆Brig 17 – Domodossola 83 – Interlaken 93 – ◆Sion 70.

🏨 **Christania** 🦢, ℰ 71 21 12, Fax 71 18 40, ≤, 佘, ⊆s – 韜 🖭 🕿 🅿. 🗲
🍴 Rest
21. Dez. - 7. April und 9. Mai - 20. Okt. – **Menu** (im Mai Dienstag - Mittwoch gese
24 - 42 und à la carte 41/88, Kinder 15 – **22 Zim** ⊑ 135/210 – ½ P Zuschl. 4⟨

🏠 **Derby** 🦢 garni, ℰ 71 22 61, Fax 71 42 82, ≤ – 🖭 🕿 🅿. 🗲 𝘝𝘐𝘚𝘈
23. Dez. - 13. April und 2. Juni - 21. Okt. – **20 Zim** ⊑ 85/150.

in Fiescheralp/Kühboden mit Luftseilbahn erreichbar – Höhe 2 214 – ✉ 3984 Fie
– ⊕ 028 :

🚡 **Eggishorn** 🦢, ℰ 71 14 44, Fax 71 36 78, ≤ Berge, 佘, ⊆s – ⓪ 🗲 𝘝𝘐𝘚𝘈
⬥ 16. Dez. - 19. April und 16. Juni - 14. Okt. – **Menu** 16 - 26 und à la carte 35/
Kinder 12 – **27 Zim** ⊑ 60/130 – ½ P Zuschl. 26.

FIESCHERALP / KÜHBODEN Wallis 217 ⑱ – siehe Fiesch.

FIGINO 6918 Ticino (TI) 219 ⑧ – alt. 295 – ⊕ 091.

◆Bern 248 – ◆Lugano 11 – ◆Bellinzona 38 – Como 36 – Varese 42.

🏠 **Ceresio,** ℰ 995 11 29, Fax 995 13 93, ≤, 佘 – 韜 🖭 🕿 🅿. 🖭 ⓪ 🗲 𝘝𝘐𝘚𝘈
⬥ chiuso novembre e mercoledì da dicembre a Pasqua – **Pasto** 17 ed à la carte 35⟨
– **16 cam** ⊑ 115/190 – ½ P sup. 25.

FILISUR 7477 Graubünden (GR) 218 ⑤ – 450 Ew. – Höhe 1 084 – ⊕ 081.

◆Bern 290 – ◆Chur 49 – ◆Davos 32 – St. Moritz 44.

🚡 **Rätia** 🦢, ℰ 72 11 05 (ab 04/96 : 404 11 05), Fax 72 23 53 (ab 04/96 : 404 23 53),
⬥ ⤵, 屛 – 🕿 🅿. 🖭 🗲 𝘝𝘐𝘚𝘈. 🍴 Rest
30. April - 15. Mai und Mitte Okt. - Mitte Nov. geschl. – **Menu** (in der Zwischensa
Montag geschl.) 16 und à la carte 31/62, Kinder 11 – **15 Zim** ⊑ 70/130 – ½ P Zus
25.

FILZBACH 8876 Glarus (GL) 216 ⑳ – 514 Ew. – Höhe 707 – ⊕ 058 (ab 03/96 : 0⟨

◆Bern 195 – ◆St. Gallen 71 – Altdorf 86 – ◆Luzern 96 – Vaduz 47 – ◆Zürich 70.

🏨 **Römerturm,** ℰ 32 17 81 (ab 03/96 : 614 17 81), Fax 32 19 13 (ab 03/96 : 617 19
≤ Walensee, 佘, ⊆s – 韜 🖳 Rest 🖭 🕿 🅿 – 🔬 25/100. 🖭 🗲 𝘝𝘐𝘚𝘈
Menu 38 - 45 (mittags) und à la carte 50/102 – **35 Zim** ⊑ 150/210, 3 Suiten –
Zuschl. 45.

🏠 **Rössli,** ℰ 32 18 32 (ab 03/96 : 614 18 32), Fax 32 17 40 (ab 03/96 : 614 17
⬥ ≤ Churfirsten, 佘 – 韜 🕿 & 🅿 – 🔬 25/100. 🖭 ⓪ 🗲 𝘝𝘐𝘚𝘈 𝘑𝘊𝘉
Montag, 1. - 22. Feb. und 30. Mai - 20. Juni geschl. – **Menu** 20 und à la carte 43/
Kinder 9.50 – **23 Zim** ⊑ 95/170 – ½ P Zuschl. 55.

ꞁLISBACH **5442** Aargau (AG) 216 ⑰ – 4 439 Ew. – Höhe 429 – ☎ 056.

ꞁrn 105 – ◆Aarau 26 – ◆Baden 6 – ◆Luzern 61 – ◆Zürich 28.

Linde, ☎ 493 12 80, Fax 493 27 33, ⛱, ⛵, 🌳 – ⇄ Zim 📺 ☎ 🅟. AE ⓓ E VISA. ✻ Zim – *15. - 28. Feb. und 1. - 30. Juli geschl.* – **Menu** *(Mittwoch geschl.) 28* - 65 und à la carte 44/82 – **26 Zim** 🛏 100/200.

AACH **8416** Zürich (ZH) 216 ⑦ ⑧ – 1 023 Ew. – Höhe 362 – ☎ 052.

ꞁn 161 – ◆Zürich 40 – ◆Baden 59 – ◆Schaffhausen 22 – ◆Winterthur 21.

Sternen, ☎ 42 13 13 (ab 03/96 : 318 13 13), Fax 42 21 40 (ab 03/96 : 318 21 40), ⛱ – 🅟. AE ⓓ E VISA – *Dienstag (ausser vom 1. Mai - 20. Juni), Montag, Mitte Jan. - Mitte Feb. und 23. Juni - 9. Juli geschl.* – **Menu** *24* - 55/75 und à la carte 42/94.

Ziegelhütte, ☎ 42 15 21 (ab 03/96 : 318 15 21), ⛱ – 🅟
Mittwoch (ausser Mai - Juni), Dienstag, 20. Dez. - 9. Jan. und 20. Juli - 13. Aug. geschl. – **Menu** *30* und à la carte 41/85.

AMATT **3175** Freiburg (FR) 217 ⑥ – Höhe 532 – ☎ 031.

ꞁn 18 – ◆Biel 54 – ◆Fribourg 20 – ◆Neuchâtel 57 – ◆Thun 48.

Moléson mit Zim, ☎ 741 02 40, Fax 741 33 76, ⛱ – 📺 🅟. AE ⓓ E VISA
Sonntag - Montag geschl. – **Menu** *20* - 59 und à la carte 37/75, Kinder 15 – **7 Zim** 🛏 80/140 – ½ P Zuschl. 20.

ÄSCH **7306** Graubünden (GR) 218 ④ – 442 Ew. – Höhe 516 – ☎ 081.

ꞁrn 223 – ◆Chur 39 – ◆St. Gallen 73 – Ragaz, Bad 15 – ◆Davos 74.

✿ **Zur Mühle** (Blum), Richtung Maienfeld : 1 km, ☎ 302 10 54, Fax 302 71 58, ⛱, In der Nähe der Rebberge – 🅟. AE E VISA. ✻
Sonntag - Montag, 1. - 22. Jan. und 27. Juli - 12. Aug. geschl. – **Menu** *36* - 49 (mittags)/99 und à la carte 62/112
Spez. Gänseleber mit Birnenravioli. Sauerbraten von der Rindsbacke. Fläscher Capuns.

Adler, ☎ 302 61 64, Fax 302 73 29, ⛱, « Rustikale Einrichtung » – E VISA. ✻
Mittwoch - Donnerstag und 1. - 25. Feb. geschl. – **Menu** - Bündner Spezialitäten - *28* - 48 und à la carte 54/88.

AWIL **9230** St. Gallen (SG) 216 ⑳ – 9 217 Ew. – Höhe 611 – ☎ 071.

ꞁrn 194 – ◆St. Gallen 16 – Bregenz 53 – ◆Winterthur 45.

Toggenburg, St. Gallerstr. 2, ☎ 83 55 66 (ab 03/96 : 393 55 66), Fax 83 55 70 (ab 03/96 : 393 55 70) – 📺 video ☎. AE ⓓ E VISA
1. - 15. Aug. geschl. – **Menu** *18* - 38 und à la carte 34/74, Kinder 12 – **25 Zim** 🛏 86/160 – ½ P Zuschl. 20.

IMS Graubünden (GR) 218 ③ – 2 352 Ew. – Wintersport : 1 103/3 018 m 🚡3 ⛷9 ⛷ ☎ 081.

ꞁenswert : Cassons Grat★★ – Crap Masegn★.

ꞁale Veranstaltung

ꞁang Okt. : Internationale alpine Heissluftballonwoche Flims.

ꞁur- und Verkehrsverein, ☎ 39 10 22 (ab 04/96 : 920 92 00), Fax 39 43 08 (ab 04/96 : 92 01).

ꞁrn 239 – ◆Chur 22 – Andermatt 67 – ◆Bellinzona 118.

Flims-Dorf **7017** – Höhe 1 070.

Crap Ner, ☎ 39 26 26 (ab 04/96 : 911 26 26), Fax 39 26 75 (ab 04/96 : 911 26 75), ⩽, ⛱, ⛲, 🏊 – 🛗 ▤ Rest 📺 ☎ 🚗 🅟. AE ⓓ E VISA
Mai und Nov geschl. – **Menu** *18* und à la carte 35/105 – **42 Zim** 🛏 180/310 – ½ P Zuschl. 35.

Curtgin, ☎ 39 35 66 (ab 04/96 : 911 35 66), Fax 39 34 55 (ab 04/96 : 911 34 55), ⩽, ⛲, 🌳 – 🛗 📺 ☎ 🚗. ✻ Rest
Mai und Nov. geschl. – **Menu** *(nur ½ Pens. für Hotelgäste) (mittags geschl.)* – **25 Zim** 🛏 120/224 – ½ P Zuschl. 22.

Vorab, ☎ 39 18 61 (ab 04/96 : 911 18 61), Fax 39 42 29 (ab 04/96 : 911 42 29), ⩽, ⛱ – 🛗 ☎ 🚗 🅟. E VISA JCB
22. Okt. - 10. Dez. geschl. – **Menu** *(von April - Juni Dienstag geschl.) 17.50* und à la carte 33/96, Kinder 7.50 – **35 Zim** 🛏 105/190 – ½ P Zuschl. 25.

in Fidaz Nord : 1 km – ⊠ 7019 Fidaz – 🔾 081 :

XX **Fidazerhof** mit Zim, 🏖 39 35 03 (ab 04/96 : 911 35 03), Fax 39 21 75 (ab 04/9 911 21 75), ≤ Flimsertal, 🏠 – ☎ 🚗 🅿. 🖭 ⑩ Ε 𝘝𝘐𝘚𝘈
Menu *(von Mitte April - Mitte Dez. Montag und von Ende Okt. - Mitte Dez. a Dienstag geschl.)* 25 - 32/55 und à la carte 32/80, Kinder 15 – **14 Zim** ⊊ 150/: – ½ P Zuschl. 30.

Flims-Waldhaus 7018 – Höhe 1 103.

🏨 **Park Hotels Waldhaus** 🦢, 🏖 39 01 81 (ab 04/96 : 911 01 81), Telex 851⁹ Fax 39 28 04 (ab 04/96 : 911 28 04), 🏠, « Elegante Hotelanlage in einem gros Park », ≦s, 🔼, 🔟, ✗ – 🛗 🖵 ☎ ⸸ 🚗 🅿 – 🏛 25/280. 🖭 ⑩ Ε 🄸 ✗ Rest
Mitte Dez. - Mitte April und Juni - Ende Okt. – **La Cena** - italienische Küche - **M** à la carte 47/104 – **150 Zim** ⊊ 230/570, 10 Suiten – ½ P Zuschl. 30.

🏨 **Schweizerhof,** 🏖 39 12 12 (ab 04/96 : 911 12 12), Fax 39 31 76 (ab 04/9 911 31 76), ≤, 🏠, ≦s, 🔟, 🌤, ✗ – 🛗 🖵 ☎ 🅿. Ε 𝘝𝘐𝘚𝘈. ✗ Rest
10. April - 10. Juni und Okt. - Nov. geschl. – **Menu** 50/70 und à la carte 46/8 **47 Zim** ⊊ 140/360, 3 Suiten – ½ P Zuschl. 40.

🏨 **Adula,** 🏖 39 01 61 (ab 04/96 : 911 01 61), Fax 39 43 15 (ab 04/96 : 911 43 15), ≦s, 🔟, ✗ – 🛗 🖵 ☎ 🚗 🅿 – 🏛 25/90. 🖭 ⑩ Ε 𝘝𝘐𝘚𝘈. ✗ Rest
15. Okt. - 20. Dez. geschl. – **Barga** *(Montag, 10. April - 25. Juni und 8. O 20. Dez. geschl.) (nur Abendessen)* **Menu** 54/95 und à la carte 66/104 – **La Cl Menu** 20 - 28 (mittags)/75 und à la carte 36/81 – **99 Zim** ⊊ 230/430 – ½ P Zus 25.

🏨 **Sunstar Surselva** 🦢, 🏖 39 11 21 (ab 04/96 : 911 11 21), Fax 39 36 09 (ab 04/ 911 36 09), ≦s, 🌤 – 🛗 🖵 ☎ 🅿 🖭 ⑩ Ε 𝘝𝘐𝘚𝘈. ✗
Mitte Dez. - Mitte Mai und Mitte Mai - Anfang Okt. – **Menu** 45 und à la carte 50, – **82 Zim** ⊊ 160/320 – ½ P Zuschl. 25.

🏨 **des Alpes,** 🏖 39 01 01 (ab 04/96 : 911 01 01), Fax 39 31 93 (ab 04/96 : 911 31 🏠, ≦s, 🔟, 🌤 – 🛗 🖵 ☎ 🚗 🅿 – 🏛 60. 🖭 ⑩ Ε 𝘝𝘐𝘚𝘈. ✗ Rest
20. Dez. - 14. April und 21. Mai - 14. Okt. – **Menu** 20 - 30/50 und à la carte 34, – **80 Zim** ⊊ 160/270 – ½ P Zuschl. 45.

🏨 **Arvenhotel Waldeck,** 🏖 39 12 28 (ab 04/96 : 911 12 28), Fax 39 43 84 (ab 04/ 911 43 84), 🏠 – 🛗 ☎ 🅿. Ε 𝘝𝘐𝘚𝘈
1. Dez. - 12. April und 22. Mai - 23. Okt. – **Menu** *(Dienstag mittags Montag geschl.)* 22 und à la carte 40/89, Kinder 8 – **29 Zim** ⊊ 110/220 – ⅟ Zuschl. 18.

🏨 **Surpunt** 🦢, 🏖 39 11 69 (ab 04/96 : 911 11 69), Fax 39 38 17 (ab 04/96 : 911 38 ≤, 🏠, ≦s, 🌤 – ☎ 🅿. Ε 𝘝𝘐𝘚𝘈. ✗ Rest
16. Dez. - 13. April und 1. Juni - 19. Okt. – **Menu** *(im Sommer Diens geschl.)* 16.50 - 50 und à la carte 40/96, Kinder 9 – **27 Zim** ⊊ 120/220 – ⅟ Zuschl. 25.

🏨 **Mira Val,** 🏖 39 29 57 (ab 04/96 : 911 12 50), Fax 39 28 10 (ab 04/96 : 911 28 10' Flimserstein, 🌤 – 🛗 🖵 ☎ 🚗 🅿. Ε 𝘝𝘐𝘚𝘈. ✗ Rest
Anfang Dez. - Mitte April und Mitte Mai - Mitte Okt. – **Menu** *(nur ½ Pens. für Ho gäste) (mittags geschl.)* – **24 Zim** ⊊ 95/180 – ½ P Zuschl. 30.

🏨 **Cresta,** 🏖 39 35 35 (ab 04/96 : 911 35 35), Fax 39 35 34 (ab 04/96 : 911 35 34) Flimserstein, 🌤 – 🛗 🖵 ☎ 🚗 🅿. Ε 𝘝𝘐𝘚𝘈. ✗ Rest
19. Dez. - 19. April und 5. Juni - 9. Okt. – **Menu** *(nur für Hotelgäste)* 16 - 35 – **45** ⊊ 100/200 – ½ P Zuschl. 20.

🏨 **National,** 🏖 39 39 23 (ab 04/96 : 911 39 23), Fax 39 24 20 (ab 04/96 : 911 24 2 🛗 ☎ 🅿. 🖭 Ε 𝘝𝘐𝘚𝘈
8. April - 16. Mai geschl. – **Flimserstübli** - Fischspezialitäten - *(Dienstag mittags Montag geschl.)* **Menu** 18 - 75 und à la carte 42/85 – **26 Zim** ⊊ 100/210 – ½ P Zus 35.

FLIMS-WALDHAUS Graubünden 🄸🄸🄸 ③ – siehe Flims.

ÜELEN **6454** Uri (UR) 下18 ① – 1 692 Ew. – Höhe 436 – ✪ 044 (ab 03/96 : 041).

rn 152 – ◆Luzern 39 – Altdorf 3 – Andermatt 25 – ◆Schwyz 16.

Sternen, Axenstr. 6, ℰ 2 18 35 (ab 03/96 : 875 03 03), Fax 2 80 42 (ab 03/96 : 875 03 05), 佘 – 劇 ⊡ ☎ – 益 25. 歴 ⓞ Ε 返 还
29. Jan. - 28. Feb. geschl. – **Menu** - Fischspezialitäten - *32* - 48/89 und à la carte 54/103 – **19 Zim** 立 140/210 – ½ P Zuschl. 40.

Flüelerhof, Axenstr. 38, ℰ 2 11 49 (ab 03/96 : 871 14 71), Fax 2 00 14 (ab 03/96 : 870 00 14), ≼, 佘 – ⊡ ☎ ⓟ. 歴 ⓞ Ε 返 还
März - Nov. – **Menu** à la carte 33/72, Kinder 12 – 立 9 – **24 Zim** 89/160 – ½ P Zuschl. 45.

ÜH **4112** Solothurn (SO) 下16 ④ – Höhe 381 – ✪ 061.

rn 114 – ◆Basel 11 – ◆Biel 87 – ◆Delémont 36 – Mulhouse 41 – ◆Olten 60.

Martin, ℰ 731 10 02, 佘 – ⓟ. 歴 Ε 返
Sonntag - Montag, 18. Feb. - 4. März und 29. Sept. - 14. Okt. geschl. – **Menu** *30* - 48 (mittags)/99 und à la carte 70/125.

Zur Säge, ℰ 731 15 77, Fax 731 14 63, 佘 – ⓟ. 歴 Ε
Montag - Dienstag, 1. - 10. Jan. und 15. Juli - 4. Aug. geschl. – **Menu** 42 (mittags)/96 und à la carte 68/105.

UMSERBERG TANNENBODENALP **8898** St.Gallen (SG) 下16 ㉑ – 790 Ew. – Höhe 1 342 Wintersport : 1 390/2 222 m ≼4 ≼14 ⚹ – ✪ 081.

Verkehrsbüro ℰ 733 32 32, Fax 733 32 37.

rn 207 – ◆St. Gallen 83 – ◆Chur 58 – Vaduz 44 – ◆Zürich 82.

Gamperdon, ℰ 733 16 21, Fax 733 38 44, ≼ Churfirsten, 佘 – ↔ Rest ⊡ ☎ ⓟ. 歴 ⓞ Ε 返. ⛟ Rest
15. April - 25. Mai geschl. – **Menu** 25 und à la carte 34/76, Kinder 11 – **28 Zim** 立 105/195 – ½ P Zuschl. 20.

Tannenboden garni, ℰ 733 11 22, Fax 733 24 58, ≼ Churfirsten, ⊜ – 劇 ⊡ ⓟ. 歴 Ε 返. ⛟
7. Dez. - 12. Mai und 21. Juni - 20. Okt. – **20 Zim** 立 90/190.

in Flumserberg Tannenheim Süd-Ost : 1,5 km – ✉ 8897 Flumserberg Tannenheim – ✪ 081 :

Gauenpark, ℰ 733 31 31, Fax 733 31 21, ≼ Churfirsten, 佘, ㉝, ⊜ – 劇 ⊡ ☎ ⇦. 歴 Ε 返. ⛟ Rest
Gauenstube : **Menu** 44 und à la carte 37/86, Kinder 12.50 – *Pasteria :* **Menu** à la carte 30/76 – **31 Zim** 立 150/250 – ½ P Zuschl. 30.

Cafrida ⊗ mit Zim, ℰ 733 11 93, Fax 733 15 55, ≼ Churfristen und Alvierketten, 佘 – ⊡ ☎ ⓟ. 歴 ⓞ Ε 返
Dez. - April und Juli - Mitte Okt. geöffnet ; Dienstag und in der Zwischensaison auch Montag geschl. – *Stübli (nur Abendessen)* (Tischbestellung erforderlich) **Menu** 110 und à la carte 47/101 – *Tagesrestaurant :* **Menu** 19 - 48 (mittags)/56 und à la carte 41/84 – **10 Zim** 立 138/236 – ½ P Zuschl. 35.

ORCH **8127** Zürich (ZH) 下16 ⑲ – Höhe 689 – ✪ 01.

rn 139 – ◆Zürich 14 – Rapperswil 24 – ◆Winterthur 42.

Wassberg ⊗, Wassbergstr. 62, ℰ 980 43 00, Fax 980 43 03, ≼ See, 佘 – 劇 ⊡ video ☎ ⓟ – 益 30. 歴 ⓞ Ε 返
20. Dez. - 6. Jan. geschl. – **Menu** - italienische Küche - *(von Nov. - April Mittwoch geschl.)* 23 und à la carte 30/86, Kinder 14 – **17 Zim** 立 148/250 – ½ P Zuschl. 35.

FOULY **1944** Valais (VS) 下19 ② – alt. 1 605 – ✪ 026.

rn 159 – ◆Martigny 32 – Aosta 65 – Chamonix-Mont-Blanc 70.

Edelweiss, ℰ 83 26 21, Fax 83 28 20, ≼ glacier de l'A Neuvaz, 佘, ⊜, 禾, ⛟ – 劇 ⊡ ⓟ. 歴 Ε 返
fermé lundi hors saison – **Repas** 17 et à la carte 38/79, enf. 14 – **21 ch** 立 64/128 – ½ P suppl. 35.

FRAUBRUNNEN 3312 Bern (BE) 216 ⑮ – 1 488 Ew. – Höhe 496 – ⊕ 031.
◆Bern 19 – ◆Biel 37 – Burgdorf 20 – ◆Olten 50 – ◆Solothurn 16.

XX **Zum Brunnen,** Bernstr. 6, ℘ 767 72 16, Fax 767 82 98, 🦓 – **Ⓟ**. AE E VISA. 🦓
Montag - Dienstag, 3. - 23. Jan. und 17. Juli - 6. Aug. geschl. – **Menu** 24 - 65/98 ⅼ
à la carte 58/100.

FRAUENFELD 8500 K Thurgau (TG) 216 ⑧ ⑨ – 20 262 Ew. – Höhe 408
⊕ 054 (ab 03/96 : 052).

Lokale Veranstaltung
23.08 - 25.08 : 750 Jahre Frauenfeld, Jubiläumsfest.

🔋 Städtisches Verkehrsbüro, Bahnhof SBB, ℘ 21 31 28 (ab 03/96 : 721 31 :
Fax 22 10 64 (ab 03/96 : 722 10 64).

◆Bern 167 – ◆Zürich 46 – Konstanz 30 – ◆St. Gallen 47 – ◆Schaffhausen 29 – ◆Winterthur

🏠 **Blumenstein,** Bahnhofplatz, ℘ 21 47 28 (ab 03/96 : 721 47 28), Fax 21 91 35
➡ 03/96 : 721 91 35) – 📶 TV ☎. AE ⓞ E VISA
Menu 15.50 – **29 Zim** ☞ 100/170.

XX **Zum Goldenen Kreuz** mit Zim, Zürcherstr. 134, ℘ 720 11 10, Fax 722 45 94,
« Holztäfelungen aus dem 17. Jh. » – 📶 TV ☎. AE E VISA
Sonntag abends (ausser Hotel), Montag und 21. Juli - 7. Aug. geschl. – **Menu**
39 (mittags)/80 und à la carte 37/86 – **6 Zim** ☞ 90/150.

XX **Roter Ochsen,** Zürcherstr. 224, ℘ 21 12 57 (ab 03/96 : 721 12 57) – AE ⓞ E
Freitag mittags, Donnerstag und Juli - Aug. 4 Wochen geschl. – **Menu** (Tisch
stellung ratsam) 27 - 39 (mittags)/86 und à la carte 34/90.

in Erzenholz West : 4 km Richtung Schaffhausen – ✉ 8500 Frauenfel(
⊕ 054 (ab 03/96 : 052) :

XX **Zur Hoffnung,** Schaffhauserstr. 266, ℘ 720 77 22, Fax 720 77 49, 🦓 – **Ⓟ**. AE E
Montag - Dienstag, 1. - 15. Feb. und ab Ende Juli 3 Wochen geschl. – **Menu** 28 -
und à la carte 41/92.

FRENKENDORF 4402 Basel-Landschaft (BL) 216 ④ – 5 661 Ew. – Höhe 311 – ⊕ 0
◆Bern 85 – ◆Basel 17 – ◆Aarau 44 – ◆Delémont 53 – ◆Olten 31.

XX **Wilden Mann** mit Zim, Schulstr. 1, ℘ 901 57 17, Fax 901 58 56, ≤, 🦓 – TV ☎
➡ – 🛁 25/150. AE E VISA
Menu *(Dienstag abends - Mittwoch geschl.)* 17 - 80 und à la carte 50/91 – **9 :**
☞ 130/180 – ½ P Zuschl. 35.

Fribourg *(Freiburg)*

1700 Ⓒ Fribourg (FR) 𝟮𝟭𝟳 ⑤ – 32 703 h. – alt. 640 – ☻ 037

Voir : Site★★ – Vieille ville★ – Ville haute★ : Hôtel de ville★ CY **H** ; cathédrale
St-Nicolas★ DY : tympan★★, stalles★ – église des Cordeliers CY **H** : triptyque★,
retable★★, stalles★.

Musée : Art et Histoire★ CY : groupe de 14 statues★.

Environs : Barrage de Rossens★ Sud : 15 km par ③.

🛫 à Pont-la-Ville, ✉ 1649 (mars-déc.) ℰ 33 91 11, Fax 33 92 20, Sud : 17 km
par rte de Bulle.
🛫 à Wallenried, ✉ 1784, ℰ 34 36 06, Fax 34 36 10, Nord : 10 km par
rte de Morat.

🛈 Office du Tourisme, 1 av. de la Gare, ℰ 81 31 75, Fax 22 35 27
❀ 21 r. de l'Hôpital, ℰ 22 49 02, Fax 22 10 03
◉ 10 av. Beauregard, ℰ 24 28 28, Fax 24 70 76.

Manifestations locales

03.03 – 10.03 : Festival international de Films de Fribourg
17.07 – 28.07 : Festival de Jazz
27.08 – 01.09 : Rencontres folkloriques internationales

◆Bern 34 ① – ◆Neuchatel 44 ③ – ◆Biel 50 ① – ◆Lausanne 71 ④ – ◆Montreux 61 ④.

Au Parc Hotel Ⓜ, 37 rte de Villars, 𝄞 82 11 11, Fax 24 25 26, 😊, ⌂ – |⌘| ⁕ ch
▤ rest 📺 video ☎ ⇔ Ⓟ – 🏛 25/130. 🖭 ⓪ Ⓔ 𝓥𝓘𝓢𝓐 ᴊᴄʙ   AX **m**
La Coupole : **Repas** 48 (midi) et à la carte 44/100 – *La Terrasse* (brasserie) **Repas** *17-*
31 (midi) et à la carte 32/69 – **71 ch** ⊑ 200/270 – ½ P suppl. 30.

Eurotel, 14 Grand-Places, 𝄞 81 31 31, Fax 23 29 42, ≼, 😊 – |⌘| ⁕ ch 📺 video ☎
⇔ – 🏛 25/400. 🖭 ⓪ Ⓔ 𝓥𝓘𝓢𝓐   CY **e**
Repas *15* - 20 (midi) et à la carte 33/82 – **131 ch** ⊑ 135/260 – ½ P suppl. 25.

Rose sans rest, 1 r. de Morat, 𝄞 81 12 70, Fax 22 35 66 – |⌘| ⁕ 📺 video ☎ – 🏛 45.
🖭 ⓪ Ⓔ 𝓥𝓘𝓢𝓐 ᴊᴄʙ   CY **k**
40 ch ⊑ 145/240.

Duc Berthold, 5 r. des Bouchers, 𝄞 81 11 21, Fax 23 15 87, 😊 – |⌘| 📺 ☎. 🖭 ⓪
Ⓔ 𝓥𝓘𝓢𝓐   DY **c**
La Marmite (fermé sam. midi et dim.) **Repas** 46 (midi)/92 et à la carte 59/84 –
L'Escargot (brasserie) **Repas** *17*- 46 et à la carte 38/62 – **36 ch** ⊑ 160/240.

Alpha sans rest, 13 r. du Simplon (2ᵉ étage), 𝄞 22 72 72, Fax 23 10 00 – |⌘| 📺 ☎. 🖭
⓪ Ⓔ 𝓥𝓘𝓢𝓐   CZ **n**
fermé 24 déc. au 3 janv. – **27 ch** ⊑ 120/190.

Aub. de Zaehringen, 13 r. de Zaehringen, 𝄞 22 42 36, Fax 22 69 08, ≼,
« Belle maison du vieux Fribourg dominant la Sarine » – 🏛 25/60. Ⓔ 𝓥𝓘𝓢𝓐
✻   DY **a**
La Galerie (fermé 8 juil. au 12 août, dim. soir et lundi) **Repas** 45 (midi)/106 et
à la carte 65/103, enf. 12 – *La Brasserie :* **Repas** *17.50* - 44 et à la carte 30/74,
enf. 12.

L'Aigle Noir, 58 r. des Alpes, 𝄞 22 49 77, Fax 22 49 88, ≼, 😊, « Maison bourgeoise
du 17ᵉ siècle » – 🏛 25. 🖭 ⓪ Ⓔ 𝓥𝓘𝓢𝓐   CY **s**
fermé 24 déc au 16 janv., dim. et lundi sauf fériés – **Repas** *17*- 40 (midi)/76 et à
la carte 48/90.

Raisin d'Or, 1 impasse des Églantines, 𝄞 28 26 73 – Ⓟ. 🖭 ⓪ Ⓔ 𝓥𝓘𝓢𝓐.   DY **b**
fermé 11 au 19 fév., 4 au 18 août, dim. et lundi (sauf fériés) – **Repas** *17*- 46/94
et à la carte 64/117.

La Fleur-de-Lys, 18 r. des Forgerons, 𝄞 22 79 61, Fax 22 82 30 – 🖭 ⓪ Ⓔ 𝓥𝓘𝓢𝓐
✻   DY **f**
fermé Noël, 16 au 24 fév., 27 juil. au 20 août, dim. et lundi – **Repas** *25* - 45 et à la
carte 58/99.

Rest. Français du Buffet de la Gare, pl. de la Gare (1ᵉʳ étage), 𝄞 22 28 16,
Fax 23 27 45 – 🖭 ⓪ Ⓔ 𝓥𝓘𝓢𝓐. ✻   CY **z**
fermé mi-juil. à mi-août et dim. – **Repas** *25* - 41/90 et à la carte 32/64.

Aub. du Chasseur, 10 r. de Lausanne, 𝄞 22 56 98 – 🖭 ⓪ Ⓔ 𝓥𝓘𝓢𝓐   CY **x**
fermé 1ᵉʳ au 19 août et lundi – **Repas** - fondue et raclette - *14* et à la carte environ
35.

à Bourguillon Sud-Est : 2 km - BX – ⊠ 1722 Bourguillon – 🕿 037 :

Les Trois Tours, 𝄞 22 30 69, Fax 22 42 88, 😊, Maison du 19ᵉ siècle – Ⓟ. 🖭 ⓪
Ⓔ 𝓥𝓘𝓢𝓐   BX **e**
fermé 1ᵉʳ au 15 janv., dim. soir et lundi – **Repas** *15* - 45/55 et à la carte 30/74, enf. 8.

à Marly Sud : par rte de Marly - BX : 4 km – ⊠ 1723 Marly – 🕿 037 :

du Grand Pré sans rest, impasse du Nouveau-Marché, 𝄞 46 50 60, Fax 46 21 50 –
|⌘| 📺 ☎ ⇔ Ⓟ. 🖭 ⓪ Ⓔ 𝓥𝓘𝓢𝓐
fermé Noël à Nouvel An – **22 ch** ⊑ 120/180.

Le Montivert, 39 rte de Bourguillon, 𝄞 46 18 35, Fax 46 22 15 – Ⓟ. 🖭 Ⓔ 𝓥𝓘𝓢𝓐.
✻
fermé 2 au 15 janv., 2 au 22 juil., dim. et lundi – **Repas** 50 (midi)/100 et à la carte
59/95 – *Café :* **Repas** *17* et à la carte 40/74.

Le Centre, 1 r. Pralettes (centre commercial), 𝄞 46 33 55, Fax 46 33 56, 😊 – Ⓟ. Ⓔ
𝓥𝓘𝓢𝓐. ✻
fermé 22 juil. au 18 août, sam. soir et dim. – **Repas** *15* - 45/65 et à la carte 38/68.

de la Gérine, 18 rte de la Gruyère, 𝄞 46 15 38, Fax 46 33 51 – Ⓟ. Ⓔ 𝓥𝓘𝓢𝓐
fermé août, lundi soir et dim. – **Repas** *15* - 50/75 et à la carte 50/95.

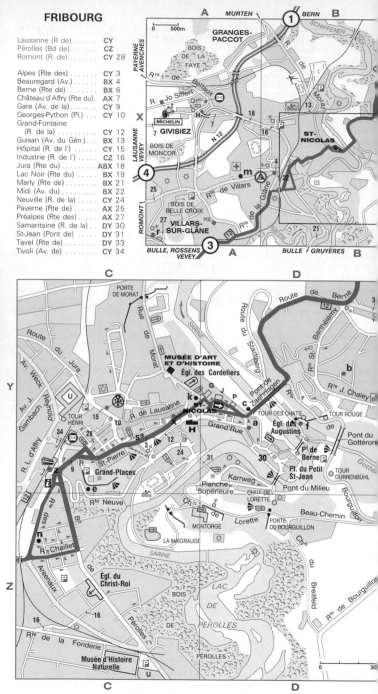

FRIBOURG

Lausanne (R de) ...... **CY**
Pérolles (Bd de) ...... **CZ**
Romont (R. de) ...... **CY 28**

Alpes (Rte des) ...... **CY 3**
Beauregard (Av.) ...... **BX 4**
Berne (Rte de) ...... **BX 6**
Château d'Affry (Rte du). **AX 7**
Gare (Av. de la) ...... **CY 9**
Georges-Python (Pl.) ... **CY 10**
Grand-Fontaine
  (R. de la) ...... **CY 12**
Guisan (Av. du Gén.)... **BX 13**
Hôpital (R. de l') ...... **CY 15**
Industrie (R. de l') ...... **CZ 16**
Jura (Rte du) ...... **ABX 18**
Lac Noir (Rte du) ...... **BX 19**
Marly (Rte de) ...... **BX 21**
Midi (Av. du) ...... **BX 22**
Neuville (R. de la) ...... **CY 24**
Payerne (Rte de) ...... **AX 25**
Préalpes (Rte des) ...... **AX 27**
Samaritaine (R. de la) .. **DY 30**
St-Jean (Pont de) ...... **DY 31**
Tavel (Rte de) ...... **DY 33**
Tivoli (Av. de) ...... **CY 34**

à Villars-sur-Glâne par rte de Romont : 4 km - AX – ⊠ 1752 Villars-sur-Glâne – ✪ 037 :

Le Grondin, 1 rte des Préalpes (gare), ℰ 41 19 19, Fax 42 79 98, 🍽 – **ℙ**. 🕮 ⑩ 🗲 𝗩𝗜𝗦𝗔. 🦀 AX **r**
fermé 2 sem. début août, sam. midi et dim. – **Repas** 72/99 et à la carte 58/100.

à Matran par ③ et rte de Romont : 6 km – ⊠ 1753 Matran – ✪ 037 :

Tilleul avec ch, rte de l'Eglise, ℰ 42 17 45, 🍽 – **ℙ**. 🗲 𝗩𝗜𝗦𝗔. 🦀
fermé 11 au 29 fév., 1ᵉʳ au 17 août, mardi soir et merc. – **Repas** 15 - 54 et à la carte 48/76, enf. 15 – **6 ch** ⊆ 65/130.

·iété Anonyme des Pneumatiques MICHELIN 36 rte Jo Siffert – ⊠ 1762 Givisiez, ·037) 83 71 11, Fax (037) 26 16 74 - AX

UTHWILEN 8559 Thurgau (TG) 🗵🗵🗵 ⑨ – Höhe 513 – ✪ 072 (ab 03/96 : 071).
·n 199 - ◆St. Gallen 48 - ◆Frauenfeld 32 - Konstanz 13 - ◆Schaffhausen 41 - ◆Winterthur 49.

Haldenhof mit Zim, ℰ 64 19 64 (ab 03/96 : 644 19 64), Fax 64 19 44 (ab 03/96 : 644 19 44), ⩽ Bodensee, 🍽, 🌳 – 📺 ☎ **ℙ**. 🗲 𝗩𝗜𝗦𝗔
Dienstag und 23. Jan. - 27. Feb. geschl. – **Menu** 70 und à la carte 41/104, Kinder 13 – **5 Zim** ⊆ 100/160.

·UTIGEN 3714 Bern (BE) 🗵🗵🗵 ⑦ – 6 486 Ew. – Höhe 800 – Wintersport : 779/2 100 m 🚡6 🎿 – ✪ 033.
·ur- und Verkehrsverein, Dorfstr. 18, ℰ 71 14 21, Fax 71 54 21.
·n 54 - Interlaken 33 - Adelboden 16 - Gstaad 65.

Rustica, Ausfahrt Frutigen Nord, ℰ 71 30 71, Fax 71 50 90, 🍽 – ☎ **ℙ**. 🕮 ⑩ 🗲 𝗩𝗜𝗦𝗔
Dienstag, 9. - 24. April und Nov. geschl. – **Menu** 22 - 37 und à la carte 31/79, Kinder 9 – **24 Zim** ⊆ 68/150 – ½ P Zuschl. 23.

National, Obere Bahnhofstrasse, ℰ 71 16 16, Fax 71 40 15, ⩽, 🍽 – 🕮 🗲 𝗩𝗜𝗦𝗔
Mittwoch und Nov. geschl. – **Menu** 18 und à la carte 37/63 – **20 Zim** ⊆ 75/150 – ½ P Zuschl. 22.

·AN 7551 Graubünden (GR) 🗵🗵🗵 ⑦ – 408 Ew. – Höhe 1 648 – Wintersport : ·0/2 391 m 🚡3 – ✪ 081.
·erkehrsbüro, ℰ 864 05 57.
·n 332 - Scuol 8 - ◆Davos 57 - St. Moritz 65.

·🏵 Haus Paradies (Hitzberger) 🦌, ℰ 864 13 25, Fax 864 17 74, ⩽ Inntal und Lischanagruppe, 🍽, ⇖, 🌳 – 📺 ☎ 🅿 ⇐ **ℙ**. 🕮 🗲 𝗩𝗜𝗦𝗔. 🦀 Rest
15. Dez. - 15. März und 1. Juli - 20. Okt. – **Menu** (Tischbestellung ratsam) 58 (mittags) und à la carte 76/134 – **17 Zim** ⊆ 220/410, 5 Suiten – ½ P Zuschl. 40
Spez. Aufgeschlagene Minestrone mit Hummer. Ftaner Lammrücken an Aceto-Balsamicojus und Olivengnocchi. Griessknödel mit Zwetschgenröster und Zwetschgenglace.

Engiadina 🦌, ℰ 864 04 34, Fax 864 86 49, ⩽, 🍽, 🌳 – 📺 ☎ **ℙ**. 🗲 𝗩𝗜𝗦𝗔
17. Dez. - 29. April und 9. Juni - 2. Nov. – **Menu** 31 - 38/56 und à la carte 33/121, Kinder 13 – **14 Zim** ⊆ 112/194 – ½ P Zuschl. 34.

·LDERA 7533 Graubünden (GR) 🗵🗵🗵 ⑰ – 119 Ew. – Höhe 1 641 – ✪ 082 (ab 04/96 : ·).
·n 344 - Scuol 60 - ◆Davos 68 - Merano 73 - St. Anton am Arlberg 117.

Staila, ℰ 8 51 60 (ab 04/96 : 858 51 60), Fax 8 50 21 (ab 04/96 : 858 50 21), ⩽, ⇖ – ☎ ⇐ **ℙ**. 🕮 ⑩ 🗲 𝗩𝗜𝗦𝗔
15. April - 10. Mai und 4. - 12. Nov. geschl. – **Menu** (in der Zwischensaison Montag geschl.) 26 - 48 und à la carte 30/82 – **17 Zim** ⊆ 92/150 – ½ P Zuschl. 30.

·LLY 1926 Valais (VS) 🗵🗵🗵 ⑮ – 5 353 h. – alt. 465 – ✪ 026.
·n 134 - ◆Martigny 7 - ◆Montreux 50 - ◆Sion 26.

Fully, ℰ 46 13 59, Fax 46 41 33 – 🛗 ▤ rest 📺 ☎ **ℙ**. 🕮 🗲 𝗩𝗜𝗦𝗔. 🦀 rest
Repas (fermé dim. soir et lundi) 18 - 45/78 et à la carte 43/73, enf. 10 – **22 ch** ⊆ 85/160 – ½ P suppl. 25.

FÜRIGEN Nidwalden 217 ⑨ – siehe Stansstad.

FUSIO **6696** Ticino (TI) 218 ⑪ – 61 ab. – alt. 1 281 – 🕿 091.
◆Bern 311 – Andermatt 148 – ◆Bellinzona 65 – ◆Locarno 45.

  ✗ **Antica Osteria Dazio** 🍴 con cam, ℘ 755 11 62, Fax 755 16 62, ≼, 斎 – TV. *VISA*. ⅏
    aprile - novembre – **Pasto** *22* ed à la carte 46/84 – **6 cam** ⇆ 78/160 – ½ P sup.

GALMIZ **3285** Freiburg (FR) 217 ⑤ – 504 Ew. – Höhe 437 – 🕿 037.
◆Bern 27 – ◆Neuchâtel 27 – ◆Biel 30 – ◆Fribourg 21 – Murten 5.

  ✗ Zum Kantonsschild, Hauptstr. 14, ℘ 71 25 35, 斎 – **P**.

GALS Bern 216 ⑬ – siehe Erlach.

GANDRIA **6978** Ticino (TI) 219 ⑧ – 217 ab. – alt. 274 – 🕿 091.
◆Bern 276 – ◆Lugano 5 – ◆Bellinzona 33 – ◆Locarno 45 – Menaggio 23.

  🏠 **Moosmann** 🍴, ℘ 971 72 61, Fax 972 71 32, 斎, « Terrazza sul lago », 🚗 – 🕿
    ⓪ **E** *VISA*
    aprile - ottobre – **Pasto** *(chiuso giovedì e venerdì a mezzogiorno)* à la carte 36
    – **28 cam** ⇆ 90/190 – ½ P sup. 24.

  ✗ **Antico,** ℘ 971 48 71, Fax 971 68 31, ≼, 斎, « Terrazza sul lago » – 🆎 **E** *VISA*
    chiuso mercoledì (in inverno) e dal 10 novembre al 20 dicembre – **Pasto** à la c
    41/78.

GATTIKON **8136** Zürich (ZH) 216 ⑱ – 2 445 Ew. – Höhe 510 – 🕿 01.
◆Bern 136 – ◆Zürich 11 – ◆Luzern 47 – ◆Zug 20.

  ✗✗✗ ❀ **Sihlhalde** (Smolinsky), Sihlhaldenstr. 70, ℘ 720 09 27, Fax 720 09 25, 斎 – **E**
    VISA
    Sonntag - Montag, 20. Dez. - 2. Jan. und 20. Juli - 12. Aug. geschl. – **Menu** *35*
    (mittags) und à la carte 74/108
    Spez. Ravioli mit schwarzen Trüffeln. Zander gebraten in einer Kartoffelkruste. Rehrüc
    aus der Sommerjagd mit Saisonpilzen.

GEMPENACH **3215** Freiburg (FR) 217 ⑤ – 243 Ew. – Höhe 508 – 🕿 031.
◆Bern 24 – ◆Neuchâtel 30 – ◆Biel 34 – ◆Fribourg 24 – Murten 8.

  ✗✗ **Zum Kantonsschild** mit Zim, Hauptstr. 4, ℘ 751 03 62, Fax 751 23 08, 斎 – TV
  → 🆎 ⓪ **E** *VISA*
    Menu *(Montag - Dienstag, 29. Jan. - 18. Feb. und 31. Juli - 18. Aug. geschl.)* 16
    59/78 und à la carte 57/93 – ⇆ 12 – **10 Zim** 60/90.

Genève *(Genf)*

1200 ⓒ Genève (GE) 🔢 ⑪ – 170 189 h. – alt. 375 – ☉ 022

Voir : Rade et les bords du lac★★ FGY : vues★★★ du quai du Mont-Blanc ;
Parcs Mon Repos GX, Perle du Lac, Villa Barton★★ CTU ; jardin botanique★ :
jardin de rocaille★★ CT **E** ; Parc de la Grange★ CU ; Parc des Eaux-Vives★ CU –
Palais des Nations★★ CT – Vieille ville★ : Monument de la Réformation★ FZ **D** ;
Cathédrale St-Pierre★ FZ – tour Nord (panorama★★) ; Site archéologique★ :
Maison Tavel★ FZ – Collections Baur★ GZ – Eglise du Christ-Roi : intérieur★
BV **N** – Boiseries★ au musée des Suisses à l'étranger CT **M⁴**.

Musées : Ariana★★ CT **M²** ; Art et Histoire★★ GZ, Histoire naturelle★★ GZ ;
International de la Croix-Rouge et du Croissant-Rouge★ CT **M³** ; Instruments
anciens de musique★ GZ **M¹** ; Petit Palais – Art Moderne★★ GZ.

Excursions : en bateau sur le lac. Renseignements Cie Gén. de Nav. Jardin
Anglais, 𝒫 311 25 21 – Mouettes genevoises, 8 quai du Mont-Blanc,
𝒫 732 29 44 – Swiss Boat, 4 quai du Mont-Blanc, 𝒫 736 79 35.

🏌 à Cologny DU, ✉ 1223 (mars-déc.), 𝒫 735 75 40, Fax 735 71 05 ;
🏌 à Bossey, ✉ F-74160 (mars-déc.), 𝒫 (0033) 50 43 75 25, Fax (0033)
50 95 32 57, par rte de Troinex ; 🏌 à Esery, ✉ F-74930 Reignier (mars-déc.),
𝒫 (0033) 50 36 58 70, Fax (0033) 50 36 57 62, Sud-Est : 15 km ; 🏌 Maison
Blanche à Echenevex-Gex, ✉ F-01170 (1ᵉʳ mars-15 déc.), 𝒫 (0033)
50 42 44 42, Fax (0033) 50 42 44 43, Nord-Ouest : 17 km.

🛈 Office du Tourisme, Gare Cornavin, 𝒫 738 52 00, Fax 731 90 56 FY.

Place du Molard, 𝒫 311 98 27, Fax 311 80 52 FY.

🏢 9. r. Pierre-Fatio, 𝒫 737 12 01, Fax 737 13 10 GY.

🅰 21, rue de la Fontenette 1227 Carouge, 𝒫 342 22 33, Fax 301 37 11 CV.

✈ de Genève-Cointrin, 𝒫 717 71 11 BT.

Compagnies aériennes

Swissair P.O. Box 316, 𝒫 799 59 99, Fax 799 31 38.
Crossair Genève-Airport, 𝒫 798 88 31, Fax 798 22 11
Air France IBC 24, Pré-Bois, 𝒫 798 05 05, Fax 788 50 40
Alitalia 36 r. Lausanne, 𝒫 731 66 50, Fax 732 40 29
British Airways 13 Chantepoulet, 𝒫 788 10 10
Lufthansa 1-3 Chantepoulet, 𝒫 731 95 50, Fax 738 96 55

Manifestations locales

08.08 – 11.08 : "Fêtes de Genève", fête populaire avec feux d'artifice.

13.12 – 15.12 : Fête de l'Escalade, fête historique avec cortège

◆Bern 164 ① – Annecy 45 ⑥ – Grenoble 148 ⑥ – ◆Lausanne 60 ① – Lons-le-Saunier 111 ⑧
– Lyon 151 ⑥.

Liste alphabétique des hôtels et restaurants
Alphabetisches Hotel- und Restaurantverzeichnis
Elenco alfabetico degli alberghi e ristoranti
Alphabetical list of hotels and restaurants

A

Alain Lavergnat 13
Ambassador 9
Amphitryon 10
Arlequin (L') 11
Armures (Les) 11
Auberge Communale 14

B

Baron de la Mouette
  (Mövenpick Fusterie) 11
Béarn (Le) 11
Beau-Rivage 9
Bergues (Des) 9
Bœuf Rouge 10
Brasserie Lipp 11
Bristol 9
Buffet Cornavin 10
Bouby (Chez) 10

C

Cadettt Mövenpick . 14
Café de la Place ... 13
Café de la Réunion 13
Canonica 14
Capite « Chez Ermanno »
  (La) 12
Carlton 10
Cassolette (La) 13
Cavalieri 11
Century 11
Chambésy
  (Relais de) 12
Chat Botté (Le) 10
Cheval Blanc
  (Carouge) 13
Cheval Blanc
  (Vandoeuvres) ... 12

Cigalon (Chez) 13
Cigogne (La) 11
Continents (Les) ... 12
Cornavin 9
Cristal 10
Cygne (Le) 10

E

Esquisse (L') 11

F

Forum 9

G

Gentilhomme (Le) .. 10
Grand Pré 10

H

Holiday Inn Crowne
  Plaza 12

I

Intercontinental 12

L

Lion d'Or (Aub. du) ..12

M

Mère Royaume
  (Aub. à la) 10
Métropole 11
Montbrillant (Le) ... 10
Mövenpick Genève . 14

N

Neptune (Le) 10
Noga Hilton 9

O

Olivier de Provence 13

P

Paix 9
Parc des Eaux-Vives ..9
Penta 14
Perle du Lac (La) .. 12
Pied de Cochon (Au) 11
Pinchat (Aub. de) .. 13
Président Wilson ... 9

R

Réserve (La) 12
Rest. Français (Le) . 13
Rhône 9
Richemond 9
Roberto 11

S

Sénat (Le) 11
Sofitel Genève 9
Suisse 10
Strasbourg-Univers 10

T

Tiffany 11
Tourelle (La) 12
Tour (Aub. de la) .. 13
Touring Balance ... 11
Tsé Fung 12
Tsé Yang 10

V

Vallon (Le) 13
Vendée (Host. de la) 13

W

Warwick 9

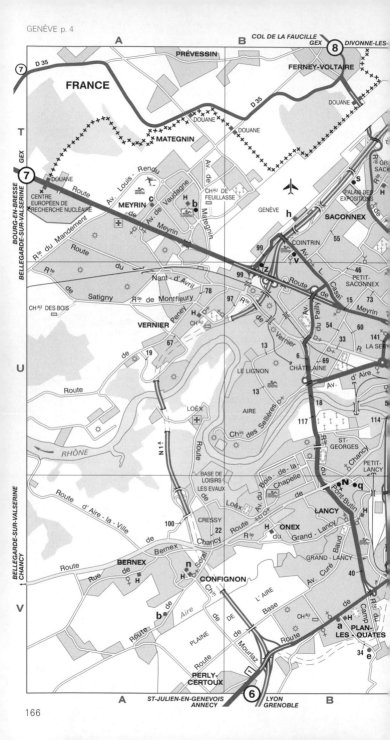

GENÈVE

0 1 km

LAUSANNE
LYON

NYON

BELLEVUE

COLLONGE-
BELLERIVE

CHAU DE
BELLERIVE

YVOIRE
HERMANCE

EVIAN-LES-BAINS
THONON-LES-BAINS

Thonon

VÉSENAZ

LA BELOTTE

LA
CAPITE

PRESSY

LAC LÉMAN

NY-
BÉSY   102

Domaine
de Penthes

M 4

C.R. 3

PALAIS
DES
NATIONS   E

VILLA BARTON

GATT

PERLE DU LAC   M

Av. 88

de

France

f

RUTH

Quai de Cologny

Route de la Capite

Route

CHOUGNY

de

Vandœuvres

VANDŒUVRES

S   H

Rte de Choulex

18

COLOGNY   b

Rte de Mon-idée

Seymaz

Seymaz

BEL-IDÉE

Quai Gustave-Ador

PARC
DES
EAUX-VIVES

PARC
DE LA
GRANGE   a   63

63

Route de Chêne

Chin de la Gradelle

Chin de la Montagne

Av. de Bel-Air

Chin de la
Mousse

f

Rte de Jussy

JUSSY

ANNEMASSE

ST-PIERRE   M

Route

7   36

Rte de

CHÊNE-
BOUGERIES

Malagnou Rte du Vallon

H

Chin de Thônex

Rte

DOUANE

AMBILLY

4

MT-BLANC
CHAMONIX

132

110   H   CHÊNE-
BOURG

3

39   27

25

24

106 57

27

91

Av. Louis-Aubert

Rieu

Chin

de

110   H

THÔNEX

DOUANE

A 411

H

5

MÉGÈVE

ANNEMASSE

k

e

H

Rte

CITÉ
UNIVERSITAIRE

16

Rte de Vessy

CONCHES

Florissant

Chin de Neuville

Av. de Thônex

Av. de Foron

DOUANE

GAILLARD

FRANCE

ARVE

CAROUGE   130

129

135   VESSY

n

k   z   Rte

96

109

Rte de Veyrier

Chin de Pinchat

Rte Antoine-
Martin

de

Drize

Rte de
Marsillon

de Troinex

Chemin des Marais

Rte de l'Échelle

Veyrier

b   H   DOUANE

VEYRIER

N 206

PETIT SALÈVE
897

V

ANNEMASSE

TROINEX   H

MONNETIER

A 40 - E 21

ANNECY

ST-JULIEN-EN-G.
ANNECY

BELLEGARDE-
SUR-VALSERINE

MT SALÈVE

C   D

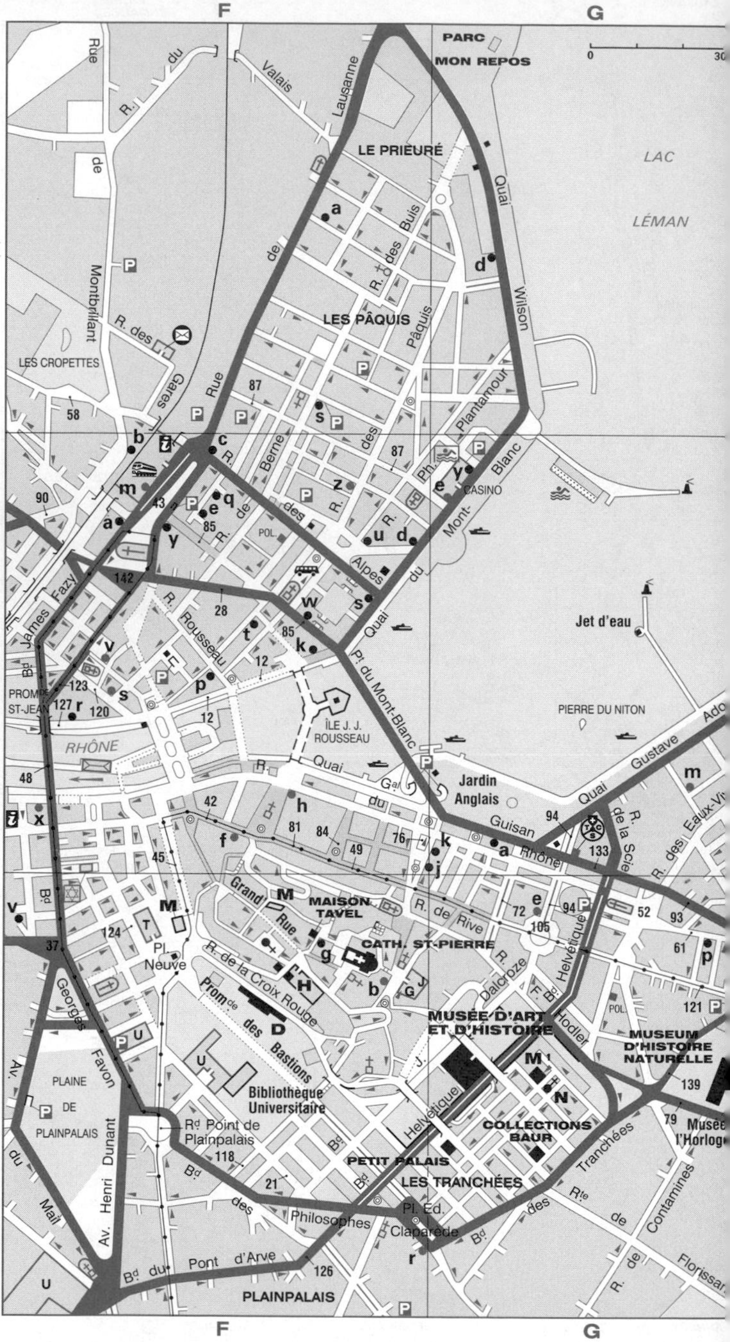

PARC
MON REPOS

LE PRIÉURÉ

LAC

LÉMAN

X

LES PÂQUIS

LES CROPETTES

58

CASINO

Jet d'eau

PIERRE DU NITON

PROM⁵ᵉ
ST-JEAN

RHÔNE

48

ÎLE J. J.
ROUSSEAU

Jardin
Anglais

94

MAISON
TAVEL

MUSÉE D'ART
ET D'HISTOIRE

CATH. ST-PIERRE

MUSEUM
D'HISTOIRE
NATURELLE

PLAINE
DE
PLAINPALAIS

Bibliothèque
Universitaire

COLLECTIONS
BAUR

Musée
l'Horlog

PETIT PALAIS

LES TRANCHÉES

PLAINPALAIS

Pl. Ed.
Claparède

F

G

168

RÉPERTOIRE DES RUES DU PLAN DE GENÈVE

fédération
R. de la)........p. 6 **FY** 42
ché (R. du).....p. 6 **FY** 81
nt-Blanc (R. du)..p. 6 **FY** 85
ne (R. du).......p. 6 **FGY**
(R. de)........p. 6 **FGZ**

cias (Pont des)..5 **CU** 3
cias (R. de)....p. 4 **BV** 4
(Av. de l').......p. 4 **BU** 6
(Av. d')........p. 4 **BU**
-la-Ville (Rte d')..p. 4 **AV**
es (R. des).......p. 6 **FY**
andier (Av. de l').p. 5 **CV** 7
oine Martin (Rte). p. 5 **CV**
ia (Av.).........p. 5 **CT** 9
e (Rte de).......p. 4 **ABV**
tions (Prom. des). p. 6 **FZ**
Air (Av. de).....p. 5 **DU**
Air (Pl.)........p. 6 **FY** 10
gues (Quai des).p. 6 **FY** 12
ne (R. de).......p. 4 **AV**
nex (R. de).....p. 5 **CU**
-de-la-Chapelle
Av. du).........p. 4 **BUV**
-des-Frères
Rte du).........p. 4 **BU** 13
chet (Carr. du)..p. 4 **BU** 15
t-du-Monde
s (R. des).......p. 5 **CV** 16
s (R. des).......p. 6 **FX**
n (Pont).......p. 4 **BU** 18
np (R. du)......p. 4 **BV**
ada (Rte du)....p. 4 **AU** 19
dolle (R. de)...p. 6 **FZ** 21
ite (Rte de la)...p. 5 **DTU**
abot (Ch. de)...p. 4 **AV** 22
ouge (Pont de)..p. 5 **CV** 24
ouge (R. de)....p. 5 **CU** 25
mpel (Av. de)...p. 5 **CUV** 27
ncy (Rte de)....p. 4 **AV**
ntepoulet (R. de).p. 6 **FY** 28
apelle (Rte de la).p. 4 **BCV** 30
armilles (R. des)..p. 4 **BU** 31
telaine (Av. de).p. 4 **BU** 33
ne (R. de).......p. 5 **CDU**
valiers-de-Malte
Rte des)........p. 4 **BV** 34
villarde (Ch. de la).p. 5 **CU** 36
oulex (Rte de)...p. 5 **DU**
gue (Pl. du)....p. 6 **FZ** 37
se (Bd de la)...p. 5 **CU** 39
ogny (Quai de)..p. 5 **DTU**
ovrex (Rte de)..p. 4 **BT**
nmunes Réunies
Av. des).......p. 4 **BV** 40
ntamines (R. de).p. 6 **GZ**
navin (Pl. de).p. 6 **FY** 43
raterie (R. de la).p. 6 **FY** 45
udriers (Ch. des).p. 4 **BU** 46
ulouvrenière
Pont de la)....p. 6 **FY** 48
ix-d'Or (R. de la).p. 6 **FY** 49
ix-Rouge
R. de la).......p. 6 **FZ**
é Baud (Av. du).p. 4 **BV**
ux-Pont (R. des).p. 4 **BV** 51
ze (Rte de).....p. 5 **CV**
ux-Vives (Pl. des).p. 6 **GZ** 52
ux-Vives (R. des).p. 6 **GY**
mond-Vaucher
Av.)...........p. 4 **BU** 54

Edouard-Claparède
(Pl.)..........p. 6 **FGZ**
Edouard-Sarazin
(Ch.)..........p. 4 **BT** 55
Ferdinand-Hodler (R.)..p. 6 **GZ**
Ferney (Rte de)...p. 4 **BT**
Florissant (Rte de)..p. 5 **CUV**
Fontenette
(Pont de)......p. 5 **CV** 57
Fort-Barreau (R. du).p. 6 **FX** 58
France (Av. de)..p. 5 **CU**
Franchises (R. des)..p. 4 **BU** 60
Frontenex (Av. de)..p. 6 **GZ** 61
Frontenex (Rte de).p. 5 **CU** 63
Gares (R. des)....p. 6 **FX**
Général-Guisan
(Quai)........p. 6 **FGY**
Georges-Favon (Bd)..p. 6 **FZ**
Giuseppe-Motta (Av.)..p. 4 **BCU**
Gradelle (Ch. de la).p. 5 **DU**
Grand-Bureau (R. du).p. 5 **CV** 64
Grand'Rue........p. 6 **FZ**
Grand-Lancy (Rte du).p. 4 **BV**
Grand-Pré (R. du)..p. 5 **CU** 66
Greube (Ch. de la) p. 4 **AU** 67
Gustave Ador (Quai).p. 6 **GY**
Helvétique (Bd) ...p. 6 **FGZ**
Henri-Dunant (Av.)..p. 6 **FZ**
Henry-Golay (Av.)...p. 4 **BU** 69
Hoffmann (R.).....p. 4 **BU** 70
Italie (R. d')......p. 6 **GZ** 72
Jacques Dalcroze
(Bd)..........p. 6 **FGZ**
James Fazy (Bd)....p. 6 **FY**
Jean-Trembley (Av.).p. 4 **BU** 73
Jeunes (Rte des)...p. 4 **BUV**
Jussy (Rte de)....p. 5 **DU**
Lausanne (R. de)..p. 6 **FX**
Lausanne (Rte de).p. 5 **CTU**
Loëx (Rte de la)...p. 4 **AUV**
Longemalle (Pl.)....p. 6 **FY** 76
Louis-Aubert (Av.)...p. 5 **CU**
Louis-Casaï (Av.)...p. 4 **BTU**
Louis-Pictet (Ch.)...p. 4 **AU** 78
Louis-Rendu (Av.)...p. 4 **AT**
Lyon (R. de).......p. 4 **BCU**
Mail (Av. du)......p. 6 **FZ**
Malagnou (Rte de)..p. 6 **GZ** 79
Mandement
(Rte de) ....p. 4 **AT**
Marais (Ch. des)....p. 5 **CV**
Marsillon (Rte de)..p. 5 **CV**
Mategnin (Av. de)..p. 4 **AT**
Meyrin (Rte de)....p. 4 **AT**
Moillebeau (R. de)..p. 4 **BU** 82
Molard (Pl. du)....p. 6 **FY** 84
Mon-Idée (Rte de)..p. 5 **DU**
Mont-Blanc
(Pont du) ....p. 6 **FY**
Mont-Blanc (Quai du).p. 6 **FGY**
Montagne
(Ch. de la).......p. 5 **DU**
Montbrillant (R. de).p. 6 **FX**
Montfleury (Rte de).p. 4 **AU**
Monthoux (R. de)...p. 6 **FXY** 87
Mourlaz (Ch. de)...p. 4 **ABV**
Mousse (Ch. de la).p. 5 **DU**
Nant-d'Avril (Rte du).p. 4 **ATU**
Naville (Ch.).......p. 5 **DV**
Neuve (Pl.).......p. 6 **FZ**
Pailly (Rte de).....p. 4 **BU**
Paix (Av. de la)....p. 5 **CTU** 88
Pâquis (R. des)....p. 6 **FXY**

Pas-de-l'Echelle
(Rte du).........p. 5 **DV**
Peney (Rte de)....p. 4 **AU**
Pépinière (R. de la)..p. 6 **FY** 90
Peschier (Av.).....p. 5 **CU** 91
Philippe Plantamour
(R.)............p. 6 **GX**
Philosophes (Bd des).p. 6 **FZ**
Pictet de Rochemont
(Av.)..........p. 6 **GZ** 93
Pierre Fatio (R.)....p. 6 **GYZ** 94
Pinchat (Ch. de)...p. 5 **CV**
Place-Verte
(Rte de la).......p. 5 **CV** 96
Plainpalais
(Rond-Point de)..p. 6 **FZ**
Pont-Butin (Rte du).p. 4 **BUV**
Pont-d'Arve (Bd du).p. 6 **FZ**
Poussy (Ch. de)....p. 4 **BU** 97
Pré-Bois (Rte du)...p. 4 **BTU** 99
Pré-Marais (Rte du).p. 4 **AV** 100
Pregny (Rte de)....p. 5 **CT** 102
Promenades (Bd des).p. 5 **CV** 103
Rieu (Ch.) ....p. 5 **CU**
Rive
(Rond-Point de)..p. 6 **GY** 105
Roseraie (Av. de)..p. 5 **CV** 106
Rousseau (R.) .....p. 6 **FY**
Satigny (Rte de)...p. 4 **AU**
Scie (R. de la).....p. 6 **GY**
Sellières (Ch. des)..p. 4 **BU**
Servette (R. de la)..p. 4 **BCU** 108
Seymaz (Ch. de la).p. 5 **DU**
Sierne (Pont de) ...p. 5 **DV** 109
Soral (Rte de) .....p. 4 **AV**
Sous-Moulin (Rte de).p. 5 **DUV** 110
St-Georges (Bd de).p. 5 **CU** 112
St-Georges
(Pont de) ....p. 4 **BU** 114
St-Georges (Rte de).p. 4 **BU** 117
St-Julien (Rte de)..p. 4 **BCV**
St-Léger (R.).......p. 6 **FZ** 118
Temple (R. du) ....p. 6 **FY** 120
Terrassière (R. de la).p. 6 **GZ** 121
Terreaux-du-Temple
(R. des) ....p. 6 **FY** 123
Théâtre (Bd du)....p. 6 **FZ** 124
Thônex (Av. de) ...p. 5 **DV**
Thonon (Rte de) ...p. 5 **DT**
Tour (Bd de la) ....p. 6 **FZ** 126
Tranchées (Bd des).p. 6 **GZ**
Troinex (Rte de) ...p. 5 **CV**
Turrettini (Quai)....p. 6 **FY** 127
Val d'Arve
(Pont de) ....p. 5 **CV** 129
Val d'Arve (Rte du).p. 5 **CV** 130
Valais (R. du) .....p. 6 **FX**
Vallon (Rte du) ....p. 5 **DU**
Vandœuvres
(Rte de) ....p. 5 **DU**
Vaudagne (Av. de).p. 4 **AT**
Velours (Ch. du) ...p. 5 **CU** 132
Vernier (Rte de) ...p. 4 **BU**
Versonnex (R.).....p. 6 **GY** 133
Vessy (Pont de)....p. 5 **CV** 135
Vessy (Rte de).....p. 5 **CV**
Veyrier (Rte de)....p. 5 **CV**
Vibert (Av.) ....p. 4 **BV** 136
Vidollet (R. du) ....p. 5 **CU** 138
Villereuse (R. de)...p. 6 **GZ** 139
Wendt (Av.).......p. 4 **BU** 141
Wilson (Quai) .....p. 6 **GX**
22-Cantons (Pl. des).p. 6 **FY** 142

s plans de villes sont disposés le Nord en haut.

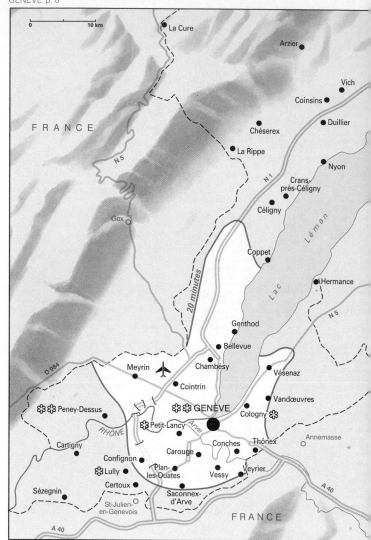

LE GUIDE VERT MICHELIN SUISSE

Paysages, monuments
Routes touristiques
Géographie
Histoire, Art
Itinéraires de visite
Plans de villes et de monuments.

Rive droite (Gare Cornavin - Les Quais) :

Richemond, Jardin Brunswick, ✉ 1201, ☎ 731 14 00, Telex 412560, Fax 731 67 09, ←, 🏡 - 🛗 ▤ TV video ☎ 🚗 - 🎤 25/230. AE ⓓ E VISA JCB. 🚫 rest p. 6 FY **u**
Repas (voir aussi rest. ***Le Gentilhomme*** ci-après) - ***Le Jardin :*** **Repas** *24* et à la carte 60/116 - ☕ 32 - **86 ch** 370/720, 12 suites.

Rhône, 1 quai Turrettini, ✉ 1201, ☎ 731 98 31, Telex 412559, Fax 732 45 58, ←, 🏡 - 🛗 🚭 ch ▤ TV video ☎ 🚗 - 🎤 25/150. AE ⓓ E VISA JCB. 🚫 rest p. 6 FY **r**
Repas (voir aussi rest. ***Le Neptune*** ci-après) - ***Café Rafael :*** **Repas** *29*-44 (midi) et à la carte 52/95 - ☕ 30 - **194 ch** 350/760, 20 suites.

Des Bergues, 33 quai des Bergues, ✉ 1201, ☎ 731 50 50, Telex 412540, Fax 732 19 89, ← - 🛗 ▤ ch TV video ☎ ♿ - 🎤 25/350. AE ⓓ E VISA JCB p. 6 FY **k**
Repas (voir aussi rest. ***Amphitryon*** ci-après) - ***Le Pavillon :*** **Repas** *25*-40 et à la carte 45/88 - ☕ 32 - **113 ch** 390/660, 10 suites.

Noga Hilton, 19 quai du Mont-Blanc, ✉ 1201, ☎ 908 90 81, Telex 412337, Fax 908 90 90, ←, 🏡, 🏋, 🧖, 🏊 - 🛗 🚭 ch ▤ TV video ☎ ♿ - 🎤 25/850. AE ⓓ E VISA JCB p. 6 GY **y**
Repas (voir aussi rest. ***Le Cygne*** ci-après) - ***La Grignotière :*** **Repas** *21* et à la carte 42/91, enf. 9 - ☕ 32 - **375 ch** 340/530, 36 suites.

Président Wilson Ⓜ, 47 quai Wilson, ✉ 1205, ☎ 731 10 00, Telex 412328, Fax 731 22 06, ← lac, 🏡, 🧖, 🏊 - 🛗 🚭 ch ▤ TV ☎ ♿ 🚗 - 🎤 25/1100. AE ⓓ E VISA JCB. 🚫 rest p. 6 GX **d**
Le Cirque : **Repas** *28*-45 (midi)/88 et à la carte 58/116 - ***L'Arabesque*** - cuisine orientale - *(fermé le midi d'oct. à mai)* **Repas** à la carte 42/86 - ☕ 29 - **222 ch** 530/800, 28 suites.

Beau-Rivage, 13 quai du Mont-Blanc, ✉ 1201, ☎ 731 02 21, Telex 412 539, Fax 738 98 47, ←, 🏡 - 🛗 🚭 ch ▤ ch TV video ☎ 🚗 - 🎤 25/300. AE ⓓ E VISA JCB. 🚫 p. 6 FY **d**
Repas (voir aussi rest. ***Le Chat Botté*** ci-après) - ***Le Quai 13*** ☎ 731 31 82, **Repas** à la carte 34/90 - ☕ 34 - **89 ch** 375/570, 8 suites.

Paix, 11 quai du Mont-Blanc, ✉ 1201, ☎ 732 61 50, Telex 412554, Fax 738 87 94, ← - 🛗 ▤ rest TV video ☎ - 🎤 25/70. AE ⓓ E VISA p. 6 FY **s**
Repas *24*-40 (midi)/87 et à la carte 57/114 - ☕ 30 - **91 ch** 410/525, 10 suites.

Forum, 19 r. de Zürich, ✉ 1201, ☎ 731 02 41, Telex 412557, Fax 738 75 14 - 🛗 🚭 ch ▤ TV video ☎ 🚗 - 🎤 25/120. AE ⓓ E VISA JCB p. 6 FX **s**
The Taj - cuisine indienne - **Repas** *19*-62 et à la carte 40/79 - ***Le Refuge*** - spécialités de fondues - **Repas** 38 et à la carte 40/77 - ☕ 27 - **196 ch** 290/395, 11 suites.

Warwick, 14 r. de Lausanne, ✉ 1201, ☎ 731 62 50, Telex 412731, Fax 738 99 35 - 🛗 🚭 ch ▤ TV ☎ - 🎤 25/300. AE ⓓ E VISA JCB. 🚫 p. 6 FY **c**
Les 4 Saisons *(fermé 24 au 30 déc., 15 juil. au 10 août, sam. midi et dim.)* **Repas** 43 (midi)/70 et à la carte 51/99 - ***La Bonne Brasserie :*** **Repas** *15*-32 et à la carte 35/79, enf. 13 - ☕ 26 - **169 ch** 300/442 - ½ P suppl. 35.

Sofitel Genève, 18 r. du Cendrier, ✉ 1201, ☎ 731 52 00, Telex 412704, Fax 731 91 69, 🏡, « Beau mobilier ancien » - 🛗 🚭 ch ▤ ch TV ☎. AE ⓓ E VISA JCB. 🚫 rest p. 6 FY **t**
Repas *(fermé 23 déc. au 7 janv., sam. et dim.)* *20*-41 et à la carte 57/106 - ☕ 28 - **84 ch** 310/350, 10 suites.

Bristol, 10 r. du Mont-Blanc, ✉ 1201, ☎ 732 38 00, Telex 412544, Fax 738 90 39, 🏋, 🧖 - 🛗 ▤ TV video ☎ - 🎤 25/100. AE ⓓ E VISA JCB. 🚫 rest p. 6 FY **w**
Repas *19*-41/62 et à la carte 38/87 - ☕ 27 - **92 ch** 275/450, 5 suites.

Cornavin sans rest, 23 bd James-Fazy, ✉ 1201, ☎ 732 21 00, Fax 732 88 43 - 🛗 ▤ TV ☎. AE ⓓ E VISA p. 6 FY **a**
☕ 16 - **118 ch** 139/273.

Ambassador, 21 quai des Bergues, ✉ 1201, ☎ 731 72 00, Telex 412533, Fax 738 90 80 - 🛗 ▤ ch TV ☎ - 🎤 40. AE ⓓ E VISA p. 6 FY **p**
Repas 40/58 et à la carte 44/95 - ☕ 15 - **86 ch** 150/315.

🏨 **Carlton,** 22 r. Amat, ⊠ 1202, 𝄽 731 68 50, Telex 412546, Fax 732 82 47 – 🛗 ▤
➡ 📺 ☎. 🆎 ⓘ ⴹ 𝗩𝗜𝗦𝗔 𝖩𝖢𝖡   p. 6 FX
Repas *(fermé 1ᵉʳ au 7 janv., dim. midi et sam.)* 13 et à la carte 31/64 – **123**
⟏ 182/326.

🏨 **Grand Pré** Ⓜ sans rest, 35 r. du Grand-Pré, ⊠ 1202, 𝄽 918 11 11, Telex 4142
Fax 734 76 91 – 🛗 ↫ 📺 ☎ – ⟐ 25. 🆎 ⓘ ⴹ 𝗩𝗜𝗦𝗔   p. 5 CU
89 ch ⟏ 208/298.

🏨 **Le Montbrillant,** 2 r. de Montbrillant, ⊠ 1201, 𝄽 733 77 84, Fax 733 25 11, 🏡
➡ 🛗 📺 ☎ ⓟ. 🆎 ⓘ ⴹ 𝗩𝗜𝗦𝗔   p. 6 FY
Repas 15 - 34 et à la carte 33/73, enf. 12.50 – **58 ch** ⟏ 160/240 – ½ P suppl. 25.

🏨 **Strasbourg - Univers** Ⓜ, 10 r. Pradier, ⊠ 1201, 𝄽 732 25 62, Telex 4127
➡ Fax 738 42 08 – 🛗 📺 ☎ – ⟐ 25. 🆎 ⓘ ⴹ 𝗩𝗜𝗦𝗔. ⋘   p. 6 FY
Repas 14 - 23/44 et à la carte 38/54 – **51 ch** ⟏ 150/200 – ½ P suppl. 23.

🏨 **Suisse** sans rest, 10 pl. de Cornavin, ⊠ 1201, 𝄽 732 66 30, Fax 732 62 39 – 🛗 📺
57 ch   p. 6 FY

🏨 **Cristal** sans rest, 4 r. Pradier, ⊠ 1201, 𝄽 731 34 00, Fax 731 70 78 – 🛗 ↫ ▤
☎ – ⟐ 30. 🆎 ⓘ ⴹ 𝗩𝗜𝗦𝗔 𝖩𝖢𝖡   p. 6 FY
⟏ 16 – **79 ch** 180/242.

🍽🍽🍽🍽 ۞ **Le Cygne** - Hôtel Noga Hilton, 19 quai du Mont-Blanc, ⊠ 1201, 𝄽 908 90
Telex 412337, Fax 908 90 90, ⩽ – ▤. 🆎 ⓘ ⴹ 𝗩𝗜𝗦𝗔 𝖩𝖢𝖡. ⋘   p. 6 GY
Repas 61 (midi)/110 et à la carte 82/141
Spéc. Bar de ligne cuit à la fumée de bois et vinaigrette aux truffes. Pigeon du Haut-Ar
aux pignons et foie gras grillé (été). Chariots de desserts.

🍽🍽🍽🍽 ۞ **Le Chat Botté** - Hôtel Beau-Rivage, 13 quai du Mont-Blanc, ⊠ 1201, 𝄽 731 65
Telex 412539, Fax 738 98 47, 🏡 – ↫. 🆎 ⓘ ⴹ 𝗩𝗜𝗦𝗔 𝖩𝖢𝖡. ⋘   p. 6 FY
fermé Noël à Nouvel An, à Pâques, sam., dim. et fériés – **Repas** 60 (midi)/135 e
la carte 78/140
Spéc. Filets de perche en vinaigrette aux appétits (été). Volaille de Bresse aux légumes
jardin. Eventail de truffes glacées en coffret de nougatine.

🍽🍽🍽🍽 ۞۞ **Le Neptune** - Hôtel du Rhône, quai Turrettini, ⊠ 1201, 𝄽 738 74 89, Fax 732 45
🏡 – ▤. 🆎 ⓘ ⴹ 𝗩𝗜𝗦𝗔 𝖩𝖢𝖡. ⋘   p. 6 FY
fermé 22 juil. au 11 août, sam., dim. et fériés – **Repas** 65 (midi)/185 et à la carte 82/1
Spéc. Assiette royale de l'Atlantique (hiver). Blanc de turbot poêlé aux supions et pime
doux (été). Grouse d'Ecosse rôtie en casserole, confit d'endives (automne).

🍽🍽🍽🍽 **Le Gentilhomme** - Hôtel Richemond, Jardin Brunswick, ⊠ 1201, 𝄽 731 14
Telex 412560, Fax 731 67 09, « Décor raffiné » – ▤. 🆎 ⓘ ⴹ 𝗩𝗜𝗦𝗔 𝖩𝖢𝖡 p. 6 FY
fermé 15 juin au 15 sept., sam. midi et dim. – **Repas** à la carte 71/138.

🍽🍽🍽🍽 **Amphitryon** - Hôtel Les Bergues, 33 quai des Bergues, ⊠ 1201, 𝄽 731 50
Telex 412540, Fax 732 19 89, 🏡 – ▤. 🆎 ⓘ ⴹ 𝗩𝗜𝗦𝗔   p. 6 FY
fermé 24 déc. au 7 janv., 7 juil. au 25 août, sam. midi et dim. – **Repas** 62 (midi)/1
et à la carte 68/134.

🍽🍽🍽 **Tsé Yang,** 19 quai du Mont-Blanc, ⊠ 1201, 𝄽 732 50 81, Fax 908 90 90, ⩽, « Dé
élégant » – ▤. 🆎 ⓘ ⴹ 𝗩𝗜𝗦𝗔 𝖩𝖢𝖡   p. 6 GY
Repas - cuisine chinoise - 38 (midi)/125 et à la carte 57/123.

🍽🍽 **Aub. à la Mère Royaume,** 9 r. des Corps-Saints, ⊠ 1201, 𝄽 732 70
➡ Fax 732 70 07, 🏡, Style vieux genevois – 🆎 ⓘ ⴹ 𝗩𝗜𝗦𝗔   p. 6 FY
fermé Noël, Nouvel An, Pâques, sam. (sauf le soir de sept. à juin), dim. et férié.
Repas 16 - 37/98 et à la carte 46/116.

🍽🍽 **Buffet Cornavin,** 3 pl. de Cornavin, ⊠ 1201, 𝄽 732 43 06, Fax 731 61 82 – 🆎
➡ ⴹ 𝗩𝗜𝗦𝗔 𝖩𝖢𝖡   p. 6 FY
Le Bacchus : **Repas** 19 - 29 (midi)/58 et à la carte 45/80 – *Rest. de Ville :* **Repas**
- 25/50 et à la carte 42/78 – *Le Bonsaï* - cuisine japonaise - *(fermé sam. m
dim. midi et lundi)* **Repas** 27 - 59 et à la carte 44/65.

🍽 **Boeuf Rouge,** 17 r. Alfred-Vincent, ⊠ 1201, 𝄽 732 75 37 – 🆎 ⴹ 𝗩𝗜𝗦𝗔 p. 6 FY
➡ *fermé 21 juil. au 21 août, sam. et dim.* – **Repas** - cuisine lyonnaise - 16 - 30 (m
et à la carte 47/81.

🍽 **Chez Bouby,** 1, r. Grenus, ⊠ 1201, 𝄽 731 09 27, Fax 732 48 45, 🏡, Ambia
➡ genevoise – ⴹ 𝗩𝗜𝗦𝗔   p. 6 FY
fermé Noël à Nouvel An, sam. (sauf de sept. à juin) et dim. – **Repas** 16.50 et à la ca
39/85.

Rive gauche (Centre des affaires) :

Métropole, 34 quai Général-Guisan, ⊠ 1204, *&* 311 13 44, Telex 421550, Fax 311 13 50, 🏠 – 📶 🗏 📺 video ☎ – 🏄 25/200. ஊ ⋿ 𝘝𝘐𝘚𝘈 𝘴𝘦 rest
Repas (voir aussi rest. *L'Arlequin* ci-après) – *Le Grand Quai :* **Repas** *24.50* et à la carte 47/87 – � 18 – **121 ch** 295/620, 6 suites.   p. 6 GY **a**

La Cigogne, 17 pl. Longemalle, ⊠ 1204, *&* 311 42 42, Telex 421748, Fax 311 40 65, « Elégante installation, beau mobilier ancien » – 📶 🗏 📺 video ☎ – 🏄 25. ஊ ⓞ ⋿ 𝘝𝘐𝘚𝘈. 𝘴𝘦 rest   p. 6 FGY **j**
Repas *36* - 52 (midi) et à la carte 82/114 – **42 ch** ⊠ 325/430, 8 suites.

Les Armures ⌂, 1 r. du Puits-Saint-Pierre, ⊠ 1204, *&* 310 91 72, Fax 310 98 46, 🏠, « Bel agencement rustique dans une maison du 17ᵉ siècle » – 📶 🗏 ch 📺 video ☎ – 🏄 25. ஊ ⓞ ⋿ 𝘝𝘐𝘚𝘈   p. 6 FZ **g**
Repas 45 et à la carte 35/73, enf. 15 – **28 ch** ⊠ 278/434.

Century sans rest., 24 av. de Frontenex, ⊠ 1207, *&* 736 80 95, Telex 413246, Fax 786 52 74 – 📶 ✾ 📺 ☎ ℗ – 🏄 35. ஊ ⓞ ⋿ 𝘝𝘐𝘚𝘈 𝘑𝘊𝘉
119 ch ⊠ 165/350, 14 suites.   p. 6 GZ **p**

Tiffany M, 18 r. de l'Arquebuse, ⊠ 1204, *&* 329 33 11, Fax 320 89 91 – 📶 🗏 ch 📺 video ☎. ஊ ⓞ ⋿ 𝘝𝘐𝘚𝘈 𝘑𝘊𝘉   p. 6 FZ **v**
Repas *(fermé Noël et Nouvel An)* *18* - 38 et à la carte 35/75 – **28 ch** ⊠ 195/300 – ½ P suppl. 38.

Touring Balance, 13 pl. Longemalle, ⊠ 1204, *&* 310 40 45, Telex 427634, Fax 310 40 39 – 📶 📺 ☎ – 🏄 40. ஊ ⓞ ⋿ 𝘝𝘐𝘚𝘈 𝘑𝘊𝘉   p. 6 GY **k**
Repas *(fermé sam. et dim.)* *25* - 56 et à la carte 51/92 – **60 ch** ⊠ 180/240 – ½ P suppl. 34.

XXX ⊗ **Parc des Eaux-Vives,** 82 quai G.-Ador, ⊠ 1207, *&* 735 41 40, Fax 786 87 65, ≼ 🏠, « Agréable situation dans un grand parc » – ℗. ஊ ⋿ 𝘝𝘐𝘚𝘈   p. 5 CU **a**
fermé janv., 8 au 18 avril, 28 oct. au 4 nov., dim. (sauf le midi de mai à sept.) et lundi – **Repas** 98/145 et à la carte 80/165
Spéc. Dos de loup sur peau croustillante aux olives noires et tomates confites. Coussinet d'omble du lac Léman aux échalotes grises. Côte de veau rôtie en cocotte aux légumes confits et romarin.

XXX **L'Arlequin** - Hôtel Métropole, 34 quai Général-Guisan, ⊠ 1204, *&* 311 13 44, Telex 421550, Fax 311 13 50 – 🗏. ஊ ⋿ 𝘝𝘐𝘚𝘈. 𝘴𝘦
fermé 15 juil. au 28 août, sam., dim. et fériés – **Repas** *38* - 58 (midi)/110 et à la carte 53/133.   p. 6 GY **a**

XXX ⊗⊗ **Le Béarn** (Goddard), 4 quai de la Poste, ⊠ 1204, *&* 321 00 28, Fax 781 31 15 – 🗏. ஊ ⓞ ⋿ 𝘝𝘐𝘚𝘈   p. 6 FY **x**
fermé 19 au 25 fév., 15 juil. au 19 août, sam. (sauf le soir d'oct. à mai) et dim. – **Repas** 58 (midi)/155 et à la carte 92/143
Spéc. Oursin de Bretagne fourré de coquilles St-Jacques (automne - hiver). Soufflé glacé de crabes, tomate confite et caviar (été). Coralline de homard printanier.

XXX **Baron de la Mouette (Mövenpick Fusterie),** 40 r. du Rhône, ⊠ 1204, *&* 311 88 55, Fax 310 93 22 – 🗏. ஊ ⓞ ⋿ 𝘝𝘐𝘚𝘈 𝘑𝘊𝘉   p. 6 FY **h**
fermé mardi soir et lundi – **Repas** 65 et à la carte 46/101.

XX **Roberto,** 10 r. Pierre-Fatio, ⊠ 1204, *&* 311 80 33 – 🗏. ஊ ⋿ 𝘝𝘐𝘚𝘈   p. 6 GZ **e**
fermé sam. soir et dim. – **Repas** - cuisine italienne - à la carte 55/102.

XX **Cavalieri,** 7 r. Cherbuliez, ⊠ 1207, *&* 735 09 56, Fax 735 85 95 – 🗏. ஊ ⓞ ⋿ 𝘝𝘐𝘚𝘈   p. 6 GY **g**
fermé juil. et lundi – **Repas** - cuisine italienne - 25 (midi)/50 et à la carte 57/97.

XX **Le Sénat,** 1 r. Emile-Yung, ⊠ 1205, *&* 346 58 10, 🏠 – ஊ ⋿ 𝘝𝘐𝘚𝘈 p. 6 FZ **y**
fermé sam. et dim. – **Repas** *18* - 40/54 et à la carte 62/88.

X **L'Esquisse,** 7 r. du Lac, ⊠ 1207, *&* 786 50 44, Fax 789 05 80 – ஊ ⓞ ⋿ 𝘝𝘐𝘚𝘈   p. 6 GY **m**
fermé 22 déc. au 9 janv., sam. et dim. – **Repas** *18* - 35 (midi)/85 et à la carte 63/97.

X **Au Pied de Cochon,** 4 pl. du Bourg-de-Four, ⊠ 1204, *&* 310 47 97, Fax 312 02 02, ambiance de bistro genevois – ஊ ⓞ ⋿ 𝘝𝘐𝘚𝘈 𝘑𝘊𝘉   p. 6 FZ **b**
fermé 15 juil. au 14 août et dim. du 25 juin au 31 août – **Repas** *15* - 40 et à la carte 37/71, enf. 10.

X **Brasserie Lipp,** 8 r. de la Confédération, ⊠ 1204, *&* 311 10 11, Fax 312 01 04, 🏠 – 🗏. ஊ ⓞ ⋿ 𝘝𝘐𝘚𝘈   p. 6 FY **f**
Repas *21.50* et à la carte 33/73.

Environs

au Nord :

Palais des Nations - CT :

Intercontinental M, 7 chemin du Petit-Saconnex, ✉ 1209, ☎ 919 39 …
Telex 412921, Fax 919 38 38, ←, 🏖, Fø, 🏊 - 🛗 ▤ TV ☎ 🚗 P - 🏠 25/600.
Ⓓ E VISA JCB. ✻ rest p. 4 BT
Repas (voir aussi rest. ***Les Continents*** ci-après) – ***La Pergola :*** **Repas** *26* et à la ca…
64/96 – ☕ 26 – **271 ch** 420/500, 60 suites.

XXXX ✿ **Les Continents** - Hôtel Intercontinental, 7 chemin du Petit-Saconnex, ✉ 12…
☎ 919 33 50, Telex 412921, Fax 919 38 38 – ▤ P. AE Ⓓ E VISA. ✻ p. 4 BT
fermé 24 déc. au 2 janv., sam. et dim. – **Repas** 55 (midi)/92 et à la carte 89/1…
Spéc. Foie gras poêlé au jus d'agrumes, fricassée de champignons. Homard sauté a…
artichauts et son fumet au curry et coriandre. Pigeon rôti en cocotte au rameau de laur…

XXX **La Perle du Lac,** 128 r. de Lausanne, ✉ 1202, ☎ 731 79 35, Fax 731 49 79, ← l…
🏖, Chalet au bord du lac – P. AE Ⓓ E VISA JCB. ✻ p. 5 CU
fermé 22 déc. au 1er fév. et lundi – **Repas** 58 (midi)/145 et à la carte 72/131.

Palais des Expositions : 5 km - BT – ✉ 1218 Grand Saconnex – ☏ 022 :

Holiday Inn Crowne Plaza M, 26 voie de Moëns, ☎ 791 00 11, Telex 4156…
Fax 798 92 73, Fø, ≘s, 🏊 - 🛗 ⇔ ch ▤ TV ☎ ♿ 🚗 – 🏠 25/140. AE Ⓓ E V…
JCB p. 4 BT
Repas *22* et à la carte 43/104, enf. 8 – ☕ 25 – **305 ch** 340/395.

à Chambésy 5 km - CT – ✉ 1292 Chambésy – ☏ 022 :

X **Relais de Chambésy,** 8 pl. de Chambésy, ☎ 758 11 05, Fax 758 02 30, 🏖 – AE …
E VISA p. 5 CT
fermé Noël, Nouvel-An, Pâques et sam. – **Repas** *18.50* - 31/48 et à la carte 38/…

à Bellevue par rte de Lausanne : 6 km - CT – ✉ 1293 Bellevue – ☏ 022 :

La Réserve 🐦, 301 rte de Lausanne, ☎ 774 17 41, Fax 774 25 71, ←, 🏖, « Da…
un parc près du lac, port aménagé », Fø, ≘s, 🏊, 🏊, 🎾 – ▤ TV video ☎ 🚗
– 🏠 25/80. AE Ⓓ E VISA JCB p. 5 CT
Repas (voir aussi rest. ***Tsé Fung*** ci-après) – ***La Closerie :*** **Repas** 48/120 et à la ca…
72/114 – ***Chez Gianni*** - cuisine italienne - *(fermé le midi)* **Repas** à la carte 54/1…
– ***Mikado*** - cuisine japonaise - *(fermé sam. midi et dim. midi)* **Repas** *38* - 65/95 e…
la carte 39/89 – ☕ 28 – **108 ch** 295/495, 6 suites – ½ P suppl. 48.

XXX **Tsé Fung** - Hôtel La Réserve, 301 rte de Lausanne, ☎ 774 17 41, Telex 4191…
Fax 774 25 71, 🏖 – ▤ P. AE Ⓓ E VISA p. 5 CT
Repas - cuisine chinoise - 50 (midi)/125 et à la carte 62/109.

à l'Est par route d'Evian :

à Cologny 3,5 km - DU – ✉ 1223 Cologny – ☏ 022 :

XXXX ✿ **Aub. du Lion d'Or** (Large), 5 pl. Pierre-Gautier, ☎ 736 44 32, Fax 786 74 62, ←, 🏖
« Situation dominant le lac et Genève » – P. AE Ⓓ E VISA p. 5 DU
fermé 22 déc. au 23 janv., sam., dim. et fériés – **Repas** 70 (midi)/165 et à la ca…
82/135
Spéc. Bouillabaisse (sept - mai). Soupe de langoustines aux légumes croquants. Migno…
de lotte poêlés aux épices.

à Vandoeuvres 4,5 km - DU – ✉ 1253 Vandoeuvres – ☏ 022 :

XXX **Cheval Blanc,** ☎ 750 14 01, 🏖 – AE Ⓓ E VISA. ✻ p. 5 DU
fermé 24 déc. au 4 janv., juil., dim. et lundi – **Repas** - cuisine italienne - à la ca…
60/110.

à Vésenaz 5,5 km - DT – ✉ 1222 Vésenaz – ☏ 022 :

La Tourelle 🐦 sans rest, 26 rte d'Hermance, ☎ 752 16 28, Fax 752 54 93, parc –
P. AE Ⓓ E VISA p. 5 DT
fermé 26 déc. au 1er fév. – **23 ch** ☕ 100/195.

XX **La Capite "Chez Ermanno",** à la Capite, ☎ 752 10 51, 🏖 – AE E VISA
fermé 24 déc. au 8 janv., Pâques, 28 juil. au 19 août, dim. midi et lundi – **Rep…**
- cuisine italienne - *21* et à la carte 41/107. p. 5 DT

à l'Est par route d'Annemasse :

à Thônex Sud-Est : 5 km - DU – ⊠ 1226 Thônex – ☺ 022 :

XX **Chez Cigalon,** 39 rte d'Ambilly, à la douane de Pierre-à-Bochet, ✆ 349 97 33, ☆ –
AE ① VISA. ⋘ p. 5 DU **f**
fermé sam. midi, dim. soir et lundi – **Repas** 42 (midi)/78 et à la carte 55/116.

au Sud :

à Conches Sud-Est : 5 km - DV – ⊠ 1234 Conches – ☺ 022 :

X **Le Vallon,** 182 rte de Florissant, ✆ 347 11 04, Fax 347 63 81, ☆, Décor de bistro
fermé 23 déc. au 8 janv., 11 au 22 avril, 28 juin au 26 juil., sam. et dim. – **Repas**
29 et à la carte 48/82. p. 5 CV **n**

à Vessy par rte de Veyrier : 4 km - CV – ⊠ 1234 Vessy – ☺ 022 :

XX **Alain Lavergnat,** 130 rte de Veyrier, ✆ 784 26 26, Fax 784 13 34, ☆ – ❷. AE E VISA
← p. 5 CV **z**
fermé 23 déc. au 8 janv., 21 juil. au 5 août, dim. et lundi – **Repas** 20 - 48 (midi)/96
et à la carte 74/119.

à Veyrier 6 km - DV – ⊠ 1255 Veyrier – ☺ 022 :

XX **Café de la Réunion,** 2 chemin Sous-Balme, ✆ 784 07 98, Fax 784 38 59, ☆ – E VISA
← *fermé 23 déc. au 8 janv., 30 mars au 15 avril, 26 oct. au 3 nov., sam. et dim.* – **Repas**
19 - 39 (midi)/82 et à la carte /9/109. p. 5 DV **b**

à Carouge 3 km - CV – ⊠ 1227 Carouge – ☺ 022 :

XXX **Aub. de Pinchat** avec ch, 33 chemin de Pinchat, ✆ 342 30 77, Fax 300 22 19, ☆
– TV ☎ ❷. E VISA p. 5 CV **k**
fermé 23 déc. au 8 janv., 1er au 8 avril, 20 oct. au 5 nov., dim. et lundi – **Repas** 40
(midi)/94 et à la carte 74/120 – **5 ch** ⊆ 120/145.

XX **La Cassolette,** 31 r. J. Dalphin, ✆ 342 03 18, Fax 342 02 05 – AE E VISA
*fermé 30 déc. au 7 janv., 5 au 14 avril, 27 juil. au 19 août, sam. (sauf le soir du
1er sept. au 4 avril) et dim.* – **Repas** 48 (midi)/80 et à la carte 70/112.p. 5 CV **f**

XX **Olivier de Provence,** 13 r. Jacques- Dalphin, ✆ 342 04 50, Fax 342 88 80 – AE ①
← VISA p. 5 CV **a**
fermé 1er au 7 janv., 29 juil. au 13 août, dim. et fériés – **Repas** 16.50 - 34/98 et à
la carte 60/100.

X **Cheval Blanc,** 15 pl. d'Armes, ✆ 343 61 61, Fax 343 60 21, ☆, Ambiance de bistro
← – AE E VISA p. 5 CV **x**
fermé sam. et dim. – **Repas** - cuisine lyonnaise - 16 - 58 et à la carte 34/79.

X **Le Rest. Français,** 8 r. Roi Victor Amé, ✆ 342 60 80, ☆ – E VISA p. 5 CV **e**
← *fermé 23 déc. au 7 janv., 17 au 25 fév., 7 au 10 sept., sam. midi et dim.* – **Repas**
15.50 - 36/45 et à la carte 50/80.

au Petit-Lancy 3 km - BV – ⊠ 1213 Petit-Lancy – ☺ 022 :

🏠 ☼ **Host. de la Vendée,** 28 chemin de la Vendée, ✆ 792 04 11, Fax 792 05 46, ☆,
← Véranda en jardin d'hiver – 🛗 ▤ TV ☎ ⇔ ❷ – 🔥 40. AE ① E VISA
fermé 23 déc. au 3 janv. et à Pâques – **Repas** *(fermé sam. midi et dim.)* 50 (midi)/120
et à la carte 72/124 – *Bistro (fermé sam. midi et dim.)* **Repas** 18 - 34 et à la carte 43/74
– **33 ch** ⊆ 160/270 – ½ P suppl. 40 p. 4 BV **y**
Spéc. Crème mousseuse aux orties. Ris de veau aux artichauts barigoule (printemps). Crème
de mascarpone au Cointreau.

à Plan-les-Ouates 5 km - BV – ⊠ 1228 Plan-les-Ouates – ☺ 022 :

XX **Café de la Place,** 143 rte de St-Julien, ✆ 794 96 98, Fax 794 40 09, ☆ – AE E VISA
fermé 22 déc. au 7 janv., 27 juil. au 11 août, sam. et dim. – **Repas** *(prévenir)* 42
(midi)/85 et à la carte 65/112. p. 4 BV **a**

à Saconnex d'Arve 6 km - BV – ⊠ 1212 Grand-Lancy 1 – ☺ 022 :

XX **Aub. de la Tour,** 76 rte des Chevaliers de Malte, ✆ 771 10 49, ☆ – ❷. AE E VISA
← *fermé 3 sem. en fév., 8 au 18 sept., sam. midi, dim. soir et lundi* – **Repas** 19 - 39
(midi)/75 et à la carte 50/88. p. 4 BV **e**

à l'Ouest :

à Cointrin par rte de Meyrin : 4 km - BTU – ⊠ 1216 Cointrin – ☺ 022 :

🏨🏨 **Mövenpick Genève** [M], 20 rte de Pré-Bois, ⊠ 1215, ℘ 798 75 75, Telex 4157◖
◂▸ Fax 791 02 84 – |韋| 🏧 ⊟ 🔟 ☎ ₺ – 🔏 25/400. ☒ ⓞ ⋿ 𝘝𝘐𝘚𝘈 𝙅𝘾𝘽
   La Brasserie : Repas 17 - 65 et à la carte 41/80 – **Kikkoman** ℘ 788 18 80 - cuisi
   japonaise - (fermé dim. et lundi) **Repas** 27 - 48 (midi)/98 et à la carte 42/90 – 🖙
   – **344 ch** 275/400, 6 suites.   p. 4   BU

🏨 **Penta**, 75 av. Louis-Casaï, ℘ 798 47 00, Telex 415571, Fax 798 77 58, 👜, ₺, ⇄
◂▸ |韋| 🏧 ch ⊟ ch 🔟 ☎ ₺ ⇜ ℗ – 🔏 25/700. ☒ ⓞ ⋿ 𝘝𝘐𝘚𝘈 𝙅𝘾𝘽. ⅏ rest
   La Récolte : Repas 16 - 29 et à la carte 40/85 – 🖙 25 – **302 ch** 270/54
   6 suites.   p. 4   BT

✗✗ **Canonica**, à l'aéroport, ℘ 717 76 76, Fax 798 77 68, ≤, Restaurants aménagés auto
◂▸ d'une carlingue d'avion – ▤. ☒ ⓞ ⋿ 𝘝𝘐𝘚𝘈   p. 4   BT
   Plein Ciel (fermé sam. et dim. sauf fériés) **Repas** 39 - 48 (midi)/80 et à la carte 68/1
   – **L'Avion** (brasserie) **Repas** 14.50 et à la carte 36/77, enf. 12.50.

à Meyrin par rte de Meyrin : 5 km - AT – ⊠ 1217 Meyrin – ☺ 022 :

🏨 **Cadettt Mövenpick**, ℘ 989 90 00, Telex 418935, Fax 989 99 99 – |韋| 🏧 ch ⊟
◂▸ 🔟 ☎ ⇜ ℗ – 🔏 25/60. ☒ ⓞ ⋿ 𝘝𝘐𝘚𝘈 𝙅𝘾𝘽   p. 4   AT
   Repas 20 et à la carte 31/76 – 🖙 19 – **190 ch** 165/230.

✗ **Auberge Communale** avec ch, 13 bis av. de Vaudagne, ℘ 782 44 78, Fax 785 14 ໕
◂▸ 🎋 – 🔟 ☎ ℗. ☒ ⋿ 𝘝𝘐𝘚𝘈   p. 4   AT
   fermé 23 déc. au 7 janv., 2 au 22 sept., sam. et dim. – **Repas** 17 - 34 (midi)/75
   à la carte 45/81 – 🖙 11 – **6 ch** 95/123.

GENF Genève 𝟤𝟣𝟩 ⑪ – siehe Genève.

GENTHOD 1294 Genève (GE) 𝟤𝟣𝟩 ⑪ – 2 123 h. – alt. 410 – ☺ 022.
◆Bern 159 - ◆Genève 6 - Gex 18 - ◆Nyon 16.

✗✗ **Château de Genthod**, 1 rte de Rennex, ℘ 774 19 72, Fax 774 19 72, 🎋 – ☒ ◖
◂▸ ⋿ 𝘝𝘐𝘚𝘈
   fermé 23 déc. au 15 janv., dim. et lundi – **Repas** 17 - 49/105 et à la carte 40/ໃ

GERLAFINGEN 4563 Solothurn (SO) 𝟤𝟣𝟨 ⑮ – 4 646 Ew. – Höhe 452 – ☺ 065.
◆Bern 32 - ◆Biel 28 - ◆Solothurn 4.

✗✗ **Frohsinn**, Obergerlafingenstr. 5, ℘ 35 44 77, Fax 35 44 82, 🎋 – ℗. ⓞ ⋿ 𝘝𝘐𝘚𝘈
   Sonntag - Montag und 17. - 28. Juli geschl. – **Menu** 54/89 und à la carte 43/7

GEROLFINGEN Bern (BE) 𝟤𝟣𝟨 ⑭ – Höhe 502 – ⊠ 2575 Täuffelen – ☺ 032.
◆Bern 42 - ◆Neuchâtel 29 - ◆Biel 10 - ◆Solothurn 31.

✗✗ **Züttel**, ℘ 86 11 15, Fax 86 11 15 🎋 – ℗. ☒ ⋿ 𝘝𝘐𝘚𝘈
◂▸ Mittwoch - Donnerstag, im März 3 Wochen und 23. Okt. - 11. Nov. geschl. – **Me**
   20 - 40 und à la carte 53/88.

GERSAU 6442 Schwyz (SZ) 𝟤𝟣𝟪 ① – 1 924 Ew. – Höhe 435 – ☺ 041.
Sehenswert : Lage★★.
🛈 Verkehrsverein, ℘ 84 12 20 (ab 03/96 : 828 12 20), Fax 84 22 30 (ab 03/96 : 828 22 3◖
◆Bern 162 - ◆Luzern 33 - Altdorf 20 - Einsiedeln 39.

🏨 **Müller**, Seestr. 26, ℘ 84 19 19 (ab 03/96 : 828 19 19), Fax 84 19 62 (ab 03/9◖
◂▸ 828 19 62), ≤ Vierwaldstättersee, 🎋, ₺, ⇄ – |韋| 🔟 ☎ ⇜ ℗ – 🔏 40. ☒ ⓞ ⋿ 𝘝
   März - Nov. – **Menu** (Montag geschl.) 18.50 - 49 und à la carte 47/89 – **28 Zi**
   🖙 115/210 – ½ P Zuschl. 35.

🏨 **Seehof - Du Lac**, ℘ 84 12 45 (ab 03/96 : 829 83 00), Fax 84 21 02 (ab 03/9◖
   829 83 84), ≤ Vierwaldstättersee, 🎋, 👜, 🖳 – |韋| 🔟 ☎ ℗. ☒ ⓞ ⋿ 𝘝𝘐𝘚𝘈 ⅏ Re
   Mai - Sept. – **Menu** 48 (abends) und à la carte 35/86 – **24 Zim** 🖙 130/175
   ½ P Zuschl. 32.

✗ **Schwert** mit Zim, ℘ 84 11 34 (ab 03/96 : 828 11 34), Fax 84 22 62 (ab 03/9◖
◂▸ 828 22 62), ≤ Vierwaldstättersee, 🎋 – 🔟 ☎ ℗. ☒ ⋿ 𝘝𝘐𝘚𝘈
   Menu 20 - 55 und à la carte 38/77, Kinder 10 – **11 Zim** 🖙 115/220.

West : 3 km Richtung Luzern – ⊠ 6442 Gersau – 🕲 041 :

🏨 **Rotschuo** 🦢, 🧭 84 22 66 (ab 03/96 : 828 22 66), Fax 84 22 70 (ab 03/96 : 828 22 70), ≤ Vierwaldstättersee und Bergpanorama, 🛋, « Lage am See, exotischer Park », 🛥, 🔟, 🐾, 🚿 – 🛗 ❦ Zim 📺 ☎ 🅿 – 🔬 25/100. 🆎 ⓸ 🅴 𝑉𝐼𝑆𝐴. 🛋 Zim
11. März - 16. Nov. – Fischerstube - Fischspezialitäten **- Menu** 25 und à la carte 36/105
– **62 Zim** 🖙 128/166 – ½ P Zuschl. 25.

GERZENSEE 3115 Bern (BE) 👨👨👨 ⑥ – 895 Ew. – Höhe 647 – 🕲 031.
Bern 23 – ◆Fribourg 38 – Langnau im E. 27 – ◆Thun 16.

🍴 **Bären,** 🧭 781 14 21, 🛋 – 🅿. ⓸ 🅴 𝑉𝐼𝑆𝐴
◆ *Mittwoch - Donnerstag, 15. Feb. - 1. März und 25. Juli - 15. Aug. geschl. –* **Menu**
16 und à la carte 45/76.

GESCHINEN 3981 Wallis (VS) 👨👨👨 ⑲ – 81 Ew. – Höhe 1 340 – 🕲 028.
Bern 132 – Interlaken 76 – Andermatt 56 – ◆Brig 35 – ◆Sion 87.

🍴 **Baschi,** Furkastrasse Nord-Ost : 1 km, 🧭 73 11 63, Fax 73 11 63, 🛋 – 🅿. 🅴 𝑉𝐼𝑆𝐴
21. Dez. - 9. April und 26. Mai - 29. Okt. geöffnet ; im Sommer Sonntag geschl. –
Menu (Grill) à la carte 37/78, Kinder 12.

GIESSBACH Bern 👨👨👨 ⑧ – siehe Brienz.

GILLY 1182 Vaud (VD) 👨👨👨 ⑫ – 707 h. – alt. 486 – 🕲 021.
Bern 135 – ◆Lausanne 31 – ◆Genève 33 – ◆Nyon 13.

🍴 Rôtisserie du Central, 🧭 824 11 83, 🛋 – 🅿.

GIMEL 1188 Vaud (VD) 👨👨👨 ② ⑫ – 1 292 h. – alt. 736 – 🕲 021.
Bern 136 – ◆Lausanne 32 – ◆Genève 42 – Pontarlier 65 – ◆Yverdon-les-Bains 55.

🍴🍴 **Poste,** 🧭 828 31 60, 🛋 – ⓸ 🅴 𝑉𝐼𝑆𝐴
fermé Noël à mi-janv., jeudi soir, dim. soir et merc. – **Repas** 46 et à la carte 52/89.

GISIKON 6038 Luzern (LU) 👨👨👨 ⑱ – 820 Ew. – Höhe 500 – 🕲 041.
Bern 122 – ◆Luzern 12 – ◆Aarau 54 – ◆Schwyz 31 – ◆Zürich 42.

🏨 **Motell an der Reuss** garni, 🧭 450 51 51, Fax 450 30 34 – 🛗 📺 ☎ 🕭 🚗 🅿 – 🔬 30.
🆎 🅴 𝑉𝐼𝑆𝐴
30 Zim 🖙 70/150

GISWIL 6074 Obwalden (OW) 👨👨👨 ⑨ – 3 270 Ew. – Höhe 485 – Wintersport : 485/1 850
5 – 🕲 041.
Verkehrsverein, 🧭 68 17 60 (ab 03/96 : 675 17 60).
Bern 96 – ◆Luzern 29 – Altdorf 53 – Andermatt 73 – Interlaken 39.

🍴🍴 **Bahnhof** mit Zim, 🧭 68 11 61 (ab 03/96 : 675 11 61), Fax 68 24 57 (ab 03/96 :
◆ 675 24 57), 🛋 – 📺 🕭 🅿. 🆎 ⓸ 🅴 𝑉𝐼𝑆𝐴 𝐽𝐶𝐵
Montag und 23. Dez. - 27. Jan. geschl. – Landauer : **Menu** 43 (mittags)/90 und à
la carte 51/92 – *Reblaube :* **Menu** *18.50* und à la carte 29/62 – **10 Zim** 🖙 77/132
– ½ P Zuschl. 33.

Süd : 2 km – ⊠ 6074 Giswil – 🕲 041 :

🏨 **Landhaus** 🦢, 🧭 68 13 13 (ab 03/96 : 675 13 13), Fax 68 22 32 (ab 03/96 : 675 22 32),
◆ ≤ Pilatus und Sarnersee, 🛋, 🛥, 🌊, 🔟 – 🛗 📺 video ☎ 🅿 – 🔬 25/60. 🆎 ⓸
🅴 𝑉𝐼𝑆𝐴 𝐽𝐶𝐵
Zum Melchtaler : **Menu** 75 und à la carte 41/88, Kinder 8 – *Landbeiz :* **Menu** *16* und
à la carte 31/77, Kinder 8 – **46 Zim** 🖙 100/180 – ½ P Zuschl. 33.

(GLARIS) 8750 K Glarus (GL) **216** ② – 5 589 Ew. – Höhe 472 – ✪ 058 (ab 03/9 055).

Sehenswert : Lage★.

Lokale Veranstaltungen
05.05 : Landsgemeinde – Juli : Musikwoche Braunwald.
🛈 Verkehrsbüro, ℰ 61 15 06 (ab 03/96 : 610 21 25), Fax 61 33 03 (ab 03/9 610 28 26).

✪ Hauptstr. 20, ℰ 64 33 76 (ab 03/96 : 646 33 76), Fax 64 33 70 (ab 03/96 : 646 33 7

◆Bern 195 – ◆Chur 75 – ◆St. Gallen 71 – Buchs 66 – ◆Schwyz 68 – ◆Zürich 70.

XX **Sonnegg,** Asylstr. 30, ℰ 61 11 92 (ab 03/96 : 640 11 92), 🍴 – **E** 𝘝𝘐𝘚𝘈
Dienstag abends - Mittwoch und im Juli 3 Wochen geschl. – **Menu** *32* - 39 (mittag und à la carte 55/85.

in Netstal Nord : 2,5 km – ✉ 8754 Netstal – ✪ 058 (ab 03/96 : 055) :

XX **Schwert** mit Zim, ℰ 61 77 66 (ab 03/96 : 640 77 66), Fax 61 90 10 (ab 03/9
⟵ 640 90 10) – ⚙ 📺 ☎ **②**. 🖭 **E** 𝘝𝘐𝘚𝘈
Sonntag abends, Mittwoch, im Feb. 1 Woche und 15. Juli - 1. Aug. geschl. – **Me**
19.50 - 44/65 und à la carte 56/88, Kinder 15 – **10 Zim** ⌑ 75/125 – ½ P Zuschl. 4

Zürich **216** ⑱ – siehe Zürich.

Vaud **217** ⑭ – rattaché à Montreux.

Si vous devez faire une étape dans une station
ou dans un hôtel isolé,
prévenez par téléphone, surtout en saison.

6525 Ticino (TI) **218** ⑫ – 458 ab. – alt. 259 – ✪ 091.

◆Bern 242 – ◆Lugano 35 – Andermatt 79 – ◆Bellinzona 7 – Gordevio 35 – ◆Locarno 25.

X **Lessy,** ℰ 829 19 41, 🍴, 🌭 – **②**. 🖭 **①** **E** 𝘝𝘐𝘚𝘈. 🛇
chiuso domenica sera, lunedì, dal 19 al 25 febbraio e dal 29 luglio al 19 agosto
Pasto *24* ed à la carte 32/56.

6656 Ticino (TI) **219** ⑦ – alt. 270 – ✪ 091.

◆Bern 277 – ◆Lugano 51 – ◆Bellinzona 32 – ◆Locarno 12.

🏛 **Cà Vegia** 🦌 senza rist, ℰ 796 12 67, Fax 796 24 07, « Tipica casa padrona ticinese », 🌭 – 📺 ☎ **②**. 🛇
15 marzo - 31 ottobre – **14 cam** ⌑ 80/160.

X **Madonna,** ℰ 796 16 95, 🍴 – 🖭 **①** **E** 𝘝𝘐𝘚𝘈
11 marzo - 15 novembre ; chiuso martedì salvo luglio ed agosto – **Pasto** *(chiuso mezzogiorno)* (prenotare) 47.

9108 Appenzell Innerrhoden (AI) **216** ㉑ – 1 527 Ew. – Höhe 902 – ✪ 071

◆Bern 219 – ◆St. Gallen 25 – Appenzell 6 – Bregenz 46 – ◆Winterthur 69.

XX **Bären** mit Zim, ℰ 89 12 21 (ab 03/96 : 794 12 21), Fax 89 12 64 (ab 03/96 : 794 12 6
🍴 – ☎ **②**. **E** 𝘝𝘐𝘚𝘈
Sonntag abends - Montag und im März 3 Wochen geschl. – **Menu** *24* - 87 und à carte 48/103 – **15 Zim** ⌑ 88/158 – ½ P Zuschl. 38.

3915 Wallis (VS) **217** ⑰ – Höhe 1 217 – ✪ 028.

🚗 Goppenstein - Kandersteg, Information ℰ 49 11 69.

◆ Bern 193 – ◆Brig 29 – Interlaken 139 – ◆Sierre 25 – ◆Sion 40.

6672 Ticino (TI) **218** ⑪ – 685 ab. – alt. 312 – ✪ 091.

◆Bern 276 – ◆Lugano 50 – ◆Bellinzona 30 – ◆Locarno 10.

XX **Uno Più** 🦌 con cam, ℰ 753 10 12, Fax 753 26 58, 🍴 – **②**. 🛇
chiuso gennaio e febbraio – **Pasto** *(chiuso lunedì)* 29 ed à la carte 48/58 – **6 ca**
⌑ 94/184.

GOSSAU **9202** St. Gallen (SG) 216 ㉑ – 15 865 Ew. – Höhe 638 – ✆ 071.

Bern 199 – ♦St. Gallen 10 – Bregenz 47 – Konstanz 38 – Vaduz 78.

XX **Ochsen,** St. Gallerstr. 31 (1. Etage), ✆ 85 25 31 (ab 03/96 : 385 25 31), Fax 85 08 23 (ab 03/96 : 385 08 23), 余 – P. AE ① E VISA
Montag und 21. Juli - 14. Aug. geschl. – **Menu** *18* - 40 (mittags)/78 und à la carte 40/95.

X **Sonne** mit Zim, St. Gallerstr. 22, ✆ 85 16 51 (ab 03/96 : 385 16 51), Fax 85 90 22 (ab 03/96 : 385 90 22) – TV ☎ P – 25. AE ① E VISA
Sonntag abends, Mittwoch und 15. Juli - 4. Aug. geschl. – **Menu** *17.50* und à la carte 49/92 – **8 Zim** ☐ 75/150.

Nord-West 4 km Richtung Niederbüren – ✆ 071 :

X **Henessenmühle,** ✉ 9202 Gossau, ✆ 85 15 97 (ab 03/96 : 385 15 09), Fax 85 22 65 (ab 03/96 : 385 22 65), 余. E VISA. ✻
Dienstag - Mittwoch, 22. Jan. - 15. Feb. und 12. - 29. Aug. geschl. – **Menu** 76 und à la carte 50/91.

GOTTLIEBEN Thurgau 216 ⑨ – siehe Kreuzlingen.

La GOULE Jura 216 ⑬ – rattaché à Le Noirmont.

GRÄCHEN **3925** Wallis (VS) 217 ⑰ – 1 334 Ew. – Höhe 1 617 – Wintersport : 1617/2 920 m 2 9 – ✆ 028.

Kur- und Verkehrsverein, Dorfplatz, ✆ 56 27 27, Fax 56 11 10.

Bern 199 – ♦Brig 33 – ♦Sion 67.

La Collina ⛰, ✆ 56 20 16, Fax 56 11 35, 余, Fö, ≘s, – |‡| TV ☎. AE ① E VISA. ✻ Rest
Mitte Dez. - Mitte April und Mitte Mai - Mitte Nov. – **Menu** *37* (abends) und à la carte 41/57, Kinder 9 – **14 Zim** ☐ 146/170 – ½ P Zuschl. 20.

Walliserhof, ✆ 56 11 22, Fax 56 29 22, ←, 余, Fö, ≘s – |‡| TV ☎. AE ① E VISA
Nov. geschl. – **Menu** *18* - 42 und à la carte 28/88 – **20 Zim** ☐ 85/170 – ½ P Zuschl. 25.

Grächerhof ⛰, ✆ 56 25 15, Fax 56 25 42, ←, 余, ≘s, – TV ☎. AE ① E VISA. ✻ Rest
16. Dez. - 19. April und 16. Juni - 19. Okt. – **Menu** *25.50* - 41/95 und à la carte 44/98, Kinder 10 – **21 Zim** ☐ 121/206 – ½ P Zuschl. 35.

Elite ⛰, ✆ 56 16 12, Fax 56 16 82, ←, ≘s – |‡| ☎ P. AE ① E VISA. ✻ Rest
22. Dez. - 19. April und 9. Juni - 11. Okt. – **Menu** *(nur Abendessen)* 38 und à la carte 38/72, Kinder 12 – **24 Zim** ☐ 90/185 – ½ P Zuschl. 24.

Hannigalp ⛰, ✆ 56 25 55, Fax 56 28 55, ←, 余, ≘s, ⊡, ✻ – |‡| TV ☎. AE E VISA. ✻ Zim
21. Dez. - 19. April und 11. Juni - 19. Okt. – **Menu** *20* - 35 und à la carte 36/65, Kinder 10 – **22 Zim** ☐ 75/150 – ½ P Zuschl. 20.

GRANGES **3977** Valais (VS) 217 ⑯ – alt. 507 – ✆ 027.

Bern 163 – ♦Brig 45 – ♦Martigny 40 – ♦Fribourg 134 – ♦Lausanne 101 – ♦Yverdon-les-Bains 135.

XX **Rive Gauche** avec ch, ✆ 58 34 34, Fax 58 34 74, 余 – TV ☎ P. AE ① E VISA
fermé dim. soir et lundi – **Repas** *15* - 54/92 et à la carte 50/92, enf. 12 – **4 ch** ☐ 75/140.

Les GRANGES Valais 217 ⑭ – rattaché à Martigny.

GRELLINGEN **4203** Basel-Landschaft (BL) 216 ④ – 1 551 Ew. – Höhe 323 – ✆ 061.

Bern 102 – ♦Basel 20 – ♦Delémont 28 – Liestal 30.

X **Zur Brücke,** Bahnhofstr. 4, ✆ 741 12 36, Fax 741 10 82 – P. E VISA
Samstag mittags, Mittwoch, 26. Feb. - 4. März, Ende Juli 2 Wochen und 7. - 14. Okt. geschl. – **Menu** *27.50* - 42 (mittags)/75 und à la carte 40/96, Kinder 12.

GRENCHEN **2540** Solothurn (SO) 216 ⑭ – 16 338 Ew. – Höhe 440 – ✆ 065.

Verkehrsbüro, Centralstr. 12, ✆ 53 82 11, Fax 53 82 19.

Bern 34 – ♦Delémont 58 – ♦Basel 80 – ♦Biel 11 – ♦Solothurn 11.

Krebs, Bettlachstr. 29, ✆ 52 29 52, Fax 52 29 85, 余 – |‡| TV ☎. AE ① E VISA
Menu *(Samstag - Sonntag, und 15. Juli - 4. Aug. geschl.)* *24* - 32/120 und à la carte 45/90 – **26 Zim** ☐ 50/170 – ½ P Zuschl. 20.

GREPPEN 6404 Luzern (LU) 🔢🔢🔢 ⑱ – 599 Ew. – Höhe 460 – ✪ 041.

◆Bern 139 – ◆Luzern 19 – Altdorf 42 – Cham 17 – ◆Schwyz 28 – ◆Zürich 50.

※ **St. Wendelin** mit Zim, ℰ 390 30 16, Fax 390 39 16, ≤, 佘, 🔲 – 🆃🆅 🅿. 🆀🅴 ① 🅴 *VISA* ⌡
Feb. geschl. – **Menu** *(Dienstag, von Nov. - März auch Montag geschl.)* 21.50 - 73 ⌞
à la carte 51/102 – **8 Zim** ⌸ 100/180.

GRIMENTZ 3961 Valais (VS) 🔢🔢🔢 ⑯ – 429 h. – alt. 1 570 – Sports d'hiver : 1 570/3 000
✦1 ✦11 ☆ – ✪ 027 – 🆁 Office du Tourisme, ℰ 65 14 93, Fax 65 28 91.

◆Bern 191 – ◆Brig 55 – ◆Sion 38.

🏨 **Alpina** ⚜, ℰ 65 20 65, Fax 65 23 85, ≤, 佘, 🖘 – 🛗 🆃🆅 ☎ 🖘. 🅴 *VISA*. ⚘ ⌐
◆ 15 déc. - 20 avril et 30 juin - 11 oct. – **Repas** 15 - 38/62 et à la carte 41/71, enf.
– **32 ch** *(½ pens. seul.)* ⌸ 108/196 – ½ P suppl. 30.

🏨 **Alamarenda** ⚜, ℰ 65 26 26, Fax 65 25 27, ≤, 佘, 🖘, 🌳 – 🛗 ⫴⫶ ch 🆃🆅 ☎ 🔥
◆ 🆀🅴 ① 🅴 *VISA*. ⚘ rest
mi-déc. - mi-avril et fin juin - mi-oct. – **Repas** *(en hiver fermé le midi)* 18 - 40 et à
carte 28/66, enf. 10.50 – **33 ch** *(en hiver ½ pens. seul.)* ⌸ 65/230 – ½ P suppl. ⌐

※※ **Lona,** ℰ 65 10 50, 佘 – 🆀🅴 🅴 *VISA*
fermé 15 mai au 1er juil., 31 oct. au 20 déc., dim. soir et lundi en mai, sept. et ⌐
– **Repas** 22 - 35 (midi) et à la carte 31/78, enf. 6.

GRINDELWALD 3818 Bern (BE) 🔢🔢🔢 ⑧ – 3 907 Ew. – Höhe 1 034 – Wintersport
1 034/2 468 m ✦6 ✦11 ☆ – ✪ 036.

Sehenswert : Lage★★★.

Ausflugsziel : Jungfraujoch★★★ mit Zahnradbahn – Faulhorn★★★ – First★★ mit Sessel
– Bachsee★★ – Gletscherschlucht★★.

Lokale Veranstaltungen
23.06 : Bergfrühlingsfest auf dem Männlichen
28.07 : Trachtenfest auf dem Männlichen.

🆁 Verkehrsverein, ℰ 53 12 12, Fax 53 30 88.

◆Bern 77 – Interlaken 20 – Brienz 38 – Spiez 36.

🏨 **Grand Hotel Regina,** ℰ 54 54 55, Fax 53 47 17, ≤ Eiger, 佘, « Sammlung al
Pendeluhren », 🖘, 🏊, 🔲, 🌳, ※ – 🛗 🆃🆅 ☎ 🖘 🅿 – 🔏 200. 🆀🅴 *VISA* 🆁🅲🅱. ⚘ R⌐
1. Okt. - 15. Dez. geschl. – **Pendule d'Or :** Menu 55/75 und à la carte 53/114 –
25 – **82 Zim** 280/430, 9 Suiten – ½ P Zuschl. 45.

🏨 **Schweizerhof,** ℰ 53 22 02, Fax 53 20 04, ≤ Eiger, 佘, 🆚, 🖘, 🔲, 🌳 – 🛗 🆃🆅
🅿. 🆀🅴 🅴 *VISA*
22. Dez. - 16. März und 1. Juni - 5. Okt. – **Schmitte :** Menu 48/85 und à la ca⌐
42/83 – **42 Zim** ⌸ 207/370, 8 Suiten – ½ P Zuschl. 20.

🏨 **Belvedere,** ℰ 54 54 34, Fax 53 41 20, ≤ Eiger, 佘, 🆚, 🖘, 🔲, 🌳 – 🛗 ⫴⫶ Zim ⌐
☎ 🅿 – 🔏 40. 🆀🅴 ① 🅴 *VISA* 🆁🅲🅱. ⚘ Rest
22. Dez. - 12. April und 27. April - 26. Okt. – **Menu** 65 (abends) und à la carte 38/⌐
Kinder 10 – **55 Zim** ⌸ 200/380 – ½ P Zuschl. 35.

🏨 **Kirchbühl** ⚜, ℰ 53 35 53, Fax 53 35 18, ≤ Eiger, 佘, 🖘 – 🛗 🆃🆅 ☎ 🅿 – 🔏 25/⌐
◆ 🆀🅴 ① 🅴 *VISA*. ⚘ Rest
20. Okt. - 20. Dez. geschl. – **La Marmite :** Menu à la carte 40/87 – **Hilty-Stübli :** Me⌐
20 und à la carte 34/78 – **47 Zim** ⌸ 175/350 – ½ P Zuschl. 30.

🏨 **Sunstar,** ℰ 54 54 17, Telex 923230, Fax 53 31 70, 佘, 🖘, 🔲, 🌳, ※ – 🛗 🆃🆅 ☎ 🅿 – 🔏 25/100. 🆀🅴 ① 🅴 *VISA* 🆁🅲🅱
Dez. - April und Juni - Okt. – **Adlerstube** *(Dienstag mittags und Montag geschl.)* Me⌐
24 - 60 und à la carte 50/85 – **185 Zim** ⌸ 160/390, 15 Suiten – ½ P Zuschl. 3⌐

🏨 **Kreuz und Post,** ℰ 54 54 92, Fax 54 54 99, ≤ Eiger, 佘, 🖘 – 🛗 🆃🆅 ☎ 🅿 – 🔏 ⌐
◆ 🆀🅴 ① 🅴 *VISA*. ⚘ Rest
9. April - 10. Mai geschl. – **Menu** *(im Sommer Montag geschl.)* 16 - 42 und à la ca⌐
33/92, Kinder 12 – **42 Zim** ⌸ 175/320 – ½ P Zuschl. 35.

🏨 **Spinne,** ℰ 53 23 41, Fax 53 23 14, ≤ Eiger, 佘, 🖘, 🌳 – 🛗 🆃🆅 ☎ 🖘 🅿. 🆀🅴 ⟨
◆ 🅴 *VISA* 🆁🅲🅱
Nov. geschl. – **The Chinese** - chinesische Küche - *(Montag, im Sommer auch Dienst⌐
geschl.) (nur Abendessen)* Menu à la carte 36/64 – **Mercato** - italienische Küche⌐
(1. Nov. - 15. Dez. geschl.) **Menu** 18 und à la carte 33/84 – **47 Zim** ⌸ 220/290⌐
½ P Zuschl. 39.

Gletschergarten, ℰ 53 17 21, Fax 53 29 57, ≼, 🏡, « Heimelige Atmosphäre », ⊜s
– 🛗 📺 📞. ⚡ Rest
21. Dez. - 8. April und 2. Juni - 5. Okt. – **Menu** *(Montag geschl.)* à la carte 45/67
– **26 Zim** ⊑ 135/260 – ½ P Zuschl. 35.

Derby, ℰ 54 54 61, Fax 53 24 26, ≼ Eiger, 🏡, ⊜s – 🛗 📺 ☎ 📞. ⚡ ❶ ⎐ 𝘝𝘐𝘚𝘈 ᴊᴄʙ.
⚡ Rest
1. Nov. - 8. Dez. geschl. – **Menu** *18* und à la carte 32/91 – **75 Zim** ⊑ 118/246 –
½ P Zuschl. 30.

Parkhotel Schoenegg 🐾, ℰ 53 18 53, Fax 53 47 66, ≼ Eiger, ℉⚊, ⊜s, 🖈 – 🛗 ☎
⇔ 📞. ⚡ ⎐ 𝘝𝘐𝘚𝘈. ⚡ Rest
22. Dez. - 7. April und 9. Juni - 1. Okt. – **Menu** *(nur ½ Pens.) (mittags geschl.)* – **49 Zim**
⊑ 150/310 – ½ P Zuschl. 15.

Bodmi Ⓜ 🐾, Terrassenweg, ℰ 53 55 20, Fax 53 13 53, ≼ Eiger, 🏡 – 🛗 📺 ☎ ⇔
📞. ⚡ ⎐ 𝘝𝘐𝘚𝘈
23. Dez. - 8. April und 24. Mai - 27. Okt. – **Menu** 38 (abends) und à la carte 33/77,
Kinder 8 – **20 Zim** ⊑ 155/260 – ½ P Zuschl. 32.

Eiger, ℰ 53 21 21, Fax 53 21 01, ⊜s – 🛗 📺 ☎ ⇔ 📞. ⚡ ❶ ⎐ 𝘝𝘐𝘚𝘈 ᴊᴄʙ. ⚡ Zim
Mitte Okt. - Mitte Dez. geschl. – **Menu** *(im Winter Dienstag, im Sommer Sonntag*
geschl.) (nur Abendessen) 35 und à la carte 41/70 – **48 Zim** ⊑ 163/296 – ½ P Zuschl.
35.

Fiescherblick, ℰ 53 44 53, Fax 53 44 57, ≼, 🏡 – 🛗 📺 ☎ 📞. ⚡ ❶ ⎐ 𝘝𝘐𝘚𝘈 ᴊᴄʙ
23. Dez. - 13. April und 11. Mai - 19. Okt. geöffnet ; Mittwoch mittags und Dienstag
(nur Rest.) geschl. – **Menu** 46/98 und à la carte 53/103 – **Swiss bistro :** Menu *18*
- 35 und à la carte 30/63, Kinder 10 – **25 Zim** ⊑ 130/240 – ½ P Zuschl. 35.

Steinbock Ⓜ, ℰ 53 10 10, Fax 53 34 94 – 🛗 📺 ☎ ⚙ 📞. ⚡ ⎐ 𝘝𝘐𝘚𝘈
Montag und 15. - 25. Dez. geschl. – **Menu** à la carte 35/87 – **20 Zim** ⊑ 95/190 –
½ P Zuschl. 30.

Alpenhof Ⓜ 🐾, ℰ 53 52 70, Fax 53 19 15, ≼ Eiger, 🏡 – 🛗 📺 ☎ 📞. ⚡ ⎐ 𝘝𝘐𝘚𝘈
Ende Okt. - 23. Dez. geschl. – **Menu** *(nur Abendessen)* 38 und à la carte 37/86,
Kinder 11 – **13 Zim** ⊑ 140/280, 4 Suiten – ½ P Zuschl. 30.

Alpina 🐾, ℰ 53 33 33, Fax 53 33 76, ≼ Eiger, 🏡, 🚗 – 🛗 📺 ☎ 📞 – **34 Zim**.

Grindelwalderhof Ⓜ, ℰ 53 28 64, Fax 54 40 19, ⊜s – 🛗 📺 ☎ ⇔ 📞. ⚡ ❶ ⎐
𝘝𝘐𝘚𝘈
Hotel : 25. Okt. - 10. Dez. geschl. ; Rest. : Donnerstag, 8. - 28. April und 25. Okt.
- 10. Dez. geschl. – **Menu** *13* - 18 und à la carte 28/55 – **16 Zim** ⊑ 160/210 –
½ P Zuschl. 30.

Glacier 🐾, ℰ 53 10 04, Fax 53 50 04, ≼ Eiger, 🏡 – 📺 ☎ 📞. ⚡ ❶ ⎐ 𝘝𝘐𝘚𝘈
in Mai, Okt. und Nov. Dienstag, 20. Mai - 8. Juni und 19. Nov. - 17. Dez. geschl. –
Menu *20* und à la carte 30/70 – **17 Zim** ⊑ 115/200 – ½ P Zuschl. 30.

Cabana garni, ℰ 53 32 32, Fax 53 44 76, ≼ Eiger – 🛗 📺 ☎ 📞. ⚡ ❶ ⎐ 𝘝𝘐𝘚𝘈. ⚡
Nov. geschl. – **18 Zim** ⊑ 120/220.

ROSSDIETWIL 6146 Luzern (LU) 🔢🔟 ⑯ – 896 Ew. – Höhe 574 – 🕾 063.
ᴇrn 61 – ◆Aarau 40 – Burgdorf 37 – Langenthal 13 – ◆Luzern 40 – ◆Olten 33.

⛏ **Löwen** mit Zim, ℰ 59 18 03, Fax 59 26 39, 🏡, « Gasthaus aus dem 15. Jh. » – 📞.
► ⚡ 𝘝𝘐𝘚𝘈
Sonntag abends, Dienstag mittags, Montag, 15. - 31 Jan. und 15. - 31. Juli geschl.
– **Löwensäli :** Menu *18.50* - 40 und à la carte 48/90 – **Beizli :** Menu *16* und à la carte
33/61 – **7 Zim** ⊑ 60/110 – ½ P Zuschl. 30.

ROSSHÖCHSTETTEN 3506 Bern (BE) 🔢🔢 ⑦ – 2 967 Ew. – Höhe 743 – 🕾 031.
ᴇrn 18 – Burgdorf 22 – ◆Luzern 76 – ◆Thun 21.

⛏ **Sternen** mit Zim, ℰ 710 24 24, Fax 710 24 25, 🏡 – 📺 📞. ⚡ ⎐ 𝘝𝘐𝘚𝘈
► *29. Juli - 13. Aug. geschl.* – **Menu** *(Montag - Dienstag geschl.)* 17 und à la carte 39/77
– **8 Zim** ⊑ 75/130 – ½ P Zuschl. 30.

in Zäziwil Ost : 2 km – ⊠ 3532 Zäziwil – 🕾 031 :

⛏ **Zum weissen Rössli,** ℰ 711 15 32, Fax 711 15 33, 🏡 – 📞. ⚡ ❶ ⎐ 𝘝𝘐𝘚𝘈
► *Dienstag, 12. Feb. - 5. März und 15. - 30. Juli geschl.* – **Menu** *18* - 35/42 und à la
carte 34/75.

GRUB 9035 Appenzell Ausserrhoden (AR) 🅰🅱🅶 ㉒ – 1 037 Ew. – Höhe 813 – 🕓 07.

◆Bern 225 – ◆St. Gallen 17 – Altstätten 27 – Bregenz 23.

※ **Bären** mit Zim, *&* 91 13 55 (ab 03/96 : 891 13 55), 🏠 – 📺 – 🅿 – 🛄 40. 🆎 **E**
↔ *Dienstag mittags, Montag, im Jan. 1 Woche und 15. - 31. Juli geschl.* – **Menu**
85 und à la carte 44/88, Kinder 12 – **5 Zim** 🖙 65/120.

GRUYÈRES 1663 Fribourg (FR) 🅰🅱🅷 ⑤ – 1 412 h. – alt. 830 – 🕓 029.

Voir : Château★ : chapes★.

🅴 Office du Tourisme, *&* 6 10 30, Fax 6 38 50.

◆Bern 65 – ◆Montreux 40 – ◆Fribourg 35 – Gstaad 38 – ◆Lausanne 50 – ◆Yverdon-les-Bains 84.

🏨 **Host. St. Georges,** *&* 6 22 46, Fax 6 33 13, 🏠, « Terrasse ≤ remparts
montagne » – 📺 🕿 🅿 – 🛄 250. 🆎 ⓪ **E** 💳
fermé mi-janv. à fin fév. – **Repas** *(fermé lundi d'oct. à juin)* 59 et à la carte 34/91, enf.
– **14 ch** 🖙 125/220 – ½ P suppl. 40.

🅇🅇🅇 **Host. des Chevaliers** ⅏ (en annexe : 🏨), *&* 6 19 33, Fax 6 25 52, ≤, 🍴
« Terrasse fleurie ombragée » – 🛗 📺 🕿 🅿 – 🛄 35. 🆎 ⓪ **E** 💳
fermé 10 janv. au 15 fév. – **Repas** *(fermé mardi et merc.)* 85/140 et à la carte 57/1
– **32 ch** 🖙 160/260 – ½ P suppl. 68.

※ **Fleur de Lys** avec ch, *&* 6 21 08, Fax 6 36 05, 🏠 – 🛗 📺 🕿 🅿. 🆎 ⓪ **E** 💳 🍴
↔ *fermé fév. et mardi de nov. à Pâques* – **Repas** *18* - 26 et à la carte 40/79, enf. 1
11 ch 🖙 105/155 – ½ P suppl. 40.

※ **Aub. de la Halle,** *&* 6 21 78, Fax 6 33 13, 🏠 – 🆎 ⓪ **E** 💳
fermé début fév. à fin mars et mardi – **Repas** 29/46 et à la carte 41/76, enf. 1

*à **Moléson-sur-Gruyères** Sud-Ouest : 6 km* – alt. 1 110 – Sports d'hive
1 110/2 002 m ⅍3 ⅍4 – ⊠ 1662 Moléson-Village – 🕓 029.

🅴 Office du Tourisme, *&* 6 24 34, Fax 6 26 00

※ **La Pierre à Catillon,** *&* 6 10 41, Fax 6 33 55, 🏠 – 🅿. 🆎 **E** 💳
↔ *fermé 8 au 18 avril, 25 oct. au 25 nov. et lundi* – **Repas** *18* et à la carte 30/79, enf.

GSTAAD 3780 Bern (BE) 🅰🅱🅷 ⑮ – 2 000 Ew. – Höhe 1 080 – Wintersport : 1 000/3 000
⅍5 ⅍12 ⅍ – 🕓 030.

Sehenswert : Lage★★★.

🔟 (Juni - Okt.) *&* 4 26 36.

Lokale Veranstaltungen
Ende Juli - Mitte Sept. : Musiksommer Gstaad - Saanenland
01.03 - 10.03 : Cinemusic (Internationales Film-Musik-Festival).

🅴 Verkehrsverein, *&* 8 81 81, Fax 8 81 33.

◆Bern 88 – ◆Montreux 64 – Aigle 48 – ◆Fribourg 73 – ◆Lausanne 88 – Spiez 59.

🏨🏨🏨 **Grand Hotel Park** Ⓜ ⅏, *&* 8 33 77, Fax 4 44 14, ≤ Les Diablerets, 🏠, Park, 🏊
🗱, 🗱 🔲 (Solbad), 🎾 🎾 – 🛗 📺 video 🕿 ⟷ 🅿 – 🛄 25/150. 🆎 ⓪ **E** 💳 🍴
🍴 Rest
Mitte Dez. - März und Juni - Sept. – **Grand Restaurant** *(nur Abendessen)* **Menu** 95/1
und à la carte 74/154 – **Greenhouse :** **Menu** 65/120 und à la carte 61/126 – **82 Z**
🖙 585/850, 11 Suiten – ½ P Zuschl. 30.

🏨🏨🏨 **Palace** ⅏, *&* 8 31 31, Fax 4 33 44, ≤ Les Diablerets, 🏠, 🖖, 🗱, 🏊, 🔲, 🎾,
– 🛗 📺 🕿 ⟷ 🅿 – 🛄 25/300. 🆎 ⓪ **E** 💳 🍴 Rest
Dez. - März und Juli - Sept. – **Menu** 80 (mittags)/95 und à la carte 73/143 – **Grill Sa**
Cravate : **Menu** *33* und à la carte 75/153 – **108 Zim** 🖙 390/1060, 12 Suiten – ½
Zuschl. 70.

🏨🏨 **Le Grand Chalet** ⅏, *&* 8 32 52, Fax 4 44 15, ≤ Saanenland und Berge, 🏠, 🖖, 🍴
🏊 – 🛗 📺 🕿 ⟷ 🅿. 🆎 ⓪ **E** 💳 💳
15. Dez. - 8. April und 6. Juni - 6. Okt. – **Menu** (siehe auch Rest. **La Bagatelle**) – **20 Z**
🖙 250/420, 5 Suiten.

🏨🏨 **Bernerhof,** *&* 8 88 44, Fax 8 88 40, 🏠, 🖖, 🗱, 🔲 – 🛗 📺 🕿. 🆎 ⓪ **E** 💳 🍴 R
↔ *in der Zwischensaison Montag abends, Dienstag (nur Rest.) und 20. Nov. - 2. D*
geschl. – **Menu** *17* - 70 und à la carte 30/75 – **Blun-Chi** - chinesische Küche - **Me**
70 und à la carte 43/77, Kinder 19 – **34 Zim** 🖙 177/314, 11 Suiten – ½ P Zusc
32.

Arc-en-ciel, ℰ 8 31 91, Fax 4 36 33, 畲, ⇌, ⚒, ℀ – ⅏ ⅏ 🆅 ☎ ⇦ 🅿 –
🏊 25/60. 🆑 ⓪ 🅴 𝘝𝘐𝘚𝘈
Menu 22 und à la carte 31/87, Kinder 10 – **36 Zim** ☲ 195/370, 6 Suiten.

Christiana, ℰ 4 51 21, Fax 4 71 09, 畲 – ⅏ 🆅 ☎. ⓪ 🅴 𝘝𝘐𝘚𝘈. ℀ Rest
14. Dez. - 25. Mai und 10. Juni - 21. Nov. – **Menu** 20 - 66 und à la carte 38/118 –
16 Zim, ☲ 250/400, 3 Suiten – ½ P Zuschl. 60.

Gstaaderhof, ℰ 8 33 44, Fax 4 60 15, 畲, 🐎 – ⅏ 🆅 ☎ ⇦ – 🏊 25. 🆑 ⓪ 🅴
𝘝𝘐𝘚𝘈. ℀ Rest
17. Dez. - 7. April und 17. Mai - 19. Okt. – **Menu** 20 - 40 und à la carte 39/91, Kinder 12
– **65 Zim** ☲ 192/352 – ½ P Zuschl. 25.

Alphorn, ℰ 4 45 45, Fax 4 17 90, 畲, ⇌ – ⅏ 🆅 ☎ 🅿. 🆑 ⓪ 🅴 𝘝𝘐𝘚𝘈
in der Zwischensaison Montag, ab Mitte Juni und ab Mitte Nov. jeweils 2 Wochen
geschl. – **Menu** 18 - 30 (mittags) und à la carte 30/86, Kinder 9.50 – **28 Zim**
☲ 120/260 – ½ P Zuschl. 35.

Chesery, ℰ 4 24 51, Fax 4 89 47, 畲 – 🅿. 🆑 ⓪ 🅴 𝘝𝘐𝘚𝘈
Mitte Dez. - Mitte April und Mitte Juni - Mitte Okt. geöffnet ; Montag (im Winter
Dienstag - Donnerstag jeweils mittags) geschl. – **Menu** 35 - 58 (mittags) und à la carte
69/142.

La Bagatelle - Hotel Le Grand Chalet, ℰ 8 32 52, Fax 4 44 15 – 🅿. 🆑 ⓪ 🅴 𝘝𝘐𝘚𝘈 🗾
15. Dez. - 8. April und 6. Juni - 6. Okt. – **Menu** 30 - 48 (mittags)/110 und à la carte
38/116, Kinder 14.

Olden mit Zim, ℰ 4 34 44, Fax 4 61 64, 畲, 🐎 – 🆅 ☎ ⇦ 🅿. 🆑 ⓪ 🅴 𝘝𝘐𝘚𝘈
Menu (in der Zwischensaison Sonntag abends und Montag geschl.) 52 (mittags) und
à la carte 61/118 – **La Pinte : Menu** 24 und à la carte 30/95 – **16 Zim** ☲ 135/335.

in Schönried Nord : 7 km Richtung Zweisimmen – ✉ 3778 Schönried – ☻ 030 :

Ermitage-Golf, ℰ 4 27 27, Fax 4 71 95, ≤ Les Diablerets, 畲, 𝑭𝟼, ⇌, ⚒, 🔲 (Sol-
bäder), 🐎, ℀ – ⅏ 🆅 ☎ ⇦ 🅿. 🆑 ⓪ 🅴 𝘝𝘐𝘚𝘈
17. Dez. - 8. April und 15. Mai - 20. Okt. – **Menu** 45/115 und à la carte 57/97,
Kinder 14 – **70 Zim** ☲ 315/560 – ½ P Zuschl. 10.

Alpenrose, ℰ 4 67 67, Fax 4 67 12, 畲 – ⅏ 🆅 ☎ & ⇦ 🅿. 🆑 ⓪ 🅴 𝘝𝘐𝘚𝘈
20. Okt. - 15. Dez. geschl. – **Menu** (Montag und Dienstag jeweils mittags und Mitte
April - Mitte Juni geschl.) 55/135 und à la carte 43/118 – **16 Zim** ☲ 195/420 – ½
P Zuschl. 45.

in Saanenmöser Nord : 9 km Richtung Zweisimmen – ✉ 3777 Saanenmöser –
☻ 030 :

Golfhotel Les Hauts de Gstaad, ℰ 8 32 32, Fax 4 62 70, ≤ Les Diablerets, 畲, 𝑭𝟼,
⇌, 🐎, ℀ – ⅏ 🆅 ☎ ⇦ 🅿 – 🏊 110. 🆑 ⓪ 🅴 𝘝𝘐𝘚𝘈
16. Dez. - 7. April und 16. Juni - 14. Okt. – **Le Francis : Menu** 18 - 60/95 und à la
carte 49/107 – **Bärengraben : Menu** à la carte 36/99 – **25 Zim** ☲ 275/540, 5 Suiten
– ½ P Zuschl. 30.

Hornberg ≫, ℰ 4 44 40, Fax 4 62 79, 畲, ⇌, ⚒, 🔲, 🐎 – ☎ ⇦ 🅿. 𝘝𝘐𝘚𝘈
18. Dez. - 14. April und 16. Mai - 26. Okt. – **Menu** 20 - 35/75 und à la carte 31/77,
Kinder 10 – **40 Zim** ☲ 160/390 – ½ P Zuschl. 20.

in Lauenen Süd : 6,5 km – ✉ 3782 Lauenen – ☻ 030 :

Alpenland Ⓜ ≫, ℰ 5 34 34, Fax 5 34 64, ≤ Berge, 畲 – ⅏ 🆅 ☎ ⇦ 🅿. 🆑 🅴
𝘝𝘐𝘚𝘈
von April - Mitte Juni Donnerstag und Nov. geschl. – **Menu** 35 und à la carte 35/81
– **19 Zim** ☲ 210/240 – ½ P Zuschl. 30.

in Saanen Nord-West : 3 km – ✉ 3792 Saanen – ☻ 030.

Sehenswert : Chalets★ – Wandmalereien★ in der Kirche

Steigenberger Avance, auf der Halten, Ost : 2 km, ℰ 8 33 88, Fax 4 49 47, ≤ Saanen
und Gstaad, 畲, 𝑭𝟼, 🔲, 🐎 – ⅏ ⅏ Zim 🆅 ☎ 🕴 ⇦ 🅿 – 🏊 25/120. 🆑
⓪ 🅴 𝘝𝘐𝘚𝘈 🗾. ℀ Rest
2. Nov. - 19. Dez. geschl. – **Menu** 55 und à la carte 45/111 – **126 Zim** ☲ 245/450,
7 Suiten – ½ P Zuschl. 49.

Cabana ≫, ℰ 8 32 00, Fax 4 94 73, 畲, 𝑭𝟼, ⇌, ⚒, 🔲, 🐎 – ⅏ 🆅 ☎ ⇦ 🅿 –
🏊 25/80. 🆑 🅴 𝘝𝘐𝘚𝘈. ℀ Rest
Menu 50 und à la carte 39/84 – **18 Zim** ☲ 150/320 – ½ P Zuschl. 30.

183

🏠 **Saanerhof,** ℰ 4 15 15, Fax 4 13 23, 😇, ⅋ – ☎ ℗
→ *1. - 28. April und 15. Nov. - 18. Dez. geschl.* – **Menu** *20* und à la carte 33/79, Kinder – **23 Zim** ☲ 115/210 – ½ P Zuschl. 32.

🏠 **Landhaus,** ℰ 4 58 58, Fax 4 89 40, 😇 – 📳 📺 ☎. 🆎 ⓞ Ε 𝖵𝖨𝖲𝖠
→ *Donnerstag und 2. Mai - 10. Juni geschl.* – **Menu** *16* und à la carte 31/83 – **18 Z** ☲ 125/210 – ½ P Zuschl. 30.

GUARDA 7545 Graubünden (GR) 𝟤𝟣𝟪 ⑥ – 196 Ew. – Höhe 1 653 – 🕲 081.
♦Bern 318 – Scuol 19 – ♦Davos 42 – Merano 122 – St. Anton am Arlberg 107 – St. Moritz 51.

🏠 **Piz Buin** ⏳, ℰ 862 24 24, Fax 862 24 04, ⩵ Pisoc Gruppe, 😇, 🕾𝗌, ⅋ – ☎ ℗. 𝖵𝖨𝖲𝖠
8. - 20. Jan., 8. April - 25. Mai und 28. Okt. - 22. Dez. geschl. – **Menu** *(im Win* *Mittwoch geschl.)* 22 - 49 und à la carte 39/82, Kinder 10 – **22 Zim** ☲ 72/164 ½ P Zuschl. 22.

🏠 **Meisser** ⏳, ℰ 862 21 32, Fax 862 24 80, ⩵ Pisoc Gruppe, 😇, Ehemaliges Engadir Bauernhaus – 🍽 Rest ☎ ℗. 🆎 ⓞ Ε 𝖵𝖨𝖲𝖠. ✖ Rest
29. Mai - 1. Nov. – **Menu** *25* - 38/55 und à la carte 38/95, Kinder 13 – **25 Z** ☲ 120/240 – ½ P Zuschl. 30.

🏡 **Val Tuoi,** ℰ 862 24 70, Fax 862 24 07 – ✖ Rest
→ *1. Dez. - 14. April und 19. Mai - 31. Okt.* – **Menu** *(nur Abendessen für Hotelgäs* 18 – **12 Zim** ☲ 57/125 – ½ P Zuschl. 18.

GUNTEN Bern 𝟤𝟣𝟩 ⑦ – siehe Sigriswil.

GURTNELLEN 6482 Uri (UR) 𝟤𝟣𝟪 ① – 759 Ew. – Höhe 738 – 🕲 044 (ab 03/96 : 04 ♦Bern 170 – Andermatt 16 – Altdorf 22 – ♦Chur 104.

✖ **Gotthard** mit Zim, ℰ 6 51 10 (ab 03/96 : 885 11 10), Fax 6 63 10 (ab 03/9 → 885 03 10), 😇 – ℗. 🆎 ⓞ Ε 𝖵𝖨𝖲𝖠
Montag - Dienstag, 20. Dez. - 6. Jan. und 20. Feb. - 1. April geschl. – **Menu** *20 -* und à la carte 46/83, Kinder 12.50 – **11 Zim** ☲ 85/150 – ½ P Zuschl. 35.

GUTTANNEN 3864 Bern (BE) 𝟤𝟣𝟩 ⑨ – 390 Ew. – Höhe 1 060 – 🕲 036.
♦Bern 100 – Interlaken 43 – Andermatt 67 – ♦Brig 67.

an der Grimselpass Strasse Süd 6 km

✖✖ **Handeck** ⏳ mit Zim, ✉ 3864 Guttannen, ℰ 73 11 31, Fax 73 12 40, ⩵, 😇 – ☎ – 🔥 30. 🆎 Ε 𝖵𝖨𝖲𝖠. ✖ Rest
Mai - Okt. – **Menu** *24* - 48/65 und à la carte 43/91, Kinder 8.50 – **27 Zim** ☲ 67/1 – ½ P Zuschl. 18.

HABKERN Bern 𝟤𝟣𝟩 ⑦ – siehe Interlaken.

HÄGGLINGEN 5607 Aargau (AG) 𝟤𝟣𝟨 ⑰ – 1 907 Ew. – Höhe 475 – 🕲 056.
♦Bern 101 – ♦Aarau 23 – ♦Baden 17 – Wohlen 9 – ♦Zürich 37.

✖ **Central,** ℰ 624 11 51, Fax 624 16 60, 😇 – 🆎 ⓞ Ε 𝖵𝖨𝖲𝖠. ✖
Sonntag - Montag, 21. Jan. - 7. Feb. und 15. Sept. - 2. Okt. geschl. – **Menu** *25* - 45/ und à la carte 45/87.

HAUTE-NENDAZ 1997 Valais (VS) 𝟤𝟣𝟩 ⑮ – 5 312 h. – alt. 1 255 – Sports d'hive 1 255/3 330 m ⫞4 ⫞35 ⪫ – 🕲 027.
🅱 Office du Tourisme, ℰ 88 14 44, Fax 88 39 00.
♦Bern 169 – ♦Martigny 46 – ♦Montreux 85 – ♦Sion 16.

🏠 **Le Déserteur,** ℰ 88 24 55, Fax 88 38 14, ⩵, 😇 – 📺 ☎ ℗ – 🔥 30. 🆎 Ε 𝖵𝖨𝖲 *fermé juin et mi-nov. à mi-déc.* – **Repas** 30 (midi) et à la carte 35/84, enf. 15 – **25** ☲ 100/170 – ½ P suppl. 30.

✖ **Le Grenier,** ℰ 88 24 40 – 🆎 Ε 𝖵𝖨𝖲𝖠
16 déc. - 19 avril, 16 juin - 19 oct ; fermé dim. en juin, sept. et oct. – **Repas** 50/ et à la carte 40/82, enf. 14.

HAUTERIVE Neuchâtel 𝟤𝟣𝟨 ⑬ – rattaché à Neuchâtel.

AUTEVILLE 1648 Fribourg (FR) 217 ⑤ – alt. 720 – ✪ 029.

ern 50 – ◆Montreux 44 – Bulle 12 – Gstaad 54 – ◆Vevey 39.

Lion d'Or, ℘ 5 15 51, 😤 – 🅿. _VISA_
fermé 8 janv. au 7 fév. et lundi – **Repas** _13.50_ et à la carte 27/70.

HEIDEN 9410 Appenzell Ausserrhoden (AR) 216 ㉒ – 4 021 Ew. – Höhe 794 – ✪ 071.
Verkehrsbüro, Seeallee 2, ℘ 91 10 96 (ab 03/96 : 891 10 60), Fax 91 53 96 (ab 03/96 :
1 10 70) – ◆Bern 228 – ◆St. Gallen 19 – Bregenz 21 – Konstanz 49.

Kurhotel Heiden M, ℘ 91 91 11 (ab 03/96 : 891 91 11), Fax 91 11 86 (ab 03/96 :
891 11 86), ≤, 😤, ⅀s, ◻, ☞ – 🛗 ⅍ Zim 📺 ☎ & 🅿. 🆎 ⓪ 🇪 _VISA_
Menu _19_ und à la carte 38/79, Kinder 14 – **66 Zim** ⌸ 140/290 – ½ P Zuschl. 30.

HEILIGKREUZ 6168 Luzern (LU) 217 ⑧ – Höhe 1 127 – ✪ 041.
ern 64 – ◆Luzern 40 – Langnau im Emmental 34 – ◆Olten 58.

Heiligkreuz 🐾, ℘ 484 23 09, Fax 484 10 08, ≤ Napf und Umgebung, 😤, ℔, ⅀s
– 🛗 ☎ 🅿 – 🔬 50. 🆎 🇪 _VISA_ _JCB_
Montag und Mitte Nov. - Mitte Dez. geschl. – **Menu** _18_ - 30 und à la carte 36/73 –
22 Zim ⌸ 80/140 – ½ P Zuschl. 25.

HEILIGKREUZ St. Gallen 216 ㉑ – siehe Mels.

HEIMISWIL Bern 216 ⑮ – siehe Burgdorf.

HERBLINGEN Schaffhausen 216 ⑧ – siehe Schaffhausen.

HERGISWIL 6052 Nidwalden (NW) 217 ⑨ – 4 688 Ew. – Höhe 449 – ✪ 041.
Verkehrsverein, Seestr. 24, ℘ 95 12 58 (ab 03/96 : 630 12 58), Fax 95 12 58 (ab 03/96 :
0 12 58).
ern 120 – ◆Luzern 7 – Interlaken 63 – Stans 6.

Pilatus, Seestr. 34, ℘ 95 15 55 (ab 03/96 : 630 15 55), Telex 866159, Fax 95 38 94 (ab
03/96 : 630 38 94), ≤ Vierwaldstättersee, 😤, ⅀s, ◻, 🐾, ☞, ⎈ – 🛗 📺 ☎ 🅿 –
🔬 25/60. 🆎 ⓪ 🇪 _VISA_
Menu _16.50_ und à la carte 40/99 – **69 Zim** ⌸ 130/240 – ½ P Zuschl. 30.

Belvédère, Seestr. 18, ℘ 95 01 01 (ab 03/96 : 630 01 01), Fax 95 28 00 (ab 03/96 :
630 46 00), ≤ Vierwaldstättersee, 😤, « Seeterrasse », ⎈ – 🛗 📺 ☎ 🅿 – 🔬 60. 🆎
⓪ 🇪 _VISA_
Chupferpfanne : **Menu** 35 (mittags) und à la carte 43/99 – **Beljardin :** **Menu** _17.50_ und
à la carte 29/75, Kinder 8.50 – **50 Zim** ⌸ 134/203 – ½ P Zuschl. 25.

Brünig, Seestr. 13, ℘ 95 00 26 (ab 03/96 : 630 00 26), Fax 95 30 45 (ab 03/96 :
630 30 45), 😤 – 🛗 📺 ☎ 🅿. ⅍ Zim
über Weihnachten und Neujahr geschl. – **Menu** _17_ und à la carte 28/88, Kinder 10
– **25 Zim** ⌸ 105/180 – ½ P Zuschl. 35.

Friedheim mit Zim, Seestr. 76, ℘ 95 42 42 (ab 03/96 : 630 42 42), Fax 95 42 50 (ab
03/96 : 630 42 50), ≤ Vierwaldstättersee, 😤, « Garten am See », 🐾, ☞, ⎈ – 🛗
📺 ☎ 🅿. 🆎 ⓪ 🇪 _VISA_
Rest. Français : **Menu** _37_ - 47 (mittags) und à la carte 58/106 – **Pilatusstübli :** **Menu**
_19.50_ und à la carte 34/85 – **17 Zim** ⌸ 126/197.

HERISAU 9100 🅺 Appenzell Ausserrhoden (AR) 216 ㉑ – 15 919 Ew. – Höhe 771 –
✪ 071.
🅱 Verkehrsbüro, Oberdorfstr. 24, ℘ 51 44 60
(ab 03/96 : 353 30 35),
Fax 14 36 (ab 03/96 : 353 30 39).
◆Bern 203 – ◆St. Gallen 10 – Bregenz 47 – Konstanz 42 – ◆Winterthur 54.

Bierquelle, Poststr. 39, ℘ 52 20 40 (ab 03/96 : 352 20 40), Fax 52 20 90 (ab 03/96 :
352 20 90) – ▤ 🅿. 🆎 ⓪ 🇪 _VISA_ _JCB_
Montag - Dienstag, 22. - 31. Jan. und 22. - 31. Juli geschl. – **Menu** _26.50_ - 51
(mittags)/83 und à la carte 54/108.

Marktplatz mit Zim, ℘ 52 32 12 (ab 03/96 : 352 32 12), 😤 – 📺. 🆎 ⓪ 🇪 _VISA_
Mittwoch, 24. Jan. - 15. Feb. und 17. Juli - 8. Aug. geschl. – **Menu** _16_ - 49 (mittags)
und à la carte 49/82, Kinder 13.50 – **3 Zim** ⌸ 70/130.

185

HERMANCE 1248 Genève (GE) 目目目 ⑫ – 742 h. – alt. 381 – ✪ 022.

◆Bern 180 – ◆Genève 16 – Annecy 59 – Saint-Claude 80 – Thonon-les-Bains 36.

※※ **Aub. d'Hermance** 🐾 avec ch, 12 r. du Midi, ⌀ 751 13 68, Fax 751 16 31, 🐝 –
◆ 🅰🅴 ⓪ 🅴 𝘝𝘐𝘚𝘈
fermé 24 déc. au 5 janv. – *Repas (fermé merc. midi et mardi de nov. à mars) 18.!*
42/95 et à la carte 50/102 – **3 ch** ⌑ 110/180 – ½ P suppl. 48.

HERSCHMETTLEN Zürich (ZH) 目目目 ⑲ – Höhe 540 – ✉ 8626 Ottikon – ✪ 01.

◆Bern 152 – ◆Zürich 30 – Rapperswil 8 – Uster 18 – ◆Winterthur 32.

※ **Weinschenke,** ⌀ 935 12 64, Fax 936 12 64, 🐝 – ⓟ. 🅰🅴 ⓪ 🅴 𝘝𝘐𝘚𝘈
◆ *Montag - Dienstag, 20. Dez. - 6. Jan. und 20. - 31. Juli geschl.* – **Menu** 17 -
(mittags)/85 und à la carte 34/95.

HESSIGKOFEN 4577 Solothurn (SO) 目目目 ⑭ – 209 Ew. – Höhe 590 – ✪ 065.

◆ Bern 30 – ◆Biel/Bienne 22 – Burgdorf 37 – Grenchen 9 – ◆Solothurn 12.

※※ **Sternen,** ⌀ 65 10 01, Fax 65 17 18, 🐝 – ⓟ. 🅴 𝘝𝘐𝘚𝘈. 🍽
◆ *Montag - Dienstag, 1. - 16. Jan. und 1. - 16. Juli geschl.* – **Menu** 14.50 - 47/69 u
à la carte 50/87.

HILDISRIEDEN 6024 Luzern (LU) 目目目 ⑰ – 1 611 Ew. – Höhe 687 – ✪ 041.

🔟 Sempachersee ✉ 6024 (März - Nov.), ⌀ 462 71 71.

◆Bern 100 – ◆Luzern 13 – ◆Aarau 36 – ◆Baden 48 – Cham 33 – Sursee 12.

🏠 **Zum Roten Löwen,** ⌀ 460 33 66, Fax 460 10 53, 🐝 – ⧖ �📺 ☎ ⓟ – 🏌 35. 🅰🅴
◆ 🅴 𝘝𝘐𝘚𝘈. 🍽
21. Juli - 5. Aug. geschl. – **Menu** *(Sonntag abends und Mittwoch geschl.)* 19.50 -
und à la carte 36/78, Kinder 9 – **18 Zim** ⌑ 80/180 – ½ P Zuschl. 35.

HIMMELRICH Luzern – siehe Luzern.

HOFSTETTEN BEI BRIENZ Bern 目目目 ⑧ – siehe Brienz.

HORGEN 8810 Zürich (ZH) 目目目 ⑱ – 16 261 Ew. – Höhe 409 – ✪ 01.

◆Bern 146 – Zürich 21 – ◆Luzern 47 – ◆Schwyz 41.

🏨 **Seehotel Meierhof,** Bahnhofstr. 4, ⌀ 725 29 61, Telex 826999, Fax 725 55 23,
◆ 🛁, ⇌ – ⧖ ▦ Rest 📺 ☎ – 🏌 25/120. 🅰🅴 ⓪ 🅴 𝘝𝘐𝘚𝘈
Gourmet Top (5. Etage ≤ See) **Menu** à la carte 51/97 – *Gourmet Pic* (Brasserie) Me
17 und à la carte 30/73 – **113 Zim** ⌑ 95/250.

HORN 9326 Thurgau (TG) 目目目 ⑩ – 2 197 Ew. – Höhe 403 – ✪ 071.

◆Bern 220 – ◆ St. Gallen 12 – Bregenz 28 – Konstanz 30 – ◆Winterthur 71.

🏨 **Bad Horn** Ⓜ, Seestr. 36, ⌀ 41 55 11 (ab 03/96 : 841 55 11), Fax 41 60 89 (ab 03/9
◆ 841 60 89), ≤ Bodensee, 🐝, « Gartenterrasse am See, kleiner privater Anlegepier
🛁, ⇌, 🛝 – ⧖ ▦ Rest 📺 ☎ 🅖 ⓟ – 🏌 25/40. 🅰🅴 ⓪ 🅴 𝘝𝘐𝘚𝘈. 🍽 Rest
Captains Grill : **Menu** 35 (mittags)/86 und à la carte 45/97 – *Glogge-Stube :* Me
17 und à la carte 30/74, Kinder 10.50 – **56 Zim** ⌑ 105/290 – ½ P Zuschl. 40.

HORW Luzern 目目目 ⑰ – siehe Luzern.

HÜNIBACH Bern 目目目 ⑦ – siehe Thun.

HURDEN Schwyz (SZ) 目目目 ⑲ – Höhe 411 – ✉ 8640 Rapperswil – ✪ 055.

◆Bern 162 – ◆ Zürich 37 – Rapperswil 2 – ◆Schwyz 32.

🏨 **Rössli,** ⌀ 47 11 33 (ab 03/96 : 410 81 33), Fax 48 52 20 (ab 03/96 : 410 52 20),
« Gartenterrasse ≤ See », 🛝 – ⧖ 📺 ☎ ⓟ – 🏌 30. 🅰🅴 ⓪ 🅴 𝘝𝘐𝘚𝘈. 🍽
Menu à la carte 51/96, Kinder 12 – **20 Zim** ⌑ 105/180.

※※※ **Zum Adler,** ⌀ 48 45 45 (ab 03/96 : 410 45 45), Fax 48 11 20 (ab 03/96 : 410 11 2
🐝, « Gartenterrasse ≤ See » – ▦ ⓟ. 🅴
Dienstag und 3 Wochen im Feb. geschl. – **Menu** 86/150 und à la carte 62/15◆

186

JTTWIL 4950 Bern (BE) 216 ⑯ – Höhe 638 – ✪ 063.

rn 48 – ◆Luzern 42 – ◆Olten 38 – ◆Thun 63.

■ **Mohren,** Marktgasse 5, ℘ 72 14 44, Fax 72 36 72 – 🕸 📺 ☎ – 🔬 25/120. 🖻 _VISA_
2. - 14. Jan. und 15. Juli - 10. Aug. geschl. – **Menu** _(Dienstag mittags und Montag geschl.)_ 20 - 25 und à la carte 32/76 – **25 Zim** ☲ 90/160 – ½ P Zuschl. 27.

JTTWILEN 8536 Thurgau (TG) 216 ⑧ – 775 Ew. – Höhe 455 – ✪ 054 (ab 03/96 : 052).

rn 174 – ◆Zürich 53 – ◆Frauenfeld 8 - Konstanz 38 – ◆Schaffhausen 32 – ◆Winterthur 24.

※ **Sonne,** ℘ 747 12 32, Fax 747 12 32 – 🅿. 🖭 ⓞ 🖻 _VISA_
Dienstag - Mittwoch, 1. - 15. Feb. und 20. Juli - 10. Aug. geschl. – **Menu** (abends Tischbestellung ratsam) 25 - 45/80 und à la carte 50/98.

ANZ 7130 Graubünden (GR) 218 ③ – 2 207 Ew. – Höhe 702 – ✪ 081.

rn 203 – ◆Chur 34 - Ragaz, Bad 53 - Disentis 32.

🏠 Lukmanier, Via S. Clau Sura 11, ℘ 925 61 44, Fax 925 62 41, ≤ Berge, ⅙, ⊜s – 🕸 📺 ☎ ⇌ 🅿 – 🔬 40 – **30 Zim**.

🏠 **Casutt,** Glennerstr. 20, ℘ 925 11 31, Fax 925 41 47, � – 🅿. 🖻 _VISA_
Sonntag und 9. Juni - 7. Juli und 25. Aug. - 1. Sept. geschl. – **Menu** 16 und à la carte 29/66 – **15 Zim** ☲ 80/140 – ½ P Zuschl. 26.

in Schnaus Nord-West : 3 km – ✉ 7130 Schnaus – ✪ 081 :

🗶 **Stiva Veglia,** ℘ 925 41 21, Fax 925 31 58, « Modernisiertes Bündner Haus aus dem 18. Jh. » – 🅿 🖭 🖻 _VISA_, 🌱
Mittwoch (in der Zwischensaison auch Dienstag), in April 2 Wochen und Nov. geschl. – **Menu** (Tischbestellung ratsam) 45 (mittags) und à la carte 57/109.

LNAU 8308 Zürich (ZH) 216 ⑲ – Höhe 517 – ✪ 052.

rn 145 – ◆Zürich 24 - Rapperswil 26 - Wil 50 – ◆Winterthur 14.

🗶 **Rössli** mit Zim, Kempttalstr. 52, ℘ 44 11 17 (ab 03/96 : 346 11 17), Fax 44 13 07 (ab 03/96 : 346 13 07), � – 🅿 – 🔬 25/200. 🖭 ⓞ 🖻 _VISA_ – 13. Juli - 4. Aug. geschl. – **Menu** 16.50 - 45 (mittags)/70 und à la carte 50/106, Kinder 9 – **6 Zim** ☲ 95/155.

MENSEE 6405 Schwyz (SZ) 216 ⑱ – Höhe 460 – ✪ 041.

rn 138 – ◆Luzern 18 - Cham 16 - Einsiedeln 38 – ◆Schwyz 22.

🗶 **Zum Schlüssel,** ℘ 81 48 14 (ab 03/96 : 850 48 14), Fax 81 74 14 (ab 03/96 : 850 74 14), ≤ Zugersee, 🌁, 🔄 – 🅿. ⓞ 🖻 _VISA_, 🌱 Zim
Donnerstag (ausser April - Sept.), Mittwoch und Feb. geschl. – **Stube :** Menu 22 - 40/70 und à la carte 47/102, Kinder 16.

🗶 **Tells Hohle Gasse,** Artherstr. 38, ℘ 81 14 29 (ab 03/96 : 850 14 29), Fax 81 64 19 (ab 03/96 : 850 64 19), 🌁 – 🅿. 🖭 ⓞ 🖻 _VISA_
Montag - Dienstag und Mitte Feb. - Mitte März geschl. – **Tellenstube :** Menu à la carte 45/86, Kinder 12.50 – **Beizli :** Menu 15 - 28 und à la carte 54/70, Kinder 12.50.

TERLAKEN 3800 Bern (BE) 217 ⑦ ⑧ – 5 176 Ew. – Höhe 564 – ✪ 036.

henswert : Höheweg** : Aussicht*** ABY – Ansicht** der Kirche von Unterseen AY **B.**

sflugsziel : Jungfraujoch*** mit Bahn – Schynige Platte*** über ② : 2,5 km und nnradbahn – Harderkulm** mit Standseilbahn BY – Heimwehfluh* AZ.

in Interlaken - Unterseen (April - Okt.) ℘ 22 60 22, Fax 23 42 03, West : 2 km Richtung nten über Seestrasse AY.

kale Veranstaltungen : Ende Juni - Anfang Sept. : ''Wilhelm Tell'' Freilichtspiele – 18.08 1.08 : Interlakner Musikfestwochen.

Tourismus Organisation, Höheweg 37, ℘ 26 53 00, Fax 26 53 90.

rn 59 ③ – ◆Luzern 68 ① – ◆Montreux 149 ③ – ◆Sion 163 ③.

Stadtplan siehe nächste Seite

🏨 **Victoria-Jungfrau,** Höheweg 41, ℘ 27 11 11, Telex 932121, Fax 27 37 37, ≤, 🌁, « Health-Fitness-Beauty Center », ⅙, ⊜s, 🎾 – 🕸 📺 ☎ ⇌ – 🔬 25/180. 🖭 ⓞ 🖻 _VISA_ _JCB_. 🌱 Rest   AY **g**
Menu (siehe auch Rest. _La Terrasse_) – _Jungfrau-Stube_ (27. Nov. - 15. Dez. geschl. ; von 30. Okt. - Mitte April, mittags und Dienstag geschl.) **Menu** 17.50 und à la carte 37/79, Kinder 15 – ☲ 31 – **212 Zim** 350/620, 15 Suiten – ½ P Zuschl. 98.

187

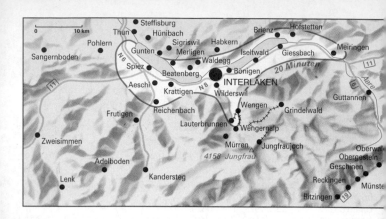

🏨 **Beau Rivage,** Höheweg 211, ℰ 21 62 72, Fax 23 28 47, ≤, 🌤, Park, 🏋️, ≦s, 🖿
◆ 🛗 🗏 Rest 📺 ☎ & ❷ - 🄰 25/160. 🄰🄴 ① 🄴 𝗩𝗜𝗦𝗔, ⍤ Rest   BY
Mitte Nov. - Mitte Dez. geschl. - *La Bonne Fourchette :* **Menu** 17.50 - 48/95 un
la carte 65/107 - **96 Zim** ⊆ 235/430, 3 Suiten - ½ P Zuschl. 60.

🏨 **Metropole,** Höheweg 37, ℰ 28 66 66, Fax 28 66 33, « Tea-Room in der 18. Etage
❄️ See und Berge », ≦s, 🖿 - 🛗 🗏 Rest 📺 ☎ ⟵ ❷ - 🄰 25/120. 🄰🄴 ① 🄴 🄸
⍤ Rest   AY
Il Bellini (1. Etage) - italienische Küche - **Menu** 29 und à la carte 40/99 - **96 ⁊**
⊆ 190/290.

🏨 **National** Jungfraustr. 46, ℰ 22 36 21, Fax 22 73 61, 🌤 - 🛗 📺 ☎ & ❷ - 🄰
🄰🄴 ① 🄴 𝗩𝗜𝗦𝗔. ⍤ Rest   AY
Nov. geschl. - **Menu** 38/52 und à la carte 51/93, Kinder 19 - **46 Zim** ⊆ 180/35
½ P Zuschl. 48.

🏨 **Interlaken,** Höheweg 74, ℰ 21 22 11, Fax 23 31 21, 🌤, ≦s, 🞿 - 🛗 📺 ☎ 🄶
◆ 🄰 25/120. 🄰🄴 ① 🄴 𝗩𝗜𝗦𝗔 𝗝𝗖𝗕. ⍤ Rest   BY
17. Dez.- 31. Jan. geschl. - *Taverne :* **Menu** 19 - 33 (mittags) und à la carte 47/
Kinder 11.50 - *Lotus* - chinesische Küche - **Menu** 32/58 und à la carte 36/89 - **60 ⁊**
⊆ 178/294 - ½ P Zuschl. 40.

🏨 **Stella,** Waldeggstr. 10, ℰ 22 88 71, Telex 923193, Fax 22 66 71, 🌤, 🖿 - 🛗 📺
❷. 🄰🄴 ① 🄴 𝗩𝗜𝗦𝗔. ⍤   AZ
Menu 22 - 50 und à la carte 44/103, Kinder 15 - **30 Zim** ⊆ 130/330 - ½ P Zuschl. 40

🏨 **Krebs,** Bahnhofstr. 4, ℰ 22 71 61, Fax 23 24 65, 🌤 - 🛗 📺 ☎ ❷. 🄰🄴 ① 🄴 𝗩𝗜𝗦𝗔 🄹
⍤ Rest   AY
1. Mai - 20. Okt. - **Menu** 39 und à la carte 42/95, Kinder 8.50 - **49 Zim** ⊆ 150/2
- ½ P Zuschl. 40.

🏨 **du Lac,** Höheweg 225, ℰ 22 29 22, Fax 22 29 15, ≤, 🌤 - 🛗 📺 ☎ & ❷. 🄰🄴 ①
◆ 𝗩𝗜𝗦𝗔 𝗝𝗖𝗕. ⍤ Rest   BY
4. Dez. - 29. Jan. geschl. - **Menu** (von Nov. - April Mittwoch geschl.) 18 und à la ca
39/84 - **40 Zim** ⊆ 130/280 - ½ P Zuschl. 30.

🏨 **Goldey,** Obere Goldey 85, ℰ 22 44 45, Fax 23 23 45, ≤, Lage an der Aare, ≦s,
- 🛗 📺 ☎ ❷ - 🄰 25. 🄰🄴 ① 🄴 𝗩𝗜𝗦𝗔. ⍤ Rest   AY
Feb. - Okt. - **Menu** (nur Abendessen für Hotelgäste) (mittags geschl.) 32 - **41 ⁊**
⊆ 170/240 - ½ P Zuschl. 32.

🏨 **Du Nord,** Höheweg 70, ℰ 22 26 31, Fax 23 33 37, ≤, 🌤 - 🛗 📺 ☎ ❷. 🄰🄴 ①
𝗩𝗜𝗦𝗔   BY
April geschl. - *Im Gade* (Tischbestellung ratsam) **Menu** 23 (mittags)/69 und à la ca
50/86, Kinder 6.50 - **56 Zim** ⊆ 116/250 - ½ P Zuschl. 34.

🏨 **Bernerhof** garni, Bahnhofstr. 16, ℰ 22 31 31, Fax 22 84 28 - 📺 ☎. 🄰🄴 ① 🄴 𝗩
Mitte Nov. - Ende Jan. geschl. - **34 Zim** ⊆ 125/220.   AY

🏨 **Beau Site,** Seestr. 16, ℰ 22 81 81, Fax 23 29 26, 🌤, « Schöne Gartenanlage »,
- 🛗 📺 ☎ ❷. 🄰🄴 ① 🄴 𝗩𝗜𝗦𝗔. ⍤   AY
Nov. geschl. - **Menu** (Mittwoch geschl.) (nur Abendessen) à la carte 40/90 - **55 ⁊**
⊆ 160/280 - ½ P Zuschl. 34.

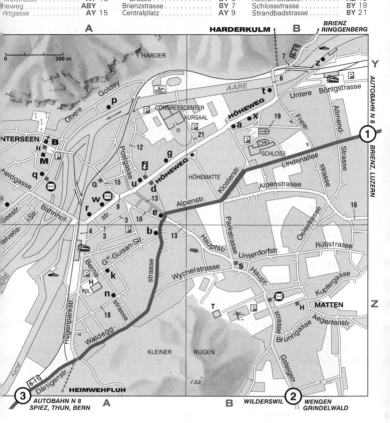

INTERLAKEN

ntralstrasse	**AY** 10
heweg	**ABY**
rktgasse	**AY** 15

Aarmühlestrasse . . . . **AYZ** 3
Bahnhofplatz . . . . **AZ** 4
Beaurivage-
Brücke . . . . **BY** 6
Brienzstrasse . . . . **BY** 7
Centralplatz . . . . **AY** 9

Harderstrasse . . . . **AY** 12
Jungfraustrasse . . . . **AYZ** 13
Obere Bönigstrasse . . . . . . **BY** 16
Rothornstrasse . . . . **AZ** 18
Schlossstrasse . . . . **BY** 19
Strandbadstrasse . . . . **BY** 21

HARDERKULM

BRIENZ RINGGENBERG

Paix ⑤, Bernastr. 24, ℰ 22 70 44, Fax 22 87 28 – 🛗 📺 🅿. 🆎 ① 🗲 *VISA*.
⬥ ⅙ Rest   AZ **n**
21. April - 30. Nov. – **Menu** *(nur Abendessen für Hotelgäste)* 16 - 30 – **24 Zim**
⊇ 98/175 – ½ P Zuschl. 24.

Rössli, Hauptstr. 10, ℰ 22 78 16, Fax 22 96 16, ⇔, 🚗 – ☎ 🅿. 🆎 ① 🗲 *VISA* ⫶⊂ʙ
1. Nov. - 21. Dez. geschl. – **Menu** *(Sonntag geschl.)* à la carte 34/61 – **25 Zim**
⊇ 98/138 – ½ P Zuschl. 25.   AY **q**

Lötschberg garni, General-Guisanstr. 31, ℰ 22 25 45, Fax 22 25 79 – 🛗 📺. 🆎 ①
🗲 *VISA* ⫶⊂ʙ   AZ **k**
19 Zim ⊇ 115/195.

La Terrasse - Hotel Victoria-Jungfrau, Höheweg 41, ℰ 27 11 11, Telex 932121,
Fax 27 37 37, ≤, ⇔ – 🆎 ① 🗲 *VISA* ⫶⊂ʙ. ⅙   AY **g**
Menu 45 (mittags)/85 und à la carte 68/128.

Hirschen mit Zim, in Matten, Hauptstr. 11, ℰ 22 15 45, Fax 23 37 45, ⇔,
« Ehemaliges Bauernhaus aus dem 17. Jh. » – 📺 ☎. 🆎 ① 🗲 *VISA* ⫶⊂ʙ. ⅙ Rest
Nov. - 16. Dez. geschl. – **Menu** *(Mittwoch ausser abends von April - Dez. und Dienstag
geschl.)* à la carte 34/99 – **22 Zim** ⊇ 130/290 – ½ P Zuschl. 35.   BZ **s**

Schuh, Höheweg 56, ℰ 22 94 41, Fax 22 94 27, ⇔. 🆎 ① 🗲 *VISA* ⫶⊂ʙ   AY **d**
Montag und 20. Okt. - 6. Dez. geschl. – **Menu** 28 und à la carte 40/99, Kinder 10.

in Bönigen über ① : 2 km – ✉ 3806 Bönigen – ☺ 036 :

🏨 **Seiler au Lac** ⌂, ℰ 22 30 21, Fax 22 30 01, ≼ Brienzersee, 🏠, « Am Seeufer
📺 – |‡| ⇌ Zim ☎ ৬ ₽. ⅅ ⅅ ৳ 🗺. ⅏ Rest
von Feb. - Ostern Dienstag, (Rest. auch Mittwoch mittags), Ende Okt. - 20. Dez. u
10. Jan. - 10. Feb. geschl. – **Menu** 24 - 38/55 und à la carte 33/91, Kinder 10 – **45 2**
⊑ 170/310 – ½ P Zuschl.

🏨 **Seehotel** ⌂, ℰ 22 07 70, Fax 22 07 40, ≼, 🏠, « Terrasse am Seeufer » – |‡| 📺
₽ – ⅍ 25/40. ⅅ ⅅ ৳ 🗺. ⅏ Rest
20. Dez. - 1. März geschl. – **La Terrasse :** **Menu** à la carte 36/88, Kinder 8.50 – **40 2**
⊑ 92/204 – ½ P Zuschl. 34.

in Wilderswil über ② : 4 km – ✉ 3812 Wilderswil – ☺ 036 :

🏨 **Alpenblick,** ℰ 22 07 07, Fax 22 80 07, 🏠, 📺 – ⇌ Zim ☎ ₽ – ⅍ 25. ⅅ ⅅ
🗺 ⅉⅭⅮ
Menu (siehe auch Rest. *Alpenblick*) – **35 Zim** ⊑ 110/222 – ½ P Zuschl. 35.

🏨 **Schlössli** ⌂, ℰ 22 12 16, Fax 22 12 69, 🏠, « Terrasse ≼ Jungfraumassiv », 📺
|‡| 📺 ☎ ₽. ⅅ ⅅ ৳ 🗺 ⅉⅭⅮ
Nov. geschl. – **Menu** 26 und à la carte 43/72, Kinder 12 – **20 Zim** ⊑ 80/15(
½ P Zuschl. 26.

🏨 **Berghof** ⌂, ℰ 22 75 66, Fax 22 89 68, ≼ Eiger, Mönch und Jungfrau, 🏠, 🔺,
– |‡| 📺 ☎ ₽. ৳ 🗺. ⅏
Anfang April - 15. Okt. – **Menu** *(nur ½ Pens. für Hotelgäste) (mittags geschl.)* – **41 2**
⊑ 105/200 – ½ P Zuschl. 28.

🏨 **Bären,** ℰ 22 35 21, Fax 22 35 44, 🏠, ৳ᴬ, ⇌s – ☎ ₽. ⅅ ⅅ ৳ 🗺 ⅉⅭⅮ
Menu à la carte 32/77 – **43 Zim** ⊑ 107/184 – ½ P Zuschl. 28.

💥💥 **Rest. Alpenblick** - Hotel Alpenblick, ℰ 22 07 07, Fax 22 80 07, 🏠, – ⅅ ⅅ
🗺 ⅉⅭⅮ
Montag - Dienstag und Anfang Dez. 3 Wochen geschl. – **Menu** 22 - 38 (mittags) u
à la carte 79/148.

in Habkern Nord-West : 6 km Richtung Beatenberg – Höhe 1 067 – ✉ 3804 Habke
– ☺ 036 :

🛖 **Sporthotel** ⌂, ℰ 43 13 43, Fax 43 14 59, ≼, 🏠, ⇌s, ⅏ – ☎ ₽. ⅅ ⅅ ৳ 📺
➜ *in der Zwischensaison Montag, 11. - 30. März und 11. Nov. - 10. Dez. geschl.* – Me
18.50 und à la carte 23/58, Kinder 10 – **20 Zim** ⊑ 63/144 – ½ P Zuschl. 30.

auf dem Jungfraujoch mit Zug ab Interlaken, Wengen, Lauterbrunnen oder Gr
delwald erreichbar :

💥 **Rest. Top of Europe,** (Höhe 3454 m), ℰ 55 22 91, Fax 55 22 41, ≼ Jungfraumas
➜ und Aletschgletscher – ⅅ ⅅ ৳ 🗺 ⅉⅭⅮ
Menu *(nur Mittagessen)* (Tischbestellung ratsam) 20 und à la carte 31/7
Kinder 13.50.

INTRAGNA **6655** Ticino (TI) 🔢🔢🔢 ⑦ – 894 ab. – alt. 342 – ☺ 091.

◆Bern 276 – ◆Lugano 50 – ◆Bellinzona 30 – Domodossola 39 – ◆Locarno 10 – Verbania 47.

🏨 **Antico** ⌂, ℰ 796 11 07, Fax 796 31 15, ≼, 🏠, ⇌s, 🔺, 📺 – |‡| 📺 ☎. ⅅ ⅅ
➜ 🗺
16 marzo - 16 novembre – **Pasto** 20 - 24/30 ed à la carte 30/48 – **38 cam** ⊑ 110/1
– ½ P sup. 28.

💥💥 **Stazione "da Agnese"** con cam, ℰ 796 12 12, Fax 796 31 33, ≼, 🏠, 🔺 – 📺.
➜ ⅅ ৳ 🗺
marzo - novembre – **Pasto** *16.50* - 45/65 ed à la carte 51/85 – ⊑ 9.50 – **10 c**
120/160, 4 suites.

Segnalateci il vostro parere
sui ristoranti che raccomandiarno,
indicandoci le loro specialità.

RAGNA **6707** Ticino (TI) 🗺️🗺️🗺️ ⑫ – 467 ab. – alt. 305 – ☎ 091.

Bern 230 – Andermatt 67 – ◆Bellinzona 20 – ◆Brig 108 – ◆Lugano 53.

🍴 **Grotto Angela - da Giacinto,** ℰ 862 29 56, 🍽️, 🌳 – ℗. ⁣⁣
chiuso dal 27 dicembre al 7 gennaio e martedì sera – **Pasto** *22 ed à la carte 33/59.*

SELTWALD **3807** Bern (BE) 🗺️🗺️🗺️ ⑧ – 436 Ew. – Höhe 566 – ☎ 036.

Bern 67 – Interlaken 11 – Brienz 15 – ◆Luzern 59.

🏨 **Chalet du Lac** ⍦, ℰ 45 11 12, Fax 45 11 44, ≤ See und Berge, 🍽️, « Terrasse am See » – 📺 ☎ ℗. 🆎 ⓪ 🅴 𝘝𝘐𝘚𝘈
20. Dez. - 10. März geschl. – **Menu** *(Montag geschl.)* à la carte 28/70, Kinder 10 – **21 Zim** ⇋ 125/230 – ½ P Zuschl. 30.

🍴 **Bellevue** ⍦ mit Zim, ℰ 45 11 10, Fax 45 12 77, 🍽️, « Terrasse ≤ See », 🛋 – 📺 ☎ ℗. 🆎 ⓪ 🅴 𝘝𝘐𝘚𝘈 🇯🇨🇧
3. Jan. - 22. Feb. geschl. – **Menu** *-* Fischspezialitäten *- (Dienstag, vom 1. Okt - 31. März auch Mittwoch geschl.)* 24 - 38/95 und à la carte 61/78, Kinder 16 – **11 Zim** ⇋ 75/160 – ½ P Zuschl. 30.

ENINS Graubünden 🗺️🗺️🗺️ ④ – siehe Maienfeld.

ONA St. Gallen 🗺️🗺️🗺️ ⑲ – siehe Rapperswil.

OUX (Lac de) Vaud (VD) – Sports d'hiver : 1 015/1 476 m ≰14 ≰.

Voir : Dent de Vaulion★★★ – Route de Burtigny à Begnins : vues★★.

Office du Tourisme de la Vallée de Joux, Centre Sportif, 1347 Le Sentier, ℰ (021) 845 62 57, Fax (021) 845 50 08.

L'Abbaye **1344** Vaud (VD) 🗺️🗺️🗺️ ② – 1 077 h. – alt. 1 020 – ☎ 021.
◆Bern 121 – ◆Lausanne 40 – Les Rousses 26 – Vallorbe 10.

🏨 Hôtel de Ville, ℰ 841 13 93, Fax 841 16 86, ≤, 🍽️ – 🛗 📺 ☎ ℗ – **14 ch**

Les Bioux **1346** Vaud (VD) 🗺️🗺️🗺️ ② – alt. 1 023 – ☎ 021.
◆Bern 126 – ◆Lausanne 45 – Les Rousses 22 – Vallorbe 15.

🏨 **Trois Suisses,** ℰ 845 55 08, Fax 845 60 31, ≤, 🍽️, 🌳 – 📺 ℗. 🆎 🅴 𝘝𝘐𝘚𝘈. ⁣⁣ rest
fermé 3 sem en nov. et mardi du 15 sept. au 15 juin – **Repas** *15* - 50 et à la carte 29/78 – **13 ch** ⇋ 50/120 – ½ P suppl. 30.

Le Brassus **1348** Vaud (VD) 🗺️🗺️🗺️ ② – alt. 1 054 – ☎ 021.
◆Bern 132 – ◆Lausanne 52 – Les Rousses 16 – Vallorbe 21.

🏨 **de France,** ℰ 845 44 33, Fax 845 44 31, 🍽️, 🅛🇦, ≘s – 🛗 ⁣⁣ ch 📺 ☎ ⒟ ℗ – 🛋 25/45. 🆎 ⓪ 🅴 𝘝𝘐𝘚𝘈 🇯🇨🇧
fermé 7 au 23 janv. – **Repas** *(fermé dim. soir)* 15 - 40/62 et à la carte 43/78 – **33 ch** ⇋ 110/175 – ½ P suppl. 36.

🏨 **de la Lande,** ℰ 845 44 41, Fax 845 45 40, 🌳 – 🛗 📺 ☎ ⒟ ℗ – 🛋 25/80. 🆎 🅴 𝘝𝘐𝘚𝘈. ⁣⁣ rest
Repas 19.50 - 29/41 (midi) et à la carte 38/94 – **31 ch** ⇋ 66/224 – ½ P suppl. 27.

Le Pont **1342** Vaud (VD) 🗺️🗺️🗺️ ② – alt. 1 008 – ☎ 021.
◆Bern 119 – ◆Lausanne 39 – Les Rousses 29 – Vallorbe 8.

🏨 **La Truite,** ℰ 841 17 71, Fax 841 19 29 – 📺 ☎ – 🛋 25. 🆎 ⓪ 🅴 𝘝𝘐𝘚𝘈
fermé janv. et lundi en hiver – **Repas** 15 - 48 (midi) et à la carte 40/82, enf. 12 – **22 ch** ⇋ 95/180 – ½ P suppl. 30.

Le Sentier **1347** Vaud (VD) 🗺️🗺️🗺️ ② – alt. 1 024 – ☎ 021.
◆Bern 131 – ◆Lausanne 55 – Les Rousses 19 – Vallorbe 20.

🏨 **Lion d'Or,** 17 Grand Rue, ℰ 845 55 35, Fax 845 65 16 – 🛗 📺 ☎ – 🛋 40. 🆎 ⓪ 🅴 𝘝𝘐𝘚𝘈
Repas 17 - 30/45 et à la carte 33/92, enf. 9 – **22 ch** ⇋ 90/150 – ½ P suppl. 30.

191

KANDERSTEG 3718 Bern (BE) 217 ⑯ ⑰ – 1 106 Ew. – Höhe 1 176 – Wintersport 1 200/1 950 m ⁂ 2 ⛷ 4 ⛷ – ☺ 033.

Sehenswert : Lage★.

Ausflugsziel : Oeschinensee★★★ – Klus★★.

Lokale Veranstaltung
28.07 : Schäferfest auf der Gemmi.

🚗 Kandersteg - Goppenstein, Information ℘ 75 12 53.

🛈 Verkehrsbüro, ℘ 75 22 33, Fax 75 16 10.

◆Bern 66 – Interlaken 45 – ◆Montreux 156 – ◆Sion 219.

🏨 **Royal Bellevue,** ℘ 75 12 12, Fax 75 13 33, ≤, 🌴, Park, ☎s, ⌕, ⌕, ※ – 🛗 📺 ⇔. 🝙 ① 🝙 VISA JCB. ※ Rest
18. Dez. - 24. März und 2. Juni - 29. Sept. – **Menu** (abends Tischbestellung erforderlich) 100 (abends) und à la carte 43/137 – ⌸ 25 – **35 Zim** 350/610, 7 Suite

🏨 **Waldhotel Doldenhorn** ⑤, ℘ 75 18 18, Fax 75 18 28, ≤, 🌴, ☎s, 🌼 – 🛗 📺 ℗. 🝙 ① 🝙 VISA
8. Dez. - 8. April und 5. Mai - 26. Okt. – **Menu** (siehe auch Rest. *Au Gourmet*) – **31 Z** ⌸ 120/230 – ½ P Zuschl. 35.

🏨 **Alfa Soleil,** ℘ 75 17 17, Fax 75 17 76, ≤, 🌴, 🛦, ☎s, ⌕, 🌼 – 🛗 ☎ ℗. 🝙 ① VISA. ※ Rest
Menu *(Dienstag, 13. April - 10. Mai und 26. Okt. - 14. Dez. geschl.)* 35/85 (abends und à la carte 34/96, Kinder 10 – **35 Zim** ⌸ 105/220 – ½ P Zuschl. 30.

🏠 **Adler,** ℘ 75 11 21, Fax 75 19 61, ≤, 🌴, ☎s – 🛗 ⇔ Rest 📺 ☎ ℗. 🝙 ① 🝙 V
25. Nov. - 20. Dez. geschl. – **Menu** *32* - 50/80 und à la carte 39/91 – **24 Z** ⌸ 115/220 – ½ P Zuschl. 30.

XX **Au Gourmet** - Waldhotel Doldenhorn, ℘ 75 18 18, Fax 75 18 28, 🌴 – 🝙 ① 🝙 VISA.
8. Dez. - 8. April und 5. Mai - 26. Okt. geöffnet ; Dienstag geschl. – **Menu** (am Wochenende Tischbestellung ratsam) 50/80 und à la carte 52/85.

X **Ruedihus** ⑤ mit Zim, ℘ 75 15 80, Fax 75 18 28, ≤, « Ehemalige Umspannstelle Postkutschpferde aus dem 18. Jh., Biedermaier-Saal » – ☎ ℗. 🝙 VISA
Menu - Schweizer Spezialitäten - *(Mittwoch mittags und Dienstag geschl.)* 25 - 40 u à la carte 35/64, Kinder 8 – **9 Zim** ⌸ 115/220 – ½ P Zuschl. 30.

KASTANIENBAUM Luzern 217 ⑨ – siehe Luzern.

KEMPRATEN St. Gallen 216 ⑲ – siehe Rapperswil.

KERNS Obwalden 217 ⑨ – siehe Sarnen.

KERZERS 3210 Freiburg (FR) 217 ⑤ – 3 203 Ew. – Höhe 443 – ☺ 031.
◆Bern 24 – ◆Neuchâtel 25 – ◆Biel 25 – ◆Fribourg 26 – ◆Solothurn 41.

X **Bären,** Burgstatt 7, ℘ 755 51 18, Fax 755 78 93, 🌴 – ℗. 🝙 ① 🝙 VISA
Mittwoch - Donnerstag (ausser April - Mai), 14. - 29. Feb. und 14. Juli - 1. Aug. gesc – **Menu** *14.50* - 38 und à la carte 32/76, Kinder 10.

KESTENHOLZ 4703 Solothurn (SO) 216 ⑯ – 1 387 Ew. – Höhe 453 – ☺ 062.
◆Bern 55 – ◆Basel 54 – ◆Aarau 32 – ◆Luzern 64.

XX **Eintracht** mit Zim, ℘ 393 24 63, Fax 393 24 23 – 📺 ☎ ℗. 🝙 ① 🝙 VISA
Sonntag abends - Montag, 5. - 20. Feb. und 18. Juli - 10. Aug. geschl. – **Menu** *2* 48 (mittags)/98 und à la carte 47/89, Kinder 12 – **4 Zim** ⌸ 70/150.

KILCHBERG 8802 Zürich (ZH) 216 ⑱ – 6 937 Ew. – Höhe 424 – ☺ 01.
◆Bern 132 – ◆Zürich 7 – ◆Aarau 53 – ◆Luzern 52 - Rapperswil 35.

XX **Chez Fritz,** Seestr. 195b, ℘ 715 25 15, Fax 715 25 11, ≤ See, 🌴 – ℗. 🝙 ① 🝙 E V
Montag, im Winter auch Sonntag, 12. - 25. Feb. und 7. - 20. Okt. geschl. – **Me** 36 (mittags) und à la carte 53/98.

IRCHBERG 3422 Bern (BE) 216 ⑮ – 4 760 Ew. – Höhe 511 – ✪ 034.

ern 23 – ♦Biel 41 – Burgdorf 6 – ♦Solothurn 18.

🏠 **Sunnehof** garni, ℰ 45 23 10, Fax 45 69 03 – 📺 ☎ 🄿 🗲 𝚅𝙸𝚂𝙰. ⋘
13 Zim ⊐ 100/160.

IRCHDORF 3116 Bern (BE) 217 ⑥ – 815 Ew. – Höhe 610 – ✪ 031.

ern 28 – ♦Fribourg 37 – Langnau im Emmental 28 – ♦Thun 12.

✗ **Spycher,** ℰ 781 18 34, Fax 781 20 23, « Sammlung alter Wurlitzer Musikboxen » –
🄿 🄰🄴 ⓞ 🗲 𝚅𝙸𝚂𝙰
Sonntag - Montag (von Juni - Sept. auch Dienstag) und Aug. geschl. – **Menu** *(nur
Abendessen)* 130 und à la carte 69/104.

LEINDÖTTINGEN 5314 Aargau (AG) 216 ⑥ – Höhe 323 – ✪ 056.

ern 112 – ♦Aarau 32 – ♦Basel 60 – Freiburg im Breisgau 85 – ♦Luzern 76 – ♦Zürich 40.

✗ **Linde,** ℰ 245 13 50, Fax 245 12 28, 😤 – 🄿. 🄰🄴 🗲 𝚅𝙸𝚂𝙰 🄹🄲🄱
♦ *Sonntag und 11. - 26. Aug. geschl. –* **Rest. Français: Menu** *22 -* 45 (mittags)/98
und à la carte 43/107 – **Biedermeierstube :** **Menu** *20 -* 39 (mittags) und à la carte
36/81.

LOSTERS 7250 Graubünden (GR) 218 ⑤ – 3 767 Ew. – Höhe 1 194 – Wintersport :
191/2 844 m ⫽10 ⫽19 ⫽ – ✪ 081.

henswert : Lage★★.

Kur- und Verkehrsverein, ℰ 410 20 20, Fax 410 20 10.

ern 268 – ♦Chur 58 – ♦Davos 14 – Vaduz 64.

🏨 **Pardenn,** ℰ 69 11 41 (ab 04/96 : 422 11 41), Fax 69 40 06 (ab 04/96 : 422 40 06), ≼
Klosters und Berge, 😤, ⊆s, 🔲, 🐎 – 🛗 📺 ☎ ⟵⟶ 🄿. 🄰🄴 🗲 𝚅𝙸𝚂𝙰. ⋘ Rest
16. Dez. - 7. April und 29. Juni - 28. Sept. – **Menu** 45/65 (mittags) und à la carte
54/127 – **65 Zim** ⊐ 195/410 – ½ P Zuschl. 30.

🏨 **Vereina,** ℰ 69 61 91 (ab 04/96 : 422 61 91), Fax 69 15 39 (ab 04/96 : 422 15 39), 😤,
⊆s, 🔲 – 🛗 📺 ☎ ⫯⫯ 🄿 – 🕍 200. 🄰🄴 🗲 𝚅𝙸𝚂𝙰. ⋘ Rest
Hotel : 23. Dez. - 8. April ; Rest. : 23. Dez. - 8. April und 29. Juni - 31. Aug. – **Menu**
48 (abends) und à la carte 46/78 – **84 Zim** ⊐ 130/450 – ½ P Zuschl. 30.

🏨 **Alpina,** Bahnhofstr. 1, ℰ 69 41 21 (ab 04/96 : 422 41 21), Fax 69 47 10 (ab 04/96 :
422 47 10), 😤, 🝔, ⊆s, 🔲 – 🛗 📺 ☎ ⟵⟶ – 🕍 25/100. 🄰🄴 ⓞ 🗲 𝚅𝙸𝚂𝙰 🄹🄲🄱.
⋘ Rest
Gourmet-Stübli *(im Sommer Sonntag, Ostern - Anfang Juli und Mitte Sept. - Mitte
Dez. geschl.)* **Menu** 39 (mittags)/85 und à la carte 60/100 – **Bündnerstube :** **Menu**
25 und à la carte 43/84 – **53 Zim** ⊐ 195/440, 5 Suiten – ½ P Zuschl. 38.

🏨 **Albeina** ♨, ✉ 7252, ℰ 69 61 69 (ab 04/96 : 423 21 00), Fax 69 14 22 (ab 04/96 :
423 21 21), ≼ Bergpanorama, 😤, 🝔, ⊆s, 🔲, 🐎, ✗ – 🛗 📺 ☎ ⟵⟶ 🄿. 🄰🄴 ⓞ 🗲
𝚅𝙸𝚂𝙰. ⋘ Zim
10. Dez. - 13. April und 15. Juni - 14. Okt. – **Menu** - italienische Küche - à la carte
35/78, Kinder 10 – **64 Zim** ⊐ 145/350 – ½ P Zuschl. 20.

🏨 **Sport,** ℰ 69 29 21 (ab 04/96 : 422 29 22), Fax 69 49 53 (ab 04/96 : 422 49 53), ≼, 😤,
⊆s, 🔲, ✗ – 🛗 ☎ ⟵⟶ 🄿 – 🕍 25/150. 🄰🄴 🗲 𝚅𝙸𝚂𝙰. ⋘ Zim
Mai und Nov. geschl. – **Menu** 55 und à la carte 42/96 – **43 Zim** ⊐ 140/260 – ½ P
Zuschl. 35.

🏠 **Chesa Grischuna,** ℰ 69 22 22 (ab 04/96 : 422 22 22), Fax 69 22 25 (ab 04/96 :
422 22 25), 😤, « Gemütlich rustikales Restaurant » – ☎ 🄿. 🄰🄴 🗲 𝚅𝙸𝚂𝙰
Mitte April - Mitte Juni und Nov. geschl. – **Menu** *30 -* 36 (mittags)/68 und à la carte
53/94, Kinder 11 – **25 Zim** ⊐ 155/360 – ½ P Zuschl. 45.

🏠 **Kaiser,** ℰ 69 25 25 (ab 04/96 : 422 25 25), Fax 69 41 69 (ab 04/96 : 422 41 69), 😤,
♦ 🝔, ⊆s – 🛗 📺 ☎. 🗲 𝚅𝙸𝚂𝙰
*16. Dez. - 9. April und 15. Juni - 26. Okt. geöffnet ; in Juni und Okt. Montag geschl.
–* **Menu** *17 -* 28 (mittags) und à la carte 38/75 – **28 Zim** ⊐ 145/240 – ½ P Zuschl.
40.

🏠 **Rätia** ♨, ✉ 7252, ℰ 69 47 47 (ab 04/96 : 422 47 47), Fax 69 47 49 (ab 04/96 :
422 47 49), ≼ Bergpanorama – ☎ 🄿. 🄰🄴 ⓞ 🗲 𝚅𝙸𝚂𝙰. ⋘ Rest
20. Dez. - 20. April und 10. Juni - 15. Okt. – **Menu** *(nur ½ Pens. für Hotelgäste)
(mittags geschl.)* – **25 Zim** ⊐ 85/220 – ½ P Zuschl. 20.

193

🏠 **Rustico,** 𝒸 69 12 12 (ab 04/96 : 422 12 12), Fax 69 53 55 (ab 04/96 : 422 53 55), ⋨
⩘s – 📺 ☎ 📵 AE E VISA
Juni und Nov. geschl. – **Menu** *(im Sommer Donnerstag geschl.)* 24 und à la car
49/106 – **12 Zim** ⬜ 180/276 – ½ P Zuschl. 28.

🏠 Sporthotel Kurhaus, Landstr. 24, ✉ 7252, 𝒸 69 44 41, Fax 69 46 09, 🖼 – ☎ 📵
nur Saison – **30 Zim**.

XXX ⊛ **Walserhof** (Bolliger) mit Zim, 𝒸 69 42 42 (ab 04/96 : 422 42 42), Fax 69 14
(ab 04/96 : 422 14 37), ⋨, 🖼, « Rustikale elegante Einrichtung », ⩘s – |♠| 📺 ☎ ⟻
📵 AE ⓞ E VISA
Anfang Dez. - Ende April und Ende Juni - Ende Okt. – **Menu** 32 - 65 (mittags)/130 u
à la carte 69/126, Kinder 22 – **13 Zim** ⬜ 190/320 – ½ P Zuschl. 60
Spez. Prättigauer Hochzeitssuppe. Klosterser Chruutchräpfli. Bündner Lammrücken n
Kräutern überbacken.

XX **Alte Post,** Aeuja, 𝒸 69 17 16 (ab 04/96 : 422 17 16), Fax 69 38 07 (ab 04/9
422 38 07), 🖼 – 📵 ⓞ E VISA
Montag - Dienstag, Mai und Nov. geschl. – **Menu** 62/79 und à la carte 64/96.

KLOTEN Zürich 216 ⑦ – siehe Zürich.

KÖNIZ Bern 217 ⑥ – siehe Bern.

KRATTIGEN 3704 Bern (BE) 217 ⑦ – 826 Ew. – Höhe 742 – ✪ 033.
♦Bern 50 – Interlaken 26 – Kandersteg 26 – Spiez 8 – ♦Thun 19.

🏠 **Bellevue-Bären,** 𝒸 55 61 44, Fax 54 61 77, ⋨ Thunersee, 🖼 – |♠| 📺 ☎ ⟻ 📵
← ♨ 100. AE ⓞ E VISA JCB
Menu *(Montag geschl.)* 14 - 30 und à la carte 34/70 – **25 Zim** ⬜ 80/150 – ½ P Zuschl. 2

KRAUCHTHAL 3326 Bern (BE) 216 ⑮ – 2 003 Ew. – Höhe 582 – ✪ 034.
♦Bern 17 – ♦Biel 38 – Burgdorf 10 – ♦Solothurn 26 – ♦Thun 38.

XX **Löwen** mit Zim, 𝒸 51 14 08, Fax 51 21 54, 🖼 – |♠| 📺 ☎ ⟻ 📵 – ♨ 25/80.
← ⓞ E VISA
Montag und 15. Juli - 5. Aug. geschl. – **Menu** 18.50 und à la carte 44/89 – **7 Z**
⬜ 77/128.

KREUZLINGEN 8280 Thurgau (TG) 216 ⑨ ⑩ – 17 135 Ew. – Höhe 402 – ✪ 072 (ab 3/9
071).

Lokale Veranstaltung
10.08 : Seenachtfest.

🅱 Verkehrsbüro, Hauptstr. 39, 𝒸 72 38 40 (ab 03/96 : 672 38 40), Fax 72 17 36 (ab 03/9
672 17 36).

⊛ Hauptstr. 39, 𝒸 72 59 59 (ab 03/96 : 672 59 59), Fax 72 17 36 (ab 03/96 : 672 17 3
Ⓐ Hauptstr. 1 a, 𝒸 72 38 38 (ab 03/96 : 672 38 38), Fax 72 38 85 (ab 03/96 : 672 38 8
♦Bern 194 – ♦ St. Gallen 38 – Bregenz 56 – ♦Frauenfeld 27 – Konstanz 3.

🏠 **Plaza,** Löwenstr. 23, 𝒸 72 68 68 (ab 03/96 : 672 68 68), Fax 72 82 33 (ab 03/9
672 82 33) – 📺 ☎ AE ⓞ E VISA
Menu - italienische Küche - *(Sonntag geschl.)* à la carte 30/73, Kinder 12 – **27 Z**
⬜ 70/120 – ½ P Zuschl. 20.

XXX **Jakobshöhe,** Bergstr. 46, Richtung Zürich, 𝒸 72 52 25 (ab 03/96 : 672 52 25) – ⬤
AE ⓞ E VISA
Samstag mittags, Montag und 15. - 31. Juli geschl. – **Menu** 45 und à la carte 41/8

XX **Seegarten,** Promenadenstr. 40, 𝒸 75 28 77 (ab 03/96 : 688 28 77), Fax 75 29
(ab 03/96 : 688 29 44), ⋨, 🖼 – 📵 E VISA
Montag, von Okt. - März auch Dienstag, 23. - 29. Dez. und 22. Jan. - 11. Feb. gesc
– **Menu** à la carte 50/81 – **Salon Admiral :** **Menu** 85 und à la carte 59/125.

in Bottighofen Süd-Ost : 3 km Richtung Romanshorn – ✉ 8598 Bottighofen
✪ 072 (ab 03/96 : 071) :

🏠 **Schlössli** ⋟, Seestrasse, 𝒸 75 12 75 (ab 03/96 : 688 12 75), Fax 75 15 40 (ab 03/9
← 688 15 40), ⋨, 🖼, « Gartenterrasse », 🌿, 🛏 – 📺 ☎ 📵 – ♨ 25. AE ⓞ E VISA
Menu (1. Etage) *(Mittwoch ausser Mai - Sept. geschl.)* 48 (mittags)/89 und à la ca
66/114 – **Schifferstube** *(Nov. - März ausser Mittwoch ausser Mai - Sept. geschl.)* **Me**
18.50 - 48 (mittags)/59 und à la carte 37/89 – **11 Zim** ⬜ 170/270.

in Tägerwilen Nord-West : 4 km Richtung Schaffhausen – ⊠ 8274 Tägerwilen –
✿ 072 (ab 03/96 : 071) :

Trompeterschlössle Ⓜ ⤴, Konstanzerstr. 123, am Zoll, ℰ 72 41 35 (ab 03/96 :
669 31 31), Fax 72 22 53 (ab 03/96 : 669 31 33), 🍴 – ☎ 🅟. 🄴 *VISA* 🦌
Menu 55 und à la carte 37/93 – **17 Zim** ⌨ 95/250 – ½ P Zuschl. 30.

Zum Steinbock, Hauptstr. 85, ℰ 69 11 72 (ab 03/96 : 669 11 72), Fax 69 17 52
(ab 03/96 : 669 17 52), 🍴 – 🍽 🅟. 🄰🄴 🄴 *VISA*
Sonntag - Montag und 9. - 24. Juli geschl. – Le Pavillon : Menu 38 (mittags) und à
la carte 45/88 – *Gaststube : Menu 18* und à la carte 31/76.

in Gottlieben Nord-West : 4 km Richtung Schaffhausen – ⊠ 8274 Tägerwilen –
✿ 072 (ab 03/96 : 071) :

Drachenburg und Waaghaus, ℰ 69 14 14 (ab 03/96 : 669 14 14), Fax 69 17 09 (ab
03/96 : 669 17 09), ≼, 🍴, 🛁 – 🛗 📺 ☎ 🅟 – 🔬 25/40. 🄰🄴 🄾 🄴 *VISA* 🦌 Rest
24. - 27. Dez. geschl. – **Menu** 52 (mittags) und à la carte 55/117 – **60 Zim** ⌨ 125/300.

Krone ⤴, Seestr. 11, ℰ 69 23 23 (ab 03/96 : 669 23 23), Fax 69 24 56 (ab 03/96 :
669 24 56), ≼, « Stilvolle Einrichtung, Terrasse am See » – 🛗 📺 ☎ 🅟 – 🔬 40. 🄰🄴
🄾 🄴 *VISA*
4. Jan. - 9. Feb. geschl. – **Menu** 28 - 82 und à la carte 61/110 – **25 Zim** ⌨ 135/270.

RIEGSTETTEN 4566 Solothurn (SO) 🄷🄸🄶 ⑮ – 1 057 Ew. – Höhe 455 – ✿ 065.

ern 31 – ◆Biel 29 – ◆Solothurn 5.

Sternen, Hauptstr. 61, ℰ 35 61 11, Fax 35 60 25, 🍴, Park, 🛋 – 🛗 ↹ Zim 📺 ☎
🅟 – 🔬 25/60. 🄰🄴 🄾 🄴 *VISA*
29. Jan. - 15. Feb. geschl. – **Menu** 29.50 - 38 (mittags)/80 und à la carte 48/107,
Kinder 18.50 – **23 Zim** ⌨ 135/275.

ÜSNACHT 8700 Zürich (ZH) 🄷🄸🄶 ⑱ – 12 339 Ew. – Höhe 415 – ✿ 01.

ern 133 – ◆Zürich 8 – ◆Aarau 54 – Einsiedeln 43 – ◆Luzern 64.

Ermitage am See, Seestr. 80, ℰ 910 52 22, Fax 910 52 44, ≼ See, 🍴,
« Angenehme Lage am Seeufer mit Terrasse und Garten », 🌊, 🛁 – 🛗 📺 ☎ 🅟. 🄰🄴
🄾 🄴 *VISA*. 🦌 Rest
Menu 59 (mittags)/144 und à la carte 76/132 – ⌨ 17 – **20 Zim** 200/270, 6 Suiten
Spez. Salade de langoustines à l'orange, tête de veau et cébettes. Saint-Pierre rôti à la peau
au romarin et pâte d'olives. Tarte au vin de Muscat du Valais.

Petermann's Kunststuben, Seestr. 160, ℰ 910 07 15, Fax 910 04 95, 🍴 – 🍽
🅟. 🄰🄴 🄾 🄴 *VISA*
Sonntag - Montag, 10. - 24. Feb. und 18. Aug. - 10. Sept. geschl. – **Menu** (Tisch-
bestellung ratsam) 76 (mittags)/185 und à la carte 96/190
Spez. Cabillaud de ligne poêlé au lard cru, purée de haricots à l'huile d'olives et romarin.
Poulette "pattes noires" farcie à l'ancienne. Canneloni au chocolat à la crème d'ananas
et cardamone.

Zur Trauben, Untere Wiltisgasse 20, ℰ 910 48 55 – 🅟. 🄰🄴 🄾 🄴 *VISA*
Montag - Dienstag, 23. Dez. - 5. Jan. und Mitte Juli - Mitte Aug. geschl. – **Menu** -
italienische Küche - 30 und à la carte 43/102, Kinder 16.

ÜSSNACHT AM RIGI 6403 Schwyz (SZ) 🄷🄸🄶 ⑱ – 9 818 Ew. – Höhe 435 – ✿ 041.
⊠ 6403, ℰ 81 70 81 (ab 03/96 : 850 70 60), Fax 81 13 73 (ab 03/96 : 850 13 73).

ern 136 – ◆Luzern 16 – ◆Schwyz 25 – ◆Zürich 47.

Hörnli, Hörnlistr. 3, ℰ 81 60 81, Fax 81 48 35, 🍴 – 📺 ☎ 🅟 – 🔬 30 – **24 Zim**.

Du Lac-Seehof, Seeplatz 6, ℰ 81 10 12 (ab 03/96 : 850 10 12), Fax 81 56 96
(ab 03/96 : 850 10 22), ≼, 🍴, 🛁 – 📺 ☎ 🅟. 🄰🄴 🄾 🄴 *VISA* 🄹🄲🄱
vom 1. Dez. - 15. Mai Dienstag - Mittwoch, 5. - 14. Feb. und 15. Okt. - 1. Dez. geschl.
– **Menu** 22 und à la carte 34/81, Kinder 11 – **15 Zim** ⌨ 100/220 – ½ P Zuschl. 30.

Hirschen, Unterdorf 9, ℰ 81 10 27 (ab 03/96 : 850 10 27), Fax 81 68 80 (ab 03/96 :
850 68 80) – 🛗 📺 ☎. 🄰🄴 🄾 🄴 *VISA*
Menu 18 und à la carte 33/82, Kinder 11 – **28 Zim** ⌨ 110/180 – ½ P Zuschl. 25.

Adler, ℰ 81 10 25 (ab 03/96 : 850 10 25), Fax 81 10 25 (ab 03/96 : 850 10 25) – 🄰🄴 🄴 *VISA*
Sonntag abends, Montag, 29. Jan. - 8. Feb. und 8. Juli - 3. Aug. geschl. – **Menu** 15.50 -
45/73 und à la carte 44/78.

in Merlischachen Süd-West : 3 km Richtung Luzern – ⊠ 6402 Merlischacher
❸ 041 :

🏛🏛 **Schloss Hotel und Château Golden-Gate,** ℰ 37 12 47 (ab 03/96 : 850 02 5
Fax 37 12 50 (ab 03/96 : 850 02 52), « Rustikale Atmosphäre, Park am See », ≘ṡ, [
▲🔊, ⬚ – |✦| 🆃🆅 ☎ ℗ – 🔏 25/80. 🆀🅴 ⓞ 🄴 𝘝𝘐𝘚𝘈
2. Jan. - 17. Feb. geschl. – **Menu** (siehe auch Rest. *Swiss-Chalet*) – **51 Zim** ⏛ 177/2

✕✕ **Swiss-Chalet** - Schloss Hotel und Château Golden-Gate, ℰ 37 12 47 (ab 03/96 : 850 02 5
Fax 37 12 50 (ab 03/96 : 850 02 52), 🎇, « Ehemaliges Bauernhaus aus dem 17. Jh
– 🆀🅴 ⓞ 🄴 𝘝𝘐𝘚𝘈
2. Jan. - 17. Feb. geschl. – **Menu** à la carte 58/109, Kinder 12.

LAAX 7031 Graubünden (GR) ⧄⧄⧄ ③ – 1 097 Ew. – Höhe 1 023 – Winterspor
1 023/2 976 m ⍗4 ⍗15 ⍻ – ❸ 081.

🇿 Verkehrsverein, ℰ 921 43 43, Fax 921 65 65.

◆Bern 234 – ◆Chur 27 – Andermatt 62.

🏛 **Sporthotel Laax** ⟩, ℰ 921 72 82, Fax 921 50 30, ≼, ≘ṡ – |✦| 🆃🆅 ☎ ℗ – 🔏 25/1
🆀🅴 ⓞ 🄴 𝘝𝘐𝘚𝘈
Mitte Dez. - Mitte April und Mitte Mai - Mitte Okt. – *Crotscha :* **Menu** à la carte 35/
– *Trattoria Toscana :* **Menu** à la carte 36/85 – **50 Zim** ⏛ 179/286, 25 Suiter
½ P Zuschl. 34.

🏛 **Arena Alva,** ℰ 921 72 71, Fax 921 65 77, 🎇, ≘ṡ, ✕ – |✦| 🆃🆅 ☎ ⟨⟩ ℗. 🆀🅴 ⓞ
𝘝𝘐𝘚𝘈
17. Dez. - 14. April und 21. Mai - 14. Okt. – **Menu** 38 (abends) und à la carte 35/
Kinder 10 – **57 Zim** *(im Winter nur ½ Pens.)* ⏛ 159/254 – ½ P Zuschl. 38.

🏛 **Bellaval,** ℰ 921 47 00, Fax 921 48 55, ≼, ≘ṡ, 🌿 – ☎ ℗. ⓞ 🄴 𝘝𝘐𝘚𝘈
10. Dez. - 13. April und 16. Juni - 6. Okt. – **Menu** *(nur Abendessen)* 28/38 – **27 Z**
⏛ 138/224 – ½ P Zuschl. 20.

✕✕ **Posta Veglia** mit Zim, ℰ 921 44 66, Fax 921 34 00, 🎇 – 🆃🆅 ☎. 🄴 𝘝𝘐𝘚𝘈
Mitte April - Mitte Juni und Nov. geschl. – **Menu** 55/80 und à la carte 48/88 – **7 Z**
⏛ 150/240.

in Laax-Murschetg Nord : 2 km – ⊠ 7032 Laax – ❸ 081 :

🏛 **Sporthotel Signina,** ℰ 921 22 22, Fax 921 22 23, ≼, ♨, ≘ṡ, 🄼, 🌿, ✕ – |✦|
✦ ⟨⟩ – 🔏 25/65. 🆀🅴 ⓞ 🄴 𝘝𝘐𝘚𝘈. ✕ Rest
Mitte April - Ende Mai und Anfang Okt. - Mitte Nov. geschl. – **Menu** 15.5
35 (mittags)/50 und à la carte 39/82 – **86 Zim** ⏛ 155/310 – ½ P Zuschl. 40.

🏛 **Laaxerhof,** ℰ 921 71 01, Fax 921 46 42, ≼, 🎇, ≘ṡ, 🄼, 🌿 – |✦| 🆃🆅 video ☎ ⟨
✦ – 🔏 25/150. 🆀🅴 ⓞ 🄴 𝘝𝘐𝘚𝘈 🄹🄲🄱
Ende Okt. - Anfang Dez. geschl. – **Menu** 20 - 25 (mittags)/40 und à la carte 44/
Kinder 8.50 – **90 Zim** ⏛ 195/330 – ½ P Zuschl. 30.

in Sagogn Süd : 2,5 km – ⊠ 7152 Sagogn – ❸ 081 :

✕✕✕ ❀ **Da Veraguth Carnetg,** ℰ 921 64 64, Fax 921 36 98, ≼, 🎇 – ℗. 🄴 𝘝𝘐𝘚𝘈
Montag - Dienstag, Mai und Nov. geschl. – **Menu** 28 - 48 (mittags)/109 und à la ca
60/121
Spez. Langustinentortelloni mit Basilikum und Olivenöl. Saibling auf Kefen und Malan
Pinot Gris Sauce. Bündner-Lammrücken und Kräuterkruste mit Capuns.

LACHEN 8853 Schwyz (SZ) ⧄⧄⧄ ⑲ – 5 975 Ew. – Höhe 417 – ❸ 055.

◆Bern 166 – ◆Zürich 41 – Altdorf 57 – ◆Chur 84.

✕✕ **Pöstli,** Mittlere Bahnhofstr. 4, ℰ 63 12 91 (ab 03/96 : 442 12 91), Fax 63 12 91
03/96 : 442 12 91), 🎇, « Jugendstileinrichtung » – 🆀🅴 ⓞ 🄴 𝘝𝘐𝘚𝘈. ✕
Sonntag - Montag und in Feb. und Juli jeweils 2 Wochen geschl. – **Menu**
43 (mittags) und à la carte 59/112.

LAI Graubünden ⧄⧄⧄ ④ – siehe Lenzerheide.

LAMBOING 2516 Bern (BE) ⧄⧄⧄ ⑬ – 598 h. – alt. 823 – ❸ 032.

◆Bern 48 – ◆Neuchâtel 30 – ◆Biel 14 – ◆La Chaux-de-Fonds 41.

✕ **Aub. Cheval Blanc,** 8 rte de Diesse, ℰ 95 12 43, Fax 95 12 43 – ℗. 🆀🅴 🄴 𝘝𝘐𝘚𝘈
✦ *fermé lundi et mardi* – **Repas** 14.50 - 25 (midi)/45 et à la carte 47/103.

LANGENBRUCK 4438 Basel-Landschaft (BL) 216 ⑮ ⑯ – 925 Ew. – Höhe 710 – ☻ 062.
Bern 62 – ◆Basel 39 – ◆Luzern 67 – ◆Olten 13.

※ **Bären** mit Zim (Gästehaus : 12 Zim ⌂ Ⓜ), ℰ 390 14 14, Fax 390 19 71, ㉟, ⌂, ≋s
– Ⓣ ☎ ⮞ Ⓟ – 🅐 25/80. ⅍ ⓪ ⓔ 𝕍𝕀𝕊𝔸
Menu *16.50* - 39/62 und à la carte 44/100, Kinder 19.50 – **25 Zim** ⬚ 75/170.

LANGENDORF Solothurn 216 ⑮ – siehe Solothurn.

LANGENTHAL 4900 Bern (BE) 216 ⑯ – 14 351 Ew. – Höhe 472 – ☻ 063.
Bern 48 – Burgdorf 24 – ◆Luzern 64 – ◆Olten 23 – ◆Solothurn 25.

ⓗ **Dreilinden,** Weststr. 90, ℰ 22 94 22, Fax 23 24 35, ㉟, ※ – 🛗 ⇜ Zim Ⓣ ☎ Ⓟ
– 🅐 25/60. ⅍ ⓪ ⓔ 𝕍𝕀𝕊𝔸 ᴶᶜᴮ
Menu *22* und à la carte 39/80 – **36 Zim** ⬚ 114/210 – ½ P Zuschl. 30.

in Roggwil Nord : 2 km über alte Zürcherstrasse – ⊠ 4919 Roggwil – ☻ 063 :

※ **Kalten Herberge,** ℰ 49 19 66, Fax 49 30 48, ㉟ – Ⓟ. ⅍ ⓪ ⓔ 𝕍𝕀𝕊𝔸
Menu *17* - 68/105 und à la carte 64/128.

※ **Zum Ochsen,** ℰ 49 11 35, Fax 49 11 35, ㉟ – Ⓟ. ⅍ ⓪ ⓔ 𝕍𝕀𝕊𝔸
Dienstag abends - Mittwoch, 17. Feb. - 3. März und 2 Wochen im Juli geschl. – **Menu**
18.50 - 59/85 und à la carte 35/97.

LANGNAU IM EMMENTAL 3550 Bern (BE) 217 ⑦ – 8 569 Ew. – Höhe 673 – ☻ 035.
Sehenswert : Dürsrütiwald★.
Bern 31 – Interlaken 63 – ◆Luzern 63 – ◆Solothurn 45.

ⓗ **Hirschen,** ℰ 2 15 17, Fax 2 56 23, ㉟ – 🛗 Ⓣ ☎ Ⓟ. ⅍ ⓪ ⓔ 𝕍𝕀𝕊𝔸 ᴶᶜᴮ. ※ Rest
Menu *(Dienstag mittags, Montag und Jan. geschl.)* 16 - 41 (mittags)/65 und à la carte
39/79 – **18 Zim** ⬚ 75/140 – ½ P Zuschl. 30.

ⓧ **Zum Goldenen Löwen,** Güterstr. 9 (Transitstrasse), ℰ 2 65 55, Fax 2 11 96 – Ⓟ. ⅍
ⓔ 𝕍𝕀𝕊𝔸
Samstag mittags, Sonntag und 13. Juli - 10. Aug. geschl. – **Menu** *30* - 45/68 und
à la carte 36/78.

in Trubschachen Süd-Ost : 5,5 km Richtung Luzern – ⊠ 3555 Trubschachen –
☻ 035 :

※ **Hirschen** mit Zim, ℰ 6 51 15, Fax 6 55 52 – Ⓟ. ⓔ 𝕍𝕀𝕊𝔸
Dienstag mittags, Montag, 3. - 24. Jan. und 25. Juli - 8. Aug. geschl. – **Menu** *17.50*
und à la carte 39/76, Kinder 8.50 – **5 Zim** ⬚ 60/100 – ½ P Zuschl. 25.

LANGRICKENBACH 8585 Thurgau (TG) 216 ⑩ – 811 Ew. – Höhe 526 – ☻ 072 (ab 03/96 :
1).
Bern 205 – ◆St. Gallen 28 – Bregenz 50 – Konstanz 13.

ⓧ **Löwen,** Hauptstrasse, ℰ 65 18 67 (ab 03/96 : 695 18 67), Fax 65 18 71 (ab 03/96 :
695 18 71), ㉟ – Ⓟ. ⓔ 𝕍𝕀𝕊𝔸
Montag - Dienstag geschl. – **Menu** *29* - 48 (mittags)/95 und à la carte 52/100.

LANTSCH (LENZ) 7083 Graubünden (GR) 218 ④ – 503 Ew. – Höhe 1 294 – ☻ 081.
Bern 268 – ◆Chur 25 – Andermatt 111 – ◆Davos 35 – St. Moritz 53.

※ **La Tgoma** mit Zim, ℰ 71 12 78 (ab 04/96 : 681 12 78), Fax 71 22 79 (ab 04/96 :
681 22 79) – ☎. ⅍ ⓔ 𝕍𝕀𝕊𝔸
*Dienstag (ausser abends vom 10. Juli - 1. Sept.), Montag und im Nov. 3 Wochen
geschl.* – **Menu** *20* - 45/70 und à la carte 49/109 – **6 Zim** ⬚ 80/160 – ½ P Zuschl.
35.

LARET Graubünden 218 ⑤ – siehe Davos.

LAUENEN Bern 217 ⑮ – siehe Gstaad.

We have established for your use a classification
of certain hotels and restaurants by awarding them the mention
❀, ❀❀ or ❀❀❀.

LAUERZ **6424** Schwyz (SZ) 216 ⑱ – 722 Ew. – Höhe 460 – ✿ 043 (ab 03/96 : 04
◆Bern 145 – ◆Luzern 29 – Altdorf 22 – ◆Schwyz 7.

XXX **Rigiblick,** ℰ 21 54 66 (ab 03/96 : 811 54 66), Fax 21 83 13 (ab 03/96 : 811 83
← ≼ Lauerzersee, 舒, 🛁 – **P**. AE E VISA
Dienstag (ausser vom 1. Juli - 15. Aug.), Montag und 22. Jan. - 1. März gesch.
Pavillon : **Menu** 55/85 und à la carte 46/99, Kinder 16 – **Restaurant :** **Menu** 17.50 u
à la carte 30/92, Kinder 16.

X **Rössli,** Seestr. 3, ℰ 21 17 02 (ab 03/96 : 811 17 02), Fax 21 17 88 (ab 03/9
← 811 17 88) – AE ① E VISA. ⁂
Mittwoch - Donnerstag, 14. - 23. Feb. und 10. Juli - 9. Aug. geschl. – **Menu** 17 -
und à la carte 43/99, Kinder 14.50.

LÄUFELFINGEN **4448** Basel-Landschaft (BL) 216 ⑯ – 1 187 Ew. – Höhe 559 – ✿ 0
◆Bern 71 – ◆Aarau 23 – ◆Basel 36 – ◆Luzern 63 – ◆Olten 10.

X **Rosengarten,** ℰ 299 11 21 – E VISA
Montag - Dienstag, 26. Feb. - 11. März und 8. - 21. Juli geschl. – **Menu** 25 un
la carte 36/97.

LAUFEN **4242** Basel-Landschaft (BL) 216 ④ – 4 766 Ew. – Höhe 359 – ✿ 061.
◆Bern 84 – ◆Basel 28 – ◆Delémont 18 – ◆Olten 43 – ◆Solothurn 53.

🏠 **Central,** Röschenzstr. 3, ℰ 761 61 03, Fax 761 69 81 – 📶 TV ☎ **P**. AE E VISA
← 23. - 28. Dez. geschl. – **Menu** 16.50 und à la carte 33/70, Kinder 16.5
Gourmetstübli Chez Claude *(Sonntag abends geschl.)* **Menu** 48/68 und à la ca
46/82 – **21 Zim** ⊑ 60/150 – ½ P Zuschl. 15.

Lausanne

1000 Ⓒ Vaud (VD) 🔢 ③ ⑬ – 117 571 h. – alt. 455 – ⊕ 021

Voir : Cathédrale★★ BCX : vue★ de la tour BCX – Le Signal : vue★★ U – Parc de Montriond : vue★★ AY – Ouchy★★ DZ : vues★★ des quais et du sentier du Bord du Lac – Collection de l'Art brut★ AX.

Musée : Olympique★★ DZ.

Excursions : en bateau sur le lac. Renseignements : Cie Gén. de Navigation, 17 av. de Rhodanie, ✆ 617 06 66, Fax 617 04 65

🛫 à Chalet-à-Gobet, (avril-nov.) ✆ 784 13 15, Fax 784 13 21, Nord-Est 6 km.

🅱 Office du Tourisme et des Congrès, 2 av. de Rhodanie, ✆ 617 14 27, Fax 616 86 47

⊛ 28 av. des Figuiers, ✆ 613 52 52, Fax 613 52 51

🅰 9 av. de Rumine, ✆ 312 27 22, Fax 320 11 29.

Compagnie aérienne
Swissair 4 Grand-Chêne, ✆ 343 22 22, Fax 343 22 29.

Manifestations locales
25.04 – 28.04 : Fête du Soleil, fête populaire
05.07 – 10.07 : Festival de la Cité, théâtre, musique.

◆Bern 101 ① – ◆Fribourg 71 ② – ◆Genève 60 ⑤ – ◆Montreux 25 ③ – ◆Sion 93 ② – ◆Yverdon-les-Bains 32 ⑦.

LIBERTÉ ET PATRIE

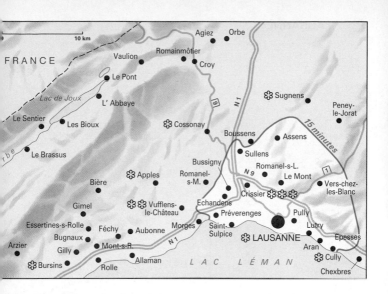

Map showing region with locations: Agiez, Orbe, Romainmôtier, Vaulion, Croy, Le Pont, Lac de Joux, L'Abbaye, Sugnens, Peney-le-Jorat, Le Sentier, Les Bioux, Cossonay, Boussens, Assens, Le Brassus, Bussigny, Sullens, Romanel-s-L., Le Mont, Apples, Romanel-s-M., Vers-chez-les-Blanc, Bière, Vufflens-le-Château, Crissier, Gimel, Echandens, Essertines-s-Rolle, Préverenges, Pully, Féchy, Aubonne, Morges, Saint-Sulpice, Lutry, Bugnaux, LAUSANNE, Epesses, Arzier, Mont-s-R., Aran, Gilly, Allaman, Cully, Bursins, Rolle, LAC LÉMAN, Chexbres, FRANCE

Lausanne-Palace, 7 r. Grand-Chêne, ⊠ 1002, ℰ 331 31 31, Fax 323 25 71, 雷, « Situation dominant Lausanne, ≤ lac Léman », ₤ð, ≘s, 桼 – 嶽 ⇔ ch ☰ 🆃🆅 video ☎ & 🕇🏃 🄿 – 🔏 25/400. 🄰🄴 ① 🄴 🆅🅸🆂🅰 �🄹🄲🄱 BY **b**
Repas (voir aussi rest. *Le Relais* ci-après) *Le Tinguely :* Repas *19.50* et à la carte 32/75 – ☑ 32 – **119 ch** 330/610, 31 suites.

Paix, 5 av. Benjamin-Constant, ⊠ 1003, ℰ 320 71 71, Fax 323 02 07, ≤ Lausanne et lac – 嶽 ☰ rest 🆃🆅 ☎ & 🕇🏃 ☞ – 🔏 25/150. 🄰🄴 ① 🄴 🆅🅸🆂🅰 CY **c**
Le Café de la Paix : Repas *21.50* - 35 (midi)/42 et à la carte 44/87, enf. 13 – **111 ch** ☑ 174/352, 6 suites.

Victoria sans rest, 46 av. de la Gare, ⊠ 1003, ℰ 320 57 71, Fax 320 57 74 – 嶽 🆃🆅 ☎ – 🔏 25/50. 🄰🄴 ① 🄴 🆅🅸🆂🅰 🄹🄲🄱 BY **m**
50 ch ☑ 165/265, 4 suites.

City M sans rest, 5 r. Caroline, ℰ 320 21 41, Fax 320 21 49 – 嶽 ⇔ 🆃🆅 ☎ – 🔏 45. 🄰🄴 ① 🄴 🆅🅸🆂🅰 CX **r**
☑ 16 – **51 ch** 84/225.

Agora M, 9 av. du Rond-Point, ⊠ 1006, ℰ 617 12 11, Fax 616 26 05 – 嶽 ⇔ ch ☰ 🆃🆅 ☎ 🄿 – 🔏 45. 🄰🄴 ① 🄴 🆅🅸🆂🅰 AY **n**
Repas *(fermé mi-juil. à mi-août, sam. et dim.)* 15 - 30/64 et à la carte 43/85 – ☑ 16 – **83 ch** 112/245 – ½ P suppl. 23.

Elite sans rest, 1 av. Sainte-Luce, ⊠ 1003, ℰ 320 23 61, Fax 320 39 63 – 嶽 ⇔ 🆃🆅 ☎ 🄿. 🄰🄴 ① 🄴 🆅🅸🆂🅰 BY **v**
33 ch ☑ 145/228.

Mirabeau, 31 av. de la Gare, ⊠ 1003, ℰ 320 62 31, Fax 323 28 87 – 嶽 🆃🆅 ☎ – 🔏 25/60. 🄰🄴 ① 🄴 🆅🅸🆂🅰 🄹🄲🄱 CY **y**
Repas *24* - 44 et à la carte 36/86 – **63 ch** ☑ 180/230 – ½ P suppl. 44.

Beau-Lieu M sans rest, 8 chemin du Cerisier, ⊠ 1004, ℰ 646 16 25, Fax 646 16 37 – 嶽 🆃🆅 ☎ ☞. 🄰🄴 ① 🄴 🆅🅸🆂🅰 🄹🄲🄱 U **a**
61 ch ☑ 165/230.

Alpha, 34 r. du Petit-Chêne, ⊠ 1003, ℰ 323 01 31, Fax 323 01 45 – 嶽 ⇔ ch ☰ 🆃🆅 ☎ 🕇🏃 ☞ 🄿 – 🔏 25/140. 🄰🄴 ① 🄴 🆅🅸🆂🅰 BY **x**
La Calèche : Repas *14.50* - 23 et à la carte 29/70, enf. 12 – *Le Carnotzet :* Repas à la carte 30/63 – ☑ 16 – **133 ch** 112/245 – ½ P suppl. 23.

Voyageurs sans rest, 19 r. Grand St. Jean, ⊠ 1003, ℰ 323 19 02, Fax 323 69 33 – 嶽 ⇔ 🆃🆅 ☎. 🄰🄴 ① 🄴 🆅🅸🆂🅰 🄹🄲🄱 – **33 ch** ☑ 138/204. BX **a**

Bellerive, 99 av. de Cour, ⊠ 1007, ℰ 616 96 33, Fax 617 31 29 – 嶽 🆃🆅 ☎ 🄿 – 🔏 30. 🄰🄴 ① 🄴 🆅🅸🆂🅰 🄹🄲🄱 V **b**
Repas *14* et à la carte environ 35 – **36 ch** ☑ 120/230.

LAUSANNE

Ale (R. de l') . . . . **ABX** 4
Bourg (R. de) . . . . **BCX**
Rue Centrale . . . . **BCX**
St-François (R.) . . . . **BX** 87

Acacias (Av. des) . . . . **BY** 3
Alpes (Av. des) . . . . **CY**
Avant-Poste (R. de l') . . . . **CY** 7
Beau-Séjour (R.) . . . . **BCY**
Beaulieu (Av. de) . . . . **AX**
Beauregard (Av.) . . . . **AY** 9
Bellefontaine (R.) . . . . **CY**
Benjamin Constant (Av.) . . . . . . **BCY** 13
Bergières (Av. des) . . . . **AX**
Bessières (Pont) . . . . **CX**
Béthusy (Av. de) . . . . **CX**
Borde (R. de la) . . . . **BX** 16
Boston (Ch. de) . . . . **AX** 19
Bugnon (R. du) . . . . **CX**
Calvaire (Ch. du) . . . . **CX**
Cèdres (Ch. des) . . . . **AX**
César Roux
   (R. du Dr.) . . . . **CX**
Charles Monnard (R.) . . . . **CY** 22
Château (Pl. du) . . . . **CX**
Chauderon (Pl.) . . . . **AX**
Chauderon (Pont) . . . . **AX**
Cheneau-de-Bourg . . . . **CX** 24
Cité-Derrière (R.) . . . . **CX** 27
Collonges (Av.) . . . . **AX** 28
Cour (Av. de) . . . . **AY**
Croix-Rouges
   (Ch. des) . . . . **AX** 30
Davel (Av.) . . . . **BX**
Echallens (Av. d') . . . . **AX**
Edouard Dapples (Av.) . . . . **ABY**
Fleurettes (Ch. des) . . . . **AY**
Floréal (Av.) . . . . **AY**
Florimont (Av. de) . . . . **CY**
France (Av. de) . . . . **AX**
Gare (Av. de la) . . . . **BCY**
Gare (Pl. de la) . . . . **ABY**
Genève (R. de) . . . . **ABX**
Georgette (Av.) . . . . **CY** 33
Grancy (Bd. de) . . . . **ABY**
Grand Pont . . . . **BX**
Grand-Chêne (R. du) . . . . **BXY** 36
Haldimand (R.) . . . . **BX**
Harpe (Av. de la) . . . . **AY**
Jomini (Av.) . . . . **AX** 39
Jules Gonin (Av.) . . . . **ABX**
Jura (R. du) . . . . **AX**
Jurigoz (Av. de) . . . . **CY** 42
Jurigoz (Quai de) . . . . **BY** 43
Juste Olivier (Av.) . . . . **CY**
Langallerie (R. de) . . . . **CX** 45
Longeraie (Ch. de) . . . . **CY** 48
Louis Ruchonnet (Av.) . . . . **AXY**
Louve (R. de la) . . . . **BX** 49
Lucinge (Ch. de) . . . . **CY**
Madeleine (R.) . . . . **BX** 51
Marc Dufour (Av.) . . . . **AX** 52
Marterey (R.) . . . . **CX** 55
Mauborget (R.) . . . . **BX** 57
Maupas (R. du) . . . . **AX**
Mercerie (R.) . . . . **BX**
Messidor (Ch.) . . . . **CY**
Midi (R. du) . . . . **BY**
Milan (Av. de) . . . . **AY**
Mon Repos (Av.) . . . . **CY**
Mont-d'Or (Av. du) . . . . **AY**
Mont-Tendre (Ch. du) . . . . **AY** 61
Montagibert (Av.) . . . . **CX**
Montbenon (Pl. de) . . . . **AX**
Montchoisi (Av. de) . . . . **BY**
Morges (Av.) . . . . **AX**
Mornex (Ch. de) . . . . **ABY** 66
Ouchy (Av. d') . . . . **BY**

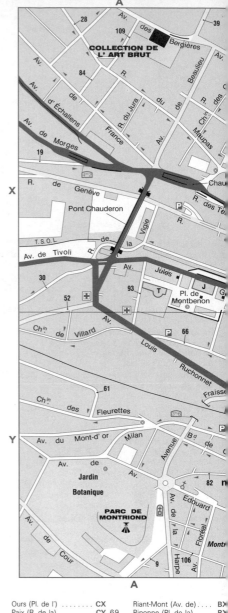

Ours (Pl. de l') . . . . **CX**
Paix (R. de la) . . . . **CY** 69
Palud (Pl. de la) . . . . **BX** 70
Pépinet (Pl.) . . . . **BX** 72
Petit-Chêne (R. du) . . . . . **BY**
Petit-Valentin (R. du) . . . . **BX** 73
Pierre Decker (Av.) . . . . . **CX** 75
Pierre Viret (R.) . . . . **BX** 76
Pont (R. du) . . . . **BX** 78

Riant-Mont (Av. de) . . . . **BX**
Riponne (Pl. de la) . . . . . **BX**
Rond-Point (Av. du) . . . . **AY**
Rosiers (Ch. des) . . . . . . **AX**
Rôtillon (R. du) . . . . **BCX**
Rue Neuve . . . . **BX**
Rumine (Av. de) . . . . **CY**
St-François (Pl.) . . . . **BX**
St-Laurent (R.) . . . . **BX**

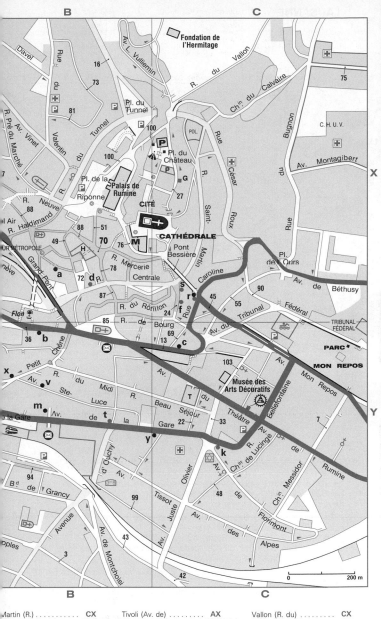

Martin (R.)	CX
Roch (R.)	ABX
-Luce (Av.)	BY
nte-Beuve (R.)	CX 90
oie (Av. de)	AX 93
aplon (R. du)	ABY 94
reaux (R. des)	AX
âtre (Av. du)	CY
sot (Av. du Dr.)	BCY

Tivoli (Av. de)	AX
Tour (R. de la)	ABX 97
Treyblanc (Av. du)	BCY 99
Tribunal Fédéral (Av. du)	CX
Tunnel (Pl. du)	BX
Tunnel (Rte du)	BX
Université (Av. de l')	BCX 100
Valentin (R. du)	BX

Vallon (R. du)	CX
Vigie (R. de la)	AX
Villamont (Av.)	CY 103
Villard (Ch. de)	AY
Vinet (Av.)	ABX
Voltaire (R.)	AY 106
Vulliémin (Av.)	BCX
William Fraisse (Av.)	AY
24-Janvier (Av. du)	AX 109

203

Bellerive (Quai de)	V	12
Bergières (Av. des)	U	15
Borde (R. de la)	U	18
Chablais (Av. du)	U	21
Chocolatière (Ch. de la)	U	25
Denantou (Av. du)	V	31
Grey (Av. du)	U	37
Levant (Ch. du)	V	46
Marc Dufour (Av.)	V	54
Mont-d'Or (Av. du)	V	60
Montoie (Av. de)	V	63
Morges (Av. de)	U	6
Ouchy (Quai d')	V	6
Provence (Av. de)	U	7
Sallaz (Av. de la)	U	9
Tivoli (Av. de)	U	9
Vallombreuse (Av. de la)	U	

%%%% **Le Relais** - Hôtel Lausanne-Palace, 7 r. Grand-Chêne, ⊠ 1002, ℰ 311 31 ⋮
Fax 323 25 71, 🏤 – ≣. 🆎 ⊙ ᴇ ⱽ𝐈𝐒𝐀 ⱼⒸ𝔹 BY
Repas 57 (midi)/125 et à la carte 67/135.

%%% ✿ **La Grappe d'Or** (Baermann), 3 Cheneau de Bourg, ⊠ 1003, ℰ 323 07 ⋮
Fax 323 22 30 – ≣. 🆎 ᴇ ⱽ𝐈𝐒𝐀 CX
fermé sam. midi et dim. – **Repas** 59 (midi)/165 et à la carte 91/133.
Spéc. Filet de loup de mer en écailles de pommes de terre et jus de betteraves. Truf⋮
(sept. - mars). Chasse fraîche (saison).

%%% **San Marino,** 20 av. de la Gare, ⊠ 1003, ℰ 312 93 69, Fax 323 86 64, 🏤 – ≣.
⊙ ᴇ ⱽ𝐈𝐒𝐀 ⱼⒸ𝔹 BY
fermé sam. midi et dim. – **Repas** - cuisine italienne - 48 (midi)/125 et à la carte 6⋮
133.

%% **Aub. du Lac de Sauvabelin,** Nord : 5 km, ⊠ 1018, ℰ 647 39 29, Fax 647 44 ⋮
🏤, « Terrasse au bord de l'eau » – 🆎 ⊙ ᴇ ⱽ𝐈𝐒𝐀 U
fermé 23 déc. au 9 janv., 2 sem. en oct. et sam. – **Repas** 17 - 52/130 et à la ca⋮
40/102.

%% **Kwong-Ming,** 74 av. de Cour, ⊠ 1007, ℰ 617 85 25, Fax 617 85 26 – ≣. 🆎 ⊙⋮
ⱽ𝐈𝐒𝐀 ⱼⒸ𝔹. ✆
Repas - cuisine chinoise - 45 (midi)/110 et à la carte 47/112.

Trattoria Toscana, 2 Bellefontaine, ⊠ 1003, ℰ 323 41 61, Fax 323 86 64, 😚 – 🖭
⓪ 🖪 𝒱𝐼𝒮𝒜 𝒥𝒸𝔟   CY **k**
fermé dim. – **Repas** - cuisine italienne - *17* - 48 (midi)/80 et à la carte 48/104.

Maï Thaï, 5 r. Caroline, ⊠ 1003, ℰ 323 89 10, Fax 323 01 13 – 🖭 ⓪ 🖪
𝒱𝐼𝒮𝒜   CX **r**
fermé Noël, Nouvel An, mi-juil. à mi-août, sam. midi et dim. – **Repas** - cuisine
thaïlandaise - *25* - 34 (midi)/92 et à la carte 42/79.

La Petite Grappe, 15 Cheneau-de-Bourg, ⊠ 1003, ℰ 311 84 14, Fax 323 22 30 – 🖭
🖪 𝒱𝐼𝒮𝒜   CX **f**
fermé 21 juil. au 19 août et dim. – **Repas** *18* - 35 (midi)/80 et à la carte 36/
74.

Le Pélican, 9 r. Centrale (5ᵉ étage), ⊠ 1003, ℰ 312 84 55, Fax 312 86 11, 😚 – 🖭
⓪ 🖪 𝒱𝐼𝒮𝒜   BX **d**
fermé 15 juil. au 15 août, sam. (sauf nov. à avril) et dim. – **Repas** *(fermé le soir)*
17.50- 49 et à la carte 37/85.

Le Chalet Suisse, Signal de Sauvabelin, ⊠ 1018, ℰ 312 23 12, Fax 312 24 01, ≤,
😚, « Chalet typique » – 🖭 ⓪ 🖪 𝒱𝐼𝒮𝒜   U **f**
fermé 5 au 18 fév. – **Repas** *18* et à la carte 34/71, enf. 8.

à Ouchy – 🕲 021 :

Beau-Rivage Palace ≫, chemin du Beau-Rivage, ⊠ 1006, ℰ 613 33 33,
Fax 613 33 34, ≤ lac, 😚, Parc, ℐⴺ, ⛬s, 🔲, 🎾 – 🛗 🗏 📺 video 🕿 ⋆⋆ ⟸ 🅿 –
🔏 25/350. 🖭 ⓪ 🖪 𝒱𝐼𝒮𝒜 𝒥𝒸𝔟   DZ **a**
Repas (voir aussi rest. *La Rotonde* et *Café Beau-Rivage* ci-après) – ⴹ 28 – **165 ch**
410/610, 15 suites – ½ P suppl. 52.

Royal-Savoy, 40 av. d'Ouchy, ⊠ 1013, ℰ 614 88 88, Telex 454640, Fax 614 88 78,
≤, 😚, « Beau jardin fleuri », ⴺ, 🎋 – 🛗 📺 video 🕿 🅿 – 🔏 25/150. 🖭 ⓪ 🖪 𝒱𝐼𝒮𝒜
𝒥𝒸𝔟   DZ **d**
Le Jardin : **Repas** *19* - 36/72 et à la carte 37/86 – ⴹ 20 – **100 ch** 240/350, 8 suites
– ½ P suppl. 38.

Mövenpick Radisson Ⓜ, 4 av. de Rhodanie, ⊠ 1006, ℰ 617 21 21, Telex 454340,
Fax 617 21 17, ≤, 😚 – 🛗 ↩ ch 🗏 📺 video 🕿 ⛬ ⋆⋆ ⟸ – 🔏 25/600. 🖭 ⓪
🖪 𝒱𝐼𝒮𝒜 𝒥𝒸𝔟   DZ **e**
La Pêcherie : **Repas** *28* - 43 (midi) et à la carte 45/91 – *La Brasserie :* **Repas** *22* et à
la carte 29/72, enf. 7 – ⴹ 21 – **259 ch** 220/290, 8 suites.

La Résidence ≫, 15 pl. du Port, ⊠ 1006, ℰ 617 77 11, Fax 617 06 67, ≤, 😚, ⴺ,
🎋 – 🛗 📺 🕿 🅿 – 🔏 40. 🖭 ⓪ 🖪 𝒱𝐼𝒮𝒜   DZ **f**
Repas 50/85 et à la carte 54/102 – **44 ch** ⴹ 195/380 – ½ P suppl. 50.

Carlton, 4 av. de Cour, ⊠ 1007, ℰ 616 32 35, Fax 616 34 30, 😚 – 🛗 📺 🕿 🅿 –
🔏 25/40. 🖭 ⓪ 🖪 𝒱𝐼𝒮𝒜 𝒥𝒸𝔟   DZ **h**
Richelieu : **Repas** 47/88 et à la carte 62/115 – *L'Ardoise* (Brasserie) **Repas** *22* – 42
et à la carte 40/93 – **42 ch** ⴹ 200/246, 6 suites – ½ P suppl. 48.

Château d'Ouchy, 2 pl. du Port, ⊠ 1006, ℰ 616 74 51, Fax 617 51 37, 😚, « Ancien château au bord du lac, ≤ », 🎋 – 🛗 📺 video 🕿 🅿 – 🔏 25/50. 🖭 ⓪ 🖪
𝒱𝐼𝒮𝒜 𝒥𝒸𝔟   DZ
Brasserie : **Repas** *23.50*- 30 et à la carte 36/85 – *La Véranda :* **Repas** *17.50*- 24 et
à la carte 33/63 – **40 ch** ⴹ 190/450 – ½ P suppl. 50.

Navigation, 49 av. de la Harpe, pl. Navigation, ⊠ 1006, ℰ 616 20 41, Fax 616 70 80,
≤, 😚 – 🛗 🗏 rest 📺 🕿 ⋆⋆ – 🔏 25/160   DZ **n**
29 ch, 3 suites.

Au Lac, 4 pl. de la Navigation, ⊠ 1006, ℰ 617 14 51, Telex 455823, Fax 617 11 30,
😚 – 🛗 📺 🕿 – 🔏 25/120. 🖭 ⓪ 🖪 𝒱𝐼𝒮𝒜 𝒥𝒸𝔟   DZ **b**
Le Pirate : **Repas** *15.50*- 22 (midi)/36 et à la carte 35/67 – **84 ch** ⴹ 150/220 –
½ P suppl. 28.

La Rotonde - Hôtel Beau-Rivage Palace, chemin du Beau-Rivage, ⊠ 1006, ℰ 613 33 33,
Fax 613 33 34, ≤, 😚, Accès par ascenseur privé place du Port – 🗏. 🖭 ⓪ 🖪 𝒱𝐼𝒮𝒜
𝒥𝒸𝔟   DZ **a**
Repas 56 (midi)/95 et à la carte 76/123.

Café Beau Rivage - Hôtel Beau-Rivage Palace, pl. du Port, ⊠ 1006, ℰ 613 33 33,
Fax 613 33 34, 😚 – 🖭 ⓪ 🖪 𝒱𝐼𝒮𝒜 𝒥𝒸𝔟   DZ **c**
Repas *25* - 48/62 et à la carte 51/86.

LAUSANNE
OUCHY

Acacias (Av. des) .... **DZ**
Auguste Pidou (Ch.) .... **DZ** 6
Beau-Rivage (Ch. de) ...... **DZ**
Beauregard (Av.) .... **DZ** 9
Belgique (Quai de) .... **DZ**
Bellerive (Ch. de) .... **DZ**

Cour (Av. de) .... **DZ**
Edouard Dapples (Av.) .... **DZ**
Elysée (Av. de l') .... **DZ**
Eugène Grasset (Ch.) ..... **DZ**
Floréal (Av.) .... **DZ**
Fontenailles (R. des) ...... **DZ**
Grammont (Av. du) .... **DZ** 34
Grancy (Bd. de) .... **DZ**
Harpe (Av. de la) .... **DZ**
Jordils (Av. des) .... **DZ** 40
Jurigoz (Quai de) .... **DZ**

Mon Loisir (Av.) .... **DZ**
Montchoisi (Av. de) .... **DZ**
Mouettes (Ch. des) .... **DZ**
Navigation (Pl. de la) ..... **DZ**
Ouchy (Av. d') .... **DZ**
Port (Pl. du) .... **DZ**
Rhodanie (Av. de) .... **DZ**
Rod Edouard (Av.) .... **DZ**
Servan (Av. du) .... **DZ**
Voltaire (R.) .... **DZ**
Warnery (Av.) .... **DZ**

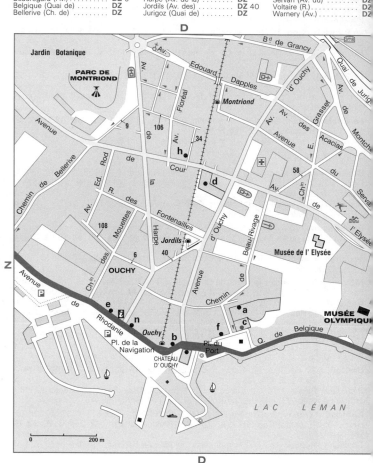

à Pully Est : 3 km - V – ⊠ 1009 Pully – ☎ 021 :.

Voir : vue★ de la terrasse de l'église St-Germain

XXX **Palais Impérial,** 5 av. de la Tour Haldimand, ℰ 728 25 93, Fax 728 26 09, 余, ▪ jardin chinois – 🗏 **P**. 🖭 ⓞ **E** 𝗩𝗜𝗦𝗔
fermé sam. midi – **Repas** - cuisine chinoise - *15* - 22 (midi)/80 et à la carte 44

XX **Port de Pully,** au port de Pully, ℰ 728 08 80, Fax 728 20 54, <, 余 – ⓞ **E** 𝗩𝗜𝗦𝗔
fermé 23 déc. au 30 janv. et lundi d'oct. à avril – **Repas** *18* - 49/79 et à la carte 50/ enf. 12.

au Mont-sur-Lausanne Nord : 4 km – ⊠ 1052 Le Mont-sur-Lausanne – ☎ 02

XX **Auberge Communale,** pl. du Petit Mont, ℰ 652 01 69, Fax 652 91 17, 余 – **P**
E 𝗩𝗜𝗦𝗔. 🛠 – *fermé 7 au 29 juil., dim. et lundi* – **Repas** *18.50* - 58 et à la carte 47
Voir aussi : XXXX ✿✿✿ **Girardet** à Crissier

UTERBRUNNEN 3822 Bern (BE) 217 ⑦ – 3 042 Ew. – Höhe 797 – © 036.

enswert : Staubbachfall★★ Nord.

flugsziel : Lauterbrunnental★★★ – Trümmelbachfälle★★★ Süd.

ur- und Verkehrsverein, ℘ 55 19 55, Fax 55 36 04.

rn 69 – Interlaken 12 – Brienz 30 – Kandersteg 55.

Silberhorn ⑤, ℘ 55 14 71, Fax 55 42 13, ≤, 斎, ⇔, – ☎ ℗, AE ① E VISA JCB
1. Nov. - 15. Dez. geschl. – **Menu** 20 - 35 und à la carte 30/81, Kinder 10 – **35 Zim**
� 110/200 – ½ P Zuschl. 30.

Jungfrau, ℘ 55 34 34, Fax 55 25 23, 斎, 🔲 – ☎ ⇔ ℗, AE ① E VISA JCB. ❄ Zim
15. April - 5. Mai und Nov. geschl. – **Menu** 19 - 30 und à la carte 32/90 – **20 Zim**
⊐ 95/150 – ½ P Zuschl. 25.

Schützen, ℘ 55 20 32, Fax 55 29 50, 斎 – ⧉ TV ☎ ℗, AE ① E VISA
20. Nov. - 20. Dez. geschl. – **Menu** 18 - 30 und à la carte 35/68, Kinder 8 – **20 Zim**
⊐ 130/180 – ½ P Zuschl. 22.

VERTEZZO 6633 Ticino (TI) 218 ⑫ – 873 ab. – alt. 533 – © 091.

rn 273 – ◆Lugano 47 – Andermatt 111 – ◆Bellinzona 26 – Domodossola 70 – ◆Locarno 22.

Della Posta, ℘ 746 16 67, ≤, 斎 – AE E VISA. ❄
chiuso martedì (salvo da maggio ad ottobre) e dal 1° dicembre al 15 gennaio – **Pasto**
14 - 22/52 ed à la carte 28/74, bambini 8.

VEY-VILLAGE 1892 Vaud (VD) 217 ⑭ – h. – alt. 450 – © 025 – Stat. thermale.

rn 114 – ◆Martigny 17 – Aigle 19 – ◆Lausanne 51 – ◆Montreux 30.

Grand Hotel des Bains ⑤, à Lavey-les-Bains, Sud : 2 km, ✉ 1890 Lavey-les-Bains,
℘ 65 11 21, Fax 65 21 29, 斎, parc, 🔲 🔲 (thermales), ♣ – ⧉ TV ☎ & ℗ – 🔬 30.
AE E VISA. ❄ rest
Repas 26 - 42 (midi) et à la carte 38/91 – **74 ch** ⊐ 140/330 – ½ P suppl. 30.

Les Fortifications M sans rest, r. Centrale, ℘ 65 33 34, Fax 65 33 35 – TV ☎. AE
① E VISA – **14 ch** ⊐ 95/110.

VORGO 6746 Ticino (TI) 218 ⑫ – alt. 615 – © 091.

rn 211 – Andermatt 49 – ◆Bellinzona 38 – Domodossola 105 – ◆Locarno 57.

Alla Stazione, ℘ 865 14 08 – AE ① E VISA
chiuso lunedì, Carnevale e 2 settimane in agosto – **Pasto** (coperti limitati - prenotare)
35 (mezzogiorno) ed à la carte 46/85.

NK 3775 Bern (BE) 217 ⑯ – 2 354 Ew. – Höhe 1 068 – Wintersport : 1 068/2 098 m
≤ 18 ✰ – © 030.

enswert : Iffigenfall★ – 🗗 Kur- und Verkehrsverein, ℘ 3 15 95, Fax 3 20 27.

rn 84 – Interlaken 66 – ◆Montreux 88 – Spiez 55.

Lenkerhof ⑤, ℘ 6 31 31, Fax 3 20 60, ≤, 斎, Park 🔲 (Thermalbad), 斎, ❄, ♣
– ⧉ TV ☎ ⇔ ℗, AE ① E VISA. ❄ Rest
29. Okt. - 22. Dez. geschl. – **Menu** 25 - 47 und à la carte 44/77 – **89 Zim** ⊐ 140/400,
6 Suiten – ½ P Zuschl. 30.

Parkhotel Bellevue, ℘ 3 17 61, Fax 3 37 61, ≤, Park, 🔲 – ⧉ ↔ Zim TV ☎ ℗, AE
① E VISA. ❄
23. Dez. - 16. März und 31. Mai - 5. Okt. – **Menu** 34/55 und à la carte 45/94 – **42 Zim**
⊐ 122/314 – ½ P Zuschl. 33.

Kreuz, ℘ 3 13 87, Fax 3 13 40, ≤, 斎, ⇔, 🔲 – ⧉ ↔ Zim TV ☎ ℗ – 🔬 40. AE
① E VISA JCB. ❄ Zim
Menu à la carte 32/78, Kinder 8 – **84 Zim** ⊐ 135/270 – ½ P Zuschl. 39.

Wildstrubel, ℘ 6 31 11, Fax 3 31 51, ≤, 斎, 🔲, 斎 – ⧉ TV ☎ ℗, E VISA
21. Dez. - 8. April und 25. Mai - 19. Okt. – **Menu** 20 - 35 (mittags) und à la carte 37/86,
Kinder 10 – **46 Zim** ⊐ 111/238 – ½ P Zuschl. 34.

Waldrand, ℘ 3 32 32, Fax 3 32 52, ≤, 斎, 斎 – TV ☎ ⇔ ℗, E VISA
20. Dez. - 7. April und 26. Mai - 13. Okt. – **Menu** 19 - 37 und à la carte 29/85, Kinder 10
– **23 Zim** ⊐ 140/240 – ½ P Zuschl. 30.

Sternen, ℘ 3 15 09, Fax 3 30 88, 斎, 斎 – TV ℗, ❄ Zim
Dienstag, 14. April - 15. Mai und 13. Okt. - 1. Nov. geschl. – **Menu** à la carte 48/60,
Kinder 10 – **14 Zim** ⊐ 78/156 – ½ P Zuschl. 20.

LENZ Graubünden 🔢🔢🔢 ④ – siehe Lantsch.

LENZBURG **5600** Aargau (AG) 🔢🔢🔢 ⑰ – 7 226 Ew. – Höhe 406 – ✪ 062.
◆Bern 93 – ◆Aarau 12 – ◆Baden 16 – ◆Luzern 45 – ◆Zürich 36.

🏨 **Krone,** Kronenplatz, ℘ 891 53 55, Fax 891 70 88, 🍽, 🚬s, 🔲 – 🛗 📺 ☎ ⇔
🛗 25/160. 🅰 ⓞ 🗲 𝑽𝑰𝑺𝑨 ᴊᴄʙ
über Weihnachten geschl. – Charly : **Menu** 30 (mittags) und à la carte 48/
Kinder 8 – **71 Zim** ⊆ 145/255 – ½ P Zuschl.

🏨 **Ochsen,** Burghalde 33, ℘ 891 37 76, Fax 891 43 02, 🍽 – 📺 ☎ 🄿 – 🛗 4(
𝑽𝑰𝑺𝑨
Sonntag - Montag (nur Rest.) und 24. Dez. - 2. Jan. geschl. – Ochsenstube : M
68/88 und à la carte 46/100, Kinder 13 – *Satteltasche :* **Menu** 24 und à la carte 36
– **22 Zim** ⊆ 125/200.

🏨 **Haller,** Aavorstadt 24, ℘ 891 44 51, Fax 891 25 05, 🍽 – 🛗 📺 ☎ 🄿 – 🛗 30
⇔ 🗲 𝑽𝑰𝑺𝑨
Dienstag (nur Rest.) geschl. – **Menu** 18 und à la carte 35/76 – *Rest. Français :* M
21 und à la carte 42/99 – **28 Zim** ⊆ 120/195.

*Die **Michelin-Kartenserie** mit rotem Deckblatt : Nr.* 🔢🔢🔢-🔢🔢🔢
empfehlenswert für Ihre Fahrten durch die Länder Europas.

LENZERHEIDE **(LAI) 7078** Graubünden (GR) 🔢🔢🔢 ④ – 2 500 Ew. – Höhe 1 476 – Wir
sport : 1 476/2 865 m ⭐2 ⭐35 ⭐ – ✪ 081.
Sehenswert : Lage★.

🏌 (Mitte Juni - Okt.) ℘ 34 13 16 (ab 04 96 : 384 13 16), Fax 34 52 22 (ab 04/96 : 384 52
Süd : 2 km.

🅱 Tourismus- und Verkehrsverein, ℘ 34 34 34 (ab 04/96 : 384 34 34), Fax 34 53 83 (ab 04/
384 53 83).

◆Bern 263 – ◆Chur 19 – Andermatt 105 – ◆Davos 41 – St. Moritz 59.

🏨 **Sunstar,** ℘ 34 01 21 (ab 04/96 : 384 01 21), Fax 34 24 92 (ab 04/96 : 384 24 92),
⇔ 🚬s, 🔲 – 🛗 📺 ☎ ⇔ 🄿. 🅰 ⓞ 🗲 𝑽𝑰𝑺𝑨. ⨯ Rest
23. Dez. - 7. April und 19. Juni - 19. Okt. – **Menu** 17 - 39/47 und à la carte 25,
Kinder 8 – **93 Zim** ⊆ 180/360 – ½ P Zuschl. 25.

🏨 **Schweizerhof,** ℘ 34 01 11 (ab 04/96 : 384 01 11), Fax 34 52 53 (ab 04/!
⇔ 384 52 53), 🏋, 🚬s, 🔲, ⨯ – 🛗 📺 ☎ 🏓 ⇔ – 🛗 25/40. 🅰 ⓞ 🗲 𝑽𝑰𝑺
Allegra : **Menu** 15.50 und à la carte 40/75, Kinder 12.50 – *Boccalino* - italienis
Küche - *(nur Abendessen)* **Menu** à la carte 29/75, Kinder 12.50 – **32 Zim** ⊆ 230/
– ½ P Zuschl. 42.

🏨 **Sporthotel Dieschen** 🦢, ℘ 34 12 22 (ab 04/96 : 384 12 22), Fax 34 54 81 (ab 04/
⇔ 384 54 81), ≤, 🍽, 🚬s – 🛗 📺 ☎ ⇔ 🄿. 🅰 ⓞ 🗲 𝑽𝑰𝑺𝑨
16. Dez. - 21. April und 8. Juni - 20. Okt. – **Menu** 20 - 28/60 und à la carte 28,
Kinder 14 – **44 Zim** ⊆ 150/320 – ½ P Zuschl. 16.

🏨 **Spescha** Ⓜ, ℘ 34 62 63 (ab 04/96 : 384 62 63), Fax 34 51 40 (ab 04/96 : 384 51
⇔ 🍽, 🚬s – 🛗 📺 ☎ ⇔ – 🛗 30. 🅰 🗲 𝑽𝑰𝑺𝑨
von April - Juni Donnerstag und Mai geschl. – **Menu** 17.50 - 32/46 und à la c
35/75, Kinder 13.50 – **12 Zim** ⊆ 195/300, 4 Suiten – ½ P Zuschl. 35.

🏨 **La Palanca,** ℘ 34 31 31 (ab 04/96 : 384 31 31), Fax 34 53 64 (ab 04/96 : 384 53
⇔ ≤, 🍽, 🌬 – 🛗 ☎ ⇔ 🄿. 🅰 ⓞ 🗲 𝑽𝑰𝑺𝑨. ⨯ Rest
20. Dez. - 14. April und 15. Juni - 20. Okt. – *Grill :* **Menu** à la carte 42/101, Kinde
– *Ustaroa :* **Menu** 14.50 und à la carte 32/76, Kinder 11 – **34 Zim** ⊆ 162/26
½ P Zuschl. 35.

🏨 **Collina,** ℘ 34 18 17 (ab 04/96 : 384 18 17), Fax 34 62 09 (ab 04/96 : 384 62 09),
🚬s – 🛗 📺 ☎ 🄿. 🗲 𝑽𝑰𝑺𝑨
Mitte Dez. - Mitte April und Mitte Juni - Anfang Nov. – **Menu** 25 - 45 und à la c
36/80, Kinder 7.50 – **21 Zim** ⊆ 145/270 – ½ P Zuschl. 28.

🏨 **Pöstli,** ℘ 34 11 60 (ab 04/96 : 384 11 60), Fax 34 52 12 (ab 04/96 : 384 52 12) –
⇔ 🅰 ⓞ 🗲 𝑽𝑰𝑺𝑨
Mitte Dez. - Mitte April und Mitte Juni - Mitte Nov. – **Menu** *(Mitte Juni - Mitte N*
Dienstag geschl.) 19.50 und à la carte 33/64, Kinder 12.50 – **18 Zim** ⊆ 115/19
½ P Zuschl. 35.

in Sporz Sud-West : 2,5 km – ⊠ 7078 Lenzerheide/Sporz – ❸ 081 :

❀ **Guarda Val** ⊗, ✆ 34 22 14 (ab 04/96 : 384 22 14), Fax 34 46 45 (ab 04/96 : 384 46 45), ≤, 🕮, « Renovierte ehemalige Bauernhäuser », 🍴, ⏧, ❀ – 📺 video ☎ ❷ – 🏇 35. 🆑 ⓞ 🄴 🆅🅸🆂🅰
Mitte Dez. - März und Juli - Okt. – *Guarda Val :* Menu 88/118 und à la carte 75/124 – *Crap Naros (Montag geschl.)* Menu 19 und à la carte 43/73, Kinder 10 – **21 Zim** 🛏 230/390, 13 Suiten – ½ P Zuschl. 52
Spez. Geschmortes heimisches Rindsfilet mit Alpkräutern und Malanser Rotwein. Lenzer Kaninchensaltimbocca auf Steinpilzrisotto. Heimisches Rehmedaillon mit Pfifferlingen auf Holunderjus.

in Valbella Nord : 3 km – ⊠ 7077 Valbella – ❸ 081 :

Posthotel Valbella, ✆ 34 12 12 (ab 04/96 : 384 12 12), Fax 34 38 38 (ab 04/96 : 384 38 38), 🕮, 🍴, 🄌 – 🕴 ☎ ❷ – 🏇 25/400. 🆑 ⓞ 🄴 🆅🅸🆂🅰
Mitte April - Ende Mai und Nov. geschl. – *Bündnerstübli (Mittwoch, Juni und Sept. - Okt. geschl.)* Menu 90 und à la carte 54/122 – *Taverna :* Menu 16.50 und à la carte 29/84, Kinder 10 – **80 Zim** 🛏 182/334 – ½ P Zuschl. 40.

Waldhaus am See ⊗, ✆ 34 11 09 (ab 04/96 : 384 11 09), Fax 34 45 48 (ab 04/96 : 384 45 48), ≤, 🕮, 🍴 – 🕴 📺 ☎ 🚗 ❷. 🆑 ⓞ 🄴 🆅🅸🆂🅰
Mitte Dez. - Mitte April und Ende Mai - Ende Okt. – Menu 45 und à la carte 40/90, Kinder 12 – **42 Zim** 🛏 155/290 – ½ P Zuschl. 20.

Seehof 🅼 ⊗, ✆ 34 35 35 (ab 04/96 : 384 35 35), Fax 34 88 (ab 04/96 : 384 34 88), ≤, 🕮, 🍴, ⏧ – 🕴 📺 ☎ 🚗 ❷. 🆑 ⓞ 🄴 🆅🅸🆂🅰
Mitte Dez. - Ende April und Mitte Juni - Mitte Okt. – Menu 20 und à la carte 53/108 – **25 Zim** 🛏 182/330 – ½ P Zuschl. 42.

UKERBAD (LOÈCHE-LES-BAINS) 3954 Wallis (VS) 🔢 ⑯ ⑰ – 1 598 Ew. – Höhe 1 404 – tersport : 1 411/2 700 m ⛷3 ⛷15 ⛷ – ❸ 027 – Kurort.

ale Veranstaltungen
7 - 20.07 : Clown-Festival
7 : Schäferfest auf der Gemmi.

ur- und Verkehrsverein, ✆ 62 71 71, Fax 62 71 51.

n 192 – ◆ Brig 44 - Interlaken 154 – ◆Sierre 24 – ◆Sion 39.

Les Sources des Alpes 🅼 ⊗, ✆ 62 11 51, Fax 61 35 33, ≤, 🕮, « Geschmackvolle Einrichtung », 🛁, 🍴, 🄌 🄍 (Thermalbäder), ⏧, ♨ – 🕴 ≋ Zim 📺 ☎ 🚗. 🆑 ⓞ 🄴 🆅🅸🆂🅰. 🍽 Rest
La Malvoisie : Menu 80/120 und à la carte 66/120 – **26 Zim** 🛏 290/500, 4 Suiten – ½ P Zuschl. 30.

Astoria ⊗, ✆ 61 14 15, Fax 61 22 18, ≤ – 🕴 📺 ☎ 🚗. 🆑 ⓞ 🄴 🆅🅸🆂🅰. 🍽 Rest
Menu à la carte 39/109, Kinder 13.50 – **29 Zim** 🛏 120/240 – ½ P Zuschl. 30.

Maison Blanche - Grand Bain, ✆ 62 11 61, Fax 61 34 74, Direkter Zugang zur Alpentherme, 🛁, 🍴, 🄍 (Thermalbäder), ⏧, ❀, ♨ – 🕴 ≋ Zim 📺 ☎ 🚗 – 🏇 25/40. 🆑 ⓞ 🄴 🆅🅸🆂🅰. 🍽 Rest
Menu (Tischbestellung erforderlich) à la carte 40/87 – **90 Zim** 🛏 137/344 – ½ P Zuschl. 33.

Waldhaus-Grichting ⊗, ✆ 61 32 32, Fax 61 45 25, ≤, 🕮, « Behagliche Atmosphäre » – 🕴 📺 ☎ 🚗. 🄴 🆅🅸🆂🅰. 🍽 Rest
22. April - 26. Mai geschl. – Menu *(von Juni - Mitte Juli Montag geschl.)* 16 - 20 (mittags)/42 (abends) und à la carte 31/87, Kinder 9.50 – **16 Zim** 🛏 210 – ½ P Zuschl. 28.

Beau-Séjour 🅼, ✆ 61 12 38, Fax 61 40 37, 🕮, 🍴 – 🕴 📺 ☎ 🚗 ❷. 🄴 🆅🅸🆂🅰
Mitte April - Mitte Mai geschl. – Menu *(in Juni und Nov. Montag geschl.)* 17 - 25 (mittags) und à la carte 29/66, Kinder 10 – **24 Zim** 🛏 130/250 – ½ P Zuschl. 25.

Regina Terme ⊗, ✆ 62 11 41, Fax 61 20 02, ≤, 🍴, 🄌 🄍 (Thermalbad), ⏧, ❀, ♨ – 🕴 📺 ☎ 🚗 ❷. ⓞ 🄴 🆅🅸🆂🅰. 🍽 Rest
15. Okt. - 22. Dez. geschl. – Menu *(nur ½ Pens. für Hotelgäste)* – **62 Zim** 🛏 155/330 – ½ P Zuschl. 15.

France, ✆ 62 11 71, Fax 61 20 04, 🕮, Direkter Zugang zur Alpentherme – 🕴 📺 ☎. 🆑 ⓞ 🄴 🆅🅸🆂🅰
Menu 15 - 30/60 und à la carte 30/71, Kinder 13 – **43 Zim** 🛏 112/196 – ½ P Zuschl. 28.

🏠 **Grichting und Badner-Hof,** 𝒞 62 77 11, Fax 61 22 69, Direkter Zugang zum T
↦ malbad St. Lorenz – |≩| 📺 ☎. 📭 🗨 𝘝𝘐𝘚𝘈. ⅋⅋ Rest
30. Nov. - 23. Dez. geschl. – **Menu** *16* und à la carte 35/85 – **48 Zim** ⊂⊐ 120/
– ½ P Zuschl. 30.

🏠 **Escher** ⑤, 𝒞 61 14 31, Fax 61 32 22, ≼ – |≩| ⅙⅙ Rest 📺 ☎. 📭 🗨 🖬 𝘝𝘐𝘚𝘈. ⅋⅋
↦ *15. Nov. - 20. Dez. geschl.* – **Menu** *20* - 36 (abends) und à la carte 28/82, Kinc
– **18 Zim** ⊂⊐ 115/200 – ½ P Zuschl. 25.

🏠 **Römerhof,** 𝒞 61 19 21 (Rest : 61 43 70), Fax 61 34 92 (Rest : 61 41 71), ≼, 🍴
↦ 📺 🗨 ⇦⇨ 🅿. 📭 🗨 𝘝𝘐𝘚𝘈 – *15. April - 15. Juni geschl.* – **Menu** – italienische Küc
20 - 30 (mittags) und à la carte 39/86 – **30 Zim** ⊂⊐ 97/194 – ½ P Zuschl. 38.

🎋 **Walliserhof,** 𝒞 61 14 24, Fax 61 38 24, ≼, 🍴 – |≩| 📺 ☎. 📭 🗨 𝘝𝘐𝘚𝘈
*Hotel : 13. April - 25. Mai geschl. ; Rest : Dienstag - Mittwoch und 9. April - 25.
geschl.* – **Menu** à la carte 36/70 – **25 Zim** ⊂⊐ 103/210 – ½ P Zuschl. 19.

in Albinen Süd : 6 km – ✉ 3941 Albinen – ☎ 027 :

🎋 **Rhodania** ⑤, 𝒞 63 15 89, Fax 63 41 40, 🍴, « Terrasse ≼ Rhonetal » – 🅿. 📭 🗨
↦ *20. Juni - 15. Juli und 28. Nov. - 24. Dez. geschl.* – **Menu** *(Mittwoch geschl.)*
25 und à la carte 25/78, Kinder 8 – **10 Zim** ⊂⊐ 65/130 – ½ P Zuschl. 25.

LEYSIN 1854 Vaud (VD) 𝟤𝟣𝟩 ⑭ – 2 566 h. – alt. 1 450 – Sports d'hiver : 1 268/2 30
⇗2 ⑤17 🎿 – ☎ 025 – Voir : Site★★. 🖪 Office du Tourisme, 𝒞 34 22 44, Fax 34 16 1

♦Bern 117 – ♦Montreux 33 – Aigle 17 – ♦Genève 118 – ♦Martigny 49.

🏛 **Classic Hotel** 🅼, 𝒞 34 27 91, Fax 34 24 24, ≼, 🍴 – |≩| ⅙⅙ ch 📺 ☎ & ⇦⇨
🏊 25/120. 📭 🗨 𝘝𝘐𝘚𝘈
Repas *24* - 36 et à la carte 31/87, enf. 9 – **115 ch** ⊂⊐ 130/230 – ½ P suppl. 3⅝

🏨 **Leysin Parc** 🅼 ⑤, 𝒞 34 20 34, Fax 34 20 11, ≼, 🍴, ⬒⬒, ⅋ – |≩| 📺 ☎ ⇦⇨
– 🏊 30. 📭 🗨 𝘝𝘐𝘚𝘈. ⅋⅋ rest
Le Gourmet : **Repas** *22* - 49/69 et à la carte 34/91, enf. 8 – **28 ch** ⊂⊐ 100/220, 10 su
– ½ P suppl. 35.

🏨 **Le Grand Chalet** ⑤, à Feydey, Ouest : 1 km, 𝒞 34 11 36, Fax 34 16 14, ≼ De
↦ du Midi et Les Diablerets, 🍴 – |≩| 📺 ☎. 📭 🗨 𝘝𝘐𝘚𝘈. ⅋⅋ rest
16 déc. - 8 avril et 11 mai - 19 oct. – **Repas** *17* - 28/39 et à la carte 39/82 – 3
⊂⊐ 94/200 – ½ P suppl. 25.

🎋 **La Paix "Au Vieux-Pays",** 𝒞 34 13 75, Fax 34 13 75, Chalet ancien, 🍴 – 📭 🗨
↦ *1er déc. - 13 avril et 11 mai - 28 sept.* – **Repas** *(fermé lundi soir et mardi)* *16* - 30
et à la carte 33/67 – **17 ch** ⊂⊐ 66/126 – ½ P suppl. 23.

✕ **Le Leysin,** 𝒞 34 22 55, Fax 34 23 15, « Fromagerie-musée dans des cha
↦ centenaires » – 📭 🗨 𝘝𝘐𝘚𝘈
fermé mai et nov. – **Repas** *15* et à la carte 36/78.

✕ **Le Feydey,** 𝒞 34 11 47, Fax 34 39 38, 🍴 – 🅿. 📭 🗨 𝘝𝘐𝘚𝘈
↦ *fermé 15 juin au 10 juil., dim. soir et lundi* – **Repas** *15.50* - 35/57 et à la carte 37

au sommet de la Berneuse accès par télécabine – alt. 2 000 – ☎ 025 :

✕✕ **La Berneuse "Kuklos",** (au 1er étage), ✉ 1854 Leysin 1, 𝒞 34 31 41, Fax 34 3⅟
≼ montagnes et vallée du Rhône, « Restaurant panoramique tournant » – 🗨 🖬
fermé 22 avril au 15 mai, 28 oct. au 29 nov. – **Repas** *(fermé le soir sauf venc
été)* *21* - 38 et à la carte 30/68, enf. 10.

LEYTRON 1912 Valais (VS) 𝟤𝟣𝟩 ⑮ – 1 904 h. – alt. 497 – ☎ 027.

♦Bern 144 – ♦Martigny 16 – ♦Montreux 62 – ♦Sion 16.

✕✕ **Les Vergers,** 𝒞 86 30 62, 🍴 – 🅿. 📭 🗨 𝘝𝘐𝘚𝘈
↦ *fermé dim. soir et mardi* – **Repas** *14* - 42 (midi) et à la carte 50/79.

à Montagnon Nord-Ouest : 3 km par rte d'Ovronnaz – ✉ 1912 Leytron – ☎ C

✕✕ **du Soleil,** 𝒞 86 25 71, 🍴 – 🅿. 🗨 🖬 𝘝𝘐𝘚𝘈
↦ *fermé 23 déc. au 9 janv., 24 juin au 15 juil., dim. soir, mardi midi et lundi* – Re
(week-ends - prévenir) *20* - 48/85 et à la carte 52/79.

LIEBEFELD Bern 𝟤𝟣𝟩 ⑥ – siehe Bern.

LIECHTENSTEIN (FÜRSTENTUM) 𝟤𝟣𝟨 ㉑ ㉒ – siehe Seite 354.

ESTAL 4410 K Basel-Landschaft (BL) 216 ④ – 12 229 Ew. – Höhe 325 – © 061.

Sehenswert : Altstadt★.

Ausflugsziel : Oltingen★ Süd-Ost : 20 km.

Lokale Veranstaltung
25.02 : "Chienbesenumzug", Volksbrauch.

🛈 Verkehrsbüro, Rheinstr. 5, ✆ 921 58 07, Fax 921 25 16.

rn 82 – ♦Basel 20 – ♦Aarau 41 – ♦Baden 59 – ♦Olten 28 – ♦Solothurn 51.

Radackerhof, Rheinstr. 93, ✆ 901 32 22, Fax 901 33 32, 🈺 – 🛗 📺 ☎ 🅿. 🆎 ⑩ E 𝘝𝘐𝘚𝘈
24. Dez. - 7. Jan. geschl. – **Menu** (Sonntag geschl.) 16 und à la carte 31/74, Kinder 8
– **27 Zim** ⚏ 129/199.

Schützenstube, Rathausstr. 14, ✆ 921 08 08, Fax 921 08 08, 🈺 – E 𝘝𝘐𝘚𝘈
Sonntag - Montag, 26. Feb. - 5. März und 13. - 20. Mai geschl. – **Menu** 20 - 30
(mittags) und à la carte 41/88, Kinder 12.

in Bad Schauenburg Nord-West : 4 km – ✉ 4410 Liestal – © 061 :

Bad Schauenburg M ⌕, ✆ 901 12 02, Fax 901 10 55, ≼, 🈺, « Reizvolle ländliche
Lage, Park » – 🛗 📺 ☎ ⅙ 🅿 – 🖄 40. 🆎 ⑩ E 𝘝𝘐𝘚𝘈. ⌗
Sonntag abends und 20. Dez. - 15. Jan. geschl. – **Menu** 53 (mittags) und à la carte
65/96 – **30 Zim** ⚏ 130/180 – ½ P Zuschl. 45.

GNIÈRES 2523 Neuchâtel (NE) 216 ⑬ – 729 h. – alt. 802 – © 038.

rn 50 – ♦Neuchâtel 21 – ♦Biel 22 – ♦La Chaux-de-Fonds 41.

Poste, ✆ 51 22 61, Fax 51 22 61 – 🅿. 🆎 E 𝘝𝘐𝘚𝘈 – fermé 24 fév. au 6 mars, 23 juil.
au 7 août, lundi et mardi – **Repas** 15 - 48/75 et à la carte 38/89.

NTHAL 8783 Glarus (GL) 218 ② – 1 400 Ew. – Höhe 648 – © 058 (ab 03/96 : 055).

rn 212 – ♦Chur 92 – Glarus 17 – ♦St. Gallen 88 – ♦Zürich 87.

West 3,5 km Richtung Klausenpass – © 058 (ab 03/96 : 055) :

Bergli, ✉ 8783 Linthal, ✆ 84 33 16 (ab 03/96 : 643 33 16), Fax 84 33 16 (ab 03/96 :
643 33 16), ≼, 🈺 – 🅿. ⌗ Zim
1. Mai - 31. Okt. geöffnet ; Donnerstag geschl. – **Menu** 17.50 – 28/52 und à la carte
31/64, Kinder 9 – **4 Zim** ⚏ 60/95 – ½ P Zuschl. 30.

in Tierfehd Süd : 5 km : – © 058 (ab 03/96 : 055) :

Tödi ⌕, ✉ 8783 Linthal, ✆ 84 16 27 (ab 03/96 : 643 16 27), Fax 84 17 24 (ab 03/96 :
643 17 24), 🈺 – 🅿. 🆎 ⑩ E 𝘝𝘐𝘚𝘈
9. - 20. Jan. und 11. - 22. Nov. geschl. – **Menu** (Montag abends - Dienstag, ausser Juli -
Sept. geschl.) 17.50 und à la carte 35/73, Kinder 10 – **20 Zim** ⚏ 60/150 – ½ P Zuschl. 25.

CARNO 6600 Ticino (TI) 218 ⑪ ⑫ – 14 099 ab. – alt. 214 – Sport invernali a Cardada :
0/1 750 m ⌔1 ⌔5 – © 091.

ere : Lago Maggiore★★★ dall'Alpe di Cardada Nord per funivia – Monte Cimet-
★ : ⌗★★ Nord per seggiovia – Santuario della Madonna del Sasso★ : ≼ AY per via ai
nti della Trinità o per funicolare (6 mn).

torni : Circuito di Ronco★★ : ≼★★ sul lago dalla strada per Losone e Ronco.

d Ascona – ✉ 6612 (marzo-novembre), ✆ 791 21 32, Fax 791 07 96, per ② : 6,5 km.

nifestazione locale
8 - 11.08 : Festival Internazionale del Film.

Ente Turistico, largo Zorzi 1, ✆ 751 03 33, Fax 751 90 70.

Piazza Grande 5, ✆ 751 75 72, Fax 751 95 97.

via Trevani 5, ✆ 751 46 71, Fax 751 80 68.

rn 266 ① – ♦Lugano 40 ① – Andermatt 103 ① – ♦Bellinzona 20 ① – Domodossola 49 ③.

Pianta pagina seguente

Reber au Lac, viale Verbano 55, ✆ 743 02 02, Fax 743 79 81, ≼, 🈺, « Terrazza
fiorita », ≼s, ⌗, 🐾, 🈺, ⌗, ⌗ – 🛗 📺 ☎ 🅿 – 🖄 90. 🆎 ⑩ E 𝘝𝘐𝘚𝘈. ⌗ rist
Pasto 32 (mezzogiorno)/70 ed à la carte 53/120, bambini 16 – **70 cam** ⚏ 240/410
– ½ P sup. 45.   BY **s**

211

LOCARNO

Grande (Piazza) . . . . **ABZ**
Ramogna (Via) . . . . **BZ** 13

Ballerini (Via F.) . . . . **BY** 3
Balli (Via F.) . . . . **BZ** 4
Castella (Piazza) . . . . **AZ** 6
Cittadella (Via) . . . . **AZ** 7
Collegiata (Via della) . . . . . . **BY** 9

Motta (Via della) . . . . **AZ**
Municipio (Via del) . . . . . . **BY**
S. Antonio (Via) . . . . **AZ**
Vallemaggia (Via) . . . . **AZ**
Varesi (Via Dr.) . . . . **AZ**

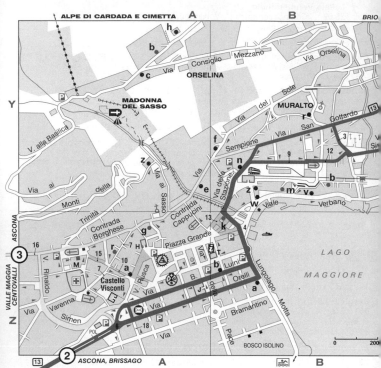

🏨 **La Palma au Lac,** viale Verbano 29, ℰ 743 01 71, Fax 743 39 74, ≤, 🛋, ≘s, 🏊
│⧉│ ⇆ cam 📺 ☎ 🅿 – 🔬 25/150. ⬚ ⓞ ⴲ 𝘝𝘐𝘚𝘈. 🛠 rist   BY
chiuso gennaio – **Coq d'Or** (chiuso a mezzogiorno) **Pasto** *30* - 68 ed à la carte 53,
– **65 cam** ⵣ 185/440, – ½ P sup. 39.

🏨 **Belvedere** M ⚘, via ai Monti della Trinità 44, ⊠ 6601, ℰ 751 03 63, Fax 751 52 39,
�, 🔏, ≘s, 🏊, 🛋 – │⧉│ ⇆ cam 📺 ☎ ዿ ⟷ 🅿 – 🔬 45. ⬚ ⓞ ⴲ
🛠 rist   AY
L'Affresco : **Pasto** 45 (mezzogiorno)/55 ed à la carte 44/83, bambini 15 – **52 c**
ⵣ 190/300, 12 suites – ½ P sup. 35.

🏨 **Muralto,** piazza Stazione 8, ℰ 743 01 81, Fax 743 43 15, ≤, �, « Terra
panoramica » – │⧉│ ▤ rist 📺 ☎ – 🔬 25/80. ⬚ ⓞ ⴲ 𝘝𝘐𝘚𝘈. 🛠 rist   BY
Pasto *(chiuso a mezzogiorno)* 49/95 ed à la carte 48/97 – **77 cam** ⵣ 173/35
½ P sup. 43.

🏨 **Arcadia,** lungolago Motta, ℰ 751 02 82, Fax 751 53 08, ≤, �, 🔏, ≘s,
🛋 – │⧉│ ⇆ cam ▤ cam 📺 ☎ ዿ 🚣 ⟷ 🅿 – 🔬 25/50. ⬚ ⓞ ⴲ
🛠 rist   BZ
marzo - ottobre – **Pasto** *19.50* - 56 ed à la carte 44/90, bambini 8 – **56 c**
ⵣ 223/352, 33 suites – ½ P sup. 23.

🏨 **Grand Hotel Locarno,** via Sempione 17, ℰ 743 02 82, Fax 743 30 13, ≤,
« Parco con 🏊 », ⚒ – │⧉│ 📺 ☎ ዿ 🅿 – 🔬 25/80. ⬚ ⓞ ⴲ 𝘝𝘐𝘚𝘈
🛠 rist   AY
25 marzo - 31 ottobre – **Alle Grotte : Pasto** *22* - 49 ed à la carte 41/103 – **83 c**
ⵣ 200/400 – ½ P sup. 40.

Dell'Angelo, Piazza Grande, *&* 751 81 75, Fax 751 82 56 – |≢| 🅣🅥 ☎. 🅐🅔 ⓞ ⋿ 𝑉𝐼𝑆𝐴 𝐽𝐶𝐵. ⁓ rist AZ **a**
Dell'Angelo : **Pasto** *14* ed à la carte 38/72 – **49 cam** ☷ 105/185 – ½ P sup. 28.

Piccolo Hotel senza rist, via Buetti 11, *&* 743 02 12, Fax 743 21 98 – |≢| 🅣🅥 ☎ ⓟ. ⋿ 𝑉𝐼𝑆𝐴
2 marzo - 29 novembre – **21 cam** ☷ 95/190. BY **r**

Pestalozzi, via Cattori 4, *&* 751 02 92, Fax 751 96 45, ㈜ – |≢| ▤ rist 🅣🅥 ☎ 🅖 ⋤ ⟵
- 🏛 90. 🅐🅔 ⓞ ⋿ 𝑉𝐼𝑆𝐴 BZ **b**
Universo & 751 95 13 **Pasto** *14.50* ed à la carte 44/79 – **47 cam** ☷ 130/170, 3 suites
– ½ P sup. 35.

Villa Palmiera, via del Sole 1, *&* 743 14 41, ≤, « Piccolo giardino fiorito » – |≢| 🛎
🅖. 🅐🅔 ⋿ 𝑉𝐼𝑆𝐴. ⁓ rist BY **f**
Hotel : 15 marzo - 15 novembre ; rist. : 21 marzo - 31 ottobre – **Pasto** *20 -* 25/40
– **28 cam** ☷ 75/178 – ½ P sup. 34.

Montaldi, piazza Stazione 7, *&* 743 02 22, Fax 743 54 96 – |≢| 🅣🅥 video ☎ 🅖. 🅐🅔 ⓞ
⋿ 𝑉𝐼𝑆𝐴 𝐽𝐶𝐵 BY **n**
chiuso dal 10 gennaio al 15 febbraio (salvo rist.) – **Pasto** à la carte 32/70 – **49 cam**
☷ 100/182 – ½ P sup. 27.

Zurigo, viale Verbano 9, *&* 743 16 17, Fax 743 43 15, ≤, ㈜ – |≢| 🅣🅥 ☎ – 🏛 40. 🅐🅔
ⓞ ⋿ 𝑉𝐼𝑆𝐴 BY **w**
*Hotel : chiuso dal 7 gennaio al 15 febbraio ; rist. : chiuso dal 21 gennaio al
15 febbraio e domenica sera - lunedì dal 22 ottobre al 18 marzo* – **Le Bistro :** **Pasto**
17 ed à la carte 31/67, bambini 9 – **28 cam** ☷ 138/228.

⁒ ۞ **Centenario** (Perriard), lungolago Motta 17, *&* 743 82 22 – 🅐🅔 ⓞ ⋿ 𝑉𝐼𝑆𝐴 𝐽𝐶𝐵
*chiuso domenica, lunedì (salvo i giorni festivi), dal 29 gennaio al 20 febbraio e dal
1° al 16 luglio*
Pasto (prenotare) 52/140 ed à la carte 74/141 BY **m**
Spec. Salade tiède de langoustines aux mangues. Agneau rôti au thym. Soufflé aux fruits
de saison.

⁒ **Cittadella** con cam, via Cittadella 18, *&* 751 58 85, Fax 751 64 93, specialità di pesce
– ▤ rist 🅣🅥 ☎. 🅐🅔 ⓞ ⋿ 𝑉𝐼𝑆𝐴 𝐽𝐶𝐵 AZ **r**
Pasto (1° piano) 36 (mezzogiorno)/76 ed à la carte 51/96 – *La Trattoria :* **Pasto** *18*
ed à la carte 34/71 – **10 cam** ☷ 80/160.

⁒ **Da Luigi,** via della Dogana Vecchia 1, *&* 751 97 46, Fax 751 42 69, ㈜ – ▤. 🅐🅔 ⓞ
⋿ 𝑉𝐼𝑆𝐴 – **Pasto** *15* ed à la carte 29/68, bambini 8. BZ **k**

⁒ **Cervo** con cam, via Torretta 11, *&* 751 41 31, ㈜ – *chiuso domenica, lunedì e
novembre* – **Pasto** à la carte 44/62 – **4 cam** ☷ 80/130 – ½ P sup. 28. AZ **g**

⁒ **Antica Osteria,** via dei Pescatori 8, *&* 743 87 94, ㈜ – ⋿ 𝑉𝐼𝑆𝐴 BY **b**
chiuso martedì – **Pasto** *18 -* 32/53 ed à la carte 38/69.

ad Orselina Nord : 2 km ABY – alt. 456 – ✉ 6644 Orselina – ۞ 091 :

Orselina ⌕, *&* 735 44 44, Fax 735 44 66, ≤ lago e monti, ㈜, « Giardino esotico
con ⊾ », ⌂, ⬚, ⁒ – |≢| 🅣🅥 ☎ ⋤ 🅖. ⁓ rist AY **c**
25 febbraio - 2 novembre – **Pasto** (la sera solo per clienti alloggiati) *27 -* 35/50 –
78 cam ☷ 196/392 – ½ P sup. 22.

Mirafiori, *&* 743 18 77, Fax 743 77 39, ≤, ㈜, ⌂, ⊾, ⌁ – |≢| 🅣🅥 ☎ 🅖. 🅐🅔 ⓞ ⋿
𝑉𝐼𝑆𝐴. ⁓ rist – *11 marzo - 11 novembre* – **Pasto** *24 -* 38 (sera) ed à la carte 39/70,
bambini 10 – **25 cam** ☷ 120/220 – ½ P sup. 24. AY **h**

Il Paradiso, *&* 743 46 45, Fax 743 87 58, ㈜ – 🅐🅔 ⓞ ⋿ 𝑉𝐼𝑆𝐴 AY **b**
*chiuso dal 12 novembre al 19 dicembre, mercoledì (salvo la sera da luglio ad ottobre)
e martedì* – **Pasto** (coperti limitati - prenotare) 68 ed à la carte 42/91.

a Minusio per ① : 2 km – alt. 246 – ✉ 6648 Minusio – ۞ 091 :

Remorino senza rist, via Verbano 29, *&* 743 10 33, Fax 743 74 29, « Giardino con
⊾ » – |≢| 🅣🅥 ☎ 🅖. 🅐🅔 ⋿ 𝑉𝐼𝑆𝐴 – *16 marzo - 2 novembre* – **28 cam** ☷ 110/220.

Navegna ⌕ con cam, *&* 743 22 22, Fax 743 31 50, ≤, ㈜, « Terrazza ombreggiata
in riva al lago », ⌁, ⬚ – 🅣🅥 ☎ 🅖. ⋿ 𝑉𝐼𝑆𝐴. ⁓ rist – *25 marzo - 25 ottobre* – **Pasto**
(chiuso martedì salvo dal 15 giugno al 15 settembre) 25 - 48 ed à la carte 57/75
20 cam ☷ 92/180 – ½ P sup. 28.

Campagna ⌕ con cam, *&* 743 20 54, ≤, ㈜, « Insieme rustico ticinese, terrazza
ombreggiata » – ☎ 🅟 – *25 marzo - 21 ottobre* – **Pasto** *(chiuso martedì a mezzogiorno) 15* ed à la carte 41/66 – **15 cam** ☷ 50/110.

213

a Brione per ① : 4,5 km – alt. 450 – ⊠ 6645 Brione – ✪ 091 :

🏨 **Dellavalle** ⟨, ✆ 743 01 21, Fax 743 35 17, ≤ lago e monti, 숙, « Terrazza pa
ramica con ⯃ », ₤₅, ⇌, ☞, ⬥ – 肖 Ⅳ video ☎ ℗ – 🔒 60. 亜 ᴇ 𝘝𝘐𝘚𝘈. ⨯
chiuso dal 2 gennaio a metà marzo – **Pasto** 22 - 32 (mezzogiorno)/48 ed à la ca
44/91 – **50 cam** ⇌ 155/310 – ½ P sup. 38.

✗ **Grotto Cà Nostra,** ✆ 743 58 52, Fax 743 91 49, ≤, 숙, « Ambiente tipico, terra:
panoramica » – ℗. 亜 ⓞ ᴇ 𝘝𝘐𝘚𝘈
chiuso martedì e febbraio – **Pasto** 25 - 50 (sera) ed à la carte 41/75.

Le LOCLE 2400 Neuchâtel (NE) ②⓵⓺ ⑫ – 11 198 h. – alt. 923 – ✪ 039.
Musée : Horlogerie★ – Environs : Saut du Doubs★★★ Nord.
🗉 Office du Tourisme, 31 r. Daniel-Jean Richard, ✆ 31 43 30, Fax 31 45 06.
♦Bern 81 – ♦Neuchâtel 32 – Besançon 76 – ♦La Chaux-de-Fonds 9 – ♦Yverdon-les-Bains 62.

🏨 **Des Trois Rois** Ⅿ, 29 r. du Temple, ✆ 34 21 00, Fax 31 58 72 – 肖 ⤶ ch Ⅳ ☎
🔶 ⥅ – 🔒 25/100. 亜 ⓞ ᴇ 𝘝𝘐𝘚𝘈 – **Repas** *(fermé dim. soir)* 18 - 50/65 et à la ca
34/99, enf. 15 – **40 ch** ⇌ 140/230 – ½ P suppl. 25.

✗✗ **La Croisette,** 10 r. du Marais, ✆ 31 35 30, Fax 31 35 50 – ℗. 亜 ⓞ ᴇ 𝘝𝘐𝘚𝘈
fermé 13 juil. au 14 août et dim. soir – **Repas** 40 (midi)/90 et à la carte 62/10
Brasserie : **Repas** 25 et à la carte 39/76, enf. 8.

✗ **Chez Sandro,** 4 r. de la Gare, ✆ 31 40 87 – 亜 ⓞ ᴇ 𝘝𝘐𝘚𝘈
🔶 *fermé 15 juil. au 15 août et dim.* – **Repas** - cuisine italienne - 14 - 50/95 et à la carte 49/

à Le Prévoux Sud-Ouest : 3,5 km par rte de la Brévine – ⊠ 2413 Le Prévoux – ✪ 0

✗✗✗ **Aub. de Prévoux,** ✆ 31 23 13, Fax 31 50 37, 숙 – ℗. 亜 ⓞ ᴇ 𝘝𝘐𝘚𝘈
🔶 *fermé 13 au 26 fév., dim. soir et lundi* – **Repas** 40 (midi)/103 et à la carte 60/1
– *Brasserie :* **Repas** 16 et à la carte 32/90.

LOÈCHE-LES-BAINS Valais ②⓵⓻ ⑯ ⑰ – voir à Leukerbad.

LÖMMENSCHWIL 9308 St. Gallen (SG) ②⓵⓺ ⑩ – Höhe 543 – ✪ 071.
♦Bern 210 – ♦St. Gallen 11 – Bregenz 47 – Konstanz 30 – ♦Winterthur 61.

✗✗✗ ✿ **Thuri's Blumenau** (Maag), ✆ 38 35 70 (ab 03/96 : 298 35 70), Fax 38 45
(ab 03/96 : 298 45 90), 숙 – ℗
Sonntag abends und Montag geschl. – **Menu** 54 (mittags)/110 und à la carte 69/1
Spez. Fricassée von frischen Waldpilzen. Bodensee-Eglifilets gebraten auf Fenchelbut
Gebratene Kaninchenrückenfilets an milder Senfsauce.

LOSONE Ticino ②⓵⓼ ⑪, ②⓵⓽ ⑦ – vedere Ascona.

LOURTIER 1948 Valais (VS) ②⓵⓽ ② – 400 h. – alt. 1 080 – ✪ 026.
Environs : Barrage de Mauvoisin★★★ Sud-Est : 11,5 km.
🗉 Office du Tourisme, ✆ 36 16 81, Fax 36 15 41.
♦Bern 150 – ♦Martigny 23 – Orsières 17 – ♦Sion 53 – Verbier 9.

♨ **des Chasseurs,** ✆ 38 11 75, Fax 38 16 04, 숙 – ℗. ᴇ 𝘝𝘐𝘚𝘈
🔶 **Repas** *(fermé mardi)* 15 - 22 et à la carte 26/59, enf. 10 – **20 ch** ⇌ 43/86 – ½ P suppl.

LOVERESSE 2732 Bern (BE) ②⓵⓺ ⑭ – 298 h. – alt. 765 – ✪ 032.
♦Bern 55 – ♦Delémont 32 – ♦Basel 75 – ♦Biel 21 – Saignelégier 21 – ♦Solothurn 37.

✗✗ **Au Cerf,** au Village, ✆ 91 22 32, 숙 – ℗. ᴇ 𝘝𝘐𝘚𝘈. ⨯
🔶 *fermé Noël à Nouvel An, 16 juil. au 8 août, mardi soir et merc.* – **Repas** (préve
11 et à la carte 33/73.

LUCERNE Luzern ②⓵⓺ ⑰ – voir à Luzern.

LÜDERENALP Bern ②⓵⓺ ⑯ – siehe Sumiswald.

LUDIANO 6711 Ticino (TI) ②⓵⓼ ⑫ – 254 ab. – alt. 480 – ✪ 091.
♦Bern 235 – Andermatt 72 – ♦Bellinzona 31 – Biasca 8.

✗ **Grotto al Sprüch,** ✆ 870 10 60, Fax 870 22 60, 숙, « Tipico grotto ticinese » –
🔶 ᴇ 𝘝𝘐𝘚𝘈 – *chiuso lunedì a mezzogiorno, mercoledì e da metà febbraio a metà ma
– **Pasto** 15 ed à la carte 31/50.

Lugano

6900 Ticino (TI) 219 ⑧ – 25 130 ab. – alt. 273 – ✪ 091

Vedere : Lago★★ BX – Parco Civico★★ ABX – Affreschi★★ nella chiesa di Santa Maria degli Angioli Z – Villa Favorita★ BX.

Dintorni : Monte San Salvatore★★★ 15 mn di funicolare AX – Monte Generoso★★★ 15 km per ③ e treno – Monte Brè★★ Est : 10 km o 20 mn di funicolare – ≼ ★★ dalla strada per Morcote – Monte Lema★ Nord-Ovest 17 km e per seggiovia.

Navigazione : Informazioni Società Navigazione Lago di Lugano, vl. Castagnola 12, ℘ 971 52 23, Fax 971 27 93.

🛏 a Magliaso, ✉ 6983, ℘ 606 15 57, Fax 606 65 58, per ⑤ : 10 km

🛈 Ente turistico, riva Albertolli 5, (da luglio 96 : Palazzo Civico, entrada lungolago), ℘ 921 46 64, Fax 922 76 53

🏵 via S. Balestra 3, ℘ 922 84 25, Fax 922 75 53

🅐 via Dufour 1, ℘ 922 01 21, Fax 923 44 13.

✈ di Agno Sud-Ovest : 6 km ℘ 610 12 12, Fax 610 12 13.

Compagnie aeree

Swissair via Pretorio 9, ℘ 923 63 31, Fax 923 19 03
Crossair Aeroporto, Lugano-Agno, ℘ 610 12 12, Fax 610 12 13
Alitalia Via Nassa 40, ℘ 923 45 65, Fax 922 05 65

Manifestazioni locali

Marzo-maggio : Primavera concertistica di Lugano
Inizio luglio : "Estival Jazz" festival internationale
Luglio-agosto : Settimane musicali

◆Bern 271 ① – ◆Bellinzona 28 ① – Como 30 ④ – ◆Locarno 40 ① – Milano 78 ④

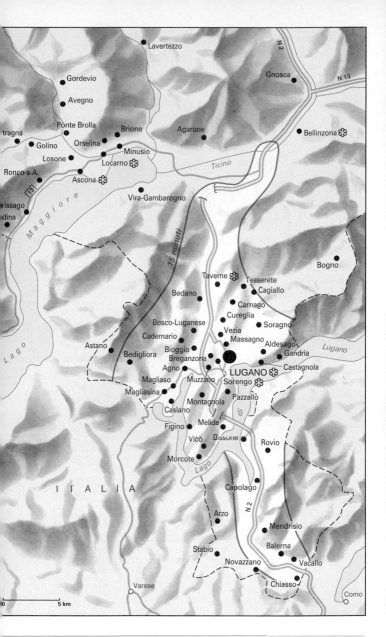

Gli alberghi o ristoranti ameni sono indicati nella guida
con un **simbolo rosso**.
Contribuite a mantenere la guida aggiornata segnalandoci
gli alberghi e ristoranti dove avete soggiornato
piacevolmente.

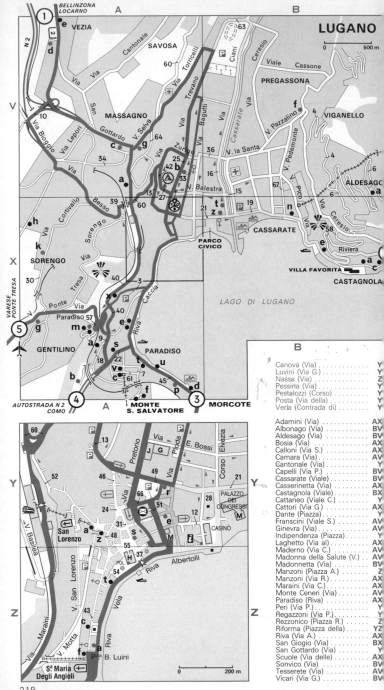

LUGANO

0   500 m

Canova (Via)	Y
Luvini (Via G.)	Y
Nassa (Via)	Z
Pessina (Via)	Y
Pestalozzi (Corso)	Y
Posta (Via della)	Y
Verla (Contrada di)	Y

Adamini (Via)	AX
Albonago (Via)	BV
Aldesago (Via)	BV
Bosia (Via)	AX
Calloni (Via S.)	AX
Camara (Via)	AV
Cantonale (Via)	Y
Capelli (Via P.)	BV
Cassarate (Viale)	BV
Casserinetta (Via)	AX
Castagnola (Viale)	BX
Cattaneo (Viale C.)	Y
Cattori (Via G.)	AX
Dante (Piazza)	Y
Franscini (Viale S.)	AV
Ginevra (Via)	AV
Indipendenza (Piazza)	Y
Laghetto (Via al)	AX
Maderno (Via C.)	AV
Madonna della Salute (V.)	AV
Madonnetta (Via)	BV
Manzoni (Piazza A.)	Z
Manzoni (Via R.)	AX
Maraini (Via C.)	AX
Monte Ceneri (Via)	AV
Paradiso (Riva)	AX
Peri (Via P.)	Y
Regazzoni (Via P.)	Y
Rezzonico (Piazza R.)	Z
Riforma (Piazza della)	YZ
Riva (Via A.)	AX
San Giogio (Via)	BX
San Gottardo (Via)	Y
Scuole (Via delle)	AX
Sonvico (Via)	BV
Tesserete (Via)	AV
Vicari (Via G.)	BV

Splendide Royal, riva A. Caccia 7, ℰ 985 77 11, Telex 844273, Fax 994 89 31, ≤ lago e monti, ㄍ, ⇌, 〚 – 🛗 ▤ 📺 video ☎ ⇔ 🅿 – 🔬 200. 🆎 ⓪ 🄴 𝘝𝘐𝘚𝘈 jⷜⷠⷔ. ⅋ rist   AX **e**
Pasto *38* - 50 (mezzogiorno)/68 ed à la carte 78/108 – **86 cam** ⌖ 260/580, 11 suites – ½ P sup. 60.

Grand Hotel Villa Castagnola, viale Castagnola 31, ⊠ 6906 Lugano-Cassarate, ℰ 971 22 13, Fax 972 72 71, ≤, ㄍ, « Parco fiorito », 𝐼₅, ⇌, 〚, ▨₅, ⅋, ⊞ – 🛗 📺 ☎ ᒼ 🅿 – 🔬 40. 🆎 ⓪ 🄴 𝘝𝘐𝘚𝘈. ⅋ rist   BX **n**
Le Relais : **Pasto** *38* - 58/94 ed à la carte 68/98 – **93 cam** ⌖ 290/430, 6 suites – ½ P sup. 50.

Principe Leopoldo ⌾, via Montalbano 5, ℰ 985 88 55, Telex 843250, Fax 985 88 25, ≤ lago e monti, « Residenza patrizia fine 19° secolo, con giardino e ⅃ », 𝐼₅, ⇌ – 🛗 ▤ 📺 ☎ ⇔ 🅿 – 🔬 25/60. 🆎 ⓪ 🄴 𝘝𝘐𝘚𝘈 jⷜⷠⷔ   AX **m**
Pasto (vedere anche rist. **Principe Leopoldo**) – **39 cam** ⌖ 320/550.

Montalbano ⌾, via Montalbano 5, ℰ 985 88 11, Telex 843250, Fax 994 25 38, ㄍ, « Giardino con ⅃ », 𝐼₅, ⇌, ⅋ – 🛗 📺 ☎ ⇔ 🅿 – 🔬 100. 🆎 ⓪ 🄴 𝘝𝘐𝘚𝘈 jⷜⷠⷔ. ⅋ rist   AX **m**
Pasto 54 (mezzogiorno)/65 ed à la carte 58/103 – **44 cam** ⌖ 250/480.

De la Paix ▥, via Cattori 18, ⊠ 6902 Lugano-Paradiso, ℰ 994 23 32, Telex 844321, Fax 994 95 18, ㄍ, ⅃, ⅋ – 🛗 ▤ 📺 ☎ ᒼ ⇔ 🅿 – 🔬 25/480. 🆎 ⓪ 🄴 𝘝𝘐𝘚𝘈 jⷜⷠⷔ. ⅋ rist
Neptune : **Pasto** 55 ed à la carte 50/96 – **Al Barilotto** (Grill / Pizzeria) **Pasto** *19* ed à la carte 39/86 – **116 cam** ⌖ 270/320, 15 suites – ½ P sup. 55.   AX **s**

Grand Hotel Eden ▥, riva Paradiso 1, ⊠ 6902 Lugano-Paradiso, ℰ 993 01 21, Telex 844330, Fax 994 28 42, ≤ lago e monti, ㄍ, « Terrazza sul lago », ⇌ 〚 (salina), ▨₅, ⊞ – 🛗 ⅙ cam ▤ 📺 ☎ ᒼ 🅿 – 🔬 25/150. 🆎 ⓪ 🄴 𝘝𝘐𝘚𝘈. ⅋ rist AX **t**
L'Oasis : **Pasto** *30* - 60 (mezzogiorno)/69 ed à la carte 62/107 – **120 cam** ⌖ 340/520, 4 suites – ½ P sup. 65.

Du Lac, riva Paradiso 3, ⊠ 6902 Lugano-Paradiso, ℰ 994 19 21, Fax 994 11 22, ≤ lago e monti, « Terrazza sul lago con ⅃ », 𝐼₅, ⇌, ⅋, ⊞ – 🛗 📺 ☎ ᒼ 🅿. 🆎 ⓪ 🄴 𝘝𝘐𝘚𝘈. ⅋   AX **u**
L'Arazzo : **Pasto** *24* - 55/75 ed à la carte 52/96 – **53 cam** ⌖ 159/346 – ½ P sup. 48.

Parco Paradiso ▥ ⌾, via Carona 27, ⊠ 6902 Lugano-Paradiso, ℰ 993 11 11, Fax 993 10 11, ≤ lago, monti e città, ㄍ, ⇌, ⅃, ⅋ – 🛗 ⅙ cam 📺 video ☎ ᒼ ⇔ 🅿 – 🔬 60. 🆎 ⓪ 🄴 𝘝𝘐𝘚𝘈 jⷜⷠⷔ. ⅋ rist   AX **f**
La Favola : **Pasto** *29* - 35 (mezzogiorno)/85 ed à la carte 48/106 – **Tsukimi-Tei** - cucina giapponese – *(chiuso a mezzogiorno e lunedì)* **Pasto** 45/106 ed à la carte 47/80 – **25 cam** ⌖ 215/380, 40 suites – ½ P sup. 40.

Bellevue au Lac ▥, riva A. Caccia 10, ⊠ 6902 Lugano-Paradiso, ℰ 944 33 33, Fax 944 12 73, ≤ lago e monti, ㄍ, ⅃ – 🛗 📺 ☎ 🅿 – 🔬 30. 🆎 🄴 𝘝𝘐𝘚𝘈. ⅋ rist
31 marzo - 26 ottobre – **Pasto** *33* - 50 (mezzogiorno) ed à la carte 49/109 – **70 cam** ⌖ 195/360 – ½ P sup. 50.   AX **e**

Lugano Dante ▥ ⌾ senza rist, piazza Cioccaro 5, ℰ 910 57 00, Telex 844149, Fax 910 57 77 – 🛗 ⅙ ▤ 📺 ☎ ⇔ – 🔬 25/80. 🆎 ⓪ 🄴 𝘝𝘐𝘚𝘈 jⷜⷠⷔ. ⅋   Y **a**
83 cam ⌖ 200/300.

Admiral, via Geretta 15, ⊠ 6902 Lugano-Paradiso, ℰ 994 23 24, Telex 844281, Fax 994 25 48, « ⅃ su terrazza panoramica », 𝐼₅, ⇌, 〚 – 🛗 ▤ 📺 ☎ ᒼ ⇔ – 🔬 40. 🆎 ⓪ 🄴 𝘝𝘐𝘚𝘈 jⷜⷠⷔ. ⅋ rist   AX **v**
Nelson : **Pasto** 35/90 ed à la carte 50/94 – **90 cam** ⌖ 180/330 – ½ P sup. 48.

Alba, via delle Scuole 11, ⊠ 6902 Lugano-Paradiso, ℰ 994 37 31, Fax 994 45 23, « Giardino fiorito », ⅃ – 🛗 ▤ rist 📺 ☎ 🅿. 🆎 ⓪ 🄴 𝘝𝘐𝘚𝘈 jⷜⷠⷔ. ⅋ rist   AX **c**
Pasto *(solo ½ pens. per clienti alloggiati) (chiuso a mezzogiorno e dal 1° novembre al 1° marzo)* – **21 cam** ⌖ 170/270 – ½ P sup. 40.

International au Lac, via Nassa 68, ⊠ 6901, ℰ 922 75 41, Telex 840017, Fax 922 75 44, ≤, « Terrazza-giardino con ⅃ », ⅃, ⅋ – 🛗 ☎ ᒼ ⇔. 🆎 ⓪ 🄴 𝘝𝘐𝘚𝘈. ⅋ rist   Z **f**
31 marzo - 27 ottobre – **Pasto** *20* - 38 ed à la carte 38/65 – **80 cam** ⌖ 130/290 – ½ P sup. 25.

Ticino ⌾, piazza Cioccaro 1, ⊠ 6901, ℰ 922 77 72, Fax 923 62 78, « Eleganti decorazioni in un tipico edificio del 14° secolo » – 🛗 ⅙ cam ▤ cam ☎. 🆎 🄴 𝘝𝘐𝘚𝘈. ⅋   Y **z**
chiuso dal 5 gennaio al 10 febbraio – **Pasto** *(chiuso domenica a mezzogiorno)* 60 (mezzogiorno)/125 ed à la carte 60/122 – **22 cam** ⌖ 300/420 – ½ P sup. 65.

🏨 **Delfino,** via Casserinetta 6, ✉ 6902 Lugano-Paradiso, ✆ 994 53 33, Fax 994 55
← 🌴, « Terrazza solarium con 🏊 » – |🛗| 📵 rist 📺 ☎ ⅙ 🚗 – 🕭 25. 🆎 ⓪ ⅇ 💟
🍴 rist   AX
aperto da febbraio-novembre, chiuso domenica a mezzogiorno e sabato in febbr
e novembre – **Pasto** *18*-24 (mezzogiorno)/44 ed à la carte 43/80 – **50 c**
⚏ 130/215.

🏨 **Parkhotel Nizza** 📯, via Guidino 14, ✉ 6902 Lugano-Paradiso, ✆ 994 17
Fax 994 17 73, ≤ lago e monti, « Parco ombreggiato con 🏊 » – |🛗| 📺 ☎ ⓟ. 🆎
𝘝𝘐𝘚𝘈 ᴊᴄʙ. 🍴 rist
23 marzo - 20 ottobre – **Pasto** *(chiuso a mezzogiorno)* 40 – **25 cam** ⚏ 140/2
4 suites – ½ P sup. 35.

🏨 **Conca d'Oro,** riva Paradiso 7, ✉ 6902 Lugano-Paradiso, ✆ 994 31
Fax 994 69 82, ≤ lago e monti, 🌴, 🏊, 🔆 – |🛗| 📺 ☎ ⓟ. 🆎 ⓪ ⅇ **𝘝𝘐𝘚𝘈** ᴊ
🍴 rist   AX
marzo - novembre – **Pasto** *28*-30/46 ed à la carte 56/99 – **38 cam** ⚏ 160/26
½ P sup. 38.

🏨 **Walter au Lac** senza rist, piazza Rezzonico 7, ✆ 922 74 25, Fax 923 42 33 – |🛗|
☎. 🆎 ⓪ ⅇ **𝘝𝘐𝘚𝘈**. 🍴   Z
43 cam ⚏ 109/184.

🏨 **Colorado,** via Maraini 19, ✉ 6901, ✆ 994 16 31, Fax 993 12 66 – |🛗| 📵 rist 📺 ☎
– 🕭 50. 🆎 ⓪ ⅇ **𝘝𝘐𝘚𝘈** ᴊᴄʙ. 🍴 cam   AX
Tavernetta Grill (chiuso domenica e luglio) **Pasto** *32*-40/80 ed à la carte 53/8
35 cam ⚏ 130/200 – ½ P sup. 40.

🏨 **Washington,** via San Gottardo 55, ✉ 6903, ✆ 966 41 36, Fax 967 50 67, ≤, « Pa
ombreggiato » – |🛗| 📵 rist ☎ ⓟ. 🆎 ⅇ **𝘝𝘐𝘚𝘈**. 🍴   AV
20 marzo - 31 ottobre – **Pasto** 25/30 – **41 cam** ⚏ 83/174 – ½ P sup. 22.

🏨 **Nassa** senza rist, via Nassa 62, ✆ 923 28 33, Fax 923 28 35, ≤ – |🛗| 📺 ☎ 🚗.
⓪ ⅇ **𝘝𝘐𝘚𝘈**   Z
20 cam ⚏ 120/196.

🕱🕱🕱🕱 **Principe Leopoldo** - Hotel Principe Leopoldo, via Montalbano 5, ✆ 985 88
Telex 843250, Fax 985 88 25, ≤ lago e monti, 🌴 – 📵 ⓟ. 🆎 ⓪ ⅇ **𝘝𝘐𝘚𝘈** ᴊ
🍴   AX
Pasto 54 (mezzogiorno)/95 ed à la carte 81/133.

🕱🕱🕱 ✿ **Al Portone** (Galizzi), viale Cassarate 3, ✆ 923 55 11, Fax 971 65 05 – 🆎 ⓪ ⅇ 💟
🍴   BX
chiuso dal 1º al 9 gennaio, dal 4 al 26 agosto, domenica e lunedì – **Pasto** (cop
limitati - prenotare) 48/90 ed à la carte 76/122
Spec. Ravioli di coda di vitello ai piselli e pomodore freschi. Scampi giganti su fagioli borl
all'erba salvia. Mousse di caramello "Al Portone".

🕱🕱🕱 **Parco Saroli,** viale Stefano Franscini 6, ✉ 6901, ✆ 923 53 14, Fax 922 88 05, 🌴
📵. 🆎 ⓪ ⅇ **𝘝𝘐𝘚𝘈**   AV
chiuso sabato sera, domenica, i giorni festivi e dal 25 dicembre al 10 gennaio – **Pa**
38/45 ed à la carte 56/92.

🕱🕱 **Galleria,** via Vegezzi 4, ✆ 923 62 88 – 📵. 🆎 ⓪ ⅇ **𝘝𝘐𝘚𝘈**   Y
chiuso sabato, domenica, dal 1º al 10 gennaio e dal 1º al 23 agosto – **Pasto** (p
notare) 42/100 ed à la carte 56/96.

🕱🕱 **Orologio,** via Nizzola 2, ✆ 923 23 38 – 📵. 🆎 ⓪ ⅇ **𝘝𝘐𝘚𝘈**   Y
chiuso sabato, in luglio anche domenica ed agosto – **Pasto** à la carte 5
87.

🕱🕱 **Al Faro,** riva Paradiso 36, ✉ 6902 Lugano-Paradiso, ✆ 994 51 41, Fax 646 70 8
📵 ⓟ. 🆎 ⓪ ⅇ **𝘝𝘐𝘚𝘈**. 🍴   AX
chiuso lunedì e dal 29 luglìo all'11 agosto – **Pasto** - specialità di pesce - 98 ed à
carte 74/114.

🕱🕱 **La Mouette (Mövenpick),** viale Cattaneo 25, ✆ 923 23 33, Fax 923 19 18 – 📵.
← ⓪ ⅇ **𝘝𝘐𝘚𝘈**   BX
Pasto 20 ed à la carte 30/71.

🕱🕱 **Gambrinus,** piazza della Riforma, ✉ 6901, ✆ 923 19 55, Fax 923 36 23, 🌴 – 📵.
⓪ ⅇ **𝘝𝘐𝘚𝘈**   Y
chiuso dal 1º al 28 febbraio – **Pasto** *30*-49 ed à la carte 40/96.

Scala, via Nassa 29, ✆ 922 09 58 – 🖻. 🆚 ⓪ 🗲 𝚅𝙸𝚂𝙰 ᴊᴄʙ. ✀   Z **a**
chiuso domenica e dal 1° al 15 gennaio – **Pasto** *26* - 37 (mezzogiorno) ed à la carte
53/102.

Osteria Ticinese - da Raffaele, via Pazzalino 19 , ⊠ 6962 Viganello, ✆ 971 66 14,
🌧, « Ambiente caratteristico » – 🆚 🗲 𝚅𝙸𝚂𝙰. ✀   BV **f**
chiuso sabato a mezzogiorno, domenica e dal 28 luglio al 22 agosto – **Pasto**
(prenotare) *16* ed à la carte 42/77.

Locanda del Boschetto, via Boschetto 8 (Cassarina), ✆ 994 24 93, Fax 994 34 74,
🌧 – ❷. 🆚 ⓪ 🗲 𝚅𝙸𝚂𝙰. ✀   AX **b**
chiuso lunedì e dal 1° al 15 novembre – **Pasto** 40/70 ed à la carte 51/88.

a Vezia Nord : 3,5 km AV – alt. 368 – ⊠ 6943 Vezia – 🕿 091 :

Motel Vezia, via San Gottardo 32, ✆ 966 36 31, Fax 966 70 22, ⚒, 🌧 – 🛏️ cam
🖻 rist 📺 ☎ ៥, ⟸ ❷. 🆚 ⓪ 🗲 𝚅𝙸𝚂𝙰. ✀   AV **e**
aprile - novembre – **Pasto** *(chiuso domenica salvo da giugno a settembre)* 20 ed à
la carte 28/55, bambini 8 – ⊇ 11 – **50 cam** 94/174.

Osteria Riva, via Daldini 18, ✆ 966 99 12 – 🆚 🗲 𝚅𝙸𝚂𝙰. ✀   AV **d**
*chiuso da metà luglio a metà agosto, da giugno ad agosto sabato e domenica, da
settembre a maggio mercoledì sera e sabato a mezzogiorno* – **Pasto** *15.50* - 20
(mezzogiorno) ed à la carte 32/64.

a Cureglia Nord : 5 km – alt. 433 – ⊠ 6944 Cureglia – 🕿 091 :

Grotto Ticinese, via ai Grotti 2, ✆ 967 12 26, Fax 967 12 26, 🌧 – ❷. 🗲 𝚅𝙸𝚂𝙰
chiuso dal 20 febbraio al 10 marzo, dal 20 ottobre al 20 novembre e mercoledì –
Pasto *15* ed à la carte 33/58.

Della Posta, ✆ 966 21 40, Fax 930 90 22, 🌧 – 🆚 🗲 𝚅𝙸𝚂𝙰   per ①
chiuso giovedì e dal 15 luglio al 26 agosto – **Pasto** (coperti limitati - prenotare) 20
ed à la carte 43/68.

a Soragno Nord-Est : 4 km per via Pico - BV – ⊠ 6964 Davesco - Soragno – 🕿 091 :

Osteria Gallo d'Oro, via cantonale, ✆ 941 19 43, Fax 941 19 43, 🌧 – ❷. 🆚 ⓪ 🗲 𝚅𝙸𝚂𝙰
chiuso domenica, lunedì, dal 24 dicembre all'8 gennaio e dal 16 giugno al 1° luglio
– **Pasto** 38/48 ed à la carte 37/72.

a Lugano-Castagnola Est : 3 km BX – ⊠ 6976 Castagnola – 🕿 091 :

Belmonte, via Serenella 29, ✆ 971 40 33, Fax 972 61 39, ≤ lago e monti, 🌧, ⚒ –
🛗 📺 ☎ ⟸ ❷ – 🔬 70. 🆚 ⓪ 🗲 𝚅𝙸𝚂𝙰. ✀ rist   BX **e**
10 marzo - 15 novembre – **Pasto** *17.50* - 46 ed à la carte 42/84 – **45 cam** ⊇ 190/290
– ½ P sup. 50.

Carlton Hotel Villa Moritz ﹩, via Cortivo 9, ✆ 971 38 12, Fax 971 38 14, ≤ lago
e monti, 🌧, « ⚒ su terrazza panoramica », 🌧 ☎ ⟸. 🆚 🗲 𝚅𝙸𝚂𝙰. ✀ BX **a**
24 marzo - 25 ottobre – **Pasto** *18* - 27/36 – **50 cam** ⊇ 95/188 – ½ P sup. 27.

Aniro ﹩, via Violetta 1, ✆ 972 50 31, Fax 970 23 86, ≤ lago e monti, 🌧, « Giardino
con ⚒ », ፅ₆ – 🛗 🛏️ rist ☎ ❷. 🆚 🗲 𝚅𝙸𝚂𝙰. ✀ rist   BX **c**
aprile - ottobre – **Pasto** 22 - 27 ed à la carte 39/75, bambini 15 – **42 cam** ⊇ 99/196
– ½ P sup. 27.

ad Aldesago Est : 6 km BV verso Brè - alt. 600 – ⊠ 6974 Aldesago – 🕿 091 :

Colibrì, ✆ 971 42 42, Fax 971 90 16, ≤ lago e città, 🌧, « ⚒ e terrazze
panoramiche » – 🛗 📺 video ☎ ❷ – 🔬 40. 🗲 𝚅𝙸𝚂𝙰. ✀ rist   BV **a**
chiuso gennaio e febbraio – **Pasto** 22 - 33/45 ed à la carte 41/77 – **30 cam** ⊇ 135/230
– ½ P sup. 35.

a Pazzallo Sud-Ovest : 3 km – ⊠ 6912 Pazzallo – 🕿 091 :

Grotto San Salvatore, ✆ 994 50 96, 🌧 – ❷. 🆚 ⓪ 🗲 𝚅𝙸𝚂𝙰 ᴊᴄʙ
chiuso martedì – **Pasto** 20 ed à la carte 36/64.

a Montagnola Sud-Ovest : 5 km – ⊠ 6926 Montagnola – 🕿 091 :

Collina d'Oro, piazza Brocchi 1, ✆ 994 74 97, 🌧 – 🖻. 🆚 ⓪ 🗲 𝚅𝙸𝚂𝙰
chiuso mercoledì, dal 2 al 20 gennaio e dal 1° al 21 luglio – **Pasto** *16.50* ed à la carte
46/68.

Grotto Cavicc, via ai Canvetti (Nord : 1 km), ✆ 994 79 95, 🌧 – ❷. 𝚅𝙸𝚂𝙰
chiuso martedì e dal 21 dicembre al 1° marzo – **Pasto** *16* - 45 (sera) ed à la carte 33/45.

a Muzzano Ovest : 2 km – ⊠ 6933 Muzzano – ☻ 091 :

%% **La Piodella** con cam, località Piodella, Ovest : 1,5 km, ℘ 994 63 06, Fax 993 23
⌂ – ☎ ℗. ⅀ ⓪ ℰ *VISA*. ⅍
chiuso mercoledì e dal 2 gennaio all'8 febbraio – **Pasto** *25* - 35/49 ed à la carte 44/
– **5 cam** ☲ 110/150.

a Sorengo Ovest : 3 km AX – alt. 385 – ⊠ 6924 Sorengo – ☻ 091 :

%%% ❀ **Santabbondio** (Dalsass), via Fomelino 10, ℘ 993 23 88, Fax 994 32
« Terrazza » – ℗. ⅀ ⓪ ℰ *VISA*. ⅍   AX
chiuso sabato a mezzogiorno, domenica sera e lunedì – **Pasto** (prenotare)
(mezzogiorno)/135 ed à la carte 93/133
Spec. Torre di gamberi di fiume e aspargi selvatici (primavera). Scaloppa di scorfano
sedano selvatico (estate). Pernice scozzese "Grouse" su letto di crauti all'aceto balsam
(autunno).

%% **Cortivallo,** via Cortivallo 52, ℘ 966 10 26, ⌂ – ℗. ⅀ ⓪ ℰ *VISA*   AX
chiuso lunedì, gennaio e dal 1° al 22 luglio – **Pasto** (prenotare) *24* ed à la carte 28/

a Breganzona Ovest : 4 km AX – ⊠ 6932 Breganzona – ☻ 091 :

🏠 **Villa Marita,** via Lucino 49, ℘ 996 05 61, ≤, « Giardino con ⤳ », ⋐ – ☎ ℗. ℰ
⅍ rist   AX
chiuso dal 20 dicembre al 15 febbraio – **Pasto** *(chiuso a mezzogiorno) (solo per clie*
alloggiati) 30 – **19 cam** ☲ 100/160 – ½ P sup. 28.

a Agno per ⑤ : Ovest 6 km – ⊠ 6982 Agno – ☻ 091 :

🏨 **La Perla,** all'Aeroporto, ℘ 605 39 21, Fax 605 40 39, ⌂, « Grande parco-giardino c
⤳ », 🛁, ⊜, 🏊, ⋐, ⅍ – 🛗 ⇆ cam 🖵 ☎ ⅋ ℗ – 🔬 25/280. ⅀ ⓪ ℰ *VISA*
Pasto *28* - 45/99 ed à la carte 56/115 – **119 cam** ☲ 184/315 – ½ P sup. 50.

a Massagno Nord-Ovest : 2 km AV – ⊠ 6900 Massagno – ☻ 091 :

% **Antica Osteria Gerso,** piazzetta Solaro 24, ℘ 966 19 15, ⌂ – ℰ *VISA*   AV
chiuso domenica sera, lunedì, dal 26 dicembre al 3 gennaio e dal 28 luglio al
agosto – **Pasto** (coperti limitati - prenotare) 35 (mezzogiorno) ed à la carte 46/

% **Grotto della Salute** via dei Sindacatori 4, ℘ 966 04 76, ⌂ – ℗. ⅀ ℰ *VISA*. ⅍
chiuso sabato, domenica, dal 22 dicembre al 21 gennaio e dal 2 al 18 agosto – **Pas**
24 - 34 ed à la carte 35/65.   AV

LULLY Genève (GE) 🄰🄱🄷 ⑪ – alt. 430 – ⊠ 1233 Bernex – ☻ 022.
♦Bern 172 – ♦Genève 8 – Gex 24 – St-Julien-en-Genevois 12.

Voir plan de Genève agglomération

%% ❀ **La Colombière** (Lonati), 122 rte de Soral, ℘ 757 10 27, Fax 757 65 49, ⌂ – ℗.
ℰ *VISA*   AV
fermé 22 déc. au 15 janv., sept., sam. et dim. – **Repas** 38 (midi)/78 et à la carte 72/
Spéc. Ballotine de chanterelles et coeur d'artichaut au persil simple. Pavé de saumon a
cèpes, jus aux noix grillées. Désossé de pigeon rôti aux pois gourmands.

LÜSCHERZ Bern 🄰🄱🄶 ⑬ – siehe Erlach.

LUTRY 1095 Vaud (VD) 🄰🄱🄷 ⑬ – 7 452 h. – alt. 402 – ☻ 021.
♦Bern 97 – ♦Lausanne 4 – ♦Montreux 19 – ♦Genève 71 – ♦Yverdon-les-Bains 41.

%% **Aub. de Lavaux,** 97 rte du Landar, ℘ 791 29 09, Fax 791 68 09, ≤, ⌂ – ℗. ℰ
← *fermé 24 déc. au 8 janv., dim. et lundi* – **Repas** *16.50* - 48 (midi)/115 et à la ca
56/92.

LUZEIN 7242 Graubünden (GR) 🄰🄱🄸 ⑤ – 1 153 Ew. – Höhe 957.
♦Bern 255 – ♦Chur 45 – Ragaz, Bad 33 – ♦Davos 30.

in Putz Nord-West : 4 km – ⊠ 7224 Putz – ☻ 081 :

% **Castels,** ℘ 54 19 33 (ab 04/96 : 332 19 33), Fax 54 21 30 (ab 04/96 : 332 21 3
« Prättigauer Bauernhaus aus dem 18. Jh. mit typischer Einrichtung » – ℗. ⅀ ⓪
VISA
Montag - Dienstag, Juni und Nov. geschl. – **Menu** (abends Tischbestellung ratsa
69/98 und à la carte 35/97.

Luzern *(Lucerne)*

6000 🄺 Luzern (LU) 🄯🄯🄯 ⑰ – 59 576 Ew. – Höhe 439 – ✪ 041

Sehenswert : Lage★★★ – Altstadt und Seeufer★★ : Altes Rathaus★ ;
Weinmarkt★ CZ ; Jesuitenkirche St. Franz Xaver : Innenraum★ CZ ;
Kapellbrücke★ DZ ; Hofkirche★ DY : Innenraum★ ; Uferstrassen DY :
Ausblicke★★ vom Schweizerhofquai und Nationalquai – Dietschiberg★★
(mit Standseilbahn) BX – Panorama★ DY – Museggmauer : Aussicht★ CDY –
Gütsch★ AX.

Museum : Verkehrshaus der Schweiz★★★ über ②.

Ausflugsziele : Pilatus★★★ : 15 km über ③ und Zahnradbahn – Rigi★★★ :
24 km über ② und Zahnradbahn.

Schiffahrten : Informationen bei der Schiffahrtsgesellschaft, Werftestr. 5,
𝄞 367 67 67.

🛏 am Dietschiberg, ✉ 6006 (April-Nov.), 𝄞 420 97 87, Fax 420 82 48,
Nord-Ost : 4 km über Dietschbergstrasse BX ; 🛏 Sempachersee in Hildisrieden.
✉ 6024 (März-Nov.), 𝄞 462 71 71. Autobahn Richtung Basel, Ausfahrt
Sempach : 18 km.

🄱 Verkehrsverein, Haldenstr. 6, 𝄞 410 71 71, Fax 410 73 34
✳ Burgerstr. 22, 𝄞 210 63 63, Fax 210 32 31
🄰 Morgartenstr. 3, 𝄞 210 01 55, Fax 210 02 85.

Lokale Veranstaltungen
15.02 – 20.02 : Fasnacht.
17.08 : Seenachtfest
17.08 – 11.09 : Internationale Musikfestwochen (Klassik)

◆Bern 111 ⑤ – ◆Aarau 47 ⑤ – Altdorf 40 ③ – ◆Interlaken 68 ③ – ◆Zürich 56 ⑤.

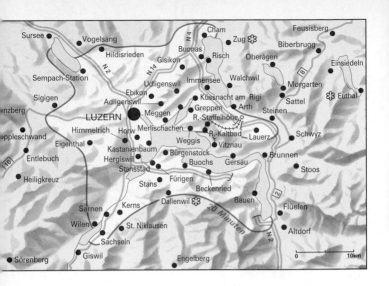

Palace, Haldenstr. 10, ✉ 6002, ℰ 410 04 04, Telex 865222, Fax 410 15 04, ≤, 🍴, ⇌s – 🛗 ▤ 📺 ☎ 🅿 – 🔬 25/220. ℿ ① Ε 𝕍𝕀𝕊𝔸 𝕁�ℂ𝔹. ⌀ Rest
BX **v**
Menu (siehe auch Rest. *Mignon*) – ⊂ 22 – **174 Zim** 270/535, 5 Suiten – ½ P Zuschl. 76.

Grand Hotel National, Haldenstr. 4, ✉ 6002, ℰ 410 01 01, Fax 410 01 02, ≤, 🍴, ⇌s, 🔲 – 🛗 ▤ Rest 📺 ☎ – 🔬 25/120. ℿ ① Ε 𝕍𝕀𝕊𝔸
BX **a**
Menu (siehe auch Rest. *Trianon und Padrino*) – ⊂ 14 – **71 Zim** 290/570, 7 Suiten – ½ P Zuschl. 53.

Schweizerhof, Schweizerhofquai 3, ✉ 6002, ℰ 410 04 10, Telex 868157, Fax 410 29 71, ≤, 🍴 – 🛗 ▤ 📺 ☎ 🅿 – 🔬 25/200. ℿ ① Ε 𝕍𝕀𝕊𝔸
DY **e**
La Rotonde : **Menu** *18* - 44 und à la carte 50/127 – **113 Zim** ⊂ 280/495, 3 Suiten – ½ P Zuschl. 72.

Château Gütsch Ⓜ, Kanonenstrasse, 2 km über Basler- und Bernstrasse, ✉ 6007, ℰ 249 41 00, Fax 249 41 91, ≤ Luzern und Vierwaldstättersee, 🍴, 🔲, 🚲 – 🛗 ⇌ Zim 📺 ☎ 🅿 – 🔬 25/50. ℿ ① Ε 𝕍𝕀𝕊𝔸 ⌀ Zim
AX **z**
Menu *27* - 38 (mittags)/78 und à la carte 45/116 – **31 Zim** ⊂ 370/450 – ½ P Zuschl. 55.

Wilden Mann, Bahnhofstr. 30, ✉ 6007, ℰ 210 16 66, Fax 210 16 29, 🍴, « Haus aus dem 16. Jh. mit geschmackvoller Einrichtung » – 🛗 ⇌ Zim 📺 ☎. ℿ ① Ε 𝕍𝕀𝕊𝔸 𝕁ℂ𝔹. ⌀ Rest
CZ **m**
Menu *20* - 48 (mittags) und à la carte 42/114 – **43 Zim** ⊂ 210/420 – ½ P Zuschl. 45.

des Balances ⬙, Weinmarkt, ✉ 6005, ℰ 410 30 10, Fax 410 64 51, ≤, 🍴, « Im Stil Hans Holbeins bemalte Fassade » – 🛗 📺 ☎ – 🔬 45. ℿ ① Ε 𝕍𝕀𝕊𝔸 𝕁ℂ𝔹
CZ **a**
Menu (siehe auch Rest. *La Vague*) – *Bistro :* **Menu** *25* und à la carte 37/83 – **50 Zim** ⊂ 240/395, 7 Suiten – ½ P Zuschl. 45.

Continental-Park Ⓜ Murbacherstr. 4, ✉ 6002, ℰ 228 90 50, Fax 228 90 59, 🍴 – 🛗 ▤ 📺 ☎ 🕭 ⇌ – 🔬 25/40. ℿ ① Ε 𝕍𝕀𝕊𝔸 𝕁ℂ𝔹
DZ **x**
Locanda Ticinese - italienische Küche - **Menu** *20* - 45/70 und à la carte 34/79 – **93 Zim** ⊂ 200/340 – ½ P Zuschl. 35.

Monopol, Pilatusstr. 1, ✉ 6003, ℰ 211 00 22, Telex 865692, Fax 210 60 01, 🍴 – 🛗 ▤ Rest 📺 ☎ – 🔬 25/50. ℿ ① Ε 𝕍𝕀𝕊𝔸 𝕁ℂ𝔹
DZ **t**
Menu (siehe auch Rest. *Arbalète*) – **105 Zim** ⊂ 200/380 – ½ P Zuschl. 30.

225

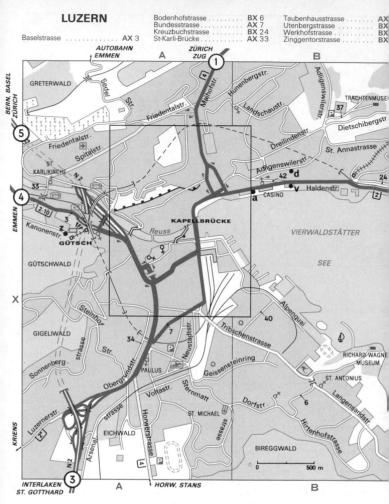

LUZERN

Baselstrasse . . . . AX 3

Bodenhofstrasse . . . . BX 6
Bundesstrasse . . . . AX 7
Kreuzbuchstrasse . . . . BX 24
St-Karli-Brücke . . . . AX 33

Taubenhausstrasse . . . . AX
Utenbergstrasse . . . . BX
Werkhofstrasse . . . . BX
Zinggentorstrasse . . . . BX

Astoria, Pilatusstr. 29, ⊠ 6003, 𝒞 210 22 44, Fax 210 42 62, ⚎ – 🛗 📺 ☎ – 🔬 8
AE ⓪ E VISA
CZ
Menu (siehe auch Rest. *Thaï Garden*) – *Latino :* **Menu** *19.50* - 30 (mittags)/72 und
la carte 55/88 – **149 Zim** ⊆ 190/300 – ½ P Zuschl. 30.

Montana, Adligenswilerstr. 22, ⊠ 6002, 𝒞 410 65 65, Fax 410 66 76, ≤ Vierwa
stättersee, ⚎, Zugang zum See mit Standseilbahn – 🛗 📺 ☎ 🅿 – 🔬 50. AE ⓪
E VISA. ⚎
•   BX
4. Jan. - 4. Feb. geschl. – **Menu** *22* - 35 (mittags) und à la carte 47/93 – **60 Z**
⊆ 200/370 – ½ P Zuschl. 55.

Schiller, Pilatusstr. 15, ⊠ 6003, 𝒞 210 55 77, Fax 210 34 04, ⚎ – 🛗 📺 ☎. AE ⓪
E VISA
CZ
Cucaracha - mexikanische Küche - *(Samstag Sonntag-jeweils mittags geschl.)* **Me**
19 - 50 und à la carte 36/74 – **83 Zim** ⊆ 190/300 – ½ P Zuschl. 35.

Johanniter Ⓜ, Bundesplatz 18, ⊠ 6003, 𝒞 210 18 55, Fax 210 16 50, ⚎ –
⚎ Zim 📺 ☎ ⅙ 🅿 – 🔬 30. AE ⓪ E VISA JCB
DZ
Bolero - spanische Küche - *(Samstag - Sonntag jeweils mittags geschl.)* **Menu** *18.*
und à la carte 42/74 – **65 Zim** ⊆ 149/237 – ½ P Zuschl. 35.

226

..ergasse	DY	13
..llgasse	CDZ	
..marktgasse	CZ	21
..ngasse	CZ	22
..usstrasse	CDZ	

Rössligasse	CZ	31
Theilinggasse	CY	36
Weggisgasse	CZ	39
Baselstrasse	CZ	3
Bundesstrasse	CDZ	7
Denkmalstrasse	DY	10
Europaplatz	DZ	12

Grendelstrasse	DY	15
Hirschenplatz	CZ	16
Kapellplatz	DZ	18
Kornmarkt	CZ	19
Löwengartenstrasse	DY	25
Morgartenstrasse	DZ	27
Mühlenplatz	CZ	28
Pfistergasse	CZ	30

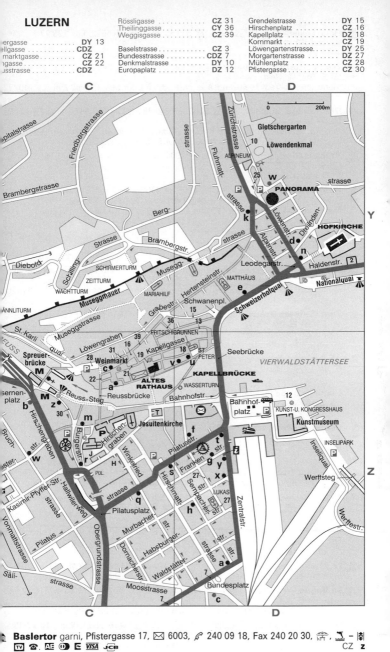

Baslertor garni, Pfistergasse 17, ⌧ 6003, ✆ 240 09 18, Fax 240 20 30, 🏠, 🍴 – 📶
📺 ☎. AE ⓘ Ⓔ VISA JCB   CZ **z**
➫ 15 – **30 Zim** 140/300.

Krone M ➣ garni, Weinmarkt 12, ⌧ 6004, ✆ 419 44 00, Fax 419 44 90 – 📶 ↔ 🗐
📺 ☎ ᵫ. AE ⓘ Ⓔ VISA JCB   CZ **c**
24 Zim ➫ 135/208.

🏨 Flora, Seidenhofstr. 5, ⊠ 6002, 𝒫 229 79 79, Telex 865522, Fax 229 77 77, � -
▤ Rest 📺 ☎ - 🛠 25/80
145 Zim.
Dʐ

🏨 **Waldstätterhof,** Zentralstr. 4, ⊠ 6003, 𝒫 210 54 93, Fax 210 09 59, 🌤 - 📳 📺
← 🕮 E *VISA*. 🛠 Rest
Dʐ
Menu (alkoholfrei) *19.50* und à la carte 32/54, Kinder 10 - **80 Zim** ⊇ 140/22
½ P Zuschl. 22.

🏨 **Drei Könige,** Bruchstr. 35, ⊠ 6003, 𝒫 240 88 33, Fax 240 88 52 - 📳 📺 ☎. 🕮
← E *VISA* 🇯🇨🇧. 🛠 Zim
Cʐ
Piroska Csárda - ungarische Küche - *(Samstag mittags - Sonntag, Juli und A
geschl.)* **Menu** *19* und à la carte 39/74 - **60 Zim** ⊇ 100/250.

🏨 **Ambassador** garni, Zürichstr. 3, ⊠ 6004, 𝒫 410 82 83, Fax 410 71 78, ⇔s, 🔍 -
📺 ☎. 🕮 ① E *VISA*
Dʏ
31 Zim ⊇ 137/290.

🏚 **Hofgarten** Ⓜ, Stadthofstr. 14, ⊠ 6006, 𝒫 410 88 88, Fax 410 83 33, 🌤, « Moder
← stilvolle Zimmereinrichtung » - 📳 📺 ☎ ⇐. 🕮 ① E *VISA* 🇯🇨🇧
Dʏ
Menu - vegetarische Küche - *19* und à la carte 32/66, Kinder 12 - **18 Zim** ⊇ 175/ʒ
- ½ P Zuschl. 30.

🏚 **Rebstock,** St. Leodegar-Str. 3, ⊠ 6006, 𝒫 411 35 81, Fax 411 39 17, 🌤 - 📳 📺
← ⇐. 🕮 ① E *VISA* 🇯🇨🇧
Dʏ
Menu *20* und à la carte 34/84 - **30 Zim** ⊇ 180/320 - ½ P Zuschl. 28.

🏚 **des Alpes,** Rathausquai 5, ⊠ 6004, 𝒫 410 58 25, Fax 410 74 51, ≼ Kapellbrücke,
- 📳 📺 ☎. 🕮 ① E *VISA* 🇯🇨🇧
Dʐ
Menu *(von Nov. - April Sonntag abends und Montag abends geschl.)* 22 - 40 (mitta
und à la carte 32/81 - **44 Zim** ⊇ 110/225.

🏚 **Zum Weissen Kreuz,** Furrengasse 19, ⊠ 6004, 𝒫 410 40 40, Fax 410 40 60 - 📳
☎. 🕮 ① E *VISA*. 🛠
Dʐ
über Weihnachten geschl. - **Menu** - italienische Küche - *(Montag mittags und Sonn
geschl.)* à la carte 29/75, Kinder 9 - **22 Zim** ⊇ 140/187.

🏚 **Alpina** garni, Frankenstr. 6, ⊠ 6003, 𝒫 210 00 77, Fax 210 89 44 - 📳 📺 ☎. 🕮
E *VISA*
Dʐ
20. Dez. - 5. Jan. geschl. - **33 Zim** ⊇ 120/235.

🏚 **Diana** garni, Sempacherstr. 16, ⊠ 6002, 𝒫 210 26 23, Fax 210 02 05 - 📳 📺 ☎.
① E *VISA* 🇯🇨🇧
Dʐ
23. Dez. - 31. Jan. geschl. - **38 Zim** ⊇ 110/216.

🏠 **Goldener Stern,** Burgerstr. 35, ⊠ 6003, 𝒫 227 50 60, Fax 227 50 61 - 📳. 🕮 ①
← *VISA*
Cʐ
Menu *15.50* - 24 und à la carte 32/63 - **13 Zim** ⊇ 95/135.

🍴🍴🍴🍴 **Trianon** - Grand Hotel National, Haldenstr. 4, ⊠ 6002, 𝒫 410 01 01, Fax 410 01 02,
🌤 - ▤. 🕮 ① E *VISA*
BX
Menu *27* - 48 (mittags)/95 und à la carte 62/105.

🍴🍴🍴🍴 **Mignon** - Hotel Palace, Haldenstr. 10, ⊠ 6002, 𝒫 410 04 04, Telex 8652
Fax 410 15 04, ≼, 🌤 - ▤ ⇐ ☻. 🕮 ① E *VISA* 🇯🇨🇧. 🛠
BX
Menu *28* - 43 (mittags)/130 und à la carte 59/123.

🍴🍴🍴 **Arbalète** - Hotel Monopol, Pilatusstr. 1, ⊠ 6003, 𝒫 211 00 22, Telex 8656
Fax 210 60 01, 🌤 - ▤. 🕮 ① E *VISA* 🇯🇨🇧
Dʐ
Sonntag geschl. - **Menu** à la carte 66//108.

🍴🍴🍴 **Le Manoir,** Bundesplatz 9, ⊠ 6003, 𝒫 210 23 48, Fax 210 23 48, 🌤 - 🕮 E *VI*
Sonntag geschl. - **Menu** *24.50* - 48/98 und à la carte 63/112.
Dʐ

🍴🍴🍴 **La Vague** - Hotel des Balances, Weinmarkt, ⊠ 6005, 𝒫 410 30 10, Fax 410 64 51,
- 🕮 ① E *VISA* 🇯🇨🇧
Cʐ
von Jan. - März Sonntag geschl. - **Menu** 42 (mittags) und à la carte 60/98.

🍴🍴🍴 **Old Swiss House,** Löwenplatz 4, ⊠ 6004, 𝒫 410 61 71, Fax 410 17 38, 🌤
« Kachelofen von 1636 » - 🕮 ① E *VISA* 🇯🇨🇧
Dʏ
Montag und 12. - 26. Feb. geschl. - **Menu** 59/79 und à la carte 56/117.

🍴🍴 **Thaï Garden** - Hotel Astoria, Pilatusstr. 29, ⊠ 6003, 𝒫 210 22 44, Fax 210 42 62 -
← ① E *VISA*. 🛠
Cʐ
Samstag und Sonntag jeweils mittags geschl. - **Menu** - Thaï Küche - (Tischbestellu
ratsam) *18* - 30 (mittags)/90 und à la carte 56/90.

Padrino - Hotel National, Haldenstr. 4, ⊠ 6002, ℰ 410 41 50, Fax 410 58 02, ≤, 🏤 –
AE ⓞ E VISA   BX **a**
von Nov. - März Sonntag und 1. - 21. Jan. geschl. – **Menu** - italienische Küche - 19.50 -
65 und à la carte 55/92.

Galliker, am Kasernenplatz, Schützenstr. 1, ⊠ 6003, ℰ 240 10 02 – ⓟ. AE E VISA JCB
Sonntag - Montag und 8. Juli - 5. Aug. geschl. – **Menu** (Tischbestellung ratsam) 21 -
35 (mittags) und à la carte 30/88.   CZ **b**

Ost über ② : 4 km Richtung Meggen :

Hermitage M ⤥, Seeburgstr. 72, ⊠ 6006 Luzern, ℰ 370 37 37, Fax 370 69 55,
≤ Vierwaldstättersee, Pilatus und Luzern, 🏤, « Seeterrasse », 🐾, 🌲, 🕱, 🕴 – 🕱
TV video ☎ ⓟ – 🕸 25/100. AE ⓞ E VISA JCB
Quatre Saisons : **Menu** 39 - 49 (mittags)/72 und à la carte 65/102 – *Hermitage :* **Menu**
34 und à la carte 44/92, Kinder 12 – **20 Zim** ⊑ 340/410 – ½ P Zuschl. 50.

Seeburg, Seeburgstr. 61, ⊠ 6006 Luzern, ℰ 370 19 22, Fax 370 19 25, ≤ See, Pilatus
und Luzern, 🏤, Park, 🕿🕳, 🐾, 🌲, 🕱 – 🕴 TV ☎ ⓟ. AE ⓞ E VISA
Menu 26 - 31 (mittags)/44 und à la carte 51/87 – **44 Zim** ⊑ 122/255 – ½ P Zuschl. 25.

in Kastanienbaum Süd-Ost : 4 km über Langensandstrasse - BX – ⊠ 6047 Kastanienbaum – ⓞ 041 :

Seehotel Kastanienbaum ⤥, St. Niklausenstr. 105, ℰ 340 03 40, Fax 340 10 15,
≤ Vierwaldstättersee, 🏤, « Seeterrasse », 🕿🕳, 🌊, 🐾, 🕱 – 🕴 TV ☎ ⓟ – 🕸 25/60.
AE ⓞ E VISA. 🛇 Rest
4. Feb. - 3. März geschl. – **Menu** 25 - 33 (mittags)/65 und à la carte 41/90, Kinder 11
– **42 Zim** ⊑ 225/340 – ½ P Zuschl. 50.

in Horw Süd : 3 Km – ⊠ 6048 Horw – ⓞ 041 :

Seehotel Sternen ⤥, Winkelstr. 46, ℰ 340 00 22, Fax 340 66 40, ≤ Vierwaldstättersee, 🏤, 🕱 – 🕴 TV ☎ ⓟ – 🕸 25/40. AE ⓞ E VISA. 🛇 Rest
12. - 26. Feb. geschl. – *Venus (Montag ausser Feiertage geschl.)* **Menu** à la carte
57/110, Kinder 18 – **24 Zim** ⊑ 195/290 – ½ P Zuschl. 50.

Felmis, Kastanienbaumstr. 91, ℰ 340 70 07, Fax 340 70 34 – 🕴 TV ☎ ⓟ. AE ⓞ E VISA
Menu *(von Okt. - April Montag geschl.)* 15 und à la carte 27/75, Kinder 9.50 – **26 Zim**
⊑ 115/188.

Waldhaus ⤥ mit Zim, auf Oberrüti, Ost : 3 km Richtung Kastanienbaum,
ℰ 340 30 44, Fax 340 27 29, 🏤, Park, « Terrasse ≤ Vierwaldstättersee und Berge »,
🌊 – TV ☎ ⓟ – 🕸 35. AE ⓞ E VISA
Feb. geschl. – **Menu** *(Dienstag mittags und Montag geschl.)* 24 - 38 (mittags)/104 und
à la carte 57/108, Kinder 15 – **16 Zim** ⊑ 110/260 – ½ P Zuschl. 50.

Schwendelberg, Süd-West : 5 km Richtung Schwendelberg, ℰ 340 35 40,
Fax 340 75 40, ≤ Vierwaldstättersee und Berge, 🏤 – ⓟ
Montag - Dienstag, Weihnachten, Neujahr und Feb. geschl. – **Menu** 16 - 72 und à la
carte 31/77, Kinder 11.

im Himmelrich Süd-West : 7 km via Kriens – ⊠ 6010 Kriens – ⓞ 041 :

Himmelrich ⤥, ℰ 310 62 62, Fax 310 10 04, ≤ Vierwaldstättersee und Berge, 🏤,
🕿🕳, 🌲 – 🕴 TV ☎ ⓟ. E VISA
von Okt. - April Montag - Dienstag (ausser Rest.) und Nov. geschl. – **Menu** à la carte
38/73, Kinder 7.50 – **25 Zim** ⊑ 92/164.

SS **3250** Bern (BE) 🗺🗺 ⑭ – 9 802 Ew. – Höhe 445 – ⓞ 032.
⌐n 22 – ♦Biel 10 – Burgdorf 32 – ♦Neuchâtel 40 – ♦Solothurn 26.

Post, Bahnhofstr. 17, ℰ 84 13 91, Fax 84 02 97 – 🍴. AE ⓞ E VISA
Le Gourmet : **Menu** 39/99 und à la carte 47/123 – *Lotos* - chinesische Küche - **Menu**
à la carte 38/78.

Hirschen, Hirschenplatz 2, ℰ 84 13 08, Fax 84 16 07, 🏤 – 🍴. AE ⓞ E VISA
Menu 18 und à la carte 33/70, Kinder 10 – *Hirschenstube :* **Menu** 65/85 und à la carte
46/82.

in Suberg Süd-Ost : 3 km Richtung Bern – ⊠ 3262 Suberg – ⓞ 032 :

Zum Goldenen Krug, Bernstrasse, ℰ 89 13 30, Fax 89 13 15, 🏤 – ⓟ. AE ⓞ E VISA
Sonntag - Montag, 24. Dez. - 6. Jan. und 21. Juli - 5. Aug. geschl. – **Menu** 17 - 43
(mittags)/94 und à la carte 52/94, Kinder 12.50.

MACOLIN (MAGGLINGEN) Bern 216 ⑭ – voir Magglingen.

MADISWIL 4934 Bern (BE) 216 ⑯ – 1 918 Ew. – Höhe 534 – ✪ 063.
◆Bern 47 – ◆Luzern 70 – ◆Olten 26 – ◆Solothurn 31.

🏠 **Bären,** ℘ 56 27 27, Fax 56 38 81, �, Gewölbekeller aus dem 17. Jh., 🚗 – 📺
◆ 🅿. 📭 ⓞ 🖲 *VISA*
Menu *(Sonntag abends, im Winter und im Sommer auch mittags und Montag ges*
20- 47 (mittags)/85 und à la carte 51/85 – **11 Zim** 🛏 107/170 – ½ P Zuschl.

XX **Bahnhof,** ℘ 56 27 02, Fax 56 38 65, � – 🅿. 📭 ⓞ 🖲 *VISA*
◆ *Dienstag - Mittwoch, 12. - 22. Feb. und 23. Juli - 2. Aug. geschl.* – **Menu** *17-* 50
und à la carte 41/87, Kinder 12.

MADULAIN 7523 Graubünden (GR) 218 ⑯ – 128 Ew. – Höhe 1 697 – ✪ 082 (ab 04/
081).
◆Bern 322 – St. Moritz 14 – ◆Chur 80 – ◆Davos 57 – Scuol 49.

XX **Stüva Colani** mit Zim,, ℘ 7 17 71 (ab 04/96 : 854 17 71), Fax 7 14 85 (ab 04/
◆ 854 14 85), � – ☎ 🅿. 📭 🖲 *VISA*. ⅍ Zim
5. Dez. - 14. April, 6. Juni - 29. Okt. geöffnet ; Mittwoch nur Rest. geschl. – **M**
48/115 und à la carte 80/123 – **Stüvetta :** **Menu** *18* und à la carte 30/53 – **16**
🛏 125/255 – ½ P Zuschl. 48.

in La Punt 1 km : Richtung St. Moritz – ✉ 7522 La Punt – ✪ 082 (ab 04/96 : 0

XXX **Chesa Pirani,** ℘ 7 25 15 (ab 04/96 : 854 25 15), Fax 7 25 57 (ab 04/96 : 854 25
« Elegant eingerichtetes Patrizierhaus aus dem Jahre 1750 » – 🅿. 📭 *VISA*
Mitte Dez. - Mitte April und Anfang Juni - Ende Okt. geöffnet ; in der Zwischensa
Sonntag - Montag geschl. – **Menu** *33-* 53 (mittags)/153 und à la carte 67/12

MAGDEN 4312 Aargau (AG) 216 ⑤ – 2 746 Ew. – Höhe 329 – ✪ 061.
◆Bern 94 – ◆Basel 22 – ◆Aarau 38 – ◆Baden 47 – Rheinfelden 3.

XXX ✤ **Pöschtli** (Rossal) mit Zim, Maispracherstr. 2, ℘ 841 11 25, Fax 841 11 60, 🌜
⅍ Zim 🅿. 📭 🖲 *VISA*
Sonntag abends - Montag und Juli - Aug. 3 Wochen geschl. – **Menu** 54 (mittags)/
und à la carte 74/136 – **4 Zim** 🛏 145/225
Spez. Krebse mit Zitronenverveinesauce. Puschlaver Berglamm mit frischen Kräut
Gestürzter Quittenkuchen (Herbst - Winter).

MAGGLINGEN (MACOLIN) 2532 Bern (BE) 216 ⑭ – Höhe 875 – ✪ 032.
◆Bern 43 – ◆Neuchâtel 42 – ◆Biel 8 – ◆Solothurn 28.

🏨 **Bellevue,** Hauptstr. 232, ℘ 22 99 33, Fax 23 40 41, ≤, �, 🛟 – 🛗 ⅍ Zim 📺
◆ 🔥 🅿 – 🔶 60. 📭 ⓞ 🖲 *VISA*
Weihnachten - Neujahr geschl. – **Le Trianon :** **Menu** *17-* 20 (mittags)/50 und à la c
42/105 – **92 Zim** 🛏 120/195.

XX **Au Vieux Suisse,** Hauptstr. 204, ℘ 22 50 40, Fax 22 23 58, � – 🅿. 📭 ⓞ
◆ *VISA*
Menu *18-* 78 und à la carte 41/83.

MAGLIASINA e MAGLIASO Ticino 219 ⑧ – vedere Ponte Tresa.

MAIENFELD 7304 Graubünden (GR) 218 ④ – 1 985 Ew. – Höhe 504 – ✪ 081.
🅱 Verkehrsverein, ℘ 302 58 58.
◆Bern 228 – ◆Chur 25 – ◆Davos 57 – Vaduz 16.

XX **Schloss Brandis,** ℘ 302 24 23, Fax 302 62 21 – 🅿 – 🔶 25/250. 📭
VISA
Mittwoch und 10. Juli - 3. Aug. geschl. – **Menu** 80 und à la carte 48/112, Kinder

in Jenins Süd-West : 2 km – ✉ 7307 Jenins – ✪ 081 :

🏠 **Zur Bündte,** ℘ 302 12 23, Fax 302 64 85, ≤ Weinberge und Rheintal, � – 🅿
VISA
Dienstag und von Nov. - Feb. auch Montag geschl. – **Menu** *26.50* und à la carte 42/
Kinder 14 – **7 Zim** 🛏 65/140 – ½ P Zuschl. 35.

4464 Basel-Landschaft (BL) 🗺🗺🗺 ⑤ – 718 Ew. – Höhe 375 – ✪ 061.

ⁿrn 89 – ◆Aarau 41 – ◆Baden 50 – ◆Basel 25 – ◆Schaffhausen 84.

🏵 ✿ **Chez Armin** (Hofer) 🍴 mit Zim, Süd-West : 1 km, 𝒫 841 18 18, Fax 841 19 13,
≼ Sunnenberg, 🍴 – 📺 🅿. ॼ☷ 🅴 𝘝𝘐𝘚𝘈
Montag - Dienstag, über Fasnacht 2 Wochen und 2. - 15. Okt. geschl. – **Menu**
138/160 und à la carte 107/136 – **4 Zim** 🛏 90/160
Spez. Seeteufel mit feinem Hummerragout. Rindsfilet im Heumantel gebraten und Rotwein-
sauce. Karamelisierte Williamsbirne auf Campari-Sabayon.

7208 Graubünden (GR) 🗺🗺🗺 ④ – 1 524 Ew. – Höhe 536 – ✪ 081.

ⁿrn 232 – ◆Chur 21 – Ragaz, Bad 9 – ◆Davos 54.

🏵 **Weisskreuz** mit Zim, 𝒫 51 81 61 (ab 04/96 : 322 81 61), Fax 51 81 62 (ab 04/96 :
322 81 62), 🍴, 250jähriger Torkelbaum – 🛗 📺 ☎ 🅿. ॼ☷ 🅴 𝘝𝘐𝘚𝘈 🍴 Rest
Bündnerstube : **Menu** 55/96 und à la carte 58/96 – *Malanserstube :* **Menu** *21* - 45
und à la carte 41/67 – **11 Zim** 🛏 110/220.

🏵 **Krone** mit Zim, 𝒫 51 14 55 (ab 04/96 : 322 14 55), Gasthof aus dem 17. Jh.,
« Gemütlich - rustikale Gasträume » – 🅿
Mittwoch - Donnerstag, 18. Dez. - 5. Jan. und 3. - 28. Juli geschl. – **Menu** à la carte
41/92 – **11 Zim** 🛏 70/140.

Fürstentum Liechtenstein 🗺🗺🗺 ㉒ – siehe Seite 356.

7516 Graubünden (GR) 🗺🗺🗺 ⑮ – Höhe 1 815 – ✪ 082 (ab 04/96 : 081).

ⁿenswert : Turm Belvedere : Ausblick★.

Kur- und Verkehrsverein, 𝒫 4 31 88 (ab 04/96 : 824 31 58), Fax 4 36 37 (ab 04/96 :
4 36 37).

ⁿrn 334 – St. Moritz 17 – ◆Davos 87 – Sondrio 94.

🏵 **Schweizerhaus,** 𝒫 4 34 55 (ab 04/96 : 824 34 56), Fax 4 33 41 (ab 04/96 : 824 33 41),
≼ Alpen, 🍴, « Berner Holzhaus aus dem 19. Jh. », 🎣, 🚵 – ☎ 🚗 🅿. ॼ☷ 🅴 𝘝𝘐𝘚𝘈
🍴 Rest
15. Dez. - 15. April und 10. Juni - 15. Okt. – **Menu** 45 und à la carte 50/84, Kinder 9.50
– **30 Zim** 🛏 100/240 – ½ P Zuschl. 20.

🏵 **Maloja Kulm,** 𝒫 4 31 05 (ab 04/96 : 824 31 05), Fax 4 34 66 (ab 04/96 : 824 34 66),
≼ Alpen, 🍴, 🎣, 🚵 – 🛗 📺 ☎ 🅿 – 🏛 50. ॼ☷ ⓞ 🅴 𝘝𝘐𝘚𝘈
21. Dez. - 13. April und 12. Mai - 19. Okt. geöffnet ; in Mai und Okt. Mittwoch geschl.
– **Menu** *28* - 35/48 und à la carte 37/81, Kinder 19 – **22 Zim** 🛏 79/186 – ½ P Zuschl.
24.

8265 Thurgau (TG) 🗺🗺🗺 ⑨ – 532 Ew. – Höhe 412 – ✪ 054 (ab 03/96 : 052).

ⁿrn 182 – ◆Zürich 62 – ◆Frauenfeld 17 – Konstanz 25 – Stein am Rhein 5 – ◆Winterthur 33.

🏵 **Adler** mit Zim, Hauptstrasse, 𝒫 41 24 47 (ab 03/96 : 741 24 47), Fax 41 26 35 (ab
03/96 : 741 26 35), 🍴 – 🅿. ॼ☷ ⓞ 🅴 𝘝𝘐𝘚𝘈
Mittwoch - Donnerstag geschl. – **Menu** à la carte 40/92 – **4 Zim** 🛏 75/135.

🏵 **Schiff** 🍴 mit Zim, Schifflandistr. 17, 𝒫 41 24 44 (ab 03/96 : 741 24 44), 🍴, « Stube
mit Holztäferung aus dem 18. Jh. » – 📺 🅿
Montag, 23. Dez. - 15. Feb. und 1. - 14. Okt. geschl. – **Menu** à la carte 36/92 – **6 Zim**
🛏 80/130.

8708 Zürich 🗺🗺🗺 ⑲ – 7 380 Ew. – Höhe 419 – ✪ 01.

ⁿrn 145 – ◆Zürich 20 – ◆Luzern 68 – ◆St. Gallen 71.

🏵 **Allenberg,** Nord-Ost : 2 km, 𝒫 920 02 24, Fax 920 02 74, ≼, 🍴 – 🅿. 🅴 𝘝𝘐𝘚𝘈
Montag - Dienstag, 21. Juli - 5. Aug. und 7. - 21. Okt. geschl. – **Menu** *14* - 48/55 und
à la carte 43/85, Kinder 15.

8268 Thurgau (TG) 🗺🗺🗺 ⑨ – Höhe 400 – ✪ 072 (ab 03/96 : 071).

ⁿrn 190 – ◆St. Gallen 49 – ◆Frauenfeld 24 – Konstanz 14 – Steckborn 6 – ◆Winterthur 41.

🏵 **Seehotel Schiff,** 𝒫 63 41 41 (ab 03/96 : 663 41 41), Fax 63 41 50 (ab 03/96 :
663 41 50), ≼ Bodensee, 🍴, 🌳, 🔖 – 🛗 ☎ 🅿 – 🏛 25. ॼ☷ ⓞ 🅴 𝘝𝘐𝘚𝘈
Jan. geschl. – **Menu** *(Donnerstag geschl.)* à la carte 50/95, Kinder 20 – **18 Zim**
🛏 100/160.

MARBACH 6196 Luzern (LU) 217 ⑧ – 1 366 Ew. – Höhe 874 – Wintersport : 871/1 50
🎿 1 🚡4 🛷 – 🕲 035.

Ausflugsziel : Marbachegg★ Süd mit Luftseilbahn – Schallenberg-Strasse★ Süd-West
🛈 Verkehrsverein, 𝒫 6 38 04, Fax 6 41 20.

◆ Bern 47 – Langnau im E. 17 – ◆Luzern 54 – ◆Thun 32.

   🍴 **Kreuz** mit Zim, 𝒫 6 33 01, Fax 6 39 29, 🌤 – 🛗
   Montag abends, Dienstag, 10. - 24. Dez. und 8. - 24. Juli geschl. – **Menu** 24
   à la carte 30/78, Kinder 9.50 – **11 Zim** 😋 60/110 – ½ P Zuschl. 25.

   Jährlich eine neue Ausgabe,
   Aktuellste Informationen, jährlich für Sie !

Les MARÉCOTTES Valais 219 ① – rattaché à Martigny.

MARLY Fribourg 217 ⑤ – rattaché à Fribourg.

MARTIGNY 1920 Valais (VS) 219 ① ② – 13 795 h. – alt. 476 – 🕲 026.

Voir : Fondation Pierre Gianadda★★ Z – Verrière★ de l'Hôtel de Ville Y – Tour de la Bâti
vue★ Y.

Environs : Pont du Gueuroz★★ par ④ : 5 km.

Manifestation locale
06.10 : Combat de reines à l'amphithéâtre romain.

🛈 Office du Tourisme, 9 pl. Centrale, 𝒫 21 22 20, Fax 21 22 24.

◆Bern 127 – Aosta 69 – Chamonix-Mont-Blanc 42 – ◆Montreux 43 – ◆Sion 30.

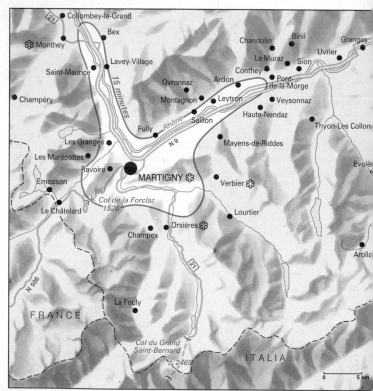

MARTIGNY

...rale (Pl.) .... Y 6
...d-St-Bernard
...v. du) .... Y
...nce (Pl. de) .... Y 21

...s (R. des) .... Y 3
...z (R. de la) .... Y 4
...ge (R. du) .... Y 7
...(Av. de) .... Y 9
...tal (R. de l') ...... Y 10
...dière (R. de la) .... Y 12
...oir (R. du) .... Y 13
...(Pl. du) .... Y 15
...villes (Av. des) .... Y 16
...(R. du) .... Y 18
...s-Epineys (R. des) .. Y 19
...ance (R. de) .... Y 22
...e (R. de la) .... Y 24
...orvey (R. de) ...... Z 25
...e (Pl. de) .... Y 27
...éodule (R.) .... Z 28
...ête (R. de) .... Z 30

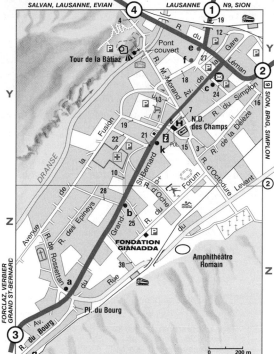

Forum, 74 av. du Grand St. Bernard, ℰ 22 18 41, Fax 22 79 25 – 🛗 ▤ 📺 ☎ 🅿. 🖭
E 𝘝𝘐𝘚𝘈   Z **a**
Repas (voir aussi rest. **Le Gourmet** ci-après) – **Brasserie** *(fermé dim. soir et lundi)* Repas
17 et à la carte 50/65 – **29 ch** ⇌ 95/210.

La Porte d'Octodure, route du Grand-Saint-Bernard par ③, ⌧ 1921 Martigny-Croix,
ℰ 22 71 21, Fax 22 21 73, 😊, ⅙, ⇌, ✁ – 🛗 ▤ ch 📺 ☎ 🅿 – 🛦 25/150. 🖭 🅞
E 𝘝𝘐𝘚𝘈
fermé 3 au 25 janv. – **Repas** *16* et à la carte 43/85 – **56 ch** ⇌ 130/220 – ½ P suppl.
33.

Poste, 8 r. de la Poste, ℰ 22 14 44, Fax 22 04 45 – 🛗 📺 ☎. 🖭 🅞 E 𝘝𝘐𝘚𝘈   Y **c**
Repas (Brasserie) *(fermé dim. et fériés)* *14* et à la carte 31/58, enf. 6 – **32 ch**
⇌ 110/160 – ½ P suppl. 20.

Stand, 41 av. du Grand-Saint-Bernard, ℰ 22 15 06, Fax 22 95 06, ⇌ – 🛗 🅿. E
𝘝𝘐𝘚𝘈   Z **b**
fermé 20 déc. au 20 janv. et merc. sauf de juil. au 15 oct. – **Repas** *16* - 29 et à la
carte 34/59 – **32 ch** ⇌ 65/94 – ½ P suppl. 20.

Rhône, 11 av. du Grand-Saint-Bernard, ℰ 22 17 17, Fax 22 43 00 – 🛗 📺 ☎ – 🛦 30.
🖭 🅞 E 𝘝𝘐𝘚𝘈 🅹🅲🅱. 🛠 rest   Y **k**
*fermé 15 nov. au 15 déc. – **Repas** *(fermé dim. sauf saison)* 20 - 30 et à la carte 40/80
– **50 ch** ⇌ 100/160 – ½ P suppl. 25.

✗ ❀ **Le Gourmet** (Vallotton) - Hôtel Forum, 74 av. du Grand St. Bernard, ℰ 22 18 41,
Fax 22 79 25 – ▤ 🅿. 🖭 E 𝘝𝘐𝘚𝘈   Z **a**
fermé 1 sem. en janv., dim. soir et lundi – **Repas** 65 (midi)/148 et à la carte
80/114
Spéc. Escalope de foie gras chaud à la rhubarbe et pistaches. Loup de mer sur sa
peau flambé au fenouil fondant. Pigeonneau de Toscane aux choux et lentilles du
Puy.

XX **Le Léman,** 19 r. du Léman, ✆ 22 30 75, Fax 22 30 24, ⛱ – ▤ Ⓟ – 👥 25. AE E
◆ *fermé 24 déc. au 10 janv., 1er au 15 juil., lundi soir et dim.* – **Repas** *16* - 35 (midi)
et à la carte 43/89.

XX **Kwong Ming,** pl. de Rome, ✆ 22 45 15, Fax 22 06 05, ⛱ – ▤. AE ⊙ E VISA
◆ *fermé Noël* – **Repas** - cuisine chinoise - *19* - 38 (midi)/75 et à la carte 46/99.

X **Au Chapiteau Romain,** 51 r. du Bourg, ✆ 22 17 98 – AE ⊙ E VISA
◆ *fermé 3 sem. en août et dim.* – **Repas** *16* - 55 (midi) et à la carte 46/74.

rte du Col de la Forclaz par ③ : 3 km

X **Le Virage,** ✉ 1921 Martigny-Combe, ✆ 22 11 53, Fax 23 35 10, ⋞ Martigny et va
du Rhône – Ⓟ. E VISA
fermé 12 au 27 fév., 20 juin au 11 juil., mardi de nov. à fév. et merc. (sauf du 11
au 6 sept.) – **Repas** 48 et à la carte 38/80, enf. 9.

à Les Granges par ④ et rte de Salvan : 9 km – ✉ 1922 Les Granges – ⊛ 02

⌂ **Balance** ≋, ✆ 61 15 22, Fax 61 15 88, ⋞, ⛱, Etablissement "non fumeur", ⌂s,
🏊, ❀ – 🚫 Ⓟ. 🚫 rest
fermé 1er nov. au 25 déc. – **Repas** - cuisine macrobiotique - 34 – **25 ch** ☕ 88/
– ½ P suppl. 19.

aux Marécottes par ④ et rte de Salvan : 10 km – alt. 1 032 – Sports d'hiv
1 110/2 002 m 🚡1 ⛷4 ⛷ – ✉ 1923 Les Marécottes – ⊛ 026 :

🏨 **Aux Mille Étoiles** ≋, ✆ 61 16 66, Fax 61 16 00, ⋞, ⛱, ⌂s, 🏊, ❀ – ⇕ 📺 ☎
◆ – 👥 35. E VISA. 🚫 rest
23 déc. - 13 avril et 17 mai - 27 oct. – **Repas** *(fermé lundi hors saison) 19* - 5
à la carte 37/100, enf. 12 – **25 ch** ☕ 106/262 – ½ P suppl. 43.

MARTINA **7560** Graubünden (GR) 218 ⑦ – Höhe 1 037 – ⊛ 081 :.

◆Bern 345 – Scuol 17 – ◆Davos 70 – Landeck 44 – Merano 88 – St. Moritz 79.

XX **Chasa Engiadina,** ✆ 866 32 32, Fax 866 37 06 – Ⓟ. AE E VISA
Montag - Dienstag, 8. Jan. - 3. Feb. und 15. April - 11. Mai geschl. – ***Stüva d***
Posta : **Menu** 62 und à la carte 41/86.

MASSAGNO Ticino 219 ⑧ – vedere Lugano.

MATRAN Fribourg 217 ⑤ – rattaché à Fribourg.

MATZENDORF **4713** Solothurn (SO) 216 ⑮ – 1 215 Ew. – Höhe 501 – ⊛ 062.

◆Bern 58 – ◆Basel 53 – ◆Olten 25 – ◆Solothurn 27.

XX **Sternen** mit Zim, Dorfstr. 41, ✆ 394 16 74, Fax 394 18 21, ⛱ – Ⓟ – 👥 40. ⊙
◆ VISA. 🚫 Zim
Dienstag - Mittwoch, 8. - 15. Jan. und 8. - 22. Juli geschl. – **Menu** *19.50* und
carte 39/88, Kinder 10.50 – **3 Zim** ☕ 60/100.

MAYENS-DE-RIDDES **1918** Valais (VS) 217 ⑮ – alt. 1 500 – ⊛ 027.

◆Bern 154 – ◆Martigny 29 – Riddes 14 – ◆Sion 31.

X **Les Fougères,** ✆ 86 41 41, Fax 86 75 96, ⋞, ⛱ – AE ⊙ E VISA
fermé nov. – **Repas** 21/69 et à la carte 37/74, enf. 12.50.

MEGGEN **6045** Luzern (LU) 216 ⑱ – 5 812 Ew. – Höhe 472 – ⊛ 041.

◆Bern 118 – ◆Luzern 7 – Cham 19 – ◆Olten 60 – ◆Schwyz 30.

XX **Balm** mit Zim, Balmstr. 3, ✆ 377 11 35, Fax 377 23 96, ⋞, ⛱, ❀ – 📺 ☎ Ⓟ. AE
◆ E VISA JCB
Jan. geschl. – **Menu** *(Montag geschl.) 15.50* - 70 und à la carte 39/109 – **20**
☕ 150/190.

MEIKIRCH **3045** Bern (BE) 216 ⑭ – 2 207 Ew. – Höhe 657 – ⊛ 031.

◆Bern 11 – ◆Biel 23 – Burgdorf 26 – ◆Neuchâtel 43 – ◆Solothurn 40.

X **Bären,** ✆ 829 03 13, ⛱ – Ⓟ
◆ *Donnerstag und Juli geschl.* – **Menu** *14.50* und à la carte 34/76, Kinder 7.50.

EILEN 8706 Zürich (ZH) 216 ⑲ – 10 786 Ew. – Höhe 420 – 😊 01.

rn 141 – ♦ Zürich 16 – ♦ Luzern 72 – ♦ St. Gallen 75.

Zur Burg, Nord-Ost : 2 km, 𝒫 923 03 71, Fax 923 67 44, 😊, « Zürcher Bauernhaus aus dem 16. Jh. » – **P**. 🄰🄴 ⓞ 🄴 *VISA*
Dienstag - Mittwoch und Mitte Juli - Mitte Aug. geschl. – **Menu** *28* und à la carte 50/96, Kinder 11.

in Obermeilen Richtung Rapperswil – ✉ 8706 Meilen – 😊 01 :

Hirschen am See, Seestr. 856, 𝒫 923 65 51, Fax 923 34 53, ≤, 😊, « Geschmackvolle Einrichtung », 🛏 – 📺 ☎. 🄰🄴 ⓞ 🄴 *VISA*
Menu *(Montag geschl.)* *29* - 39 (mittags)/112 und à la carte 55/99 – **La Taverne** *(Dienstag geschl.)* **Menu** à la carte 43/74 – **16 Zim** 🖙 130/255.

Schiffli, Seestr. 885, 𝒫 923 03 04, 😊 – 🄰🄴 ⓞ 🄴 *VISA*
Montag - Dienstag, 21. - 30. Jan. und 9. Sept. - 8. Okt. geschl. – **Menu** *17* und à la carte 52/97.

EIRINGEN 3860 Bern (BE) 217 ⑧ – 4 385 Ew. – Höhe 595 – Wintersport : 595/2 434 m ✶11 ✶ – 😊 036.

∗enswert : Lage★.

∗flugziel : Aareschlucht★★ Süd-Ost : 2,5 km – Rosenlauital★★ Süd-West – Rosenlaui : **∗tscherschlucht★** Süd-West : 10 km – Reichenbachfälle★ Süd : 1 km und Standseilbahn.

∗erkehrsverein, 𝒫 71 43 22, Fax 71 49 55.

rn 86 – Interlaken 29 – Andermatt 64 – Brienz 15 – ♦ Luzern 49.

Parkhotel du Sauvage, 𝒫 71 41 41, Fax 71 43 00, 😊, 🌱 – 📶 📺 ☎ **P** – 🔏 25/150. 🄰🄴 ⓞ 🄴 *VISA*
Menu *15.50* und à la carte 39/80 – **72 Zim** 🖙 128/286 – ½ P Zuschl. 35.

Alpin Sherpa, Bahnhofstr. 3, 𝒫 72 61 91, Fax 71 33 08, 😊, ≋ – 📶 📺 ☎ 🚗 – 🔏 25/100. 🄰🄴 ⓞ 🄴 *VISA*
Menu *19* und à la carte 35/60 – **56 Zim** 🖙 115/200 – ½ P Zuschl. 32.

Alpbach, Kirchgasse 17, 𝒫 71 18 31, Fax 71 44 78, 😊 – 📶 ↩ Zim 📺 ☎ **P**. 🄴 *VISA* ⚅ Zim
25. Nov. - 15. Dez. geschl. – **Menu** *(in der Zwischensaison Dienstag geschl.)* *15* und à la carte 29/71, Kinder 9.50 – **35 Zim** 🖙 110/180 – ½ P Zuschl. 24.

EISTERSCHWANDEN 5616 Aargau (AG) 216 ⑰ – 1 810 Ew. – Höhe 505 – 😊 056.

rn 109 – ♦ Aarau 28 – ♦ Luzern 32 – Wohlen 10 – ♦ Zürich 37.

Seerose, Süd : 1,5 km Richtung Aesch, 𝒫 667 12 45, Fax 667 12 39, ≤ Hallwilersee, 😊 – 📺 ☎ **P** – 🔏 40. 🄰🄴 ⓞ 🄴 *VISA*
Menu *29.50* - 40 (mittags)/75 und à la carte 42/91 – **19 Zim** 🖙 140/200.

ELIDE 6815 Ticino (TI) 219 ⑧ – 1 461 ab. – alt. 274 – 😊 091.

∗ere : Svizzera in miniatura★.

nte Turistico, via Pocobelli 14, 𝒫 649 63 83, Fax 649 56 13.

rn 278 – ♦ Lugano 7 – ♦ Bellinzona 35 – Como 24 – ♦ Locarno 47.

Seehotel Riviera, lungolago Motta, 𝒫 649 79 12, Fax 649 67 61, ≤ lago e monti, 😊, 🌊, ♨, 🛏 – 📶 📺 ☎. 🄰🄴 ⓞ 🄴 *VISA*. ⚅ rist
aprile - ottobre – **Pasto** *28* (sera) ed à la carte 32/60 – **21 cam** 🖙 90/180 – ½ P sup. 20.

Del Lago, lungolago Motta 9, 𝒫 649 70 41, Fax 649 89 15, ≤ lago e monti, 😊, « Terrazza sul lago », 🛏 – 📶 📺 ☎. 🄰🄴 ⓞ 🄴 *VISA*. ⚅ rist
marzo - ottobre – **Pasto** *(chiuso lunedì)* *38* (mezzogiorno) ed à la carte 35/75, bambini 8.50 – **15 cam** 🖙 95/240 – ½ P sup. 29.

Teilen Sie uns Ihre Meinung
über die von uns empfohlenen Restaurants,
und über ihre Spezialitäten mit.

235

MELS 8887 St. Gallen (SG) 216 ㉑ 218 ④ – 6 914 Ew. – Höhe 487 – ❀ 081.
◆Bern 218 – ◆St. Gallen 74 – ◆Chur 34 – ◆Davos 69 – Vaduz 21.

XXX ❀ **Schlüssel** (Kalberer), Oberdorfstr. 5, ℰ 723 12 38, Fax 723 71 33, 斎 – ❷. ㊀
VISA. ⁇
Sonntag-Montag, 6.-26. Feb. und 16. Juli-5. Aug. geschl. – **Nidbergstube** (1. Eta
Menu 53 und à la carte 66/119 – **Bistro :** **Menu** à la carte 32/84
Spez. Melser Riesling Süppchen. Braisierte Kalbsbacke mit schwarzen Trüffeln. Cara
lisierter Apfelkuchen mit Zimtmousse.

XX **Waldheim,** West : 4 km über Weisstannenstrasse, ℰ 723 12 56, ≼ Alvierkette,
– ❷
Montag - Dienstag, 12. Feb. - 5. März. und 8. - 31. Juli geschl. – **Menu** à la c
43/81.

in Heiligkreuz Nord : 2 km – ⊠ 8888 Heiligkreuz – ❀ 081 :

X **Stiva Antica,** über Kantonsstrasse : 2 km Richtung Walenstadt, ℰ 723 37
Fax 723 37 66, 斎 – ❷. 歴 ⓞ Ε *VISA* ᴶᶜᴮ
Mittwoch - Donnerstag und Juli geschl. – **Menu** à la carte 41/103.

MENDRISIO 6850 Ticino (TI) 219 ⑧ – 6 055 ab. – alt. 355 – ❀ 091.
Manifestazioni locali
04.04 - 05.04 : Processioni storiche
09.11 - 11.11 : San Martino, festa tradizionale.
🛈 Ente Turistico, via Angelo Maspoli 15, ℰ 646 57 61, Fax 646 33 48.
◆Bern 295 – ◆Lugano 24 – Bellagio 40 – Como 11 – Varese 19.

🏨 **Milano,** piazzale Stazione, ℰ 646 57 41, Fax 646 17 64, ⌁ – 🛗 🗏 📺 ☎ ᴖ ⇦
◆ ᴬ 180. 歴 ⓞ Ε *VISA*. ⁇ rist
Pasto 16-38 ed à la carte 42/87 – **25 cam** ⌑ 120/170 – ½ P sup. 35.

🏨 **Morgana,** ℰ 646 23 55, Fax 646 42 64, 斎, ⌁ – 📺 ☎ ❷. 歴 ⓞ Ε *VISA*. ⁇
chiuso dal 23 al 26 dicembre – **Pasto** - specialità di fondute - (chiuso da metà giu
a metà luglio) 45 ed à la carte 39/60, bambini 16 – **16 cam** ⌑ 120/170.

XX **Stazione** con cam, piazzale Stazione, ℰ 646 22 44, Fax 646 82 27, 斎 – 🛗 📺 ᴖ
❷. 歴 ⓞ Ε *VISA*. ⁇ rist
Pasto 27-39 ed à la carte 45/82 – **21 cam** ⌑ 95/140 – ½ P sup. 30.

sulla strada per il Monte Generoso Nord : 13 km :

X **Grotto La Balduana,** ⊠ 6872 Salorino, ℰ 646 25 28, ≼, 斎, « Terrazza-giard
panoramica »
chiuso martedì e da gennaio a marzo – **Pasto** à la carte 28/50.

MENZBERG 6125 Luzern (LU) 216 ⑯ – Höhe 1 016 – ❀ 041.
◆Bern 78 – ◆Luzern 36 – Brienz 90 – ◆Olten 46 – ◆Thun 86.

🏨 **Menzberg** ⁇, ℰ 493 18 16, Fax 493 14 41, ≼ Napfkette, 斎 – 🛗 📺 ☎ ❷ – ᴬ
◆ 歴 Ε *VISA*
Montag, 3. - 26. Jan. und 8. - 19. Juli geschl. – **Menu** 20-40 (midi) und à la c
35/96 – **23 Zim** ⌑ 115/165 – ½ P Zuschl. 38.

MENZINGEN 6313 Zug (ZG) 216 ⑱ – 4 005 Ew. – Höhe 807 – ❀ 042 (ab 03/96 : 0
◆Bern 148 – ◆Zürich 28 – ◆Schwyz 28 – ◆Zug 9.

X **Löwen,** Holzhäusernstr. 2, ℰ 52 11 15 (ab 03/96 : 755 11 15), Fax 52 11 15 (ab 03/
755 11 15) – 歴 Ε *VISA*
Montag, von April - Sept. auch Sonntag, 1. - 15. April und 29. Juli - 12. Aug. ges
– **Menu** 21.50-50 (mittags)/110 und à la carte 60/96.

MERLIGEN Bern 217 ⑦ – siehe Sigriswil.

MERLISCHACHEN Schwyz 216 ⑱ – siehe Küssnacht am Rigi.

MESSEN 3254 Solothurn (SO) 216 ⑭ – 759 Ew. – Höhe 505 – ❀ 031.
◆Bern 23 – ◆Biel 22 – Burgdorf 23 – ◆Solothurn 20.

X **Sonne,** ℰ 765 52 11, Fax 765 57 12, 斎 – ❷. 歴 ⓞ Ε *VISA*
Mittwoch - Donnerstag, 1. - 15. Feb. und 15. - 31. Juli geschl. – **Menu** 45/75
à la carte 44/97.

236

EYRIEZ Freiburg 217 ⑤ – siehe Murten.

EYRIN Genève 217 ⑪ – rattaché à Genève.

ÉZIÈRES 1083 Vaud (VD) 217 ④ – 881 h. – alt. 740 – ✆ 021.

rn 58 – ◆Montreux 37 – ◆Lausanne 48 – Payerne 19 – ◆Yverdon-les-Bains 47.

※ Le Jorat, ℘ 903 11 28.

ÉCOURT 2946 (Jura) (JU) 216 ③ – 446 h. – alt. 485 – ✆ 066.

rn 101 – ◆Delémont 31 – ◆Basel 48 – Belfort 36 – Porrentruy 8 – Sainte-Ursanne 14.

Cigogne Ⓜ avec ch, ℘ 72 24 24 – 🛗 📺 🅿 – 🅰 30. **E** 𝓥𝓘𝓢𝓐
Repas *(fermé lundi soir)* 20 et à la carte 33/61 – **4 ch** ⊇ 70/130 – ½ P suppl. 28.

NUSIO Ticino 218 ⑫, 219 ⑧ – vedere Locarno.

SERY 1721 Fribourg (FR) 217 ⑤ – 378 h. – alt. 584 – ✆ 037.

rn 45 – ◆Neuchâtel 43 – ◆Fribourg 12 – Murten 15.

※ **Aub. de Misery,** ℘ 45 11 52, �, « Aménagement cossu » – 🅿. ☒ **E** 𝓥𝓘𝓢𝓐
fermé lundi et mardi – **Repas** 40 - 50/79 et à la carte 51/118.

OLÉSON-SUR-GRUYÈRES Fribourg 217 ④ – rattaché à Gruyères.

OLLIS 8753 Glarus (GL) 216 ⑳ – 3 019 Ew. – Höhe 450 – ✆ 058 (ab 03/96 : 055).

rn 188 – ◆St. Gallen 64 – ◆Chur 69 – Glarus 7 – Vaduz 53.

※ **Zum Löwen** mit Zim, ℘ 34 13 33 (ab 03/96 : 612 13 13), Fax 34 15 52 (ab 03/96 : 612 15 52), 🌿 – 📺 ☎ 🚗 🅿. ☒ **E** 𝓥𝓘𝓢𝓐. ✻ Rest
Sonntag abends - Montag, 1. - 8. Jan., 29. Jan. - 11. Feb. und 2 Wochen Ende Juli - Anfang Aug. geschl. – **Fronalpstube :** Menu 39 (mittags)/89 und à la carte 47/93 – **Gaststube :** Menu 18.50 und à la carte 41/71 – ⊇ 12.50 – **3 Zim** 90/160.

ONTAGNOLA Ticino 219 ⑧ – vedere Lugano.

ONTAGNON Valais 217 ⑮ – rattaché à Leytron.

ONTANA Valais 217 ⑯ – voir Crans-Montana.

ONT-CROSIN Bern 216 ⑬ – rattaché à Saint-Imier.

ONTEZILLON Neuchâtel (NE) 216 ⑫ – alt. 761 – ✉ 2205 Montmollin – ✆ 038.

rn 59 – ◆Neuchâtel 11 – ◆La Chaux-de-Fonds 32 – ◆Yverdon-les-Bains 50.

L'Aubier ⁂, ℘ 30 30 10 (rest.) 30 30 15, Fax 30 30 16, <, 🌿 – 🛗 ⁂ ch ☎ 🅿 – 🅰 25/80. **E** 𝓥𝓘𝓢𝓐. ✻ ch
Repas *(fermé Noël)* 18 et à la carte 37/76 – **15 ch** ⊇ 130/190 – ½ P suppl. 35.

ONTHEY 1870 Valais (VS) 217 ⑭ – 13 683 h. – alt. 420 – ✆ 025.

ffice du Tourisme, 3 pl. Centrale, ℘ 75 79 63, Fax 75 79 49.

rn 110 – ◆Martigny 23 – Évian-les-Bains 38 – Gstaad 63 – ◆Montreux 26.

Pierre des Marmettes, 33 av. du Crochetan, ℘ 73 32 33, Fax 73 32 40, 🌿 – 🛗 ☎ 🅿. **E** 𝓥𝓘𝓢𝓐
Repas *(fermé dim. soir)* 16 - 25 (midi)/68 et à la carte 35/85 – **22 ch** ⊇ 75/118 – ½ P suppl. 18.

❀ **Les Crochets** (Guerlavais), 3 ruelle des Anges (près Église), ℘ 71 37 06 – ☒ **E** 𝓥𝓘𝓢𝓐
fermé 1 sem. à Carnaval, 28 juil. au 19 août, dim. et lundi – **Repas** (prévenir) 30 - 45 (midi)/96 et à la carte 72/105
Spéc. Tarte fine de saumon à la vinaigrette de soja. Turbot rôti en écailles de pommes de terre. Filet de canette au poivre de Szechouan.

à Collombey-le-Grand Nord-Est : 3,5 km par rte d'Aigle – ✉ 1868 Collombey-le-Grand – ✆ 025 :

Les Îles, r. de l'Épinette, ℘ 72 70 50, 🌿, 🌳 – 🅿. ☒ ① **E** 𝓥𝓘𝓢𝓐
fermé juil., mardi soir et merc. – **Repas** 17 et à la carte 43/81.

LE MONT-PÈLERIN 1801 Vaud (VD) 217 ⑭ – alt. 810 – ☎ 021.

Voir : vue ★★.

◆Bern 83 – ◆Montreux 18 – ◆Fribourg 54 – ◆Lausanne 23 – ◆Vevey 11.

Le Mirador M, ✆ 925 11 11, Fax 925 11 12, « Elégante installation, ≤ la montagnes », Fб, ≘s, ◻, ⇌, ※ – |‡| ⇹ ch ▤ TV ☎ ♿ ⇔ P – 🏛 25/60 AE E VISA. ⚘ rest.
fermé 15 déc. au 1er fév. – ***Le Trianon*** *(fermé mardi midi et lundi du 1er oct. au 15 r* **Repas** 55 (midi)/110 et à la carte 69/154 – **84 ch** ☐ 340/610, 9 suites – ½ P suppl.

Parc ⊕, ✆ 921 23 22, Fax 923 52 18, ≤ lac et montagnes, ⛱, parc, ⛱, ※ – |‡ ☎ P. AE ⓓ E VISA. ⚘ rest
25 mars - 15 oct. – **Repas** 34/46 et à la carte 48/96 – **99 ch** ☐ 130/280 – ½ P suppl

Host. Chez Chibrac ⊕, ✆ 922 61 61, Fax 922 93 88, ⛱, ⇌ – |‡| TV ☎ P. AE E VISA JCB
fermé 15 déc. au 1er fév. – **Repas** *(fermé mardi et merc. d'oct. à avril)* 45/120 la carte 66/98 – **12 ch** ☐ 120/165 – ½ P suppl. 45.

MONTREUX 1820 Vaud (VD) 217 ⑭ – 21 362 h. – alt. 398 – ☎ 021.

Voir : Site★★ – Terrasse de l'église paroissiale : vue★★ d'ensemble DZ.

Environs : Rochers de Naye★★★ par train à crémaillère - BV – Château de Chillon★★ : site et vue★★ du donjon BX – Les Pléiades★★ Nord : AV – Col de Sonloup : vue★ E 9 km BV.

⛳ à Aigle, ✉1860, ✆ (025) 26 46 16, Fax (025) 27 10 47, par ① : 12 km.

Manifestations locales
09.04 - 13.04 Rencontres chorales internationales
24.04 - 30.04 Concours international de télévision "Rose d'Or" de Montreux et Festival du
05.07 - 20.07 : Festival international de Jazz.

🅸 Office du Tourisme, 5 r. du Théâtre, ✆ 963 12 12, Fax 963 78 95.

◆Bern 90 ③ – ◆Genève 91 ③ – ◆Lausanne 23 ③ – ◆Martigny 43 ①.

Plans pages suivantes

Montreux Palace, 100 Grand-Rue, ✆ 962 12 12, Telex 453101, Fax 962 17 17 « Salons Belle Époque », ⛱, ※ – |‡| ⇹ ▤ TV ☎ ⚹ P – 🏛 25/1200. AE ⓓ VISA JCB. ⚘ rest C
Repas (voir aussi rest. ***Du Cygne*** ci-après) – ***Le Grand Café :*** **Repas** *18* et à la c 36/91, enf. 8.50 – ☐ 28 – **180 ch** 350/700, 70 suites – ½ P suppl. 62.

Royal Plaza M, 97 Grand-Rue, ✆ 963 51 31, Fax 963 56 37, ≤ lac, ⛱, Fб, ≘s, ⚓ – |‡| ⇹ ch ▤ TV ☎ ⚹ ⇔ P – 🏛 25/150. AE ⓓ E VISA C
La Croisette *(fermé lundi)* **Repas** 95 et à la carte 55/107 – ***Romance :*** **Repas** à la c 40/85 – **163 ch** ☐ 330/640 – ½ P suppl. 51.

Eden au Lac, 11 r. du Théâtre, ✆ 963 55 51, Telex 453151, Fax 963 18 13, ≤, Architecture victorienne, ⇌ – |‡| TV ☎ – 🏛 25/120. AE ⓓ E VISA. ⚘ rest D
fermé mi-déc. à mi-janv. – ***La Terrasse :*** **Repas** *18* - 40 (midi)/85 et à la carte 50 – **105 ch** ☐ 250/320 – ½ P suppl. 45.

Eurotel Riviera, 81 Grand-Rue, ✆ 963 49 51, Fax 963 53 92, ≤ lac, ⛱, ≘s, ⚓ TV ☎ ⚹ ⇔ – 🏛 25/150. AE ⓓ E VISA JCB C
Bel Horizon : **Repas** à la carte 47/86 – ***Le Matara :*** **Repas** *17* - 48et à la carte 32 – **152 ch** ☐ 185/320 – ½ P suppl. 48.

Grand Hotel Suisse et Majestic, 43 av. des Alpes, ✆ 963 51 81, Fax 963 35 06 ⛱, « Terrasse avec vue sur le lac » – |‡| TV ☎ – 🏛 25/130. AE ⓓ E VISA. ⚘ rest D
Repas *17.50* - 38 et à la carte 40/71 – **145 ch** ☐ 180/320 – ½ P suppl. 45.

Villa Toscane sans rest, 2 r. du Lac, ✆ 963 84 21, Fax 963 84 26, ≘s – |‡| TV ☎ ♿ P. AE ⓓ E VISA C
fermé janv. et fév. – **46 ch** ☐ 160/270.

Bonivard, à Veytaux, 1 r. Bonivard, ✉ 1820 Veytaux, ✆ 963 43 41, Fax 963 48 1 ⛱, ≘s, ◻ – |‡| TV ☎ ♿ ⇔ P – 🏛 25/50. AE ⓓ E VISA JCB B
fermé 17 déc. au 14 janv. – **Repas** *18* - 34 (midi)/62 et à la carte 47/93 – ☐ 180/320 – ½ P suppl. 34.

Masson, à Veytaux, 5 r. Bonivard, ✉ 1820 Veytaux, ✆ 963 81 61, Fax 963 81 66 – TV ☎. AE E VISA JCB. ⚘ rest B
21 mars - 31 oct. – **Repas** *(fermé le midi) 24* - 35 – **30 ch** ☐ 130/200 – ½ P suppl. 3

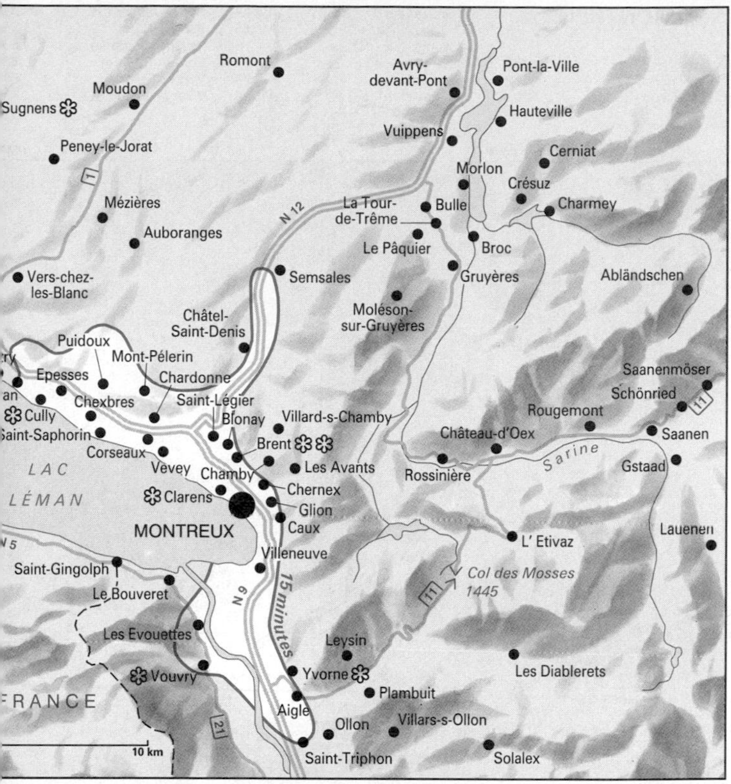
Romont
Avry-devant-Pont
Pont-la-Ville
Moudon
Sugnens
Hauteville
Vuippens
Peney-le-Jorat
Cerniat
Morlon
Crésuz
Mézières
N 12
La Tour-de-Trême
Bulle
Charmey
Auboranges
Le Pâquier
Broc
Vers-chez-les-Blanc
Semsales
Gruyères
Abländschen
Châtel-Saint-Denis
Moléson-sur-Gruyères
Puidoux
Mont-Pélerin
Epesses
Chardonne
Saanenmöser
Chexbres
Saint-Légier
Schönried
Cully
Blonay
Villard-s-Chamby
Rougemont
Saint-Saphorin
Brent
Château-d'Oex
Saanen
Corseaux
Les Avants
Sarine
LAC
Vevey
Chamby
Rossinière
Gstaad
LÉMAN
Clarens
Chernex
Glion
MONTREUX
Caux
Lauenen
Villeneuve
L' Etivaz
Saint-Gingolph
Col des Mosses
1445
Le Bouveret
N 9
15 minutes
Les Evouettes
Leysin
Les Diablerets
Vouvry
Yvorne
Plambuit
FRANCE
Aigle
Ollon
Villars-s-Ollon
10 km
Saint-Triphon
Solalex

Golf Hotel René Capt, 35 r. de Bon Port, ✆ 963 46 31, Fax 963 03 52, ≤, « Jardin » – |$| ☎ Ⓟ – 🏔 40. AE ① E VISA JCB. ✂ rest DZ **b**
1er avril - 18 nov. – **Repas** *(résidents seul.)* 34 – **60 ch** ☕ 135/220 – ½ P suppl. 25.

Golden Pass, 22 r. de la Gare, ✆ 963 12 31, Fax 963 55 67, 🏖 – |$| TV ☎ Ⓟ – 🏔 25/150. AE ① E VISA DY **n**
Repas *17* - 28 (midi) et à la carte 43/70 – **49 ch** ☕ 120/210 – ½ P suppl. 27.

Aub. des Planches, 2 r. du Temple, ✆ 963 49 73, Fax 963 23 11 – |$| TV ☎. AE E VISA
fermé 10 janv. au 10 fév. – **Repas** - cuisine mexicaine - *(fermé dim. et le midi)* à la carte 47/70 – **36 ch** ☕ 85/155. DZ **e**

de Chailly, à Chailly, 1 rte des Châtaigniers, ✉ 1816 Chailly, ✆ 964 21 51, Fax 964 11 83, 🏖 – |$| TV Ⓟ. AE ① E VISA AV **y**
fermé 1er au 20 janv. – **Repas** *(fermé dim. de janv. à mars) 18* - 38 (midi) et à la carte 34/64 – **32 ch** ☕ 110/190 – ½ P suppl. 25.

✿ **L'Ermitage** (Krebs) avec ch, à Clarens, 75 r. du Lac, ✉ 1815 Clarens, ✆ 964 44 11, Fax 964 70 02, ≤ lac, 🏖, « Jardin au bord du lac », ⚓ – TV ☎ Ⓟ. AE ① E VISA AV **z**
fermé 23 déc. au 20 janv. – **Repas** *(fermé dim. et lundi d'oct. à mai)* 52 (midi)/140 et à la carte 87/123 – **7 ch** ☕ 220/360
Spéc. Saucisson de ris de veau au foie gras et pistaches (hiver). Parmentier de truite du lac aux deux persils. Bouchons vaudois aux fraises des bois et crème de pralin (juin - juil.).

Rest. du Cygne - Hôtel Montreux Palace, 100 Grand-Rue, ✆ 962 12 12, Fax 962 17 17 – ▤ Ⓟ. AE ① E VISA CY **k**
fermé juil. - août, dim., lundi et le midi – ***Aux Fruits de Mer :*** **Repas** à la carte 50/106 – ***Les Trois Suisses :*** **Repas** à la carte 46/85.

MONTREUX

Arzillière (Rte de l') . . . . **BV** 7
Caux (Rte de) . . . . **BX** 9
Champ-Fleuri (Rte de) . . . . **BX** 10

Châtaigniers (Rte des) . . . . **AV** 13
Châtelard (Av. du) . . . . **AV** 15
Collonge (Av. de) . . . . **BX** 16
Deux-Fontaines (R. des) . . . **BV** 19
Gambetta (R.) . . . . **AV** 22
Grammont (R. du) . . . . **AV** 24

Mayor-Vautier (Av.) . . . . **AV**
Port (R. du) . . . . **AV**
Riviéra (Av. de la) . . . . **BX**
Sonzier (Rte de) . . . . **BV**
Veraye (R. de) . . . . **BX**
Villas-du-Bochet (Q. des) . . **AV**

nd-Rue	DYZ	Amandiers (Av. des)	DZ 4	Marché (Pl. du)	DZ 27
: Emery (R.)	CY 3	Anciens Moulins (R. des)	DZ 6	National (Ch. du)	DZ 30
		Chantemerle (Av. de)	DZ 12	Paix (R. de la)	DZ 31
		Corsaz (R. de la)	DZ 18	Quai (R. du)	DZ 34
		Eglise Catholique (R. de l')	DZ 21	Riviéra (Av. de la)	DZ 37
		Lac (R. du)	CY 25	Stravinski (Av.)	DZ 40

Maï Thaï, à Clarens, 40 r. du Lac, ⊠ 1815 Clarens, ℘ 964 25 36, Fax 964 81 23, 🎏, décor thaïlandais, 🍴 – ﭏ ⓪ ﻉ 𝚅𝙸𝚂𝙰   AV **d**
fermé Noël, Nouvel An et lundi – **Repas** - cuisine thaï - *18* - 32 (midi)/65 et à la carte 39/90.

Aub. de Veytaux "La Pinte", à Veytaux, 11 r. Bonivard, ⊠ 1820 Veytaux, ℘ 963 32 81, Fax 963 04 12, 🎏   BX **u**

à Chernex Nord : 5 km - BV – alt. 600 – ⊠ 1822 Chernex – 🕿 021 :

Aub. de Chernex ⌘ avec ch, ℘ 964 41 91, Fax 964 68 57, ≼, 🎏 – ﭏ ﻉ 𝚅𝙸𝚂𝙰
fermé 23 déc. au 17 janv. et 12 au 28 mai – **Repas** *(fermé dim. et lundi)* 16 - 44/90 et à la carte 52/91, enf. 23 – **7 ch** ⊇ 100/160.   BV **g**

à Chamby Nord : 5 km AV – alt. 749 – ⊠ 1832 Chamby – 🕿 021 :

Aub. de Chaulin, ℘ 964 46 18, ≼, 🎏 – ﭙ   AV **e**

à Villard-sur-Chamby Nord : 7 km – alt. 998 – ⊠ 1831 Villard-sur-Chamby – 🕿 021 :

du Montagnard, ℘ 964 36 84, Fax 964 83 49, 🎏, Ambiance folklorique – ﭙ ﭏ ﻉ 𝚅𝙸𝚂𝙰
fermé janv. - fév., lundi et mardi – **Repas** (prévenir) *23* - 42/55 et à la carte 42/85, enf. 9.

aux Avants Nord : 8 km – alt. 970 – ⊠ 1833 Les Avants – 🕓 021 :

🏨 **de Sonloup** 🦢, au Col de Sonloup : 2,5 km, 𝄠 964 34 31, Fax 964 34 31, ≤, 🍴
➡ 🄿 – 🏛 25. 🖭 𝘝𝘐𝘚𝘈
fermé 6 janv. au 15 mars – **Repas** *(fermé merc. sauf juil. - août et dim. soir) 16 -*
(midi)/44 et à la carte 40/62 – **22 ch** ⊃ 50/130 – ½ P suppl. 30.

🍴 **Aub. de la Cergniaulaz,** par col de Sonloup et rte d'Orgevaux : 3,5 km, 𝄠 964 42
🍴, Auberge de montagne – 🄿
fermé déc. à mars, lundi et mardi – **Repas** (prévenir) à la carte 33/78.

à Glion Nord-Est : 5 km - BX – alt. 688 – ⊠ 1823 Glion – 🕓 021 :

🏰 **Victoria** 🦢, 𝄠 963 31 31, Fax 963 13 51, ≤ lac Léman et Montreux, 🍴, « P
ombragé et fleuri dominant le lac », 🛁, 🔲, ✗ – 🔊 🄣 ☎ 🕭 🙅‍♂ 🄿 – 🏛 25/1
🖭 🄾 🄴 𝘝𝘐𝘚𝘈, ✗ rest   B✗
Repas *38 -* 55/80 et à la carte 63/102 – **50 ch** ⊃ 200/320, 5 suites – ½ P suppl.

🏨 **Alpes Vaudoises,** 𝄠 963 20 76, Fax 963 56 94, ≤, 🍴, 🔲, ✗ – 🔊 ☎ – 🏛 25
🄾 🄴 𝘝𝘐𝘚𝘈   B✗
Hôtel : fermé 3 janv. au 10 fév. ; Rest. : fermé 3 janv. au 31 mars – **Repas** *28 -*
et à la carte 34/73, enf. 9 – **48 ch** ⊃ 105/175 – ½ P suppl. 30.

à Caux Est : 9 km par rte de Caux - BX - alt. 1 054 – ⊠ 1824 Caux – 🕓 021 :

🍴 **Host. de Caux** 🦢 avec ch, 𝄠 963 76 08, Fax 963 25 00, ≤, 🍴, ✗ – 🄿. 🄾 🄴
➡ ✗ rest
fermé 15 déc. au 20 janv. – **Repas** *(fermé merc. soir et jeudi sauf du 15 juin*
15 sept.) 17 - 42 et à la carte 35/72 – **10 ch** ⊃ 70/155 – ½ P suppl. 38.

à Brent Nord-Ouest : 7 km - AV - alt. 569 – ⊠ 1817 Brent – 🕓 021 :

🍴🍴🍴 ✿✿ **Le Pont de Brent** (Rabaey), 𝄠 964 52 30, Fax 964 55 30, « Décor élégant
🍽 🄿. 🄴 𝘝𝘐𝘚𝘈   A✗
fermé 24 déc. au 9 janv., 21 juil. au 5 août, dim. et lundi – **Repas** 70 (midi)/16
à la carte 102/158
Spéc. Morilles farcies sur un coulis de poireaux (avril - juin). Noix de ris de veau bra
aux légumes glacés. Arlette aux petits fruits rouges (mai - sept).

MONT-SOLEIL Bern 📟📟📟 ⑬ – rattaché à Saint-Imier.

Le MONT-SUR-LAUSANNE Vaud 📟📟📟 ③ – rattaché à Lausanne.

MONT-SUR-ROLLE Vaud 📟📟📟 ⑫ – rattaché à Rolle.

MORAT Fribourg 📟📟📟 ⑤ – voir à Murten.

MORCOTE **6922** Ticino (TI) 📟📟📟 ⑧ – 650 ab. - alt. 272 – 🕓 091.

Vedere : Località★★ – Santuario di Santa Maria del Sasso★★.

Dintorni : Strada per Lugano : ≤★★.

♦Bern 282 – ♦Lugano 11 – Como 27 – Varese 35.

🏰 **Olivella au Lac,** Nord-Est : 1,5 km, 𝄠 996 10 01, Fax 996 19 69, ≤ lago e monti,
« Terrazze-giardino con 🔲 », 🛥, 🔲 – 🔊 🍽 cam 🄣 video ☎ 🄿 – 🏛 40. 🄾
🄴 𝘝𝘐𝘚𝘈, ✗ rist
aprile - ottobre – **Voile d'Or : Pasto** *25 -* 38/70 ed à la carte 61/95 – **70 cam** ⊃ 125/
– ½ P sup. 48.

🏨 **Carina Carlton,** 𝄠 996 11 31, Fax 996 19 29, ≤ lago, 🍴, « Terrazza sul lago »,
✗ – 🄣 ☎. 🄾 🄾 🄴 𝘝𝘐𝘚𝘈
marzo - ottobre – **Pasto** à la carte 39/100 – **19 cam** ⊃ 160/245, 3 suites – ½ P
43.

a Vico Nord-Est : 4 km - alt. 420 – ⊠ 6921 Vico-Morcote – 🕓 091 :

🍴🍴🍴 **Bellavista** Ⓜ 🦢 con cam, 𝄠 996 11 43, Fax 996 12 88, 🍴, « Terrazza con ≤
e monti », ✗ – 🔊 🄣 ☎. 🄾 🄴 𝘝𝘐𝘚𝘈
chiuso martedì a mezzogiorno e lunedì salvo da luglio a settembre – **Pasto** (preno
65/85 ed à la carte 48/115 – ⊃ 10 – **11 cam** 130/190.

3983 Wallis (VS) 🔢 ⑱ – 523 Ew. – Höhe 759 – Wintersport : 759/2 335 m ⚡3
– 🔆 028.

Verkehrsverein, ☎ 27 10 02, Fax 27 32 85.

ern 160 – ♦Brig 7 – Andermatt 84 – ♦Sion 59.

Relais Walker, ☎ 27 24 45, Fax 27 17 16 – 🕿 – ♨ 80. **E** **VISA**. ⬙ Zim
25. Juni - 15. Juli geschl. – **Menu** *20* - 33/68 und à la carte 28/60 – **22 Zim** ⬄ 95/190
– ½ P Zuschl. 28.

Zug 🔢 ⑱ ⑲ – siehe Oberägeri.

1110 Vaud (VD) 🔢 ⑬ – 13 544 h. – alt. 378 – 🔆 021.

ir : Quai : vue★ sur le lac Z.

sée : Alexis-Forel★★ Z **M.**

nifestations locales
avril - mi-mai : Fête de la Tulipe
06 - 23.06 : Morges-sous-rire, festival international d'humour.

Office du Tourisme, 1 pl. du Casino, ☎ 801 32 33, Fax 801 31 30.

ern 117 ① – ♦Lausanne 11 ① – ♦Genève 49 ② – Pontarlier 68 ① – ♦Yverdon-les-Bains 37 ①.

MORGES

trale (R.) . . . . Y
nd-Rue . . . . YZ
e-de-Savoie (R.) . . . . YZ

s (R. des) . . . . Z 3
rd (R. du) . . . . Y 4
no (Pl. du) . . . . Z 6
les Dufour (Pl.) . . . . Z 7
rpentiers
. des) . . . . Y
eau (R. du) . . . . Z 9
aloup (R. de) . . . . . . Y 10
eur Yersin (R.) . . . . . Y
és (R. des) . . . . YZ
e (R. de la) . . . . YZ
ins (R. des) . . . . YZ 12
anne (R. de) . . . . . . Y
mann (Quai) . . . . . . YZ
celin (Av. de) . . . . . . Y
t-Blanc
uai du) . . . . Z
lin (Av. du) . . . . Y 13
gation (Pl. de la) . . . Z 15
erewski (Av. I.) . . . . . Z
uis (Av. des) . . . . Z
(R. du) . . . . Z 16
-Neuf (R. du) . . . . . . Z 18
d Point (R. du) . . . . . Z 19
on (R. du) . . . . Y
uis (Pl.) . . . . Y 21
uis (R.) . . . . Y
eurs (R. des) . . . . . . Y 22
s (R. des) . . . . Z
erons (R. des) . . . . . YZ

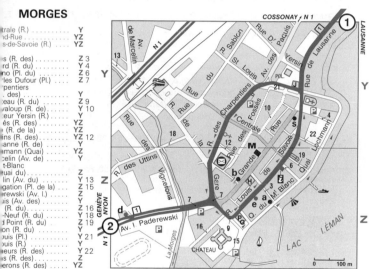

Fleur du Lac, 70 rte de Lausanne, par ①, ☎ 802 43 14, Fax 802 34 74, ≤ lac, 🌇,
« Terrasse et jardin fleuris au bord du lac », 🛁 – 🛗 🔟 ☎ 🅿 – ♨ 30. 🆎 ⓞ **E** **VISA**
🇯🇧
Repas *18* - 40 (midi)/92 et à la carte 64/122 – ⬄ 14 – **30 ch** 212/328.

Mont-Blanc, Quai du Mont-Blanc, ☎ 802 30 72, Fax 801 51 22, ≤ lac, 🌇 – 🛗 🗐 rest
🔟 ☎ – ♨ 25/40. 🆎 ⓞ **E** **VISA** 🇯🇧   Z **a**
Les Guérites (1ᵉʳ étage) **Repas** *24* - 38 (midi)/68 et à la carte 42/93 – **Le Pavois :** Repas
18.50 - 21 (midi)/37 et à la carte 31/82, enf. 9.50 – **46 ch** ⬄ 157/220 – ½ P suppl.
32.

Savoie, 7 Grand-Rue, ☎ 801 21 55, Fax 801 03 29, 🌇 – 🛗 🔟 ☎. **E** **VISA**   Y **s**
fermé Noël et Nouvel An – **Repas** *(fermé dim.)* 15 - 22/79 et à la carte 31/77 – **14 ch**
⬄ 110/160 – ½ P suppl. 26.

La Couronne, 88 Grand-Rue, ☎ 801 40 40, Fax 802 12 97, 🌇 – 🛗 🔟 ☎ – ♨ 25/60.
🆎 ⓞ **E** **VISA**   Z **b**
Le Caveau : Repas 35/69 et à la carte 48/87, enf. 11 – **Café Grand-Rue :** Repas 16
et à la carte 25/66 – **34 ch** ⬄ 95/168 – ½ P suppl. 28.

XX **Le Léman "Chez Racheter",** 61 r. Louis-de-Savoie, ✆ 801 21 88, Fax 801 22 37, - AE ⓓ E VISA
fermé 21 janv. au 23 fév. et mardi - **Repas** *17* - 54/75 et à la carte 49/92.

XX **Le Petit Manoir,** 8 av. Paderewski, ✆ 802 42 35, 🏠 - E VISA
fermé 26 déc. au 8 janv., 27 août au 20 sept., dim. soir, mardi midi et lundi - **Re**
46/89 et à la carte 50/100.

MORLON Fribourg 217 ⑤ - rattaché à Bulle.

MORMONT Jura 216 ② - rattaché à Courchavon.

MÔTIERS **2112** Neuchâtel (NE) 217 ③ - 827 h. - alt. 735 - ☎ 038.

♦Bern 83 - ♦Neuchâtel 35 - ♦La Chaux-de-Fonds 40 - Pontarlier 27 - ♦Yverdon-les-Bains 35.

XX **Château de Môtiers,** ✆ 61 17 54, Fax 61 17 54, 🏠, « Château du 14ᵉ siècle » - AE E VISA
fermé 1ᵉʳ janv. au 5 fév. et lundi sauf fériés - **Repas** *14.50* - 30/99 et à la carte 45,

MOUDON **1510** Vaud (VD) 217 ④ - 4 425 h. - alt. 522 - ☎ 021.

♦Bern 71 - ♦Montreux 41 - ♦Lausanne 28 - ♦Yverdon-les-Bains 30.

XX **Chemin de Fer,** 4 pl. St-Etienne, ✆ 905 12 51, Fax 905 39 52, 🏠 - Ⓟ. AE ⓓ E JCB
fermé 23 déc. au 13 janv., 3 au 12 août, dim. du 23 déc. au 30 sept. et lund 1ᵉʳ oct. au 30 nov. - **Repas** *17* - 42/69 et à la carte 39/80.

Pour voyager rapidement, utilisez les cartes Michelin "Grandes Routes":
970 Europe, 976 République Tchèque-République Slovaque, 980 Grèce,
984 Allemagne, 985 Scandinavie-Finlande, 986 Grande-Bretagne-Irlande,
987 Allemagne-Autriche-Benelux, 988 Italie, 989 France,
990 Espagne-Portugal, 991 Yougoslavie.

MOULIN NEUF Bern et Jura (JU) 216 ③ - alt. 504 - ✉ 2814 Roggenburg - ☎ 0

♦Bern 100 - ♦Delémont 15 - Montbéliard 56 - Porrentruy 23.

🏠 **Aub. Moulin Neuf** 🐎, au poste de douane, ✆ 31 13 50, Fax 31 13 58, 🏠, « Ja fleuri », 🏠 - TV Ⓟ. AE E VISA
fermé janv. - **Repas** *(fermé lundi et mardi)* 50/70 et à la carte 41/90 - **1**
☕ 95/160.

MOUTIER **2740** Bern (BE) 216 ⑭ - 8 029 h. - alt. 532 - ☎ 032.

ℹ Office du Tourisme, 26 av. de la Liberté, ✆ 93 64 66, Fax 93 61 56.

♦Bern 79 - ♦Delémont 16 - Biel 38 - ♦Solothurn 48.

🏠 **des Gorges,** rte de Delémont, ✆ 93 16 69, Fax 93 49 59 - TV ☎ Ⓟ. AE ⓓ E 🚫 ch
Repas *(fermé lundi) 17* et à la carte 38/76 - **17 ch** ☕ 60/140.

🏠 **Fig,** 10 r. des Oeuches, ✆ 93 41 61, Fax 93 66 71 - |♦| TV ☎ Ⓟ - 🏠 25/6(VISA
fermé 15 juil. au 7 août - **Repas** *(fermé sam. et dim.) 14* - 30 et à la carte 32/
17 ch ☕ 85/150 - ½ P suppl. 25.

🏠 **Cheval Blanc,** 52 r. Centrale, ✆ 93 10 44 - TV. E VISA
Repas *18* et à la carte 35/56, enf. 11 - **10 ch** ☕ 85/130 - ½ P suppl. 20.

à Belprahon Est : 3 km - ✉ 2744 Belprahon - ☎ 032 :

X **La Croix Fédérale,** ✆ 93 32 81, Fax 93 27 27, 🏠 - Ⓟ
fermé 15 juil. au 7 août, lundi et mardi - **Repas** *15* et à la carte 30/68.

à Perrefitte Ouest : 2,5 km - ✉ 2742 Perrefitte - ☎ 032 :

XX **de l'Etoile,** ✆ 93 10 17, Fax 93 10 75, 🏠 - Ⓟ. AE ⓓ E VISA. 🚫
fermé dim. soir et lundi - **Repas** *18* - 50 (midi)/65 et à la carte 40/75, enf. 6.5

MICHELIN

PNEUS POUR VOITURES DE TOURISME

REIFEN FÜR PERSONENWAGEN

A GAMME DES PNEUS POUR VOITURES DE TOURISME

Quelque soit la demande de l'automobiliste: Performances uper-sportives, talent polyvalent, la gamme MICHELIN offre e pneu adapté à chaque situation.

ZR > 240 km/h	*Pilot*
W 270 km/h	
V 240 km/h	**SX** **HX** **CX**
H 210 km/h	*ENERGY* **MXV3A** **MXV2**
T 190 km/h	**MXT** **CLASSIC**

IE SOMMERREIFEN - PALETTE

*b sportliche Höchstleistung oder klassische Allround-Tu-
enden: das breit gefächerte MICHELIN-Programm bietet
eifen für jeden Geschmack.*

MARQUES et TYPES / MARKEN und MODELLE	DIMENSION	Pression *Luftdruck* AV/AR VA/HA ①	Pression *Luftdruc* AV/AR VA/HA
ALFA ROMEO			
Alfasud, Sprint	165/70R13 T - 190/55R340 H	1.8 / 1.6	1.8 / 1.6
33	175/70R13 H - 185/60R14 H	1.8 / 1.6	1.8 / 1.6
Sport Wagon	175/70R13 H - 185/60R14 H	2.2 / 2.0	2.5 / 2.5
75 1.8, 2.0	185/70R13 H - 185/65R14 H	1.8 / 2.0	1.8 / 1.6
Twin Spark,Turbo	195/60R14 V	2.0 / 2.0	2.2 / 2.5
2.5/V6, 3.0/V6	195/60R14 V	2.0 / 2.0	2.2 / 2.5
145 1.4, 1.6	175/65R14 T - 185/60R14 H -	2.2 / 2.0	2.5 / 2.3
1.7/16V	185/60R14 H	2.2 / 2.0	2.5 / 2.3
155 1.8 Twin Spark	185/60R14 H - 195/60R14 V	2.2 / 2.0	2.5 / 2.8
2.0 Twin Spark	195/60R14 V - 195/55R15 V	2.2 / 2.0	2.5 / 2.5
2.0/16 Turbo Q4	205/50ZR15	2.5 / 2.3	2.8 / 2.8
2.5/V6S	205/50ZR15 V	2.5 / 2.3	2.8 / 2.8
2.5/V6	195/55R15 V - 205/50R15 V	2.5 / 2.3	2.8 / 2.8
164 2.0 Twin Spark	185/70R14 V - 195/60R15 V	2.2 / 2.0	2.5 / 2.5
2.0/V6 Turbo Q4	195/65ZR15 - 205/55ZR15	2.2 / 2.0	2.5 / 2.5
3.0/V6 →01/90	195/60R15 V - 205/55R15 V	2.2 / 2.0	2.5 / 2.5
3.0/V6 02/90→, 2.5 TD	195/65R15 V - 205/55R15 V	2.2 / 2.0	2.5 / 2.5
3.0/V6-24, QV	205/55ZR16	2.5 / 2.3	2.8 / 2.8
GTV/Spider	195/60ZR15 - 205/50ZR16	1.9 / 2.0	2.2 / 2.3
AUDI			
A 4 1.6, 1.8 1995→	195/65R15 H/V- 205/60R15 H/V	2.0 / 2.0	2.3 / 2.
2.6/V6, Quattro	195/65R15 V- 205/60R15 V	2.4 / 2.4	2.8 / 2.
2.8/V6, Quattro	205/55R16 W	2.4 / 2.4	2.8 / 2.
80 09/91→ 1.9 TD, 2.0E, 2.3E	195/65R15 T/V- 205/60R15 V	1.8 / 1.8	2.2 / 2.
2.8E/V6	195/65R15 V - 205/60R15 V	2.2 / 2.2	2.4 / 2.
80 S2, RS2 Avant	205/55ZR16 - 245/40ZR17	2.4 / 2.4	2.5 / 2.
80 →09/91	175/70R14 H - 195/60R14 H	1.9 / 1.9	2.3 / 2.
2.0/16V	205/50R15 V	2.1 / 2.1	2.5 / 2.
A 6 1.9TDI,Avant	195/65R15 T/V- 205/60R15 V	1.9 / 1.9	2.2 / 2.
2.5 TDI, 2.6E/V6,Avant,Q.	195/65R15 V- 205/60R15 V	2.4 / 2.4	2.8 / 2.
Coupé 1989→	195/60R14 H - 205/60R15 V	2.2 / 2.0	2.5 / 2.
90 1988→	195/60R14 H - 205/50R15 V	2.3 / 2.3	2.7 / 2.
100 2.0 / 2.3, 2.6, 2.8 1990→	195/65R15 H/V - 205/60R15 V	2.3 / 2.3	2.7 / 2.
100 S4	225/50ZR16 - 245/40ZR17	2.4 / 2.4	2.7 / 2.
100 →1990	185/70R14 H - 205/60R15 H	2.1 / 2.2	2.5 / 2.
200	205/60R15 V - 215/60R15 V	2.3 / 2.3	2.7 / 2.
V8 Quattro →05/94	215/60ZR15 - 225/50ZR16	2.4 / 2.4	2.7 / 2.
A8 ALU 2.8/V6, 4.2/V8 06/94→	225/60R16 W - 225/55R17 W	2.4 / 2.4	2.7 / 2.
Cabriolet, coupé 91→	195/65R15 V- 205/55ZR16	2.1 / 2.1	2.5 / 2.
BMW			
316i, 318i,1990→ (E36)	185/65R15 H - 205/60R15 H	2.0 / 2.2	2.2 / 2.
316i, 318i →1990 (E30)	175/70R14 H - 195/65R14 H	1.8 / 1.9	1.9 / 2.
318 tds,Touring, Compact	185/65R15 T - 205/60R15 H	2.0 / 2.4	2.5 / 3

① **Charge partielle / *Teillast***   ② **Pleine charge / *Vollast***

II

MARQUES et TYPES MARKEN und MODELLE	DIMENSION	Pression *Luftdruck* AV/AR *VA/HA* ①	Pression *Luftdruck* AV/AR *VA/HA* ②
BMW Suite/Fortsetzung			
320i, 325i,1991→ (E36)	205/60R15 V - 225/55R15 V	2.0 / 2.3	2.3 / 2.8
320i, 325i →1990 (E30)	195/65R14 V - 205/55R15 V	2.2 / 2.2	2.3 / 2.6
325i, Coupé	205/60R15 W - 225/50ZR16	2.0 / 2.4	2.4 / 2.9
325i, Touring	205/60R15 W - 225/50ZR16	2.0 / 2.6	2.5 / 3.2
M3 (E36)	235/40ZR17	2.0 / 2.1	2.1 / 2.8
M3 (E30)	205/55ZR15 - 225/45ZR16	2.2 / 2.4	2.5 / 3.0
518i,520i,524 td 1992→ (E34)	195/65R15 V - 205/65R15 V	2.0 / 2.3	2.4 / 2.9
Touring	205/65R15 H - 225/60R15 V	2.0 / 2.2	2.3 / 2.8
518i - 528i →1987 (E28)	175/80R14 H - 195/70R14 H	2.2 / 2.2	2.4 / 2.6
520i/24V 1990→ (E34)	205/65R15 V - 225/60R15 V	2.0 / 2.1	2.2 / 2.7
520i / 525i →08/90 (E34)	195/65R15 H/V - 225/60R15 V	2.0 / 2.3	2.3 / 2.8
525i, 525i 09/90→ (E34)	205/65R15 V - 225/60R15 V	2.0 / 2.3	2.3 / 2.8
525 iX, Touring	225/55 R 16 V	2.1 / 2.4	2.5 / 3.0
530i 02/88→ (E34)	205/65R15 V - 225/60R15 V	2.0 / 2.2	2.4 / 3.0
530i/V8	225/60ZR15	2.0 / 2.4	2.5 / 3.1
535i →1987 (E28)	220/55VR390 - 240/45ZR415	2.2 / 2.2	2.4 / 3.0
535i 02/88→ 540iA (E34)	225/60ZR15 - 240/45ZR415	2.0 / 2.4	2.5 / 3.1
540i Touring	225/60ZR15 - 235/45ZR17	2.5 / 3.0	2.9 / 3.4
M5 89→ (E34)	235/45ZR17 - 255/40ZR17	2.7 / 2.9	3.0 / 3.5
633 - 635 CSi	195/70R14 V - 205/70R14 V	2.3 / 2.3	2.4 / 2.6
	220/55VR390 - 240/45ZR415	2.2 / 2.2	2.3 / 2.5
725i 07/94→ (E38)	215/65R16 W - 235/60R16 W	2.0 / 2.2	2.3 / 2.7
730i 07/94→ (E38)	215/65R16 W - 235/60R16 W	2.1 / 2.3	2.3 / 2.8
740i 10/94→ (E38)	235/60R16 W - 245/55R16 W	2.2 / 2.4	2.5 / 3.0
730i 1987→ (E32)	205/65R15 V - 240/45ZR415	2.3 / 2.7	2.3 / 2.7
730i/V8	215/65R16 W - 235/60R16 W	2.0 / 2.2	2.3 / 2.7
735i 1987→ (E32)	225/60ZR15 - 240/45ZR415	2.3 / 2.7	2.7 / 3.2
750i, 750i L (E32)	225/60ZR15 - 240/45ZR415	2.7 / 3.0	2.9 / 3.3
728i - 745i →1986 (E23)	205/70R14 V - 220/55VR390	2.3 / 2.3	2.5 / 2.8
840i	235/50R16 W - 235/45ZR17	2.5 / 2.5	2.6 / 3.0
850i	235/50ZR16 - 235/45ZR17	2.5 / 2.7	2.6 / 3.0
CHRYSLER			
Neon	175/65R14 H	2.1 / 2.1	2.3 / 2.3
Stratus	185/65R15 V	2.2 / 2.2	2.2 / 2.2
LHS Turbo	P205/60R15 H	2.2 / 2.2	2.4 / 2.4
Le Baron 3.0i/V6	P205/60R15 H - 205/55R16 H	2.2 / 2.2	2.4 / 2.4
Saratoga 3.0i/V6	P205/60R15 H	2.4 / 2.4	2.6 / 2.6
Vision 3.5/V6-24	P225/60R16 V	2.4 / 2.4	2.4 / 2.4
Voyager SE-LE V6, SE 2.5i 1990→	P205/70R15 S	2.4 / 2.4	2.6 / 2.6
- LE V6 →1989	P205/70R14 S	2.4 / 2.4	2.6 / 2.6
CITROEN			
2CV, Dyane	125R15 S - 135R15 S	1.4 / 1.8	1.6 / 1.8

① **Charge partielle /** *Teillast*   ② **Pleine charge /** *Vollast*

MICHELIN			

VEHICULES TOURISME, PRESSIONS DE GONFLA‹
PERSONENWAGEN LUFTDRUCKTABELLE

MARQUES et TYPES *MARKEN und MODELLE*	DIMENSION	Pression *Luftdruck* AV/AR *VA/HA* ①	Pressio *Luftdru* AV/AR *VA/HA*
CITROËN Suite/Fortsetzung			
AX 11 RE, TRE	135/70R13 T - 155/70R13 T	1.9 / 1.9	1.9 / 1
14 TRS, TZS, GT	155/70R13 T - 165/65R13 T	1.9 / 1.9	1.9 / 1
14i GT 89→, TRS 90→	155/65R14 H - 165/60R14 H	1.9 / 1.9	1.9 / 1
1.4 GTi 08/91→	165/65R13 T - 185/60R13 H	1.9 / 1.9	1.9 / 1
BX 14	145R14 S - 165/70R14 T	1.9 / 2.0	1.9 / 2
16 / 19, GTI	175/65R14 H - 165/70R14 T/H	2.0 / 2.0	2.0 / 2
GTi, GTi 16 Valve	185/60R14 H - 195/60R14 V	2.2 / 2.1	2.2 / 2
Toutes/*alle,* Version TRX	170/65R365 H - 190/55R365 H	1.9 / 2.1	2.1 / 2
BX-Break	165/70R14 T	2.3 / 2.5	2.3 / 2
CX 2.0, 2.2	195/70R14 H	2.4 / 2.0	2.4 / 2
2.4	185/80R14 H	2.0 / 2.1	2.0 / 2
2.5 GTi, GTi Turbo	190/65R390 H - 210/55R390 V	2.3 / 1.5	2.3 / 1
ZX 1.4i	165/70R13 T	2.2 / 2.2	2.2 / 2
1.6i, 1.8i	175/65R14 T	2.2 / 2.1	2.2 / 2
1.9i	185/60R14 H	2.2 / 2.2	2.2 / 2
ZX-Break	165/70R13 T - 175/65R14 T	2.2 / 2.4	2.3 / 2
ZX 2.0i, Volcano	185/60R14 H - 195/55R15 V	2.3 / 2.3	2.3 / 2
1.9 Diesel, Turbo Diesel	165/70R13 T - 175/65R14 T	2.3 / 2.1	2.3 / 2
Xantia 1.8i, 2.0i, 1.9 Turbo D.	175/70R14 H - 185/65R14 H	2.3 / 2.1	2.3 / 2
2.0i, 2.0/16V, 1.9 TD	195/55R15 V - 205/55R15 V	2.4 / 2.2	2.4 / 2
2.0 Activa	205/55R15 V	2.4 / 2.2	2.4 / 2
XM 2.0i, 2.1 Turbo-D.	195/60R15 H - 195/65R15 H	2.1 / 1.9	2.1 / 1
2.0 Turbo CT, 3.0i V6, V6/24	205/60R15 V	2.2 / 1.9	2.2 / 1
XM Break 2.0i, SX, VSX	195/65R15 H - 205/60R15H	2.3 / 2.3	2.3 / 2
2.0 Turbo, 3.0/V6	205/60R15 V	2.3 / 2.3	2.3 / 2
Evasion 2.0X, iX,Turbo, SX	195/65R15 T/H 205/60R15H	2.3 / 2.3	2.4 / 2
C 15 Fourgonnette	145/80R13 R/Q 155/80R13 T	2.3 / 2.6	2.3 / 2
DAEWOO			
Nexia, Espero	185/60R14 H 185/65R14 H	2.1 / 1.9	2.2 / 2
DAIHATSU			
Cuore	145R10 S - 145/70R12 S	1.8 / 1.8	2.0 / 2
4x4	145R12S -	1.8 / 1.8	2.0 / 2
Charade 3/89→	155/80R13 T - 165/70R13 T	1.7 / 1.7	1.9 / 1
Turbo, T-Diesel	145/80R13 T - 165/70R13 T	1.7 / 1.7	1.9 / 1
1.6, GTti	175/70R13 H - 175/60R14 H	1.8 / 1.8	2.0 / 2
Applause 1.6i	175/70R13 H - 185/60R14 H	2.0 / 2.0	2.1 / 2
FIAT			
Cinquecento	135/70R13 T	2.0 / 2.0	2.2 / 2
Panda 750, 1000	135/80R13 T - 145/70R13 T	2.0 / 2.0	2.2 / 2
1000 i.e.	155/70R13 T	2.0 / 2.0	2.2 / 2
4x4	145/80R13 T -	2.0 / 2.0	2.2 / 2
Punto 1.1-55, 1.2-60, 55 6 Speed	155/70R13 T - 165/60R14 H	2.0 / 1.9	2.2 / 2
1.2-75	165/65R14 T	2.0 / 1.9	2.2 / 2

① Charge partielle / *Teillast*   ② Pleine charge / *Vollast*

IV

ARQUES et TYPES ARKEN und MODELLE	DIMENSION		Pression Luftdruck AV/AR VA/HA ①	Pression Luftdruck AV/AR VA/HA ②
IAT Suite/Fortsetzung				
nto 1.6-90 SX, ELX	165/65R14 T -	175/60R14 T	2.1 / 2.0	2.2 / 2.2
1.4-GT Turbo		185/55R14 H	2.4 / 2.0	2.4 / 2.0
1.7 Turbo Diesel		165/65R14 T	2.4 / 2.0	2.4 / 2.2
oo 1.4 i.e., 1.6 i.e.	165/70R13 T -	165/65R14 T	1.9 / 1.8	1.9 / 2.2
1.8 i.e. GT, 2.0 i.e.	185/60R14 H -	175/65R14 H	2.2 / 2.2	2.4 / 2.4
2.0 / 16V	185/55R15 V -	195/50R15 V	2.2 / 2.2	2.4 / 2.4
1.9 Turbo-Diesel		175/65R14 T	2.2 / 2.2	2.4 / 2.4
mpra 1.6 i.e.	165/70R13 T -	165/65R14 T	2.0 / 2.0	2.0 / 2.2
1.8 i.e.	175/65R14 H -	185/60R14 H	2.2 / 2.2	2.4 / 2.4
2.0 i.e.		185/60R14 H	2.2 / 2.2	2.4 / 2.4
1.9 Turbo-Diesel		175/65R14 T	2.2 / 2.2	2.4 / 2.4
1.6 i.e., 1.8 i.e., 2.0 i.e. Break	175/65R14 H -	185/60R14 H	2.2 / 2.2	2.4 / 3.0
no 45, 55, 75, DS, 1.1	135/80R13 T -	155/70R13 T	1.9 / 1.9	2.2 / 2.2
75 i.e., 1.4, 1.5	145/80R13 T -	165/65R13 T	1.9 / 1.9	2.2 / 2.2
Turbo		175/60R13 H	2.0 / 2.0	2.3 / 2.5
oma 2.0 i.e.	175/70R14 H -	195/60R14 H	2.2 / 2.2	2.3 / 2.3
2.0 i.e. Turbo	195/60R14 V -	205/60R14 V	2.2 / 2.2	2.3 / 2.3
2.0/16V, 2.5/V6		205/55R15 V	2.2 / 2.2	2.3 / 2.3
2.5 Turbo Diesel	195/60R15 H -	205/55R15 H	2.2 / 2.2	2.3 / 2.3
upé 2.0/16V	205/55R15 V -	205/50R16 V	2.5 / 2.2	2.5 / 2.4
ysse 2.0S		195/65R15 T	2.3 / 2.3	2.4 / 2.5
2.0 EL, Turbo, HSD		205/65R15 H	2.3 / 2.3	2.4 / 2.5
rchetta	185/55R15 V -	195/55R15 V	1.9 / 2.0	2.2 / 2.3
orino		165/70R13 R	1.9 / 1.9	1.9 / 3.0
tmo 90, 105		165/65R14 T	2.0 / 2.0	2.2 / 2.4
ORD				
esta 1.1i 1989→		145/80R13 T	1.8 / 1.8	2.3 / 2.8
1.1i - 1.8i	155/70R13 T -	165/65R13 T	1.8 / 1.8	2.3 / 2.8
1.6 XR2i		185/60R13 T	2.0 / 1.8	2.1 / 2.3
1.8 XR2i		185/55R14 H	2.1 / 1.8	2.3 / 2.8
1.8 Diesel	155/70R13 T -	165/65R13 T	2.0 / 1.8	2.5 / 2.8
scort 1.4i / 1.6i/16V 03/92→	175/70R13 T/H -	185/60R14 H	2.0 / 1.8	2.3 / 2.8
1.4i, 1.6i →02/92	155/80R13 T -	175/70R13 T	1.6 / 2.0	2.0 / 2.3
1.8/16V, 1.8 D, TD		185/60R14 H	2.0 / 2.0	1.8 / 1.8
2.0/16V Turbo RS Cosworth		225/45ZR16	2.0 / 2.2	2.2 / 2.4
XR 3i 09/90→	185/60R14 H -	195/50R15 V	1.6 / 2.0	2.0 / 2.3
XR 3i, RS →08/90	185/60R14 H -	195/50R15 V	1.8 / 1.8	1.8 / 2.0
1.3i, 1.4iS, 1.8i 03/92→		165/65R13 T	1.8 / 1.8	1.8 / 1.8
ion 1.4i / 1.6i 09/90→	175/70R13 T/H -	185/60R14 H	2.0 / 1.8	2.3 / 2.8
1.3, 1.4, 1.6→08/90	155/80R13 T -	175/70R13 T	1.6 / 2.0	2.0 / 2.3
ondeo 1.8i/16V / 2.0i/16V	185/65R14 H/V -	195/60R14 H/V	2.1 / 2.1	2.4 / 2.8
2.0i 4x4 Ghia, CLX	195/50R15 V	205/50R16 V	2.1 / 2.3	2.4 / 2.8
2.0 Kombi	195/60R14 V	205/55R15 V	2.1 / 2.3	2.4 / 2.8

① **Charge partielle /** *Teillast* ② **Pleine charge /** *Vollast*

MARQUES et TYPES / *MARKEN und MODELLE*	DIMENSION	Pression *Luftdruck* AV/AR *VA/HA* ①	Pressio *Luftdru(* AV/AR *VA/HA*
FORD Suite/Fortsetung			
Sierra 2.0 →89	165/80R13 T - 185/70R13 T	1.8 / 1.8	2.0 / 2.
avec/*mit* ABS, Ghia	185/65R14 T - 195/65R14 T	1.8 / 1.8	2.0 / 2.
S, 4x4, XR 4x4 2.9i	195/60R14 H	1.8 / 1.8	2.0 / 2.
Sierra Break	175R13 T - 185/70R13 T	1.8 / 1.8	2.0 / 2.
avec/*mit* ABS, Ghia	185/65R14 T - 195/65R14 T	1.8 / 1.8	2.0 / 2.
4x4, XR 4x4 2.9i	195/60R14 H	1.8 / 1.8	2.0 / 2.
Scorpio 2.0, 2.4 / 2.9	185/70R14 H/V -195/65R15 H/V	1.8 / 1.8	2.1 / 3.
4x4	205/60R15 V	1.8 / 1.8	2.1 / 3.
2.9i/V6 24V Cosworth	205/50ZR16	2.1 / 2.1	2.3 / 3.
Scorpio Break 2.0, 2.9	195/70R14 H - 195/65R15 V	1.8 / 1.8	2.1 / 3.
Aerostar	P215/70R14 S	2.0 / 2.2	2.2 / 2.
Probe 2.5/V6 92→	205/55R16 V	2.2 / 2.2	2.2 / 2.
2.2i Turbo →91	195/60R15 V - 205/60R15 V	2.2 / 1.8	2.2 / 2.
Taurus 3.0i/V6	P205/70R14 S - 205/65R15 H	2.4 / 2.4	2.4 / 2.
Galaxy 1.9, 2.0, 2.8	195/65R15 T/H 205/60R15 H	2.3 / 2.1	2.5 / 3.
Windstar 3.0i/V6	P205/70R15 S P215/70R15 S	2.2 / 2.2	2.4 / 2.
Maverick 2,4EFi, 2.7TD	235/75R15 S	1.8 / 2.2	1.8 / 2.
HONDA			
Civic 1.5i, 1.6i,	175/70R13 H - 185/60R14 H	1.7 / 1.7	1.7 / 2.
1.6i 4WD	175/65R14 H - 185/60R14 H	2.4 / 2.3	2.4 / 2.
1.6i-16 V-TEC 90→	195/60R14 H	1.9 / 1.9	2.0 / 2.
1.6i-16 VTi 92→	195/55R15 V	2.4 / 2.3	2.4 / 2.
Civic Shuttle	155/80R13 T - 175/70R13 H	1.9 / 1.9	1.9 / 2.
4 WD	165/80R13 T - 175/65R14 H	2.0 / 2.0	2.2 / 2.
Concerto 1.6i	175/65R14 H - 185/60R14 H	2.0 / 2.0	2.5 / 2.
Accord 2.0i 91→	185/65R15 H	2.2 / 2.1	2.6 / 2.
2.0i EX, EXi 90→, 2.2	185/70R14 H - 195/60R15 H	2.3 / 2.3	2.5 / 2.
2.0i →89	185/70R13 H - 195/60R14 H	1.8 / 1.8	1.8 / 2.
2.2i/2.3i 93→	195/60R15 V 205/55R15 V	2.3 / 2.2	2.9 / 2.
Accord Aerodeck 2.2i, 2.3i	195/60R15 V 205/55R15 V	2.5 / 2.6	3.0 / 3.
CRX Coupé, Cabriolet	185/60R14 H 195/55R15 V	2.4 / 2.3	2.4 / 2.
Prelude 2.0, 2.3i 92→	195/65R14 H - 205/55R15 V	2.2 / 2.1	2.6 / 2.
1.8, 2.0 →91	185/70R13 H - 195/60R14 V	1.9 / 1.9	2.2 / 2.
Legend Berline, Coupé 91→	205/65ZR15 215/55ZR16	2.5 / 2.4	2.6 / 2.
NSX	AV 205/50ZR15 AR 225/50ZR16	2.3 / -	- / 2.6
Shuttle Odissey 2.2i/16V	205/55R15 225/60ZR15	2.2 / 2.2	2.4 / 2.
HYUNDAI			
Accent 1.3, 1.5	175/70R13 T - 185/60R14 H	2.2 / 2.1	2.2 / 2.
Pony	155/80R13 T - 175/70R13 T	1.9 / 1.9	1.9 / 1.
Lantra 1500 L, LS GSi	175/70R13 T	1.9 / 1.9	1.9 / 1.
1.6i/16V GLSi	185/60R14 H	2.1 / 2.1	2.1 / 2.
Sonata 2.0i, 2.4i →02/93	185/70R14 T	2.1 / 2.1	2.1 / 2.
2.0i 03/93→, 3.0i,	195/70R14 T	2.1 / 2.1	2.1 / 2.
S-coupé	175/70R13 T - 185/60R14 H	1.7 / 1.7	1.7 / 1.

VEHICULES TOURISME, PRESSIONS DE GONFLAGE
PERSONENWAGEN LUFTDRUCKTABELLE

ARQUES et TYPES *ARKEN und MODELLE*	DIMENSION		Pression *Luftdruck* AV/AR *VA/HA* ①	Pression *Luftdruck* AV/AR *VA/HA* ②
IA				
ephia 1.6 SLX, GTX	175/70R13 T -	185/60R14 H	2.0 / 2.0	2.0 / 2.0
portage MRDI		205/70R15 S	2.0 / 2.0	2.0 / 2.0
ANCIA				
10	135/80R13 T -	155/70R13 T	2.0 / 2.0	2.2 / 2.2
elta 1.3, 1.5		165/70R13 T	1.8 / 1.8	2.0 / 2.0
1.6 i.e., 1.8/ i.e.	165/65R14 H -	185/60R14 H	2.0 / 2.0	2.2 / 2.2
2.0 i.e./16V		195/50R15 V	2.0 / 2.0	2.2 / 2.4
HF Turbo, Integrale 4x4	195/55R15 V -	205/50ZR15	2.0 / 2.0	2.2 / 2.4
edra 1.6 i.e.		175/65R14 T	2.0 / 2.0	2.2 / 2.2
1.8-2.0 i.e.	175/65R14 H -	185/60R14 H	2.2 / 2.1	2.3 / 2.2
2.0 i.e. Turbo		195/50R15 V	2.2 / 2.1	2.3 / 2.2
nema 2.0i.e.	175/70R14 H -	195/60R14 H	2.0 / 2.0	2.2 / 2.2
V6	195/60R15 V -	205/55R15 V	2.2 / 2.2	2.3 / 2.3
Turbo 16V 90→		195/60R15 V	2.2 / 2.2	2.3 / 2.3
Turbo Diesel		185/65R14 T	2.2 / 2.2	2.3 / 2.3
8.32		205/55ZR15	2.3 / 2.3	2.8 / 2.8
Break	195/60R15 V -	195/60R14 V	2.2 / 2.3	2.2 / 2.8
Break Turbo 90→		195/65R15 V	2.3 / 2.4	2.6 / 2.8
appa 2.0Tur 2.4 LS, 3.0 V6		205/60R15 V	2.2 / 2.2	2.3 / 2.3
eta 2.0 Turbo		205/65R15 H	2.3 / 2.3	2.4 / 2.5
AZDA				
1 1.3i 91→	165/70R 13 T -	175/60R14 H	2.0 / 2.0	2.0 / 2.0
1.3 L, LX →90	145R12 T -	165/65R 13 T	2.0 / 2.0	2.0 / 2.0
3 1.3i, 1.6i / 1.8i	155/80R13 T -	175/70R13 T/H	2.0 / 1.8	2.2 / 2.0
1.8i/16V DOHC	185/60R14 H -	195/60R14 V	2.0 / 1.8	2.3 / 2.3
1.8i/16V Turbo		195/50R15 V	2.1 / 1.9	2.2 / 2.1
1.6i Break		175/70R13 T	2.0 / 2.0	2.0 / 2.4
2.0/V6 24V	195/60R15 W -	205/50R16 W	2.2 / 2.1	2.4 / 2.7
6 2.0i-16 01/92→		195/65R14 H	2.2 / 1.8	2.5 / 2.9
2.5i-24/V6 01/92→		205/55R15 V	2.2 / 1.8	2.5 / 2.9
2.0i, 2.2i →91	185/70R14 H -	195/60R15 H	2.2 / 1.8	2.3 / 2.1
Break		185/70R14 H	2.0 / 2.0	2.1 / 2.4
9 2.0i, Coupé	195/70R14 H -	205/60R15 H	1.8 / 2.1	2.0 / 2.3
3.0i V6		205/60R15 V	2.2 / 2.2	2.2 / 2.5
X-3 1.6i/16V, 1.8i-24/V6	185/65R14 H -	205/55R15 V	2.0 / 2.0	2.0 / 2.2
X-5 1.6i-16V, 1.8i/16V		185/60R14 H	1.8 / 1.8	1.8 / 1.8
X-6 2.5i-24/V6		205/55R15 V	2.0 / 2.0	2.0 / 2.2
X-7 Turbo 2	205/55ZR16 -	205/60R15 V	1.8 / 1.8	2.0 / 2.0
→1987	205/60R14 V -	205/60R15 V	1.8 / 1.8	2.0 / 2.0
Double Turbo		22/50ZR16	2.2 / 2.2	2.2 / 2.2
edos 6 2.0i/V6-24		195/60R15 V	2.0 / 2.0	2.4 / 2.8
edos 9 2.0i/V6-24, 2.5i/V6-24		205/65R15 V	2.2 / 2.0	2.4 / 2.8

① **Charge partielle /** *Teillast*   ② **Pleine charge /** *Vollast*

MARQUES et TYPES *MARKEN und MODELLE*	DIMENSION	Pression *Luftdruck* AV/AR *VA/HA* ①	Pression *Luftdruc* AV/AR *VA/HA*
MERCEDES			
C180 (Type W202)	185/65R15 H- 205/60R15 H	2.0 / 2.3	2.1 / 2.7
C200, C220, C280	195/65R15 V - 205/60R15 V	2.0 / 2.3	2.1 / 2.7
C180 - C280 AMG	205/60R15 V - 225/45ZR17	2.0 / 2.3	2.1 / 2.7
C200D,	185/65R15 T - 205/60R15 H	2.0 / 2.3	2.1 / 2.7
C220D, C250D	195/65R15 H - 205/60R15 H	2.0 / 2.3	2.1 / 2.7
190 (Type W201) 190D 85→	185/65R15 T - 205/55R15 V	1.8 / 2.0	2.0 / 2.3
190D 2.5 Turbo	185/65R15 H - 205/55R15 V	2.1 / 2.3	2.3 / 2.8
190E 1.8, 2.0, 2.3 85→	185/65R15 H - 205/55R15 V	2.0 / 2.2	2.2 / 2.6
2.6	185/65R15 V - 205/55R15 V	2.1 / 2.3	2.3 / 2.8
2.3-16, 2.5-16	205/55R15 V	2.3 / 2.5	2.5 / 3.0
190D →84	175/70R14 T	1.8 / 2.0	2.0 / 2.3
190E →84	175/70R14 H	2.0 / 2.2	2.2 / 2.5
SL280-SL600 (Type 129)	225/55ZR16	2.0 / 2.3	2.0 / 2.7
300-24, E320, 420	195/65ZR15 - 215/55ZR16	2.4 / 2.5	2.5 / 3.2
C36 AMG	AV225/45ZR17 AR245/40ZR17	2.6 / -	- / 3.0
500E (Type W124)	225/55ZR16 - 245/45ZR17	2.3 / 2.4	2.5 / 2.8
E200-250D / E250-300TD	195/65R15 H/V	2.0. / 2.2	2.2 / 2.7
230-300 TD / TE Break	195/65R15 H/V- 205/60R15V	2.0 / 2.4	2.2 / 3.1
E250D-E300TD Break	195/65R15 T	2.0 / 2.2	2.2 / 2.8
280 - 600 (Type W140) 300 SE	225/60ZR16	2.3 / 2.4	2.6 / 3.3
S 280 - S600, 400 SE - 600 SE	235/60ZR16	2.0 / 2.2	2.6 / 3.2
280 - 500 (Type W126) S, SE	195/70R14 H/V	2.1 / 2.3	2.5 / 2.8
260SE - 500SE	205/70R14 H/V - 205/65R15 V	2.1 / 2.3	2.5 / 2.8
300 - 560 SL (Type R107)	205/65R15 V	2.0 / 2.4	2.4 / 2.8
MITSUBISHI			
Colt 1.3, 1.5, 1.6	155/80R13 T - 175/70R13 T	2.1 / 2.1	2.1 / 2.
Turbo, GTi 16V	185/60R14 H - 195/60R14 H	2.1 / 2.1	2.1 / 2.
Lancer 1.3, 1.5, 1.6	155/80R13 T - 175/70R13 T/H	2.1 / 2.1	2.1 / 2.
1.8 GTi	195/60R14 H	2.1 / 2.1	2.1 / 2.
Break, 4 WD 4x4 93→	175/70R13 H - 185/60R14 H	2.1 / 2.1	2.4 / 2.
Break, 4 WD 4x4 →92	155R13 Reinf.- 165/80R14 T	2.0 / 2.0	2.2 / 2.
Galant 1.8, 2.0 93→	185/70R14 H - 195/65R14 H	2.2 / 2.0	2.2 / 2.
2.0/V6-24 93→	195/60R15 V	2.3 / 2.1	2.3 / 2.
2.0/V6-24 4x4 93→	205/60R15 V	2.3 / 2.1	2.3 / 2.
1.8, 2.0 →92	165/80R14 T - 185/70R14 H	2.0 / 1.8	2.2 / 2.2
2.0/16V, 2.4 →92	185/70R14 T - 195/60R15 V	2.0 / 1.8	2.0 / 2.
Sigma 3.0/V6	205/65R15 V	2.2 / 1.8	2.2 / 1.9
Eclipse 2.0/16V	195/60R15 V	2.4 / 2.1	2.7 / 2.3
Space Runner 1.8/16V	185/70R14 H	2.0 / 1.8	2.0 / 2.
Space Wagon 1.8/16V 10/91→	185/70R14 H	2.2 / 2.0	2.3 / 2.
2.0 →09/91	165/80R13 T - 185/70R13 T	1.8 / 1.8	2.0 / 2.8
2.0 4WD 4x4	165/80R14 T - 185/70R14 T	1.8 / 1.8	2.0 / 2.8
Sapporo 2.4 MPI	195/60R15 H	2.0 / 1.8	2.0 / 2.

① **Charge partielle / *Teillast***   ② **Pleine charge / *Vollast***

MARQUES et TYPES MARKEN und MODELLE	DIMENSION	Pression Luftdruck AV/AR VA/HA ①	Pression Luftdruck AV/AR VA/HA ②
MITSUBISHI Suite/Fortsetung			
...00 GT Twin Turbo	225/50ZR17	2.2 / 2.0	2.8 / 2.6
...risma 1.8i/16V, GLS	195/60R14 V - 205/50R15 V	2.1 / 1.9	2.3 / 2.1
...arion 2.6 Turbo	AV:205/55ZR16 AR:225/50ZR16	2.1 / -	- / 2.1
...ace Gear 2.0i, 2.4i, 2.5 TDI	195 R 14 S	2.1 / 1.9	2.4 / 3.0
...00 Bus	185 R 14 T - 215/80R15 S	1.8 / 2.3	1.8 / 3.0
...ISSAN			
...cra 1.0, 1.3 L - LX 93→	155/70R13 T	2.2 / 1.9	2.5 / 2.4
1.3 SLX, Super S	175/60R13 H	2.2 / 1.9	2.5 / 2.4
1.2 89→	155/70R13 T - 175/60R13 H	1.9 / 1.9	2.1 / 2.1
...nny 1.4 91→	155/80R13 T	2.2 / 2.0	2.3 / 2.3
1.6/16V	175/65R14 H	2.2 / 2.0	2.4 / 2.4
2.0/16V GTi	185/60R14 H	2.3 / 2.1	2.8 / 2.6
1.6 →90	155/80R13 T - 175/70R13 T	2.1 / 2.1	2.2 / 2.2
1.6, 1.8/16V 90→	185/60R14 H	2.3 / 2.0	2.3 / 2.0
...airie 2.0, 4WD	185/70R14 T	2.2 / 2.3	2.2 / 2.4
...imera 1.6/16V	165/80R13 T	2.3 / 2.1	2.6 / 2.5
2.0/16V	185/65R14 H - 195/60R14 H	2.3 / 2.1	2.6 / 2.5
2.0/16V 4WD	195/65R14 H	2.3 / 2.1	2.5 / 2.7
2.0/16V Break	195/65R14 H	2.0 / 2.0	2.2 / 2.7
...xima 3.0i/V6	205/65R15 V	2.0 / 2.0	2.5 / 2.4
...0 NX 1.6, 2.0	185/60R14 H - 185/55R15 V	2.0 / 2.0	2.2 / 2.2
...0 SX 1.8 Turbo	195/60R15 V - 205/55R16 V	2.0 / 2.3	2.2 / 2.5
...0 ZX	AV:225/50ZR16 AR:245/45ZR16	2.3 / 2.5	2.6 / 2.8
...rena 2.0 SGX, SLX	195/70R14 T	2.0 / 2.6	2.0 / 2.6
...nette 2.4 Coach	195/70R14 I	2.0 / 2.0	2.0 / 2.4
...PEL			
...rsa 1.2i, 1.4i 03/93→	145/80R13 T - 165/70R13 T	2.1 / 1.9	2.3 / 2.7
GSi 1.6i/16V 03/93→	185/60R14 H	2.1 / 1.9	2.3 / 2.7
1.2 - 1.4i →02/93	145/80R13 T - 165/70R13 T	1.7 / 1.7	2.0 / 2.4
Sport, GT, 1.6i GSi	165/65R14 T - 175/65R14 H	1.7 / 1.7	2.0 / 2.4
...tra 1.4i, 1.6i	175/70R13 T	1.9 / 1.6	2.1 / 2.3
1.8i	175/65R14 H	2.1 / 1.8	2.3 / 2.5
2.0i	175/65R14 H - 185/60R14 H	2.3 / 2.0	2.5 / 2.7
2.0i GSi	195/60R14 V	2.3 / 2.0	2.5 / 2.7
2.0i GSi/16V	205/50R15 V	2.3 / 2.0	2.5 / 2.7
1.7 Turbo Diesel, GT	175/70R13 T - 185/60R14 H	2.2 / 2.0	2.3 / 2.5
...eak 1.4i, 1.6i	175/70R13 T	2.1 / 2.5	2.1 / 3.0
1.8i, 2.0i, 2.0i/16V	175/65R14 T/H- 195/60R14 H	2.2 / 2.0	2.3 / 3.2
1.7 Turbo Diesel	175/70R13 T	2.2 / 2.0	2.3 / 3.2
...dett 1.3 - 1.6	155/80R13 T - 175/70R13 T	1.8 / 1.6	1.9 / 2.4
1.8i, 2.0i	175/65R14 H - 185/60R14 H	2.1 / 1.9	2.2 / 2.4
...eak 1.3 - 1.6	155/80R13 T - 175/70R13 T	1.8 / 1.8	2.0 / 3.2
1.8i, 2.0i	175/65R14 H- 185/60R14 H	2.0 / 2.0	2.1 / 3.0

① **Charge partielle / *Teillast***   ② **Pleine charge / *Vollast***

MARQUES et TYPES *MARKEN und MODELLE*	DIMENSION	Pression *Luftdruck* AV/AR VA/HA ①	Pressio *Luftdruc* AV/AR VA/HA
OPEL Suite/Fortsetzung			
Vectra 1.6i, 1.7D	175/70R14 T	1.9 / 1.7	2.1 / 2.
2.0i, 2.0i/16V 136 cv, 4x4	195/60R14 H/V	2.2 / 2.0	2.5 / 2.
2.0i/16V 150 cv, 4x4, 2.5/V6	195/60R15 V	2.2 / 2.0	2.5 / 2.
2.0i/16V Turbo 4x4	205/50ZR16	2.3 / 2.1	2.5 / 3.
Tigra 1.4i/16V	175/65R14 H	2.2 / 2.0	2.3 / 2.
1.6i/16V	185/65R14 H	2.3 / 2.1	2.4 / 2.
Calibra 2.0i 4x4, 16V 4x4	195/60R14 H/V- 205/55R15 V	2.3 / 2.1	2.5 / 3.
2.5i/V6-24	205/55R15 W	2.3 / 2.1	2.5 / 3.
2.0i/16V Turbo 4x4	205/50ZR16	2.8 / 2.6	2.9 / 3.
Ascona 1.6, 2.0	165/80R13 T - 185/70R13 T/H	2.0 / 1.8	2.2 / 2.
GT, i200	195/60R14 H	2.0 / 1.8	2.2 / 2.
Senator 2.6i - 3.0i / 3.0i-24V	205/65R15 V - 205/65ZR15	2.2 / 2.2	2.4 / 2.
Omega 2.0i GL 05/94→	195/65R15 H/V	2.0 / 2.0	2.5 / 2.
2.0i/16V 05/94→	205/65R15 V	2.0 / 2.0	2.6 / 3.
2.5i, 3.0i/V6-24, 2.5/6 TD 05/94→	205/65R15 V	2.2 / 2.2	2.5 / 2.
2.0i - 3.0i →04/94	185/70R14 H - 195/65R15 H/V	2.2 / 2.2	2.5 / 2.
Break 2.0i, 2.0i/16V 05/94→	195/65R15 H/V	2.0 / 2.0	2.6 / 3.
2.5i/V6-24, 2.5/6 TD 05/94→	205/65R15 V	2.0 / 2.2	2.6 / 3.
3.0i/V6-24 05/94→	205/65R15 V	2.2 / 2.2	2.6 / 3.
2.0i - 2.4i →04/94	185/70R14 H - 195/65R15 H/V	2.0 / 2.2	2.6 / 3.
2.6i - 3.0i →04/94	195/65R15 V	2.3 / 2.5	2.8 / 3.
PEUGEOT			
106 1.0i, 1.1i	145/70R13 T	2.1 / 2.1	2.1 / 2.
1.4i	165/65R13 T	2.0 / 2.0	2.0 / 2.
1.3i Rallye, 1.6 XSi	175/60R14 H	2.0 / 2.0	2.2 / 2.
1.4 Diesel	155/70R13 T	2.1 / 2.1	2.1 / 2.
205 1.1i, 1.4i	145/80R13 T - 165/70R13 T	1.9 / 2.1	1.9 / 2.
1.9i GTi	185/60R14 H - 185/55R15P V	2.0 / 2.0	2.0 / 2.
1.9 D	155/70R13 T - 165/70R13 T	2.0 / 2.0	2.0 / 2.
306 1.4i, 1.6i XR	175/70R13 T	1.9 / 2.1	1.9 / 2.
1.6i XT / 1.8i XT, XS	175/65R14 T/H- 185/60R14 H	2.0 / 2.1	2.0 / 2.
2.0 XSi, S16	185/55R15 V - 195/55R15 V	2.2 / 2.2	2.3 / 2.
1.9 Diesel, Turbo Diesel	175/70R13 T - 175/65R14 T	2.1 / 2.2	2.3 / 2.
309 1.4i	145R13 T - 165/70R13 T	1.9 / 2.1	2.0 / 2.
1.9i	165/70R13 T - 175/65R14 H	1.9 / 2.1	2.0 / 2.
1.9i GTi	185/55R15P V	2.0 / 2.0	2.0 / 2.
405 1.6, 1.6i, 1.9 D	165/70R14 T - 175/70R14 T	2.1 / 2.1	2.1 / 2.
1.9i, 2.0i, 1.9 TD	185/65R14 H	2.1 / 2.2	2.1 / 2.
Mi-16	195/60R14 V - 195/55R15 V	2.1 / 2.1	2.1 / 2.
Mi-T16	205/50ZR16	2.2 / 2.2	2.2 / 2.
Break 1.6i, 1.9 D	175/70R14 T	2.1 / 2.3	2.1 / 2.
1.9i, 2.0i, 1.9 TD	185/65R14 H	2.0 / 2.2	2.0 / 2.

① **Charge partielle / *Teillast***   ② **Pleine charge / *Vollast***

X

MICHELIN — VEHICULES TOURISME, PRESSIONS DE GONFLAGE
PERSONENWAGEN LUFTDRUCKTABELLE

MARQUES et TYPES / *MARKEN und MODELLE*	DIMENSION	Pression *Luftdruck* AV/AR *VA/HA* ①	Pression *Luftdruck* AV/AR *VA/HA* ②
PEUGEOT			
05 2.0, 2.2 →88	175/80R14 T/H- 185/70R14 T/H	1.9 / 2.1	1.9 / 2.1
2.2i 88→	185/65R15 H	2.1 / 2.2	2.1 / 2.2
reak 2.0, 2.2	185R14 Reinf. - 195/70R14 T	1.9 / 2.5	1.9 / 3.0
05 2.0i	195/65R15 H	2.2 / 2.2	2.2 / 2.2
2.0i SRdt / SRti,	195/65R15 H - 205/60R15 V	2.3 / 2.3	2.3 / 2.3
3.0i/V6	205/60R15 V - 205/65R15 V	2.3 / 2.3	2.3 / 2.3
3.0i/V6 SV-24	205/55ZR16	2.3 / 2.3	2.3 / 2.3
06 2.0 SR, ST	195/65R15 T	2.3 / 2.3	2.4 / 2.5
2.0 Turbo ST,SV,Pullm.	205/65R15 H	2.3 / 2.3	2.4 / 2.5
RENAULT			
wingo	145/70R13 T	2.0 / 2.0	2.3 / 2.3
lio 1.2, 1.4i	155/70R13 T - 165/65R13 T	1.8 / 2.0	2.0 / 2.2
S1.4i, 1.8i, Baccara	155/65R14 T - 165/60R14 H	1.8 / 2.0	2.0 / 2.2
1.8 RSi 93→	175/60R14 H	1.8 / 2.0	2.0 / 2.2
16V, 16V GT, Williams	185/60R14 H - 185/55R15 V	1.8 / 2.0	2.0 / 2.2
1.4i	145/70R13 T - 155/70R13 T	1.8 / 2.0	2.0 / 2.2
1.7i	165/65R13 T	1.8 / 2.0	2.0 / 2.2
GT Turbo, GTE	175/60R13 H - 195/55R13 H	1.8 / 1.8	1.8 / 1.8
, 11	175/70R13 T - 175/65R14 T	1.7 / 1.9	1.9 / 2.0
9 1.4i, 1.7i	165/70R13 T - 175/70R13 T	1.8 / 2.0	2.0 / 2.2
1.8i, Alize	175/70R13 T - 175/65R14 T/H	1.8 / 2.0	2.0 / 2.2
16 V	195/50R15 H	2.0 / 2.0	2.0 / 2.2
1.9 Turbo Diesel	175/70R13 H - 175/65R14 H	2.0 / 2.0	2.0 / 2.2
aguna 2.0, S BusIness RT	185/05R14 H - 195/60R15 H	2.1 / 2.1	2.3 / 2.3
3.0i/V6, Baccara	205/60R15 V	2.3 / 2.1	2.5 / 2.3
1.7i	175/70R13 T - 175/65R14 T	1.8 / 2.0	2.0 / 2.2
2.0i / 12V	185/55R15 V	2.1 / 2.1	2.3 / 2.3
Turbo	195/55R15 V	2.2 / 2.0	2.6 / 2.3
2.2i	185/65R14 H	1.8 / 2.0	2.0 / 2.2
Nevada Break 1.7i	175/70R13 T - 175/65R14 T	1.8 / 2.3	2.0 / 2.6
2.2i	185/65R14 H	2.0 / 2.3	2.3 / 2.6
5 2.2i, 2.0i / 12V	185/70R14 H - 195/60R15 H	1.8 / 2.0	2.0 / 2.2
2.8i / V6	195/60R15 H	2.1 / 2.2	2.3 / 2.5
2.8i / V6 Turbo	205/60R15 V - 205/55ZR16	2.2 / 2.0	2.5 / 2.3
afrane 2.2i	195/65R15 H	2.5 / 2.3	2.8 / 2.6
3.0i/V6	195/65R15 V	2.5 / 2.3	2.8 / 2.6
Quadra	205/60R15 V	2.5 / 2.3	2.8 / 2.6
Baccara, Bi-Turbo	205/55R16 V - 225/45ZR17	2.5 / 2.3	2.8 / 2.6
space 2.2i, Alize, Family	185/65R14 T- 195/65R14 T	2.4 / 2.1	2.4 / 2.4
2.9 / V6	195/65R15 H	1.9 / 1.8	2.2 / 2.0
2000 →01/92	185/70R13 T- 185/65R14 T	2.4 / 2.1	2.4 / 2.4
xpress 1.4i, 1.6D, 1.9D	155/80R13 T	2.1 / 2.5	2.1 / 2.5

① **Charge partielle / *Teillast***   ② **Pleine charge / *Vollast***

MARQUES et TYPES / MARKEN und MODELLE	DIMENSION		Pression Luftdruck AV/AR VA/HA ①	Pression Luftdruc. AV/AR VA/HA
ROVER / MINI				
Mini Cooper	145R10 S -	145/70R12 S	1.9 / 1.9	2.0 / 2.0
216 GSi 93→		185/55R15 V	2.0 / 2.0	2.5 / 2.5
216 GSi →92	175/65R14 H -	185/60R14 H	2.0 / 2.0	2.5 / 2.5
220 GTi		185/55R15 V	2.0 / 2.0	2.5 / 2.5
Coupé Turbo		195/55R15 V	2.0 / 2.0	2.5 / 2.5
420 2.0 GSi	175/65R14 T/H-	185/55R15 V	2.2 / 2.2	2.5 / 2.5
620 Si	185/70R14 T/H-	185/65R15 H	2.2 / 2.1	2.6 / 2.5
623	185/70R14 H -	195/60R15 V	2.3 / 2.2	2.9 / 2.8
820, 825,	195/65R15 V -	205/60R15 V	1.9 / 1.9	2.7 / 2.7
827, Auto Si, Vitesse	205/60R15 V -	205/55ZR16	1.9 / 1.9	2.7 / 2.7
827 Coupé		205/55R16 V	2.0 / 2.0	2.7 / 2.7
3500 3.5/V8, Vitesse	195/70R14 H -	205/60R15 H/V	1.8 / 1.9	1.9 / 2.1
SAAB				
900i S 2.0i, S 2.3i 08/93→	185/65R15 H -	195/60R15 H	2.1 / 2.1	2.4 / 2.4
SE 2.5/V6-24, 2.0 Turbo	195/60R15 V -	205/50R16 V	2.2 / 2.2	2.6 / 2.6
2.0 →07/93	185/65R15 T -	195/60R15 H	2.0 / 2.1	2.2 / 2.3
9000i 2.0i, 2.3 i	185/65R15 H -	195/60R15 H	2.1 / 2.1	2.6 / 2.6
CS, Ecopower		205/60R15 V	2.2 / 2.2	2.7 / 2.7
CD, CD Turbo S,	195/65R15 V -	205/50R16 V	2.1 / 2.1	2.4 / 2.6
2.3 Turbo Aero, Griffin	205/60ZR15 -	205/55R16 W	2.4 / 2.4	2.8 / 2.8
SEAT				
Marbella	135/80R13 T -	145/70R13 T	1.9 / 2.0	2.2 / 2.4
Ibiza 1.0 - 1.5	155/80R13 T -	165/65R14 T	2.1 / 2.2	2.2 / 2.3
1.3 - 2.0	175/70R13 T -	185/60R14 H	2.1 / 2.2	2.2 / 2.3
Cordoba 1.4 - 1.6	175/70R13 T -	185/60R14 H	2.1 / 2.2	2.2 / 2.3
1.8 - 2.0, 1.9TD	175/70R13 T -	185/60R14 H	2.1 / 2.2	2.2 / 2.3
1.8i,2.0GTi,GLX		185/60R14 V	2.4 / 2.2	2.5 / 2.7
Toledo 1.8i, 2.0i, 1.9TD GL	175/70R13 T -	185/60R14 H	2.0 / 1.8	2.1 / 2.6
GLX, GT, GT 16/V	185/60R14 H/V-	195/50R15 V	2.2 / 2.0	2.4 / 2.8
Terra 1.4D		145/80R13 Rf.	2.1 / 2.1	2.1 / 2.4
Malaga	155/80R13 T -	165/65R14 T	2.0 / 1.9	2.0 / 2.2
Injection		185/60R14 H	2.0 / 1.9	2.1 / 2.2
SUBARU				
Vivio 4WD, GLi, Bravo		145/70R12 S	2.1 / 2.1	2.1 / 2.1
Justy 1.2 4WD 89→		165/65R13 T	2.0 / 2.0	2.0 / 2.0
1.0, 1.2 4WD →88		145R12 S	1.8 / 1.8	2.0 / 2.0
Impreza 4WD 1.6, 1.8		175/70R14 T	2.2 / 2.0	2.2 / 2.0
2.0 Turbo		205/55R15 V	2.2 / 2.2	2.2 / 2.2
Legacy 4WD 1.8, 2.0		175/70R14 H	2.1 / 2.0	2.1 / 2.0
2.2		185/70R14 H	2.2 / 2.1	2.2 / 2.1
Turbo		205/60R15 V	2.3 / 2.1	2.5 / 2.3
2.2Limited, Exec.	185/70R14 H -	195/60R15 H	2.2 / 2.1	2.2 / 2.1
Station Wagon 2.0, 2.2	185/70R14 H -	195/60R15 H	2.1 / 2.0	2.1 / 2.3

① **Charge partielle / Teillast**   ② **Pleine charge / Vollast**

MARQUES et TYPES / MARKEN und MODELLE	DIMENSION	Pression / Luftdruck AV/AR VA/HA ①	Pression / Luftdruck AV/AR VA/HA ②
SUBARU Suite/Fortsetzung			
2.0 Swiss Extra	185/70R14 H - 195/60R15 H	2.1 / 2.0	2.4 / 2.5
Turbo	205/60R15 V	2.3 / 2.1	2.5 / 2.5
Wagon 1.2 88→	155/80R13 T - 155R13 85N	2.2 / 2.2	2.2 / 2.2
1.2 →87	155R12 S	2.2 / 2.2	2.2 / 2.2
1.8 4WD	155/80R13 T - 175/70R13 T	2.0 / 2.0	2.1 / 2.2
SVX 3.3i	225/50ZR16	2.3 / 3.0	2.3 / 3.0
SUZUKI			
Swift, Alto 1.0 GL, Mint	145/70R13 T - 155/70R13 T	2.0 / 2.0	2.0 / 2.0
1.3i/16V	165/65R13 T - 175/60R14 H	1.8 / 1.8	2.2 / 2.2
1.3i 4WD	155/70R13 T - 165/70R13 T	1.9 / 1.9	1.9 / 1.9
1.6i/16V	165/65R14 T	1.8 / 1.8	1.8 / 1.8
Baleno 1.3, 1.6	175/70R13 H - 165/65R14 H	2.1 / 2.1	2.1 / 2.1
Samurai	205/70R15	1.4 / 1.4	1.4 / 1.8
Vitara	195R15 94Q - 215/65R16 S	1.6 / 1.6	1.6 / 1.6
TOYOTA			
Starlet	145/80R13 T - 165/70R13 T	1.9 / 1.9	2.1 / 2.1
Corolla 1.3, 1.6 92→	165/70R14 T - 175/65R14 T	2.4 / 2.2	2.5 / 2.5
1.6 Si	175/65R14 H - 185/65R14 H	2.4 / 2.2	2.6 / 2.6
1.3, 1.6 →12/91	155/80R13 T - 175/70R13 T	1.7 / 1.7	1.9 / 1.9
Corolla 1.6 GTi, GTiS	185/60R14 H	1.9 / 1.9	1.9 / 1.9
1.6 4WD	165/80R13 T	1.8 / 1.8	2.1 / 2.1
Break 1.3, 1.6, 1.4XLi	165/70R14 T - 175/65R14 H	2.5 / 2.5	2.6 / 2.8
Carina E 1.6i XLi 92→	175/70R14 H	2.2 / 2.1	2.7 / 2.8
1.8, 2.0i GLi	175/70R14 H - 185/65R14 H/V	2.2 / 2.0	2.2 / 2.2
2.0i GTi	195/60R15 V - 215/50R16 W	2.2 / 2.1	2.9 / 2.9
Carina 2 1.6	165/80R13 T - 185/70R13 H	2.0 / 2.0	2.1 / 2.1
2.0	185/65R14 H	1.9 / 1.9	2.4 / 2.8
Camry 2.2i/16V	195/70R14 V - 205/65R15 V	2.2 / 2.0	2.6 / 2.6
3.0/V6	205/65R15 V	2.2 / 2.0	2.8 / 2.8
2.0/16V →09/91	185/70R14 H	1.9 / 1.9	2.1 / 2.1
2.5/V6	195/60R15 V	2.0 / 2.0	2.3 / 2.3
Celica 1.8/16V 03/94→	195/65R14 H	2.1 / 2.1	2.4 / 2.4
2.0/16V 03/94→	205/55R15 V	2.4 / 2.4	2.7 / 2.7
2.0/16V, Turbo →02/94	205/60R14 V - 215/50R16 W	2.1 / 2.1	2.7 / 2.7
2.0, 90 →	205/60R14 V - 215/50R15 V	2.1 / 2.1	2.7 / 2.7
MR 2 2.0i/16V 92→ AV-AR	195/55R15 V - 225/50R15 V	2.1 / 2.4	2.1 / 2.4
2.0i/16V →91 AV-AR	195/60R14 V - 205/60R14 V	1.8 / 2.2	1.8 / 2.2
→90	185/60R14H - 195/60R14 V	2.1 / 2.1	2.4 / 2.4
Supra 3.0i Twin Turbo AV-AR	235/45ZR17 - 255/40ZR17	2.4 / 2.3	2.5 / 2.4
3.0i, Turbo	225/50ZR16	2.3 / 2.5	3.0 / 3.2
Lexus GS 300 3.0/V6	225/55R16 V	2.2 / 2.2	2.4 / 2.5
LS 400 4.0/V8 93→	225/55 R 16 W - 225/60ZR16	2.1 / 2.1	2.3 / 2.7
→92	205/65ZR15	2.1 / 2.3	3.2 / 3.4

① **Charge partielle / Teillast**   ② **Pleine charge / Vollast**

MARQUES et TYPES *MARKEN und MODELLE*	DIMENSION	Pression *Luftdruck* AV/AR *VA/HA* ①	Pression *Luftdruc* AV/AR *VA/HA*
TOYOTA Suite/*Fortsetzung*			
Previa	205/70R14 H - 215/65R15 H	2.5 / 2.5	2.8 / 2.8
Model F	175/80R14 T - 185/80R14 T	2.2 / 2.2	2.3 / 2.3
VOLKSWAGEN			
Polo, Derby	145/80R13 T - 155/70R13 T	1.6 / 1.6	1.7 / 2.1
Polo 10/94→	155/70R13 T - 175/65R13 T	2.1 / 2.1	2.2 / 2.5
Coupé	155/70R13 T - 165/65R13 T	1.8 / 1.8	2.1 / 2.4
	175/70R13 T- 185/60R14 H	2.2 / 2.0	2.4 / 2.6
2.0 GTi	195/50R15 V - 205/50R15 V	2.2 / 2.0	2.4 / 2.6
2.0 GTi 16V, 2.8 VR6	195/50R15 V - 205/50R15 V	2.6 / 2.4	2.8 / 3.0
Variant 1.4, 1.8 75cv, 1.9D	175/70R13 T - 185/60R14T/ H	2.1 / 2.1	2.4 / 3.0
1.8 90cv, 2.0, 1.9TDI	195/60R14 - 195/50R15 V	2.0 / 2.0	2.2 / 2.8
Golf, Jetta →10/91	155/80R13 T - 175/70R13 T	1.9 / 1.9	2.0 / 2.4
GT, GTi →90	185/60R14 H - 185/55R15 V	2.0 / 1.8	2.4 / 2.6
GT, GTi 90→	185/55R15 V - 195/50R15 V	2.2 / 2.0	2.5 / 2.7
GTi G60	185/55R15 V - 195/50R15 V	2.2 / 2.0	2.5 / 2.7
GTi G60 Syncro	185/55R15 V - 205/50R15 V	2.6 / 2.8	2.8 / 3.2
Vento 1.6i, 1.8i, 2.0i	185/60R14 V - 195/50R15 V	2.2 / 2.0	2.4 / 2.8
2.8 VR6	205/50R15 V	2.5 / 2.3	2.8 / 3.2
1.9 TD, TDi	185/60R14 V - 195/50R15 V	2.2 / 2.0	2.6 / 3.0
Corrado 1.8 G60, 2.0/16V	185/55R15 V - 195/50R15 V	2.8 / 2.5	3.0 / 2.7
2.8/V6, 2.9i	195/50R15 V - 205/50R15 V	2.5 / 2.2	2.7 / 2.4
Passat 1.8i, 2.0i 08/88→	185/65R14 T/H	2.2 / 2.2	2.6 / 2.9
2.0i/16V	195/60R14 H- 205/50R15 V	2.4 / 2.4	2.8 / 3.1
GT G60	205/50R15 V	2.3 / 2.5	2.8 / 3.4
2.8 VR6	205/50R15V/W	2.5 / 2.7	3.0 / 3.4
1.9 TD, TDI	185/65R14 T	2.1 / 2.1	2.4 / 2.7
1.6, 1.8 →07/88	165/80R13 T - 185/70R13 T	2.0 / 2.0	2.2 / 2.5
1.8, 2.0	185/70R13 T - 195/60R14 H	2.0 / 2.0	2.2 / 2.5
Caddy 1.6i, 1.8i	165/80R13R/T	1.8 / 2.7	1.8 / 2.7
Transporter/Caravelle	205/70R14 R - 205/65R15 S	2.6 / 3.4	3.0 / 3.4
Sharan VR6 2.8	205/60R15 H - 215/60R15 H	2.3 / 2.1	2.5 / 3.0
VOLVO			
340, 360	175/70R13 T - 185/60R14 H	1.9 / 2.1	1.9 / 2.4
440, 460 10/91→	175/65R14 T - 185/55R15 H	2.1 / 1.9	2.3 / 2.1
480 1.7 Turbo, 2.0 02/93→	185/55R15 H - 195/55R15 V	2.1 / 1.9	2.1 / 2.1
ES, Turbo →01/93	185/60R14 H	2.1 / 1.9	2.1 / 2.1
240 - 244	175/80R14 T/H - 185/70R14 T/H	1.8 / 1.9	1.9 / 2.3
Turbo	195/60R15 V	1.9 / 1.9	1.9 / 2.3
240, 245, 265 Break	185/80R14 T - 195/60R15 H	1.9 / 2.0	2.0 / 2.8
740	185/70R14 T/H - 185/65R15 T/H	1.9 / 1.9	2.1 / 2.3
Turbo	195/60R15 H - 195/65R15 H	1.9 / 1.9	2.1 / 2.3
Break, Break D-TD	195/65R15 T/H	1.9 / 2.1	2.1 / 2.8
Break Turbo	185/65R15 H - 195/60R15 H	1.9 / 2.1	2.1 / 2.8

① **Charge partielle /** *Teillast*   ② **Pleine charge /** *Vollast*

ARQUES et TYPES / ARKEN und MODELLE	DIMENSION		Pression / Luftdruck AV/AR VA/HA ①	Pression / Luftdruck AV/AR VA/HA ②
OLVO Suite/Fortsetzung				
0	195/60R15 H -	195/65R15 H	1.9 / 1.9	2.1 / 2.3
Turbo-Diesel	185/65R15 T -	205/60R15 H	1.9 / 1.9	2.1 / 2.3
Break	195/60R15 H -	195/65R15 H	1.9 / 2.1	2.1 / 2.8
Break Turbo-Diesel	185/65R15 T -	195/65R15 T	1.9 / 2.1	2.1 / 2.8
0 Coupé, Turbo	205/60R15 H -	195/65R15 H/V	2.1 / 1.9	2.1 / 2.6
0 2.4/5cyl. GLE	185/65R15 H -	205/55R15 V	2.1 / 2.0	2.8 / 2.8
2.4/5cyl.-20V GLT	195/60R15 H -	205/55R15 V	2.1 / 2.0	2.8 / 2.8
2.3/5cyl.-Turbo T5	205/50ZR16 -	215/45ZR17	2.1 / 2.0	2.8 / 2.8
Break	195/60R15 H/V-	205/55R16 W	2.0 / 1.9	2.4 / 2.9
0 2.0, 2.3	185/65R15 H -	195/60R15 H	1.9 / 1.9	2.1 / 2.6
2.3 Turbo		205/55R15 V	1.9 / 1.9	2.1 / 2.6
2.3 Polar	195/65R15 H -	205/55R16 V	1.9 / 1.9	2.1 / 2.6
Break		195/65R15	1.9 / 2.1	2.4 / 3.1
0 2.5, Turbo Diesel	195/65R15 V -	205/55R16 W	2.0 / 2.0	2.4 / 2.9
3.0/V6	205/55R16 V -	215/45ZR17	2.2 / 2.0	2.2 / 2.6
Break		205/55R16 V	2.0 / 2.2	2.4 / 3.1

① **Charge partielle / Teillast**   ② **Pleine charge / Vollast**

Nous vous souhaitons une bonne route

Wir wünschen Ihnen eine gute Fahrt

Une pression de gonflage adaptée aux conditions d'utilisations
une importance capitale sur le comportement et le confort de votr
voiture.

Notre conseil:

Vérifier la pression de gonflage de vos pneus au moins 1 fois pa
mois, à froid.

Ne jamais dégonfler des pneus chauds !

La pression augmente en cours de roulage, c'est normal. Si vou
êtes amenés à vérifier les pressions après un parcours (pneu
chauds), considérez que pour être correctes, elles doivent être su
périeures de 0.3 bar à celles préconisées à froid.

Un bouchon de valve en bon état est indispensable pour parfair
l'étancheité.

---

*Ein dem Einsatz angepassten Luftdruck hat einen ganz entsche
denden Einfluss auf die Fahrsicherheit und Komfort Ihres Autos.*

Daher unsere Empfehlung:

*Den Luftdruck mindestens 1 mal pro Monat bei kalten Reifen übe,
prüfen.*

Niemals den Luftdruck bei warmen Reifen absenken !

*Der Reifendruck erhöht sich während der Fahrt, das ist norma
Sollten Sie den Luftdruck nach einer längeren Fahrt überprüfe
(bei warmen Reifen), so können Sie es als richtig erachten, wen
er 0.3 bar über dem Tabellenwert liegt.*

*Ventilkappen nicht vergessen. Sie schützen das Ventil vo
Schmutz sowie Feuchtigkeit und garantieren völlige Dichtheit de
Ventils.*

MÜLLIGEN 5243 Aargau (AG) 216 ⑥ – 668 Ew. – Höhe 368 – ☎ 056.

ern 105 – ◆Aarau 26 – ◆Baden 8 – Brugg 19 – ◆Zürich 28.

🍴 **Müli,** an der Reuss, 𝒫 225 11 54, Fax 225 20 58, ≤ Reuss, 🐝, « Ehemalige Mühle »
  – 🅿. 🆎 ⊙ 𝘝𝘐𝘚𝘈
  Sonntag - Montag, Weihnachten - Neujahr und im Feb. 2 Wochen geschl. – **Menu**
  52 (mittags) und à la carte 54/96.

MUMPF 4322 Aargau (AG) 216 ⑤ – 795 Ew. – Höhe 310 – ☎ 062.

ern 104 – ◆Aarau 26 – ◆Baden 35 – ◆Basel 32 – ◆Olten 39.

🍴 **Zur Glocke** mit Zim, Hauptstr. 36, 𝒫 873 11 64, Fax 873 32 72, ≤ Rhein – ☎ 🅿. 🆎
  ⊙ E 𝘝𝘐𝘚𝘈
  Montag - Dienstag, 20. Dez. - 3. Jan. und 15. Juli - 10. Aug. geschl. – **Menu** 25 - 51
  und à la carte 59/88 – **12 Zim** ⊇ 70/120.

ÜNCHENBUCHSEE 3053 Bern (BE) 216 ⑭ – 8 615 Ew. – Höhe 557 – ☎ 031.

ern 9 – ◆Biel 26 – Burgdorf 20 – ◆Neuchâtel 52 – ◆Solothurn 34.

🍴 **Moospinte,** Richtung Wiggiswil : 1 km, 𝒫 869 01 13, Fax 869 54 13, 🐝 – 🅿. 🆎 ⊙
  E 𝘝𝘐𝘚𝘈
  Sonntag - Montag, 4. - 26. Feb. und 24. Sept. - 9. Okt. geschl. – **Menu** 18 - 46
  (mittags)/135 und à la carte 50/120, Kinder 19.

🍴 **Häberli's Schützenhaus,** Oberdorfstr. 10, 𝒫 869 02 81, Fax 869 39 81, 🐝 – 🅿. 🆎
  ⊙ E 𝘝𝘐𝘚𝘈 ᴊᴄʙ
  Le Gourmet : Menu 49 (mittags)/95 und à la carte 52/92 – **Brasserie :** Menu 16.50
  und à la carte 30/83.

🍴 **Bären,** Bernstr. 3, 𝒫 869 02 99, 🐝 – 🅿. 🆎 ⊙ E 𝘝𝘐𝘚𝘈
  Montag - Dienstag und Okt. geschl. – **Menu** 15 - 65/7? und à la carte 45/96.

ÜNSINGEN 3110 Bern (BE) 217 ⑥ – 9 553 Ew. – Höhe 531 – ☎ 031.

ern 17 – ◆Fribourg 51 – Langnau im Emmental 33 – ◆Thun 15.

🏨 **Löwen,** 𝒫 721 58 11, Fax 721 59 08, 🐝 – 📶 📺 ☎ 🅿. 🆎 E 𝘝𝘐𝘚𝘈
  Menu 16 - 42 (mittags)/90 und à la carte 39/76, Kinder 10 – **18 Zim** ⊇ 96/155 –
  ½ P Zuschl. 25.

🍴 **Wynhus zum Bären,** 𝒫 721 11 84, 🐝 – 🅿. 🆎 E 𝘝𝘐𝘚𝘈
  Menu 14.50 - 45/81 und à la carte 37/95.

ÜNSTER 3985 Wallis (VS) 217 ⑲ – 460 Ew. – Höhe 1 390 – ☎ 028.

Verkehrsverein, 𝒫 73 17 45.

ern 135 – Interlaken 78 – Andermatt 58 – ◆Bellinzona 99 – ◆Brig 32.

🏨 **Landhaus,** 𝒫 73 22 73, Fax 73 24 64, 🐝, ≦s – 📶 📺 ☎ & 🅿. 🆎 ⊙ E 𝘝𝘐𝘚𝘈. ❄ Zim
  Juni geschl. – **Menu** (in der Zwischensaison Montag geschl.) 20 - 50 und à la carte
  32/82, Kinder 10 – **28 Zim** ⊇ 110/200 – ½ P Zuschl. 35.

🏨 **Gomesia,** 𝒫 73 13 18, Fax 73 26 54, ≤, 🐝, ≦s – 📶 ☎ 🅿. 🆎 ⊙ E 𝘝𝘐𝘚𝘈. ❄ Rest
  18. Dez. - 4. April und 18. Juni - 9. Okt. – **Menu** 25 und à la carte 38/100 – **30 Zim**
  ⊇ 90/200 – ½ P Zuschl. 25.

UNTELIER Freiburg 217 ⑤ – siehe Murten.

MURAZ Valais 217 ⑮ – rattaché à Sion.

URI 5630 Aargau (AG) 216 ⑰ ⑱ – 5 639 Ew. – Höhe 458 – ☎ 056.

rn 111 – ◆Aarau 33 – ◆Luzern 32 – ◆Zürich 29.

🍴 **Ochsen,** Seetalstr. 16, 𝒫 664 11 83, Fax 664 56 15, 🐝 – 📶 📺 ☎ 🅿. 🆎 ⊙ E
  𝘝𝘐𝘚𝘈
  Menu (Sonntag abends, Montag und 14. Juli - 7. Aug. geschl.) 17.50 - 39 (mittags)
  und à la carte 50/90 – **11 Zim** ⊇ 75/180 – ½ P Zuschl. 25.

URI BEI BERN Bern 217 ⑥ – siehe Bern.

MÜRREN 3825 Bern (BE) 217 ⑰ – 427 Ew. – Höhe 1 638 – Wintersport : 1 650/2 970 ✍ 4 ✍ 5 ✍ – ✆ 036.

Sehenswert : Lage★★.

Ausflugsziel : Schilthorn★★★ West mit Luftseilbahn – Sefinenfall★ Süd.

Lokale Veranstaltung
Ende August : Internationale Ballonsportwochen.

🛈 Kur- und Verkehrsverein, ℘ 56 86 86, Fax 56 86 96.

◆Bern 74 – Interlaken 17 – Grindelwald 21 – Spiez 33.

mit Standseilbahn ab Lauterbrunnen erreichbar

🏨 **Palace** ﹩, ℘ 55 24 24, Fax 55 24 17, ≤ Eiger, 🍴, 🎣 – 🛗 📺 video ☎ – 🏋 2
➡ 🆎 ⓞ 🇪 *VISA*, ✂ Rest
*14. Dez. - 13. April und 15. Juni - 22. Sept. – **Bistro Café :** Menu 17.50 - 50 (abend) und à la carte 47/96 – **Peppino** - italienische Küche - (nur Abendessen)* **Menu** à carte 47/96 – **43 Zim** ☲ 270/380, 4 Suiten – ½ P Zuschl. 35.

🏨 **Eiger** ﹩, ℘ 55 13 31, Fax 55 39 31, ≤ Eiger und Jungfrau, 🍴, 🏖, 🔳 – 🛗 📺
🆎 ⓞ 🇪 *VISA*
*18. Dez. - 8. April und 15. Juni - Ende Sept. – **Menu** 26 und à la carte 39/91 – **45 Z** ☲ 205/360, 4 Suiten – ½ P Zuschl. 30.

🏠 **Alpenruh** ﹩, ℘ 55 10 55, Fax 55 42 77, ≤ Eiger und Jungfrau, 🍴, 🏖 – 🛗 📺
🆎 ⓞ 🇪 *VISA* JCB, ✂
Menu *(6. Nov. - 5. Dez. geschl.)* 30 (abends) und à la carte 49/75, Kinder 12 – **28 Z** ☲ 145/250 – ½ P Zuschl. 30.

*If you intend staying in a resort or hotel
off the beaten track, telephone in advance,
especially during the season.*

MURSCHETG Graubünden 218 ③ – siehe Laax.

MURTEN (MORAT) 3280 Freiburg (FR) 217 ⑤ – 4 786 Ew. – Höhe 458 – ✆ 037.
Sehenswert : Altstadt★★ – Stadtmauer★.

Lokale Veranstaltung
22.06 : Solennität (zur Erinnerung an die Schlacht bei Murten im Jahre 1476).

🛈 Verkehrsbüro, Franz. Kirchgasse 6, ℘ 71 51 12, Fax 71 49 83.

◆Bern 31 ① – ◆Neuchâtel 28 ① – ◆Biel 34 ① – ◆Fribourg 16 ②.

MURTEN

Hauptgasse	**YZ**
Bahnhofstrasse	**Z**
Bernstrasse	**Y** 3
Bubenbergstrasse	**Z** 4
Burgunderstrasse	**Z** 6
Deutsche Kirchgasse	**YZ** 7
Erlachstrasse	**Z** 9
Franz. Kirchgasse	**Y** 10
Freiburgstrasse	**Z**
Hôpital (R. de l')	**Z** 12
Längmatt	**Y** 13
Lausannestrasse	**Z**
Meylandstrasse	**YZ**
Pra Pury	**Z**
Prehlstrasse	**YZ** 15
Raffor	**Y**
Rathausgasse	**Y** 16
Ryf	**YZ**
Törliplatz	**Z** 18
Wilerweg	**Z**

Benachrichtigen
Sie sofort das Hotel,
wenn Sie ein
bestelltes Zimmer
nicht belegen können.

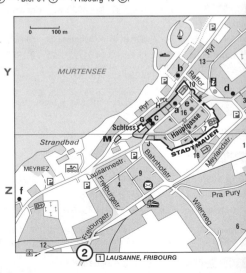

Weisses Kreuz, Rathausgasse 31, ☏ 71 26 41, Fax 71 28 66, ≼, 🏤 – ☎ –
🏄 25/200. ⓪ 🄴 𝘝𝘐𝘚𝘈   Y a
von Nov. - April Sonntag abends - Montag und 20. Dez. - 29. Feb. geschl. – **Menu**
à la carte 55/107 – **27 Zim** ⊊ 145/240 – ½ P Zuschl. 45.

Schiff, Ryf 53, ☏ 71 27 01, Fax 71 35 31, ≼, 🏤, «Terrasse » – 📺 ☎ – 🏄 35. 🄰🄴
⓪ 🄴 𝘝𝘐𝘚𝘈, ❦ Rest   Y b
*Hotel : Mitte Dez. - Ende Jan. geschl. ; Rest : in März, April, Sept. und Okt. Sonntag
abends - Montag und Mitte Nov. - Ende Feb. geschl.* – **Lord Nelson :** Menu 20 - 48/98
und à la carte 45/115 – **16 Zim** ⊊ 140/240 – ½ P Zuschl. 48.

Murtenhof, Rathausgasse 3, ☏ 71 56 56, Fax 71 50 59, ≼, 🏤 – 📺 ☎ 🄿 – 🏄 30.
🄰🄴 🄴 𝘝𝘐𝘚𝘈   Y c
23. Dez. - 14. Jan. geschl. – **Menu** *(Montag und 6. Nov. - 4. März geschl.)* 18 und
à la carte 36/73, Kinder 9.50 – **23 Zim** ⊊ 110/210 – ½ P Zuschl. 35.

Enge, Bernstrasse, ☏ 71 41 36, Fax 71 45 59, 🏤 – 🕴 📺 ☎ ⇦ 🄿 – 🏄 25/200.
🄰🄴 ⓪ 🄴 𝘝𝘐𝘚𝘈, ❦ Zim   Y d
Hotel : Montag (ausser Mai - Okt.) und 20. Jan. - 1. März geschl. – **Menu** *(von Okt.
- Mai Montag, von Nov. - April auch Dienstag und 20. Jan. - 1. März geschl.)* 19 und
à la carte 29/83, Kinder 10.50 – **42 Zim** ⊊ 130/220 – ½ P Zuschl. 32.

Krone, Rathausgasse 5, ☏ 71 52 52, Fax 71 36 10, 🏤 – 🕴 📺 ☎ – 🏄 25/50. 🄰🄴
⓪ 🄴 𝘝𝘐𝘚𝘈   Y c
Dienstag und Nov. geschl. – **Menu** (1. Etage) *19.50* - 36 und à la carte 41/90, Kinder 12
– **33 Zim** ⊊ 110/180 – ½ P Zuschl. 36.

La Channe Valaisanne, Hauptgasse 51, ☏ 71 25 65 – 🄰🄴 🄴 𝘝𝘐𝘚𝘈   Y e
Montag und 22. Dez. - 1. Feb. geschl. – **Menu** 19 - 69 und à la carte 46/88,
Kinder 10.50.

in Muntelier Nord-Ost : 1 km – ✉ 3286 Muntelier – 🕾 037 :

Seepark Ⓜ ⤷ garni, Muntelierstr. 25, ☏ 72 66 66, Fax 72 66 77 – 🕴 ❦ ☎ 🕭 ⇦
🄿 – 🏄 25/220. 🄰🄴 ⓪ 🄴 𝘝𝘐𝘚𝘈 𝙅𝘊𝘉
⊊ 15 – **34 Zim** 95/210.

Bad Muntelier ⤷, ☏ 71 22 62, Fax 71 43 74, ≼, 🏤, ≋, 🔟 – 📺 ☎ 🄿 – 🏄 25/50.
🄰🄴 ⓪ 🄴 𝘝𝘐𝘚𝘈
20. Dez. - 1. März geschl. – **Menu** *(Montag geschl.)* 15 - 45 und à la carte 47/92,
Kinder 12 – **22 Zim** ⊊ 160/220 – ½ P Zuschl. 38.

in Meyriez Süd-West : 1 km – ✉ 3280 Murten – 🕾 037 :

Vieux Manoir au Lac ⤷, ☏ 71 12 83, Fax 71 31 88, ≼ See und Park, 🏤,
«Elegantes Landhaus in einem Park am See » 🏝, ≋, 🔟 – 🕴 📺 ☎ 🄿 – 🏄 30.
🄰🄴 ⓪ 🄴 𝘝𝘐𝘚𝘈, ❦ Rest   Z f
10. Dez. - 23. Feb. geschl. – **Menu** 35 - 45 (mittags)/112 und à la carte 66/126,
Kinder 24 – **30 Zim** ⊊ 300/420 – ½ P Zuschl. 70.

ÜSTAIR 7537 Graubünden (GR) 𝟤𝟣𝟪 ⑰ – 833 Ew. – Höhe 1 248 – 🕾 082 (ab 04/96 :
).

Sehenswert : Wandmalereien★★ in der Klosterkirche St. Johann★.

Verkehrsverein, ☏ 8 50 00 (ab 04/96 : 858 50 00), Fax 8 50 26 (ab 04/96 : 858 50 26).

Bern 352 – Scuol 59 – Landeck 81 – Merano 65 – St. Moritz 73.

Helvetia, ☏ 8 55 55 (ab 04/96 : 858 55 55), Fax 8 57 60 (ab 04/96 : 858 57 60), 🏤
≼s, 🔟 – 📺 ☎ 🄿. 🄰🄴 ⓪ 🄴 𝘝𝘐𝘚𝘈
von Nov. - Mai Sonntag und Dez. geschl. – **Menu** 20 - 36 und à la carte 37/62, Kinder 7.50 – **19 Zim** ⊊ 75/150 – ½ P Zuschl. 27.

Liun (Löwen), ☏ 8 51 54 (ab 04/96 : 858 51 54), Fax 8 62 93 (ab 04/96 : 858 62 93)
– 📺 ☎ 🄿. 🄰🄴 ⓪ 🄴 𝘝𝘐𝘚𝘈, ❦ Rest
Nov. geschl. – **Menu** *(von Jan. - Juni Montag geschl.)* à la carte 32/56 – **13 Zim**
⊊ 80/140 – ½ P Zuschl. 25.

Münsterhof, ☏ 8 55 41 (ab 04/96 : 858 55 41), Fax 8 50 58 (ab 04/96 : 858 50 58),
🏤 – ⇦ 🄿. 🄰🄴 ⓪ 🄴 𝘝𝘐𝘚𝘈
im Winter Mittwoch und 8. Jan.- 6. Feb. geschl. – **Menu** *19.50* - 27 und à la carte
30/69, Kinder 10.50 – **17 Zim** ⊊ 75/140 – ½ P Zuschl. 22.

UZZANO Ticino 𝟤𝟣𝟫 ⑧ – vedere Lugano.

NÄFELS 8752 Glarus (GL) 916 ⑳ – 3 934 Ew. – Höhe 437 – ✿ 058 (ab 03/96 : 05
Sehenswert : Prunkgemächer★★ im Freulerpalast★.

🛈 Verkehrsbüro, ℘ 34 21 88 (ab 03/96 : 612 43 24), Fax 34 43 25 (ab 03/96 : 612 43 2
Ⓐ ℘ 34 41 10 (ab 03/96 : 612 41 10), Fax 34 45 70 (ab 03/96 : 612 45 70).

♦Bern 187 – ♦St. Gallen 63 – ♦Chur 68 – Glarus 8 – Vaduz 54.

✗ **Schwert** mit Zim, ℘ 34 33 73 (ab 03/96 : 612 33 73), Fax 34 43 53 (ab 03/9
612 43 53) – 🛗 📺 ☎. ⅍ ⑩ ᴇ 𝘝𝘐𝘚𝘈
Montag, 8. - 16. Jan. und 15. Juli - 6. Aug. geschl. – **Menu** 29 - 48 (mittags) un
la carte 46/93 – **8 Zim** 🚳 65/140.

NEBIKON 6244 Luzern (LU) 916 ⑯ – 2 054 Ew. – Höhe 487 – ✿ 062.

♦Bern 80 – ♦Aarau 31 – ♦Luzern 35 – ♦Solothurn 49.

✗✗✗ ✿ **Adler,** ℘ 756 21 22, Fax 756 32 80, 🏡 – Ⓟ. ⅍ ⑩ ᴇ 𝘝𝘐𝘚𝘈 ᴊᴄʙ. 🥗
*Dienstag - Mittwoch, über Fasnacht 2 Wochen und Ende Juli - Aug. 3 Wochen ges
– **Menu** 41 (mittags)/148 und à la carte 80/122 – **Beizli** : **Menu** 26 und à la carte 41
Spez. Gebratenes Gitzi mit Bärlauch (Frühling). "Ochse an der Schnur" mit Senfsa
(Sommer). Spanferkel im Ofen gebraten mit Rosmarin.

NENNIGKOFEN Solothurn 916 ⑮ – siehe Solothurn.

NETSTAL Glarus 916 ⑳ – siehe Glarus.

248

Neuchâtel

2000 Ⓒ Neuchâtel (NE) 216 ⑬ – 31 684 h. – alt. 440 – ✿ 038

Voir : Quai Osterwald : vues★★ BZ – Ville ancienne★ BZ – Collégiale★ BZ.

Musées : Art et Histoire★★ : automates★★ ; collection Strübin★ CZ – Ethnographie★ AZ.

Excursions : en bateau sur le lac. Renseignements : Société de Navigation sur les lacs de Neuchâtel et Morat, Port de Neuchâtel, ☎ 25 40 12, Fax 24 79 61.

🖈 à Chaumont, ✉ 2072 Saint-Blaise (avril-nov.), ☎ 33 50 05, Fax 33 29 40, par ① : 9 km.

🛈 Office du Tourisme de Neuchâtel et environs, 7 r. de la Place d'Armes, ☎ 25 42 42,   Fax 24 28 52

⊛ 1 Pourtalès / av. 1. Mars, ☎ 24 15 31, Fax 25 65 46

🅰 8 Faubourg du Lac, ☎ 25 81 22, Fax 24 78 86.

Manifestations locales

23.07 – 11.08 : Théâtre populaire Romand, festival
27.09 – 29.09 : Fête des vendanges et cortège.
28.09 – 29.09 : Fête de la Brocante au Landeron

♦Bern 49 ① – ♦Biel 35 ② – ♦La Chaux-de-Fonds 25 ③ – Pontarlier 59 ③ – ♦Yverdon-les-Bains 40 ②.

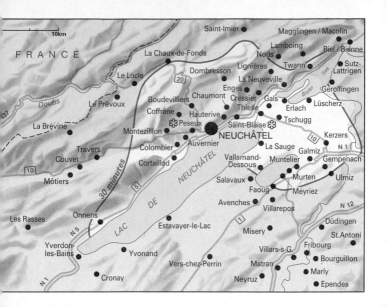

Le Beaufort Ⓜ, 1 Esplanade du Mont-Blanc, ⊠ 2001, ☎ 24 00 24, Fax 24 78 94, ≤ lac, 🏤 – 📳 🔳 ch 📺 ☎ ♿ 🛏 – 🔬 25/180. 🖭 ⓞ 🗲 𝘝𝘐𝘚𝘈   BZ **b**
Repas *18* et à la carte 56/95 – 🖃 18 – **62 ch** 255/450, 3 suites – ½ P suppl. 45.

Beaulac Ⓜ, 2 Esplanade Léopold-Robert, ☎ 23 11 11, Fax 25 60 35, ≤ port, lac et ville, 🏤, 🖫, ≘ₛ, 🔳 – 📳 ⚡ ch 🔳 ch 📺 ☎ ♿ 🛏 Ⓟ – 🔬 300. 🖭 ⓞ 🗲 𝘝𝘐𝘚𝘈
fermé 2 au 5 janv. (sauf Hôtel) – **Le Gourmandin : Repas** *30* - 42/80 et à la carte 55/100 – **Le Colvert : Repas** *16* - 25 (midi) et à la carte 39/84 – **70 ch** 🖃 200/295, 11 suites – ½ P suppl. 35.   CZ **u**

La Maison du Prussien ⑤, (Sud-Ouest par r. de Saint-Nicolas AZ), ☎ 30 54 54, Fax 30 21 43, 🏤, parc, « Ancien moulin dans les gorges du Vauseyon, cadre soigné » – 📺 video ☎ Ⓟ – 🔬 30. 🖭 ⓞ 🗲 𝘝𝘐𝘚𝘈
fermé Noël – **Repas** *(fermé dim. soir)* *18* - 55/115 et à la carte 41/89, enf. 15 – **10 ch** 🖃 130/250 – ½ P suppl. 20.

City, 12 pl. A.-M. Piaget, ☎ 25 54 12, Fax 21 38 69 – 📳 📺 ☎ – 🔬 60. 🖭 ⓞ 🗲 𝘝𝘐𝘚𝘈
Repas *18* - 46 et à la carte 35/63 – **32 ch** 🖃 140/200   ½ P suppl. 30   CZ **x**

Touring au Lac, 1 pl. Numa-Droz, ⊠ 2001, ☎ 25 55 01, Fax 25 82 43, ≤, 🏤 – 📳 📺 video ☎ – 🔬 40. 🖭 ⓞ 🗲 𝘝𝘐𝘚𝘈   CZ **k**
Repas *17* - 42 (midi) et à la carte 38/82, enf. 14 – **42 ch** 🖃 130/175 – ½ P suppl. 27.

La Maison des Halles, 4 r. du Trésor (1ᵉʳ étage), ☎ 24 31 41, Fax 21 30 84, « Maison des halles du 16ᵉ siècle » – 🗲 𝘝𝘐𝘚𝘈. 🦐   BZ **e**
Repas *(fermé début juil. à mi-août, dim. et lundi)* 75/95 et à la carte 54/100 – **Brasserie : Repas** *16.50* - 25 (midi)/38 et à la carte 33/77.

Buffet de la Gare, 1 pl. de la Gare, ⊠ 2002, ☎ 25 48 53, Fax 24 76 45 – 🖭 ⓞ 🗲 𝘝𝘐𝘚𝘈. 🦐
Repas *18* - 44/60 et à la carte 35/88, enf. 10.   CY **m**

du Banneret, 1 r. Fleury (1ᵉʳ étage), ☎ 25 28 61, Fax 25 46 30, 🏤 – 🖭 ⓞ 🗲 𝘝𝘐𝘚𝘈
fermé 20 déc. au 10 janv., dim. et fériés – **Repas** - cuisine italienne - *16* et à la carte 36/89.   BZ **a**

à Hauterive par ① : 5 km – ⊠ 2068 Hauterive – ✆ 038 :

Les Vieux Toits ⑤ sans rest, 20 r. de la Croix d'Or, ☎ 33 42 42, Fax 33 24 52 – 📺 ☎. 🖭 🗲 𝘝𝘐𝘚𝘈 – **10 ch** 90/175.

Aub. d'Hauterive, 9 r. de la Croix d'Or, ☎ 33 17 98, Fax 33 02 77, « Maison du 17ᵉ siècle » – 🖭 ⓞ 🗲 𝘝𝘐𝘚𝘈. 🦐
fermé 23 déc. au 8 janv., dim. et lundi – **Rôtisserie** (nombre de couverts limité - prévenir) **Repas** 40/120 et à la carte 64/103.

à Saint-Blaise par ① : 5 km – ✉ 2072 Saint-Blaise – ☎ 038 :

XXX ⸙ **Au Boccalino** (Frôté), 11 av. Bachelin, 𝒫 33 36 80, Fax 33 13 23 – 🍽 **🅟**. 🆎 ⓪ **E**
fermé 23 déc. au 8 janv., 14 juil. au 19 août, dim. et lundi – **Repas** (nombre
couverts limité - prévenir) 68/120 et à la carte 78/110
Spéc. Foie gras de canard aux fruits de la passion. Loup de mer aux écailles de bintje. P
boudins maison (hiver).

XX **Cheval Blanc** avec ch, 𝒫 33 30 07, Fax 33 30 06 – **🅟**. 🆎 ⓪ **E** 𝘝𝘐𝘚𝘈 – *fermé 25 (
au 25 janv.* – **Repas** *(fermé mardi)* 55/140 et à la carte 78/128 – **10 ch** 🖵 85/

à Auvernier par ② : 5 km – ✉ 2012 Auvernier – ☎ 038 :

XXX **Aub. d'Auvernier,** 36 rte de la Gare, 𝒫 31 65 66, Fax 31 67 21, ≤ village et lac,
← – **🅟**. 🆎 **E** 𝘝𝘐𝘚𝘈 – *fermé 24 déc. au 9 janv., 15 sept. au 1er oct., dim. et lundi* – **Re**
16 - 44/89 et à la carte 54/103.

XX **du Poisson,** 𝒫 31 62 31, Fax 30 41 90 – **E** 𝘝𝘐𝘚𝘈
← *fermé 23 déc. au 30 janv.* – **Repas** (1er étage) *(fermé dim. soir et lundi)* 48/81
la carte 51/93 – **Brasserie : Repas** 15 et à la carte 31/70.

252

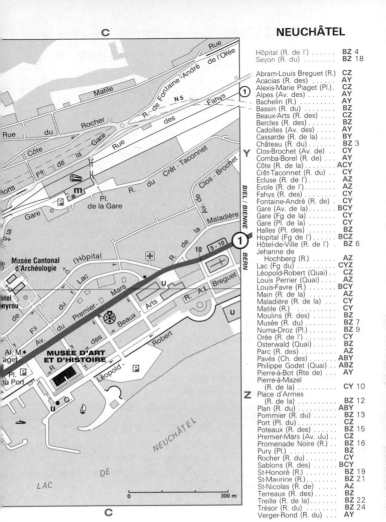

NEUCHÂTEL

Hôpital (R. de l') .... BZ 4
Seyon (R. du) .... BZ 18

Abram-Louis Breguet (R.) CZ
Acacias (R. des) .... AY
Alexis-Marie Piaget (Pl.). CZ
Alpes (Av. des) .... AY
Bachelin (R.) .... AY
Bassin (R. du) .... BZ
Beaux-Arts (R. des) .... CZ
Bercles (R. des) .... BZ
Cadolles (Av. des) ..... AY
Cassarde (R. de la) .... BY
Château (R. du) .... BZ 3
Clos-Brochet (Av. de) .. CY
Comba-Borel (R. de) ... AY
Côte (R. de la) .... ACY
Crêt-Taconnet (R. du) .. CY
Ecluse (R. de l') .... AZ
Evole (R. de l') .... CY
Fahys (R. des) .... CY
Fontaine-André (R. de) . CY
Gare (Av. de la) .... BCY
Gare (Fg de la) .... CY
Gare (Pl. de la) .... CY
Halles (Pl. des) .... BZ
Hôpital (Fg de l') ...... BCZ
Hôtel-de-Ville (R. de l') . BZ 6
Jehanne de
   Hochberg (R.) ...... AZ
Lac (Fg du) .... CYZ
Léopold-Robert (Quai) . CZ
Louis Perrier (Quai) .... AZ
Louis-Favre (R.) .... BCY
Main (R. de la) .... AZ
Maladière (R. de la) ... CY
Matile (R.) .... CY
Moulins (R. des) ...... BZ
Musée (R. du) .... BZ 7
Numa-Droz (Pl.) ...... BZ 9
Orée (R. de l') .... CY
Osterwald (Quai) ...... BZ
Parc (R. des) .... AZ
Pavés (Ch. des) ...... ABY
Philippe Godet (Quai) .. ABZ
Pierre-à-Bot (Rte de) ... AY
Pierre-à-Mazel
   (R. de la) .... CY 10
Place d'Armes
   (R. de la) .... BZ 12
Plan (R. du) .... ABY
Pommier (R. du) ...... BZ 13
Port (Pl. du) .... BZ
Poteaux (R. des) ...... BZ 15
Premier-Mars (Av. du) .. CZ
Promenade Noire (R.) .. BZ 16
Pury (Pl.) .... BZ
Rocher (R. du) .... CY
Sablons (R. des) ...... BCY
St-Honoré (R.) .... BZ 19
St-Maurice (R.) .... BZ 21
St-Nicolas (R. de) ..... AZ
Terreaux (R. des) ..... BZ
Treille (R. de la) ...... BZ 22
Trésor (R. du) .... BZ 24
Verger-Rond (R. du) ... AY

à *Peseux* par ③ et rte de Pontarlier : 3,5 km – ⊠ 2034 Peseux – ☎ 038 :

%% ☼ **Aub. du Grand Pin** (Cécile Tattini), 2 pl. de la Fontaine, ℘ 31 77 07, 余 – **ℙ**. ⚎
① **Ɛ** _VISA_
fermé lundi et mardi – **Les Salons : Repas** 56/125 et à la carte 58/107 – **La Grignotière : Repas** 21 - 48 et à la carte 38/92
Spéc. Tartare de chanterelles au vinaigre de framboise. Grenadins de veau aux morilles à la crème de cognac. Dentelle aux framboises fourrée de chocolat (printemps - été).

EUENDORF **4623** Solothurn (SO) 216 ⑯ – 1 491 Ew. – Höhe 441 – ☎ 062.

ern 59 – ♦Basel 48 – Balsthal 12 – ♦Olten 13 – ♦Solothurn 28.

%% ☼ **Zum Ochsen** (Derungs), ℘ 398 11 43, Fax 398 11 45 – **ℙ**. ⚎ **①** **Ɛ** _VISA_
Sonntag - Montag, 27. Jan. - 15. Feb. und 27. Juli - 15. Aug. geschl. – **Menu** 52
(mittags)/92 und à la carte 53/97
Spez. Warme Entenleber mit Bündnerravioli. Geschmorte Rindsbacke mit Gemüse und Kartoffelstock. Kalbskotelette mit Pilzen und Acetojus.

253

NEUHAUSEN AM RHEINFALL Schaffhausen 216 ⑦ ⑧ – siehe Schaffhausen.

La NEUVEVILLE 2520 Bern (BE) 216 ⑬ – 3 087 h. – alt. 434 – ✆ 038.
♦Bern 45 – ♦Neuchâtel 16 – ♦Biel 17 – ♦La Chaux-de-Fonds 41.

🏨 **Host. J.-J. Rousseau** 🦢, 1 promenade J.-J. Rousseau, ✆ 51 36 51, Fax 51 56
➤ ≤, �, « Terrasse face au lac », 🐎, 🏊 – 🛗 📺 ☎ & 🅿 – 🏔 25/70. 🅰🅴 ⓞ 🇪 🇻
fermé Noël et 2 au 11 janv. – **Repas** *(fermé dim. soir et lundi de nov. à mi-mars)*
55/89 et à la carte 36/109 – **21 ch** ⇌ 150/250.

🍴 **La Tour**, 2 r. des Fossés, ✆ 51 21 20, �　 – 🇪 𝑽𝑰𝑺𝑨
➤ *fermé dim.* – **Repas** - cuisine italienne - *15* - 60 et à la carte 30/75.

NEYRUZ 1740 Fribourg (FR) 217 ⑤ – 1 188 h. – alt. 686 – ✆ 037.
♦Bern 41 – ♦Neuchâtel 52 – ♦Fribourg 12 – ♦Montreux 54 – ♦Yverdon-les-Bains 46.

🏠 **La Chaumière,** 17 rte de Fribourg, ✆ 37 10 05, Fax 37 33 79, � – 📺 🅿. 🇪 𝑽
➤ *fermé 2 sem. en janv. et jeudi* – **Repas** *14.50* et à la carte 34/76, enf. 10 – **10**
⇌ 60/100 – ½ P suppl. 15.

NIEDERBÜREN 9246 St. Gallen (SG) 216 ㉑ – 1 320 Ew. – Höhe 497 – ✆ 071.
🛏 (Feb.-Dez.) ✆ 81 18 56 (ab 03/96 : 422 18 56), Fax 81 18 25 (ab 03/96 : 422 18 25).
♦Bern 193 – ♦St. Gallen 24 – Bregenz 62 – ♦Frauenfeld 31 – Gossau 12 – Konstanz 29.

🍴🍴 **Zur Alten Herberge,** Staatsstr. 35, ✆ 81 20 91 (ab 03/96 : 422 20 91), �garden – 🅰🅴
➤ 🇪 𝑽𝑰𝑺𝑨
Montag und 5. - 20. Feb. geschl. – **Äbtestube :** Menu 42/72 und à la carte 46/
– **Dorfrestaurant :** Menu *16.50* und à la carte 36/69.

NIEDERGÖSGEN 5013 Solothurn (SO) 216 ⑯ – 3 667 Ew. – Höhe 382 – ✆ 062.
♦Bern 75 – ♦Aarau 6 – ♦Basel 50 – ♦Olten 10.

🍴🍴🍴 **Zum Schloss Falkenstein,** ✆ 849 11 26, Fax 849 51 42, �garden – 🅿. 🅰🅴 ⓞ 🇪 𝑽𝑺
Montag - Dienstag und 8. - 29. Feb. geschl. – **Menu** *40* - 65 (midi)/135 und à la ca
51/122, Kinder 13.50.

NIEDERMUHLERN 3087 Bern (BE) 217 ⑥ – 513 Ew. – Höhe 845 – ✆ 031.
♦Bern 15 – ♦Fribourg 36 – Langnau im Emmental 43 – ♦Thun 26.

🍴🍴 **Bachmühle,** ✆ 819 17 02, Fax 819 78 24, �garden – 🅿. 🇪 𝑽𝑰𝑺𝑨
*Montag - Dienstag, mittags ausser an Wochenenden, Anfang Jan. 2 Wochen u
Ende Juli 3 Wochen geschl.* – **Menu** 56/95 und à la carte 49/90.

NIEDERUZWIL 9244 St. Gallen (SG) 216 ⑳ – Höhe 514 – ✆ 073 (ab 03/96 : 071).
♦Bern 198 – ♦St. Gallen 23 – Bregenz 62 – Konstanz 43 – ♦Winterthur 47.

🍴🍴 **Ochsen** mit Zim, ✆ 51 72 55 (ab 03/96 : 951 72 55), Fax 51 81 73 (ab 03/9
➤ 951 81 73), �garden – ☎ 🅿. 🅰🅴 ⓞ 🇪 𝑽𝑰𝑺𝑨
Bel Etage (1. Etage) **Menu** 48 (mittags)/90 und à la carte 49/93 – **Gaststube**
Menu *19.50* und à la carte 35/86 – **8 Zim** ⇌ 70/130.

NODS 2518 Bern (BE) 216 ⑬ – 544 h. – alt. 892 – ✆ 038.
♦Bern 53 – ♦Neuchâtel 20 – ♦Biel 19 – ♦La Chaux-de-Fonds 36.

🏠 **Cheval Blanc** 🦢, ✆ 51 22 51, Fax 51 57 55 – 📺 ☎ 🅿. 🇪 𝑽𝑰𝑺𝑨
➤ **Repas** *(fermé jeudi de sept. à mars et merc.)* 17 et à la carte 34/78 – **12 ch** ⇌ 90/1.
– ½ P suppl. 28.

Le NOIRMONT 2725 Jura (JU) 216 ⑬ – 1 626 h. – alt. 971 – ✆ 039.
♦Bern 77 – ♦Delémont 42 – ♦Biel 42 – ♦La Chaux-de-Fonds 20 – Montbéliard 66.

🏠 **Soleil,** ✆ 53 11 04, Fax 53 11 62, « Collection de pendules anciennes » – 🛗 📺
➤ – 🏔 100. ⓞ 🇪 𝑽𝑰𝑺𝑨
Repas *(fermé 10 nov. au 10 déc. et mardi)* 16 - 30/40, enf. 14 – **16 ch** ⇌ 85/150
½ P suppl. 25.

🍴🍴🍴 ❀ **Gare** (Wenger) avec ch, ✆ 53 11 10, Fax 53 10 59 – 🍽 rest 📺 ☎ 🅿. 🅰🅴 🇪 𝑽𝑰𝑺𝑨
fermé mi-janv. à mi-fév. – **Repas** *(fermé dim. soir et lundi)* 28 - 52 (midi)/140 et à
carte 62/120 – **3 ch** ⇌ 150/260 – ½ P suppl. 55
Spéc. Brouillade d'écrevisses au vin jaune (été). Gigot de cabri à l'ail sauvage (printemp
Striflates, glace à la Damassine et prunes (automne).

à la Goule Ouest : 8 km – ⊠ 2725 Le Noirmont – 🕲 039 :

Aub. de la Bouège ⑧, Sud-Ouest : 2,5 km par chemin forestier, ℰ 53 11 48, 斎
« Au bord du Doubs » – 🅿
fermé janv. – **Repas** *(fermé lundi)* à la carte 27/45 – **7 ch** ⊆ 65/110.

VAZZANO 6883 Ticino (TI) 🔢 ⑧ – 2 237 ab. – alt. 346 – 🕲 091.
n 300 – ◆Lugano 28 – Como 9 – Milano 58 – Varese 29.

Osteria Belvedere, ℰ 683 98 96, 斎 – 🅿. 🄰🄴 ⓪ 🄴 🆅🅸🆂🄰
chiuso sabato a mezzogiorno, domenica e dal 1° al 20 agosto – **Pasto** - solo piatti
di pesce - (prenotare) 55/70 ed à la carte 53/84.

RENSDORF 8309 Zürich (ZH) 🔢 ⑲ – 3 997 Ew. – Höhe 505 – 🕲 01.
reitenloo (April - Okt.) ℰ 836 40 80, Fax 837 10 85.
n 140 – ◆Zürich 19 – Bülach 14 – Kloten 6 – Rapperswil 36 – ◆Winterthur 13.

🕸 **Zum Bären** mit Zim, Alte Winterthurerstr. 45, ℰ 836 42 12, Fax 836 42 17, 斎 – 🛗
🄣🅅 ☎ 🚗 🅿. 🄰🄴 ⓪ 🄴 🆅🅸🆂🄰
Sonntag - Montag, 24. Dez. - 7. Jan. und 22. Juli - 8. Aug. geschl. – **Menu** *38* - 63
(mittags)/95 und à la carte 77/113 – **14 Zim** ⊆ 150/215
Spez. Kalbfleischravioli mit Basilikum. Schottischer Lammrücken in Kartoffelkruste.
Seezunge in der Folie gegart.

ON 1260 Vaud (VD) 🔢 ⑫ – 14 650 h. – alt. 410 – 🕲 022.
r : Promenade des vieilles murailles★ A.
Domaine Impérial, à Gland, ⊠ 1196 (avril - déc.), ℰ 364 45 45, Fax 364 43 32, par
4 km,
Bonmont, à Chéserex, ⊠ 1275, ℰ 369 23 45, Fax 369 24 17, par ③ : 8 km.

nifestation locale
7 - 28.07 : "Paléo" Festival de rock et de folk international.
ffice du Tourisme, 7 av. Viollier, ℰ 361 62 61, Fax 361 53 96.
n 144 ④ – ◆Genève 25 ② – ◆Lausanne 40 ① – Lons-le-Saunier 91 ④ – Thonon-les-Bains 60 ②.

NYON

(R. de la)	A 10
(R. de)	B
an (R.)	B
s (Quai des)	B
r-Soulié (R.)	B
eau (Pl. du)	AB 3
enty (Rte de)	A
mbière	
de la)	B 4
be (R. de la)	A 6
on (Rte du)	A
e-Coeur	
h. de)	A 7
(Pl. de la)	A 9
ève (Rte de)	A 12
d' Rue	A
(Prom. du)	A 13
e-Olivier (R.)	A 15
s-Bonnard (Quai) . . .	A
chandises	
des)	AB 16
âche (R. de la)	A 18
temps (Av.)	A 19
temps (Pl.)	AB
elaine (R. de la)	B 21
rdil (Av.)	A
ergue (Rte de)	A
er (Av.)	A
reuse	B

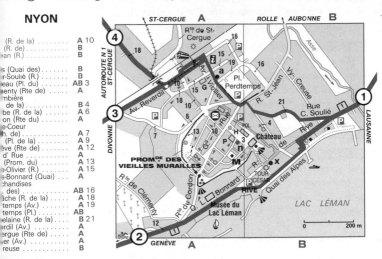

Beau-Rivage, 49 r. de Rive, ℰ 361 32 31, Fax 362 99 62, ≤, 斎 – 🛗 🄣🅅 ☎ 🅿 –
🕿 25/80. 🄰🄴 🄴 🆅🅸🆂🄰
B x
La Véranda : **Repas** 46 (midi)/115 et à la carte 58/107 – **45 ch** ⊆ 240/320, 5 suites
– ½ P suppl. 50.

🏠 **Clos de Sadex** 🦢, 131 rte de Lausanne, ℰ 361 28 31, Fax 361 28 33, ≼,
« Ancienne demeure dans un parc au bord du lac », ⬆ – 📺 ☎ 🅿. 🆎 ⋿ *VISA*
fermé nov. à fév. – **Repas** 37/65 et à la carte 45/92 – 🖂 24 – **18 ch** 90/30
½ P suppl. 37.

🏠 **Alpes,** 1 av. Viollier, ℰ 361 49 31, Fax 362 35 63 – 🛗 ▤ 📺 ☎ – 🔼 25/80. 🆎
✦ ⋿ *VISA* A
Repas *15.50* - 37/50 et à la carte 31/76, enf. 11 – **36 ch** 🖂 130/180 – ½ P suppl.

🍴 **Aub. du Château,** 8 pl. du Château, ℰ 361 63 12, 🍽 – 🆎 ⓞ ⋿ *VISA* A
✦ *fermé 2 sem. mi-fév. et merc. d'oct. à avril* – **Repas** *15* et à la carte 35/77.

à Duillier Nord : 3 km par rte d'Aubonne – 🖂 1266 Duillier – ☯ 022 :

🏠 **Aub. de l'Etoile,** ℰ 361 28 12, Fax 362 23 53, 🍽 – 📺 ☎ 🚗 🅿. ⋿ *VISA*. 🦌
✦ *fermé 22 déc. au 10 janv., sam. midi et dim. soir* – **Repas** *17* - 34 (midi) et à la ca
57/73, enf. 12 – **20 ch** 🖂 45/120.

6315 Zug (ZG) 🔢🔢🔢 ⑱ – 4 243 Ew. – Höhe 737 – ☯ 042 (ab 03/96 : 0⊹
◆Bern 151 – ◆Luzern 40 – Rapperswil 33 – ◆Schwyz 17 – ◆Zug 12.

🏠 **Seepark,** ℰ 72 18 55 (ab 03/96 : 750 18 55), Fax 72 56 29 (ab 03/96 : 750 56 ⊹
≼ Ägerisee, 🍽, ≘s, 🐾, 🌳, ⬆ – 🛗 📺 ☎ 🅿. 🆎 ⓞ ⋿ *VISA*. 🦌 Rest
Feb. geschl. – **Menu** *27* - 36 (mittags)/85 und à la carte 44/104, Kinder 18 – **20** ⊹
🖂 130/200, 3 Suiten – ½ P Zuschl. 38.

🍴🍴 **Gulm,** ℰ 71 12 48 (ab 03/96 : 750 12 48), Fax 72 42 99 (ab 03/96 : 750 42 ⊹
≼ Ägerisee, 🍽 – 🅿. 🆎 ⓞ ⋿ *VISA*
Montag - Dienstag und Mitte Jan. - Ende Feb. geschl. – **Menu** - italienische Kü⊹
- 65/89 und à la carte 59/100.

in Morgarten Süd-Ost : 4 km Richtung Schwyz – 🖂 6315 Morgarten
☯ 042 (ab 03/96 : 041) :

🍴 **Morgarten** mit Zim, ℰ 72 12 91 (ab 03/96 : 750 12 91), Fax 72 59 49 (ab 03/⊹
750 59 49), ≼, 🍽, ⬆ – ☎ 🅿. 🆎 ⋿ *VISA*
Donnerstag (ausser Juli - Sept.), Mittwoch und 20. Dez. - 20. Jan. geschl. – **M**⊹
21 - 45 und à la carte 33/87, Kinder 10 – **6 Zim** 🖂 85/150 – ½ P Zuschl. 20.

3096 Bern (BE) 🔢🔢🔢 ⑥ – Höhe 804 – ☯ 031.
◆Bern 11 – ◆Fribourg 28 – Langnau im Emmental 44 – ◆Thun 32.

🍴 **Bären,** ℰ 849 01 60, 🍽 – 🅿.

5036 Aargau (AG) 🔢🔢🔢 ⑯ ⑰ – 6 628 Ew. – Höhe 415 – ☯ 062.
🕤 (April - Okt) ℰ 723 89 84, Fax 723 84 36.
◆Bern 79 – ◆Aarau 4 – ◆Basel 67 – ◆Luzern 43 – ◆Solothurn 48.

🍴🍴 **Zum Bad** mit Zim, ℰ 737 70 70, Fax 737 70 80, 🍽 – 🛗 📺 ☎ 🅿. 🆎 ⋿ *VISA*
✦ *Rôtisserie :* **Menu** 75/98 und à la carte 52/113, Kinder 12.50 – *Badstube :* **Menu** *16*⊹
- 38/47 und à la carte 31/98, Kinder 12.50 – **4 Zim** 🖂 120/170.

Aargau 🔢🔢🔢 ⑯ – siehe Aarau.

3981 Wallis (VS) 🔢🔢🔢 ⑲ – 218 Ew. – Höhe 1 353 – ☯ 028.
Ausflugsziel : Nufenenpass★★ Süd-Ost : 15 km.
🛈 Verkehrsverein, ℰ 73 27 00, Fax 73 28 18.
◆Bern 129 – Interlaken 72 – Andermatt 52 – ◆Brig 38 – ◆Sion 91.

🏠 **St. Hubertus** Ⓜ 🦢, ℰ 73 28 28, Fax 73 28 69, 🍽, 🔆, ≘s, 🏊, 🌳, 🍴 – 🛗 📺
⅙ 🚗 🅿 – 🔼 50. 🆎 ⋿ *VISA*
2. Dez. - 1. April und 11. Juni - 23. Okt. – **Menu** à la carte 38/84, Kinder 8.50 – **16** ⊹
🖂 135/210, 9 Suiten – ½ P Zuschl. 30.

🏠 **Grimsel** ℰ 73 11 56, Fax 73 11 56, 🍽 – 📺 🅿 🆎 ⓞ ⋿ *VISA*
✦ *Mai und Nov. geschl.* – **Menu** *18* - 35 und à la carte 37/71, Kinder 10 – **12** ⊹
🖂 55/120 – ½ P Zuschl. 25.

Zürich 🔢🔢🔢 ⑲ – siehe Meilen.

ERRIEDEN 8942 Zürich (ZH) 216 ⑱ – 4 332 Ew. – Höhe 460 – ✆ 01.

138 – ♦Zürich 13 – Adliswil 7 – ♦Luzern 51 – ♦Zug 24.

Zum Stern, Seestr. 31, ℘ 720 05 04, Fax 720 63 94, 斎, « Pavillon am See ≤ », ⬇
– ❷. 巫 ⓪ 🄴 ⱽᴵˢᴬ ᴶᶜᴮ
von Okt. - Ende Feb. Sonntag und 24. - 26. Dez. geschl. – **Menu** *32* - 45 (mittags)/95
und à la carte 57/106.

ERSAXEN MEIERHOF 7134 Graubünden (GR) 218 ③ – 806 Ew. – Höhe 1 302 – Win-
ort : 1 281/2 310 m ⟊8 ⟋ – ✆ 081.

erkehrsbüro, ℘ 933 22 22, Fax 933 11 10.

241 – ♦Chur 46 – Andermatt 69.

Central, ℘ 933 13 23, Fax 933 10 22, ≤, 斎 – ☎ ❷ – 🕭 40. 巫 🄴 ⱽᴵˢᴬ
Mitte April - Mitte Mai und Nov. geschl. – **Menu** *19* und à la carte 30/85 – **25 Zim**
⮻ 96/172 – ½ P Zuschl. 21.

Val Gronda ⑤, in Tschappina, ✉ 7136, ℘ 933 12 58, Fax 933 11 73, ≤ Rheintal und
Berge, 斎, 🄵₅, ⩬ₛ, 🄽, ⌁ – ☎ ❷. 巫 🄴 ⱽᴵˢᴬ. ⠹
Mitte Dez. - Mitte April und Ende Juni - Mitte Okt. – **Menu** *(im Sommer Montag
geschl.)* 38 und à la carte 28/82, Kinder 8 – **22 Zim** ⮻ 105/190 – ½ P Zuschl. 30.

ERSTAMMHEIM 8477 Zürich (ZH) 216 ⑧ – Höhe 448 – ✆ 054 (ab 03/96 : 052).

177 – ♦Zürich 56 – ♦Frauenfeld 15 – Konstanz 39 – ♦Schaffhausen 22 – ♦Winterthur 27.

Zum Hirschen, ℘ 45 11 24 (ab 03/96 : 745 11 24), Fax 45 24 98 (ab 03/96 :
745 24 98), 斎, « Fachwerkhaus aus dem 17. Jh., geschmackvolle Einrichtung » – ❷.
巫 ⓪ 🄴 ⱽᴵˢᴬ
Montag - Dienstag, im Feb. 4 Wochen und 28. Juli - 7. Aug. geschl. – **Menu** *22* -
95/130 und à la carte 55/119.

ERWALD 3999 Wallis (VS) 217 ⑲ – 274 Ew. – Höhe 1 370 – ✆ 028.

flugsziel : Gletsch★★ Nord : 6 km – Grimselpass★★ Nord : 11,5 km – Rhonegletscher★ :
rotte★ Nord : 13 km.

Oberwald - Realp, Information, ℘ 73 11 41.

erkehrsverein, ℘ 73 32 32, Fax 73 32 33.

127 – Interlaken 70 – Andermatt 50 – ♦Brig 40.

Ahorni, Ⓜ ⑤ ℘ 73 20 10, Fax 73 20 32, 斎, – ⫙ ⠻ Zim 🆃🆅 ☎ ❷ 🄴
ⱽᴵˢᴬ
9. April - 21. Mai geschl. – **Menu** *18* - 40 (abends) und à la carte 31/72, Kinder 12
– **17 Zim** ⮻ 95/170 – ½ P Zuschl. 32.

ERWIL 4104 Basel-Landschaft (BL) 216 ④ – 8 674 Ew. – Höhe 297 – ✆ 061.

107 – ♦Basel 7 – ♦Baden 71 – ♦Delémont 41 – Mulhouse 47.

Wirtschaft zum Rössli, Hauptstr. 30, ℘ 401 18 81, Fax 401 18 81, 斎 – ❷. 🄴
ⱽᴵˢᴬ
Mittwoch - Donnerstag und Mitte Juli - Mitte Aug. geschl. – **Menu** *20* - 60/85 und
à la carte 36/86, Kinder 12.

NSINGEN 4702 Solothurn (SO) 216 ⑮ – 4 038 Ew. – Höhe 462 – ✆ 062.

51 – ♦Basel 50 – ♦Aarau 28 – ♦Luzern 64 – ♦Solothurn 20.

Lindemann zum Kreuz, ℘ 396 29 88, Fax 396 30 43, 斎 – ⫙ 🆃🆅 ☎ ❷ – 🕭 25/70.
巫 ⓪ 🄴 ⱽᴵˢᴬ ᴶᶜᴮ
28. Juli - 18. Aug. geschl. – **Menu** *15.50* und à la carte 35/86, Kinder 10.50 – **23 Zim**
⮻ 96/150 – ½ P Zuschl. 20.

Rondo, ℘ 396 21 76, Fax 396 33 43, 斎 – ⫙ 🆃🆅 ☎ ❷ – 🕭 25/120. 巫 ⓪ 🄴 ⱽᴵˢᴬ.
⠹ Rest
24. Dez. - 3. Jan. und 27. Juli - 16. Aug. geschl. – **Menu** *(Sonntag abends geschl.)*
21.50 und à la carte 37/81, Kinder 8.50 – **13 Zim** ⮻ 98/170 – ½ P Zuschl. 20.

RLIKON Zürich 216 ⑱ – siehe Zürich.

`OLIVONE` **6718** Ticino (TI) 𝟮𝟭𝟴 ⑫ – 887 ab. – alt. 893 – ✪ 091.

Dintorni : Chiesa del Negrentino★ a Prugiasco : affreschi★★ Sud : 8 km e 30 mn a piedi – Strada★ del passo del Lucomagno ovest.

🛈 Ente Turistico, ☏ 871 17 65, Fax 871 25 45.

◆Bern 248 – Andermatt 65 – ◆Bellinzona 46 – ◆Chur 103.

  🏠 **Olivone e Posta,** ☏ 872 13 66, Fax 872 16 87, 🌦 – 📺 ☎ Ⓟ. 🖭 ⓞ 🅴
  ↦ 🐾
  chiuso martedì in inverno – **Pasto** 20- 40 ed à la carte 32/70 – **25 cam** ⊊ 80/
  – ½ P sup. 25.

`OLLON` **1867** Vaud (VD) 𝟮𝟭𝟳 ⑭ – 5 847 h. – alt. 468 – ✪ 025.

◆Bern 105 – ◆Montreux 21 – Evian-les-Bains 42 – Gstaad 48 – ◆Lausanne 46 – ◆Martigny 27.

  XX **Hôtel de Ville d'Ollon** avec ch, ☏ 39 19 22, Fax 39 23 54, 🌦 – |‡|.
  ↦ _VISA_
  fermé 30 janv. au 21 fév., mardi et merc. – **Repas** 45 (midi)/93 et à la carte 48,
  – *Brasserie :* **Repas** 16 et à la carte 34/70 – **7 ch** ⊊ 70/100.

`OLTEN` **4600** Solothurn (SO) 𝟮𝟭𝟲 ⑯ – 17 421 Ew. – Höhe 396 – ✪ 062.

Ausflugsziel : Panorama★ beim Säli-Schlössli Süd-Ost : 5 km über ②.

🛈 Verkehrsbüro, Klosterplatz 21, ☏ 212 38 88, Fax 212 70 18.

🟤 Dornacherstr. 10, ☏ 212 82 32, Fax 212 20 77.

🅰 Ringstr. 1, ☏ 212 36 20, Fax 212 30 71.

◆Bern 65 ② – ◆Aarau 13 ① – ◆Basel 46 ③ – ◆Luzern 53 ② – ◆Solothurn 34 ③.

OLTEN

Baslerstrasse	YZ
Aarauerstrasse	Z 3
Aarburgerstrasse	Z
Alte Brücke	Z
Amthausquai	YZ
Bahnhofbrücke	Y
Bahnhofquai	Z
Bahnhofstrasse	Z 4
Belchenstrasse	Y
Dornacherstrasse	YZ
Fährweg	Y
Friedhofweg	Y
Froburgstrasse	Y
Gösgerstrasse	Y
Hagbergstrasse	Y
Hagmattstrasse	Y 6
Hauptgasse	Z 7
Hausmattrain	Z 9
Hübelistrasse	Z 10
Ildefons Platz	Z 12
Jurastrasse	Y
Kirchgasse	Z 13
Klosterplatz	Z
Konradstrasse	Z 15
Lebergasse	Z
Martin Disteli Strasse	Z 16
Mühlegasse	Z 18
Munzingerplatz	Z 19
Ringstrasse	YZ
Römerstrasse	YZ 21
Rötzmattweg	Z 22
Schützenmatte	Z
Solothurnerstrasse	Z 24
Spittalstrasse	Y 25
Tannwaldstrasse	Z
Unterführungsstrasse	Z 27
Ziegelfeldstrasse	Y

  🏠 **Arte** Ⓜ, Riggenbachstrasse, ⊠ 4601, ☏ 286 68 00, Fax 286 68 10, 🌦 – |‡| 📺
    ⅄ ⇔ – 🔬 25/200. 🖭 ⓞ 🅴 _VISA_
  Menu - italienische Küche - 25 und à la carte 46/87 – **78 Zim** ⊊ 125/165 – ½ P Zus
  25.

  🏠 **Olten,** Bahnhofstr. 5, ☏ 296 30 30, Fax 296 40 04 – |‡| 📺 video ☎ ⅄. 🖭 ⓞ 🅴
  ↦ 🐾 Rest
  Menu 18 und à la carte 40/82 – **32 Zim** ⊊ 140/210.

Zum Goldenen Ochsen, Ringstr. 23, ℰ 212 19 35, Fax 212 23 84, 🎨 – 𝔸𝔼 ⓞ 𝔼
VISA   Z **b**
Sonntag - Montag und 11. - 23. Feb. geschl. – **Menu** (Tischbestellung ratsam) *28 -*
45 (mittags)/*80* und à la carte *66/96*.

Walliserkanne, Aarburgerstr. 6, ℰ 296 44 76, Fax 296 44 72, 🎨 – 𝔸𝔼 𝔼 *VISA* Z **f**
Sonntag - Montag, 13. - 17. Feb., 5. - 8. April und 1. - 19. Okt. geschl. – **Menu** *29*
- 43 (mittags)/*89* und à la carte *55/103*.

Felsenburg, Aarauerstr. 157 (über ①), ℰ 296 22 77, Fax 296 13 76, 🎨 – 𝔸𝔼 ⓞ 𝔼
VISA ᴊᴄʙ
Dienstag, 12. - 22. Feb. und 15. Juli - 15. Aug. geschl. – **Menu** *21* und à la carte *46/90*.

Traube, in Trimbach, über ④ Baslerstr. 211, ✉ 4632 Trimbach, ℰ 293 30 50,
Fax 293 01 50 – 🅿. 𝔼 *VISA*
Montag - Dienstag, 12. - 22. Feb. und 22. Juli - 16. Aug. geschl. – **Menu** *15.50 - 49*
(mittags)/*86* und à la carte *57/97*.

Zollhaus, Bahnhofstr. 4, ℰ 296 36 28 – 𝔸𝔼 ⓞ 𝔼 *VISA*   Z **e**
Sonntag - Montag und Mitte Aug. 2 Wochen geschl. – **Menu** *24* und à la carte *39/84*

NENS 1425 Vaud (VD) 𝟚𝟙𝟟 ③ – 361 h. – alt. 477 – 🕾 024.

n 79 - ◆Neuchâtel 30 - Pontarlier 57 - ◆Yverdon-les-Bains 10.

Bellevue, ℰ 71 13 26, Fax 71 13 93, 🎨 – 🛗 📺 🕾 🅿. 𝔼 *VISA*
fermé 30 déc. au 5 fév. et dim. de nov. à avril – **Repas** *15 - 31/54* et à la carte *36/83,*
enf. *12* – 🖙 *9.50* – **10 ch** *80/140* – ½ P suppl. *15*.

BE 1350 Vaud (VD) 𝟚𝟙𝟟 ③ – 4 740 h. – alt. 483 – 🕾 024.

ffice du Tourisme, 7 pl. de la Gare, ℰ 41 31 15, Fax 41 55 46.

n 93 - ◆Lausanne 29 - Pontarlier 40 - ◆Yverdon-les-Bains 14.

des Mosaïques sans rest, Mont-Choisi (Nord : 1 km), ℰ 42 12 61, Fax 41 15 14 – 🛗
📺 🕾 ♿ 🅿 – 🛦 *25/70*. 𝔸𝔼 ⓞ 𝔼 *VISA*
🖙 *12* – **37 ch** *85/130*.

du Chasseur, pl. du Marché, ℰ 41 31 74, Fax 43 15 32 – 🛗 📺 🕾 – 🛦 *25*. 𝔸𝔼 𝔼
VISA
Repas *(fermé lundi soir) 28 - 40* (midi) et à la carte *33/74,* enf. *10* – **10 ch** 🖙 *75/128*
– ½ P suppl. *21*.

Guignard, 17 Grand-Rue (1ᵉʳ étage), ℰ 41 15 24, Fax 43 19 69 – 𝔸𝔼 𝔼 *VISA*
fermé 8 au 22 janv., 15 juil. au 5 août, lundi, mardi, merc. soir, jeudi soir et dim. soir
– **Repas** *16 - 49* (midi)/*89* et à la carte *47/80*.

à Agiez Ouest : 2,5 km – ✉ 1352 Agiez – 🕾 024 :

Le Normand 🏠 avec ch, ℰ 41 15 45, Fax 43 15 87, 🎨 – 📺 🅿. 𝔸𝔼 ⓞ 𝔼 *VISA*
fermé 3 sem. en juin, dim. soir et lundi – **Repas** *15 - 22* (midi)/*70* et à la carte *35/88,*
enf. *8* – **6 ch** 🖙 *55/90*.

IGLIO 6945 Ticino (TI) 𝟚𝟙𝟡 ⑧ – 1 055 ab. – alt. 420 – 🕾 091.

n 267 - ◆Lugano 9 - ◆Bellinzona 24 - Como 39 - ◆Locarno 36.

a Carnago Est : 1 km – ✉ 6945 Carnago – 🕾 091 :

Origlio Country Club 🏠, ℰ 945 46 46, Fax 945 10 31, ≤, 🎨, ≘s, ⤢, ⍰, 🎾, ⚒
– 🛗 🍴 🕾 ⇦ 🅿 – 🛦 *25/110*. 𝔸𝔼 ⓞ 𝔼 *VISA*. ⚒ rist
chiuso dal 2 gennaio al 15 marzo – **Pasto** *32 - 42* (mezzogiorno)/*55* ed à la carte
61/94, bambini *14.50* – **58 cam** 🖙 *195/350* – ½ P sup. *50*.

Deserto con cam, ℰ 945 12 16, Fax 945 50 72, 🎨, 🍃 – 📺 🕾 🅿. 𝔸𝔼 𝔼 *VISA*
Pasto *18 - 71* ed à la carte *61/87* – **12 cam** 🖙 *95/200* – ½ P sup. *35*.

RMALINGEN 4466 Basel-Landschaft (BL) 𝟚𝟙𝟞 ⑤ – 1 597 Ew. – Höhe 425 – 🕾 061.

n 83 - ◆Aarau 24 - ◆Baden 42 - ◆Basel 31 - ◆Solothurn 52.

Farnsburg 🏠 mit Zim, Nord : 3 km, ℰ 981 11 10, Fax 981 48 01, 🎨 – 🅿 – 🛦 *50*.
⚒
Sonntag abends, Montag, Dienstag, 20. Dez. - 3. Jan., Feb. und 27. Juli - 9. Aug.
geschl. – **Menu** *34* (mittags)/*85* und à la carte *45/85* – **3 Zim** 🖙 *80/150*.

RSELINA Ticino 𝟚𝟙𝟡 ⑦ ⑧, 𝟚𝟙𝟠 ⑪ – vedere Locarno.

ORSIÈRES 1937 Valais (VS) 219 ② – 2 659 h. – alt. 879 – ✆ 026.

◆Bern 145 – ◆Martigny 18 – Aosta 51 – ◆Montreux 61 – ◆Sion 48.

🏨 **Terminus,** ℘ 83 20 40, Fax 83 38 08, �└ – 📺 ☎ ೬, 🚗 🅿. 🆀 ⓪ 🄴 𝗩𝗜𝗦𝗔
↦ fermé 8 au 19 janv. et jeudi soir hors saison – **Repas** 17 - 30/50 et à la carte 46/
enf. 11 – **26 ch** � 70/100 – ½ P suppl. 22.

🍽🍽 ❀ **Les Alpes** (Joris), ℘ 83 11 01, Fax 83 38 78, �└ – 🆀 ⓪ 🄴 𝗩𝗜𝗦𝗔
↦ fermé 20 juin au 15 juil., mardi soir et merc. (sauf du 15 juil. au 15 août) – **Re**
69/122 – **Café : Repas** 18 et à la carte 47/79
Spéc. Millefeuille d'épinards et moules de bouchot au safran. Filet de selle de lapereau f
de pruneaux et abricots. Symphonie de chocolat ivoire et mi-amer.

OSTERFINGEN 8218 Schaffhausen (SH) 216 ⑦ – 329 Ew. – Höhe 440 – ✆ 053 (ab 03/
052).

◆Bern 147 – ◆Zürich 50 – ◆Baden 59 – ◆Schaffhausen 20.

🍽 **Bad Osterfingen,** ℘ 61 21 21 (ab 03/96 : 681 21 21), �└, Gasthaus und Weingut
dem 15. Jh. – 🅿
Montag - Dienstag und Jan. - Feb. geschl. – **Menu** 50/65 und à la carte 41/77

ORVIN 2534 Bern (BE) 216 ⑭ – 1 146 h. – alt. 668 – ✆ 032.

◆Bern 40 – ◆Delémont 58 – ◆Biel/Bienne 9 – ◆La Chaux-de-Fonds 49 – ◆Neuchâtel 38 – ◆Solothurn

🍽 Cheval Blanc, ℘ 58 12 82 – 🅿

OSTERMUNDIGEN Bern 217 ⑥ – siehe Bern.

OTTENBACH 8913 Zürich (ZH) 216 ⑱ – 2 236 Ew. – Höhe 421 – ✆ 01.

◆Bern 126 – ◆Zürich 24 – ◆Aarau 8 – ◆Luzern 35 – ◆Schwyz 45.

🍽 **Reussbrücke,** ℘ 760 11 61, Fax 760 12 50, �└ – 🅿. 🆀 🄴 𝗩𝗜𝗦𝗔
↦ **Menu** 16.50 - 35 (mittags)/70 und à la carte 47/102, Kinder 13.

OTTIKON BEI KEMPTTHAL 8313 Zürich (ZH) 216 ⑲ – Höhe 578 – ✆ 052.

◆Bern 144 – ◆Zürich 23 – ◆Frauenfeld 28 – ◆Schaffhausen 38 – ◆Winterthur 10.

🍽🍽 **Zur Traube,** ℘ 33 12 58 (ab 03/96 : 345 12 58) – 🆀 🄴 𝗩𝗜𝗦𝗔. 🌾
Sonntag - Montag und Mitte Aug. - Mitte Sept. geschl. – **Menu** 42 (mittags) un
la carte 57/103.

OUCHY Vaud 217 ⑬ – rattaché à Lausanne.

OVRONNAZ 1911 Valais (VS) 217 ⑮ – alt. 1 332 – Sports d'hiver : 1 350/2 080 m ✂9
– ✆ 027.

🛈 Office du Tourisme, ℘ 86 42 93.

◆Bern 149 – ◆Martigny 26 – ◆Montreux 65 – ◆Sion 26.

🏨 **L'Ardève** 🌤, à Mayens-de-Chamoson, Est : 2 km, ℘ 86 57 57, Fax 86 60 32, ≤ vall
↦ �└ – 📳 📺 ☎ 🅿 – 🔬 25/120. 🆀 🄴 𝗩𝗜𝗦𝗔
Repas (fermé 20 nov. au 8 déc.) 16 - 48/64 et à la carte 41/76, enf. 11 – **15**
⊋ 90/170 – ½ P suppl. 35.

Le PÂQUIER Fribourg 217 ④ ⑤ – rattaché à Bulle.

PASSUGG-ARASCHGEN Graubünden 218 ④ – siehe Chur.

PAYERNE 1530 Vaud (VD) 217 ④ – 7 301 h. – alt. 450 – ✆ 037.

Voir : Intérieur★★ de l'Église abbatiale★.

🛈 Office du Tourisme, ℘ 61 61 61, Fax 61 71 26.

◆Bern 53 – ◆Neuchâtel 50 – ◆Biel 56 – ◆Fribourg 23 – ◆Lausanne 47 – ◆Yverdon-les-Bains 28.

à Vers-chez-Perrin Sud : 2,5 km par rte Fribourg – ✉ 1551 Vers-chez-Perrin – ✆ 03

🍽🍽 **Aub. de Vers-chez-Perrin** 🌤 avec ch, ℘ 61 58 46, Fax 61 58 66, �└ – ▤ rest
↦ ☎ 🅿. 🄴 𝗩𝗜𝗦𝗔
fermé 24 déc. au 1er janv., 29 juil. au 12 août et lundi – **Repas** (fermé dim. soir) 16.5
55/75 et à la carte 35/71 – **7 ch** ⊋ 65/120 – ½ P suppl. 25.

AZZALLO Ticino 219 ⑧ – vedere Lugano.

NEY-DESSUS Genève 217 ⑪ – rattaché à Satigny.

NEY-LE-JORAT 1059 Vaud (VD) 217 ③ – 269 h. – alt. 845 – ✆ 021.
rn 81 – ◆Lausanne 17 – ◆Montreux 43 – Pontarlier 66 – ◆Yverdon-les-Bains 26.

Aub. du Cheval Blanc, ✆ 903 30 08, Fax 903 30 98 – **P**. **AE E VISA**
fermé 12 au 24 août, lundi et mardi – **Repas** 15 - 50/85 et à la carte 35/89.

RREFITTE Bern 216 ⑭ – rattaché à Moutier.

RY-REUCHENETTE 2603 Bern (BE) 216 ⑭ – 1 381 h. – alt. 646 – ✆ 032.
rn 47 – ◆Delémont 45 – ◆Biel 12 – ◆Solothurn 28.

La Truite avec ch, ✆ 96 14 10, Fax 96 14 21, 🍽 – **TV P**. **AE E VISA**
fermé 1er au 17 janv. et 15 juil. au 7 août – **Repas** *(fermé lundi soir et mardi)* 13.50 -
52/82 et à la carte 44/84, enf. 13 – **11 ch** ⇌ 60/100 – ½ P suppl. 20.

SEUX Neuchâtel 216 ⑫ ⑬ – rattaché à Neuchâtel.

TIT-LANCY Genève 217 ⑪ – rattaché à Genève.

ÄFERS St. Gallen 218 ④ – siehe Ragaz, Bad.

ÄFFIKON 8808 Schwyz (SZ) 216 ⑲ – Höhe 412 – ✆ 055.
rn 117 – ◆Zürich 36 – Rapperswil 5 – ◆Schwyz 30.

Schiff mit Zim, Unterdorfstr. 21, ✆ 48 49 50 (ab 03/96 : 410 49 50), Fax 48 60 93
(ab 03/96 : 410 60 93), ≼, 🍽, 🛏 – **TV ☎ P**. **AE ① E VISA**
Menu *26.50* und à la carte 45/94, Kinder 10.50 – **15 Zim** ⇌ 70/75 – ½ P Zuschl. 38.

ÄFFIKON 8330 Zürich (ZH) 216 ⑲ – 8 816 Ew. – Höhe 547 – ✆ 01.
rn 151 – ◆Zürich 30 – Rapperswil 20 – ◆St. Gallen 60 – ◆Winterthur 20.

Seerose ⚓, ✆ 950 01 01, Fax 950 01 09, ≼, 🍽, 🌾, 🛏 – ⇞ Zim **TV** video **☎ P**
– 🏛 25. **AE ① E VISA**
Menu 28 (mittags) und à la carte 48/94 – **16 Zim** ⇌ 140/210.

in Fehraltorf Nord-West : 3 km Richtung Winterthur – ✉ 8320 Fehraltorf – ✆ 01 :

Zum Hecht, ✆ 954 21 21, Fax 954 23 81, 🍽 – **AE E VISA**. 🌾
Dienstag - Mittwoch und Mitte Juli - Mitte Aug. geschl. – **Menu** 18 - 45 (mittags)/105
und à la carte 59/104.

E PICHOUX Bern (BE) 216 ⑭ – alt. 728 – ✉ 2716 Sornetan – ✆ 032.
rn 67 – ◆Delémont 19 – ◆Biel 32 – ◆Solothurn 48.

La Couronne avec ch, ✆ 91 91 28, 🍽, « Joli décor rustique » – **P**. **E VISA**
fermé 21 déc. au 1er fév., mardi soir et merc. – **Repas** 20 - 45/80 et à la carte 42/94
– **5 ch** ⇌ 70/140.

ODINA Ticino 219 ⑦ – vedere Brissago.

LAFFEIEN 1716 Freiburg (FR) 217 ⑤ – 1 777 Ew. – Höhe 851 – ✆ 037.
rn 32 – ◆Fribourg 17 – Gruyères 38 – ◆Thun 44.

Hirschen, Dorfstr. 2, ✆ 39 11 14, Fax 39 26 83, 🍽 – 📶 **TV ☎** – **10 Zim**.

AGNE 2536 Bern (BE) 216 ⑭ – 347 h. – alt. 869 – ✆ 032.
rn 43 – ◆Delémont 52 – ◆Biel 8 – ◆Solothurn 24.

Au Vieux Grenier, ✆ 58 15 30, 🍽 – **P**. 🌾
fermé 10 juil. au 6 août, lundi et mardi – **Repas** 13 et à la carte 27/60, enf. 9.

AMBUIT Vaud 217 ⑭ – rattaché à Villars-sur-Ollon.

AN-LES-OUATES Genève 217 ⑪ – rattaché à Genève.

ANS-MAYENS Valais 217 ⑯ – rattaché à Crans-Montana.

261

PLEIGNE 2807 (Jura) (JU) 216 ③ – 396 h. – alt. 814 – 🕸 066.
◆Bern 94 – ◆Delémont 13 – ◆Basel 40 – Porrentruy 30.

  ❌ **Haut-Plateau,** 🖉 31 13 67, Fax 31 14 92, 🏤 – 🅿. 🗲 $\overline{VISA}$
  ◣ *fermé 15 au 29 fév., 15 au 31 oct., mardi soir et merc.* – **Repas** *14* et à la carte 28/

POHLERN Bern 217 ⑥ – siehe Blumenstein.

Le PONT Vaud 217 ② – voir à Joux (Lac de).

PONT-DE-LA-MORGE Valais 217 ⑮ – rattaché à Sion.

PONTE BROLLA Ticino (TI) 219 ⑦ – alt. 258 – ✉ 6652 Tegna – 🕸 091.
◆Bern 271 – ◆Lugano 45 – ◆Bellinzona 25 – ◆Locarno 5 – Verbania 42.

  ❌❌ **Da Enzo,** 🖉 796 14 75, Fax 796 14 75, 🏤, 🌇 – 🅿. 🖭 🗲 $\overline{VISA}$
  chiuso giovedì a mezzogiorno, mercoledì e dal 20 gennaio al 1° marzo – **Pasto**
  (mezzogiorno)/62 ed à la carte 66/87.

  ❌ **Centovalli** con cam, 🖉 796 14 44, Fax 796 31 51, 🏤 – 📺 🅿. 🞉
  ◣ *chiuso dal 30 dicembre al 1° marzo –* **Pasto** *(chiuso lunedì e martedì) (prenota*
  20 ed à la carte 28/77 – **9 cam** ⋤ 100/160.

PONTE TRESA 6988 Ticino (TI) 219 ⑧ – 784 ab. – alt. 276 – 🕸 091.
🏌 a Magliaso, ✉ 6983, 🖉 606 15 57, Fax 606 65 58, Nord-Est : 2,5 km.
◆Bern 282 – ◆Lugano 11 – ◆Bellinzona 38 – Como 38 – ◆Locarno 50.

  a Magliasina Nord-Est : 1,5 km – ✉ 6987 Caslano – 🕸 091 :

  ❌❌❌ **Locanda Estérel** con cam, 🖉 606 43 13, Fax 606 62 02, ⊾ – 📺 ☎ 🅿. 🖭 ⓪ 🗲
  chiuso dal 29 gennaio al 13 febbraio – **Pasto** *(chiuso lunedì in estate) (coperti limi*
  - prenotare) 29 - 49 (mezzogiorno)/95 ed à la carte 62/88 – **9 cam** ⋤ 110/28
  ½ P sup. 45.

  a Magliaso Nord-Est : 2,5 km – ✉ 6983 Magliaso – 🕸 091 :

  🏨 **Golf Hotel Villa Magliasina** 🞉, 🖉 611 29 29, Fax 611 29 20, 🏤, « Giardino fio
  con ⊾ » – 📺 ☎ 🅿. 🖭 🗲 $\overline{VISA}$. 🞉 rist
  15 marzo - 15 novembre – **Pasto** *24 - 42 (mezzogiorno)/62 ed à la carte 57/9*
  25 cam ⋤ 135/340 – ½ P sup. 50.

  a Caslano Est : 3 km – ✉ 6987 Caslano – 🕸 091 :

  🏨 **Gardenia** Ⓜ 🞉, 🖉 606 17 16, Fax 606 26 42, 🏤, « Giardino fiorito con ⊾ »,
  – 📳 🖃 🅿. 🖭 ⓪ 🗲 $\overline{VISA}$. 🞉 rist
  chiuso dal 2 gennaio al 10 marzo – **Bacco** *(chiuso a mezzogiorno e mercoledì)* **Pa**
  79 ed à la carte 72/100 – **26 cam** ⋤ 195/350 – ½ P sup. 52.

PONT-LA-VILLE 1649 Fribourg (FR) 217 ⑤ – 419 h. – alt. 774 – 🕸 037.
🏌, (mars - déc.), 🖉 33 91 11, Fax 33 92 20.
◆Bern 51 – ◆Montreux 46 – Bulle 15 – ◆Fribourg 17.

  🏨 **Royal Golf et Business Club** Ⓜ 🞉, 🖉 33 91 11, Fax 33 92 20, 🏤, « En bord
  de golf, ⬳ lac de la Gruyère et massif du Moléson », 🔳, 🗖, 🞉 – 📺 ☎ 🅿 – 🕍 25/
  🖭 ⓪ 🗲 $\overline{VISA}$. 🞉
  fermé 1er janv. au 29 fév. – **Repas** *28 - 48 (midi)/118 et à la carte 55/95 –* **12**
  ⋤ 190/310 – ½ P suppl. 39.

PONTRESINA 7504 Graubünden (GR) 218 ⑮ – 1 764 Ew. – Höhe 1 777 – Winterspc
1 800/2 978 m ⟨≸3 ⟨≸8 ≸ – 🕸 082 (ab 04/96 : 081).
Sehenswert : Lage★★.

Ausflugsziel : Belvedere di Chünetta★★★ Süd-Ost : 5 km – Diavolezza★★★ Süd-Ost : 10
und Luftseilbahn – Muottas Muragl★★ Nord : 3 km und Standseilbahn – Piz Lagalb★★ S
Ost : 11 km und Luftseilbahn.

Lokale Veranstaltung
01.03 : "Chalandamarz" alter Frühlingsbrauch und Kinderfest.

🅱 Kur- und Verkehrsverein, 🖉 6 64 88 (ab 04/96 : 842 64 88), Fax 6 79 96 (ab 04/9
842 79 96).

◆Bern 336 – ◆St. Moritz 7 – ◆Davos 70 – Merano 137.

Grand Hotel Kronenhof ⛰, ✆ 6 01 11 (ab 04/96 : 842 01 11), Fax 6 60 66 (ab 04/96 : 842 60 66), ≤ Berge, 🌳, « Gebäude aus dem 18. Jh., Deckenmalereien im Neurokokostil », ⛱, 🏊, 🌳, 🎾 - 🛗 📺 ☎ 🅿 - 🔬 80. AE ⓓ E VISA. 🐕 Zim
17. Dez. - 23. März und 30. Juni - 28. Sept. – ***Kronenstübli :*** **Menu** *35* - 63/85 und à la carte 53/112 – **89 Zim** ☕ 330/640, 4 Suiten – ½ P Zuschl. 25.

Walther ⛰, ✆ 6 64 71 (ab 04/96 : 842 64 71), Fax 6 79 22 (ab 04/96 : 842 79 22), ≤ Berge, 🌳, 🏋, ≘s, 🏊, 🌳, 🎾 - 🛗 📺 ☎ 🅿. AE ⓓ E VISA. 🐕
21. Dez. - 8. April und 16. Juni - 5. Okt. – ***Stüva Bella*** *(nur Abendessen)* **Menu** 60 und à la carte 51/102 – **74 Zim** ☕ 245/510 – ½ P Zuschl. 40.

Schweizerhof, ✆ 6 01 31 (ab 04/96 : 842 01 31), Fax 6 79 88 (ab 04/96 : 842 79 88), ≤, 🌳, 🏋, ≘s - 🛗 📺 ☎ 🚗 - 🔬 30. AE ⓓ E VISA
3. Dez. - 12. April und 16. Juni - 19. Okt. – **Menu** *29* - 45 und à la carte 49/87 – **70 Zim** ☕ 145/360 – ½ P Zuschl. 25.

La Collina Ⓜ ⛰, ✆ 6 01 21 (ab 04/96 : 842 01 21), Fax 6 79 95 (ab 04/96 : 842 79 95), ≤ Berge, 🌳 - 🛗 📺 ☎ 🅿. AE ⓓ E VISA. 🐕 Zim
22. Dez. - 7. April und 9. Juni - 11. Okt. – **Menu** à la carte 48/101 – **50 Zim** ☕ 215/400 – ½ P Zuschl. 15.

Rosatsch und Residence, ✆ 6 77 77 (ab 04/96 : 842 77 77), Fax 6 78 36 (ab 04/96 : 842 77 78), 🏋, ≘s, 🏊 - 🛗 📺 ☎ 🚗 - 🔬 50. E VISA
8. Dez. - 20. April und 16. Juni - 19. Okt. – **Menu** *(nur Abendessen)* à la carte 41/85, Kinder 11 – **85 Zim** ☕ 154/352, 5 Suiten – ½ P Zuschl. 20.

Müller, ✆ 6 63 41 (ab 04/96 : 842 63 41), Fax 6 68 38 (ab 04/96 : 842 68 38), 🌳 - 🛗 📺 ☎ 🅿. AE ⓓ E VISA
21. Dez. - 17. April und 2. Juni - 19. Okt. – **Menu** 25/35 und à la carte 32/70, Kinder 12 – **32 Zim** ☕ 140/250 – ½ P Zuschl. 40.

Albris, ✆ 6 64 34 (ab 04/96 : 842 64 34), Fax 6 70 30 (ab 04/96 : 842 70 30), ≤, 🌳, 🌳 - 🛗 📺 ☎ 🚗 🅿. ⓓ E VISA
1. Dez. - 20. April und 1. Juni - 31. Okt. – **Menu** *30* - 35/45 und à la carte 38/86, Kinder 14 – **35 Zim** ☕ 135/280 – ½ P Zuschl. 20.

Bernina, ✆ 6 62 21 (ab 04/96 : 842 62 21), Fax 6 70 32 (ab 04/96 : 842 70 32), ≘s, 🌳 - 🛗 📺 ☎ 🚗. AE ⓓ E VISA
15. Dez. - 15. April und 15. Juni - 15. Okt. – ***Locanda :*** **Menu** *18* - 44 und à la carte 28/73, Kinder 11 – **47 Zim** ☕ 130/280 – ½ P Zuschl. 30.

Steinbock, ✆ 6 63 71 (ab 04/96 : 842 63 71), Fax 6 79 22 (ab 04/96 : 842 75 45), 🌳, 🌳 - 🚭 Rest 📺 ☎ 🅿. AE ⓓ E VISA. 🐕 Rest
Colani Stübli : **Menu** *25* - 46 (abends) und à la carte 33/82 – **29 Zim** ☕ 150/300 – ½ P Zuschl. 20.

Sarazena, ✆ 6 63 53 (ab 04/96 : 842 63 53), Fax 6 79 21 (ab 04/96 : 842 79 21), 🌳 - 🅿. AE ⓓ E VISA JCB
Montag, 20. April - 10. Juni und Nov. geschl. – **Menu** - chinesische Küche - 38/58 und à la carte 43/87.

ORRENTRUY 2900 Jura (JU) 216 ② – 6 928 h. – alt. 445 – ☎ 066.

de la Largue à F-Mooslargue, ✉ 2800 Delémont, (mars - nov.), ✆ 22 16 50, Nord-Est : km.

Office du Tourisme, 5 Grand-Rue, ✆ 66 18 53, Fax 66 50 43.

ern 96 – ♦Delémont 28 – ♦Basel 50 – Belfort 37 – ♦La Chaux-de-Fonds 64 – ♦Solothurn 77.

Belvédère, 61 rte de Bure (près Hopital), ✆ 66 25 61, Fax 66 25 53, ≤, 🌳 - 📺 ☎ 🅿. E VISA. 🐕
fermé fév. et 1er au 10 sept. – **Repas** *(fermé mardi) 18* et à la carte 35/63 – **8 ch** ☕ 60/130 – ½ P suppl. 25.

Buffet de la Gare - RMR, pl. de la Gare, ✆ 66 21 35, Fax 66 21 89 – AE ⓓ E VISA. 🐕
Repas *36* - 52 et à la carte 47/86, enf. 18.50.

à ***Coeuve*** Nord : 5 km par rte de Coeuve – ✉ 2932 Coeuve – ☎ 066 :

Sur le Mont, ✆ 66 15 39, Fax 66 16 25, 🌳 - 🅿. AE E VISA
fermé janv. et mardi de sept. à mai – **Repas** *20* - 30/50 et à la carte 34/71.

POSCHIAVO 7742 Grigioni (GR) 218 ⑯ – 3 178 ab. – alt. 1 014 – ✆ 082 (da 04/96 : 0
Dintorni : Alp Grüm★★★ Nord : 18 km e treno.
🛈 Ente Turistico, 𝒫 5 05 71 (da 04/96 : 844 05 71), Fax 5 10 27 (da 04/96 : 844 10 27
◆Bern 369 – ◆St. Moritz 40 – ◆Davos 102 – Merano 142 – Sondrio 39.

🏛 **Suisse,** 𝒫 5 07 88 (da 04/96 : 844 07 88), Fax 5 19 67 (da 04/96 : 844 19 67), 🍴
🛗 📺 ☎ 🄿 – 🕾 25/150. 🄰🄴 ⓪ 🄴 𝑉𝐼𝑆𝐴
chiuso dal 1° novembre al 15 dicembre – **Pasto** *24* - 28/45 ed à la carte 47/7
22 cam ⊇ 90/183 – ½ P sup. 30.

PRÄZ 7424 Graubünden (GR) 218 ④ – 166 Ew. – Höhe 1 189 – ✆ 081.
◆Bern 276 – ◆Chur 32 – ◆Bellinzona 97 – ◆Davos 54 – St. Moritz 71 – Thusis 7.

🏛 **Plattas** ⟋, 𝒫 81 48 38 (ab 04/96 : 651 48 38), Fax 81 19 90 (ab 04/96 : 651 19
≤, 🍴, ⥱ – 📺 ☎ 🄿. ⓪ 🄴 𝑉𝐼𝑆𝐴 𝐽𝐶𝐵
in Nov. 2 Wochen geschl. – **Menu** *(in der Zwischensaison Montag - Dienstag gesc*
13 -50 57 und à la carte 34/75 – **11 Zim** ⊇ 55/160 – ½ P Zuschl. 28.

Le PRESE 7746 Grigioni (GR) 218 ⑯ – alt. 965 – ✆ 082 (da 04/96 : 081).
◆Bern 373 – ◆St. Moritz 44 – ◆Davos 106 – Merano 146 – Sondrio 35.

🏨 Le Prese, 𝒫 5 03 33, Fax 5 08 35, ≤, 🍴, « Parco ombreggiato in riva al lago »,
✖ – 🛗 📺 ☎ 🄿
stagionale – **28 cam**.

🏛 **La Romantica,** 𝒫 5 03 83 (da 04/96 : 844 03 83), Fax 5 10 33 (da 04/96 : 844 10
🍴, 𝕝, ⥱ – 🛗 📺 ☎ 🄿. 🄰🄴 ⓪ 🄴 𝑉𝐼𝑆𝐴
maggio - ottobre – **Pasto** *18* ed à la carte 31/73, bambini 15 – **25 cam** ⊇ 91/1
– ½ P sup. 23.

PRÉVERENGES 1028 Vaud (VD) 217 ⑬ – 3 863 h. – alt. 411 – ✆ 021.
◆Bern 119 – ◆Lausanne 9 – ◆Genève 51 – ◆Montreux 32 – Pontarlier 70.

🏨 **Aub. du Chasseur,** 10 rte d'Yverdon, 𝒫 802 43 33, Fax 802 43 75, 🍴 – 📺 ☎
🄰🄴 ⓪ 🄴 𝑉𝐼𝑆𝐴
Repas - cuisine asiatique - *(fermé 2 sem. en fév., sam. midi et mardi)* 16.50 - 48
à la carte 36/68 – **12 ch** ⊇ 100/170 – ½ P suppl. 35.

🕱🕱 **La Plage** avec ch, au bord du lac, 𝒫 803 07 93, Fax 801 25 35, 🍴, 𝕝 – 📺 ☎.
⓪ 🄴 𝑉𝐼𝑆𝐴
fermé 23 déc. au 16 janv., 11 au 20 fév., dim. soir et lundi d'oct. à avril – **Re**
15 - 52 (midi)/65 et à la carte 73/120 – **8 ch** ⊇ 160/195 – ½ P suppl. 35.

Le PRÉVOUX Neuchâtel 216 ⑫ – rattaché à Le Locle.

PUIDOUX 1604 Vaud (VD) 217 ⑭ – alt. 667 – ✆ 021.
◆Bern 91 – ◆Montreux 18 – ◆Fribourg 61 – ◆Lausanne 14 – ◆Yverdon-les-Bains 48.

🏨 **Signal** ⟋, 𝒫 946 05 05, Fax 946 05 15, ≤ lac Léman, 🍴, 𝕝, ⥱, ✖ – 🛗 📺
🄿 – 🕾 25/50. ⓪ 🄴 𝑉𝐼𝑆𝐴
avril - oct. – **Repas** 35/69 et à la carte 47/92 – **78 ch** ⊇ 220/280, – ½ P suppl.

🕱🕱 **Aub. de la Tonnelle,** à la Gare, 𝒫 946 11 06, 🍴 – 🄿. 🄰🄴 ⓪ 🄴 𝑉𝐼𝑆𝐴
fermé 1ᵉʳ au 19 fév., mardi et merc. – **Repas** *15* - 45 (midi)/92 et à la carte 52/

🕱🕱 **Lac de Bret,** Nord : 1 km, 𝒫 946 11 26, Fax 946 34 78, 🍴 – 🄿. 🄰🄴 ⓪ 🄴
Repas *13.50* - 49/84 et à la carte 47/99.

PULLY Vaud 217 ⑬ – rattaché à Lausanne.

La PUNT Graubünden 218 ⑮ – siehe Madulain.

PUTZ Graubünden 218 ⑤ – siehe Luzein.

RAFZ 8197 Zürich (ZH) 216 ⑦ – 2 730 Ew. – Höhe 424 – ✆ 01.
◆Bern 155 – ◆Zürich 35 – ◆Baden 54 – Konstanz 71 – ◆Schaffhausen 17.

🕱🕱 **Zum Goldenen Kreuz** mit Zim, 𝒫 869 04 24, Fax 869 04 23, 🍴, « Haus aus de
17. Jh., geschmackvolle Einrichtung » – 📺 ☎ 🄿. 🄰🄴 🄴 𝑉𝐼𝑆𝐴
Menu *29* - 50 (mittags)/58 und à la carte 52/100, Kinder 22.50 – **6 Zim** ⊇ 110/1
½ P Zuschl. 35.

REGENSDORF 8105 Zürich (ZH) 216 ⑱ – 13 263 Ew. – Höhe 443 – 🕾 01.
Bern 121 – ◆Zürich 11 – ◆Baden 19 – ◆Luzern 63 – ◆Schaffhausen 56 – ◆Winterthur 34.

🏨 **Trend** 🅼, 𝓕 870 00 40, Fax 870 02 55, 😣 – 🕼 ⇖ Zim 📺 video ☎ ⇦ 🅿 –
◆ 🔬 25/40. 🆎 🇪 𝑽𝑰𝑺𝑨
Menu *19* und à la carte 46/79, Kinder 12 – � 24 – **48 Zim** 198/258, 3 Suiten.

🏨 **Mövenpick**, 𝓕 871 51 11, Telex 825888, Fax 871 50 11, 😣 – 🕼 ⇖ 🍽 Rest 📺 ☎
◆ 🕭 ⇦ 🅿 – 🔬 25/400. 🆎 ⓞ 🇪 𝑽𝑰𝑺𝑨
Menu *17* und à la carte 32/75 – **Schmitte Grill** *(Sonntag abends und Montag geschl.)*
Menu à la carte 43/108 – **Ciao** *(Sonntag mittags, Samstag und 15. Juli - 11. Aug.
geschl.)* Menu à la carte 33/69 – � 22.50 – **149 Zim** 230/305.

REICHENBACH 3713 Bern (BE) 217 ⑦ – 3 401 Ew. – Höhe 706 – 🕾 033.
Bern 47 – Interlaken 26 – Gstaad 58 – Kandersteg 19.

✗ **Bären** mit Zim, 𝓕 76 12 51, Fax 76 27 44, 😣, « Altes Berner Haus, behaglich-
ländliche Einrichtung » – 🅿. 🆎 ⓞ 🇪 𝑽𝑰𝑺𝑨
Montag - Dienstag, 9. - 30. April und Nov. geschl. – **Menu** *25* - 66/92 und à la carte
49/115 – **3 Zim** � 75/150 – ½ P Zuschl. 40.

Si vous cherchez un hôtel tranquille,
consultez d'abord les cartes de l'introduction
ou repérez dans le texte les établissements indiqués avec le signe ⅏ ou ⅏

REIDEN 6260 Luzern (LU) 216 ⑯ – 3 775 Ew. – Höhe 458 – 🕾 062.
Bern 75 – ◆Aarau 24 – ◆Baden 46 – ◆Luzern 38 – ◆Olten 17.

✗✗ **Lerchenhof**, Mehlsecken, 𝓕 758 12 22, Fax 758 15 83, 😣 – 🅿. 🆎 ⓞ 🇪
◆ 𝑽𝑰𝑺𝑨
Montag - Dienstag, 12. - 27. Feb. und 15. Juli - 6. Aug. geschl. – **Menu** *18.50* und
à la carte 31/84.

in Wikon Nord : 3 km – ✉ 4806 Wikon – 🕾 062 :

✗✗ **Bahnhof**, 𝓕 751 03 13, Fax 751 33 45, 😣 – 🅿. 🆎 ⓞ 🇪 𝑽𝑰𝑺𝑨
Montag mittags, Sonntag, 11. - 22. Feb. und 21. Juli - 12. Aug. geschl. – **Menu** 47
(mittags)/97 und à la carte 55/106.

REIGOLDSWIL 4418 Basel-Landschaft (BL) 216 ⑮ – 1 384 Ew. – Höhe 509 – 🕾 061.
Bern 74 – ◆Basel 33 – ◆Delémont 36 – ◆Olten 25.

✗✗ **Zur Sonne**, Dorfplatz 8, 𝓕 941 14 24, Fax 941 16 55, 😣 – 🆎 ⓞ 🇪 𝑽𝑰𝑺𝑨
◆ *Montag - Dienstag, im Feb. und im Aug. jeweils 2 Wochen geschl.* – **Menu** *16* - 34
(mittags)/64 und à la carte 42/73, Kinder 12.

REINACH 5734 Aargau (AG) 216 ⑰ – 7 150 Ew. – Höhe 532 – 🕾 062.
Bern 105 – ◆Aarau 20 – ◆Luzern 27 – ◆Zürich 54.

✗✗ **Zum Schneggen** mit Zim, Hauptstr. 72, 𝓕 771 10 35, Fax 771 79 31, 😣, Patrizier-
◆ haus aus dem 16 Jh. – 🕼 ☎ 🅿 – 🔬 25/60. 🆎 ⓞ 🇪 𝑽𝑰𝑺𝑨
Sonntag abends, Montag und Mitte Juli - Mitte Aug. geschl. – **Menu** *19.50* - 79 und
à la carte 42/110, Kinder 11 – **10 Zim** � 95/160 – ½ P Zuschl. 30.

RHEINAU 8462 Zürich (ZH) 216 ⑧ – 1 248 Ew. – Höhe 372 – 🕾 052.
Bern 152 – ◆Zürich 43 – ◆Baden 63 – ◆Schaffhausen 13 – ◆Winterthur 25.

✗ **Zum Hirschen**, 𝓕 43 12 62 (ab 03/96 : 319 12 62), 😣, « Terrasse am Rhein » – 🅿.
ⓞ 🇪 𝑽𝑰𝑺𝑨
*Montag - Dienstag, Ende Feb. - Anfang März 3 Wochen und ab Mitte Sept. 3 Wochen
geschl.* – **Menu** 55/84 und à la carte 48/84, Kinder 18.50.

RHEINECK 9424 St. Gallen (SG) 216 ㉒ – 3 250 Ew. – Höhe 400 – 🕾 071.
Bern 230 – ◆St. Gallen 21 – Bregenz 15 – Vaduz 45.

🏠 **Hecht**, Hauptstr. 51, 𝓕 44 29 25 (ab 03/96 : 888 29 25), Fax 44 43 25 (ab 03/96 :
◆ 888 43 25), 😣 – 📺 ☎ 🅿. 🆎 ⓞ 🇪 𝑽𝑰𝑺𝑨
18. Dez. - 2. Jan. geschl. – **Menu** *15.50* und à la carte 31/78, Kinder 10.50 – **12 Zim**
⊻ 75/125.

🛡 Kur- und Verkehrsverein, Marktgasse 61, ℰ 831 55 20, Fax 831 55 70.

◆Bern 93 – ◆Basel 21 – ◆Aarau 37 – ◆Baden 46.

🏨 **Park-Hotel am Rhein** ⍩, Roberstenstr. 31, ℰ 836 66 33, Fax 836 66 34, ≼ Rhe
🌴 ♨, Direkter Zugang zum Kurzentrum, Park – 🛗 📺 ☎ & 🅿 – 🔬 30. 🆎 ⓪ ᠍ 🆅
Bellerive : **Menu** 36/105 und à la carte 58/99 – *Park-Café :* **Menu** *18* und à la ca
37/71 – **50 Zim** ⇌ 175/300, 3 Suiten – ½ P Zuschl. 38.

🏨 **Eden** ⍩, Froneggweg 3, ℰ 831 54 04, Fax 831 68 67, 🌴, ⌇, 🖾 (Solbad), 🚲 –
📺 ☎ 🅿. 🆎. 🕸 Rest
16. Dez. - 14. Jan. geschl. – **Menu** 23 - 44/58 und à la carte 58/92 – **49 Z**
⇌ 205/300 – ½ P Zuschl. 30.

🏨 **Ochsen,** Kaiserstr. 2, ℰ 831 51 01, Fax 831 51 66, 🌴 – 🛗 📺 ☎. 🆎 ⓪ ᠍ 🆅
23. - 29. Dez. geschl. – **Menu** *(Sonn- und Feiertage geschl.)* 25 - 36 (mittags)/60 u
à la carte 41/98 – **8 Zim** ⇌ 110/240.

🏨 **Schützen,** Bahnhofstr. 19, ℰ 831 50 04, Fax 831 31 36, 🌴 🖾 (Solbad), 🚲 –
🌴 ⍢ Zim 📺 ☎ 🅿. 🆎 ⓪ ᠍ 🆅
Menu *18* - 25 (mittags) und à la carte 36/95 – **35 Zim** ⇌ 150/240.

🏨 **Schiff am Rhein,** Marktgasse 58, ℰ 831 60 87, Fax 831 18 88, ≼ Rhein, 🌴 – 🛗 **[**
🌴 ☎ – 🔬 25/50. 🆎 ⓪ ᠍ 🆅
Menu 20 und à la carte 39/110, Kinder 12 – **46 Zim** ⇌ 160/250.

◆Bern 186 – ◆St. Gallen 31 – ◆Frauenfeld 19 – Konstanz 33 – ◆Winterthur 37.

🍴 **Sternen,** Toggenburgerstr. 54, ℰ 23 10 20 (ab 03/96 : 923 10 20) – ᠍ 🆅
🌴 Sonntag - Montag und Mitte Juli - Mitte Aug. geschl. – **Menu** - asiatische Küche - (ε
Wochenenden Tischbestellung ratsam) *18* und à la carte 40/94.

Sehenswert : Lage★.

Ausflugsziel : Aletschgletscher★★★ Nord-Ost mit Sessellift – Moosfluh★★ Nord-Ost m
Sessellift.

🏌 (Juni - Okt.) ℰ 27 29 32, Fax 27 34 93.

Lokale Veranstaltungen
04.08 : Grosses Aelplerfest mit Umzug
11.08 : Casselfest, Folklorefest.

🛡 Verkehrsverein, ℰ 27 13 65, Fax 27 33 13.

◆Bern 164 – ◆Brig 11 – Andermatt 88 – ◆Sion 63.

mit Gondelbahn ab Mörel erreichbar

🏨 **Valaisia** ⍩ garni, ℰ 27 21 21, Fax 27 22 19, ≼, ⇛, 🖾 – 🛗 📺 ☎. 🆎 ⓪ ᠍ 🆅. 🕸
15. Dez. - 14. April und 15. Juni - 15. Okt. – **22 Zim** ⇌ 250/470.

🏨 **Walliser Spycher** ⍩**,** ℰ 27 22 23, Fax 27 31 49, ≼ Berge und Tal, 🌴, ⇛ – 🛗 **[**
☎. 🆅
16. Dez. - 19. April und 16. Juni - 19. Okt. – **Menu** 68 und à la carte 48/104 – **18 Zi**
⇌ 190/320 – ½ P Zuschl. 38.

🏨 **Art Furrer** ⍩, ℰ 27 21 21, Fax 27 22 19, ≼, 🌴, ⇛ – 🛗 📺 ☎. 🆎 ⓪ ᠍ 🆅. ≼
16. Dez. - 14. April und 15. Juni - 14. Okt. – **Menu** *(im Sommer Montag geschl.)* 2ε
32 (mittags)/55 und à la carte 47/80, Kinder 10 – **24 Zim** *(im Winter nur ½ Pens*
⇌ 300/380 – ½ P Zuschl. 25.

🏨 **Alpenrose** ⍩, ℰ 27 12 41, Fax 27 33 20, ≼ Berge und Tal, 🌴 – 🛗 📺 ☎. 🆎 ⓪
᠍ 🆅. 🕸 Zim
23. Dez. - 14. April und 15. Juni - 14. Okt. – **Menu** 50 und à la carte 45/81, Kinder 1
– **18 Zim** ⇌ 160/320 – ½ P Zuschl. 20.

🍴 **Edelweiss** 🅼 ⍩ mit Zim, ℰ 27 37 37, Fax 27 37 39, 🌴 – 🛗 📺 ☎. 🆎 ᠍ 🆅. 🕸 Zin
🌴 Mitte Dez. - Ende April und Anfang Juni - Ende Okt. – *Da Vinci* - italienische Küch
- **Menu** *19.50* und à la carte 39/62, Kinder 15 – **10 Zim** ⇌ 180/320 – ½ P Zuschl. 3ℇ

IEDHOLZ 4533 Solothurn (SO) 216 ⑮ – 1 534 Ew. – Höhe 474 – ✪ 065.
ern 38 – ◆Basel 66 – Langenthal 22 – ◆Olten 31 – ◆Solothurn 6.

⚹ **Post**, Baselstr. 23, ℘ 22 27 10, Fax 21 50 76, ⛱ – **⊕**
Donnerstag mittags, Mittwoch, 31. Jan. - 14. Feb. und 17. Juli - 7. Aug. geschl. –
Menu à la carte 32/70.

IGI KALTBAD 6356 Luzern (LU) 216 ⑱ – Höhe 1 440 – ⇷ – ✪ 041.
Kurverein, ℘ 397 11 28, Fax 397 19 82.
ern 142 – ◆Luzern 22 – Cham 20 – ◆Schwyz 31.

mit Standseilbahn ab Vitznau oder mit Luftseilbahn ab Weggis erreichbar

🏠 **Bergsonne** ⬙, ℘ 397 11 47, Fax 397 12 07, ≤ Vierwaldstättersee und Alpen, ⛱
– 🖳 ☎. ᴀᴇ ᴇ 𝘝𝘐𝘚𝘈
16. Dez. - 8. April und 25. Mai - 24. Okt. – **Menu** *24* - 30 (mittags)/64 und à la carte
48/95 – **18 Zim** ⌑ 95/190 – ½ P Zuschl. 35.

in Rigi Staffelhöhe mit Standseilbahn ab Vitznau erreichbar – ⊠ 6356 Rigi Kaltbad
– ✪ 041 :

🏠 **Edelweiss** ⬙, ℘ 397 11 33, Fax 397 11 36, ≤ Vierwaldstättersee und Alpen, ⛱, ⬙
– ⇷ Zim 🖳 ☎ – 🛏 25/80. ᴀᴇ ᴇ 𝘝𝘐𝘚𝘈 ᴊᴄʙ
4. - 20. April geschl. – **Menu** *24* - 36/42 und à la carte 40/91, Kinder 13 – **25 Zim**
⌑ 125/260 – ½ P Zuschl. 35.

IKEN 4857 Aargau (AG) 216 ⑯ – Höhe 441 – ✪ 063.
ern 55 – ◆Aarau 26 – Burgdorf 38 – ◆Luzern 54 – ◆Olten 13 – ◆Solothurn 31.

⚹ **Rössli**, Gass 1, ℘ 46 14 21, ⛱ – **⊕**. ᴀᴇ ⓞ ᴇ 𝘝𝘐𝘚𝘈
Sonntag - Montag, 27. Jan. - 3. Feb. und 1. - 21. Okt. geschl. – **Menu** *23* und à la
carte 27/73 **Arvenstube :** **Menu** 100 und à la carte 53/112.

a RIPPE 1278 Vaud (VD) 217 ⑪ – 701 h. – alt. 530 – ✪ 022.
ern 152 – ◆Genève 24 – Divonne-les-Bains 7 – ◆Lausanne 48 – ◆Nyon 9.

⚹ **Aub. de l'Etoile** avec ch, ℘ 367 12 02, ⛱. ⬙ ch
◆ *fermé vacances de fév., 3 sem. mi-juil. à début août, mardi midi et lundi –* **Repas** *15*
- 60 et à la carte 40/78 – ⌑ 9 – **3 ch** 48/80.

ISCH 6343 Zug (ZG) 216 ⑱ – 5 529 Ew. – Höhe 417 – ✪ 042 (ab 03/96 : 041).
ern 131 – ◆Luzern 20 – ◆Zug 14 – ◆Zürich 40.

🏠 **Waldheim**, ℘ 64 11 55 (ab 03/96 : 799 70 70), Fax 64 26 55 (ab 03/96 : 799 70 79),
≤ Zugersee, ⛱, « Gartenterrasse », 🐾, 🌳, ⬙ – 🛗 ⇷ Zim 🖳 ☎ & **⊕** – 🛏 30.
ᴀᴇ ⓞ ᴇ 𝘝𝘐𝘚𝘈
Menu *(Feb. geschl.)* 35 - 46 (mittags)/108 und à la carte 46/106 – **34 Zim** ⌑ 130/250.

ITZINGEN 3981 Wallis (VS) 217 ⑲ – 87 Ew. – Höhe 1 323 – ✪ 028.
ern 140 – Interlaken 83 – Andermatt 23 – ◆Brig 27 – ◆Sion 80.

⚹ **Weisshorn**, ℘ 73 24 24, Fax 73 28 16, ≤, ⛱, ⬙ – 🖳 ☎ **⊕**. ᴇ 𝘝𝘐𝘚𝘈
◆ *Mai und Nov. geschl. –* **Menu** *17* und à la carte 44/74, Kinder 10 – **13 Zim** *(im Winter*
nur ½ Pens.) ⌑ 67/134 – ½ P Zuschl. 23.

OCHES 2762 Bern (BE) 216 ⑭ – 237 h. – alt. 498 – ✪ 032.
ern 75 – ◆Delémont 12 – ◆Biel 41 – ◆Solothurn 27.

⚹ **Le Cheval Blanc**, ℘ 93 11 80, Fax 93 11 80 – **⊕**. ᴇ 𝘝𝘐𝘚𝘈
◆ *fermé 24 déc. au 3 janv., 24 juil. au 7 août, lundi soir et mardi –* **Repas** *14* - 25
(midi)/78 et à la carte 41/68, enf. 10.

OGGWIL Bern 216 ⑯ – siehe Langenthal.

OGGWIL 9325 Thurgau (TG) 216 ⑩ – 1 855 Ew. – Höhe 443 – ✪ 071.
ern 216 – ◆St. Gallen 10 – Arbon 4 – Bregenz 35 – Konstanz 30.

⚹ **Linde**, St. Gallerstr. 46, ℘ 48 12 04 (ab 03/96 : 455 12 04), Fax 48 14 88 (ab 03/96 :
◆ 455 14 88) – **⊕**. ᴀᴇ ⓞ ᴇ 𝘝𝘐𝘚𝘈
Sonntag - Montag, 1. - 8. Feb. und 15. Juli - 8. Aug. geschl. – **Menu** *18.50* und à la
carte 39/90.

ROLLE 1180 Vaud (VD) 2️⃣1️⃣7️⃣ ⑫ – 3 746 h. – alt. 378 – ✆ 021.

Manifestation locale

16.08 - 18.08 : Fête des Canots.

🅱 Office du Tourisme, 6 Grand-Rue, ℰ 825 15 35, Fax 825 11 31.

◆Bern 132 – ◆Lausanne 28 – Champagnole 76 – ◆Genève 35.

🏔 **RivesRolle,** 42 rte de Lausanne, ℰ 825 34 91, Fax 825 33 09, �, ⅃₅, ≘ₛ, ⌁ –
🛐 rest 📺 ☎ ℗ – 🔬 25/50. 🆀 ⓪ 🄴 𝘝𝘐𝘚𝘈
Repas 22 - 45/85 et à la carte 48/92 – **32 ch** ⌑ 180/365 – ½ P suppl. 45.

🏛 **Host. du Château,** 16 Grand-Rue, ℰ 825 41 01, Fax 825 44 71 – 🛐 📺 ☎. 🆀 ⓪ 🄴
⬩ **Les Chenets : Repas** 48/65 et à la carte 45/86 – **La Découverte** (Brasserie) (fermé 15 j
au 15 sept.) **Repas** 15 - 35 et à la carte 39/78 – **10 ch** ⌑ 180/230 – ½ P suppl. 35.

🏛 Tête Noire, 94 Grand-Rue, ℰ 825 22 51, Fax 825 39 62, 🔄 – ℗ – 🔬 25 – **15 ch**.

✗ **Roland Petit,** 27 rte de Lausanne, ℰ 825 12 76, Fax 825 12 76, � – ℗. 🆀 ⓪ 🄴 𝘝𝘐𝘚
fermé Noël à Nouvel An, 12 au 19 fév., 7 au 14 oct., dim. soir et lundi – **Repas** 49/
et à la carte 61/91, enf. 15.

à Mont-sur-Rolle Nord : 2 km – ✉ 1185 Mont-sur-Rolle – ✆ 021 :

🍴 **La Jeune Suisse,** ℰ 825 15 98 – ℗. 🆀 🄴 𝘝𝘐𝘚𝘈. 🍽
fermé 20 déc. au 20 janv. – **Repas** (fermé sam., dim. et le midi) à la carte 29/6
14 ch ⌑ 65/110.

à Allaman Est : 5 km par rte Lausanne – ✉ 1165 Allaman – ✆ 021 :

✗✗ **Chasseur,** ℰ 807 30 73, Fax 807 30 73, � – 🄴 𝘝𝘐𝘚𝘈
⬩ fermé 22 déc. au 20 janv., merc. midi et mardi – **Repas** 15 - 57 et à la carte 52/9

à Bursins Ouest : 4,5 km – ✉ 1183 Bursins – ✆ 021 :

✗✗✗ ⊛ **Aub. du Soleil** (Colin), ℰ 824 13 44, Fax 824 18 44, ≤ – 🛐 ℗. 🆀 🄴 𝘝𝘐𝘚𝘈
⬩ fermé 24 déc. au 9 janv., 28 juil. au 20 août, dim. et lundi – **Repas** 48 (midi)/98
à la carte 76/116 – **Le Café : Repas** 20 et à la carte 55/74
Spéc. Rebibe de foie gras au chou chinois. Parpardelle de pâtes fraîches à la crème safran
Canette confite en aigre-doux.

à Bugnaux Nord-Ouest : 4 km – ✉ 1180 Rolle – ✆ 021 :

✗✗ **Aub. de Bugnaux,** ℰ 825 16 82, Fax 825 50 04, �, « Terrasse ≤ lac Léman » –
⬩ fermé 20 déc. au 16 janv., 22 juil. au 13 août, lundi et mardi – **Repas** 48/96.

ROMAINMÔTIER 1323 Vaud (VD) 2️⃣1️⃣7️⃣ ② ③ – 404 h. – alt. 676 – ✆ 024.

Voir : Église⋆. – Environs : Dent de Vaulion⋆⋆⋆ Est : 22 km.

◆Bern 100 – ◆Lausanne 33 – Champagnole 69 – Pontarlier 43 – ◆Yverdon-les-Bains 22.

🏛 **Saint-Romain,** ℰ 53 11 20, Fax 53 18 38, �, « Maison du 15ᵉ siècle » – 📺. 🆀 ⓪
⬩ 🄴 𝘝𝘐𝘚𝘈 – fermé janv., merc. et jeudi sauf de mai à oct. – **Repas** 15.50 - 49 et à la car
40/69, enf. 12.50 – **9 ch** ⌑ 58/140 – ½ P suppl. 25.

🏛 **Au Lieutenant Baillival** sans rest, ℰ 53 14 58, Fax 53 18 30, « Décor et mobili
anciens », 🌳 – ℗. 🆀 🄴 𝘝𝘐𝘚𝘈 – fermé fév. – **8 ch** ⌑ 70/136.

ROMANEL-SUR-LAUSANNE 1032 Vaud (VD) 2️⃣1️⃣7️⃣ ③ – 2 700 h. – alt. 591 – ✆ 021.

◆Bern 106 – ◆Lausanne 7 – ◆Genève 65 – ◆Montreux 33 – ◆Yverdon-les-Bains 26.

🏛 **A la Chotte** 🍽, 19 chemin du Village, ℰ 646 10 12, Fax 648 54 74, � – 📺 ☎ ℗. 𝘝𝘐𝘚
⬩ fermé 25 déc. au 3 janv., 13 juil. au 20 août – **Repas** (fermé dim. et lundi) 16 et
la carte 34/81 – ⌑ 13 – **14 ch** 97/130.

ROMANEL-SUR-MORGES 1122 Vaud (VD) 2️⃣1️⃣7️⃣ ③ – 409 h. – alt. 454 – ✆ 021.

◆Bern 121 – ◆Lausanne 17 – ◆Morges 6 – ◆Nyon 35.

✗✗ **Aub. de la Treille,** ℰ 869 91 19, Fax 869 83 38, � – ℗. 🆀 ⓪ 🄴 𝘝𝘐𝘚𝘈
⬩ fermé 1ᵉʳ au 7 avril, 1ᵉʳ au 24 sept., lundi et mardi – **Repas** 15 - 85 et à la carte 43/9

ROMANSHORN 8590 Thurgau (TG) 2️⃣1️⃣6️⃣ ⑩ – 9 045 Ew. – Höhe 399 – ✆ 071.

📇 in Erlen, ✉ 8586 (März - Nov.), ℰ 072/48 29 30 (ab 03/96 : 071/648 29 30
Fax 072/48 29 40 (ab 03/96 : 071/648 29 40), West : Richtung Frauenfeld : 12 km.

🅱 Verkehrsbüro, Bahnhofplatz, ℰ 63 32 32 (ab 03/96 : 463 32 32), Fax 61 23 30 (ab 03/96
461 23 30) – ◆Bern 211 – ◆St. Gallen 20 – Bregenz 38 – Konstanz 21.

Inseli M, Inselistr. 6, ℰ 63 53 53 (ab 04/96 : 463 53 53), Fax 63 14 55 (ab 04/96 : 463 14 55), ≼, 𝄋, 𝟥, 𝟥, ⬛ – ⬛ 🍽 Rest 🆃🆅 ☎ ℗ – 🅰 100. 🆀🅴 ⓞ 🅴 𝘝𝘐𝘚𝘈. 🎿 Zim
Rôtisserie : **Menu** *21.50* und à la carte 54/109 – **39 Zim** ⊑ 126/224 – ½ P Zuschl. 49.

Schloss, ℰ 63 10 27 (ab 04/96 : 463 10 27), Fax 63 55 43 (ab 04/96 : 463 55 43), ≼, 𝄋, « Ehemaliges Schloss von Romanshorn », ⬛ – ⬛ 🆃🆅 ☎ – 🅰 25/120. 🆀🅴 ⓞ 🅴 𝘝𝘐𝘚𝘈
Commandant Guhl-Stube : **Menu** 40 (mittags) und à la carte 49/103, Kinder 12 –
Gaststube : **Menu** *18* und à la carte 32/73, Kinder 12 – **20 Zim** ⊑ 110/195 –
½ P Zuschl. 35.

ROMBACH Aargau 216 ⑯ – siehe Aarau.

ROMONT 1680 Fribourg (FR) 217 ④ – 3 909 h. – alt. 760 – ✆ 037.

oir : Site★ – Choeur★ de la Collégiale N.-D.-de-l'Assomption.

Manifestation locale
5.04 : Procession des Pleureuses.

Office du Tourisme, 87 r. de l'Église, ℰ 52 31 52, Fax 52 47 77.

Bern 56 – ♦Montreux 39 – ♦Fribourg 26 – ♦Lausanne 37 – ♦Yverdon-les-Bains 45.

🍴 **Aub. Le Lion d'Or,** 38 Grand-Rue, ℰ 52 22 96, 𝄋 – 🆀🅴 ⓞ 🅴 𝘝𝘐𝘚𝘈
Repas *22* - 38/68 et à la carte 38/73.

RONCO SOPRA ASCONA 6622 Ticino (TI) 219 ⑦ – 764 ab. – alt. 355 – ✆ 091.

edere : Posizione pittoresca★★.

intorni : Circuito di Ronco★★ : ≼★★ sul lago Maggiore dalla strada di Losone, verso
ocarno.

Ente Turistico, ℰ 791 46 50, Fax 792 19 18.

Bern 274 – ♦Lugano 48 – ♦Bellinzona 29 – ♦Locarno 9 – Stresa 49.

La Rocca M 🍴, Sud : 1 km, ✉ 6613 Porto Ronco, ℰ 791 53 44, Fax 791 40 64, ≼ lago e monti, 𝄋, 𝟥, 🅹, 🌳 – 🆃🆅 ☎ ℗. 🆀🅴 🅴 𝘝𝘐𝘚𝘈. 🎿
24 marzo - 22 ottobre – **Pasto** *25*- 45 ed à la carte 31/75 – **21 cam** ⊑ 210/350 –
½ P sup. 30.

Ronco 🍴, ℰ 791 52 65, Fax 791 06 40, ≼ lago e monti, 𝄋, « Terrazza panoramica », 𝟥, 🅹, 🌳 – 🆃🆅 ☎ 🚗. 🆀🅴 🅴 𝘝𝘐𝘚𝘈. 🎿 cam
11 marzo - 31 ottobre – **Pasto** 60 ed à la carte 44/86 – **20 cam** ⊑ 155/240 –
½ P sup. 35.

Della Posta 🍴 con cam, ℰ 791 84 70, Fax 791 45 33, ≼, 𝄋, « Terrazza panoramica » – 🆃🆅 ☎. 🆀🅴 ⓞ 🅴 𝘝𝘐𝘚𝘈
chiuso dal 20 dicembre al 28 febbraio – **Pasto** *(chiuso mercoledì da novembre a dicembre)* *21*- 45/75 ed à la carte 45/84, bambini 12 – **4 cam** ⊑ 130/210.

RORBAS 8427 Zürich (ZH) 216 ⑦ – 1 968 Ew. – Höhe 380 – ✆ 01.

Bern 152 – ♦Zürich 31 – ♦Baden 50 – ♦Bülach 8 – ♦Schaffhausen 30 – ♦Winterthur 13.

Adler, Postgasse 19, ℰ 865 01 12, Fax 876 02 16, Altes Zürcher Riegelhaus – ℗. 🆀🅴 ⓞ 🅴 𝘝𝘐𝘚𝘈
Montag - Dienstag, 28. Jan. - 11. Feb. und 22. Juli - 11. Aug. geschl. – **Menu** *32* - 54/92 und à la carte 54/105, Kinder 17.

RORSCHACH 9400 St. Gallen (SG) 216 ⑩ ⑪ – 9 606 Ew. – Höhe 398 – ✆ 071.

Lokale Veranstaltung
Anfang Sept. : "Uferlos" Spektakel am See mit Konzerten und Theater.

Verkehrsbüro, Hauptstr. 63, ℰ 41 70 34 (ab 03/96 : 841 70 34), Fax 41 70 36 (ab 03/96 : 841 70 36).

Bern 221 – ♦St. Gallen 12 – Bregenz 25 – Konstanz 33.

Parkhotel Waldau 🍴, Ost : 1 km Richtung Rheineck, ℰ 43 01 80 (ab 03/96 : 855 01 80), Fax 42 10 02 (ab 03/96 : 855 10 02), ≼, 𝄋, Park, 𝟥, 𝟥, 🅹, 🎿 – ⬛ 🆃🆅 ☎ ℗ – 🅰 25/50. 🆀🅴 ⓞ 🅴 𝘝𝘐𝘚𝘈
Menu 28 und à la carte 39/94 – **44 Zim** ⊑ 146/270 – ½ P Zuschl. 43.

🏨 **Mozart** Ⓜ, Hafenzentrum, 𝄃 41 06 32 (ab 03/96 : 841 06 32), Fax 41 99 38 (ab 03/9❚
  841 99 38), 🚗 – 🛗 📺 ☎. 𝔸𝔼 ⓞ 𝐄 𝘝𝘐𝘚𝘈 ᴊᴄʙ
  Menu - Snack - *17* – **33 Zim** ⚏ 120/185.

✕ **Pfeffermühle**, Bellevuestr. 1b, 𝄃 41 16 59 (ab 03/96 : 841 16 59) – ⓟ
  Sonntag - Montag, 24. Dez. - 8. Jan. und Mitte Juli - Mitte Aug. 3 Wochen gescℓ
  – **Menu** à la carte 46/96.

�▪ **ROSSINIÈRE** 1836 Vaud (VD) 𝟤𝟣𝟩 ⑮ – alt. 922 – ☺ 029.
◆Bern 84 – ◆Montreux 50 – Bulle 23 – Gstaad 19 – ◆Lausanne 80.

🏖 **Elite** ⌂, 𝄃 4 52 12, ≤, 🚗 – ⓟ. 𝔸𝔼 𝐄 𝘝𝘐𝘚𝘈. ⌇⌇ rest
  fermé 15 nov. au 15 déc. et jeudi – **Repas** *16* et à la carte 35/59 – **11 ch** ⚏ 56/11
  – ½ P suppl. 20.

▪ **ROTHRIST** 4852 Aargau (AG) 𝟤𝟣𝟨 ⑯ – 6 824 Ew. – Höhe 407 – ☺ 062.
◆Bern 66 – ◆Aarau 20 – ◆Basel 54 – ◆Luzern 49.

🏨 **Ibis,** Helblingstr. 9, 𝄃 794 06 66, Fax 794 23 20, 🚗 – 🛗 📺 ☎ ⅙ ⓟ – 🏋 25/6❚
  𝔸𝔼 ⓞ 𝐄 𝘝𝘐𝘚𝘈 ᴊᴄʙ
  Menu *16* - 30 (mittags) und à la carte 33/59, Kinder 11 – ⚏ 13 – **64 Zim** 95/145
  ½ P Zuschl. 21.

▪ **ROUGEMONT** 1838 Vaud (VD) 𝟤𝟣𝟩 ⑮ – 897 h. – alt. 992 – Sports d'hiver : 992/2 156 ❙
🎿3 🎿3 🎿 – ☺ 029.
🅸 Office du Tourisme, Bâtiment Communal, 𝄃 4 83 33, Fax 4 89 67.
◆Bern 95 – ◆Montreux 57 – Bulle 35 – Gstaad 8 – ◆Thun 59.

🏨 **Valrose,** 𝄃 4 81 46, Fax 4 88 54, 🚗 – 📺 ☎. 𝔸𝔼 ⓞ 𝐄 𝘝𝘐𝘚𝘈
  fermé 7 au 21 mai, 28 oct. au 10 déc. et mardi – **Repas** *15* - 30 (midi) et à la car❚
  35/73 – **16 ch** ⚏ 67/150 – ½ P suppl. 20.

▪ **ROVIO** 6821 Ticino (TI) 𝟤𝟣𝟫 ⑧ – 597 ab. – alt. 498 – ☺ 091.
◆Bern 289 – ◆Lugano 16 – ◆Bellinzona 45 – Como 21.

🏨 **Park Hotel Rovio** ⌂, 𝄃 649 73 72, Fax 649 79 63, ≤ lago e monti, 🚗, « Parc❚
  ombreggiato con ⌇ » – 🛗 📺 ☎ ⓟ – 🏋 50. ⓞ 𝐄 𝘝𝘐𝘚𝘈. ⌇⌇ rist
  7 marzo - 3 novembre – **Pasto** *22* - 30 ed à la carte 41/66 – **50 cam** ⚏ 115/220
  ½ P sup. 25.

▪ **RÜMLANG** 8153 Zürich (ZH) 𝟤𝟣𝟨 ⑦ ⑱ – 5 197 Ew. – Höhe 430 – ☺ 01.
◆Bern 129 – ◆Zürich 14 – ◆Baden 27 – ◆Schaffhausen 49 – ◆Winterthur 27.

🏨 **Rümlang** Ⓜ, 𝄃 817 22 55, Fax 817 08 95, 🚗 – 🛗 📺 ☎ ⅙ ⇦ ⓟ. 𝔸𝔼 ⓞ 𝐄 𝘝𝘐𝘚
  ᴊᴄʙ. ⌇⌇ Rest
  Menu 𝄃 817 21 30 *(Samstag, 17. Feb. - 3. März und 13. Juli - 4. Aug. geschl.)* 22.5❚
  37 (mittags) und à la carte 35/89, Kinder 7.50 – **34 Zim** ⚏ 130/175.

▪ **RÜSCHLIKON** 8803 Zürich (ZH) 𝟤𝟣𝟨 ⑱ – 4 574 Ew. – Höhe 433 – ☺ 01.
◆Bern 133 – ◆Zürich 8 – Wädenswil 20 – ◆Zug 24.

🏨 **Belvoir** ⌂, 𝄃 724 02 02, Fax 724 11 76, ≤ See, 🚗 – 🛗 ☰ Rest 📺 ☎ ⇦ ⓟ
  🏋 25/250. 𝔸𝔼 ⓞ 𝐄 𝘝𝘐𝘚𝘈. ⌇⌇ Rest
  Säumergrill : Menu *28* - 48 (mittags)/79 und à la carte 45/99, Kinder 15 – **25 Zi**❚
  ⚏ 180/290.

▪ **RÜTI** 8630 Zürich (ZH) 𝟤𝟣𝟨 ⑲ – 10 673 Ew. – Höhe 482 – ☺ 055.
◆Bern 162 – ◆Zürich 32 – Rapperswil 5 – Uster 17 – ◆Winterthur 34.

🏨 **Laufenbach,** Gmeindrütistr. 16, 𝄃 33 99 22 (ab 03/96 : 241 39 22), Fax 31 14 5❚
  (ab 03/96 : 240 14 54), 🚗, ⌇, 🌳 – 🛗 📺 ☎ ⅙ ⓟ – 🏋 25. 𝔸𝔼 ⓞ 𝐄 𝘝𝘐𝘚𝘈
  Menu *(Montag, 19. - 26. Feb. und 22. Juli - 12. Aug. geschl.)* 20 - 48 und à la carte
  32/67, Kinder 10.50 – **94 Zim** ⚏ 73/152.

in Dürnten Nord : 2,5 km Richtung Wetzikon – ⊠ 8635 Dürnten – ☺ 055 :

🏨 **Sonne** Ⓜ, 𝄃 31 85 76 (ab 03/96 : 240 85 76), Fax 31 87 22 (ab 03/96 : 240 87 22❚
  🚗 – 🛗 ⇥ Zim ☰ Zim 📺 video ☎ ⅙ ⇦ ⓟ – 🏋 30. 𝔸𝔼 ⓞ 𝐄 𝘝𝘐𝘚𝘈
  Weihnachten und Neujahr geschl. – **Menu** *19.50* und à la carte 36/88 – **30 Zi**❚
  ⚏ 110/165 – ½ P Zuschl. 25.

SAANEN Bern 217 ⑮ – siehe Gstaad.

SAANENMÖSER Bern 217 ⑮ – siehe Gstaad.

SAAS ALMAGELL 3905 Wallis (VS) 219 ⑤ – 422 Ew. – Höhe 1 672 – Wintersport : 672/2 300 m ≰6 ⤪ – © 028.

Verkehrsverein, ℰ 57 26 53, Fax 57 14 64.

Bern 202 – ◆Brig 35 – ◆Sierre 55 – Zermatt 41.

🏠 **Sport** Ⓜ ⤋, ℰ 57 20 70, Fax 53 37 70, ≤, 🌤 – 🛗 ⤬ Zim �📺 ☎ ♿. Ⓔ 𝘝𝘐𝘚𝘈. ⤬ Zim
20. Dez. - 19. April und 16. Juni - 9. Okt. – **Menu** 21.50 - 45 und à la carte 32/75
– **19 Zim** ⥥ 80/150.

Pour voyager rapidement, utilisez les cartes Michelin "Grandes Routes" :
970 *Europe,* **976** *République Tchèque-République Slovaque,* **980** *Grèce,*
984 *Allemagne,* **985** *Scandinavie-Finlande,* **986** *Grande-Bretagne-Irlande,*
987 *Allemagne-Autriche-Benelux,* **988** *Italie,* **989** *France,*
990 *Espagne-Portugal,* **991** *Yougoslavie.*

SAAS FEE 3906 Wallis (VS) 219 ④ – 1 567 Ew. – Höhe 1 809 – ⤜ – Wintersport : 800/3 600 m ≰6 ≰19 ⤪ – © 028.

Sehenswert : Höhenlage★★★.

Verkehrsverein, ℰ 57 14 57, Fax 57 18 60.

Bern 201 – ◆Brig 34 – ◆Sierre 54 – Zermatt 40.

Stadtplan siehe nächste Seite

🏨 **Ferienart Walliserhof,** ℰ 57 20 21, Fax 57 29 10, 🌤, « Rustikale Einrichtung », ≘s,
🔲 – 🛗 📺 ☎. Ⓐ Ⓔ 𝘝𝘐𝘚𝘈. ⤬   Z a
1. Mai - 8. Juni geschl. – **Menu** *(nur Abendessen)* 65/98 und à la carte 63/93 – *Le*
Mandarin - Thaï Küche - *(im Sommer Montag, 1. Mai - 1. Juli und 15. Okt. - 20. Dez.*
geschl.) (nur Abendessen) **Menu** à la carte 44/78 – *Del Ponte* - italienische Küche -
(im Sommer Dienstag geschl.) **Menu** à la carte 36/74, Kinder 12 – **46 Zim** ⥥ 307/574,
5 Suiten – ½ P Zuschl. 20.

🏨 **Schweizerhof** Ⓜ ⤋, ℰ 59 11 59, Fax 59 11 10, ≤, 🌤, ≘s, 🔲 – 🛗 📺 ☎ – 🏋 00.
Ⓐ Ⓞ Ⓔ 𝘝𝘐𝘚𝘈. ⤬ Rest   Z z
Mai - Juni und Nov. geschl. – *Hofsaal :* **Menu** 65 und à la carte 43/90, Kinder 10 –
41 Zim ⥥ 265/450 – ½ P Zuschl. 20.

🏨 **Beau-Site,** ℰ 57 11 22, Fax 57 22 31, ≤, « Renoviertes Hotel aus dem 19. Jh.,
Restaurant mit Saaser Möbeln », ≘s, 🔲 – 🛗 📺 ☎. Ⓐ Ⓔ 𝘝𝘐𝘚𝘈. ⤬   Y b
2. Dez. - 12. April und 2. Juni - 28. Okt. – **Menu** *(nur Abendessen)* 45/70 – **29 Zim**
⥥ 179/318, 3 Suiten – ½ P Zuschl. 20.

🏨 **Allalin,** ℰ 57 18 15, Fax 57 31 15, ≤, 🌤, ≘s, 🌳 – 🛗 📺 ☎. Ⓐ Ⓞ Ⓔ 𝘝𝘐𝘚𝘈   Y r
Menu *(Mai und Nov. geschl.)* 21 - 45/55 und à la carte 43/84, Kinder 10.50 – **22 Zim**
⥥ 144/258, 5 Suiten – ½ P Zuschl. 20.

🏨 **Metropol,** ℰ 57 10 01, Fax 57 20 85, ≤, 🌤, 🏋, ≘s, 🔲 – 🛗 📺 ☎ – 🏋 35. Ⓐ Ⓞ
Ⓔ 𝘝𝘐𝘚𝘈 ⱼⱼⱼ   Z c
20. Nov. - 4. Mai und 2. Juni - 30. Sept. – **Menu** 27 - 42 (mittags)/65 und à la carte
49/89, Kinder 12 – **52 Zim** *(nur ½ Pens.)* ⥥ 160/350 – ½ P Zuschl. 20.

🏨 **Chalet Cairn** ⤋, ℰ 57 15 50, Fax 57 33 80, ≤, « Gemütlich - rustikale
Inneneinrichtung » – ⤬ Zim 📺 ☎. Ⓐ Ⓞ Ⓔ 𝘝𝘐𝘚𝘈. ⤬   Z e
Mai und Okt. geschl. – **Menu** *(nur ½ Pens. für Hotelgäste) (mittags geschl.)* – **16 Zim**
⥥ 130/260 – ½ P Zuschl. 25.

🏨 **Berghof** Ⓜ garni, ℰ 57 24 84, Fax 57 46 72, ≤, 🏂 (nur im Winter), ≘s – 🛗 ⤬ 📺
☎. Ⓔ 𝘝𝘐𝘚𝘈   Z w
30 Zim ⥥ 112/240.

🏨 **Mistral,** ℰ 57 11 64, Fax 57 32 08, ≤, 🌤 – 📺 ☎. Ⓐ Ⓞ Ⓔ 𝘝𝘐𝘚𝘈   Z f
20. Mai - 29. Juni und 6. Okt. - 1. Dez. geschl. – **Menu** 21 - 35/45 und à la carte 29/80,
Kinder 12 – **13 Zim** ⥥ 118/250 – ½ P Zuschl. 25.

🏨 **Imseng** Ⓜ garni, ℰ 57 37 59, Fax 57 24 40, ≤ – 🛗 📺 ☎ ♿. Ⓔ 𝘝𝘐𝘚𝘈   Z y
12 Zim ⥥ 108/204.

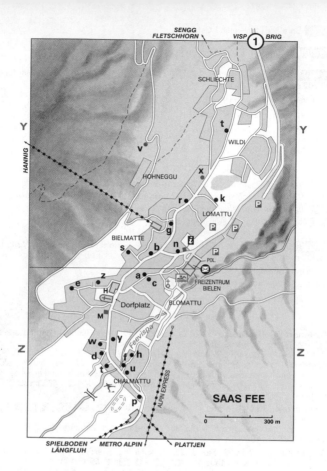

SENGG
FLETSCHHORN   VISP   BRIG
SCHLIECHTE
Y   Y
HANNIG
t
WILDI
v
HOHNEGGU
x
r   k
LOMATTU
g
BIELMATTE
s   b   n   z̄
POL.
FREIZEITRUM
BIELEN
z   a
e   c
H
Dorfplatz
BLOMATTU
M
Feevispa
w   y
Z   Z
d   f   h
t   u
CHALMATTU
ALPIN EXPRESS
SAAS FEE
p
0   300 m

SPIELBODEN   METRO ALPIN   PLATTJEN
LÄNGFLUH

🏨 **Saaserhof,** ℰ 57 35 51, Fax 57 28 83, ≤, ≘s – 🛗 📺 ☎. 🆀 ① ☒ 𝘝𝘐𝘚𝘈. ⅏ Rest
28. April - 8. Juni geschl. – **Menu** *(im Sommer Dienstag geschl.)* 45 (abends) un⊡
à la carte 43/104, Kinder 18 – **45 Zim** ⊇ 235/400 – ½ P Zuschl. 25.   Z ⬩

🏨 **Artemis** Ⓜ garni, ℰ 57 32 01, Fax 57 80 00, ≤ – 🛗 📺 ☎. 🆀 ☒ 𝘝𝘐𝘚𝘈. ⅏   Y ⬩
1. Mai - 25. Juni geschl. – **26 Zim** ⊇ 110/170.

🏨 **Ambassador,** ℰ 57 14 20, Fax 57 34 20, ≤, ≘s, 🔲 – 🛗 📺 ☎. 🆀 ① ☒ 𝘝𝘐𝘚𝘈
⅏   Z ⬩
Dez. - April und Juli - Sept. – **Menu** *(nur ½ Pens. für Hotelgäste) (mittags geschl.*
– **20 Zim** ⊇ 155/270 – ½ P Zuschl. 30.

🏨 **Waldesruh,** ℰ 57 22 95, Fax 57 14 47, ≤, 🛖, ≘s – 🛗 📺 ☎. 🆀 ① ☒ 𝘝𝘐𝘚𝘈
⬤→ ⅏ Rest   Z ⬩
Mai - Juni und Mitte Okt. - Anfang Dez. geschl. – **Menu** *19* und à la carte 29/78
Kinder 12 – **25 Zim** ⊇ 124/228 – ½ P Zuschl. 24.

🏨 **Alphubel** ⬓, ℰ 57 11 12, Fax 57 17 69, ≤ Saas Fee und Berge, 🛖, ≘s – 🛗 ⥺ Res
📺 ☎ 👫. 🆀 ① ☒ 𝘝𝘐𝘚𝘈   Y ⬩
Mitte Dez. - April und Juni - Mitte Okt. – **Menu** *(nur ½ Pens. für Hotelgäste) (mittag⊡
geschl.)* – **34 Zim** ⊇ 111/242 – ½ P Zuschl. 24.

🏨 **Bristol,** ℰ 57 24 34, Fax 57 34 22, ≤, 🛖 – 🛗 📺 ☎. 🆀 ① ☒ 𝘝𝘐𝘚𝘈   Z ⬩
⬤→ *15. Mai - 1. Juli geschl.* – **Menu** *20* - 38/49 und à la carte 36/77, Kinder 10 – **18 Zim**
⊇ 101/232 – ½ P Zuschl. 24.

274

🏠 **Condor** ⚜, ☎ 57 12 52, Fax 57 32 52, ≤ – |♯| 🔲 video. **E** 𝘝𝘐𝘚𝘈. ⚘   **Z h**
24. Nov. - 5. Mai und 1. Juli - 20. Okt. – **Menu** (nur ½ Pens. für Hotelgäste) (mittags
geschl.) – **17 Zim** � 110/220 – ½ P Zuschl. 25.

🏠 Mischabel, ☎ 57 21 18, Fax 57 24 61, 🌤 – |♯| ☎   **Y n**
nur Saison – **28 Zim**.

🏠 **Touring** ⚜, ☎ 57 13 33, Fax 57 14 37, ≤, 🌤 – |♯| ✦ Zim ☎. **AE** ⑩ **E** 𝘝𝘐𝘚𝘈.
⚘ Rest   **Y s**
Mitte Dez. - April und Juli - Okt. – **Menu** (Montag geschl.) (nur Abendessen für Hotel-
gäste) 50/70 – **21 Zim** ⊇ 115/240 – ½ P Zuschl. 25.

♨ **Etoile,** ☎ 57 29 81, Fax 57 32 29, ≤, 🌤, ⇔, 🌤 – |♯| 🔲 ☎. **AE** ⑩ **E** 𝘝𝘐𝘚𝘈.
⚘ Rest   **Y t**
20. Dez. - 20. April und 15. Juni - 6. Okt. – **Menu** (nur ½ Pens. für Hotelgäste) – **22 Zim**
⊇ 88/180 – ½ P Zuschl. 22.

XXX ❀ **Waldhotel Fletschhorn** (Irma Dütsch) ⚜ mit Zim, (über Wanderweg Richtung
Sengg : 30 Min.), ☎ 57 21 31, Fax 57 21 87, ≤ Berge und Saas-Tal, 🌤, « Wechselnde
Ausstellungen moderner Kunst » – 🔲 ☎. **AE** ⑩ **E** 𝘝𝘐𝘚𝘈
Mitte Dez. - Ende April und Anfang Juni - Mitte Okt. – **Menu** 60/150 und à la carte
70/116 – **15 Zim** ⊇ 170/270 – ½ P Zuschl. 80
Spez. Tarte Saviésanne. Poularde au foin de Gruyère en cocotte. Carré d'agneau aux herbes
alpestres.

XX **Hohnegg** Ⓜ ⚜ mit Zim, (von der Kirche aus über Wanderweg : 20 Min.), ☎ 57 22 68,
Fax 57 12 49, 🌤, « Heimelige Einrichtung, Terrasse ≤ Berge », ⇔, 🌤 – 🔲 ☎. **E** 𝘝𝘐𝘚𝘈
16. Dez. - 29. April und 16. Juni - 19. Okt. – **Menu** (Sonntag abends und Montag geschl.)
55/120 und à la carte 66/104 – **8 Zim** ⊇ 132/224 – ½ P Zuschl. 54.   **Y v**

XX **Swiss Chalet,** ☎ 57 35 35, Fax 57 15 07, 🌤 – **AE** **E** 𝘝𝘐𝘚𝘈   **Y x**
Mitte Dez. - 1. Mai und Mitte Juni - 1. Nov. geöffnet ; Montag geschl. – **Menu** 25 -
72/84 und à la carte 49/95, Kinder 13.

SAAS GRUND 3910 Wallis (VS) 219 ⑤ – 1 067 Ew. – Höhe 1 559 – Wintersport :
560/3 100 m ⚡2 💫3 🌤 – ⊙ 028.

🛈 Verkehrsverein, ☎ 57 24 03, Fax 57 11 43.

•Bern 198 – ◆Brig 31 – ◆Sierre 51 – Zermatt 37.

🏠 Touring ⚜, ☎ 57 21 27, Fax 57 15 19, ≤, 🌤, ⇔, 🔲 – |♯| ☎ ❷
nur Saison – **24 Zim**.

🏠 **Dom,** ☎ 57 22 33, Fax 57 33 31, 🌤 – |♯| ❷. **AE** ⑩ **E** 𝘝𝘐𝘚𝘈. ⚘
← 1. Nov. - 15. Dez. geschl. – **Menu** 20 und à la carte 35/72, Kinder 10 – **18 Zim**
⊇ 85/170 – ½ P Zuschl. 25.

SACHSELN 6072 Obwalden (OW) 217 ⑨ – 3 997 Ew. – Höhe 472 – ⊙ 041.

Ausflugsziel : Ranft★ : Gotisches Kruzifix★ in der Kirche – Hohe Brücke★.

🛈 Verkehrsverein, ☎ 66 26 55 (ab 03/96 : 660 26 55), Fax 60 94 51 (ab 03/96 : 660 94 51).

•Bern 102 – ◆Luzern 23 – Altdorf 47 – Andermatt 67 – Brienz 29.

🏠🏠 **Kreuz,** ☎ 66 14 66 (ab 03/96 : 660 14 66), Fax 66 81 88 (ab 03/96 : 660 81 88), 🌤
← – |♯| 🔲 ☎ ⅙ ❷ – 🔬 25/50. **AE** ⑩ **E** 𝘝𝘐𝘚𝘈 𝘑𝘊𝘉
Menu 19.50 und à la carte 38/85, Kinder 7 – **54 Zim** ⊇ 90/200 – ½ P Zuschl. 40.

SACONNEX D'ARVE Genève 217 ⑪ – rattaché à Genève.

SAGOGN Graubünden 218 ③ – siehe Laax.

SAIGNELÉGIER 2726 Jura (JU) 216 ⑬ – 1 900 h. – alt. 982 – ⊙ 039.

Manifestation locale
10.08 - 11.08 : Marché concours national de chevaux, courses campagnardes, cortège
folklorique.

🛈 Office du Tourisme, 1 pl. du 23-Juin, ☎ 51 21 51, Fax 51 22 69.

•Bern 72 – ◆Delémont 36 – ◆Biel 37 – ◆La Chaux-de-Fonds 26 – Montbéliard 60.

🏠 **de la Gare et du Parc,** ☎ 51 11 21, Fax 51 12 32, 🌤, 🌤 – 🔲 ☎ ❷ – 🔬 30. **AE**
← ⑩ **E** 𝘝𝘐𝘚𝘈
fermé mi-mars à fin avril, mardi et merc. de nov. à avril – **Repas** 19 - 62/103 et à la
carte 63/86 – **17 ch** ⊇ 80/200, 5 suites – ½ P suppl. 38.

à la Theurre Est : 5 km par rte de Tramelan – ⊠ 2726 Saignelégier – ☎ 039 :

✗ **Aub. de la Couronne** avec ch, ℰ 51 11 15, Fax 51 19 05, 🌫 – **Ⓟ**. AE ⓪ E VISA
✈ *fermé 15 au 30 avril, 4 au 28 nov., lundi soir de nov. à mai et mardi (sauf juil. - août)*
– **Repas** *19* et à la carte 32/73 – **6 ch** ⊂ 53/90 – ½ P suppl. 17.

à l'Est 10 km par le Bémont, Montfaucon et Pré Petitjean – ☎ 039 :

✗ **Voyageurs,** à Bois-Derrière, ℰ 55 11 71, Fax 55 11 71, 🌫 – **Ⓟ**. E VISA
✈ *fermé 19 déc. au 31 janv., mardi (sauf le midi de juil. à sept.) et merc.* – **Repas**
et à la carte 21/64, enf. 12.

SAILLON **1913** Valais (VS) 217 ⑮ – 1 297 h. – alt. 522 – ☎ 026 – Stat. thermale.
Voir : Ancien donjon : point de vue★.

◆Bern 143 – ◆Martigny 13 – ◆Montreux 59 – ◆Sion 20.

🏨 **Bains de Saillon** Ⓜ 🌭, ℰ 43 11 12, Fax 44 32 92, ≤, 🌫, ≘s, ⨶ 🔲 (thermales)
🌫, ♨ – 🛗 TV ☎ 👆, ♣ – 🍴 25/70. AE ⓪ E VISA
Repas *22 - 35* (midi)/69 et à la carte 30/84, enf. 10 – **70 ch** ⊂ 96/192 – ½ P suppl. 35.

✗ **Vieux-Bourg,** ℰ 44 18 98, 🌫 – E VISA
✈ *fermé du 15 au 22 janv. et lundi* – **Repas** - cuisine fromagère - 35 (midi)/59 et à la
carte 34/65, enf. 7.

SAINT-BLAISE Neuchâtel 216 ⑬ – rattaché à Neuchâtel.

SAINTE-CROIX **1450** Vaud (VD) 217 ③ – 4 444 h. – alt. 1 069 – ☎ 024.
Voir : Les Rasses★ : site★★.

Environs : Le Chasseron★★★ Nord-Ouest : 8,5 km – Mont de Baulmes★★ Sud : 4,5 km
L'Auberson : Collection★ de pièces à musique anciennes au musée Baud, Ouest : 4 km.
🄱 Office du Tourisme, Industrie 2, ℰ 61 27 02, Fax 61 32 12.

◆Bern 98 – ◆Neuchâtel 50 – ◆Lausanne 54 – Pontarlier 21 – ◆Yverdon-les-Bains 20.

à Les Rasses Nord-Est : 3 km – ⊠ 1452 Les Rasses – ☎ 024 :

🏨 **Grand Hôtel** 🌭, ℰ 61 19 61, Fax 61 19 42, ≤ lac de Neuchâtel et les Alpes, 🌫, parc
🎿, ≘s, 🔲, ℀ – 🛗 TV ☎ Ⓟ – 🍴 25/50. AE VISA. ℀ rest
fermé 1ᵉʳ au 10 déc. et 5 au 12 avril – **Repas** *24 - 49* et à la carte 32/81 – **42 ch**
⊂ 85/190 – ½ P suppl. 35.

SAINT-GALL St. Gallen 216 ㉑ – voir à St. Gallen.

SAINT-GINGOLPH **1898** Valais (VS) 217 ⑭ – 674 h. – alt. 385 – ☎ 025.

◆Bern 107 – ◆Montreux 20 – Aigle 19 – Évian-les-Bains 18 – ◆Martigny 44.

🏨 **Bellevue au Lac** 🌭, ℰ 81 85 50, Fax 81 85 75, ≤, 🌫, 🔲, – TV ☎ Ⓟ. AE E VISA. ℀ ch
✈ **Repas** *16.50* - 37/53 et à la carte 37/85, enf. 11 – **14 ch** (de nov. à fév. prévenir)
⊂ 120/180.

✗✗ **Villa Eugénie,** bord du lac, Est : 2 km, ℰ 81 21 76, Fax 81 22 85, 🌫, « Terrasse
surplombant le lac, belle vue », 🔲 – Ⓟ. AE ⓪ E VISA
fermé janv., fév. et lundi-mardi de fin sept. à mi-juin – **Repas** 44/85 et à la carte 59/100.

SAINT-IMIER **2610** Bern (BE) 216 ⑬ – 4 954 h. – alt. 814 – ☎ 039.
Environs : Chasseral★★★ Sud-Est : 13 km.
🄱 Office du Tourisme, ℰ 41 26 63, Fax 41 14 35.

◆Bern 64 – ◆Delémont 50 – ◆Neuchâtel 28 – ◆Biel 29 – ◆La Chaux-de-Fonds 16 – Montbéliard 78.

🏨 **Erguel,** ℰ 41 22 64 – TV – 🍴 100. AE E VISA. ℀ rest
✈ *fermé 10 au 30 août et lundi* – **Repas** *16.50* - 32/80 et à la carte 50/77 – **7 ch**
⊂ 60/120 – ½ P suppl. 20.

au Mont-Soleil Nord : 5 km – alt. 1 173 – ⊠ 2610 Mont-Soleil – ☎ 039 :

🏠 **Aub. de la Crèmerie** 🌭, ℰ 41 23 69, 🌫 – TV Ⓟ
✈ *fermé 2 sem. en nov.* – **Repas** *(fermé lundi et mardi)* *16.50* et à la carte 50/91 – **5 ch**
⊂ 30/120 – ½ P suppl. 30.

✗ **Le Manoir,** ℰ 41 23 77, Fax 41 23 77, ≤, 🌫 – Ⓟ. E VISA
✈ *fermé dim. soir et lundi* – **Repas** *15 - 38* (midi)/82 et à la carte 32/94, enf. 12.

au Mont-Crosin Nord-Est : 5 km – alt. 1 180 – ⊠ 2610 Mont-Crosin – ☻ 039 :

XX **Aub. Vert Bois** ⤷ avec ch, ℘ 44 14 55, Fax 44 19 70, ≤, 斎 – ☑ ☎ ℗ – ⚐ 25.
◆ 🄴 *VISA*
fermé janv. – **Repas** *(fermé dim. soir et lundi)* 18 - 48 (midi)/95 et à la carte 54/100
– **5 ch** ⊡ 85/135 – ½ P suppl. 35.

SAINT-LÉGIER Vaud **217** ⑭ – rattaché à Vevey.

SAINT-LUC 3961 Valais (VS) **217** ⑯ – 292 h. – alt. 1 650 – Sports d'hiver : 1 650/2 580 m
⫯1 ⥋7 ⥺ – ☻ 027.

oir : Vue★★.

Office du Tourisme, ℘ 65 14 12, Fax 65 22 37.

Bern 188 – ◆Brig 52 – ◆Martigny 65 – ◆Montreux 104 – ◆Sion 35.

X **La Fougère** avec ch, ℘ 65 11 76, Fax 65 29 50, 斎, « Terrasse ≤ vallée » – 🄰🄴 ⓞ
◆ 🄴 *VISA*. ⅏ rest
fermé mai, nov. à mi-déc. et mardi hors saison – **Repas** 18 - 40/80 et à la carte 32/92
– **9 ch** ⊡ 55/150 – ½ P suppl. 30.

à Chandolin Nord : 6 km – Sports d'hiver : 1 936/2 715 m ⥋6 ⥺ – ⊠ 3961 Chandolin
– ☻ 027 :

Voir : Panorama★★.

🄱 Office du Tourisme, ℘ 65 18 38, Fax 65 46 60

🏠 **Plampras,** ℘ 65 12 68, Fax 65 50 05, ≤, 斎, 𝒓 – ☎ ℗. 🄴 *VISA*
◆ *fermé 15 juin au 10 juil., 15 oct. au 15 nov. et jeudi hors saison* – **Repas** 20 - 26
(midi)/80 et à la carte 41/82, enf. 16 – **16 ch** ⊡ 56/146 – ½ P suppl. 28.

SAINT-MAURICE 1890 Valais (VS) **217** ⑭ – 3 595 h. – alt. 422 – ☻ 025.

oir : Trésor★★ de l'abbaye – Clocher★ de l'Église abbatiale – Grotte aux Fées : vue★ de
terrasse du restaurant – Site★.

Office du Tourisme, 48 Grand-Rue, ℘ 65 27 77, Fax 65 32 11.

Bern 112 – ◆Martigny 16 – ◆Montreux 28 – ◆Sion 42.

🏠 **Dent-du-Midi,** 1 av. Simplon, ℘ 65 12 09, 斎 – 🅸 ☑ ☎ – ⚐ 50. 🄴 *VISA*
◆ *fermé janv.* – **Repas** 18 - 30/40 et à la carte 46/87 – **12 ch** ⊡ 75/140 – ½ P suppl.
20.

XX **Lafarge,** pl. de la Gare, ℘ 65 13 60, Fax 65 19 11, 斎 – ℗. 🄰🄴 ⓞ 🄴 *VISA*
◆ *fermé 24 déc. au 5 janv., 28 juil. au 19 août, dim. soir et lundi* – **Repas** 16 - 45/85
et à la carte 36/90, enf. 12.

rte de Martigny Sud : 3 km – ☻ 026 :

XX **Rôtisserie du Bois-Noir,** ⊠ 1890 Saint-Maurice, ℘ 67 11 53, 斎 – ℗. 🄰🄴 ⓞ 🄴
VISA
Repas 24 - 45/75 et à la carte 44/86.

SAINT-SULPICE 1025 Vaud (VD) **217** ⑬ – 2 712 h. – alt. 397 – ☻ 021.

oir : Eglise★ et son site★.

Bern 123 – ◆Lausanne 7 – ◆Genève 54 – Pontarlier 73 – ◆Yverdon-les-Bains 43.

🏠 **Host. du Débarcadère** ⤷, 7 chemin du Crêt, ℘ 691 57 47, Fax 691 50 79, ≤, 斎,
« Élégante hostellerie près du lac », 𝒓, 🕃 – ▤ rest ☑ ☎ ℗. 🄰🄴 ⓞ 🄴 *VISA*
fermé 20 déc. au 25 janv. et dim. de nov. à fév. – **Repas** 56 (midi)/115 et à la carte
85/125 – **15 ch** ⊡ 185/320.

🏠 Pré Fleuri, 1 r. du Centre, ℘ 691 20 21, Fax 691 20 20, 斎, « Beau jardin fleuri avec
piscine », 🏊, 𝒓 – ☑ ☎ ℗ – **18 ch**.

XX **L'Abordage,** 67 av. du Léman, ℘ 691 45 38, Fax 691 95 38, 斎 – ℗. 🄰🄴 🄴 *VISA*
fermé 23 déc. au 8 janv., sam. midi et dim. – **Repas** 25 - 55 (midi)/85 et à la carte
58/96.

SAINT-SAPHORIN Vaud **217** ⑭ – rattaché à Vevey.

SAINT-TRIPHON 1855 Vaud (VD) **2**|**1**|**7** ⑭ – alt. 405 – ✪ 025.

◆Bern 104 – ◆Montreux 20 – Aigle 7 – ◆Martigny 25.

※ **Aub. de la Tour,** ✆ 39 12 14, 🏤 – **Ð**. 🖭 **E** _VISA_
    fermé 28 janv. au 6 fév., lundi et mardi – **Repas** 54/83 et à la carte 54/99.

SALAVAUX 1585 Vaud (VD) **2**|**1**|**7** ⑤ – alt. 439 – ✪ 037.

◆Bern 41 – ◆Neuchâtel 31 – ◆Fribourg 24 – ◆Yverdon-les-Bains 37.

※※ **du Pont,** ✆ 77 13 09, Fax 77 30 09, 🏤 – **Ð**. 🖭 ⓿ **E** _VISA_
🛏 _fermé nov., mardi de sept. à juin et lundi_ – **Repas** 15 - 48/90 et à la carte 53/73.

SALGESCH Valais **2**|**1**|**7** ⑯ – rattaché à Sierre.

SAMEDAN 7503 Graubünden (GR) **2**|**1**|**8** ⑮ – 2 671 Ew. – Höhe 1 709 – Wintersport
1 720/2 276 m ⟟1 ⟟4 ⟟ – ✪ 082 (ab 04/96 : 081).

Sehenswert : Lage★.

🚠 (Juni - Okt.), ✆ 6 52 26 (ab 04/96 : 852 52 26), Fax 6 46 82 (ab 04/96 : 852 46 82).

🚂 Samedan - Thusis, Information ✆ 6 54 04 (ab 04/96 : 852 54 04).

🛈 Kur- und Verkehrsverein, ✆ 6 54 32 (ab 04/96 : 852 54 32), Fax 6 53 88 (ab 04/96 :
852 53 88).

◆Bern 336 – St. Moritz 7 – ◆Davos 65.

🏨 **Bernina,** ✆ 6 54 21 (ab 04/96 : 852 54 21), Fax 6 36 06 (ab 04/96 : 852 36 06), ≤, 🏤
    ⇆s – 🛗 **TV** ☎ **Ð**. 🖭 ⓿ **E** _VISA_ _JCB_. ✖ Rest
    _Hotel : 14. April - 31. Mai und 15. Okt. - 14. Dez. geschl. ; Rest. : Mai, Nov. und
    Mittwoch geschl._ – **Menu** - italienische Küche - 25 und à la carte 30/88 – **59 Zim**
    ⊂⊃ 148/286 – ½ P Zuschl. 35.

🏨 **Quadratscha,** ✆ 6 42 57 (ab 04/96 : 852 42 57), Fax 6 51 01 (ab 04/96 : 852 51 01),
    ≤, 𝕃ö, ⇆s, 🔲, ✖ – 🛗 **TV** ☎ ⇦⇨ **Ð**. ⓿ **E** _VISA_
    Mitte Dez. - Mitte April und Mitte Juni - Mitte Okt. – **Menu** (nur Abendessen) 35/4.
    und à la carte 33/77 – **32 Zim** ⊂⊃ 156/292 – ½ P Zuschl. 20.

🏨 **Golf Hotel des Alpes,** ✆ 6 52 62 (ab 04/96 : 852 52 62), Fax 6 33 38 (ab 04/96 :
🛏 852 33 38), ⇆s, 🖾 – **TV** ☎ **Ð** – 🔥 30. 🖭 **E** _VISA_. ✖ Zim
    26. Nov. - 8. Dez. geschl. – **Menu** 20 - 50 und à la carte 43/97 – **42 Zim** ⊂⊃ 96/18.
    – ½ P Zuschl. 32.

🏨 **Donatz,** Via Plazzet 39, ✆ 6 46 66 (ab 04/96 : 852 46 66), Fax 6 54 51 (ab 04/96 :
    852 54 51) – 🛗 **TV** ☎ ⇦⇨. ⓿ **E** _VISA_
    22. April - 10. Juni geschl. – **La Padella** (Montag - Dienstag geschl.) **Menu** 23 un.
    à la carte 46/102, Kinder 12 – **34 Zim** ⊂⊃ 100/190.

SAMNAUN 7563 Graubünden (GR) **2**|**1**|**8** ⑦ – 763 Ew. – Höhe 1 846 – Wintersport
1 846/2 872 m ⟟1 ⟟11 – ✪ 081.

Lokale Veranstaltung
Ende April : Frühlingsschnee-Fest.

🛈 Touristikverein, ✆ 868 58 58, Fax 868 56 52.

◆Bern 385 – Scuol 38 – Landeck 52 – St. Anton am Arlberg 80.

🏨 **Chasa Montana** Ⓜ, ✆ 861 90 00, Fax 861 90 02, ≤, 🏤, « Hallenbad im römische
    Stil », 𝕃ö, ⇆s, 🔲 – 🛗 **TV** ☎ & ⇦⇨ **Ð** – 🔥 40. 🖭 **E** _VISA_. ✖ Rest
    Menu 24 und à la carte 31/78, Kinder 12 – **45 Zim** ⊂⊃ 200/440, 6 Suiten – ½ P Zusch.
    50.

🏨 **Post,** ✆ 868 53 53, Fax 868 56 30, ≤, 🏤, 𝕃ö, ⇆s – 🛗 **TV** ☎ **Ð**. 🖭 ⓿ **E** _VISA_. ✖ Res.
🛏 _Mai (ausser Rest.) und Nov. geschl._ – **Menu** 19 - 31 (mittags) und à la carte 26/6.
    – **52 Zim** ⊂⊃ 165/310 – ½ P Zuschl. 10.

🏨 **Silvretta,** ✆ 868 54 00, Fax 868 54 05, ≤, 🏤, 𝕃ö, ⇆s, 🔲 – 🛗 **TV** ☎ ⇦⇨ **Ð**. ✖
    Menu (Mai und Juni geschl.) 65 (abends) und à la carte 38/82 – **41 Zim** (im Winte.
    nur ½ Pens.) ⊂⊃ 170/400 – ½ P Zuschl. 30.

🏨 **des Alpes,** ✆ 868 52 73, Fax 868 53 38, ≤, 🏤, 𝕃ö, ⇆s – 🛗 **TV** ☎ **Ð**. 🖭 ⓿ **E** _VIS_
🛏 _1. Mai - 15. Juni und 1. Nov. - 15. Dez. geschl._ – **Menu** 16 und à la carte 34/7C.
    Kinder 10 – **18 Zim** ⊂⊃ 85/200 – ½ P Zuschl. 30.

Ente Turistico, ℘ 832 12 14, Fax 832 11 55.

ᵉrn 286 – St. Moritz 107 – ♦Bellinzona 48 – ♦Chur 70.

🏠 **Albarella,** ℘ 832 01 01, Fax 832 12 73, ≤ San Bernardino, ᛋ, ≘s, ⬚, 🚲 – ፨ ☎
፨ᵏ ⟷ ℗ – ፨ 25/200. ᴁ ⑩ ᴇ *VISA*
23 dicembre - 7 aprile e 26 maggio - 11 ottobre – ***La Rotonda*** *(chiuso a mezzogiorno)*
Pasto 35/48 ed à la carte 34/80 – **65 cam** ⊆ 140/217 – ½ P sup. 35.

🏠 **Brocco e Posta,** ℘ 832 11 05, Fax 832 13 42, 😤, ≘s, ⬚, 🚲 – ፨ ᵀⱽ ℗. ᴁ ⑩
ᴇ *VISA*. ⅋ rist
21 dicembre - 13 aprile e 16 maggio - 19 ottobre – **Pasto** à la carte 37/84 – **37 cam**
⊆ 110/220 – ½ P sup. 30.

ᵉrn 50 – Interlaken 67 – ♦Fribourg 24 – ♦Thun 41.

✗ **Hirschen,** ℘ 39 11 58, Fax 39 39 58 – ℗. ᴁ ᴇ *VISA*
Montag - Dienstag und 1. Jan. - 15. Feb. geschl. – **Menu** 25 - 75 und à la carte 28/83,
Kinder 12.

ᵉrn 27 – ♦Neuchâtel 53 – ♦Fribourg 9 – ♦Thun 39.

✗ Senslerhof, ℘ 35 11 41, Fax 35 21 27, 😤 – ℗.

St. Gallen *(Saint-Gall)*

9000 Ⓚ St. Gallen (SG) 🄫🄫🄫 ㉑ – 72 023 Ew. – Höhe 668 – ⊗ 071

Sehenswert : Stiftsbibliothek★★★ c – Kathedrale★★ c : Chor★★★ – Altstadt★ : Spisergasse★ c ; Gallusstrasse : Haus "Zum Greif"★ BC ; Schmiedgasse : Haus "Zum Pelikan"★ BC.

Museen : Textilmuseum B : Sammlung Iklé und Jacoby★★ – Historisches Museum★ c.

Ausflugsziele : Freudenberg★ A – Wildpark Peter und Paul : Aussicht★ auf St. Gallen. Nord über Tannenstrasse 3 km A.

🛬 in Niederbüren, ✉ 9246 (Feb.-Dez.), 📞 81 18 56 (ab 03/96 : 422 18 56), Fax 81 18 25 (ab 03/96 : 422 18 25), West : 24 km.

🛈 Verkehrsverein, Bahnhofplatz 1a, 📞 22 62 62 (ab 03/96 : 227 37 37), Fax 23 43 04 (ab 03/96 : 227 37 67)

🕸 Poststr. 18, 📞 20 00 80 (ab 03/96 : 220 00 80), Fax 22 28 82 (ab 03/96 : 220 28 82)

Ⓐ St. Jakobstr, 46, 📞 24 63 24 (ab 03/96 : 244 63 24), Fax 24 52 54 (ab 03/96 : 244 52 54).

Fluggesellschaft

Swissair Marktplatz 25, 📞 36 39 39 (ab 03/96 : 227 39 39), Fax 36 39 49 (ab 03/96 : 227 39 49).

Lokale Veranstaltung

21.08 – 04.09 : Open Opera, Musiktheaterfestival

◆Bern 209 ④ – Bregenz 36 ① – Konstanz 40 ① - ◆Winterthur 59 ④.

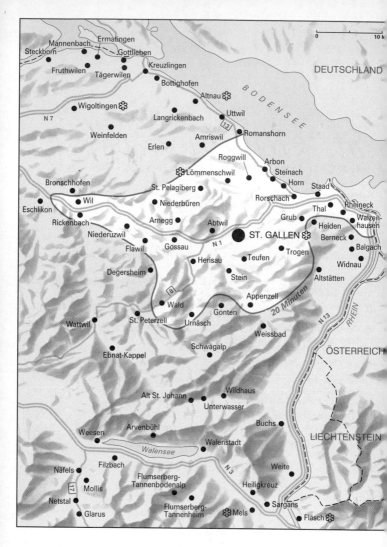

🏨 **Einstein** Ⓜ, Berneggstr. 2, ✉ 9001, ℰ 20 00 33 (ab 03/96 : 220 00 33), Telex 88367,
Fax 23 54 74 (ab 03/96 : 223 54 74), 🍴 – 🛗 🐾 Zim 📺 ☎ 🅿 – 🛎 25/50. 🆎 ◐
E 𝗩𝗜𝗦𝗔. 🎋 Rest
B
Menu *31* - 39 (mittags)/69 und à la carte 45/95 – ☲ 20 – **62 Zim** 195/325, 3 Suite
– ½ P Zuschl. 38.

🏨 **Ekkehard** Ⓜ, Rorschacherstr. 50, ℰ 22 47 14 (ab 03/96 : 222 47 14), Fax 22 47 74 (a
🠔 03/96 : 222 47 74), 🍴 – 🛗 📺 ☎ – 🛎 25/250. 🆎 ◑ E 𝗩𝗜𝗦𝗔
C
23. - 30. Dez. geschl. – **Menu** *(Sonn- und Feiertage, 23. - 30. Dez. und 14. Juli
4. Aug. geschl.)* *16* - 45/90 und à la carte 38/109 – **29 Zim** ☲ 165/240 – ½ P Zusch
40.

🏨 **Walhalla,** Bahnhofplatz, ✉ 9001, ℰ 22 29 22 (ab 03/96 : 222 29 22), Fax 22 29 6
(ab 03/96 : 222 29 66), 🍴 – 📺 ☎ – 🛎 25/50. 🆎 ◑ E 𝗩𝗜𝗦𝗔
B
Menu *29* - 45 (mittags) und à la carte 37/99, Kinder 18 – **56 Zim** ☲ 180/275
½ P Zuschl. 45.

282

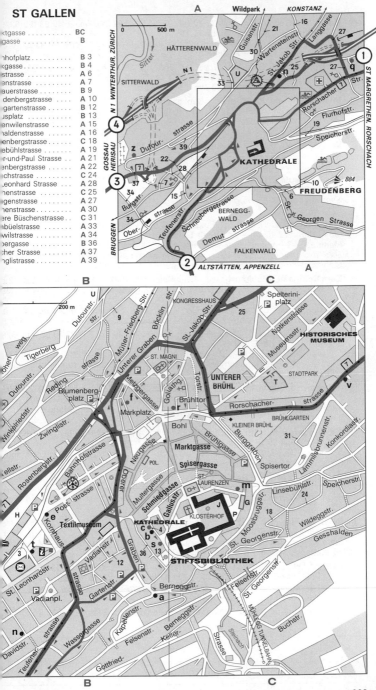

ST GALLEN

...ktgasse .... BC
...gasse .... B

...hofplatz .... B 3
...kgasse .... B 4
...strasse .... A 6
...enstrasse .... A 7
...auerstrasse .... B 9
...denbergstrasse .... A 10
...gartenstrasse ..... B 12
...usplatz .... B 13
...enwilenstrasse ..... A 15
...haldenstrasse ..... A 16
...enbergstrasse ..... C 18
...ebühlstrasse ...... A 19
...r-und-Paul Strasse .. A 21
...enbergstrasse ..... A 22
...chstrasse .... C 24
...eonhard Strasse ... A 28
...henstrasse .... C 25
...ngenstrasse .... A 27
...henstrasse .... A 30
...ere Büschenstrasse .. C 31
...nbüelstrasse ...... A 33
...wilstrasse .... A 34
...bergasse .... B 36
...cher Strasse ...... A 37
...nglistrasse .... A 39

🏨 **Gallo,** St. Jakobstr. 62, ℘ 25 27 27 (ab 03/96 : 245 27 27), Fax 25 45 93 (ab 03/9 245 45 93) – 📶 📺 ☎ 📵. 🖭 ① 🗜 *VISA*   A
1. - 7. Jan. geschl. – Galletto - italienische Küche - (Sonntag geschl.) **Menu** *22* - 69/ und à la carte 47/91 – **24 Zim** ⟷ 150/220.

🏨 **Metropol** garni, Bahnhofplatz 3, ⊠ 9001, ℘ 20 61 61 (ab 03/96 : 220 61 6 Fax 22 08 20 (ab 03/96 : 222 08 20) – 📺 ☎. 🖭 ① 🗜 *VISA*   B
23. Dez. - 2. Jan. geschl. – **33 Zim** ⟷ 170/235.

🏨 **Im Portner und Pförtnerhof,** Bankgasse 12, ℘ 22 97 44 (ab 03/96 : 222 97 4 Fax 22 98 56 (ab 03/96 : 222 98 56) – 📶 📺 ☎ – 🏋 25. 🖭 ① 🗜 *VISA*   B
7. Juli - 1. Aug. geschl. – **Menu** *25* - 45 und à la carte 40/81 – **24 Zim** ⟷ 170/2 – ½ P Zuschl. 30.

🏩 **Weissenstein** Ⓜ garni, Davidstr. 22, ℘ 20 81 18 (ab 03/96 : 220 81 18), Fax 20 81 (ab 03/96 : 220 81 20) – 📺 ☎ 📵. 🗜 *VISA*   B
20 Zim. ⟷ 95/165.

XXX **Am Gallusplatz,** Gallusstr. 24, ℘ 23 33 30 (ab 03/96 : 223 33 30), Fax 23 49 87 03/96 : 223 49 87), �045 – 🖭 ① 🗜 *VISA*   B
Samstag mittags, Montag und 1. - 14. Aug. geschl. – **Menu** *24* - 54/105 und à la ca 52/106.

XX ❀ **Hecht** (Schnider), Bohl 1 (1. Etage), ℘ 22 65 02 (ab 03/96 : 222 65 02), Fax 22 15 (ab 03/96 : 222 15 40) – 🍽 🖭 ① 🗜 *VISA*   C
Menu *29* - 43 (mittags) und à la carte 47/90, Kinder 12
Spez. Milkenragout mit Senfsauce und Blätterteigkissen. Steinbuttfilet mit Ingwerkruste u Currysauce. Rehrückenfilet mit Holundersauce.

XX **Zum Schlössli,** Zeughausgasse 17, am Spisertor, ℘ 22 12 56 (ab 03/96 : 222 12 5 Fax 22 12 06 (ab 03/96 : 222 12 06), �045, « Bürgerhaus aus dem 16. Jh. » – 🖭 *VISA*   C
Samstag (ausser abends vom 1. Okt. - 31. März), Sonn- und Feiertage, 23. De. 2. Jan. und Mitte Juli - Mitte Aug. geschl. – **Menu** *16.50* - 43/77 und à la carte 40/1

XX **Neubad,** Bankgasse 6, ℘ 22 86 83 (ab 03/96 : 222 86 83), Fax 22 80 68 (ab 03/9 222 80 68) – 🖭 ① 🗜 *VISA*   B
Samstag - Sonntag, 22. - 28. Jan. und 15. Juli - 4. Aug. geschl. – **Menu** (1. Etag (Tischbestellung erforderlich) *34* - 52 (mittags)/110 und à la carte 66/116 – ***Bistr*** **Menu** *26* und à la carte 41/70.

XX **Schoren,** Dufourstr. 150, ℘ 27 08 51 (ab 03/96 : 277 08 51), Fax 27 58 60 (ab 03/9 277 58 60), « Moderne und Afrikanische Kunstobjekte » – 📵. 🖭 ① 🗜 *VISA* ᴊᴄʙ. *Samstag mittags, Sonntag und Mitte Juli - Mitte Aug. geschl. –* **Menu** *59/67* un la carte 44/95.   A

XX **Alt Guggeien,** Kesselhaldenstr. 85 (über ① : 5 km), ⊠ 9016, ℘ 35 12 10 (ab 03/9 288 12 10), Fax 35 18 11 (ab 03/96 : 288 18 11) – 📵. 🗜
Sonntag - Dienstag, Feiertage, 8. - 21. April und 7. - 20. Okt. geschl. – **Menu** (mittags)/78 und à la carte 43/98.

X **Schweizerhof "by David",** Fidesstr. 2, ℘ 25 65 33 (ab 03/96 : 245 65 3 Fax 25 65 33 (ab 03/96 : 245 65 33) – ① 🗜 *VISA* ᴊᴄʙ. 🌤   A
Sonntag - Montag und 23. Juli - 10. Aug. geschl. – **Menu** *18.50* - 51/80 und à la ca 36/109.

X **Bel Etage,** Engelgasse 12, ℘ 22 29 70 (ab 03/96 : 222 29 70), Fax 23 78 30 (ab 03/9 223 78 30) – 🖭 🗜 *VISA*   B
Sonntag, im Sommer auch Montag und 22. Juli - 13. Aug. geschl. – **Menu** *19.5* 48 (mittags)/110 und à la carte 51/100.

X **Neuhof,** Lehnstr. 12 (West über Burgstrasse A 4 km), ⊠ 9014, ℘ 27 11 06 (ab 03/9 277 11 06), Fax 27 11 06 (ab 03/96 : 277 11 06), �045 – 🖭 ① 🗜 *VISA* ᴊᴄʙ. 🌤 *Samstag mittags, Sonntag und Ende Juli - Anfang Aug. 2 Wochen geschl. –* **Me** *27* - 43 (mittags) und à la carte 44/81.

X Peter und Paul, im Wildpark (Nord über Tannenstrasse A 3 km), ⊠ 9010, ℘ 25 56 : ≤ Bodensee, �045 – 📵.

Les bonnes tables
Nous distinguons à votre intention certains hôtels et restaurants par
❀, ❀❀ ou ❀❀❀.

ST. MORITZ 7500 Graubünden (GR) 218 ⑮ – 5 067 Ew. – Höhe 1 810 – Wintersport : 1856/3 030 m ⅛ 5 ⅛ 18 ⅔ – ☎ 082 (ab 04/96 : 081) – Kurort.

Sehenswert : Lage★★★.

Museen : Engadiner Museum★ ×**M¹** – Segantini Museum : Werden, Sein, Vergehen★ ×**M²**.

Ausflugsziel : Piz Nair★★ – Julier- (über ②) und Albulastrasse★ (über ①) : Bergüner Stein★ ; Samedan★ ; Celerina/Schlarigna★.

in Samedan, ⊠ 7503 (Juni - Okt.), ℰ 6 52 26 (ab 04/96 : 852 52 26), Fax 6 46 82 (ab 04/96 : 852 46 82), Nord-Ost : 5 km.

Kur- und Verkehrsverein, via Maistra 12, ℰ 3 31 47 (ab 04/96 : 837 33 33), Fax 3 29 52 (ab 04/96 : 837 33 77) – ♦Bern 329 – ♦Chur 88 – ♦Davos 71 – Scuol 63.

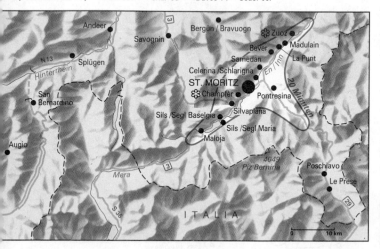

🏨 **Kulm** ⌖, ℰ 2 11 51 (ab 04/96 : 832 11 51), Telex 852172, Γax 3 27 38 (ab 04/96 : 833 27 38), ≤ Berge, « Park », ∱ᴓ, ⇌s, ⃞, ⅍ – ∄ 📺 ☎ ⇌↯ ⟿ ❷ – ⚐ 25/350. ⒶⒺ Ⅎ 𝘝𝘐𝘚𝘈, ⅍ Rest   Z **b**
3. Dez. - 9. April und 25. Juni - 9. Sept. – **Menu** 32 - 48 (mittags)/73 und à la carte 63/131 – **Rôtisserie des Chevaliers** (nur im Winter geöffnet) (nur Abendessen) **Menu** à la carte 62/138 – **195 Zlm** ⇌ 335/1015, 5 Suiten – ½ P Zuschl. 25.

🏨 **Badrutt's Palace,** ℰ 2 11 01 (ab 04/96 : 837 10 00), Telex 852124, Fax 3 77 39 (ab 04/96 : 837 29 99), ≤ Berge, ⌖, ∱ᴓ, ⇌s, ⅃, ⃞, ⇌, ⅍ – ∄ 📺 ☎ ⇌↯ ⟿ ❷ – ⚐ 25/300. ⒶⒺ ⓄⒹ Ⅎ 𝘝𝘐𝘚𝘈, ⅍ Rest
16. Dez. - 31. März und 29. Juni - 8. Sept. – **Palace Grill-Room** (16. Dez. - 31. März geöffnet) **Menu** 90 (mittags) und à la carte 72/163 – **Trattoria** (nur Abendessen) **Menu** à la carte 60/145 – **220 Zim** (im Winter nur ½ Pens.) ⇌ 600/1620, 20 Suiten – ½ P Zuschl. 40.

🏨 **Suvretta House** ⌖, via Chasellas 1, Süd West : 2,5 km über via Somplaz Y, ℰ 2 11 21 (ab 04/96 : 832 11 32), Fax 3 85 24 (ab 04/96 : 832 85 24), ≤ Berge, ⌖, Park, ∱ᴓ, ⇌s, ⃞, ⅍ – ∄ 📺 ☎ ⇌↯ ⟿ ❷ – ⚐ 200. ⒶⒺ Ⅎ 𝘝𝘐𝘚𝘈, ⅍ Rest
9. Dez. - 8. April und 29. Juni - 1. Sept. – **Menu** 35 - 55/95 und à la carte 50/127 – **Le Miroir** (nur Abendessen) (im Sommer geschl.) **Menu** 140 und à la carte 64/133 – **Suvretta Club** (nur für Hotelgäste) **Menu** à la carte 45/142, Kinder 22 – **210 Zim** (nur ½ Pens.) ⇌ 255/1100 – ½ P Zuschl. 25.

🏨 **Carlton** ⌖, ℰ 2 11 41 (ab 04/96 : 832 11 41), Fax 3 20 12 (ab 04/96 : 833 20 12), ≤ Berge, ⌖, ⇌s, ⃞ – ∄ 📺 ☎ ⇌↯ ❷ – ⚐ 60. ⒶⒺ ⓄⒹ Ⅎ 𝘝𝘐𝘚𝘈, ⅍ Rest   X **c**
16. Dez. - 30. März und 16. Juni - 14. Sept. – **Menu** (nur Abendessen) 65/135 – **Tschine** (im Sommer Freitag geschl.) **Menu** 55 (mittags)/75 und à la carte 57/103 – **99 Zim** ⇌ 335/670, 6 Suiten – ½ P Zuschl. 25.

🏨 **Schweizerhof,** ℰ 2 21 71 (ab 04/96 : 832 21 71), Fax 3 83 00 (ab 04/96 : 833 83 00), ≤, ⌖, ⇌s – ∄ ⅍ Zim 📺 ☎ ⅙ ⇌↯ ❷ – ⚐ 30. ⒶⒺ ⓄⒹ Ⅎ 𝘝𝘐𝘚𝘈, ⅍ Rest   Z **d**
Menu 18.50 - 48 (abends) und à la carte 44/93, Kinder 9 – **83 Zim** ⇌ 225/580 – ½ P Zuschl. 20.

285

ST. MORITZ

Maistra (Via)	Z	
Mulin (Via)	Z	9
Serlas (Via)	Z	
Traunter Plazzas (Via)	Z	19
Arona (Via)	X	
Aruons (Via)	XY	3
Bagn (Via dal)	XY	4
Dim Lej (Via)	X	5
Grevas (Via)	XY	6
Ludains (Via)	Y	7
Mezdi (Via)	Y	
Mulin (Pl. dal)	Z	
Posta Veglia (Pl. da la)	Z	10
Quadrellas (Via)	Z	
Rosatsch (Via)	Y	12
San Gian (Via)	Y	13
Scoula (Pl. da)	Z	15
Sela (Via)	Y	16
Seepromenade	XY	
Serletta	Z	
Somplaz (Via)	XY	
Stredas (Via)	Z	18
Surpunt (Via)	Y	
Tinus (Via)	Z	
Veglia (Via)	Z	
Vout (Via)	Z	21

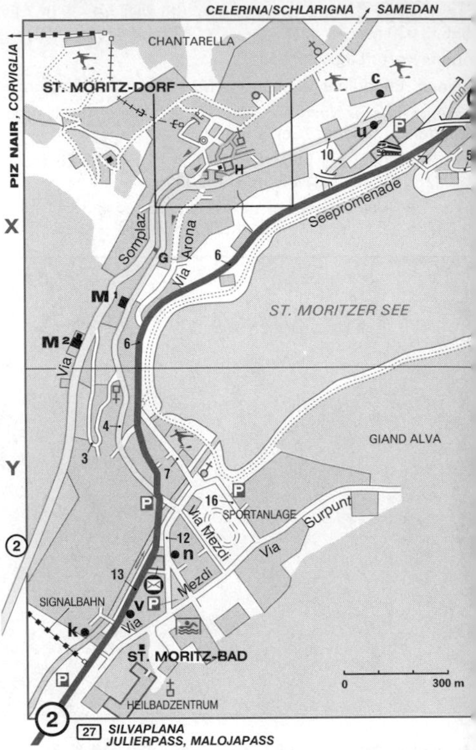

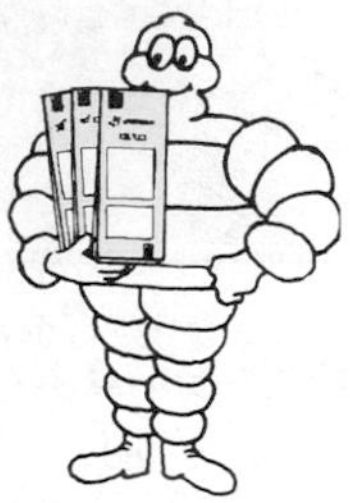

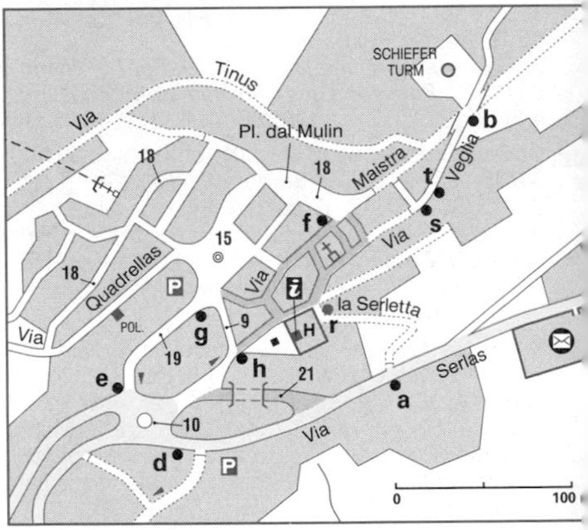

Ferienreisen wollen gut vorbereitet sein. Die Strassenkarten und Führer von Michelin geben Ihnen Anregungen und praktische Hinweise zur Gestaltung Ihrer Reise : Streckenvorschläge, Auswahl und Besichtigungsbedingungen der Sehenswürdigkeiten, Unterkunft, Preise... u. a. m.

Steffani M, Sonnenplatz 1, ☎ 2 21 01 (ab 04/96 : 832 21 01), Fax 3 40 97 (ab 04/96 : 832 40 97), ..., - ... 80. AE ... E VISA Z
Zim
Menu *25* - 30 (mittags)/45 und à la carte 49/96, Kinder 9 – ***Le Mandarin*** - chinesische Küche - *(Mitte April - Ende Juni und Mitte Okt. - Anfang Dez. geschl.) (nur Abendessen)* **Menu** 40/64 und à la carte 44/93 – **64 Zim** 270/500 – ½ P Zuschl. 30.

Monopol, $\mathscr{S}$ 3 44 33 (ab 04/96 : 833 44 33), Fax 3 71 37 (ab 04/96 : 833 71 37), ⇌ɛ,
◼ – 🛗 📺 ☎. ⒜Ε ⓞ Ε 𝘝𝘐𝘚𝘈. ⁒ Rest   Z **f**
*16. Dez. - 9. April und 16. Mai - 14. Okt. – Grischuna – italienische Küche - (im Sommer
Sonntag geschl.)* **Menu** *19* - 28 (mittags) und à la carte 60/111 – **66 Zim** ⊑ 235/460
– ½ P Zuschl. 30.

Crystal, $\mathscr{S}$ 2 11 65 (ab 04/96 : 832 11 65), Telex 852149, Fax 3 64 45 (ab 04/
96 : 833 64 45), ⇌ɛ – 🛗 📺 ☎ – ᨵ 60. ⒜Ε ⓞ Ε 𝘝𝘐𝘚𝘈 ᴶᶜᴮ.
⁒ Rest   Z **g**
10. Dez. - 9. April und 26. Mai - 9. Okt. – **Menu** 48 (abends) und à la carte 45/86
– Grotto - italienische Küche - (Montag und im Sommer geschl.) (nur Abendessen)
Menu à la carte 48/104 – **99 Zim** ⊑ 210/410 – ½ P Zuschl. 25.

La Margna, $\mathscr{S}$ 2 21 41 (ab 04/96 : 832 21 41), Fax 3 16 72 (ab 04/96 : 833 16 72), ≼,
⇌ɛ – 🛗 📺 ☎ ⓟ – ᨵ 50. ⒜Ε Ε 𝘝𝘐𝘚𝘈. ⁒ Rest   X **u**
16. Dez. - 7. April und 2. Juni - 5. Okt. – **Menu** *(nur Abendessen)* 22 - 45 und à la
carte 45/107 *– Stüvetta :* **Menu** *18* und à la carte 37/59 – **62 Zim** ⊑ 180/420 –
½ P Zuschl. 30.

Albana, $\mathscr{S}$ 3 31 21 (ab 04/96 : 833 31 21), Fax 3 15 43 (ab 04/96 : 833 15 43), « Private
Jagdtrophäen-Ausstellung », 𝓕ᵴ, ⇌ɛ – 🛗 📺 ☎ – ᨵ 25. ⒜Ε ⓞ Ε 𝘝𝘐𝘚𝘈 ᴶᶜᴮ.
⁒ Rest   Z **h**
Menu *19* und à la carte 49/92 – **74 Zim** ⊑ 235/450 – ½ P Zuschl. 30.

Nolda ⦿, $\mathscr{S}$ 3 05 75 (ab 04/96 : 833 05 75), Fax 3 87 51 (ab 04/96 : 833 87 51), 𝓕ᵴ,
⇌ɛ, ◼ – 🛗 📺 ☎ ⇌ ⓟ 𝘝𝘐𝘚𝘈. ⁒ Rest   Y **k**
Mitte Dez. - Mitte April und Mitte Juni - Mitte Okt. – **Menu** *33* - 40 (abends) und à
la carte 28/57 – **45 Zim** ⊑ 160/340 – ½ P Zuschl. 40.

Eden ⦿ garni, $\mathscr{S}$ 3 61 61 (ab 04/96 : 833 61 61), Fax 3 91 91 (ab 04/96 : 833 91 91),
≼ Berge – 🛗 📺 ☎ ⓟ   Z **s**
15. Dez. - 14. April und 15. Juni - 14. Okt. – **35 Zim** ⊑ 170/340.

San Gian Ⓜ, $\mathscr{S}$ 3 20 41 (ab 04/96 : 833 20 41), Fax 3 40 15 (ab 04/96 : 833 40 15),
≼ – 🛗 📺 ☎ ⇌ ⓟ. ⒜Ε ⓞ Ε 𝘝𝘐𝘚𝘈   Y **v**
15. April - 31. Mai und 28. Okt. - 30. Nov. geschl. – **Menu** 50 und à la carte 35/110
– **47 Zim** ⊑ 160/350 – ½ P Zuschl. 40.

Corvatsch Ⓜ, $\mathscr{S}$ 3 74 75 (ab 04/96 : 833 74 75), Fax 3 57 50 (ab 04/96 : 833 57 50),
≼ – 🛗 📺 ☎ க ⇌ ⓟ. ⒜Ε ⓞ Ε 𝘝𝘐𝘚𝘈 ᴶᶜᴮ. ⁒ Zim   Y **n**
Ende Nov. - Mitte April und Ende Mai - Mitte Okt. – **Menu** *18* - 48 (abends) und à la
carte 41/72 – **26 Zim** ⊑ 150/230 – ½ P Zuschl. 33.

Languard Ⓜ ⦿ garni, $\mathscr{S}$ 3 31 37 (ab 04/96 : 833 31 37), Fax 3 45 46 (ab 04/96 :
833 45 46), ≼ Berge – 🛗 📺 ☎ ⓟ. ⒜Ε ⓞ Ε 𝘝𝘐𝘚𝘈   Z **t**
21. April - 8. Juni und 27. Okt. - 30. Nov. geschl. – **22 Zim** ⊑ 110/310.

Chesa Veglia, via Veglia 2, $\mathscr{S}$ 3 35 96 (ab 04/96 : 837 28 00), Fax 3 28 35 (ab 04/96 :
837 28 99), ╦ – ⒜Ε ⓞ Ε 𝘝𝘐𝘚𝘈. ⁒   Z **r**
Anfang Dez. - 30 März und 29 Juni - Mitte Sept. – Patrizier Stuben : **Menu** *23*
und à la carte 70/151 *– Chadafö Grill (nur Abendessen) (im Sommer geschl.)*
Menu à la carte 76/115 *– Pizzeria (nur Abendessen)* **Menu** à la carte 44/
100.

Meierei ⦿ mit Zim, Nord-Ost : über Seepromenade und Spazierweg (via Dim Lej
X), $\mathscr{S}$ 3 20 60 (ab 04/96 : 833 32 42), Fax 3 88 38 (ab 04/96 : 833 88 38), ≼ Berge,
╦, 🍽 – ☎. ⒜Ε 𝘝𝘐𝘚𝘈
Mitte Dez. - Mitte April und Mitte Juni - Mitte Okt. geöffnet ; Montag geschl. –
Menu (Tischbestellung ratsam) à la carte 41/75 – **11 Zim** ⊑ 95/245 – ½ P
Zuschl. 39.

Chasellas, via Suvretta 22 (Süd-West : 2,5 km über ② Y), $\mathscr{S}$ 3 38 54 (ab 04/96 :
833 38 54), ╦ – ⓟ. ⒜Ε Ε 𝘝𝘐𝘚𝘈
9. Dez. - 9. April und 29. Juni - 29. Sept. – **Menu** *(mittags nur kleine Karte)*
(Tischbestellung ratsam) 98 (abends) und à la carte 40/122.

auf dem Corviglia mit Standseilbahn erreichbar :

Mathis Food Affairs, (Höhe 2488 m), $\mathscr{S}$ 3 63 55 (ab 04/96 : 833 63 55), Fax 3 85 81
(ab 04/96 : 833 85 81), ≼ Berge und Tal – ⒜Ε ⓞ Ε 𝘝𝘐𝘚𝘈
3. Dez. - 13. April und 16. Juni - 12. Okt. ; nur Mittagessen – La Marmite : **Menu** *46* -
und à la carte 70/133, Kinder 10 *– Brasserie :* **Menu** *25* - und à la carte 36/72,
Kinder 10.

in Champfèr Süd-West : 3 km – ⊠ 7512 Champfèr – 🕾 082 (ab 04/96 : 081) :

🏨 **Chesa Guardalej** Ⓜ 🦫, ℰ 2 31 21 (ab 04/96 : 832 31 21), Fax 3 23 73 (ab 04/96 832 23 73), ≼, 🍴, Ⅰ⸹, ⩶, 🖵, 🚗 ⇆ 🄿. 🆎 ⓪ 🇪 𝘝𝘐𝘚𝘈. ⅙ Rest
15. Dez. - 8. April und 23. Juni - 12. Okt. – Jenatsch : Menu à la carte 49/88 – Diavo (nur Abendessen) Menu à la carte 37/91, Kinder 9 – Stüva dal Postigliun : Menu la carte 36/70, Kinder 9 – **95 Zim** ⴹ 325/570, 3 Suiten – ½ P Zuschl. 42.

🏨 **Europa** 🦫, ℰ 2 11 75 (ab 04/96 : 832 11 75), Fax 3 86 08 (ab 04/96 : 833 86 08), Berge, ⩶, 🍴, ⛹, 🖵, ⋙ – ⅊ 🖵 🚗 ⇆ 🄿 – 🔺 100. 🆎 ⓪ 🇪 𝘝𝘐𝘚𝘈 𝘑𝘊𝘉. ⅙ Re
17. Dez. - 21. April und 9. Juni - 28. Sept. – **Menu** *35 -* 60 *und à la carte 49/9 Kinder 10 –* **110 Zim** *(nur ½ Pens.)* ⴹ 185/370 – ½ P Zuschl. 10.

XXX ❀ **Jöhri's Talvo,** ℰ 3 44 55 (ab 04/96 : 833 44 55), ⩶ – 🆎 ⓪ 🇪 𝘝𝘐𝘚𝘈. ⅙
15. Dez. - 14. April und 20. Jan. - 13. Okt. geöffnet ; Montag (ausser Feiertage) ur in der Zwischensaison auch Dienstag geschl. – **Menu** *48 -* 78 (mittags)/168 *und la carte 78/137*
Spez. Steinbutt in der Salzkruste. Hummermedaillons an Zitronenthymian mit Kartoff Quarkplätzchen. Schokoladenvariation.

ST. NIKLAUSEN **6066** Obwalden (OW) 𝟤𝟣𝟩 ⑨ – Höhe 839 – 🕾 041.
◆Bern 117 – ◆Luzern 4 – Altdorf 40 – Cham 27 – Engelberg 32 – Stans 12.

XX **Alpenblick,** ℰ 66 15 91 (ab 03/96 : 660 15 91), ≼ Bergpanorama, ⩶ – 🄿. 🆎 🇪 𝘝
Dienstag mittags, Montag, 24. - 31. Dez. und ab Ende Juli 3 Wochen geschl. – **Mer** (Tischbestellung ratsam) *25 -* 52 (mittags)/110 *und à la carte 57/99.*

ST. PELAGIBERG **9225** Thurgau (TG) 𝟤𝟣𝟨 ⑩ – Höhe 570 – 🕾 071.
◆Bern 207 – ◆St. Gallen 16 – Bregenz 50 – Konstanz 31 – ◆Winterthur 57.

XX **St. Pelagius,** ℰ 98 14 34 (ab 03/96 : 433 14 34), Fax 98 14 34 (ab 03/96 : 433 14 3 – 🄿
Montag - Dienstag geschl. – **Menu** (Tischbestellung ratsam) 68/128 *und à la car 56/127.*

ST. PETERZELL **9127** St. Gallen (SG) 𝟤𝟣𝟨 ⑳ – 1 186 Ew. – Höhe 701 – 🕾 071.
◆Bern 207 – ◆St. Gallen 24 – Appenzell 23 – Buchs 54 – Rapperswil 35 – ◆Winterthur 58.

X **Rössli,** ℰ 56 12 15 (ab 03/96 : 377 12 15), Fax 56 17 59 (ab 03/96 : 377 17 59), ⧠ – 🄿. 🆎 ⓪ 🇪 𝘑𝘊𝘉
Dienstag, von Nov. - Feb. auch Montag und Ende Jan. - Mitte Feb. 3 Wochen gesc – **Menu** *19 -* 23 (mittags)/119 *und à la carte 31/96, Kinder 7.*

SANTA MARIA i. M. **7536** Graubünden (GR) 𝟤𝟣𝟪 ⑰ – 411 Ew. – Höhe 1 388 🕾 082 (ab 04/96 : 081).
🛈 Verkehrsbüro, ℰ 8 57 27 (ab 04/96 : 858 57 27), Fax 8 62 97 (ab 04/96 : 858 62 97).
◆Bern 348 – Scuol 63 – ◆Chur 138 – ◆Davos 73 – Merano 69 – St. Moritz 69.

🏨 **Schweizerhof,** ℰ 8 51 24 (ab 04/96 : 858 51 24), Fax 8 50 09 (ab 04/96 : 858 50 0 ⩶, ⩶ – ⅊ ⥬ Rest 🚗 🄿. 🆎 ⓪ 🇪 𝘝𝘐𝘚𝘈. ⅙ Rest
10. Feb. - Mitte April und Anfang Mai - 3. Nov. – **Menu** 30 *und à la carte 40/69* **27 Zim** ⴹ 105/240 – ½ P Zuschl. 30.

🏨 **Alpina,** ℰ 8 51 17 (ab 04/96 : 858 51 17), Fax 8 56 97 (ab 04/96 : 858 56 97), ⧠ Ehemaliges Patrizierhaus – ⅊ 🖵 🚗 ⇆ 🄿. 🇪 𝘝𝘐𝘚𝘈
Mitte Nov. - Mitte Dez. geschl. – **Menu** *18* und à la carte 29/56 – **18 Zim** ⴹ 70/1 – ½ P Zuschl. 25.

🏨 **Stelvio,** ℰ 8 53 58 (ab 04/96 : 858 53 58), Fax 8 50 39 (ab 04/96 : 858 50 39), ⩶, ⧠ ⋙ – ⅊ 🖵 🚗 🄿. 🆎 ⓪ 🇪 𝘝𝘐𝘚𝘈
in der Zwischensaion Montag, 26. Nov. - 17. Dez., 5. Jan. - 15. Feb. und 9. - 2 April geschl. – **Menu** *28* und à la carte 29/64, Kinder 10 – **30 Zim** ⴹ 75/120 ½ P Zuschl. 20.

XX **Piz Umbrail** mit Zim, ℰ 8 55 05 (ab 04/96 : 858 55 05), Fax 8 61 50 (ab 04/9 858 61 50) – ⥬ Rest 🖵 🚗. 🆎 🇪 𝘝𝘐𝘚𝘈. ⅙ Rest
21. Dez. - 26. April und 13. Mai - Mitte Nov. geöffnet ; Sonntag (im Somm nur abends) und Montag ausser Feiertage geschl. – **Menu** (abends Tischbestellu ratsam) à la carte 49/85 – **3 Zim** ⴹ 90/150 – ½ P Zuschl. 45.

SARGANS 7320 St. Gallen (SG) 216 ㉑ – 4 835 Ew. – Höhe 482 – ✆ 081.

Verkehrsbüro, ✆ 723 53 30, Fax 723 53 30.

Bern 218 – ♦Chur 31 – ♦St. Gallen 71 – ♦Davos 66 – Vaduz 18.

🏠 **Zum Ritterhof,** Bahnhofstr. 12, ✆ 723 77 77, Fax 723 77 79, 🍽 – 📶 📺 ☎ 🅿.
VISA
Menu _21.50_ und à la carte 29/80, Kinder 10.50 – **15 Zim** 🛏 65/110 – ½ P Zuschl.
22.

✗ **Da Christina,** Städtlistr. 56, ✆ 723 15 65, Fax 723 82 47 – 🆀 ⓞ 🇪 _VISA_
♦ Mittwoch, Samstag mittags, 1. - 6. Jan., 13. - 19. Mai und 17. Juli - 7. Aug. geschl.
– **Menu** - italienische Küche - _17.50_ - 33 (mittags)/55 und à la carte 46/87.

SARISWIL 3044 Bern (BE) 216 ⑭ – Höhe 640 – ✆ 031.

Bern 15 – ♦Biel 27 – ♦Fribourg 40 – ♦Neuchâtel 47.

✗✗ **Zum Rössli,** ✆ 829 33 73, Fax 829 38 73, 🍽, Berner Bauernhaus aus dem 19. Jh.
♦ – 🅿. 🆀 ⓞ 🇪 _VISA_
Sonntag - Montag, 12. - 24. Feb. und 21. Sept. - 16. Okt. geschl. – **Menu** _17.50_ - 43
(mittags) und à la carte 31/85, Kinder 13.50.

SARNEN 6060 🅺 Obwalden (OW) 217 ⑨ – 8 613 Ew. – Höhe 473 – ✆ 041.

Lokale Veranstaltung
28.04 : Landsgemeinde.

🅱 Verkehrsbüro, Hofstr. 2, ✆ 66 40 55 (ab 03/96 : 660 40 55), Fax 66 32 78 (ab
03/96 : 660 32 78).

♦Bern 106 – ♦Luzern 20 – Altdorf 44 – Brienz 34.

🏠 **Krone,** Brünigstr. 130, ✆ 66 66 33 (ab 03/96 : 660 66 33), Fax 66 82 34 (ab 03/96 :
♦ 660 82 34), 🍽 – 📶 📺 ☎ ⅃ 🅿 – 🚪 25/100. 🆀 ⓞ 🇪 _VISA_
Huang Guan - chinesische Küche - _(Montag und 16. Juli - 13. Aug. geschl.)_ **Menu** 38
(mittags)/88 und à la carte 37/75, Kinder 12 – **Puntino Taverna** - italienische Küche
- _(Sonntag - Montag und 16. Juli - 13. Aug. geschl.)_ **Menu** à la carte 33/75 – **Gaststube :** **Menu** _16.50_ und à la carte 31/68, Kinder 8.50 – **48 Zim** 🛏 110/300 – ½ P
Zuschl. 35.

✗ **Landenberg,** Jordanstr. 1, ✆ 66 12 12 (ab 03/96 : 660 12 12), Fax 66 12 56 (ab 03/96 :
♦ 660 12 56), 🍽 – 🆀 🇪 _VISA_
Sonntag abends - Montag, im Feb. 3 Wochen und Anfang Sept. 1 Woche geschl.
– **Menu** _18_ - 36 (mittags)/65 und à la carte 52/94.

in Kerns Ost : 3 km – ✉ 6064 Kerns – ✆ 041 :

🏠 **Kernserhof** 🐾, Richtung Stans : 1 km, ✆ 66 68 68 (ab 03/96 : 660 68 68),
♦ Fax 66 85 69 (ab 03/96 : 660 85 69), ≤, 🍽, 🛋 – 📶 ☎ 🅿 – 🚪 30. 🆀 ⓞ 🇪
VISA
Jan. - Mitte Feb. geschl. – **Menu** _(Dienstag mittags und Montag geschl.)_ 24 und à
la carte 38/77 – **36 Zim** 🛏 100/180 – ½ P Zuschl. 20.

in Wilen Süd-West : – ✉ 6062 Wilen – ✆ 041 :

🏠 **Wilerbad** Ⓜ, ✆ 66 00 15 (ab 03/96 : 660 00 15), Fax 66 12 92 (ab 03/96 : 660 12 92),
♦ ≤ Sarnersee, 🍽, 🛋, 🏊 – 📶 📺 ☎ 🅿 – 🚪 25/60. 🆀 ⓞ 🇪 _VISA_
Rubin : **Menu** _15_ - 32 und à la carte 46/89 – **Vivaldi** - italienische Küche - **Menu** à la
carte 33/71 – **57 Zim** 🛏 135/240 – ½ P Zuschl. 40.

SATIGNY 1242 Genève (GE) 217 ⑪ – 2 255 h. – alt. 485 – ✆ 022.

Bern 170 – ♦Genève 11 – Bellegarde-sur-Valserine 33 – Divonne-les-Bains 23 – Oyonnax 63.

à Peney-Dessus Sud : 3 km par rte de Dardagny et voie privée – ✉ 1242 Satigny
– ✆ 022 :

✗✗ ✿✿ **Domaine de Châteauvieux** (Chevrier) avec ch, ✆ 753 15 11, Fax 753 19 24, ≤,
🍽, « Ancienne ferme aménagée en hostellerie campagnarde » – 📺 ☎ 🅿. 🆀 _VISA_
fermé 24 déc. au 8 janv. et 1ᵉʳ au 15 août – **Repas** _(fermé dim. et lundi)_ 62 (midi)/150
et à la carte 96/162 – **20 ch** 🛏 145/235
Spéc. Queue de boeuf mijotée et foie gras de canard en gelée d'herbettes. Carré d'agneau
d'Ecosse rôti au foin et aux herbes aromatiques. Salmis de perdreau gris à l'embeurrée
de chou vert et pommes reinettes au foie gras (Automne - Hiver).

SATTEL **6417** Schwyz (SZ) 𝟚𝟙𝟞 ⑱ ⑲ – 1 319 Ew. – Höhe 828 – 🌣 043 (ab 03/96 : 04
◆Bern 156 – ◆Luzern 33 – Einsiedeln 18 – ◆Schwyz 9.

XX **Bären,** ℰ 43 11 33 (ab 03/96 : 835 11 33), Fax 43 17 46 (ab 03/96 : 835 17 46) – ◀
➡ **E** 𝘝𝘐𝘚𝘈
Donnerstag mittags, Mittwoch, 19. - 25. Dez. und 15. - 26. Juli geschl. – **Menu** *16.*
und à la carte 50/100, Kinder 8.50.

Süd-West 3,5 km Richtung Schwyz

XX **Adelboden,** Schlagstrasse, ✉ 6422 Steinen, ℰ 41 12 42 (ab 03/96 : 832 12 4
Fax 41 19 42 (ab 03/96 : 832 19 42), ≤, 🏤 – 🅿. 🆀 **E** 𝘝𝘐𝘚𝘈
Sonntag - Montag und 16. - 30. Juni geschl. – **Menu** *34* - 46 (mittags)/98 und à
carte 48/107.

La SAUGE Vaud 𝟚𝟙𝟞 ⑬ – rattaché à Cudrefin.

SAULCY **2873** Jura (JU) 𝟚𝟙𝟞 ⑬ ⑭ – 258 h. – alt. 910 – 🌣 066.
◆Bern 75 – ◆Delémont 21 – ◆Basel 67 – ◆Biel 40 – ◆La Chaux-de-Fonds 42.

🏡 **Bellevue,** ℰ 58 45 32, Fax 58 46 93, ≤, 🏤 – 📺 🅿 – 🕴 25. 🆀 **E** 𝘝𝘐𝘚𝘈
➡ *fermé 29 janv. au 2 mars et merc. d'oct. à juin –* **Repas** *18* et à la carte 38/74 – **11**
🛏 70/150 – ½ P suppl. 20.

SAVOGNIN **7460** Graubünden (GR) 𝟚𝟙𝟠 ⑭ – 968 Ew. – Höhe 1 210 – Winterspor
1 200/2 713 m ⚡2 ⚡15 ⚡ – 🌣 081.
Lokale Veranstaltungen
01.03 : "Chalandamarz" alter Frühlingsbrauch und Kinderfest
23.03 - 24.03 : Frühlings-Skihüttenfest.
🆖 Kur- und Verkehrsverein, Stradung, ℰ 74 22 22 (ab 04/96 : 684 22 22), Fax 74 28 21 (
04/96 : 684 28 21).
◆Bern 290 – St. Moritz 39 – ◆Chur 49 – ◆Davos 40.

🏡 **Alpina** 🐾, ℰ 74 14 26 (ab 04/96 : 684 14 26), Fax 74 29 60 (ab 04/96 : 684 29 6
≤, 🏤 – 🕴 📺 🅿. 🆀 ⓞ **E** 𝘝𝘐𝘚𝘈
Mitte Dez. - Ostern und Anfang Mai - Ende Okt. – **Menu** à la carte 39/79 – **48 Z**
🛏 95/270 – ½ P Zuschl. 33.

🏡 **Bela Riva,** ℰ 74 24 25 (ab 04/96 : 684 24 25), Fax 74 35 05 (ab 04/96 : 684 35 0
➡ 🏤 – 🕿 🅿. 🆀 **E** 𝘝𝘐𝘚𝘈
in der Zwischensaison Mittwoch und 7. Juni - 1. Juli geschl. – **Menu** *16.50* und à
carte 39/78 – **15 Zim** 🛏 95/280 – ½ P Zuschl. 30.

XX **Romana und Segantini Stube** mit Zim, ℰ 74 15 44 (ab 04/96 : 684 15 4
➡ Fax 74 37 07 (ab 04/96 : 684 37 07), 🏤 – 🕿 🅿. **E** 𝘝𝘐𝘚𝘈
15. April - 31. Mai und 25. Okt. - 10. Dez. geschl. – **Menu** (1. Etage) *(Juni, Sept. u
Okt. jeweils Dienstag geschl.)* 79 à la carte 53/82 – *Bündnerstube :* **Menu** *15* und
la carte 38/63, Kinder 8 – **13 Zim** 🛏 100/196 – ½ P Zuschl. 30.

SCHAAN Fürstentum Liechtenstein 𝟚𝟙𝟞 ㉒ – siehe Seite 357.

SCHAANWALD Fürstentum Liechtenstein 𝟚𝟙𝟞 ㉒ – siehe Seite 357.

Schaffhausen

8200 🄺 Schaffhausen (SH) **216** ⑦ ⑧ – 33 936 Ew.
Höhe 403 – ✪ 053 (ab 03/96 : 052)

Sehenswert : Altstadt★ : Aussichtspunkt★ ; Vordergasse★ B.

Museum : Museum zu Allerheiligen★ B **M**.

Ausflugziel : Rheinfall★★ über ③ oder ④.

🛏 Rheinblick, ✉ 8455 Rüdlingen (Feb.-Dez.) 𝒫 (0049) 77 45 51 30,
Fax (0049) 77 45 56 67, über ④ : 19 km – 🛏 Obere Alp, in D-Stühlingen,
✉ 79780 (April-Nov.) 𝒫 (0049) 7703 71 02, Fax (0049) 77 03 17 99, über
① : 20 km

🎏 Verkehrsbüro, Fronwagturm, 𝒫 25 51 41 (ab 03/96 : 625 51 41),
Fax 25 51 43 (ab 03/96 : 625 51 43)

🎇 Vordergasse 34, 𝒫 25 46 19 (ab 03/96 : 625 46 19), Fax 25 46 47
(ab 03/96 : 625 46 47)

🅐 𝒫 24 28 74 (ab 03/96 : 624 28 74), Fax 25 70 10 (ab 03/96 :
625 70 10).

◆Bern 158 ④ – ◆Zurich 50 ④ – ◆Baden 69 ④ – ◆Basel 99 ④ – Konstanz 56 ② – Tuttlingen
53 ①.

Vorstadt.............. **A**
Vordergasse........... **AB**

Bahnhofstrasse........... **A** 3
Fischerhäuserstrasse....... **B** 4
Freierplatz.............. **B** 7

Fronwagplatz.......... **A** 9
Goldsteinstrasse....... **B** 10
Herrenacker.......... **A** 12
Kirchhofplatz......... **B** 13
Klosterstrasse........ **B** 15
Krummgasse.......... **A** 16
Münsterplatz......... **B** 18
Pfarrhofgasse........ **B** 19
Pfrundhausgasse....... **B** 21

Promenadenstrasse...... A
Rheinuferstrasse........ B
Rosengasse........... A
Safrangasse.......... B
Schützengraben........ B
Sporrengasse......... A
Tanne.............. A
Unterstadt........... B
Webergasse.......... B

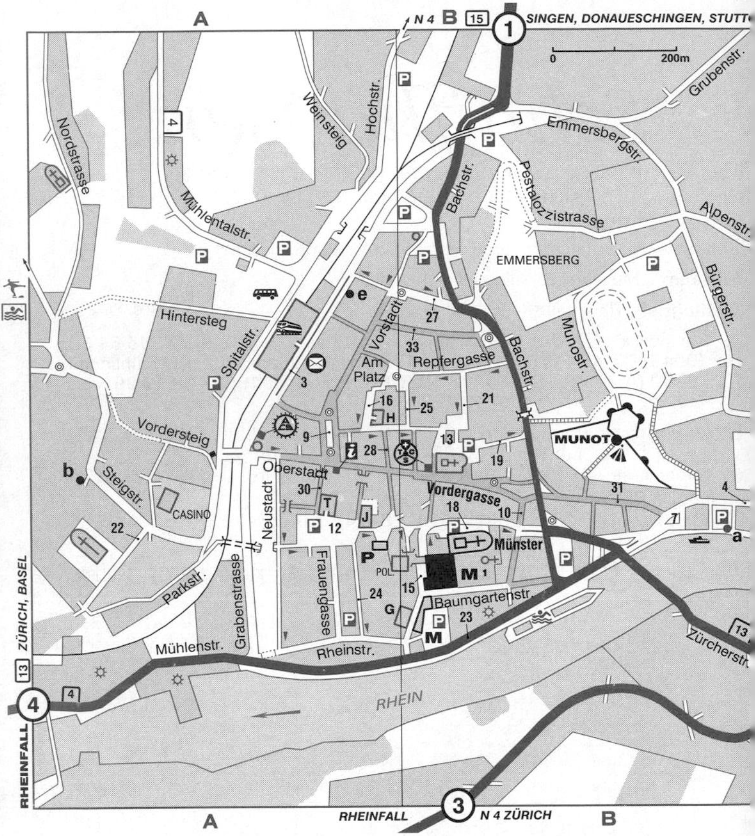

Bahnhof, Bahnhofstr. 46, ✉ 8201, ℰ 24 19 24 (ab 03/96 : 624 19
Fax 24 74 79 (ab 03/96 : 624 74 79) – 🛗 📺 ☎ 🚗 – 🏛 25/60. 🆎 ⓪
VISA
Menu *15.50* und à la carte 32/70 – **51 Zim** � 170/230 – ½ P Zuschl. 40.

Promenade, Fäsenstaubstr. 43, ℰ 24 80 04 (ab 03/96 : 624 80 04), Fax 24 1:
(ab 03/96 : 624 13 49), 🍴, ≋, 🌳 – 🛗 📺 ☎ 🅿 – 🏛 30. 🆎 ⓪ ⴹ *VISA*
25. Dez. - 4. Jan. geschl. – **Menu** à la carte 38/74, Kinder 10 – **37 Zim** ⊻ 114/
– ½ P Zuschl. 25.

XXX 🎋 **Rheinhotel Fischerzunft** (Jaeger) mit Zim, Rheinquai 8, ℰ 25 32 81 (ab 03/
625 32 81), Fax 24 32 85 (ab 03/96 : 624 32 85), ≤, 🍴 – 📺 ☎. 🆎 ⓪
VISA
20. Jan. - 12. Feb. geschl. – **Menu** 100/185 und à la carte 110/170 – **10**
⊻ 200/330
Spez. Traditioneller Dim Sum-Korb. Seezungenfilet mit Scampi gefüllt und Weissw
sauce mit Safran. Barbarie-Ente auf mongolische Art und fritierte Nudeln mit Aust
sauce.

in Herblingen über ① : 3 km – ⊠ 8207 Schaffhausen 7 – ☻ 053 (ab 03/96 : 052) :

🏨 **Hohberg** ⊗, Schweizersbildstr. 20, 𝄞 33 42 49 (ab 03/96 : 643 42 49), Fax 33 14 00
↔ (ab 03/96 : 643 14 00), 🍽 – 📺 ☎ 🅿. 🆎 🇪 *VISA*
Menu *18* und à la carte 43/83 – **19 Zim** ⍁ 105/180.

XX **Schloss-Taverne Herblingen,** 𝄞 33 35 15 (ab 03/96 : 643 35 15), 🍽,
« Nebengebäude des Schlosses mit Antiquitäten stilvoll eingerichtet » – 🅿. 🆎 🇪
VISA
von Mitte Jan. - Mitte Nov. Montag - Dienstag und 29. Jan. - 29. Feb. geschl. – **Menu**
52 (mittags)/108 und à la carte 73/120.

in Neuhausen am Rheinfall über ④ : 2 km – ⊠ 8212 Neuhausen am Rheinfall –
☻ 053 (ab 03/96 : 052) :

XX **Rosenburg,** Schaffhauserstr. 27, 𝄞 22 26 44 (ab 03/96 : 672 26 44), Fax 22 36 05
(ab 03/96 : 672 36 05), 🍽 – 🅿. 🆎 ⓞ🇩 🇪 *VISA*
Sonntag abends und Montag geschl. – **Menu** - im Sommer malaiische Küche -
(Tischbestellung ratsam) 26 (mittags)/96 und à la carte 55/102.

SCHAUENBURG, BAD Basel-Landschaft ②①⑥ ④ – siehe Liestal.

SCHEUNENBERG Bern (BE) ②①⑥ ⑭ – Höhe 487 – ⊠ 3251 Wengi bei Büren – ☻ 032.
Bern 21 – ◆Biel 16 – ◆Burgdorf 28 – ◆Solothurn 24.

XX **Sonne,** 𝄞 89 15 45, Fax 89 15 36, 🍽, « Altes Berner Bauernhaus » – 🅿. 🆎 🇪
VISA
Montag - Dienstag und 29. Jan. - 27. Feb. geschl. – **Menu** 49 (mittags)/126 und à
la carte 62/109, Kinder 12.

SCHLARIGNA Graubünden ②①⑧ ⑮ – siehe Celerina.

SCHNAUS Graubünden ②①⑧ ③ – siehe Ilanz.

SCHNEISINGEN 5425 Aargau (AG) ②①⑥ ⑦ – 1 196 Ew. – Höhe 485 – ☻ 056.
Bern 127 – ◆Aarau 47 – ◆Baden 30 – ◆Schaffhausen 61 – ◆Zürich 32.

XX **Louchof,** Dorfstr. 58, 𝄞 241 19 41, Fax 241 19 61, 🍽, « Renoviertes Wirtschafts-
gebäude des aus dem 14. Jh. stammenden Schlössli » – ⇐ 🅿. 🇪 *VISA*.
⊗
Sonntag - Montag, über Weihnachten, 2. - 9. Feb. und im Sept. 2 Wochen geschl.
– *Gourmet :* **Menu** 53 (mittags)/120 und à la carte 59/106, Kinder 16 – *Bistrot :* **Menu**
24 und à la carte 29/69, Kinder 12.

X **Alpenrösli,** Dorfstr. 46, 𝄞 241 19 01, Fax 241 19 14, 🍽 – 🅿. 🇪 *VISA*
↔ *Dienstag - Mittwoch, 2. - 17. April und 1. - 23. Okt. geschl.* – **Menu** *16.50* - 49/78
und à la carte 50/91.

SCHÖNBÜHL 3322 Bern (BE) ②①⑥ ⑮ – Höhe 526 – ☻ 031.
Bern 12 – ◆Biel 30 – Burgdorf 12 – ◆Neuchâtel 50 – ◆Solothurn 26.

X **Schönbühl** mit Zim, Bernstr. 11, 𝄞 859 69 69, Fax 859 69 05, 🍽, 🍽 – 📶 📺 ☎ 🅿
↔ – 🔏 25/80. 🆎 🇪 *VISA*
23. - 28. Dez. geschl. – **Menu** *(Mittwoch geschl.)* *20* - 40 (mittags)/55 und à la carte
40/77, Kinder 14.50 – **12 Zim** ⍁ 95/145 – ½ P Zuschl. 25.

SCHÖNENWERD 5012 Solothurn (SO) ②①⑥ ⑯ – 4 683 Ew. – Höhe 379 – ☻ 062.
Museum : Schuhmuseum★★.
Bern 74 – ◆Aarau 5 – ◆Baden 31 – ◆Basel 55 – ◆Luzern 52 – ◆Zürich 51.

🏨 **Storchen,** 𝄞 849 47 47, Fax 849 52 69, 🍽 – 📶 📺 ☎ 🅿 – 🔏 25/100. 🆎 ⓞ🇩 🇪
↔ *VISA*
23. Dez. - 5. Jan. geschl. – **Menu** *(Sonntag geschl.)* *20* - 32 (mittags)/75 und à la carte
43/81 – **24 Zim** ⍁ 132/210.

SCHÖNRIED Bern ②①⑦ ⑮ – siehe Gstaad.

Appenzell Ausserrhoden (AR) 216 ㉑ – Höhe 1 352 – ⊠ 9107 Urnäsch ☎ 071.

Ausflugsziel : Säntis★★★ Ost mit Luftseilbahn.

♦Bern 212 – ♦St. Gallen 31 – Appenzell 22 – Buchs 42 – Rapperswil 48.

🏛 **Schwägalp** ⑤, ℘ 58 16 03 (ab 03/96 : 365 66 00), Fax 58 16 46 (ab 03/9 ➡ 365 66 01), ≤ Säntis, ㋡ – 📶 📺 ☎ 🅿 – 🔬 30. 🅰🅴 ⓞ 🅴 𝘝𝘐𝘚𝘈
Menu *19* und à la carte 27/56, Kinder 11 – **30 Zim** ⊇ 95/160 – ½ P Zusc
26.

3150 Bern (BE) 217 ⑤ ⑥ – 5 878 Ew. – Höhe 792 – ☎ 031.

🛈 Verkehrsverein, ℘ 731 13 91, Fax 731 32 11.

♦Bern 19 – ♦Fribourg 17 – ♦Thun 31.

🏛 **Sonne,** ℘ 731 21 21, Fax 731 16 51 – 📶 📺 ☎. 🅰🅴 ⓞ 🅴 𝘝𝘐𝘚𝘈
➡ *Sonntag abends geschl.* – **Menu** *15* und à la carte 36/96, Kinder 12 – **19 Z** ⊇ 85/140 – ½ P Zuschl. 30.

1711 Freiburg (FR) 217 ⑤ – 500 Ew. – Höhe 1 050 – Winterspor 1 050/1 750 m ⚡10 ⚞ – ☎ 037.

Sehenswert : Lage★.

Lokale Veranstaltung
23.06 : Schwing- und Aelplerfest Schwarzsee.

🛈 Verkehrsbüro, ℘ 32 13 13, Fax 32 13 13.

♦Bern 42 – ♦Fribourg 27 – ♦Montreux 75 – ♦Thun 54.

🏨 **Primerose au Lac** ⑤, ℘ 32 16 32, Fax 32 12 66, ≤ Schwarzsee und Berge, ㋡, 🛝
⥌, 🔲, 🔥 – 📶 🍽 Rest 📺 video ☎ 🛝 ⇜ 🅿 – 🔬 25/80. 🅰🅴 ⓞ 🅴 𝕍
✻ Rest
Mitte Nov. - Mitte Dez. geschl. – **Menu** *25* - 32/46 und à la carte 38/75, Kinder
50 Zim ⊇ 156/272 – ½ P Zuschl. 38.

6430 🄺 Schwyz (SZ) 218 ① – 12 994 Ew. – Höhe 517 – Winterspor 516/1 570 m ⚡2 ⚡7 ⚞ – ☎ 043 (ab 03/96 : 041).

Sehenswert : Bundesbriefarchiv★ A – Kanzel★ der Pfarrkirche St. Martin

Ausflugsziel : Rigi-Scheidegg★★ über ② : 12 km und Luftseilbahn – Stras zum Ibergeregg-Pass★ : Ibergeregg★ Aussicht★ Ost über Rickenbachstras Ost : 11,5 km – Höllochgrotte★ Süd-Ost über Grundstrasse : 16 km.

🏧 Bahnhofstr. 3, ℘ 21 34 44 (ab 03/96 : 811 34 44), Fax 21 39 55 (ab 03/96 : 811 39 55).
🏧 Strehlgasse 12, ℘ 21 55 44 (ab 03/96 : 811 55 44), Fax 21 55 79 (ab 03/96 : 811 55 79

♦Bern 154 ② – ♦Luzern 37 ② – Altdorf 19 ① – Einsiedeln 27 ③ – Glarus 68 ③.

SCHWYZ

Bahnhofstrasse . . . . A

Grundstrasse . . . . B
Hauptplatz . . . . B 3
Herrengasse . . . . A
Hirzengasse . . . . B 4
Maria Hilfestrasse . . . . . . A 6
Postplatz . . . . B 7
Reichsgasse . . . . B 9
Rickenbachstrasse . . . . . B
Riedstrasse . . . . A
St.Martinsstrasse . . . . . . A
Schmiedgasse . . . . A
Schützenstrasse . . . . B 10
Sedlerengasse . . . . B 12
Sonnenplätzli . . . . B
Strehlgasse . . . . B 13

Die Stadtpläne sind eingenordet (Norden = oben).

294

🏠 **Wysses Rössli,** Hauptplatz 3, ☎ 21 19 22 (ab 03/96 : 811 19 22), Fax 21 10 46
► (ab 03/96 : 811 10 46), ⛲ – 📶 📺 ☎ – 🏖 25/40. ⅍ ⓞ 🇪 𝚅𝙸𝚂𝙰 Jᴄʙ   B **b**
16. Jan. - 4. Feb. geschl. – **Turmstube :** Menu 36 (mittags)/55 und à la carte 45/95
– **Wirtschaft :** Menu *17.50* - 24 (mittags) und à la carte 31/57, Kinder 15 – **27 Zim**
⚏ 130/240 – ½ P Zuschl. 30.

🍴 **Ratskeller,** Strehlgasse 3, ☎ 21 10 87 (ab 03/96 : 811 10 87)   B **a**
► *Sonntag - Montag, 1 Woche nach Aschermittwoch und Mitte Juli - Mitte Aug. geschl.*
– **Menu** *18* - 90/170 und à la carte 74/110, Kinder 12.

Un conseil Michelin :
pour réussir vos voyages, préparez-les à l'avance.
*Les **cartes** et **guides Michelin**, vous donnent toutes les indications utiles sur :*
itinéraires, visite des curiosités, logement, prix, etc.

Ferienreisen wollen gut vorbereitet sein.
*Die **Strassenkarten** und **Führer** von **Michelin***
geben Ihnen Anregungen und praktische Hinweise zur Gestaltung Ihrer Reise :
Streckenvorschläge, Auswahl und Besichtigungsbedingungen
der Sehenswürdigkeiten, Unterkunft, Preise... u. a. m.

CUOL 7550 Graubünden (GR) 🔢🔢🔢 ⑦ – 2 027 Ew. – Höhe 1 244 – Wintersport :
𝟺𝟺/𝟸 𝟾𝟶𝟶 𝗺 ⌖? ⑮ ✗ – 🏠 081 – Kurort.

...henswert : Lage★.

...sflugziel : Strasse nach Ardez★ West – Kreuzberg★ : Ansicht★★ von Schloss Tarasp
...er ② : 6 km.

...in Vulpera, ✉ 7552 (27. Mai - 6. Okt.), ☎ 864 96 88.

...kale Veranstaltung
...03 : "Chalandamarz" alter Frühlingsbrauch und Kinderfest.

...Kur- und Verkehrsverein, ☎ 864 94 94, Fax 864 99 39.

...ern 330 ② – ◆Davos 54 ⑦ – Landeck 61 ① – Merano 104 ① – St. Moritz 63 ②.

Stadtplan siehe nächste Seiten

🏨 **Guardaval,** ☎ 864 13 21, Fax 864 97 67, ≤, « Engadiner Haus aus dem 17. Jh. », ⛲s
– ☎ 🅿. 🇪 𝚅𝙸𝚂𝙰   B **u**
22. Dez. - 9. April und 16. Mai - 27. Okt. – **Menu** *20* - 50 und à la carte *15*/87 – **42 Zim**
⚏ 150/280 – ½ P Zuschl. 20.

🏨 **Belvédère,** ☎ 864 10 41, Fax 864 90 72, ≤, ⛲s, 🏊, 🌳 – 📶 📺 ☎ 🅿. 🇪
𝚅𝙸𝚂𝙰   B **z**
22. Dez. - 12. April und 16. Juni - 20. Okt. – **Menu** *22* und à la carte 46/76 – **64 Zim**
⚏ 110/260 – ½ P Zuschl. 25.

🏨 **Chasa Belvair** Ⓜ, ☎ 864 93 94, Fax 864 99 82 – 📶 📺 ☎ & ⛟ – 🏖 40. ⅍ ⓞ
🇪 𝚅𝙸𝚂𝙰. ℅ Rest   B **r**
Mitte Nov. - Mitte Dez. geschl. – **Chasa Belvair** (*14. April - 14. Juni und 12. Nov. -
15. Dez. geschl.*) **Menu** *21* - 30 (mittags)/60 und à la carte 37/84, Kinder 12 – **Schü-
San** - chinesische Küche - **Menu** *21* - 25 (mittags)/65 und à la carte 39/82 – **33 Zim**
⚏ 135/250 – ½ P Zuschl. 15.

🏨 **Bellaval,** ☎ 864 14 81, Fax 864 00 10, ≤, ⛲ – 📶 ☎ 🅿. ⅍ 🇪 𝚅𝙸𝚂𝙰   A **v**
15. Mai - 30. April und 15. Juni - 31. Okt. – **Menu** *18.50* und à la carte 37/76,
Kinder 10 – **28 Zim** ⚏ 95/190 – ½ P Zuschl. 30.

🏨 **Filli,** ☎ 864 99 27, Fax 864 13 36, ≤, 🌳 – 📺 ☎ 🅿. ⅍ ⓞ 🇪 𝚅𝙸𝚂𝙰   A **e**
► *8. April - 10. Mai und 6. Okt. - 23. Nov. geschl.* – **Menu** - italienische Küche - (*vom
23. Nov. - 24. Dez. und 8. Jan. - 8. April Dienstag und vom 8. Jan. - 8. April auch
Montag geschl.*) *16* und à la carte 51/70, Kinder 12 – **22 Zim** ⚏ 105/220 –
½ P Zuschl. 25.

🏨 **Traube,** ☎ 864 12 07, Fax 864 84 08, ⛲s – 📺 ☎ 🅿. ⅍ ⓞ 🇪 𝚅𝙸𝚂𝙰   B **c**
Mai und Nov. - Mitte Dez. geschl. – **Menu** (*von Juni - Mitte Juli Mittwoch mittags
und Dienstag geschl.*) *24* - 30/60 und à la carte 46/89, Kinder 18 – **20 Zim** ⚏ 100/210
– ½ P Zuschl. 30.

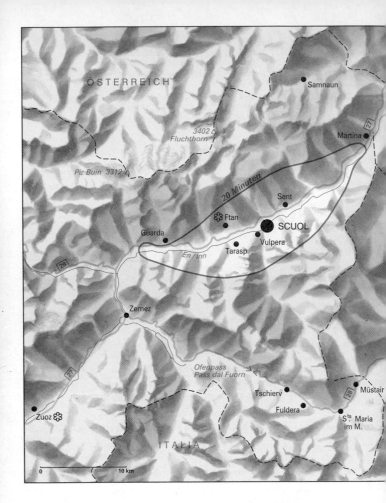

🏠 **Panorama** garni, 𝒸 864 10 71, Fax 864 99 35, ≤ Berge – 📺 ℗
17. Dez. - 19. April und 26. Mai - 25. Okt. – **13 Zim** ⊆ 82/144.

🏠 **Engiadina** ⤸ garni 𝒸 864 14 21, Fax 864 12 45, « Engadiner Haus aus dem 16. Jh
– 🕿 🍽
23. Dez. - 13. April und 16. Mai - 19. Okt. – **18 Zim** ⊆ 90/200.

in Sent über ① : 3,5 km – ✉ 7554 Sent – 🕿 081 :

🏠 **Rezia,** 𝒸 864 12 92, Fax 864 93 98 – 💳 **E** 𝘝𝘐𝘚𝘈
21. April - Ende Mai und Mitte Nov. - Mitte Dez. geschl. – **Menu** 18 - 38 und à la ca
28/69 – **16 Zim** ⊆ 75/160 – ½ P Zuschl. 30.

in Vulpera über ② : 3 km – ✉ 7552 Vulpera – 🕿 081 :

🏛 **Villa Post** 🅼 ⤸, 𝒸 864 11 12, Fax 864 95 85, ≤, 🍴, ☂ – 📶 📺 🕿 👍 🚗 (
🏊 150. 💳 **E** 𝘝𝘐𝘚𝘈
23. Dez. - 8. April und 2. Juni - 15. Okt. – **Menu** 40/50 und à la carte 46/82 – **25 Z**
⊆ 155/300 – ½ P Zuschl. 20.

🏛 **Villa Maria** ⤸, 𝒸 864 11 38, Fax 864 91 61, ≤ Engadiner Massiv, 🍴, « Behaglic
Einrichtung », ☂ – 📺 🕿 ℗ – 21. Dez. - 14. April und 21. Mai - 31. Okt. – **M**
64/108 und à la carte 57/116, Kinder 23 – **15 Zim** ⊆ 124/296 – ½ P Zuschl.

SCUOL

dun . . . . AB

nera . . . . B 3
nhofstrasse . . . . A
ns (Via dals) . . . . B 4
lgrond . . . . B 6
charg (Via da) . . . . . . AB
n (Via da) . . . . A 7
aina . . . . B 9
idal (Via da l') . . . . . . B 10
t . . . . B
harl (Via da) . . . . B 12

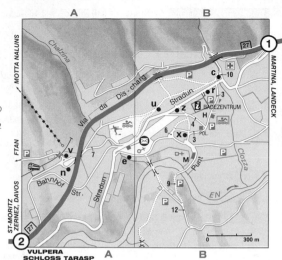

in Tarasp über ② : 6 km – ⊠ 7553 Tarasp – ☎ 081 :

Sehenswert : Schloss Tarasp★.

🛈 Kur- und Verkehrsverein, ✆ 864 09 44, Fax 864 09 45

Schlosshotel Chastè 🦢, ✆ 864 17 75, Fax 864 99 70, ≤ Schloss von Tarasp und Berge, 斎, « Behagliches Engadiner Haus », ⊑s, 🐾 – 📺 video ☎ 🅿. ◭ ⑩ ⋿ 𝖵𝖨𝖲𝖠. 彩 Rest
7. April - 1. Juni und 15. Okt. - 20. Dez. geschl. – **Menu** *(Montag - Dienstag geschl.)* 95/105 und à la carte 44/110, Kinder 10 – **22 Zim** ⊆ 128/300 – ½ P Zuschl. 50.

SEDRUN **7188** Graubünden (GR) 🮲🮱🮸 ① ② – 1 652 Ew. – Höhe 1 441 – Wintersport : 41/3 000 m ≰13 ☂ – ☎ 081.

🚠 Sedrun - Andermatt, Information ✆ 949 11 37.

Verkehrsbüro, ✆ 949 15 15, Fax 949 15 25.

Bern 190 – Andermatt 18 – Altdorf 42 – ◆Bellinzona 102 – ◆Chur 71.

Oberalp, ✆ 949 11 55, Fax 949 19 94, ≤ Berge, 斎, ⊑s, ⬛, 🐾 – 📶 📺 ☎ 🅿. ◭ ⑩ ⋿ 𝖵𝖨𝖲𝖠
16. Dez. - 30. April und 15. Juni - 30. Okt. – **Menu** 18 - 34 und à la carte 40/79, Kinder 10 – **30 Zim** ⊆ 110/220 – ½ P Zuschl. 25.

Soliva, ✆ 949 11 14, Fax 949 21 00, ≤ Berge, 斎, ⊑s – 📶 📺 ☎ – 🖄 25/60. ◭ ⑩ ⋿ 𝖵𝖨𝖲𝖠
Menu 16 - 45 und à la carte 34/79 – **18 Zim** ⊆ 75/170 – ½ P Zuschl. 25.

Mira, ✆ 949 11 82, Fax 949 23 71, ≤ Berge, 斎 – 📺 ☎ 🅿 – 🖄 40. ◭ ⑩ ⋿ 𝖵𝖨𝖲𝖠 ᴊᴄʙ
21. Dez. - 14. April und 25. Mai - 1. Nov. – **Menu** *(in der Zwischensaison Dienstag geschl.)* 18.50 - 45 (mittags) und à la carte 45/87, Kinder 8.50 – **21 Zim** ⊆ 95/170 – ½ P Zuschl. 35.

Alpina, ✆ 949 13 72, Fax 949 22 62, 斎 – 📶 ☎ 🅿. ◭ ⋿ 𝖵𝖨𝖲𝖠
in der Zwischensaison Mittwoch, 1. Nov. - 15. Dez. und 1. - 22. Mai geschl. – **Menu** à la carte 38/70, Kinder 10 – **28 Zim** ⊆ 80/160 – ½ P Zuschl. 25.

SEENGEN **5707** Aargau (AG) 🮲🮱🮸 ⑰ – 2 122 Ew. – Höhe 477 – ☎ 062.

Bern 104 – ◆Aarau 23 – ◆Baden 27 – ◆Luzern 36 – ◆Zürich 47.

Hallwyl mit Zim, Boniswilerstr. 158, ✆ 777 11 14, Fax 777 15 98, 斎 – ▤ Rest 📺 ☎ 🅿
Menu 22 - 70 und à la carte 32/83 – **8 Zim** ⊆ 90/160.

SEMPACH STATION 6203 Luzern (LU) 216 ⑰ – 3 183 Ew. – Höhe 515 – ✆ 041.

Sehenswert : Aussicht★ bei der Dorfkirche in Kirchbühl.

◆Bern 101 – ◆Luzern 11 – ◆Olten 43 – Sursee 11.

XX **Sempacherhof** M mit Zim, Bahnhofstr. 13, ✆ 467 70 10, Fax 467 70 11, 🛋 – TV
✦ **P.** AE E VISA. ✖
Samstag mittags, Sonntag, über Fasnacht 1 Woche und 22. Juli - 4. Aug. ges
– Menu 16 - 45 (midi)/96 und à la carte 49/89 – 5 Zim � 95/150.

SEMSALES 1623 Fribourg (FR) 217 ④ – 951 h. – alt. 868 – ✆ 029.

◆Bern 69 – ◆Montreux 25 – ◆Fribourg 40 – Gstaad 56 – ◆Yverdon-les-Bains 69.

X **Aub. de l'Hôtel de Ville,** ✆ 8 51 06 – **P.** AE E VISA
✦ *fermé 8 au 15 janv., 29 juil. au 12 août, merc. soir et lundi – Repas 16 - 42/90*
à la carte 60/93.

SENT Graubünden 218 ⑦ – siehe Scuol.

Le SENTIER Vaud 217 ② – voir à Joux (Lac de).

SÉZEGNIN Genève (GE) 217 ⑪ – alt. 420 – ✉ 1285 Athénaz – ✆ 022.

◆Bern 178 – ◆Genève 15 – Gex 30 – St-Julien-en-Genevois 18.

X **Au Renfort,** 19 Creux du Loup, ✆ 756 12 36, Fax 756 33 37, 🛋 – **P.** AE ⓞ E
✦ *fermé 23 déc. au 22 janv., Pâques, dim. et lundi – Repas 20 - 46 (midi) et à la ca*
41/96.

SIERRE 3960 Valais (VS) 217 ⑯ – 14 004 h. – alt. 534 – ✆ 027.

Voir : Site★ – Intérieur★ de l'Hôtel de Ville.

🏌₉ à Granges ✉ 3977 (mars - nov.), ✆ 58 49 58, Fax 58 47 58.

Manifestation locale
13.06 -16.06 : Festival international de la bande dessinée.

🅱 Office du Tourisme, pl. de la Gare, ✆ 55 85 35, Fax 55 86 35.

◆Bern 168 – ◆Brig 38 – ◆Sion 15.

🏠 **Terminus,** 1 r. du Bourg, ✆ 55 04 95, Fax 55 23 14 – 🛗 TV ☎ **P.** – 🔬 25/200.
✦ ⓞ E VISA ✖ rest
Repas *(fermé dim. soir et lundi de déc. à avril)* 18 - 36 (midi) et à la carte 47/9
⊟ 15 – 27 ch 105/150 – ½ P suppl. 34.

🏠 **Casino** sans rest., 19 av. Général Guisan, ✆ 55 55 91, Fax 55 55 18 – 🛗 TV ☎ ✖
AE ⓞ E VISA – 30 ch ⊟ 100/170.

à Veyras Nord : 2 km par rte de Crans-Montana – ✉ 3968 Veyras – ✆ 027 :

XX **Noble-Contrée,** rte de Montana, ✆ 55 67 74, 🛋 – **P.** AE ⓞ E VISA
✦ *fermé 20 juin au 5 juil., dim. soir et lundi – Repas 16 - 47/78 et à la carte 50/*

à Salgesch Est : 4 km – ✉ 3970 Salgesch – ✆ 027 :

🏠 **Rhône,** ✆ 55 18 38, Fax 55 12 59 – 🛗 ☎ & **P.** AE ⓞ E VISA. ✖
✦ **Repas** 20 et à la carte 40/87, enf. 10 – 26 ch ⊟ 95/150 – ½ P suppl. 27.

X **Zur Sonne,** rte de Varen, ✆ 55 14 27 – **P.** E. ✖
✦ *fermé août, merc. et jeudi – Repas (prévenir) 80/120 et à la carte 68/95.*

à Corin-de-la-Crête Ouest : 2 km par rte Crans-Montana – ✉ 3960 Sierre – ✆ 0:

XXX ✿ **La Côte** (de Courten), ✆ 55 13 51, Fax 56 44 91, ≤ vignoble et vallée – **P.** AE E V
fermé 8 juil. au 13 août, lundi et mardi sauf fériés – Repas 40 - 65 (midi)/130 e
la carte 82/104
Spéc. Terrine de canard et foie gras. Carré d'agneau du Haut-Valais en persillade au bas
Gâteau surprise au chocolat coulant.

SIGIGEN 6019 Luzern (LU) – Höhe 760 – ✆ 041.

◆Bern 82 – ◆Luzern 18 – ◆Olten 51 – Wolhusen 11.

XXX **Pony,** ✆ 495 33 30, Fax 495 13 37, 🛋 – **P.** AE E VISA
✦ *Montag - Dienstag, 26. Feb. - 15. März und 1. - 16. Juli geschl. – Menu 18 -*
(mittags)/110 und à la carte 55/111.

IGRISWIL **3655** Bern (BE) 217 ⑦ – 4 207 Ew. – Höhe 800 – ☎ 033.

Verkehrsverein, ✆ 51 12 35, Fax 51 12 35.

ern 41 – Interlaken 19 – Brienz 39 – Spiez 22 – ♦Thun 11.

Solbad ⑤, ✆ 51 10 68, Fax 51 10 18, ≤, 余, ≘s ▢ (Solbad), ✗, ♀ – |‡| TV ☎ ⇔ **P** – 🔬 25/50. AE ⓞ E VISA
8. - 14. Jan. geschl. – **Menu** *20* - 38 und à la carte 46/82 – **55 Zim** ⊐ 180/290 – ½ P Zuschl. 30.

Bären ⑤, ✆ 51 23 23, Fax 51 38 54, ≤, 余 – |‡| ☎ **P** – 🔬 25/60. AE ⓞ E VISA
Mitte - Ende Dez. geschl. – **Menu** *(Sonntag abends geschl.) 18.50* und à la carte 37/84 – **34 Zim** ⊐ 120/210 – ½ P Zuschl. 33.

in Merligen Süd-Ost : 5 km – ✉ 3658 Merligen – ☎ 033 :

Beatus ⑤, ✆ 52 81 81, Fax 51 36 76, ≤ Thunersee und Berge, 余, Park, « Seeterrasse », ≘s, ▢, 🎾, ⚓ – |‡| TV video ☎ **P** – 🔬 60. AE ⓞ E VISA. ✗ Rest
2. Jan. - 3. April geschl. – ***Bel Air :*** **Menu** 89 und à la carte 47/106 – ***Orangerie :*** **Menu** à la carte 38/94, Kinder 12 – **77 Zim** ⊐ 295/560 – ½ P Zuschl. 20.

du Lac, ✆ 51 37 31, Fax 51 12 08, ≤ Thunersee, 余, ⛱, ⚓ – TV ☎ **P**. AE ⓞ E VISA
25. März - 9. Nov. – **Menu** *28* - 38 und à la carte 38/68 – **25 Zim** ⊐ 110/200 – ½ P Zuschl. 25.

in Gunten Süd-West : 2 km – ✉ 3654 Gunten – ☎ 033 :

Hirschen, ✆ 51 22 44, Fax 51 38 84, 余, « Terrasse und Garten ≤ See », 🎾, 余, ⚓ – |‡| TV ☎ **P** – 🔬 25. AE ⓞ E VISA
Anfang April - Mitte Nov. – ***Panorama :*** **Menu** à la carte 40/89, Kinder 13.50 – **67 Zim** ⊐ 104/300 – ½ P Zuschl. 25.

IHLBRUGG **8944** Zürich (ZH) 216 ⑱ – Höhe 538 – ☎ 01.

ern 144 – ♦Zürich 20 – Cham 14 – Einsiedeln 31 – Rapperswil 28.

Krone mit Zim, ✆ 729 93 11, Fax 729 93 32, 余, Rustikaler Landgasthof aus dem 18. Jh. – **P**. AE ⓞ E VISA
Montag abends - Dienstag, 18. Feb. - 3. März und 14. Juli - 4. Aug. geschl. – **Menu** *33* - 52 (mittags)/110 und à la carte 54/109 – ⊐ 12 – **5 Zim** 110/135.

ILS MARIA (SEGL MARIA) **7514** Graubünden (GR) 218 ⑮ – 574 Ew. – Höhe 1 815 – Wintersport : 1 815/3 303 m ⛷1 ⛷7 ⛷ – ☎ 082 (ab 04/96 : 081).

kale Veranstaltung

.03 : "Chalandamarz" alter Frühlingsbrauch und Kinderfest.

Kur- und Verkehrsverein, ✆ 4 51 40 (ab 04/96 : 081/838 50 50), Fax 4 59 60 (ab 04/96 : 81/838 50 59).

ern 328 – St. Moritz 11 – ♦Chur 86 – Sondrio 89.

Waldhaus ⑤, ✆ 4 53 31 (ab 04/96 : 826 66 66), Fax 4 59 92 (ab 04/96 : 826 59 92), ≤ Berge, 余, Park, 🏋, ≘s, ▢, ✗ – |‡| TV ☎ ⛹ ⇔ **P** – 🔬 25/65. AE E VISA. ✗ Rest
21. Dez. - 19. April und 14. Juni - 19. Okt. – **Menu** *26* - 38 (mittags)/97 und à la carte 50/109, Kinder 16 – **137 Zim** ⊐ 190/520, 3 Suiten – ½ P Zuschl. 50.

Edelweiss, ✆ 4 52 22 (ab 04/96 : 826 66 26), Fax 4 55 22 (ab 04/96 : 826 66 55), 余, 🏋, ≘s – |‡| TV ☎ **P**. E VISA. ✗ Zim
22. Dez. - 8. April und 16. Juni - 19. Okt. – **Menu** 40 (mittags)/73 und à la carte 49/99 – **77 Zim** ⊐ 195/440 – ½ P Zuschl. 20.

Post, ✆ 4 51 33 (ab 04/96 : 826 51 33), Fax 4 52 52 (ab 04/96 : 826 52 52), 余 – TV ☎ ⇔ **P**. AE E VISA. ✗ Zim
15. Dez. - 14. April und 1. Juni - 20. Okt. – **Menu** *21* - 38 und à la carte 30/71, Kinder 13 – **21 Zim** ⊐ 121/278 – ½ P Zuschl. 25.

Chesa Margun M, ✆ 4 50 50 (ab 04/96 : 826 50 50), Fax 4 59 41 (ab 04/96 : 826 59 41), ≤, 余 – TV ☎ **P**. E VISA. ✗ Zim
10. Dez. - 13. April und 26. Mai - 26. Okt. – **Menu** *23.50* - 37/55 und à la carte 34/68, Kinder 13 – **22 Zim** ⊐ 152/298 – ½ P Zuschl. 22.

in Sils Baselgia (Segl Baselgia) Nord-West : 1 km – ⊠ 7515 Sils Baselgia
● 082 (ab 04/96 : 081) :

🏨 **Margna** ⟨S⟩, *ℰ* 4 53 06 (ab 04/96 : 826 53 06), Fax 4 54 70 (ab 04/96 : 826 54 7)
≼ Berge, 😀, Park, ⟨S⟩, ⟨X⟩ – |夢| 📺 ☎ ♨ ● ✇ Rest
10. Dez. - 13. April und 9. Juni - 15. Okt. – **Grill : Menu** *36* - 52/70 und à la ca
51/102, Kinder 10 – *Stüva :* **Menu** *32* und à la carte 45/84 – **71 Zim** ⊏ 200/4
5 Suiten – ½ P Zuschl. 35.

🏨 **Chesa Randolina,** *ℰ* 4 52 24 (ab 04/96 : 826 52 24), Fax 4 56 00 (ab 04/9)
826 56 00), ≼ Berge, 😀, *[♨]*, ⟨S⟩ – ☎ ● ✇
17. Dez. - 13. April und 10. Juni - 12. Okt. – **Menu** *(nur ½ Pens. für Hotelgäs*
(mittags geschl.) – **33 Zim** *(nur ½ Pens.)* ⊏ 105/250, 8 Suiten – ½ P Zuschl. 3

🏨 **Sporthotel Grischa** ⟨M⟩, *ℰ* 4 51 16 (ab 04/96 : 826 51 16), Fax 4 50 49 (ab 04/9)
826 50 49), ≼ Berge, *[♨]*, ⟨S⟩ 📺 ☎ ●
18. Dez. - 9. April und 21. Mai - 19. Okt. – **Menu** *(nur ½ Pens. für Hotelgäste) (mitt*e
geschl.) – **26 Zim** ⊏ 164/318 – ½ P Zuschl. 10.

SILS BASELGIA (SEGL BASELGIA) Graubünden 2|1|8 ⑮ – siehe Sils Maria.

SILVAPLANA 7513 Graubünden (GR) 2|1|8 ⑮ – 835 Ew. – Höhe 1 816 – Winterspo
1 816/3 303 m ⌁2 ⌁5 ✖ – ● 082 (ab 04/96 : 081).

Ausflugsziel : Piz Corvatsch★★★ Ost : 2 km und Luftseilbahn – Silvaplaner und Silser See
Süd.

Lokale Veranstaltungen
20.01 : Schlitteda da Silvaplana, alter Brauch
01.03 : "Chalandamarz", alter Frühlingsbrauch und Kinderfest.

🆔 Kur- und Verkehrsverein, *ℰ* 4 98 00 (ab 04/96 : 838 60 00), Fax 4 83 80 (ab 04/9)
838 60 09).

◆Bern 323 – St. Moritz 6 – ◆Chur 82 – Sondrio 85.

🏨 **Albana** ⟨M⟩, *ℰ* 4 92 92 (ab 04/96 : 828 92 92), Fax 4 81 81 (ab 04/96 : 828 81 8)
≼ Berge, 😀, *[♨]*, ⟨S⟩ – |夢| 📺 ☎ ⟨⟩ ● – 🍴 30. 🅰 ⓞ ☰ *VISA*
30. April - 30. Juni geschl. – **Le Gourmet : Menu** *28.50* - 55/125 und à la carte 54/1
Kinder 12.50 – *Spunta :* **Menu** *22.50* - 43 und à la carte 46/94, Kinder 12.50 – **35 Z**
⊏ 195/480 – ½ P Zuschl. 75.

🏨 **Julier - Chesa Arsa,** *ℰ* 4 96 44 (ab 04/96 : 828 96 44), Fax 4 81 43 (ab 04/9)
828 81 43) – |夢| 📺 ☎ ⟨⟩ ● . 🅰 ☰ *VISA*
14. April - 15. Juni und 13. Okt. - 21 Dez. geschl. – **Menu** *24* - 55 (abends) un
la carte 43/80, Kinder 14 – **37 Zim** ⊏ 100/272 – ½ P Zuschl. 36.

🏨 **Chesa Silva** garni, *ℰ* 4 83 13 (ab 04/96 : 828 83 13), Fax 4 96 86 (ab 04/9)
828 96 86), ≼ Berge, ⟨S⟩ – |夢| ☎ ⟨⟩
21. Dez. - 1. Mai und 16. Juni - 29. Okt. – **12 Zim** ⊏ 110/140, 21 Suiten.

🍴 **La Staila,** *ℰ* 4 81 47 (ab 04/96 : 828 81 47), Fax 4 91 51 (ab 04/96 : 828 91 51),
– |夢| ☎ ⟨⟩ ● . 🅰 ☰ *VISA* ✇ Rest
7. Dez. - 13. April und 2. Juni - 26. Okt. – **Menu** *(Mittwoch ausser vom 15. Fe*
20. März geschl.) 25 - 35/44 und à la carte 37/88 – **17 Zim** ⊏ 130/240 – ½ P Zusc
25.

SINS 5643 Aargau (AG) 2|1|6 ⑱ – 2 978 Ew. – Höhe 406 – ● 042 (ab 03/96 : 041).
◆Bern 129 – ◆Zürich 40 – ◆Aarau 44 – Cham 7 – ◆Luzern 21 – ◆Schwyz 38.

🏨 **Löwen,** Luzernerstr. 22, *ℰ* 787 11 32, Fax 787 17 51, 😀 – ● . 🅰 ☰ *VISA*
Menu *(Mittwoch abends - Donnerstag und 17. Juli - 7. Aug. geschl.) 19* - 36 un
la carte 33/68 – **15 Zim** ⊏ 80/120 – ½ P Zuschl. 30.

Besonders angenehme Hotels oder Restaurants
sind im Führer rot gekennzeichnet.
Sie können uns helfen, wenn Sie uns die Häuser angeben,
in denen Sie sich besonders wohl gefühlt haben.
Jährlich erscheint eine komplett überarbeitete Ausgabe
aller Roten Michelin-Führer.

🏨🏨🏨 ... 🏠

XXXXX ... X

Voir : Site★★ – Valère★ : Stalles★★ de l'église N.-D.-de-Valère★ ; Musée cantonal d'Histoire et d'Ethnographie★ Y – Clocher★ et triptyque★ de la cathédrale N.-D.-du-Glarier Y – Porte★ et salle du Conseil bourgeoisial★ de l'Hôtel de Ville Y **H** – Grande salle★ de la maison Supersaxo Y **B** – Majorie : vue★ Y **M¹**.

Environs : Barrage de la Grande Dixence★★★ Sud-Est : 24 km – Route du netsch★★ par ② – Route de Derborence★ par ② – Route de Tseuzier★ Nord par rte de ans-Montana – Anzère★ par ① : 15 km.

anifestations locales
05 : Finale cantonale des combats de reines à Aproz
07 - 31.08 : Festival international de l'orgue ancien dans l'église de Valère

-juil. - mi-sept. : Festival de musique classique Tibor Varga.

Office du Tourisme, pl. de la Planta, ℰ 22 85 86, Fax 22 18 82.

3 r. des Cèdres, ℰ 23 13 21, Fax 23 51 46.

45 r. du Scex, ℰ 22 11 15, Fax 22 33 21.

ern 153 ② – ✦ Brig 53 ① – ✦ Martigny 30 ② – Aosta 99 ② – ✦Lausanne 93 ②.

Plan page suivante

🏠 **Europa** 🏠 sans rest, 19 rue de l'Envol, ℰ 22 24 23, Fax 22 25 35 – 📳 📺 ☎ & **P** – 🔬 25/100. 🖭 ⓞ **E** 𝓥𝓘𝓢𝓐
65 ch 🖙 125/235.
par ②

🏠 **Rhône,** 10 r. du Scex, ℰ 22 82 91, Fax 23 11 88 – 📳 📺 ☎ – 🔬 25/60. 🖭 ⓞ **E** 𝓥𝓘𝓢𝓐 Z **a**
Repas 14 - 27 et à la carte 33/82 – **46 ch** 🖙 110/155 – ½ P suppl. 27.

🏠 **Castel** sans rest, 38 r. du Scex, ℰ 22 91 71, Fax 22 57 24 – 📳 ✂ 📺 ☎. 🖭 ⓞ **E** 𝓥𝓘𝓢𝓐
29 ch 🖙 105/150.
YZ **k**

🏠 **Ibis,** 21 av. Grand-Champsec, (Sud-Est : par r. de la Dixence - Z), ℰ 33 11 91, Fax 31 37 97, 🛠 – 📳 ✂ ch 📺 ☎ & **P** – 🔬 25/80. 🖭 ⓞ **E** 𝓥𝓘𝓢𝓐
Repas 19 - 29 et à la carte environ 50, enf. 10.50 – 🖙 13 – **71 ch** 82/104 – ½ P suppl. 25.

🍴 **Supersaxo,** Passage Supersaxo, ℰ 23 23 10, Fax 23 23 21 – 🖭 ⓞ **E** 𝓥𝓘𝓢𝓐 Y **B**
fermé 20 juil. au 20 août et dim. - **Repas** 17 - 48 (midi)/95 et à la carte 63/89, enf. 15.

🍴 **La Planta,** 33 av. de la Gare, ℰ 22 60 34, Fax 23 58 26 – 🖭 ⓞ **E** 𝓥𝓘𝓢𝓐. ✂ Z **c**
fermé Noël, Pâques, sam. en juil. - août, dim. et fériés – **Repas** 40 (midi)/75 et à la carte 40/88.

🍴 **Enclos de Valère,** 18 r. des Châteaux, ℰ 23 32 30, Fax 23 32 30, 🛠, « Terrasse ombragée » – 🖭 ⓞ **E** 𝓥𝓘𝓢𝓐 Y **d**
fermé 1ᵉʳ janv. au 13 fév., dim. et lundi d'oct. à avril – **Repas** 15 - 35 (midi)/80 et à la carte 42/75, enf. 8.

🍴 **Cheval Blanc,** 23 Grand-Pont, ℰ 22 18 67, Fax 22 18 68, 🛠 – 🖭 ⓞ **E** 𝓥𝓘𝓢𝓐 Y **e**
fermé 24 déc. au 7 janv., 1ᵉʳ au 21 août, lundi soir et dim. – **Repas** 16 - 48 (midi) et à la carte 37/92.

🍴 **Croix Fédérale,** 13 Grand-Pont, ℰ 22 16 21 – 🖭 ⓞ **E** 𝓥𝓘𝓢𝓐 𝐉𝐂𝐁 Y **n**
fermé 23 juin au 15 juil. et lundi – **Repas** 15 - 55/98 et à la carte 55/85.

à **Uvrier** par ① : 5 km – ✉ 1958 Uvrier – © 027 :

🏠 **Des Vignes** 🏠, 9 r. du Pont, ℰ 31 16 71, Fax 31 37 27, ≤, 🛠, ≘s, 🏊, 🖈, 🍴 – 📳 ✂ ch 📺 ☎ & **P** – 🔬 25/60. 🖭 **E** 𝓥𝓘𝓢𝓐. ✂
Repas (fermé 1ᵉʳ au 15 janv., 24 juin au 15 juil., dim. soir et lundi) 20 - 45/90 et à la carte 50/85 – **39 ch** 🖙 125/215, 4 suites – ½ P suppl. 35.

Rte d'Evolène - Z - Sud-Est : 6,5 km – © 027 :

🍴 **L'Argilly,** ✉ 1981 Vex, ℰ 27 27 17, Fax 27 38 98, ≤ Sion et vallée du Rhône, 🛠 – **P**. 🖭 ⓞ **E** 𝓥𝓘𝓢𝓐. ✂
fermé 1ᵉʳ au 15 janv., 24 juin au 15 juil., dim., lundi et fériés – **Repas** 65 (midi) et à la carte 75/105.

à **Pont-de-la-Morge** par ② : 2,5 km – ✉ 1962 Pont-de-la-Morge – © 027 :

🍴 **Relais du Simplon,** rte Cantonale, ℰ 36 20 30, Fax 36 69 24, 🛠 – **P**. 🖭 ⓞ **E** 𝓥𝓘𝓢𝓐
fermé 1ᵉʳ au 8 janv., 1ᵉʳ au 21 août, sam. midi, dim. soir et lundi – **Repas** 18 - 49/115 et à la carte 59/107.

Gare (Av. de la) .... **YZ**
Lausanne (R. de) .... **YZ**
Mayennets (Av. des) ..... **Z**
Midi (Av. du) .... **Z**

Aubépines (R. des) .... **Z**
Cèdres (R. des) .... **Z** 3
Chanoine-Berchtold (R. du) . **Z**
Châteaux (R. des) .... **Y** 6

Condémines (R. des) ..... **Z** 7
Creusets (R. des) .... **Z**
Dent-Blanche (R. de la) ... **Z** 9
Dixence (R. de la) .... **Z**
France (Av. de) .... **Z**
Grand-Pont (R. du) .... **Y** 10
Gravelone (R. de) .... **Y**
Industrie (R. de l') .... **Z**
Loèche (R. de) .... **Y** 15
Midi (Pl. du) .... **Z**
Planta (Pl. de la) .... **YZ** 16
Porte-Neuve (R. de la) .... **YZ** 18

Pratifori (Av. de) ....
Rawyl (R. du) ....
Remparts (R. des) ....
Rhône (R. du) ....
Ritz (Av.) ....
Savièse (R. de) ....
St-François (Av.) ....
Scex (R. du) .... **Y**
Tourbillon (Av. de) ....
Tour (R. de la) ....
Tunnel (R. du) ....
Vergers (R. des) ....

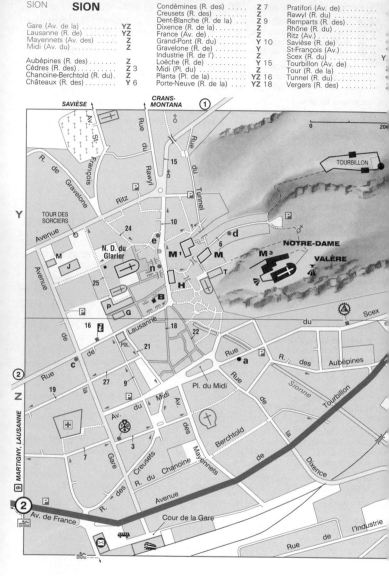

à Conthey par ② : 3 km – ⊠ 1964 Conthey – ✆ 027 :

🏠 **Pas-de-Cheville,** 21 rte de la Morge, ✆ 36 51 51, Fax 36 43 87, 🏤 – 🍽 rest 📺 vid
➡ ✆ 🅿. 🆎 ⓪ 🅴 *VISA*
Repas *18* - 64 et à la carte 36/93, enf. 12 – **21 ch** ⊇ 85/150 – ½ P sup
28.

XX **Au Comte Vert,** rte de Martigny, ✆ 36 13 76, Fax 36 70 76, 🏤 – 🅿. 🆎
VISA
fermé Noël et Nouvel An – **Repas** 55/95 et à la carte 52/95 – *Le Bistrot :* **Repas**
- 40 et à la carte 38/65.

à la Muraz Nord-Ouest par rte Savièse : 2 km – ⊠ 1950 La Muraz – ☻ 027 :

🏆 **Relais du Mont d'Orge,** ℰ 25 33 46, 🏠 – ❷
fermé 30 août au 15 sept., dim. et lundi – **Repas** 20 - 55 et à la carte 53/98.

à Chandolin Nord-Ouest par rte de Savièse, puis rte du Col de Sanetsch : 8 km –
⊠ 1965 Savièse – ☻ 027 :

🏆 **Pont du Diable,** ℰ 25 30 30, 🏠, « Terrasse ≤ vallée du Rhône et vignoble » – 🆎
Ε 𝘝𝘐𝘚𝘈
fermé 1ᵉʳ au 7 janv., 31. juil. au 19 août, dim. soir, mardi midi et lundi – **Repas** 37
(midi)/110 et à la carte 68/104.

à Binii Nord par rte Savièse : 9 km – ⊠ 1965 Savièse – ☻ 027 :

🏆 **Le Chalet,** ℰ 25 12 17, Fax 25 40 29, 🏠, « Terrasse ≤ vallée » – ❷. Ε 𝘝𝘐𝘚𝘈
fermé 3 sem. en janv., 1 sem. fin juin et merc. – **Repas** 15 - 35/98 et à la carte 37/94,
enf. 17.

ISSACH 4450 Basel-Landschaft (BL) 𝟤𝟣𝟨 ⑤ – 5 163 Ew. – Höhe 376 – ☻ 061.
ern 78 – ♦Basel 26 – Freiburg i. Breisgau 95 – ♦Schaffhausen 97.

🏠 **Zur Sonne,** Hauptstr. 83, ℰ 971 27 47, Fax 971 27 55, 🏠 – 📱 📺 ☎ 🚗 ❷ – 🔬 25.
🆎 ⓞ Ε 𝘝𝘐𝘚𝘈
22. Dez. - 4. Jan. geschl. – **Menu** 15 und à la carte 37/86 – **48 Zim** ⊒ 125/195.

ITTEN Wallis 𝟤𝟣𝟩 ⑮ – siehe Sion.

OLA ALEX Vaud 𝟤𝟣𝟩 ⑮ – rattaché à Villars-sur-Ollon.

OLEURE Solothurn 𝟤𝟣𝟨 ⑮ – voir à Solothurn.

OLOTHURN (SOLEURE) 4500 🄺 Solothurn (SO) 𝟤𝟣𝟨 ⑮ – 15 592 Ew. – Höhe 432 – ☻ 065.

Sehenswert : Altstadt★ YZ – St. Ursenkathedrale★ Y – Schiff★ der Jesuitenkirche Y.

Museum : Kunstmuseum : Madonna in den Erdbeeren★ ; Solothurner
Madonna★ Y.

Ausflugsziel : Weissenstein★★★ über ⑥ : 10 km.

Wylihof in Luterbach, ⊠ 4708, ℰ 42 28 28, Fax 42 28 24.

kale Veranstaltungen
.01 - 21.01 : Solothurner Filmtage.
.06 - 16.06 : Solothurner Volksmusig Foscht.

Verkehrsverein, Hauptgasse 69, ℰ 22 19 24, Fax 23 16 32.

◗ Westbahnhofstr. 12, ℰ 22 13 56, Fax 22 15 34.

◼ Hauptgasse 75, ℰ 22 19 25, Fax 22 58 48.

ern 37 ② – ♦Basel 69 ② – ♦Biel 22 ⑤ – ♦Luzern 80 ② – ♦Olten 34 ②.

Stadtplan siehe nächste Seite

🏠 **Krone,** Hauptgasse 64, ℰ 22 44 12, Fax 22 37 24, 🏠, « Haus aus dem 15. Jh. » –
📱 📺 ☎ – 🔬 25/200. 🆎 ⓞ Ε 𝘝𝘐𝘚𝘈 Y **a**
Menu 27 - 50 (mittags) und à la carte 47/94 – **42 Zim** ⊒ 180/270 – ½ P Zuschl. 35.

🏠 **Astoria,** Wengistr. 13, ℰ 22 75 71, Fax 23 68 57, 🏠 – 📱 📺 ☎ ❷. 🆎 ⓞ Ε 𝘝𝘐𝘚𝘈 Y **b**
Menu 20 - 38/48 und à la carte 33/81 – **40 Zim** ⊒ 100/175 – ½ P Zuschl. 22.

🏠 **Tour Rouge,** Hauptgasse 42, ℰ 22 96 21, Fax 22 98 65, 🏠 – 📱 ⤬ Zim 📺 ☎ –
🔬 120. 🆎 ⓞ Ε 𝘝𝘐𝘚𝘈 Y **c**
La Tourelle (5. Etage) **Menu** à la carte 51/91 – *Stadtrestaurant :* **Menu** 25 und à la
carte 36/68 – **35 Zim** ⊒ 140/220 – ½ P Zuschl. 25.

🏆🏆 **Zunfthaus zu Wirthen,** Hauptgasse 41, ℰ 23 33 44, Fax 22 40 78, « Holzgetäffelte
Zunftstube » – 🆎 ⓞ Ε 𝘝𝘐𝘚𝘈 🄹🄲🄱 Y **e**
Menu 28 - 45/55 und à la carte 48/121, Kinder 11.

🏆 **Zum Alten Stephan,** Friedhofplatz 10, ℰ 22 11 09, Fax 23 70 60, 🏠, (Tischbe-
stellung ratsam) – 🆎 Ε 𝘝𝘐𝘚𝘈 Y **f**
Sonntag - Montag geschl. – **Menu** 15.50 und à la carte 37/87 – *Narrestübli* (1. Etage)
Menu 50/130 und à la carte 61/103.

SOLOTHURN

Gurzelngasse . . . . Y
Hauptgasse . . . . Y

Amthausplatz . . . . Y 3
Barfüssergasse . . . . Y 4

Friedhofplatz . . . . Y 6
Goldgasse . . . . Y 7
Hauptbahnhofstrasse . . . . . Z 9
Klosterplatz . . . . Y 10
Kreuzackerstrasse . . . . Z 12
Kronengasse . . . . Y 13
Löwengasse . . . . Y 15
Nictumgässlein . . . . Y 16

Rathausplatz . . . .
Theatergasse . . . .
Weberngasse . . . .
Werkstrasse . . . .
Westbahnhofstrasse . . . . . .
Westringstrasse . . . .
Zeughausplatz . . . .
Zuchwilerstrasse . . . .

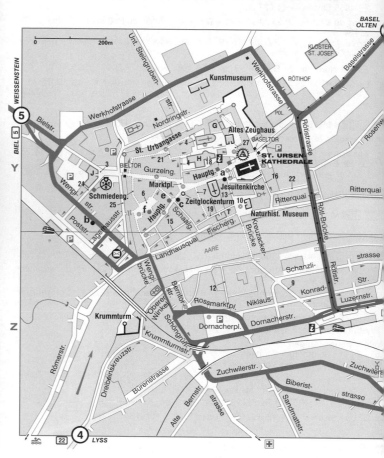

in Zuchwil Süd-Ost : 2,5 km über Zuchwilerstrasse – ⊠ 4528 Zuchwil
☻ 065 :

🏛 **Martinshof,** ℘ 25 45 45, Fax 25 22 50, 🏠 – 🛗 📺 ☎ ❷. 🆎 ⓪ E 𝚅𝙸𝚂𝙰
♦ *Paradiso :* **Menu** *18.50* und à la carte 30/64 – ***Thaï Garden*** - Thaï Küche - *(r
Abendessen)* **Menu** 68/83 und à la carte 47/98 – ***Cucaracha*** - mexikanisc
Küche - *(nur Abendessen)* **Menu** 42 und à la carte 37/63 – **22 Zim** ⊆ 85/150
½ P Zuschl. 25.

in Biberist Süd-Ost : über ③ : 3 km – ⊠ 4562 Biberist – ☻ 065 :

✗ **Casa Mia da Silvio,** Unterbiberiststr. 47, ℘ 32 32 34, Fax 32 32 34, 🏠 – ❷. 🆎
𝚅𝙸𝚂𝙰. 🍴
Montag - Dienstag und 15. Sept. - 5. Okt. geschl. – **Menu** - italienische Küche
(ausser Samstag und Sonntag nur Abendessen) 82 und à la carte 3
96.

in Nennigkofen Süd-West : über ④ : 4 km – ⊠ 4574 Nennigkofen – ☺ 065 :

X **Weyeneth,** ℰ 22 21 60, 佘, Ehemaliger Bauernhof – ℗. ① E 𝓥𝓘𝓢𝓐
Montag - Dienstag, 1. - 17. Feb. und 15. Juli - 10. Aug. geschl. – **Menu** 25 und à la carte 42/89.

X **Zum Rössli,** ℰ 22 82 80, Fax 22 82 80, 佘 – ℗. 𝖠𝖤 E 𝓥𝓘𝓢𝓐. ⋙
Sonntag - Montag, in Jan. und Juli jeweils 1 Woche geschl. – **Menu** 15.50 - 35/80 und à la carte 38/105.

in Langendorf Nord-West : über ⑤ : 2,5 km – ⊠ 4513 Langendorf – ☺ 065 :

X **Chutz,** ℰ 22 34 71, Fax 22 58 51, 佘, Kleines Berner Bauernhaus – ℗. ① E 𝓥𝓘𝓢𝓐
Sonntag - Montag und 15. - 31. Juli geschl. – **Menu** 17 - 65 und à la carte 45/74.

SONCEBOZ 2605 Bern (BE) 216 ⑭ – 1 540 h. – alt. 653 – ☺ 032.

Bern 49 – ♦ Delémont 40 – ♦Biel 14 – ♦La Chaux-de-Fonds 31.

X **Pierre-Pertuis,** 10 r. Pierre-Pertuis, ℰ 97 10 22 – ℗. E
fermé 24 au 31 déc., fin août à fin sept., merc. et jeudi – **Repas** 14 et à la carte 39/67.

SORAGNO Ticino 219 ⑧ – vedere Lugano.

SÖRENBERG 6174 Luzern (LU) 217 ⑧ – Höhe 1 166 – Wintersport : 1 166/2 350 m ⟜2 17 ⟜ – ☺ 041.

Verkehrsverein, ℰ 488 11 85, Fax 488 24 85.

Bern 67 – ♦ Luzern 54 – Sarnen 30.

⟐ **Cristal** ⟜, ℰ 488 12 46, Fax 488 23 16, ≤, 佘, 🐎 – ☎ ℗. 𝖠𝖤 ① E 𝓥𝓘𝓢𝓐
Mittwoch, 15. April - 11. Mai und 1. Nov. - 15. Dez. geschl. – **Menu** 19.50 - 46 und à la carte 31/83, Kinder 10 – **28 Zim** ⟷ 110/200 – ½ P Zuschl. 25.

SORENGO Ticino 219 ⑧ – vedere Lugano.

SPIEZ 3700 Bern (BE) 217 ⑦ – 11 026 Ew. – Höhe 628 – ☺ 033.

Sehenswert : Schloss : Rundblick** vom Turm – Lage*.

Ausflugsziel : Fahrt auf den Niesen*** Süd : 7 km und Standseilbahn – Stockhorn*** West : 12 km und Luftseilbahn.

Verkehrsverein, Bahnhofstr. 12, ℰ 54 21 38, Fax 54 21 92.

Bern 41 – Interlaken 18 – Bulle 70 – Kandersteg 28.

🏨 **Belvedere** ⟜, Schachenstr. 39, ℰ 54 33 33, Fax 54 66 33, ≤ Thunersee und Berge, Park. 🐎 – ⧉ ⟜ Zim ⟐ ☎ ℗ – ⟜ 35. 𝖠𝖤 E 𝓥𝓘𝓢𝓐. ⋙
20. Dez. - 5. Feb. geschl. – **Menu** (an Wochenenden - Tischbestellung ratsam) 29 - 49 (mittags)/129 und à la carte 58/103 – **31 Zim** ⟷ 190/315 – ½ P Zuschl. 46.

🏨 **Eden,** ℰ 54 11 54, Fax 54 11 94, ≤, 佘, ⅃, 🐎, ⋙ – ⧉ ⟐ ℗. 𝖠𝖤 ① E 𝓥𝓘𝓢𝓐. ⋙ Rest
13. Mai - 30. Sept. – **Menu** 48 und à la carte 41/71, Kinder 12 – **47 Zim** ⟷ 110/280 – ½ P Zuschl. 35.

⟐ **des Alpes,** Seestr. 38, ℰ 54 33 54, Fax 54 88 50, ≤, 佘, 🐎 – ⧉ ☎ ℗. 𝖠𝖤 ① E 𝓥𝓘𝓢𝓐. ⋙ Rest
3. - 31. Jan. geschl. – **Menu** *(Dienstag geschl.)* 17 und à la carte 36/74, Kinder 8.50 – **38 Zim** ⟷ 75/170 – ½ P Zuschl. 27.

in Faulensee Ost : 2 km – ⊠ 3705 Faulensee – ☺ 033 :

⟐ **Seerose** ⓜ, Interlakenstr. 87, ℰ 54 10 25, Fax 54 10 23, ≤ Thunersee, 佘, ⬚ – ⟐ ☎ ℗. 𝖠𝖤 E 𝓥𝓘𝓢𝓐. ⋙ Zim
von Okt. - April Dienstag - Mittwoch und 15. Dez. - 31. Jan. geschl. – **Menu** 17.50 und à la carte 32/78, Kinder 11.50 – **10 Zim** ⟷ 90/170 – ½ P Zuschl. 25.

in Aeschi Süd : 5 km Richtung Kandersteg – ⊠ 3703 Aeschi – ☺ 033 :

🏨 Aeschi Park ⓜ ⟜, ℰ 55 61 33, Fax 54 61 50, ≤ Thunersee und Berge, 佘, 🐎 – ⧉ ▤ Rest ⟐ video ☎ 🚗 – ⟜ 40 – **40 Zim,** 10 Suiten.

⟐ **Chalet Bergblick** ⟜, ℰ 54 43 76, Fax 54 71 76, ≤ Niesen, 佘, 🐎, 🐎 – ☎ ℗. 𝖠𝖤 E 𝓥𝓘𝓢𝓐. ⋙ Zim
Nov. geschl. – **Menu** *(Mittwoch geschl.)* 18 - 30 und à la carte 29/58, Kinder 12 – **13 Zim** ⟷ 85/130 – ½ P Zuschl. 25.

305

Nord-West 2 km Richtung Thun :

XX **Perle,** Hauptstr. 6, ⊠ 3646 Einigen, ℘ 54 22 15, Fax 54 22 16, ≤, 斎 – **❷**. AE
→ E *VISA*
Montag geschl. – **Menu** *18.50* - 29 (mittags)/75 und à la carte 40/101, Kinder

SPLÜGEN 7435 Graubünden (GR) 💶💷 ⑬ – 407 Ew. – Höhe 1 450 – Wintersp
1 460/2 230 m ≰8 ⏂ – **❸** 081.

🛈 Verkehrsverein, ℘ 62 13 32 (ab 04/96 : 664 13 32), Fax 62 18 26 (ab 04/96 : 664 18

◆Bern 293 – St. Moritz 88 – ◆Bellinzona 65 – ◆Chur 52 – ◆Davos 71.

🏨 **Bodenhaus,** ℘ 62 11 21 (ab 04/96 : 664 11 21), Fax 62 18 80 (ab 04/96 : 664 18
→ 斎, ⇌, 🔲 – 🛗 📺 **❷** – 🄰 30. AE ⑩ E *VISA*
1. Okt. - 10. Dez. geschl. – **Menu** *17.50* und à la carte 42/92 – **25 Zim** ⇌ 120/
– ½ P Zuschl. 35.

SPORZ Graubünden 💶💷 ④ – siehe Lenzerheide.

SPREITENBACH 8957 Aargau (AG) 💶💶 ⑱ – 8 577 Ew. – Höhe 424 – **❸** 056.

◆Bern 119 – ◆Aarau 40 – ◆Baden 5 – Dietikon 6 – ◆Luzern 64 – ◆Zürich 20.

🏨 **Arte** M, Wigartestr. 10, ℘ 72 42 42, Fax 72 43 43, 斎 – 🛗 📺 ☎ & ⇌ – 🄰 25/
→ AE E *VISA*
Menu *16.50* - 34 (mittags) und à la carte 33/80 – **66 Zim** ⇌ 180/250.

STAAD 9422 St. Gallen (SG) 💶💶 ⑪ – Höhe 402 – **❸** 071.

◆Bern 225 – ◆St. Gallen 17 – Altstätten 24 – Bregenz 21 – Dornbirn 24 – Konstanz 38.

🏨 **Weisses Rössli,** Hauptstr. 69, ℘ 42 15 15 (ab 03/96 : 855 15 15), Fax 42 15
(ab 03/96 : 855 15 18), ≤ Bodensee, 斎, 🔲 – 📺 ☎ **❷**. AE ⑩ E *VISA*
22. Dez. - 20. Jan. geschl. – **Menu** 45/65 und à la carte 36/83, Kinder 16 – **20**
⇌ 78/220.

STABIO 6855 Ticino (TI) 💶💷 ⑧ – 3 244 ab. – alt. 347 – **❸** 091 – Stazione termale

◆Bern 295 – ◆Lugano 24 – Como 18 – Milano 65 – Varese 14.

XXX **Montalbano,** località San Pietro Nord : 1 km, ⊠ 6854 San Pietro di Sta
℘ 647 12 06, Fax 647 40 25, 斎, ⨯ – **❷**. AE ⑩ E *VISA*
chiuso sabato a mezzogiorno, domenica sera, lunedì, dal 26 dicembre al 15 genn
e dal 1º al 20 agosto – **Pasto** *38* - 66 (mezzogiorno) ed à la carte 64/100.

STÄFA 8712 Zürich (ZH) 💶💶 ⑲ – 10 453 Ew. – Höhe 414 – **❸** 01.

◆Bern 148 – ◆Zürich 23 – Einsiedeln 28 – ◆Luzern 73 – Rapperswil 9.

🏨 **Zur Metzg,** Bergstr. 82, ℘ 928 18 88, Fax 928 18 87 – 🛗 📺 ☎ **❷** – 🄰 40. E
→ ⅙ Rest
Menu *19* und à la carte 33/87 – **23 Zim** ⇌ 140/180.

XXX **Seehus,** Seestr. 4, ℘ 926 23 03, Fax 926 73 06, ≤ Zürichsee, 斎, 🔲 – **❷**. AE ⑩
VISA
von Okt. - April Sonntag - Montag und 26. Dez. - 28. Feb. geschl. – **Menu** *28* -
(mittags)/160 und à la carte 64/149.

XX **Im Kehlhof,** Seestr. 191, ℘ 926 11 55, Fax 926 80 49, 斎 – **❷**. AE E *VISA*
Dienstag - Mittwoch, Anfang März und Anfang Sept. jeweils 2 Wochen gesch
Menu 80/145 und à la carte 66/120.

X **Zur alten Krone,** Goethestr. 12, ℘ 926 40 10, Fax 926 62 31, 斎 – AE ⑩ E *V*
→ *Sonntag - Montag geschl.* – ***Itschner Stube :*** **Menu** *17* - 40 (mittags)/70 und à la ca
56/100.

STALDEN 3922 Wallis (VS) 💶💷 ⑰ – 1 265 Ew. – Höhe 799 – **❸** 028.

◆Bern 172 – ◆Brig 14 – Saas Fee 30 – ◆Sierre 34 – ◆Sion 49.

🏨 **Ackersand** M, in Ackersand, Nord : 2 km Richtung Visp, ℘ 53 15 00, Fax 53 15
→ 斎 – 🛗 📺 ☎ & **❷**. AE ⑩ E *VISA*. ⅙ Zim
Menu *16* - 20 und à la carte 31/75 – **31 Zim** ⇌ 85/140 – ½ P Zuschl. 18.

Sehenswert : Glockenturm★ der Kirche.

Ausflugsziel : Stanserhorn★★ Süd mit Standseil- und Luftseilbahn – Strasse nach Seelisberg★ Ost.

🅱 Verkehrsbüro, Engelbergstr. 34, 𝒫 61 88 33 (ab 03/96 : 610 88 33), Fax 61 88 66 (ab 03/96 : 610 88 66).

ern 125 – ♦Luzern 12 – Altdorf 30 – Cham 36 – Engelberg 20.

🍴 **Zur Linde** mit Zim, Dorfplatz 7, 𝒫 61 28 26 (ab 03/96 : 610 28 26), Fax 61 24 40 (ab 03/96 : 610 24 40), 🍴 – 🛗 📺 ☎. 🅴 𝘝𝘐𝘚𝘈.
Sonntag - Montag und 14. Juli - 12. Aug. nur Rest. geschl. – **Stanserstube** (1. Etage)
Menu 44 (mittags)/108 und à la carte 55/111 – **Feldschlösschen** : **Menu** *16.50* und à la carte 35/67 – **9 Zim** ⬭ 80/165.

🍴 **Zur Rosenburg**, im Höfli, alter Postplatz 3, 𝒫 61 24 61 (ab 03/96 : 610 21 61), Fax 61 93 56 (ab 03/96 : 610 93 56), 🍴, « Räume und Kapelle aus der Renaissance Zeit » – 🅰🅴 ⓪ 🅴 𝘝𝘐𝘚𝘈
Montag - Dienstag und Jan. geschl. – **Menu** *17* - 47 und à la carte 42/79, Kinder 15.

TANSSTAD 6362 Nidwalden (NW) 🔢🔢🔢 ⑨ – 4 055 Ew. – Höhe 438 – ☎ 041.

in Bürgenstock - ✉ 6363 (Mai - Mitte Okt.), 𝒫 61 55 45 (ab 03/96 : 610 55 45).

Verkehrsverein, Dorfplatz 13, 𝒫 61 13 77 (ab 03/96 : 610 13 77), Fax 61 95 77 (ab 03/96 : 0 95 77).

ern 123 – ♦Luzern 9 – Altdorf 32 – Sarnen 14 – Stans 4.

🏨 **Winkelried** M̲, am Hafen, 𝒫 61 99 01 (ab 03/96 : 610 99 01), Fax 61 96 31 (ab 03/96 : 610 96 31), ≤ Pilatus und Vierwaldstättersee, 🍴, 🔱, 🚣, 🛗 – 🛗 📺 ☎ 🚗 – 🔺 40. 🅰🅴 ⓪ 🅴 𝘝𝘐𝘚𝘈
Seeblick : **Menu** 32 (mittags) und à la carte 51/108 – **Winkelriedstübli** : **Menu** *16.50* und à la carte 29/79, Kinder 10 – **25 Zim** ⬭ 140/260, 4 Suiten – ½ P Zuschl. 38.

in Fürigen Nord-Ost : 3,5 km Richtung Bürgenstock – ✉ 6363 Obbürgen – ☎ 041 :

🏨 **Fürigen** 🔱, 𝒫 63 22 22 (ab 03/96 : 610 00 60), Fax 61 27 24 (ab 03/96 : 610 27 24), ≤ Bergpanorama und Vierwaldstättersee, 🍴, Zugang zum See mit privater Standseilbahn, 🔱, 🚴, 🎾, 🛗 – 🛗 📺 ☎ 🅿 – 🔺 25/150. 🅰🅴 ⓪ 🅴 𝘝𝘐𝘚𝘈
Sans-Souci : **Menu** 36 (mittags) und à la carte 45/91 – **Panorama** : **Menu** *24* und à la carte 35/76, Kinder 8.50 – **82 Zim** ⬭ 185/286 – ½ P Zuschl. 45.

TECKBORN 8266 Thurgau (TG) 🔢🔢🔢 ⑨ – 4 038 Ew. – Höhe 404 – ☎ 054 (ab 03/96 : 052).

Verkehrsbüro, 𝒫 61 10 55 (ab 03/96 : 761 10 55), Fax 61 27 30 (ab 03/96 : 761 27 30).

ern 185 – ♦St. Gallen 65 – ♦Frauenfeld 18 – Konstanz 19 – Radolfzell 31 – ♦Schaffhausen 31.

🏨 **Feldbach** 🔱, 𝒫 62 62 62 (ab 03/96 : 762 62 62), Fax 61 27 30 (ab 03/96 : 761 27 30), 🍴, Restaurant in einem ehemaligen Kloster aus dem 13. Jh., 🚣, 🔱 – 🛗 📺 ☎ – 🔺 25/40. 🅰🅴 ⓪ 🅴 𝘝𝘐𝘚𝘈 – *20. Dez. - 14. Jan. geschl.* – **Menu** *16.50* - 29 (mittags) und à la carte 36/69 – ⬭ 15 – **36 Zim** 150/190 – ½ P Zuschl. 34.

🏨 **Frohsinn**, Seestr. 62, 𝒫 61 11 61 (ab 03/96 : 761 11 61), Fax 61 28 21 (ab 03/96 : 761 28 21), 🍴, 🛗 – ☎ 🅿. 🅰🅴 ⓪ 🅴 𝘝𝘐𝘚𝘈 𝙅𝘊𝘽. 🔲 Zim
Donnerstag, von Okt. - Mai auch Freitag, 20. Jan. - 4. Feb. und 2. - 18. Nov. geschl.
– **Menu** à la carte 38/75, Kinder 12 – **11 Zim** ⬭ 90/160.

TEFFISBURG Bern 🔢🔢🔢 ⑦ – siehe Thun.

TEIN 9063 Appenzell Ausserrhoden (AR) 🔢🔢🔢 ㉑ – 1 360 Ew. – Höhe 827 – ☎ 071.

ern 204 – ♦St. Gallen 11 – Bregenz 56 – Herisau 10.

🍴 **Schäfli**, Im Störgel Nord : 3 km Richtung Teufen, 𝒫 59 11 90 (ab 03/96 : 367 11 90), 🍴, Appenzeller Bauernhaus – 🅿
Montag - Dienstag, im Jan. und Anfang Aug. jeweils 2 Wochen geschl. ; von Mittwoch - Freitag nur Abendessen – **Menu** à la carte 42/108.

TEINACH 9323 St. Gallen (SG) 🔢🔢🔢 ⑩ – 2 693 Ew. – Höhe 400 – ☎ 071.

ern 213 – ♦St. Gallen 14 – Bregenz 31 – Konstanz 28.

🏨 **Blume**, Hauptstr. 45, 𝒫 46 22 01 (ab 03/96 : 446 22 01), Fax 46 23 20 (ab 03/96 : 446 23 20), 🍴 – 🛗 📺 ☎ 🅿. 🅰🅴 ⓪ 🅴 𝘝𝘐𝘚𝘈 🔲 Rest
Menu *19* - 29 (mittags) und à la carte 26/78, Kinder 15 – **13 Zim** ⬭ 95/150.

STEIN AM RHEIN 8260 Schaffhausen (SH) 216 ⑧ – 2 899 Ew. – Höhe 41:
☺ 054 (ab 03/96 : 052).

Sehenswert : Altstadt★★ : Museum★ im ehemaligen Benediktinerkloster St. Georger

Ausflugsziel : Burg Hohenklingen★ Nord : 2,5 km.

🛈 Verkehrsbüro, Oberstadt 10, ℰ 41 28 35 (ab 03/96 : 741 28 35), Fax 41 51 46 (ab 03/
741 51 46).

◆Bern 180 – ◆Zürich 59 – ◆Aarau 101 – ◆Baden 78 – ◆Basel 120 – Freiburg i. Breisgau 116.

🏤 **Closterhof** M, ℰ 42 42 42 (ab 03/96 : 742 42 42), Fax 41 13 37 (ab 03/9
741 13 37), < Rhein, �, ⇌, 🔲 – 📶 ⇌ Zim 🔟 ☎ ⇔ – 🔬 25/150. 🖭 ⓞ
𝗩𝗜𝗦𝗔, 🕸 Rest
22. Dez. - 5. Jan. geschl. – **Le Bateau :** Menu 48 (mittags)/98 und à la carte 65/
– **Le Jardin :** Menu 19.50 und à la carte 37/90, Kinder 8.50 – **42 Zim** ⊴ 235/3
28 Suiten – ½ P Zuschl. 40.

🏤 **Rheinfels,** Rheingasse 8, ℰ 41 21 44 (ab 03/96 : 741 21 44), Fax 41 25 22 (ab 03/
741 25 22), < Rhein, � – 📶 🔟 ☎. 🖭 🗉 𝗩𝗜𝗦𝗔
Donnerstag (ausser Hotel von Juni - Sept.) und 18. Dez. - 4. März geschl. – **Re**
à la carte 44/91, enf. 12 – **16 Zim** ⊴ 130/180 – ½ P suppl. 35.

🏤 **Adler,** Rathausplatz 15, ℰ 42 61 61 (ab 03/96 : 742 61 61), Fax 41 44 40 (ab 03/
741 44 40) – 📶 ⊟ rest 🔟 ☎ 🅿. 🖭 ⓞ 🗉 𝗩𝗜𝗦𝗔
27. Jan. - 12. Feb. und 5. - 21. Okt. geschl. – **Repas** (Donnerstag geschl.) 26 - 34/
und à la carte 44/104, enf. 10 – **13 Zim** ⊴ 120/180 – ½ P suppl. 35.

🕸 **Sonne,** Rathausplatz (1. Etage), ℰ 41 21 28 (ab 03/96 : 741 21 28), Fax 41 50 86
03/96 : 741 50 86), �, « Haus aus dem 15. Jh. » – 🖭 ⓞ 🗉 𝗩𝗜𝗦𝗔 𝗝𝗖𝗕
Dienstag - Mittwoch, über Weinachten, Neujahr und 27. Feb. - 13. März gesch
Repas 125/145 und à la carte 68/118.

STEINEN 6422 Schwyz (SZ) 216 ⑱ – 2 537 Ew. – Höhe 467 – ☺ 043 (ab 03/96 : 04
◆Bern 155 – ◆Luzern 38 – Altdorf 22 – Brunnen 10 – ◆Schwyz 5.

🕸 **Rössli,** Dorfplatz 1, ℰ 41 13 20 (ab 03/96 : 832 13 20), Fax 41 13 13 (ab 03/9
832 13 13) – 🖭 🗉 𝗩𝗜𝗦𝗔
Dienstag - Mittwoch, 8. - 20. Feb. und 11. Juli - 2. Aug. geschl. – **Menu** (Tisch
stellung ratsam) 21 - 45 (mittags)/95 und à la carte 50/106, Kinder 10.

STOOS 6433 Schwyz (SZ) 218 ① – 120 Ew. – Höhe 1 295 – ✦✦ – Winterspo
1 256/1 935 m ⟟1 ⟜6 – ☺ 043 (ab 03/96 : 041).

Sehenswert : Ausblicke★★.

🛈 Verkehrsverein, ℰ 21 15 50 (ab 03/96 : 811 15 50), Fax 21 84 30 (ab 03/96 : 811 84 3
◆Bern 159 – ◆Luzern 42 – Altdorf 16 – Brunnen 3 – ◆Schwyz 5.

mit Luftseilbahn ab Morschach erreichbar

🏤 **Sporthotel Stoos** ⊗, ℰ 23 15 15 (ab 03/96 : 810 45 15), Fax 21 70 93 (ab 03/9
811 70 93), <, �, ⇌, 🔲, 🌫, 🕸 – 📶 🔟 ☎ – 🔬 25/60. 🖭 ⓞ 🗉 𝗩𝗜𝗦𝗔, 🕸 R
8. April - 4. Mai und Ende Okt. - 20. Dez. geschl. – **Menu** à la carte 30/71, Kinder
– **55 Zim** ⊴ 155/270 – ½ P Zuschl. 39.

STÜSSLINGEN 4655 Solothurn (SO) 216 ⑯ – 911 Ew. – Höhe 465 – ☺ 062.
◆Bern 76 – ◆Aarau 7 – ◆Olten 11 – ◆Solothurn 45.

🍴 **Jura,** ℰ 298 11 55, Fax 298 20 06, � – 🅿. 🖭 ⓞ 🗉 𝗩𝗜𝗦𝗔
Montag - Dienstag, 12. - 22. Feb. und 29. Juli - 20. Aug. geschl. – **Menu** 20 unc
la carte 43/87, Kinder 11.

SUBERG Bern 216 ⑭ – siehe Lyss.

SUGNENS 1043 Vaud (VD) 217 ③ – 198 h. – alt. 648 – ☺ 021.
◆Bern 83 – ◆Lausanne 20 – ◆Montreux 46 – Moudon 12 – ◆Yverdon-les-Bains 18.

🕸 ✿ **Aub. de Sugnens** (Sidi-Ali), ℰ 881 45 75, Fax 881 45 35, � – 🅿. 𝗩𝗜𝗦𝗔
fermé 12 au 19 fév., 29 juil. au 12 août, dim. soir et lundi – **Repas** 54 (midi)/96
à la carte 61/96
Spéc. Escalope de sandre aux aubergines grillées. Caille farcie aux raisins et vinaigre b
samique. Filet de veau rôti entier au jus de truffes.

UHR 5034 Aargau (AG) 216 ⑰ – 7 767 Ew. – Höhe 397 – 🌣 062.

ern 82 – ♦Aarau 4 – ♦Baden 31 – ♦Basel 60 – ♦Luzern 43 – ♦Solothurn 51.

🏠 **Bären,** Bernstr. West 56, ℘ 842 60 31, Fax 842 37 65, 🌧 – 📺 ☎ 🅿 – 🔬 25/70.
🖭 ⓪ 🖻 *VISA*
Sonntag geschl. – Bärenstübli : Menu 50/65 *und à la carte* 48/92 – *Suhrerstübli :*
Menu *16* und à la carte 30/63, Kinder 7.50 – **31 Zim** ⚏ 135/195 – ½ P Zuschl. 32.

ULLENS 1036 Vaud (VD) 217 ③ – 690 h. – alt. 600 – 🌣 021.

ern 112 – ♦Lausanne 13 – Cossonay 19 – ♦Yverdon-les-Bains 25.

🍴 **Auberge Communale,** ℘ 731 11 97 – 🅿. 🖻 *VISA*
▸ *fermé 11 au 19 fév., 28 juil. au 19 août, dim., lundi et fériés –* **Repas** *18* et à la carte
36/75.

UMISWALD 3454 Bern (BE) 216 ⑮ – 5 445 Ew. – Höhe 700 – 🌣 034.

ern 40 – Burgdorf 17 – ♦Luzern 57 – ♦Olten 46 – ♦Thun 48.

🏠 **Bären,** Ⓜ ℘ 71 10 22, Fax 71 23 24, 🌧 – 📳 📺 ☎ ♿ 🅿 – 🔬 25. 🖻 *VISA*
▸ **Menu** (Montag geschl.) *15* - 25 (mittags)/50 und à la carte 30/69 – **14 Zim** ⚏ 85/150
– ½ P Zuschl. 30.

🍴 **Zum Kreuz,** Marktgasse 9, ℘ 71 15 26, Fax 71 32 27, 🌧, Ehemalige Umspannstelle
▸ aus dem 17. Jh. für Postkutschpferde – 🅿. 🖭 ⓪ 🖻 *VISA* 🅹🅲🅱
Dienstag - Mittwoch, 6. - 21. Feb. und 9. - 24. Juli geschl. – **Menu** *18* - 35/55 und
à la carte 41/68.

in Weier Nord : 4 km – ✉ 3462 Weier – 🌣 034 :

🍴 **Kreuz,** ℘ 75 12 44, Fax 75 17 40, 🌧 – 🅿. 🖭 🖻 *VISA*
▸ *Sonntag abends, Montag, Dienstag und 23. Dez. - 9. Jan. geschl. –* **Menu** - Emmen-
taler Spezialitäten - *16* und à la carte 45/76.

in Lüderenalp Süd-Ost : 10 km über Wasen – ✉ 3457 Wasen – 🌣 034 :

🏠 **Lüderenalp,** 🦢 ℘ 77 16 76, Fax 77 19 80, ≼ Berner Alpen und Jurakette, 🌧, 🖅,
🖆s, 🗮 – 📳 📺 ☎ 🅿 – 🔬 25. 🖭 ⓪ 🖻 *VISA*
Mitte Jan. - Anfang Feb. 3 Wochen geschl. – **Menu** *25.50* - 60 und à la carte 32/92
– **19 Zim** ⚏ 130/210 – ½ P Zuschl. 39.

URSEE 6210 Luzern (LU) 216 ⑰ – 7 929 Ew. – Höhe 504 – 🌣 041.

henswert : Rathaus★ – Wallfahrtskirche Mariazell : Aussicht★.

ern 90 – ♦Luzern 23 – ♦Aarau 26 – ♦Baden 48 – ♦Olten 32.

🏠 **Sursee,** Bahnhofstr. 15, ℘ 921 50 51, Fax 921 00 50, 🌧 – 📳 📺 ☎ 🚗 – 🔬 25/50.
▸ 🖭 ⓪ 🖻 *VISA*
Menu *18.50* und à la carte 32/73, Kinder 10 – **28 Zim** ⚏ 110/160.

UTZ-LATTRIGEN 2572 Bern (BE) 216 ⑭ – 951 Ew. – Höhe 450 – 🌣 032.

ern 38 – ♦Neuchâtel 33 – ♦Biel 6 – ♦Solothurn 27.

🍴 Anker, Hauptstr. 4, ℘ 57 11 64, Fax 57 11 74, 🌧 – 🅿.

ÄGERWILEN Thurgau 216 ⑩ – siehe Kreuzlingen.

ARASP Graubünden 218 ⑦ – siehe Scuol.

ÄSCH 3929 Wallis (VS) 219 ④ – 670 Ew. – Höhe 1 438 – 🌣 028.

ern 204 – ♦Brig 38 – ♦Sierre 57 – Zermatt 6.

🏠 City, ℘ 67 36 06, Fax 67 21 73, ≼, 🗮 – 📳 📺 ☎ 🚗 🅿 – **32 Zim**.

🏠 **Täscherhof,** ℘ 67 18 18, Fax 67 58 20, ≼, 🌧, 🖆s, 🗮 – 📳 📺 ☎ 🚗. 🖭 ⓪ 🖻 *VISA* 🅹🅲🅱
im Nov. 3 Wochen geschl. – **Menu** *21* - 40 und à la carte 26/73 – **35 Zim** ⚏ 110/160
– ½ P Zuschl. 24.

Le ottime tavole
Per voi abbiamo contraddistinto alcuni alberghi e ristoranti con
🌣, 🌣🌣 o 🌣🌣🌣.

TAVERNE 6807 Ticino (TI) 219 ⑧ – 2 377 ab. – alt. 364 – ☎ 091.

◆Bern 265 – ◆Lugano 8 – ◆Bellinzona 21 – ◆Locarno 33 – Varese 35.

XXX ☺ **Motto del Gallo** (De La Iglesia) con cam, ℰ 945 28 71, Fax 945 27 23, 斎 – ▯ **☉. ஊ ◑ E** _VISA_
chiuso domenica e dal 23 dicembre al 20 gennaio – **Pasto** (coperti limitati - prenotar 55 (mezzogiorno)/115 ed à la carte 83/121 – **3 cam** ⊃ 115/230
Spec. Golosità di mare agli aromi d'estate. Tortelloni regionali al Merlot e rosmarino. Nocet di agnello di latte in crosta di pinoli.

TESSERETE 6950 Ticino (TI) 219 ⑧ – 1 270 ab. – alt. 517 – ☎ 091.

🛈 Ente Turistico, ℰ 943 18 88, Fax 943 42 12.

◆Bern 271 – ◆Lugano 12 – ◆Bellinzona 27 – ◆Locarno 39 – Varese 39.

X **Stazione** con cam, ℰ 943 15 02, Fax 943 55 69, 斎, 斎 – ▥ ☎ ☉. ஊ ◑
▬ _VISA_
chiuso dal 22 dicembre al 30 gennaio e dal 17 giugno al 4 luglio – **Pasto** *(chius mercoledì salvo la sera da metà luglio a metà agosto) 17.50* - 48 ed à la carte 50/6 – **7 cam** ⊃ 70/120.

X **Storni,** ℰ 943 40 15, 斎 – ஊ E _VISA_. ❀
▬ *chiuso dal 1° al 21 agosto e martedì* – **Pasto** *18* - 52 ed à la carte 40/59.

TEUFEN 9053 Appenzell Ausserrhoden (AR) 216 ㉑ – 5 329 Ew. – Höhe 833 – ☎ 07
🛈 Verkehrsbüro, Bahnhof, ℰ 33 38 73 (ab 03/96 : 333 38 73), Fax 33 38 09 (ab 03/96 333 38 09).

◆Bern 217 – ◆St. Gallen 8 – Bregenz 44 – Buchs 44 – Konstanz 48.

🏠 **Zur Linde,** Bühlerstrasse, ℰ 33 28 22 (ab 03/96 : 333 28 22), Fax 33 41 20 (ab 03/9 333 41 20), 斎 – ⌷ ▥ ☎ ☉. ஊ ◑ E _VISA_. ❀ Zim
8. - 28. Juli geschl. – **Menu** *(Mittwoch geschl.) 25* - 50/65 und à la carte 42/85 – **14 Zi** ⊃ 90/190 – ½ P Zuschl. 28.

🏠 **Säntis,** ℰ 33 33 55 (ab 03/96 : 333 33 55), Fax 33 49 36 (ab 03/96 : 333 49 3 ≤ Alpstein und Säntis – ▥ ☎ ☉. E _VISA_
Menu *(nur ½ Pens. für Hotelgäste) (mittags geschl.)* – **11 Zim** ⊃ 110/180 – ½ Zuschl. 25.

XX **Sternen,** Hauptstr. 55, ℰ 33 24 66 (ab 03/96 : 333 24 66), Fax 33 34 11 (ab 03/9 ▬ 333 34 11), ≤ Alpstein und Säntis, 斎 – ☉. ஊ ◑ E _VISA_
Montag - Dienstag ausser Feiertage geschl. – **Menu** *14* - 33 (mittags)/79 und à la car 53/95, Kinder 12.

TEUFENTHAL 5723 Aargau (AG) 216 ⑰ – 1 667 Ew. – Höhe 447 – ☎ 062.

◆Bern 88 – ◆Aarau 10 – ◆Baden 36 – ◆Luzern 37 – ◆Zürich 56.

XX **Zur Herberge** mit Zim, Hauptstrasse, ℰ 776 12 20, Fax 776 15 17, 斎 – ☎ ☉. ▯ E _VISA_
Sonntag abends - Montag, 27. Jan. - 12. Feb. und 20. Juli - 5. Aug. geschl. – **Mer** 48 (mittags)/95 und à la carte 41/125, Kinder 13 – **4 Zim** ⊃ 80/130.

THAL 9425 St. Gallen (SG) 216 ㉒ – 5 463 Ew. – Höhe 423 – ☎ 071.

◆Bern 237 – ◆St. Gallen 28 – Altstätten 20 – Bregenz 17.

🏠 **Schiff,** in Buriet : 2 km Richtung Autobahn, ℰ 44 12 66 (ab 03/96 : 888 47 77 Fax 44 12 46 (ab 03/96 : 888 12 66), 斎, ⛴ – ▥ ☎ ☉ – ⌘ 40. ஊ ◑ E _VISA_
Rôtisserie Torggel : **Menu** 50/110 und à la carte 50/91 – *Fischerstube :* **Menu** *22* ur à la carte 48/87 – **36 Zim** ⊃ 84/180 – ½ P Zuschl. 35.

THALWIL 8800 Zürich (ZH) 216 ⑱ – 15 403 Ew. – Höhe 435 – ☎ 01.

◆Bern 137 – ◆Zürich 12 – ◆Aarau 58 – ◆Baden 35 – Einsiedeln 35.

🏠 **Alexander am See** Ⓜ, Seestr. 182, ℰ 720 97 01, Fax 720 98 83, ≤ See, 斎, ▣ – ▥ ☎ ☉ – ⌘ 70. ஊ E _VISA_
23. Dez. - 2. Jan. geschl. – *Ile de Provence :* **Menu** *27* - 45 (mittags) und à la car 49/110 – **22 Zim** ⊃ 210/350.

La THEURRE Jura 216 ⑬ – rattaché à Saignelégier.

310

HIELLE 2075 Neuchâtel (NE) 216 ⑬ – 466 h. – alt. 438 – ✪ 038.

rn 38 – ◆Neuchâtel 11 – ◆Biel 27 – ◆La Chaux-de-Fonds 36.

Novotel 🏠, ✆ 35 75 75, Telex 952799, Fax 35 75 57, 😋, ⌘ – ⅙⌖ ch 📺 ☎ 🅿 –
🔏 25/120. 🆎 ⓪ 🅴 𝑉𝐼𝑆𝐴
Repas *19* et à la carte 37/67, enf. 14 – ⌸ 15.50 – **60 ch** 129/154.

HÔNEX Genève 217 ⑪ – rattaché à Genève.

HÖRIGEN 3367 Bern (BE) 216 ⑮ – 949 Ew. – Höhe 488 – ✪ 063.

rn 41 – ◆Aarau 44 – ◆Basel 71 – ◆Luzern 72 – ◆Solothurn 17.

X ✿ **Löwen** (Gygax), ✆ 61 21 07, Fax 61 16 72, 😋 – 🅿. 🆎 ⓪ 🅴 𝑉𝐼𝑆𝐴
Sonntag - Montag und 24. Sept. - 13. Okt. geschl. – **Menu** (Tischbestellung ratsam)
40 (mittags)/140 und à la carte 85/130
Spez. Taubentartar mit schwarzen Trüffeln auf Gänseleber. Rotbarbe mit Auberginen und
Olivenöl. Challans Ente mit Gewürzen.

HUN 3600 Bern (BE) 217 ⑦ – 38 481 Ew. – Höhe 560 – ✪ 033.

henswert : Blick★★ vom Kirchenvorplatz Z – Seeufer : Jakobshübeli★★ Z – Park vom
loss Schadau : Aussicht★★ BY – Altstadt : Obere Hauptgasse★ Z **28** – Rathausplatz★
30 – Schloss★ : Historisches Museum★ ; Blick von den Ecktürmen Z.

kale Veranstaltungen
06 - 23.06 : Schlosskonzerte
07 - 07 07 : Eidgenössisches Jodlerfest.

Verkehrsverein, Bahnhof, ✆ 22 23 40, Fax 22 83 23.

rn 30 ① – ◆Interlaken 29 ③ – Gstaad 58 ③ – Langnau im Emmental 32 ① – Spiez 11 ②.

Stadtplan siehe nächste Seite

Seepark 🏠, Seestr. 47, ⌧ 3602, ✆ 26 12 12, Fax 26 15 10, 😋, 🏋, ⌘ – 🛗 ⅙⌖ Zim
📺 video ☎ 🚗 – 🔏 25/350. 🆎 ⓪ 🅴 𝑉𝐼𝑆𝐴   BY **s**
La Voile : **Menu** *26* - 34 (mittags) und à la carte 54/115 – **80 Zim** ⌸ 130/230 –
½ P Zuschl. 53.

Freienhof, Freienhofgasse 3, ✆ 21 55 11, Fax 23 21 77, 😋 – 🛗 ⅙⌖ Zim 📺 ☎ 🚗
– 🔏 25/300. 🆎 ⓪ 🅴 𝑉𝐼𝑆𝐴. ⌖ Rest   Z **b**
Menu *15* - 42 und à la carte 31/75, Kinder 10 – **63 Zim** ⌸ 115/260 – ½ P Zuschl.
38.

Alpha, beim Strandbad Dürrennast : 1 km, ⌧ 3604, ✆ 36 93 93, Fax 36 93 01, 😋,
🏋, ⌘ – 🛗 📺 ☎ – 🔏 25 🆎 ⓪ 🅴 𝑉𝐼𝑆𝐴   BY **r**
Menu *18.50* und à la carte 37/89 – **34 Zim** ⌸ 115/190 – ½ P Zuschl. 28.

Krone, Rathausplatz 2, ✆ 22 82 82, Fax 22 45 87, 😋 – 🛗 📺 ☎ 🚗. 🅴 𝑉𝐼𝑆𝐴
𝐽𝐶𝐵   Z **e**
Le Bistro : **Menu** *16* - 42/70 und à la carte 34/72 – **Wong Kun** - chinesische Küche
- **Menu** *16* und à la carte 35/72 – **28 Zim** ⌸ 105/210 – ½ P Zuschl. 35.

X **Schloss Schadau,** Seestr. 45, ✆ 22 25 00, Fax 22 15 97, ≤, 😋, « Haus aus dem 19.
Jh. in einem Park am Seeufer » – 🆎 ⓪ 🅴 𝑉𝐼𝑆𝐴. ⌖   BY **t**
Montag und Feb. geschl. – **Menu** (an Wochenenden Tischbestellung ratsam) 48
(mittags)/105 und à la carte 56/97.

in Steffisburg Nord-West : 2 km - AX – ⌧ 3612 Steffisburg – ✪ 033 :

Schützen, Alte Bernstr. 153, ✆ 37 31 62, Fax 37 69 62, 😋 – 📺 ☎ 🅿. 🆎 ⓪ 🅴
𝑉𝐼𝑆𝐴   AX **v**
Sonntag geschl. – **Menu** *25* und à la carte 43/98 – **12 Zim** ⌸ 95/170.

X **Panorama,** Hartlisbergstr. 39, ✆ 37 43 44, ≤ Thunersee und Berge, 😋 – 🅿. 🅴
𝑉𝐼𝑆𝐴
Montag - Dienstag und im Feb. 2 Wochen geschl. – **Menu** *25* - 35/48 und à la carte
38/80, Kinder 9.

in Hünibach Süd-Ost : 3 km - BY – ⌧ 3626 Hünibach – ✪ 033 :

X **Chartreuse** mit Zim, ✆ 43 33 82, Fax 43 33 59, 😋 – 📺 ☎ 🅿. 🆎 ⓪ 🅴
𝑉𝐼𝑆𝐴   BY **p**
Okt. - Nov. 5 Wochen geschl. – **Menu** (Sonntag geschl.) *19.50* und à la carte 27/71,
Kinder 8.50 – **13 Zim** ⌸ 90/170.

311

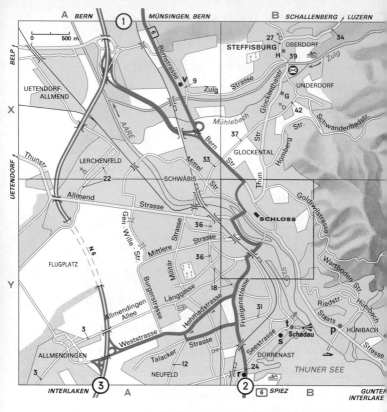

THUN

Bälliz . . . . Z
Hauptgasse . . . . Z

Allmendingenstrasse . . . . . . AY 3
Allmendstrasse . . . . Z 4
Bahnhofbrücke . . . . Z 6
Bahnhofplatz . . . . Z 7
Berntorplatz . . . . Z 10
Buchholzstrasse . . . . AY 12
Grabenstrasse . . . . Z 13
Guisanplatz . . . . Z 15
Gwattstrasse . . . . BY 16
Jungfraustrasse . . . . ABY 18
Kirchtreppe . . . . Z 19
Kuhbrücke . . . . Z 21
Lerchenfeldstrasse . . . . AXY 22
Marktgasse . . . . Z 24
Maulbeerplatz . . . . Z 25
Obere Hauptgasse . . . . Z 28
Rathausplatz . . . . Z 30
Schadaustrasse . . . . BY 31
Stockhornstrasse . . . . AY 36
Waisenhausstrasse . . . . Z 40

STEFFISBURG

Bernstrasse alte . . . . AX 9
Oberdorfstrasse . . . . BX 27
Schwäbisstrasse . . . . AX 33
Schwarzeneggstrasse . . . . . BX 34
Stockhornstrasse . . . . BX 37
Unterdorfstrasse . . . . BX 39
Ziegeleistrasse . . . . BX 42

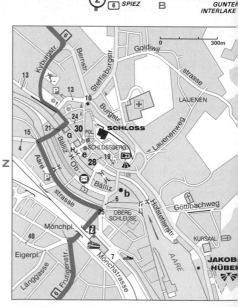

`HUSIS` **7430** Graubünden (GR) 🔢 ④ – 2 501 Ew. – Höhe 701 – ☎ 081.

ısflugsziel : Zillis Holzdecke★★ der Kirche Süd : 8 km – Via Mala★★ Süd : 4 km.

🚉 Thusis - Samedan, Information 🖉 81 11 13 (ab 04/96 : 651 11 13).

Verkehrsverein, Neudorfstr. 70, 🖉 81 11 34 (ab 04/96 : 651 11 34), Fax 81 25 63 (ab 04/96 : ı1 26 63).

ern 269 – ◆Chur 28 – ◆Bellinzona 89 – ◆Davos 47 – St. Moritz 64.

🏠 **Weiss Kreuz,** 🖉 81 29 55 (ab 04/96 : 651 29 55), Fax 81 48 65 (ab 04/96 : 651 48 65)
◆ – 📶 📺 ☎ 🅿 – 🔬 25/100. 🇪 𝓥𝓘𝓢𝓐
Nov. geschl. – Menu *16.50* und à la carte 28/77 – **33 Zim** �☐ 80/125 – ½ P Zuschl.
25.

`HYON-LES COLLONS` **1988** Valais (VS) 🔢 ⑮ ⑯ – alt. 2 000 – Sports d'hiver :
ı02/2 413 m ≰11 – ☎ 027.

ern 169 – ◆Brig 67 – ◆Martigny 46 – ◆Sion 16.

aux Collons – alt. 1 802 – ⊠ 1988 Thyon-Les Collons – ☎ 027 :

🛈 Office du Tourisme, 🖉 81 27 27, Fax 81 27 83

🏠 **La Cambuse** 🍴, 🖉 81 18 83, Fax 81 32 22, ≼ Val d'Hérens, 😊 – 📺 ☎ – 🔬 35.
◆ 🇦🇪 🇪 𝓥𝓘𝓢𝓐
9 déc. - 20 avril et 23 juin - 19 oct. – **Repas** *18* - 25 (midi)/70 et à la carte 35/77,
enf. 12 – **10 ch** �☐ 105/140 – ½ P suppl. 32.

🍴 **Le Refuge** avec ch, 🖉 81 13 63, 😊 – 🅿. 🇦🇪 🇪 𝓥𝓘𝓢𝓐
20 déc. - 15 avril et 8 juin. - 14 sept., fermé lundi **Repas** (nombre de couverts limité
- prévenir) 50/95 et à la carte 57/95, enf. 18 – ☲ 10 – **3 ch** 45/65 – ½ P suppl. 30.

🍴 **Maya Village,** 🖉 81 13 13, Fax 81 31 72, 😊, « Terrasse ≼ vallée » – 🇪 𝓥𝓘𝓢𝓐
◆ *fermé 14 avril au 27 juin, 4 nov. au 19 déc. et lundi en été* – **Repas** *20* - 36/62 et
à la carte 40/83, enf. 13.

`a TOUR-DE-TRÊME` Fribourg 🔢 ⑤ – rattaché à Bulle.

`RAMELAN` **2720** Bern (BE) 🔢 ⑬ – 4 444 h. – alt. 888 – ☎ 032.

ern 62 – ◆Delémont 36 – ◆Biel 27 – ◆La Chaux-de-Fonds 30 – Montbéliard 70 – ◆Solothurn 43.

🏠 **C.I.P.** 🍴, 13 Les Lovières, 🖉 97 66 66, Fax 97 09 73, ≼, 😊, 🎢, 🈳 – 📶 📺 ☎ 🕭
◆ 🅿 – 🔬 25/300. 🇦🇪 🇪 𝓥𝓘𝓢𝓐. 🛇 rest
fermé 22 déc. au 10 janv., 2 sem. en juil. et dim. – **Repas** *17* et à la carte 31/64 –
40 ch �☐ 95/150.

`RAVERS` **2105** Neuchâtel (NE) 🔢 ③ – 1 226 h. – alt. 748 – ☎ 038.

ern 71 – ◆Neuchâtel 22 – ◆La Chaux-de-Fonds 31 – Pontarlier 31 – ◆Yverdon-les-Bains 41.

🍴 **Crêt de l'Anneau** avec ch, Est : 1 km rte Neuchâtel, 🖉 63 11 78, Fax 63 40 38, 🛇
◆ – 🅿. 🇪 𝓥𝓘𝓢𝓐. 🛇 ch
fermé 23 déc. au 15 janv., 17 au 30 juin, dim. soir et lundi – **Repas** *15* - 54 et à la
carte 30/66 – **7 ch** �☐ 55/100 – ½ P suppl. 30.

`RIESEN` Fürstentum Liechtenstein 🔢 ㉒ – siehe Seite 357.

`RIESENBERG` Fürstentum Liechtenstein 🔢 ㉒ – siehe Seite 357.

`RIMBACH` Solothurn 🔢 ⑯ – siehe Olten.

`ROGEN` **9043** Appenzell Ausserrhoden (AR) 🔢 ㉑ – 1 968 Ew. – Höhe 903 – ☎ 071.

ern 218 – ◆St. Gallen 9 – Altstätten 13 – Bregenz 31.

🍴 **Zum Bach,** Ost : 3 km Richtung Wald, 🖉 94 11 70 (ab 03/96 : 344 11 70), 😊, Appen-
◆ zellerhaus – 🅿. 🇦🇪 🅾 🇪 𝓥𝓘𝓢𝓐. 🛇
Donnerstag mittags und Mittwoch geschl. – **Menu** (Tischbestellung ratsam) *18.50* -
37 und à la carte 35/78.

`RUBSCHACHEN` Bern 🔢 ⑦ – siehe Langnau im Emmental.

313

TRÜBSEE Obwalden ②⑰ ⑨ – siehe Engelberg.

TSCHIERV 7532 Graubünden (GR) ②⑱ ⑰ – 172 Ew. – Höhe 1 660 – ❸ 082 (ab 04/9 081).

◆Bern 339 – ◆Scuol 56 – ◆Davos 64 – Merano 78 – St. Anton am Arlberg 122.

🍹 **Staila (Sternen),** ℰ 8 55 51 (ab 04/96 : 858 55 51), Fax 8 51 42 (ab 04/96 : 858 51 4
⟵ 🏠 – 🅿. ⬛ ◉ E 𝘝𝘐𝘚𝘈
  Menu 20 und à la carte 28/61, Kinder 10 – **32 Zim** ⌷ 65/110 – ½ P Zuschl. 2C

TSCHUGG Bern ②⑥ ⑬ – siehe Erlach.

TURBENTHAL 8488 Zürich (ZH) ②⑥ ⑲ – 3 888 Ew. – Höhe 550 – ❸ 052.

◆Bern 163 – ◆Zürich 43 – ◆Frauenfeld 28 – Rapperswil 33 – ◆Winterthur 15.

🏠 **Bären,** ℰ 45 17 21 (ab 03/96 : 385 17 21), Fax 45 31 61 (ab 03/96 : 385 31 61), ⟨
⟵ ⟨s, 🔲 – |≣| 📺 ☎ 🅿 – 🏛 25/300. ⬛ ◉ E 𝘝𝘐𝘚𝘈 𝙟𝘾𝘽
  Menu 15.50 und à la carte 39/77 – **16 Zim** ⌷ 98/148 – ½ P Zuschl. 35.

🍴 **Gyrenbad** ⬟ mit Zim, in Gyrenbad : Nord 2 km, ℰ 45 15 66 (ab 03/96 : 385 15 6
Fax 45 24 57 (ab 03/96 : 385 24 57), ⟨, 🏠 – 📺 ☎ – 🏛 60
  5. - 20. Feb. geschl. – **Menu** (Dienstag geschl.) 21 und à la carte 37/95 – **7 Z**
  ⌷ 80/140.

TWANN 2513 Bern (BE) ②⑥ ⑬ – 806 Ew. – Höhe 434 – ❸ 032.

◆Bern 44 – ◆Neuchâtel 26 – ◆Biel 10 – ◆La Chaux-de-Fonds 51 – ◆Solothurn 31.

🍴🍴 **Fontana** (Gästehaus : 🏠), ℰ 95 18 85, Fax 95 12 32, ⟨, 🏠, 🌳 – |≣| 📺 ☎ 🅿.
◉ E 𝘝𝘐𝘚𝘈
  20. Dez. - 10. Feb. geschl. – **Menu** (von Nov. - 15. April Donnerstag - Freitag gesch
  24 - 58 und à la carte 37/97 – **21 Zim** ⌷ 140/190 – ½ P Zuschl. 43.

🍴🍴 **Zur Ilge,** ℰ 95 11 36, 🏠 – 🅿. ⬛ ◉ E
  Montag - Dienstag (ausser Feiertage), 4. - 17. März und 4. - 24. Nov. geschl. – **Me**
  45/55 und à la carte 46/88, Kinder 15.

UDLIGENSWIL 6044 Luzern (LU) ②⑥ ⑱ – 1 746 Ew. – Höhe 625 – ❸ 041.

◆Bern 121 – ◆Luzern 10 – ◆Aarau 57 – ◆Schwyz 29 – ◆Zürich 51.

🍴 **Frohsinn,** Dorfstr. 13, ℰ 371 13 16, Fax 371 07 16, 🏠 – 🅿. E 𝘝𝘐𝘚𝘈
⟵ Mittwoch, 14. - 22. Feb. und 17. Juli - 8. Aug. geschl. – **Menu** 15.50 - 58/95 unc
  la carte 47/105, Kinder 14.50.

UETIKON AM SEE 8707 Zürich (ZH) ②⑥ ⑲ – 3 669 Ew. – Höhe 414 – ❸ 01.

◆Bern 143 – ◆Zürich 18 – Rapperswil 11.

🏨 **Alpenblick** Ⓜ ⬟, Bergstr. 322, Nord-Ost : 3 km Richtung Uster, ℰ 920 47 2
Fax 920 62 54, ⟨, 🏠, 🌳 – |≣| 🅿. ⬛ E 𝘝𝘐𝘚𝘈
  23. Dez. - 11. Feb. geschl. – **Menu** (Montag - Dienstag geschl.) à la carte 44/1
  – **12 Zim** ⌷ 105/230.

🍴🍴 **Krone** mit Zim, Seestr. 117, ℰ 920 45 66, Fax 920 51 30 – |≣| 📺 ☎ 🅿. ⬛ ◉ E ⱅ
  22. Dez. - 19. Jan. geschl. – **Menu** (Mittwoch - Donnerstag geschl.) 25 - 42 (mittac
  85 und à la carte 51/95, Kinder 19.50 – **13 Zim** ⌷ 90/180.

🍴🍴 ❀ **Wirtschaft zum Wiesengrund** (Hussong), Kleindorfstr. 61, ℰ 920 63 6
Fax 921 17 09, 🏠 – ⬛ E 𝘝𝘐𝘚𝘈
  Sonntag - Montag, in Feb. und Aug. jeweils 2 Wochen geschl. – **Me**
  42 (mittags)/115 und à la carte 82/130
  Spez. Millefeuille von weissem Thunfisch. Ravioli mit Schmorbratenfüllung. Hamburger S
  benküken auf Champagnerrisotto.

ULMIZ 3214 Freiburg (FR) ②⑰ ⑤ – 290 Ew. – Höhe 500 – ❸ 031.

◆Bern 27 – ◆Neuchâtel 31 – ◆Biel 35 – ◆Fribourg 20 – Murten 9.

🍴🍴 **Zum Jäger,** ℰ 751 02 72, Fax 751 09 99 – 🅿. E 𝘝𝘐𝘚𝘈
⟵ Donnerstag mittags, Mittwoch und 22. Juli - 16. Aug. geschl. – **Menu** 19.50 - 55/
  und à la carte 49/85.

INTERBÄCH 3944 Wallis (VS) 2|17 ⑰ – 424 Ew. – Höhe 1 229 – Wintersport : 228/2 550 m ⫞ 1 ⫞5 ⚞ – ⚙ 028.

Verkehrsbüro, Dorfplatz, ℰ 44 10 85, Fax 44 33 60.

Bern 186 – ◆Brig 20 – ◆Sierre 38 – ◆Sion 53 – Zermatt 39.

🏨 **Alpenhof,** ℰ 44 14 22, Fax 44 34 22, ≼, 斎, ⊜s, ◩ – |≋| ⊡ ☎ ⫸ ❷ – 🛏 30.
   Æ E 𝑉𝐼𝑆𝐴
   15. April - 16. Mai und 4. Nov. - 18. Dez. geschl. – **Menu** 25.50 - 40/80 und à la carte
   46/87, Kinder 14 – **41 Zim** ⫥ 140/200 – ½ P Zuschl. 35.

🏨 **Walliserhof,** ℰ 44 28 28, Fax 44 28 29, ≼, 斎 – |≋| ⊡ ☎ ❷
◆ *15. Nov. - 20. Dez. und 15. - 28. April geschl.* – **Menu** 18.50 - 38 und à la carte 30/69,
   Kinder 10.50 – **15 Zim** ⫥ 70/140 – ½ P Zuschl. 25.

INTERENGSTRINGEN 8103 Zürich (ZH) 2|16 ⑱ – 2 698 Ew. – Höhe 405 – ⚙ 01.

Bern 120 – ◆Zürich 10 – ◆Aarau 42 – ◆Baden 19 – Dietikon 10 – ◆Winterthur 32.

XX ⚙ **Witschi's,** Zürcherstr. 55, ℰ 750 44 60, Fax 750 19 68, 斎, « Elegante
   Einrichtung » – ⫸. Æ ⓄⒹ E 𝑉𝐼𝑆𝐴
   Sonntag - Montag, 24. Dez. - 8. Jan. und 14. Juli - 5. Aug. geschl. – **Menu** 48 - 69
   (mittags) und à la carte 99/156
   Spez. Cappucino de lentilles vertes au blanc de poularde et truffe noire (hiver - printemps).
   Millefeuille de langoustines au jus de bouillabaisse (été - hiver). Crépinette de chevreuil
   au feuilleté de pommes (été - hiver).

INTERSIGGENTHAL 5417 Aargau (AG) 2|16 ⑥ – 5 629 Ew. – Höhe 379 – ⚙ 056.

Bern 109 – ◆Aarau 28 – ◆Baden 8 – Brugg 8 – ◆Schaffhausen 55 – Waldshut-Tiengen 19.

XX **Chämihütte,** Rooststr. 15, ℰ 288 10 35, Fax 288 10 08, ≼, 斎 – ❷. Æ ⓄⒹ E 𝑉𝐼𝑆𝐴
   Samstag mittags, Dienstag und Feb. 3 Wochen geschl. – **Menu** (Tischbestellung
   ratsam) 52 (mittags)/94 und à la carte 60/104.

INTERWASSER 9657 St. Gallen (SG) 2|16 ㉑ – Höhe 906 – Wintersport : 910/2 262 m
⫞ 1 ⫞4 ⚞ – ⚙ 074 (ab 03/96 : 071).

Verkehrsbüro, ℰ 5 19 23 (ab 03/96 : 999 19 23), Fax 5 20 85 (ab 03/96 : 999 20 85).

Bern 212 – ◆St. Gallen 51 – Altstätten 40 – Buchs 20 – Rapperswil 48.

🏠 **Iltios** ⫸, Süd : 2 km, ℰ 5 39 69 (ab 03/96 : 999 39 69), Fax 5 37 94 (ab 03/96 :
   999 37 94), ≼ Säntis, 斎, 🚗 – ☎ ❷. 𝑉𝐼𝑆𝐴
   April und Nov. geschl. – **Menu** *(nur ½ Pens. für Hotelgäste) (mittags geschl.)* – **20 Zim**
   ⫥ 75/140 – ½ P Zuschl. 20.

IRDORF 8902 Zürich (ZH) 2|16 ⑱ – 8 150 Ew. – Höhe 442 – ⚙ 01.

Bern 120 – ◆Zürich 9 – Dietikon 2.

XX **Sonne,** Birmensdorferstr. 122, ℰ 734 21 11, Fax 734 43 05, 斎 – ❷. Æ ⓄⒹ E 𝑉𝐼𝑆𝐴
   Samstag mittags, Sonn- und Feiertage und 23. Dez. - 2. Jan. geschl. – **Menu** 22 -
   57/98 und à la carte 48/111.

IRNÄSCH 9107 Appenzell Ausserrhoden (AR) 2|16 ㉑ – 2 452 Ew. – Höhe 826 – ⚙ 071.

Bern 213 – ◆St. Gallen 20 – Altstätten 26 – Rapperswil 53 – ◆Winterthur 64.

X **Sonne,** Schwägalpstrasse, ℰ 58 11 05 (ab 03/96 : 364 11 05), Fax 58 22 41 (ab 03/96 :
   364 22 41), ≼, 斎, Ehemaliger Appenzeller Bauernhof – ❷. E 𝑉𝐼𝑆𝐴
   Montag - Dienstag und im Feb. 2 Wochen geschl. – **Menu** 24.50 - 60 und à la carte
   42/100.

IRSENBACH 4937 Bern (BE) 2|16 ⑮ ⑯ – 895 Ew. – Höhe 588 – ⚙ 063.

Bern 43 – Burgdorf 20 – Langnau im Emmental 29 – ◆Olten 33 – ◆Luzern 51.

XX **Hirsernbad,** ℰ 56 32 56, Fax 56 20 93, 斎, « Behaglich - rustikales Restaurant » –
◆ ❷. Æ E 𝑉𝐼𝑆𝐴
   5. - 25. Feb. geschl. – **Menu** 18 - 67/104 und à la carte 47/92.

XX **Zum Araber,** ℰ 56 25 33, Fax 56 25 11, 斎 – ❷. E 𝑉𝐼𝑆𝐴
   Montag - Dienstag und 23. Sept. - 8. Okt. geschl. – **Menu** 48/85 und à la carte 44/92.

315

USTER 8610 Zürich (ZH) 216 ⑲ – 24 972 Ew. – Höhe 464 – ☎ 01.

in Hittnau, ⊠ 8335, (April - Nov.), ℰ 950 24 42, Fax 951 01 66, Ost : 10 km.

◆Bern 145 – ◆Zürich 25 – Rapperswil 22 – Winterthur 27.

🏨 **Ochsen,** Zentralstr. 23, ℰ 940 12 17, Fax 941 67 90, 佘 – ▤ Rest 📺 ☎ 🅿 🖭 ⦿
➡ �E VISA. ⅍
16. Juli - 6. Aug. (nur Rest.) und 24. Dez. - 2. Jan. geschl. – **Menu** *(Montag geschl.*
18 - 37 (mittags) und à la carte 36/81 – **30 Zim** ⌖ 98/165.

in Volketswil Nord : 5 km – ⊠ 8604 Volketswil – ☎ 01 :

🏨 **Wallberg,** Eichholzstr. 1, ℰ 945 52 22, Fax 945 52 25, 佘 – 📺 ☎ 🅿 – ⚔ 25/15
🖭 ⦿ �E VISA
24. - 26. Dez. geschl. – **Menu** *25 - 42/75 und à la carte 36/103 –* ⌖ 16.50 – **17 Zi**
140/220.

%% **Zur Alten Post,** ℰ 945 41 39, Fax 945 41 37, 佘 – 🅿 🖭 ⦿ �E VISA. ⅍
Samstag - Sonntag und 15. Juli - 15. Aug. geschl. – **Menu** *42 - 60/115 und à la car*
70/122.

in Wermatswil Ost : 3 km – ⊠ 8615 Wermatswil – ☎ 01 :

%% **Puurehuus** ⅏ mit Zim, ℰ 941 66 33, Fax 941 66 40 – ⧈ 📺 ☎ ♿ 🅿 – ⚔ 25/4
➡ 🖭 �E VISA. ⅍ Rest
Menu *17.50 - 36 (mittags)/53 und à la carte 42/87, Kinder 10.50 –* **8 Zi**
⌖ 125/195.

UTTWIL 859- ─au (TG) 216 ⑩ – 1 157 Ew. – Höhe 406 – ☎ 071.

◆Bern 208 – ◆St. Gallen 23 – Bregenz 41 – Konstanz 18.

%% **Frohsinn,** Romanshornerstr. 3, ℰ 63 44 84 (ab 03/96 : 463 44 84), Fax 63 44 81 (a
03/96 : 463 44 81), « Haus aus dem 18. Jh. » – 🅿 �E VISA
Dienstag - Mittwoch, 20. Jan. - 15. Feb. und 23. Juli - 7. Aug. geschl. – **Menu** *(a*
Wochenenden Tischbestellung ratsam) à la carte 43/97.

UTZENSTORF 3427 Bern (BE) 216 ⑮ – 3 442 Ew. – Höhe 474 – ☎ 065.
Sehenswert : Schloss Landshut★.

◆Bern 26 – ◆Biel 35 – Burgdorf 12 – ◆Olten 47 – ◆Solothurn 13.

%% **Bären,** ℰ 45 44 22, Fax 45 29 69, 佘 – 🅿 🖭 �E VISA
Montag - Dienstag, 15. Jan. - 4. Feb. und 15. Juli - 4. Aug. geschl. – **Menu** *17.5*
39 (mittags)/90 und à la carte 45/100.

UVRIER Valais 217 ⑯ – rattaché à Sion.

VACALLO 6833 Ticino (TI) 219 ⑧ – 2 918 ab. – alt. 375 – ☎ 091.

◆Bern 299 – ◆Lugano 27 – ◆Bellinzona 55 – Como 9.

%%% **Conca Bella** con cam, ℰ 683 74 74, Fax 683 74 29, 佘 – 📺 ☎ ⇦. 🖭 �E VISA J⊂
⅍
chiuso dal 30 luglio al 20 agosto – **Pasto** *(chiuso domenica sera e lunedì) (cope*
limitati - prenotare) 28 - 38 (mezzogiorno)/92 ed à la carte 74/105 – **9 cam** ⌖ 105/19
– ½ P sup. 28.

VADUZ Fürstentum Liechtenstein 216 ㉒ – siehe Seite 357.

VALBELLA Graubünden 218 ④ – siehe Lenzerheide.

VALENS St. Gallen 218 ④ – siehe Ragaz, Bad.

VALLAMAND-DESSOUS 1586 Vaud (VD) 217 ⑤ – 228 h. – alt. 438 – ☎ 037.
◆Bern 40 – ◆Neuchâtel 24 – ◆Biel/Bienne 41 – ◆Lausanne 65 – ◆Yverdon-les-Bains 38.

% **du Lac,** ℰ 77 13 15, Fax 77 34 15, 佘, 斧 – 🅿 �E VISA
➡ *fermé 1er fév. au 7 mars, mardi soir (sauf du 9 juil. au 20 août) et merc. –* **Rep**
54/74 et à la carte 43/85 – **Brasserie : Repas** *15 et à la carte 34/61, enf. 14*

Kur- und Verkehrsverein, ✆ 935 12 42, Fax 935 12 42.

ern 250 – ◆Chur 55 – Andermatt 78 – ◆Davos 106.

Rovanada ﹩, ✆ 935 13 03, Fax 935 17 35, ≤ Berge, 🏤, ≘s, 🔄, ※ – 📺 ☎ 🅿.
🖭 🅴 **VISA**. ❀ Rest
24. Dez. - 7. April und 8. Juni - 14. Okt. – **Menu** 49 (abends) und à la carte 36/76,
Kinder 12 – **26 Zim** ⊑ 91/190 – ½ P Zuschl. 32.

ANDOEUVRES Genève 217 ⑪ – rattaché à Genève.

Die Preise   Einzelheiten über die in diesem Führer angegebenen Preise
finden Sie in der Einleitung.

AULION 1325 Vaud (VD) 217 ② – 446 h. – alt. 939 – ✆ 021.

ern 108 – ◆Lausanne 40 – Champagnole 77 – Pontarlier 46 – ◆Yverdon-les-Bains 29.

X du Nord, ✆ 843 28 16, Fax 843 28 16, 🏤 – 🅿. 🅴 **VISA**
fermé 24 juin au 2 août, mardi et merc. – **Repas** 20 - 40/110 et à la carte 49/80.

ENDLINCOURT 2943 Jura (JU) 216 ② ③ – 583 h. – alt. 448 – ✆ 066.

ern 101 – ◆Delémont 33 – ◆Basel 48 – Belfort 38 – ◆Biel 66.

X Le Lion d'Or avec ch, ✆ 74 47 02, Fax 74 47 03, 🏤 – 📺 ☎ 🅿. ⓘ 🅴 **VISA**
fermé 15 au 30 janv. – **Repas** (fermé lundi) 16.50 - 50/80 et à la carte 40/93 – **9 ch**
⊑ 70/120 – ½ P suppl. 25.

ERBIER 1936 Valais (VS) 219 ② – 2 163 h. – alt. 1 500 – Sports d'hiver : 1 406/3 330 m
13 ⚡36 ⚡ – ✆ 026.

oir : Site★★ – Mont Gelé★★ par téléphérique - BZ – Mont Fort★★.

(juin - nov.) ✆ 35 21 41, Fax 35 21 22 - BY.

anifestation locale
.07 - 04.08 : Verbier Festival et Academy (concerts classiques).

Office du Tourisme, ✆ 31 62 22, Fax 31 32 72.

ern 146 ① ◆Martigny 19 ① – ◆Lausanne 88 ① – ◆Sion 49 ①.

Plan page suivante

Rosalp Ⓜ, ✆ 31 63 23, Fax 31 10 59, ≤, 🏤, 🍴, ≘s – 🔯 📺 ☎ ⟵⟶ 🅿. 🖭 ⓘ 🅴
VISA   BZ **s**
début déc. - fin avril et début juil. - fin sept. – **Repas** (voir aussi rest. **Roland Pierroz**
ci-après) - **La Pinte : Repas** à la carte 51/94 – **18 ch** ⊑ 215/430, 3 suites – ½ P suppl. 70.

Montpelier Ⓜ ﹩, ✆ 31 61 31, Fax 31 46 89, ≤, 🏤, 🍴, ≘s – 🔯 📺 ☎ ⟵⟶ 🅿 –
🏋 25/50. 🖭 ⓘ 🅴 **VISA**   AZ **a**
16 déc. - 19 avril et 21 juin - 30 sept. – **Repas** (fermé le midi en hiver) 55/110 et
à la carte 57/103 – **40 ch** ⊑ 290/480, 10 suites – ½ P suppl. 30.

Les 4 Vallées Ⓜ ﹩ sans rest, ✆ 31 60 66, Fax 31 67 72, ≤, ≘s – 🔯 📺 ☎ ⟵⟶ 🅿.
🖭 ⓘ 🅴 **VISA**. ❀   BZ **q**
1er déc. - 30 avril et 1er juil. - 30 août – **20 ch** ⊑ 200/315.

Les Rois Mages Ⓜ ﹩ sans rest, ✆ 31 63 64, Fax 31 33 19, ≤, ≘s – 🔯 📺 ☎
⟵⟶ 🅿. 🖭 🅴 **VISA**   BY **v**
1er déc. - 15 avril et 1er juil. - 30 sept. – **16 ch** ⊑ 205/299.

Grand-Combin et Golf, ✆ 31 65 15, Fax 31 14 88, 🍴, ≘s, 🐎 – 🔯 📺 ☎ 🅿. 🖭
🅴 **VISA**. ❀   AZ **e**
déc. - avril et juil. - sept. – **Repas** (½ pens. seul.) (fermé le midi en hiver) – **30 ch**
⊑ 200/300 – ½ P suppl. 30.

Verluisant ﹩, ✆ 31 63 03, Fax 31 46 74, ≤ station et montagnes, 🏤, 🐎 – 🔯 📺
☎ 🅿. 🖭 ⓘ 🅴 **VISA**. ❀ ch   AY **z**
fermé 15 avril au 15 juin – **Repas** (fermé merc. de sept. à nov.) 18 - 69/105 et à la
carte 54/88 – **30 ch** ⊑ 135/270 – ½ P suppl. 55.

Rhodania, ✆ 31 61 21, Fax 31 52 54 – 🔯 📺 ☎ 🅿. 🖭 ⓘ 🅴 **VISA** **JCB**.
❀ rest   BZ **f**
3 déc. - 12 avril et 9 juin - 27 sept. – **Repas** 18 et à la carte 32/67 – **44 ch** ⊑ 160/286
– ½ P suppl. 22.

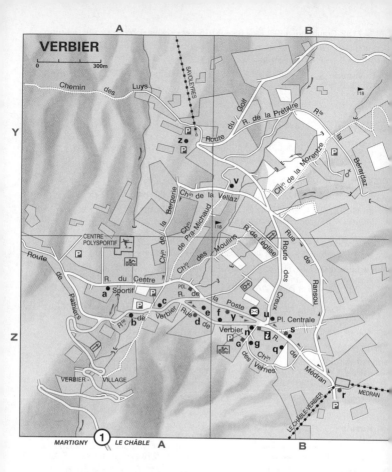

VERBIER

Chemin des Luys

SAVOLEYRES

Route du Golf

R. de la Prétaire

Chⁱⁿ de la Morenze

Bérardaz

Chⁱⁿ de la Vellaz

CENTRE POLYSPORTIF

Chⁱⁿ de la Bergerie

Chⁱⁿ de Pra-Michaud

Chⁱⁿ des Moulins

R. de l'église

Rue de l'Hôtel de Ville

Route des Creux

Ransou

Route de Patheirs

R. du Centre

Sportif

POL.

R. de la Poste

Pl. Centrale

R^{te} de Verbier

Rue de Verbier

Verbier

Chⁱⁿ de Médran

Chⁱⁿ des Vernes

VERBIER - VILLAGE

MÉDRAN

LE CHÂBLE-VERBIER

MARTIGNY — ① — LE CHÂBLE   A

🏨 **Le Mazot** ⚘, ℰ 31 64 04, Fax 31 64 05, ⇌ – |韋| 📺 video ☎ ℗. 🆎 ⓪ 🄴 *VISA*. ⚘
déc. - avril et juil. - août – **Repas** *(fermé en été et le midi)* 42/52 et à la carte 39/7
– **29 ch** � 245/360.   BZ

🏨 **Catogne**, ℰ 31 65 05, Fax 31 52 05, ≤, �, 🌬 – |韋| ☎ ℗. 🆎 ⓪ 🄴 *VISA*   AZ
→ **Repas** 15 et à la carte 36/64 – **24 ch** ⊆ 130/280 – ½ P suppl. 25.

🏨 **Au Vieux Valais,** ℰ 35 35 20, Fax 35 35 35, ≤, � – 📺 ☎ ℗. 🆎 ⓪ 🄴 *VISA* 🄹🄲
→ ⚘ ch   AZ
mi-nov. - 30 avril et 1er juil. - 30 sept. – **Repas** *(fermé dim. en été)* 20 - 38 et à la car
41/71, enf. 14 – **10 ch** ⊆ 130/230 – ½ P suppl. 40.

🏨 **Ermitage** sans rest, ℰ 31 64 77, Fax 31 52 64 – |韋| 📺 ☎ ℗. 🆎 ⓪ 🄴 *VISA*   BZ
fermé fin avril à mi-juil. – **25 ch** ⊆ 115/250.

🏨 **La Rotonde** sans rest, ℰ 31 65 25, Fax 31 33 31 – |韋| 📺 ☎ ℗. 🄴 *VISA*   BZ
mi-nov. - fin avril et début juil. - mi-sept. – **30 ch** ⊆ 120/240.

XXX ✿ **Roland Pierroz** - Hôtel Rosalp, ℰ 31 63 23, Fax 31 10 59, �, « Élégan
atmosphère » – ℗. 🆎 ⓪ 🄴 *VISA*   BZ
début déc. - fin avril et début juil. - fin sept. – **Repas** *(prévenir)* 125/175 et à la car
102/152
Spéc. Truite du lac Léman en peau croustillante aux truffes et poireaux (été). Risotto au
langoustines et fruits de mer (été). Sauté de selle de chevreuil aux cèpes et girolle
(automne).

318

✗ **Le Parc** avec ch, ✆ 35 20 10, Fax 35 20 34, 🏵, TV ☎. AE ⓓ E VISA. ✂ ch BZ **y**
fermé 1er mai au 15 juin – **Repas** *(fermé mardi et merc. du 15 juin au 15 juil. et du 1er sept. au 15 déc.) 26* - 49 (midi) et à la carte 57/83 – **17 ch** ☕ 160/290 – ½ P suppl. 35.

✗ **La Grange,** ✆ 31 64 31, Fax 31 15 57, 🏵 – Ⓟ. AE ⓓ E VISA. ✂ AZ **d**
fermé juin et lundi - mardi hors saison – **Repas** *17* - 52 (midi) et à la carte 51/100.

✗ **L'Écurie,** ✆ 31 27 60 – AE ⓓ E VISA BZ **n**
fermé mi-juin à mi-juil., nov., lundi soir hors saison et mardi – **Repas** *18* et à la carte 34/83.

✗ **Au Vieux Verbier,** ✆ 31 16 68, Fax 31 78 88, 🏵 – AE ⓓ E VISA BZ **r**
fermé 30 avril au 15 juil. et lundi sauf en hiver – **Repas** *18* et à la carte 49/89, enf. 12.

ERCORIN **3967** Valais (VS) 217 ⑯ – alt. 1 341 – Sports d'hiver : 1 341/2 374 m 🚡2 ⛷7
✆ 027.

Office du Tourisme, ✆ 55 26 81, Fax 55 87 20.

ern 178 – ♦Brig 54 – ♦Martigny 55 – ♦Sierre 16 – ♦Sion 25.

Victoria 🐌, ✆ 55 40 55, Fax 55 40 57, ≤, 🏵, 🪑 – TV ☎ Ⓟ. AE ⓓ E VISA
21 déc. - 13 avril et 23 juin - 15 oct. – **Repas** *(fermé le midi en hiver) 20* - 43/73 et à la carte 52/82 – **13 ch** ☕ 95/180 – ½ P suppl. 35.

ERMALA Valais 217 ⑯ – rattaché à Crans-Montana.

ERMES **2829** Jura (JU) 216 ⑮ – 347 h. – alt. 568 – ✆ 066.

ern 103 – ♦Delémont 10 – ♦Basel 54 – ♦Olten 70 – ♦Solothurn 72.

Aub. de la Gabiare, ✆ 38 87 77, Fax 38 88 67, 🏵, « cadre rustique » – ☎. E VISA. ✂
Repas *(fermé jeudi midi et merc.) 18* et à la carte 39/81 – ☕ 9 – **9 ch** 40/120 – ½ P suppl. 18.

ERS-CHEZ-LES-BLANC Vaud (VD) 217 ③ – ✉ 1000 Lausanne 26 – ✆ 021.

ern 89 – ♦Lausanne 10 – ♦Montreux 34.

Les Chevreuils 🐌, 80 rte du Jorat, ✆ 784 20 21, Fax 784 15 45, ≤, 🏵, 🪑 – TV ☎ 🏃 Ⓟ. AE ⓓ E VISA
fermé dim. soir et lundi (sauf hôtel) et 18 déc. au 7 janv. – ***Jardin Gourmand :*** **Repas** *25* - 38 (midi)/74 et à la carte 57/96 – ***Café Mijoté :*** **Repas** *19* - 31 et à la carte 35/65 – **30 ch** ☕ 115/195 – ½ P suppl. 35.

ERS-CHEZ-PERRIN Vaud 217 ④ – rattaché à Payerne.

ÉSENAZ Genève 217 ⑪ – rattaché à Genève.

ESSY Genève – rattaché à Genève.

EVEY **1800** Vaud (VD) 217 ⑭ – 15 371 h. – alt. 400 – ✆ 021.

oir : Site★ – Église St-Martin : vue★ B.

virons : Le Mont-Pèlerin ★★ par rte de Châtel-Saint-Denis.

anifestations locales
.07 - 31.07 (samedi matin) : Marchés folkloriques
.07 - 28.07 : Festival international du film de comédie
.07 - 28.07 : à La Tour-de-Peilz, Régate de vieux bateaux.

Office du Tourisme, 29 Grande-Place, ✆ 922 20 20, Fax 922 20 24.

ern 85 ② – ♦Montreux 7 ③ – ♦Lausanne 16 ① – ♦Yverdon-les-Bains 53 ①.

Plan page suivante

Trois Couronnes, 49 r. d'Italie, ✆ 921 30 05, Fax 922 72 80, ≤, 🏵, « Agréable terrasse face au lac » – 🛗 TV ☎ Ⓟ – 🏛 25/100. AE ⓓ E VISA B **s**
Repas *30* - 35/75 et à la carte 50/89 – **63 ch** ☕ 270/450, 7 suites – ½ P suppl. 50.

du Lac, 1 r. d'Italie, ✆ 921 10 41, Fax 921 75 08, ≤, 🏵, 🏊, 🪑 – 🛗 TV ☎ Ⓟ – 🏛 25/100. AE ⓓ E VISA JCB. ✂ rest B **v**
Repas *36* - 44/60 et à la carte 46/94, enf. 12 – ☕ 10 – **55 ch** 200/325 – ½ P suppl. 40.

Pavillon et Résidence Ⓜ, 4 pl. de la Gare, ✆ 923 61 61, Fax 921 14 77, 🏵, « Brasserie Belle Époque » – 🛗 ⚡ TV ☎ 🚗 Ⓟ – 🏛 60. AE ⓓ E VISA A **n**
Repas *24* - 45 et à la carte 36/71 – **54 ch** ☕ 200/300.

Centre (R. du) .... B
Conseil (R. du) .... A 9
Deux-Marchés (R. des) .... AB 13
Lac (R. du) .... AB
Simplon (R. du) .... AB

Anciens-Fossés
  (Ruelle des) .... A 3
Châtel St-Denis (Rte de).. A 4
Collet (R.) .... B 6
Communaux (R. des) ..... B 7
Crosets (Av. des) .... B 10
Crottaz (Rte de la) ...... A 12
Entrepôts (Rte des) ...... A 15

Espérance (Ch. de l') ..... B
Gare (Av. de la) .... A
Gare (Pl. de la) .... A
Hôtel-de-Ville (R. de) ..... B
Panorama (R. du) .... B
Paul Cérésole (Av.) ...... A
Ste-Claire (R.) .... B
Théâtre (R. du) .... A

🏛 **de Famille,** 20 r. des Communaux, ✆ 921 39 31, Fax 921 43 47, 🍽, 🔄, 🖼 – 📶 📱
→ ☎ 🅿 – 🔬 25/70. 🆎 ⓪ 🇪 𝘝𝘐𝘚𝘈, 🍽 rest
A
Repas 16 - 28 et à la carte 32/69 – **53 ch** 🛏 120/220 – ½ P suppl. 25.

🍴🍴 **du Raisin,** 3 pl. du Marché, ✆ 921 10 28, 🍽. 🆎 🇪 𝘝𝘐𝘚𝘈 ᴊᴄʙ
A
fermé 13 au 20 oct., dim. soir et lundi d'oct. à mars – **Repas** 22 - 32/139 et à la carte
49/84.

🍴🍴 **Taverne du Château,** 43 r. d'Italie, ✆ 921 12 10, Fax 921 45 52, 🍽 – 🆎 🇪 𝘝𝘐𝘚𝘈
→ *fermé Noël, 10 au 27 fév., dim. soir de nov. à mars et lundi* – **Repas** 16 - 55/72 •
à la carte 46/92.
B

à Saint-Légier Est : 5 km – ✉ 1806 Saint-Légier – 🕓 021 :

🍴🍴 **Le Petit,** rte des Deux Villages, ✆ 943 11 85, 🍽 – 🇪
fermé 22 juil. au 12 août, dim. et lundi – **Repas** 85 et à la carte 68/96.

🍴 **Auberge Communale** avec ch, 78 rte des Deux Villages, ✆ 943 11 77, 🍽 – 📺 🄵
🇪 𝘝𝘐𝘚𝘈. 🍽 rest
fermé 15 déc. au 15 janv., dim. soir et lundi – **Repas** 28 - 65/88 et à la carte 38/8
– **6 ch** 🛏 80/140 – ½ P suppl. 25.

à Blonay Est : 6 km – ⌧ 1807 Blonay – 🕾 021 :

🏛 **Bahyse,** 𝄞 943 13 22, Fax 943 48 10, 🍴, 🚗 – 📺 📵 P. 🆎 ⓪ 🛢 *VISA*
fermé 20 déc. au 20 janv. – **Repas** 16 - 42/55 et à la carte 37/84 – **15 ch** ⌕ 90/150
– ½ P suppl. 40.

à Saint-Saphorin par ① : 4 km – ⌧ 1813 Saint-Saphorin – 🕾 021 :

XX **Aub. de l'Onde,** 𝄞 921 30 83, Fax 922 16 92, cadre rustique – 🆎 🛢 *VISA*
fermé mi-juil. à mi-août – **Repas** 53/86 et à la carte 44/116, enf. 15.

à Corseaux Nord-Ouest : 3 km – ⌧ 1802 Corseaux – 🕾 021 :

🏛 **Hôtellerie de Châtonneyre,** 𝄞 921 47 81, Fax 921 62 80, 🍴 – 📳 📺 ☎ P –
🛎 25/200. 🆎 🛢 *VISA*
fermé fév. – **Repas** 30 - 60/125 et à la carte 63/84 – **12 ch** ⌕ 105/150 – ½ P suppl.
50.

XX **La Terrasse,** 8 chemin du Basset, 𝄞 921 31 88, 🍴 – 🛢 *VISA*
fermé 23 déc. à fin janv., dim. et lundi – **Repas** 16 - 24/83 et à la carte 40/93.

à Chardonne par ② : 5 km – ⌧ 1803 Chardonne – 🕾 021 :

XX **A la Montagne,** 𝄞 921 29 30, 🍴 – P. 🆎 🛢 *VISA*
fermé 18 déc. au 11 janv., 14 au 24 oct., mardi et merc. – **Repas** 16 - 69 et à la carte
38/107.

VEX Valais 217 ⑯ – rattaché à Sion.

VEYRAS Valais 217 ⑯ – rattaché à Sierre.

VEYRIER Genève 217 ⑪ – rattaché à Genève.

VEYSONNAZ 1993 Valais (VS) 217 ⑮ – 474 h. – alt. 1 233 – Sports d'hiver : 1 235/3 300 m
🚡2 🚠8 🎿 – 🕾 027.
Office du Tourisme, 𝄞 27 10 53, Fax 27 14 09.
Bern 166 – ◆Martigny 43 – ◆Montreux 82 – ◆Sion 13.

🏨 **Chalet Royal** 🅼 🏖, 𝄞 28 56 44, Fax 28 56 00, ≤ vallée du Rhône et montagnes,
🍴 – 📳 📺 ☎ 🚻, 🍽, 🆎 ⓪ 🛢 *VISA* 🛎
Repas 16 - 40 et à la carte 50/74, enf. 14 – **56 ch** ⌕ 105/210 – ½ P suppl. 30.

VEYTAUX Vaud 217 ⑭ – voir à Montreux.

VEZIA Ticino 219 ⑧ – vedere Lugano.

VICH 1267 Vaud (VD) 217 ⑫ – 635 h. – alt. 458 – 🕾 022.
Bern 142 – ◆Genève 40 – ◆Lausanne 38 – ◆Nyon 6.

XX **Le Canard Bleu,** rte de L'Etraz, 𝄞 364 19 26, 🍴 – P. 🛢 *VISA*
fermé Noël, Nouvel An et dim. – **Repas** 18 - 42 et à la carte 52/85.

VICO-MORCOTE Ticino 219 ⑧ – vedere Morcote.

VICQUES 2824 (Jura) (JU) 216 ⑭ – 1 403 h. – alt. 453 – 🕾 066.
Bern 100 – ◆Delémont 5 – ◆Basel 49 – ◆Olten 67 – ◆Solothurn 70.

X **Le Bambou,** 𝄞 35 65 63, Fax 35 65 63 – 🆎 ⓪ 🛢 *VISA* 🃏
fermé août et mardi – **Repas** - cuisine chinoise - 14 - 26 (midi)/65 et à la carte 37/68.

VIÈGE Valais 217 ⑰ – voir à Visp.

VILLARD-SUR-CHAMBY Vaud 217 ⑭ – rattaché à Montreux.

VILLAREPOS 1583 Fribourg (FR) 217 ⑤ – 431 h. – alt. 498 – 🕾 037.
Bern 44 – ◆Neuchâtel 41 – ◆Biel 47 – ◆Fribourg 18 – Murten 13.

XX **Aub. de la Croix Blanche** 🅼 🏖 avec ch, 𝄞 75 30 75, Fax 76 10 30, 🍴 – 🍽 rest
📺 ☎ P – 🛎 60. 🆎 🛢 *VISA* 🛎 rest
fermé 13 fév. au 5 mars – **Repas** *(fermé lundi et mardi)* 13.50 - 49 (midi)/98 et à la
carte 57/100 – **5 ch** ⌕ 90/145 – ½ P suppl. 35.

VILLARS-SUR-OLLON 1884 Vaud (VD) 🔢🔢🔢 ⑭ ⑮ – 3 263 h. – alt. 1 253 – Sports d'hive
1 253/2 217 m ⚡2 ⚡23 ⚡ – ⊙ 025.

Voir : Site★★.

Environs : Les Chaux★ Sud-Est : 8 km – Refuge de Solalex★ Sud-Est : 9 km – Pont de Nan
Sud : 22 km.

🎿 (juin - oct.) ℰ 35 42 14, Fax 37 18 40, (par rte du Col de la Croix : 8 km).

🅱 Office du Tourisme, ℰ 35 32 32, Fax 35 27 94.

◆Bern 115 – ◆Montreux 31 – ◆Martigny 37 – ◆Sion 63.

🏨🏨🏨 **Grand Hôtel du Parc** 🔆, ℰ 35 21 21, Fax 35 33 63, ≤, 🌫, « Parc », 🎱, ≦ₛ, 🗆
🍴 – 🛗 📺 ☎ 🅿 – 🔬 25/50. 🆎 🗉 🆅🆂🅰 🎴. 🍴 rest
20 déc. - 8 avril et 15 juin - 29 sept. – **Le Mazarin :** Repas 47 (midi)/100 et à la car
60/127 – **La Taverne** - fondue et raclette - (fermé merc. hors saison et le midi) Rep
à la carte 47/87 – **53 ch** ⊑ 260/470, 8 suites – ½ P suppl. 55.

🏨🏨 **Bristol,** ℰ 36 11 36, Fax 35 10 36, ≤, 🌫, 🎱, ≦ₛ, 🗆, 🌳 – 🛗 📺 ☎ ⇦ 🅿
🔬 25/50. 🆎 ⊙ 🗉 🆅🆂🅰
fermé 2 au 21 déc. et lundi (sauf hôtel) d' avril à déc. – **L'Arc-en-Ciel :** Repas 48/
et à la carte 49/84 – **Le Chalet :** Repas 19 et à la carte 40/80 – **106 ch** ⊑ 240/37
6 suites – ½ P suppl. 45.

🏨🏨 **du Golf,** ℰ 35 24 77, Fax 35 39 78, ≤, 🌫, 🌳, 🍴 – 🛗 📺 ☎ 🕭 ⇦ 🅿 – 🔬 3
🆎 ⊙ 🗉 🆅🆂🅰. 🍴 rest
16 déc. - 14 avril et 25 mai - 15 oct. – **Au Feu de Bois** (fermé le midi en hiver, lun
et mardi hors saison) Repas 20 - 45 et à la carte 38/87 – **Au Coin du Feu** – fondu
et raclette - (ouvert le soir du 15 déc. au 15 avril) (fermé lundi - mardi sauf Noël
Nouvel An et 15 fév. au 15 mars) Repas 40 et à la carte 34/61 – **70 ch** ⊑ 145/28
– ½ P suppl. 25.

🏨🏨 **Eurotel,** ℰ 35 31 31, Fax 35 39 53, ≤, 🌫, ≦ₛ, 🗆 – 🛗 📺 ☎ ⇦ 🅿 – 🔬 25/12
🆎 ⊙ 🗉 🆅🆂🅰. 🍴 rest
fermé 15 oct. au 18 déc. – **Le Peppino** - cuisine italienne - **Repas** à la carte 31/7
enf. 9 – **166 ch** ⊑ 162/304 – ½ P suppl. 18.

🏨 **La Renardière** 🔆, ℰ 35 25 92, Fax 35 39 15, 🌫, 🌳 – 🛗 📺 ☎ 🅿. 🆎 ⊙ 🗉 🆅🆂
🍴 rest
23 déc. - 13 avril et 25 mai - 29 sept. – **Repas** 19 - 45 et à la carte 38/86, enf. 1
– **20 ch** ⊑ 105/190, 4 suites – ½ P suppl. 34.

🏨 **Ecureuil,** ℰ 35 27 95, Fax 35 42 05, 🌫, 🌳 – 🛗 📺 ☎ 🅿. 🗉 🆅🆂🅰
hôtel : 16 déc. - 14 avril et 2 juin - 30 oct. ; rest. : 20 déc. - 14 avril et 16 juin - 15 oc
– **Repas** (fermé mardi) 19.50 et à la carte 36/85, enf. 17 – **27 ch** ⊑ 148/242
½ P suppl. 30.

🍴 **Mon Repos,** à Arveyes, Sud : 1 km, ℰ 35 23 04, ≤, 🌫, 🌳 – 🗉 🆅🆂🅰
fermé 3 sem. début mai, 3 sem. fin nov. et merc. hors saison – **Repas** 34 (midi)/7
et à la carte 55/117, enf. 14.50.

à **Plambuit** Nord : 6 km par rte des Ecovets – ⊠ 1858 Panex – ⊙ 025 :

🍴 **Plambuit,** ℰ 39 13 56, 🌫 – 🅿. 🗉 🆅🆂🅰
fermé 7 janv. au 9 fév., dim soir et lundi – **Repas** (nombre de couverts limité - préveni
15.50 et à la carte 39/78, enf. 12.

à **Solalex** Sud-Ouest : 8 km – alt. 1 461 – ⊠ 1882 Gryon – ⊙ 025 :

🍴 **Miroir d'Argentine,** ℰ 68 14 46, ≤, 🌫 – 🅿
fermé de nov. à avril, lundi - mardi en mai, juin, sept., oct. et dim. soir - lun
en juil. - août – **Repas** (nombre de couverts limité - prévenir) 23 et à la car
42/74.

VILLENEUVE 1844 Vaud (VD) 🔢🔢🔢 ⑭ – 3 908 h. – alt. 375 – ⊙ 021.

◆Bern 94 – ◆Montreux 5 – Aigle 11 – ◆Lausanne 32 – ◆Sion 63.

🏨🏨 **Les Marines** Ⓜ sans rest., ℰ 960 39 06, Fax 960 39 34, ≤, 🌫 – 🛗 📺 ☎ 🅿
🔬 25/100. 🆎 ⊙ 🗉 🆅🆂🅰
avril - oct. – **23 ch** ⊑ 160/350.

IRA-GAMBAROGNO 6574 Ticino (TI) 219 ⑧ – 643 ab. – alt. 209 – ✪ 091.

Ente Turistico, ✆ 795 18 66, Fax 795 33 40.

ern 262 – ◆Lugano 36 – ◆Bellinzona 18 – ◆Locarno 13.

🏨 **Viralago,** ✆ 795 61 19, Fax 795 27 91, ≤ lago, �, 🛋, ⇔, 🔲, 🦀 – 🛗 📺 ☎ ⚊
◆ 🅿 – 🔏 40. 🆎 ⓞ 🖪 E 𝘝𝘐𝘚𝘈
10 marzo - 17 novembre – **Pasto** 20 - 27 (sera) ed à la carte 31/80, bambini 6.50 –
55 cam ⊡ 98/240 – ½ P sup. 27.

🏨 **Touring-Bellavista,** Sud : 1 km, ✆ 795 11 15, Fax 795 25 18, ≤ lago e monti, « Parco
e terrazza con 🛋 » – 🛗 📺 ☎ 🅿. ⓞ E 𝘝𝘐𝘚𝘈. 🗮 rist
14 marzo - 10 novembre – **Pasto** 38 (sera) ed à la carte 44/65, bambini 16 – **62 cam**
⊡ 125/230 – ½ P sup. 27.

⁂ **Rodolfo,** ✆ 795 15 82, Fax 795 27 72, 🌞 – 🆎 ⓞ E 𝘝𝘐𝘚𝘈. 🗮
chiuso domenica sera, lunedì e dal 15 febbraio al 15 marzo – **Pasto** 42/85 ed à la
carte 54/92.

ISP (VIÈGE) 3930 Wallis (VS) 217 ⑰ – 6 133 Ew. – Höhe 651 – ✪ 028.

Verkehrsverein, ✆ 46 61 61, Fax 46 23 53.

ern 176 – ◆Brig 9 – Saas Fee 25 – ◆Sierre 29 – ◆Sion 44.

🏨 **Mont Cervin** 🅼 garni, Bahnhofstr. 2, ✆ 46 34 91, Fax 46 10 36 – 🛗 📺 ☎ 🅿. E 𝘝𝘐𝘚𝘈.
🗮
20 Zim ⊡ 75/160.

✗ **La Galerie,** Im Bahnhofbuffet, ✆ 46 23 06, Fax 46 27 18 – 🆎 E 𝘝𝘐𝘚𝘈
◆ **Menu** 20 - 30/60 und à la carte 42/79.

in Visperterminen Süd-Ost : 10 km – Höhe 1 340 – ✉ 3932 Visperterminen – ✪ 028 :

✿ **Rothorn** 🌊, ✆ 46 30 23, Fax 46 76 48, ≤, 🌞 – ☎. 🆎 ⓞ E 𝘝𝘐𝘚𝘈
◆ *Nov. geschl.* – **Menu** 18 und à la carte 29/60 – **21 Zim** ⊡ 70/114 – ½ P Zuschl. 20.

ISPERTERMINEN Wallis 217 ⑰ – siehe Visp.

ISSOIE 3961 Valais (VS) 217 ⑯ – 436 h. – alt. 1 204 – ✪ 027.

Office du Tourisme, ✆ 05 13 30, Fax 65 20 82.

ern 183 – ◆Brig 47 – ◆Martigny 60 – ◆Montreux 99 – ◆Sion 30.

⁂⁂ **Manoir de la Poste** avec ch, ✆ 65 12 20, Fax 65 40 03, 🌞 – 📺 ☎ 🅿. E 𝘝𝘐𝘚𝘈.
◆ 🗮
fermé juin et mi-nov. à mi-déc. – **Repas** 18 - 34/74 et à la carte 36/88, enf. 12 – **8 ch**
⊡ 81/130 – ½ P suppl. 22.

ITZNAU 6354 Luzern (LU) 217 ⑨ ⑩ – 1 079 Ew. – Höhe 440 – ✪ 041.

usflugsziel : Rigi-Kulm★★★ mit Zahnradbahn.

Verkehrsbüro, ✆ 398 00 35, Fax 398 00 33.

ern 147 – ◆Luzern 27 – Cham 25 – ◆Schwyz 18.

🏨 **Park Hotel Vitznau,** ✆ 397 01 01, Fax 397 01 10, ≤ Vierwaldstättersee, 🌞,
« Angenehme Lage am See », 🛋, ⇔, 🛋, 🔲, 🦀, 🦀, ✗, 🔆 – 🛗 🍽 Rest 📺 ☎
⚊ 🅿 – 🔏 25/100. 🆎 E 𝘝𝘐𝘚𝘈 🃏. 🗮 Rest
20. April - 20. Okt. – **Menu** 34 - 49 (mittags)/89 und à la carte 58/123 – **93 Zim**
⊡ 330/660, 7 Suiten – ½ P Zuschl. 70.

VOGELSANG Luzern (LU) 216 ⑰ – ✉ 6205 Eich – ✪ 041.

ern 103 – ◆Luzern 19 – ◆Olten 45 – Sursee 15.

⁂⁂ **Vogelsang** 🌊 mit Zim, ✆ 462 66 66, Fax 462 66 65, 🌞, « Terrasse ≤ Suhrtal,
Sempachersee und Berge », 🦀 – 🛗 📺 ☎ 🅿 – 🔏 30. 🆎 ⓞ E 𝘝𝘐𝘚𝘈.
🗮 Zim
im Feb. 3 Wochen geschl. – **Menu** 30 - 90 und à la carte 44/100, Kinder 12 – **11 Zim**
⊡ 120/190 – ½ P Zuschl. 40.

VOLKETSWIL Zürich 216 ⑲ – siehe Uster.

VOUVRY 1896 Valais (VS) 217 ⑭ – 2 582 h. – alt. 381 – 🌐 025.

◆Bern 100 – ◆Montreux 13 – Aigle 11 – Évian-les-Bains 26 – Monthey 12.

XXX 🌐 **Aub. de Vouvry** (Braendle) avec ch, pl. de l'Auberge, 𝒫 81 11 07, Fax 81 17 8
🍽 – 📺 ☎ 🅿. 🖃 𝘝𝘐𝘚𝘈
fermé 22 déc. au 18 janv., dim. soir et lundi – **Repas** 52/140 et à la carte 75/1
– **15 ch** ⊃ 70/140
Spéc. Les trois purées en soupe froide (été). Filet de rouget au safran et moules pané
(hiver). Selle de chevreuil Grand Veneur (automne).

VUFFLENS-LE-CHÂTEAU 1134 Vaud (VD) 217 ② – 554 h. – alt. 471 – 🌐 021.

◆Bern 119 – ◆Lausanne 13 – ◆Morges 2.

XXXX 🌐🌐 **L'Ermitage** (Ravet) ⌂ avec ch, 𝒫 802 21 91, Fax 802 22 40, 🍽, « Bel
demeure dans un jardin avec pièce d'eau » – 📺 ☎ 🅿. ① 🖃 𝘝𝘐𝘚𝘈
fermé 23 déc. au 12 janv., 29 juil. au 22 août, dim. et lundi – **Repas** 78 (midi)/1
et à la carte 124/180 – **9 ch** ⊃ 280/400
Spéc. Pêche du lac Léman. Pigeon de grains en saveurs de laurier. Jarret de veau à l'
rôti à la broche.

VUIPPENS 1641 Fribourg (FR) 217 ⑤ – 215 h. – alt. 709 – 🌐 029.

◆Bern 56 – ◆Montreux 38 – Bulle 6 – ◆Yverdon-les-Bains 60.

X **Hôtel de Ville**, 𝒫 5 15 92, Fax 5 30 92 – 🅿. 🖃 𝘝𝘐𝘚𝘈
fermé 13 au 29 fév., 2 au 24 juil., mardi soir et merc. – **Repas** 18 et à la carte 47/8

VULPERA Graubünden 218 ⑦ – siehe Scuol.

WABERN Bern 217 ⑥ – siehe Bern.

WÄDENSWIL 8820 Zürich (ZH) 216 ⑲ – 19 243 Ew. – Höhe 408 – 🌐 01.

🛈 Verkehrsverein, 𝒫 780 45 75.

◆Bern 149 – ◆Zürich 24 – ◆Aarau 71 – ◆Baden 48 – ◆Luzern 50 – ◆Schwyz 34.

🏨 **Du Lac**, Seestr. 100, 𝒫 780 00 31, Fax 780 05 70, 🍽 – 📳 ⇔ Zim 📺 ☎. 🖃 ①
𝘝𝘐𝘚𝘈
Menu 18 - 43 und à la carte 30/71 – **31 Zim** ⊃ 120/175.

XX **Eichmühle**, Neugutstr. 993, 𝒫 780 34 44, Fax 780 48 64, ≤, 🍽 – 🅿. 🖃 🖃 𝘝𝘐𝘚𝘈 ⌚
Sonntag abends - Montag geschl. – **Menu** 28 - 52 (mittags)/98 und à la carte 70/12

WALCHWIL 6318 Zug (ZG) 216 ⑱ – 2 815 Ew. – Höhe 449 – 🌐 042 (ab 03/96 : 04

◆Bern 147 – ◆Luzern 27 – ◆Aarau 67 – Einsiedeln 34 – ◆Schwyz 18 – ◆Zürich 38.

XX **Hörndli**, Zugerstr. 80, 𝒫 77 11 15 (ab 03/96 : 758 11 15), Fax 77 27 07 (ab 03/96
758 27 07), 🍽, « Terrasse ≤ See », 🈸 – 🅿. 🖃 𝘝𝘐𝘚𝘈
Dienstag - Mittwoch und Feb. geschl. – **Menu** - Fischspezialitäten - à la carte 46/10
Kinder 12.50.

X **Zugersee**, Arthrstr. 6, 𝒫 77 17 77 (ab 03/96 : 758 17 77), ≤ Zugersee, 🍽 – 🅿. 🛈
① 🖃 𝘝𝘐𝘚𝘈
Montag und Jan. geschl. – **Menu** 17.50 - 32 (mittags)/52 und à la carte 43/91.

WALD 9044 Appenzell Ausserrhoden (AR) 216 ㉑ ㉒ – 851 Ew. – Höhe 962 – 🌐 07

X **Harmonie**, 𝒫 95 11 73 (ab 03/96 : 877 11 73), Fax 95 27 73 (ab 03/96 : 877 27 7
≤, 🍽 – 🅿. 🖃 ① 🖃 𝘝𝘐𝘚𝘈
Montag - Dienstag und 12. - 27. Feb. geschl. – **Menu** 55/75 und à la carte 47/8

WALD BEI ST. PETERZELL Appenzell Ausserrhoden (AR) 216 ㉑ – ✉ 9105 Schöne
grund – 🌐 071.

◆Bern 196 – ◆St. Gallen 19 – Appenzell 18 – Buchs 59 – Rapperswil 40 – ◆Winterthur 62.

🏛 **Chäseren** Ⓜ ⌂, Nord-Ost : 1,5 km, 𝒫 57 17 51 (ab 03/96 : 361 17 51), Fax 57 17 5
(ab 03/96 : 361 17 59), ≤ Berge, 🍽, 🚜 – 📺 ☎ 🅿. 🖃 ① 🖃 𝘝𝘐𝘚𝘈
3. - 21. Jan. geschl. – **Menu** 18 - 52 und à la carte 34/78 – **19 Zim** ⊃ 135/270
½ P Zuschl. 32.

WALDEGG Bern 217 ⑦ – siehe Beatenberg.

ALDENBURG 4437 Basel-Landschaft (BL) 216 ⑮ ⑯ – 1 261 Ew. – Höhe 518 – ✪ 061.

ern 67 – ◆Basel 34 – ◆Luzern 72 – ◆Olten 18.

❮ **Zum Schlüssel,** Hauptstr. 58, ℰ 961 81 31, Fax 921 60 64, 龸, « Haus aus dem 15. Jh. » – **E** 𝗩𝗜𝗦𝗔
Sonntag - Montag geschl. – **Menu** 79 und à la carte 49/105.

ALENSTADT 8880 St. Gallen (SG) 216 ㉑ – 4 326 Ew. – Höhe 427 – ✪ 081.
henswert : Walensee★★.

Kur- und Verkehrsverein, Bahnhofstr. 19, ℰ 735 22 22, Fax 735 22 22.

ern 205 – ◆St. Gallen 84 – Bad Ragaz 24 – Buchs 34 – Herisau 72 – Rapperswil 47.

▣ **Seehof,** ℰ 735 12 45, Fax 735 11 79, ≼ Walensee, 龸 – ≣ ❷ – ⚑ 60. **E** 𝗩𝗜𝗦𝗔
15. Dez. - 20. Jan. geschl. – **Menu** à la carte 34/97, Kinder 15 – **28 Zim** ⌓ 65/120 – ½ P Zuschl. 300.

❮ **Heiniger's Ochsen,** Seestr. 8, ℰ 735 11 27, Fax 735 31 65, 龸 – **E** 𝗩𝗜𝗦𝗔
Montag - Dienstag geschl. – **Menu** 15.50 - 54 und à la carte 46/73.

❮ **Post** mit Zim, Bahnhofstr. 10, ℰ 735 12 28, Fax 735 23 67, 龸 – ≣ 𝗧𝗩 ☎ ❷ – ⚑ 25/80. ⌸ ⓞ **E** 𝗩𝗜𝗦𝗔
Menu *(Sonntag und Montag geschl.)* 15 und à la carte 33/82 – **9 Zim** ⌓ 70/120 – ½ P Zuschl. 20.

ALLBACH 4323 Aargau (AG) 216 ⑤ – 1 280 Ew. – Höhe 293 – ✪ 061.

ern 102 – ◆Aarau 30 – Bad Säckingen 10 – ◆Basel 30 – Rheinfelden 9.

✗ **Zum Schiff,** ℰ 861 11 09, Fax 861 13 07, 龸 – ❷ – ⚑ 60. ⌸ ⓞ **E** 𝗩𝗜𝗦𝗔
Rhystübli (1. Etage) **Menu** 55/86 und à la carte 54/98 – **Dorftaverne :** **Menu** 20 und à la carte 37/84, Kinder 10.

ALLISELLEN 8304 Zürich (ZH) 216 ⑱ – 10 969 Ew. – Höhe 431 – ✪ 01.

ern 136 – ◆Zürich 11 – ◆Baden 34 – ◆Schaffhausen 50 – ◆Winterthur 22.

Folgende Häuser finden Sie auf dem Übersichtsplan Zürich

▣ **Belair** Ⓜ, Alte Winterthurerstr. 16, ℰ 830 03 81, Telex 827390, Fax 831 05 15, 龸 – ≣ 𝗧𝗩 video ☎ ❷. ⌸ ⓞ **E** 𝗩𝗜𝗦𝗔 𝗝𝗖𝗕   BT **t**
Menu 20- 24 und à la carte 30/56 – **35 Zim** ⌓ 140/180 – ½ P Zuschl. 25.

✗ **Zum Doktorhaus,** Alte Winterthurerstr. 31 (am Kreuzplatz), ℰ 830 58 22, Fax 830 19 03, 龸 – ⚑ 120. ⌸ ⓞ **E** 𝗩𝗜𝗦𝗔   BT **v**
über Weihnachten, 1. - 16. Jan. und Ostern geschl. – **Menu** 34 - 57/98 und à la carte 49/108, Kinder 20.

ALZENHAUSEN 9428 Appenzoll Ausserrhoden (AR) 216 ㉗ – 2 168 Ew. – Höhe 672 ✪ 071.

ern 234 – ◆St. Gallen 25 – Altstätten 17 – Bregenz 19 – Lustenau 13.

🛎 **Kurhaus,** ℰ 90 21 21 (ab 03/96 : 886 21 21), Fax 44 10 84 (ab 03/96 : 888 10 84), ≼ Bodensee, 龸, Park, ≘, 🏊, ♣ – ≣ 𝗧𝗩 ☎ & ❷ – ⚑ 25. ⌸ ⓞ **E** 𝗩𝗜𝗦𝗔
3. Jan. - 4. Feb. geschl. – **Menu** 19.50 - 27/73 und à la carte 47/84, Kinder 11.50 – **75 Zim** ⌓ 140/310 – ½ P Zuschl. 20.

WANGEN AN DER AARE 4705 Bern (BE) 216 ⑮ – 1 784 Ew. – Höhe 423 – ✪ 065.

ern 42 – ◆Aarau 38 – ◆Basel 60 – ◆Luzern 71 – ◆Solothurn 11.

▣ **Al Ponte,** Wangenstr. 55, Richtung Wiedlisbach : 1,5 km, ℰ 76 39 49, Fax 76 27 97, 龸 – ≣ ⇔ Zim 𝗧𝗩 ☎ & ⇔ ❷ – ⚑ 25/220. ⌸ ⓞ **E** 𝗩𝗜𝗦𝗔
Menu 17.50 und à la carte 36/69, Kinder 10 – ⌓ 16 – **54 Zim** 130/170.

WATTWIL 9630 St. Gallen (SG) 216 ⑳ – 8 077 Ew. – Höhe 613 – ✪ 074 (ab 03/96 : 071).

ern 189 – ◆St. Gallen 35 – Bad Ragaz 68 – Rapperswil 24.

▣ **Löwen,** Ebnaterstr. 55, ℰ 7 51 33 (ab 03/96 : 988 51 33), Fax 7 51 07 (ab 03/96 : 988 51 07), 龸, ≘ – ≣ 𝗧𝗩 ☎ ❷. ⌸ ⓞ **E** 𝗩𝗜𝗦𝗔
Menu 17.50 und à la carte 39/80 – **44 Zim** ⌓ 72/115 – ½ P Zuschl. 15.

✗ **Krone,** Ebnaterstr. 136, ℰ 7 13 44 (ab 03/96 : 988 13 44), Fax 7 67 44 (ab 03/96 : 988 67 44), 龸 – ❷. **E** 𝗩𝗜𝗦𝗔
Montag abends, Dienstag und 6. - 26. Feb. geschl. – **Menu** 19.50 - 41 (mittags)/85 und à la carte 43/90, Kinder 11.

♦Bern 186 – ♦St. Gallen 60 – Bad Ragaz 43 – Glarus 15 – Rapperswil 28.

- 🏨 **Parkhotel Schwert,** Hauptstr. 23, ℰ 43 14 74 (ab 03/96 : 616 14 74), Fax 43 18|
  (ab 03/96 : 616 18 53), ≼, 🍽 – 🛗 📺 ☎. ಶಿ ⒪ ☰ 𝘝𝘐𝘚𝘈
  Gourmetstübli (2. Jan. - 15. Feb. geschl.) **Menu** 47/69 und à la carte 44/98 – **19 7**
  ⫴ 90/150 – ½ P Zuschl. 30.

- ✕✕ **Fischerstube,** Marktgasse 9, ℰ 43 16 08 (ab 03/96 : 616 16 08) – ⒫. ಶಿ ⒪
  𝘝𝘐𝘚𝘈
  Montag - Dienstag und Ende Jan. 2 Wochen geschl. – **Menu** - Fischspezialitäte
  à la carte 57/119, Kinder 15.

Ausflugsziel : Rigi-Kulm★★★ mit Zahnradbahn.

Lokale Veranstaltung
29.06 - 30.06 : Rosenfest.

🖪 Verkehrsbüro, ℰ 390 11 55, Fax 391 00 91.

♦Bern 142 – ♦Luzern 21 – Cham 19 – ♦Schwyz 30.

- 🏨🏨 **Beau Rivage,** ℰ 390 14 22, Fax 390 19 81, ≼ Vierwaldstättersee, 🍽, « Gepfleg
  Garten mit Seeterrasse », ⛴, 🐾, 🐾, 🔟 – 🛗 📺 ☎ ⒫. ಶಿ ⒪ ☰ 𝘝𝘐𝘚𝘈
  April - Mitte Okt. – **Menu** 52 und à la carte 53/100, Kinder 16 – **45 Zim** ⫴ 125/3
  – ½ P Zuschl. 48.

- 🏨🏨 **Albana,** ℰ 390 21 41, Fax 390 29 59, ≼ Vierwaldstättersee, Park, ⚁ – 🛗 📺 ☎
  – 🏛 50. ಶಿ ⒪ ☰ 𝘝𝘐𝘚𝘈. ✼ Rest
  16. Dez. - 8. Jan. geschl. – **Menu** 30 - 45/60 und à la carte 47/99 – **57 Zim** ⫴ 120/2
  – ½ P Zuschl. 48.

- 🏨 **Alexander,** ℰ 390 22 22, Fax 390 24 88, ≼ Vierwaldstättersee, 🍽, ⛴, 🐾, 🐾
  🛗 📺 ☎ ⒫ – 🏛 25/60. ಶಿ ⒪ ☰ 𝘝𝘐𝘚𝘈. ✼ Rest
  April - Okt. – **Menu** 25 und à la carte 39/93 – **48 Zim** ⫴ 135/290 – ½ P Zuschl. 4

- 🏨 **Central,** ℰ 390 12 52, Fax 390 04 36, ≼ Vierwaldstättersee, 🍽, ⛴, 🐾 – 🛗 📺 ◄
  ಶಿ ⒪ ☰ 𝘝𝘐𝘚𝘈. ✼ Rest
  15. Nov. - 15. Jan. geschl. – **Menu** 21 - 34 und à la carte 43/75 – **42 Zim** ⫴ 125/2|
  – ½ P Zuschl. 32.

- 🏨 **Du Lac,** ℰ 390 11 51, Fax 390 11 19, ≼ Vierwaldstättersee, 🍽, 🐾 – 🛗 📺 ☎ ◄
  ➡ ಶಿ ⒪ ☰ 𝘝𝘐𝘚𝘈
  Mitte Nov. - Mitte Jan. geschl. – **Menu** *(von Okt. - Mai Donnerstag geschl.)* 18 u|
  à la carte 33/94, Kinder 10.50 – **25 Zim** ⫴ 95/215 – ½ P Zuschl. 32.

- 🏨 **Frohburg** garni, ℰ 390 10 22, Fax 390 18 72, ≼ Vierwaldstättersee, 🐾 – 📺. ಶಿ ◄
  ☰ 𝘝𝘐𝘚𝘈 ᴶᶜᴮ. ✼
  1. April - 15. Okt. – **18 Zim** ⫴ 90/220.

- ✕ **Bühlegg,** ℰ 390 21 23, Fax 390 07 88, ≼ Vierwaldstättersee, 🍽 – ⒫. ಶಿ
  𝘝𝘐𝘚𝘈
  März - Nov. geöffnet ; Dienstag (ausser Juni - Aug.) und Montag geschl. – **Menu** 2
  34 (mittags)/88 und à la carte 42/99.

♦Bern 186 – ♦St. Gallen 35 – Arbon 26 – ♦Frauenfeld 19 – Konstanz 20.

- 🏨 **Thurgauerhof,** Thomas-Bornhauser-Str. 10, ℰ 22 33 33 (ab 03/96 : 622 33 33
  ➡ Fax 22 33 64 (ab 03/96 : 622 33 64), 🍽 – 🛗 ⟷ Zim 📺 ☎ ➾ ⒫ – 🏛 25/65
  ಶಿ ☰ 𝘝𝘐𝘚𝘈. ✼ Rest
  Au Premier (Sonntag und Mitte Juli - Mitte Aug. geschl.) **Menu** 30 und à la carte 36/7|
  – **Roter Öpfel :** **Menu** 20 und à la carte 26/61, Kinder 9.50 – **75 Zim** ⫴ 107/194
  ½ P Zuschl. 25.

- ✕✕ **Zum Löwen,** Rathausstr. 8, ℰ 22 54 22 (ab 03/96 : 622 54 22), 🍽 – ಶಿ ⒪ ◄
  ➡ 𝘝𝘐𝘚𝘈
  Mittwoch - Donnerstag, 24. Jan. - 4. Feb. und 20. Juli - 9. Aug. geschl. – **Menu** 15.5|
  45/65 und à la carte 46/81.

EININGEN 8104 Zürich (ZH) 216 ⑱ – 3 602 Ew. – Höhe 413 – ✪ 01.

ern 117 – ◆Zürich 13 – ◆Aarau 39 – ◆Luzern 60 – ◆Schaffhausen 63.

✗ **Winzerhaus,** Nord : 1 km, ℰ 750 40 66, Fax 750 40 95, ㈘, « Haus im Weinberg, ≤ Limmattal » – ℗. ⅀ ① Ɛ ⅦⅪ
Dienstag geschl. – **Menu** 28 (mittags)/120 und à la carte 45/98.

EISSBAD Appenzell Innerrhoden 216 ㉑ – siehe Appenzell.

EITE 9476 St. Gallen (SG) 216 ㉑ – Höhe 469 – ✪ 081.

ern 227 – ◆St. Gallen 63 – Bad Ragaz 16 – Buchs 11 – Feldkirch 24 – Rapperswil 68.

✗ **Heuwiese,** ℰ 783 10 55, Fax 783 31 86, ㈘ – ℗. ⅀ ① Ɛ ⅦⅪ
von Mai - Sept. Montag - Dienstag, von Okt. - April Sonntag - Montag, Dez. - Feb. und in Juli - Aug. 3 Wochen geschl. – **Menu** à la carte 37/94.

ENGEN 3823 Bern (BE) 217 ⑧ – 1 100 Ew. – Höhe 1 275 – ✖ – Wintersport : 74/2 440 m ✼2 ✼16 ✼ – ✪ 036.

henswert : Lage★★★.

sflugziel : Jungfraujoch★★★ mit Bahn – Trümmelbachfälle★★★ – Kleine Scheidegg★★ d-Ost mit Bahn.

Verkehrsbüro, ℰ 55 14 14, Fax 55 30 60.

ern 69 – Interlaken 12 – Grindelwald 16 – ◆Luzern 78.

mit Zahnradbahn ab Lauterbrunnen erreichbar

🏨 **Regina** ⟩, ℰ 55 15 12, Fax 55 15 74, ≤ Jungfrau, ㈘, ㈜ – ⧉ ⅅⅤ ☎ – ⚐ 25/60. ⅀ ① Ɛ ⅦⅪ ᴊᴄв. ✵ Rest
15. Okt. - 15. Dez. geschl. – **Menu** 25 - 48/95 und à la carte 41/79 – **86 Zim** (nur ½ Pens.) ⌑ 203/406, 4 Suiten – ½ P Zuschl. 15.

🏨 **Park Hotel Beausite** ⟩, ℰ 56 51 61, Fax 55 30 10, ≤ Jungfrau, ㈘, ㈎, ⬙, ㈜ – ⧉ ⅅⅤ ☎ ⚓ – ⚐ 25. Ɛ ⅦⅪ
9. - 25. April und 20. Okt. - 17. Dez. geschl. – **Menu** 38 (mittags)/85 und à la carte 38/76, Kinder 8 – **53 Zim** ⌑ 210/370 – ½ P Zuschl. 35.

🏨 **Wengener Hof** ⟩, ℰ 55 28 55, Fax 55 19 09, ≤ Jungfrau, ㈘, ㈎, ㈜ – ⧉ ⅅⅤ ☎. ⅀ ① Ɛ ⅦⅪ ᴊᴄв. ✵ Rest
16. Dez. - 9. April und 26. Mai - 30. Sept. – **Menu** (nur ½ Pens. für Hotelgäste) (mittags geschl.) – **40 Zim** ⌑ 120/320 – ½ P Zuschl. 25.

🏨 **Silberhorn,** ℰ 56 51 31, Fax 55 22 44, ≤ Alpen, ㈘, ㈎, ㈜ – ⧉ ⅅⅤ ☎ ⚓ – ⚐ 25/100. ⅀ ① Ɛ ⅦⅪ ᴊᴄв
Ende Okt. - 10. Dez. geschl. – **Menu** 16 - 42 und à la carte 30/66, Kinder 9.50 – **61 Zim** ⌑ 203/364, 14 Suiten – ½ P Zuschl. 18.

🏨 **Sunstar,** ℰ 56 51 11, Telex 923266, Fax 55 32 72, ≤, ㈎, ⬙, ㈜ – ⧉ ⅅⅤ ☎. ⅀ ① Ɛ ⅦⅪ
22. Dez. - 7. April und 2. Juni - 28. Sept. – **Menu** (Montag geschl.) à la carte 42/83 – **76 Zim** ⌑ 175/350 – ½ P Zuschl. 25.

🏨 **Victoria-Lauberhorn,** ℰ 56 51 51, Fax 55 33 77, ≤, ㈘ – ⧉ ⅅⅤ ☎. ⅀ ① Ɛ ⅦⅪ ᴊᴄв. ✵ Rest
17. Dez. - 7. April und 2. Juni - 28. Sept. – **Menu** 17 und à la carte 39/79, Kinder 7.50 – **62 Zim** ⌑ 158/298 – ½ P Zuschl. 20.

🏨 **Alpenrose** ⟩, ℰ 55 32 16, Fax 55 15 18, ≤ Jungfrau-Massiv, ㈘, ㈜ – ⧉ ☎. ⅀ Ɛ ⅦⅪ. ✵ Rest
Mitte Dez. - Mitte April und Mitte Mai - Anfang Okt. – **Menu** 40 (abends) – **50 Zim** ⌑ 107/190 – ½ P Zuschl. 22.

🏨 **Caprice,** ℰ 55 41 41, Fax 55 41 44, ≤ Jungfrau-Massiv, ㈘, ㈎, ㈎s – ⧉ ⅅⅤ ☎. ⅀ Ɛ ⅦⅪ ᴊᴄв
15. April - 4. Mai und Nov. geschl. – **Menu** 19 und à la carte 41/82, Kinder 9.50 – **20 Zim** ⌑ 170/390 – ½ P Zuschl. 20.

🏨 **Eiger** Ⓜ ⟩, ℰ 55 11 31, Fax 55 10 30, ≤, ㈘ – ⧉ ☎. ⅀ ① Ɛ ⅦⅪ ᴊᴄв
15. April - 8. Juni geschl. – **Menu** (Montag ausser in der Wintersaison geschl.) 16 - 24 (mittags)/48 und à la carte 29/86, Kinder 7.50 – **33 Zim** ⌑ 121/280 – ½ P Zuschl. 21.

🏨 **Berghaus** ⟩, ℰ 55 21 51, Fax 55 38 20, ≤ Jungfrau, ㈘ – ⧉ ⅅⅤ ☎. ⅀ ① Ɛ ⅦⅪ
Dez. - März und Juni - Sept. – **Menu** 22 - 40 und à la carte 50/85 – **19 Zim** ⌑ 124/270 – ½ P Zuschl. 20.

in Wengernalp mit Zug ab Interlaken, Wengen, Lauterbrunnen oder Grindelw
erreichbar : – ⊠ 3823 Wengen – ⊕ 036 :

🏠 **Jungfrau** ⤵ (Höhe 1873 m), ℘ 55 16 22, Fax 55 30 69, ≤ Jungfrau-Massiv, 斎, E
richtung im Stil der Jahrhundertwende, ⇆ – ☎. ⁒ Rest
Hotel : 23. Dez. - 8. April ; Rest : 23. Dez. - 8. April und 29. Juni - 1. Sept. – **Me**
(im Winter nur ½ Pens. für Hotelgäste) à la carte 23/63 – **20 Zim** *(nur ½ Per*
⇌ 165/330 – ½ P Zuschl. 45.

WENGERNALP Bern 2️⃣1️⃣7️⃣ ⑱ – siehe Wengen.

WERMATSWIL Zürich 2️⃣1️⃣6️⃣ ⑲ – siehe Uster.

WETTINGEN 5430 Aargau (AG) 2️⃣1️⃣6️⃣ ⑦ – 17 561 Ew. – Höhe 388 – ⊕ 056.
🎫 Verkehrsverein, Alberich Zwyssigstr. 81, ℘ 426 22 90, Fax 427 16 47.
♦Bern 110 – ♦Aarau 31 – ♦Baden 3 – ♦Schaffhausen 67 – ♦Zürich 22.

🏠 **Zwyssighof** Ⓜ, Alberich Zwyssig-Str. 78, ℘ 426 86 22, Fax 426 86 26, 斎 – 🛗
↔ ☎ ❷ – 🏔 50. 🆎 ⓞ ⋹ 𝚅𝙸𝚂𝙰
Mittwoch (nur Rest.) geschl. – **Menu** *18* und à la carte 26/57, Kinder 15 – *Gourm*
Stübli : **Menu** 45 (mittags) und à la carte 58/82, Kinder 15 – **33 Zim** ⇌ 110/18E
½ P Zuschl. 30.

XX **Klosterstübli,** Klosterstr. 13, ℘ 426 06 88, Fax 426 02 43, 斎, Ehemaliges Neb
gebäude des Klosters – ❷. ⋹
Sonntag - Montag und Anfang Aug. 2 Wochen geschl. – **Menu** (Tischbestellung erf
derlich) *30* - 98 und à la carte 69/98.

XX **Sternen,** Klosterstr. 9, ℘ 427 14 61, Fax 427 14 62, 斎, Ehemaliges Nebengebäu
↔ des Klosters – ❷. 🆎 ⓞ ⋹ 𝚅𝙸𝚂𝙰. ⁒
Mittwoch und 5. - 26. Feb. geschl. – *Spörristube :* **Menu** *19.50* - 53 (mittags) unc
la carte 52/106 – *Taverne :* **Menu** *17.50* - 38 (mittags) und à la carte 37/100.

WETZIKON 8620 Zürich (ZH) 2️⃣1️⃣6️⃣ ⑲ – 17 107 Ew. – Höhe 532 – ⊕ 01.
♦Bern 152 – ♦ Zürich 34 – Einsiedeln 34 – ♦St. Gallen 73 – ♦Winterthur 34.

🏠 **Schweizerhof** Ⓜ, am Bahnhofplatz, ℘ 932 44 40, Fax 932 17 48 – 🖵 Zim 📺
14 Zim.

WIDEN 8967 Aargau (AG) 2️⃣1️⃣6️⃣ ⑱ – 3 892 Ew. – Höhe 548 – ⊕ 056.
♦Bern 114 – ♦ Aarau 35 – ♦Baden 15 – Dietikon 14 – Wohlen 12 – ♦Zürich 18.

XX **Zum Stutz,** Bremgartenstr. 64, ℘ 633 13 14, Fax 633 72 85, ≤, 斎 – ⁒ ❷. 🆎
𝚅𝙸𝚂𝙰. ⁒
Montag - Dienstag, 2 Wochen im Jan. und 1. - 15. Okt. geschl. – **Menu** *21.50* - 40/ℰ
und à la carte 59/85, Kinder 10.

X **Heinrüti-Rank** mit Zim, Wolfeggstr. 1, ℘ 633 22 88, Fax 633 92 82, ≤, 斎, ⁒ – ⊏
↔ ❷ ❷. ⋹ 𝚅𝙸𝚂𝙰
20. Jan. - 10. Feb. und 30. Sept. - 12. Okt. geschl. – **Menu** *(Freitag mittags ur*
Donnerstag geschl.) *16* - 51 und à la carte 45/68 – **10 Zim** ⇌ 90/140.

WIDNAU 9443 St. Gallen (SG) 2️⃣1️⃣6️⃣ ⑳ – 6 608 Ew. – Höhe 406 – ⊕ 071.
♦Bern 242 – ♦ St. Gallen 36 – Altstätten 11 – Bregenz 21 – Dornbirn 16 – Feldkirch 24.

🏠 **Forum** Ⓜ garni, Bahnhofstr. 24, ℘ 72 88 66 (ab 03/96 : 722 88 66), Fax 72 88 67 (a
03/96 : 722 88 67) – 🛗 ⁒ 📺 ☎ ⟜. 🆎 ⓞ ⋹ 𝚅𝙸𝚂𝙰
37 Zim ⇌ 115/185.

WIGOLTINGEN 8556 Thurgau (TG) 2️⃣1️⃣6️⃣ ⑨ – 1 868 Ew. – Höhe 435 – ⊕ 054 (ab 03/9€
052).
♦Bern 182 – ♦ St. Gallen 48 – ♦Frauenfeld 15 – Konstanz 18 – ♦Winterthur 33.

XX ⊛ **Taverne zum Schäfli** (Kuchler) mit Zim, Oberdorfstr. 8, ℘ 63 11 72 (ab 03/96
763 11 72), « Dorfhaus aus dem 17. Jh. » – ⁒ Rest 📺 ❷. ⋹ 𝚅𝙸𝚂𝙰
Sonntag - Montag, Ende Jan. 1 Woche und 21. Juli - 12. Aug. geschl. – **Menu** (Tiscl
bestellung ratsam) *25* - 69 (mittags)/150 und à la carte 69/127 – **3 Zim** ⇌ 150/2C
Spez. Geräucherte Gänseleber (Winter). Bodensee Zanderfilet in Kartoffelkruste. Ausgelö
ter Ochsenschwanz im Barolojus.

WIKON Luzern 216 ⑯ – siehe Reiden.

WIL 9500 St. Gallen (SG) 216 ⑨ – 16 189 Ew. – Höhe 571 – 🏷 073 (ab 03/96 : 071).
Sehenswert : Aussicht★ vom Vorplatz der Stadtkirche.

Verkehrsbüro, Tonhallestr. 29, 𝄞 22 58 02 (ab 03/96 : 922 58 02), Fax 22 87 02 (ab 03/96 :
922 87 02).

Bern 184 – ◆St. Gallen 29 – Glarus 57 – Konstanz 31 – ◆Winterthur 34.

🏨 **Schwanen,** obere Bahnhofstr. 21, 𝄞 22 01 55 (ab 03/96 : 911 01 55), Fax 22 66 27
(ab 03/96 : 911 66 27), � – ▮ 📺 ☎ 🚗 ᵖ. 🆎 ⓞ 🅴 𝘝𝘐𝘚𝘈. ⅏
Schwanenstube (1. Etage) *(Samstag mittags, Sonntag und 21. Juli - 11. Aug. geschl.)*
Menu *30 -* 45 und à la carte 57/100 – **Boulevard : Menu** *16.50* und à la carte 36/69,
Kinder 10 – **19 Zim** ⌂ 86/185 – ½ P Zuschl. 36.

in Bronschhofen Nord : 1,5 km – ✉ 9552 Bronschhofen – 🏷 073 (ab 03/96 : 071) :

✗ **Burghalde** mit Zim, Hauptstr. 14, 𝄞 22 51 08 (ab 03/96 : 911 51 08), Fax 22 51 76 (ab
03/96 : 911 51 76), �, 🌇 – 📺 ☎ 🚗 ᵖ. 🆎 🅴 𝘝𝘐𝘚𝘈
*Samstag mittags, Montag mittags (ausser Hotel), Sonntag, Feb. und Okt. jeweils
2 Wochen geschl.* – **Menu** à la carte 61/113 – **7 Zim** ⌂ 160/240.

WILDEGG 5103 Aargau (AG) 216 ⑰ – Höhe 354 – 🏷 062.
Sehenswert : Schloss★.

Bern 92 – ◆Aarau 11 – ◆Baden 15 – ◆Luzern 56 – ◆Zürich 35.

🏨 **Aarhof,** Bahnhofstr. 5, 𝄞 893 23 23, Fax 893 15 04, � , 🔲 – ▮ ᐶ Zim 📺 ☎ ᵖ
– 🛋 25/40. 🆎 ⓞ 🅴 𝘝𝘐𝘚𝘈
Menu *(über Weihnachten geschl.)* 20.50 - 80 und à la carte 51/93 – **65 Zim**
⌂ 120/190.

✗ **Zum Bären,** Bruggerstr. 19, 𝄞 893 12 51 – ᵖ. 🆎 🅴 𝘝𝘐𝘚𝘈 ᴶᶜᴮ
Sonntag - Montag, 22. Jan. - 4. Feb. und 21. Juli - 4. Aug. geschl. – **Menu** *18.50* und
à la carte 46/93.

WILDERSWIL Bern 217 ⑦ – siehe Interlaken.

WILDHAUS 9658 St. Gallen (SG) 216 ㉑ – 1 175 Ew. – Höhe 1 080 – Wintersport :
1 098/2 076 m ⟟ 11 ⼷ – 🏷 074 (ab 03/96 : 071).
Sehenswert : Lage★.

Verkehrsbüro, 𝄞 5 27 27 (ab 03/96 : 999 27 27), Fax 5 29 29 (ab 03/96 : 999 29 29).

Bern 218 – ◆St. Gallen 60 – Altstätten 35 – Bad Ragaz 40 – Rapperswil 53.

🏨 **Sonne,** 𝄞 5 23 33 (ab 03/96 : 999 23 33), Fax 5 23 57 (ab 03/96 : 999 23 57), ⟨, �,
📶, 🔲 – 📺 ☎ ᵖ – 🛋 25. 🆎 ⓞ 🅴 𝘝𝘐𝘚𝘈
Mitte Nov. - Mitte Dez. geschl. – **Rôtisserie : Menu** à la carte 38/91, Kinder 10 –
Tagesrestaurant : Menu *22.50* und à la carte 25/60, Kinder 10 – **24 Zim** ⌂ 95/200
– ½ P Zuschl. 22.

🏨 **Alpenrose** 🗫, Süd : 2,5 km, 𝄞 5 21 21 (ab 03/96 : 999 21 21), Fax 5 10 52 (ab 03/96 :
999 10 52), ⟨ Säntis und Churfirsten, �, 🔋, 📶 – ☎ 🚗 ᵖ – 🛋 25/60. 🅴 𝘝𝘐𝘚𝘈.
⅏ Rest
Menu 28/48 und à la carte 39/98, Kinder 12 – **50 Zim** ⌂ 125/220 – ½ P Zuschl. 22.

🏨 **Alpenblick,** 𝄞 5 13 43 (ab 03/96 : 999 13 43), Fax 5 90 40 (ab 03/96 : 999 90 40), ⟨,
� – ▮ 📺 ☎ 🚗 ᵖ. 🆎 ⓞ 🅴 𝘝𝘐𝘚𝘈
Menu *15.50* - 35 (mittags) und à la carte 40/87, Kinder 10 – ⌂ 15 – **24 Zim** 65/90
– ½ P Zuschl. 25.

WILEN Obwalden 217 ⑨ – siehe Sarnen.

Besonders angenehme Hotels oder Restaurants
sind im Führer rot gekennzeichnet.
Sie können uns helfen, wenn Sie uns die Häuser angeben,
in denen Sie sich besonders wohl gefühlt haben.
Jährlich erscheint eine komplett überarbeitete Ausgabe
aller Roten Michelin-Führer.

🏨🏨🏨 ... 🏨

✗✗✗✗✗ ... ✗

Sehenswert : Sammlung Oskar Reinhart "Am Römerholz"★★.

Museum : Kunstmuseum★ B **M²**.

Lokale Veranstaltungen
28.06 - 30.06 : "Albanifäscht" Stadtfest
24.08 - 08.09 : Musikfestwochen.

🛈 Verkehrsverein, Bahnhofplatz 12, ✆ 212 00 88, Fax 212 00 72.

🚗 Wartstr. 50, ✆ 222 03 23, Fax 222 80 62.

◆Bern 148 ④ – ◆Zürich 28 ④ – ◆Baden 47 ④ – Konstanz 47 ① – ◆Schaffhausen 27 ①.

WINTERTHUR

Marktgasse	B	Bahnhofplatz	A 4	Neumarkt ... B
Stadthausstrasse	B	Gertrudstrasse	A 6	Römerstrasse ... B
Steinberggasse	B	Holderplatz	B 7	Rychenbergstrasse ... B
		Kasinostrasse	B 9	St. Galler Strasse ... B
Archplatz	A 3	Meisenstrasse	A 10	St. Georgen-Platz ... AB
		Merkurstrasse	B 12	Sulzbergstrasse ... B
		Metzggasse	B 13	Turnerstrasse ... A
		Nelkenstrasse	B 15	Zeughausstrasse ... B

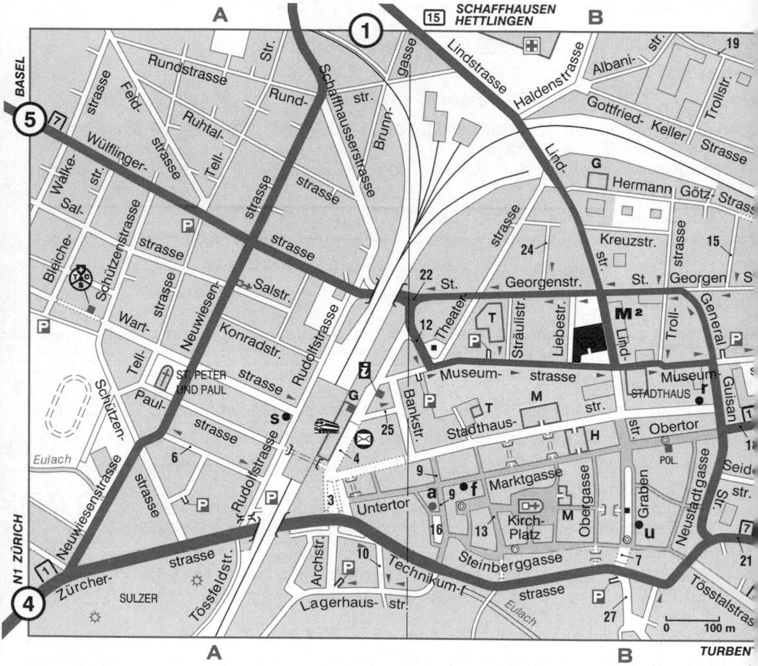

🏨🏨 **Garten Hotel,** Stadthausstr. 4, ✆ 212 19 19, Fax 213 68 70, �ということ – 🛗 ⧚ Zim 🍽 Zi
📺 ☎ 🅿 – 🛋 25/90. 🆎 🅴 𝐕𝐈𝐒𝐀   B
Menu 26 und à la carte 47/107 – **60 Zim** ⫘ 165/250 – ½ P Zuschl. 30.

🏨 **Krone** Ⓜ, Marktgasse 49, ⌧ 8401, ✆ 213 25 21, Fax 213 48 08, 🌧 – 🛗 ⧚ Zim 🗖
☎ – 🛋 50. 🆎 ⓪ 🅴 𝐕𝐈𝐒𝐀   B
Gourmet Stube (Sonntag und Mitte Juli - Mitte Aug. geschl.) **Menu** 24.50 - 36 und
la carte 39/97 – *Bistrot + Hof :* **Menu** 18.50 und à la carte 35/82, Kinder 11 – **38 Zi**
⫘ 160/220 – ½ P Zuschl. 30.

🏨 **Wartmann,** Rudolfstr. 15, ✆ 212 84 21, Fax 213 30 97, 🌧 – 🛗 🖿 Zim 📺 ☎ 🅴
🛋 25/80. 🆎 ⓪ 🅴 𝐕𝐈𝐒𝐀   A
Menu 24.50 und à la carte 39/81 – **72 Zim** ⫘ 155/215.

🏠 **Loge,** Graben 6, ⌧ 8402, ✆ 213 91 21, Fax 212 09 59, 🌧 – 🛗 📺 ☎. 🆎 🅴 𝐕𝐈𝐒𝐀
Menu 16.50 und à la carte 37/69 – **17 Zim** ⫘ 140/210.   B

X **Schloss Wülflingen** ⌂ mit Zim (Schloss Residenz : 300 m.), Wülflingerstr. 214, über ⑤ : 2,5 km, ✉ 8408, 𝒫 222 18 67 (Hotel : 222 28 90), Fax 222 03 71 (Hotel : 222 72 40), 🍴, « Stilvolle Holztäfelungen, bemerkenswerte Kachelöfen » – 🛗 📺 ☎ 🅿. ⌧ ⓪ E 𝘝𝘐𝘚𝘈
Menu *(Montag - Dienstag und Mitte Juli - Mitte Aug. geschl.)* 44 (mittags)/108 und à la carte 64/117 – 🍴 30 – **4 Zim** 160/280.

X **Zum Trübli,** Bosshardengässchen 2, 𝒫 212 55 36, Fax 212 55 36, 🍴 – ▤. ⌧ ⓪ E 𝘝𝘐𝘚𝘈 𝘑𝘊𝘉
Sonntag - Montag geschl. – **Menu** *21.50* - 66/105 und à la carte 51/106.   B **a**

OHLEN BEI BERN 3033 Bern (BE) 𝟤𝟣𝟩 ⑥ – Höhe 549 – ✪ 031.
ern 10 – ♦Biel 32 – Burgdorf 31 – ♦Solothurn 43.

X **Kreuz,** Hauptstr. 7, 𝒫 829 11 00, Fax 829 19 02, 🍴 – 🅿. ⌧ E 𝘝𝘐𝘚𝘈
Montag - Dienstag, 5. - 13. Feb. und 8. Juli - 6. Aug. geschl. – **Menu** *18* und à la carte 34/85.

OLFGANG Graubünden 𝟤𝟣𝟪 ⑤ – siehe Davos.

OLLERAU 8832 Schwyz (SZ) 𝟤𝟣𝟨 ⑲ – 5 305 Ew. – Höhe 504 – ✪ 01.
ern 152 – ♦Zürich 29 – Glarus 40 – Rapperswil 9 – ♦Schwyz 28.

X **Chrueg** ⌂ mit Zim, Bellevueweg 3, 𝒫 784 02 33, Fax 784 15 18, ≤ Zürichsee, 🍴 – 📺 ☎ 🅿. ⌧ ⓪ E 𝘝𝘐𝘚𝘈
Montag und 10. Feb. - 1. März geschl. – **Menu** *33* - 42 (mittags)/68 und à la carte 50/96, Kinder 14 – **4 Zim** 🍴 138/211.

ORB 3076 Bern (BE) 𝟤𝟣𝟩 ⑥ – Höhe 585 – ✪ 031.
ern 11 – Burgdorf 20 – Langnau im Emmental 20 – ♦Thun 28.

🏠 **Zum Löwen,** Enggisteinstr. 3, 𝒫 839 23 03, Fax 839 58 77, 🍴, « Täfelung aus dem 17. Jh., ehemaliger Gerichtssaal » – 📺 ☎ 🅿 – 🅰 40. ⌧ ⓪ E 𝘝𝘐𝘚𝘈
Menu *(Samstag - Sonntag und Ende Juli 2 Wochen geschl.)* 19 - 50 und à la carte 40/82 – **13 Zim** 🍴 95/160.

ORBEN 3252 Bern (BE) 𝟤𝟣𝟨 ⑭ – 1 808 Ew. – Höhe 442 – ✪ 032.
ern 28 – Aarberg 8 – ♦Biel 6 – Murten 28 – ♦Solothurn 29.

🏠 **Worbenbad,** 𝒫 84 67 67, Fax 84 79 06, 🍴, 𝑓🔼, 🈂, 🈳, ⚿ – 🛗 📺 video ☎ 🅿 – 🅰 25/100. ⌧ ⓪ E 𝘝𝘐𝘚𝘈
Menu *(Sonntag abends geschl.)* 28 - 45 (mittags)/76 und à la carte 43/90 – **29 Zim** 🍴 130/190.

ÜRENLOS 8116 Aargau (AG) 𝟤𝟣𝟨 ⑱ – 4 136 Ew. – Höhe 420 – ✪ 056.
ern 110 – ♦Aarau 31 – ♦Baden 8 – ♦Luzern 59 – ♦Zürich 17.

X **Rössli** mit Zim, Landstr. 77, 𝒫 424 13 60, Fax 424 38 50, 🍴, Ehemalige Umspann-station aus dem 19.Jh. – 🛗 📺 🅿. ⌧ ⓪ E 𝘝𝘐𝘚𝘈
Sonntag - Montag, 5. - 21. April und 30. Sept. - 15. Okt. geschl. – **Menu** à la carte 65/129 – **3 Zim** 🍴 110/220.

YNAU 4923 Bern (BE) 𝟤𝟣𝟨 ⑯ – 1 766 Ew. – Höhe 420 – ✪ 063.
ern 54 – ♦Basel 57 – Langenthal 7 – ♦Luzern 64 – ♦Olten 16 – ♦Solothurn 31.

X Zur Traube, Bernstr. 4, 𝒫 49 00 66, Fax 49 02 78, 🍴 – 🅿.

VERDON-LES-BAINS 1400 Vaud (VD) 𝟤𝟣𝟩 ③ – 22 505 h. – alt. 439 – ✪ 024 – Stat. ermale. – **Environs** : Château de Grandson★★ : site★★ par ① : 3,5 km.
anifestation locale 21.06 - 23.06 et 28.06 - 30.06 : Fête du Cheval.
Office du Tourisme, pl. Pestalozzi, 𝒫 23 62 90, Fax 22 11 22.
ern 79 ② – ♦Neuchâtel 40 ① – ♦La Chaux-de-Fonds 65 ① – ♦Lausanne 32 ③ – Pontarlier 48 ③.

Plan page suivante

🏠 **Grand Hôtel des Bains** Ⓜ ⌂, 22 av. des Bains, 𝒫 21 70 21, Fax 21 21 90, parc, 𝑓🔼, 🈂, 🈳 (thermale), ⚽ – 🛗 ⤢ ch 📺 ☎ 🛗 🅿 – 🅰 25/150. ⌧ ⓪ E 𝘝𝘐𝘚𝘈. ⚛ rest   BZ **a**
Le Pavillon : **Repas** *24* - 48 (midi)/83 et à la carte 58/102 – **125 ch** 🍴 180/340 – ½ P suppl. 54.

YVERDON-LES-BAINS

Collège (R. du)	**AY**	16
Four (R. du)	**AZ**	19
Lac (R. du)	**AY**	
Milieu (R. du)	**AY**	28
Pré (R. du)	**AY**	43
Ancienne Douane (Quai)	**AY**	3
Ancien Stand (R. de l')	**ABY**	4
Ancienne Poste (R. de l')	**AY**	6
Armes (Pl. d')	**AY**	7

Bel Air (Pl.)	**AY**	9
Bouleaux (R. des)	**AYZ**	10
Casernes (R. des)	**AY**	12
Casino (R. du)	**AY**	13
Clendy (R. de)	**BZ**	15
Curtil-Maillet (R. du)	**AY**	18
Grève de Clendy (Ch.)	**BY**	21
J.-J.-Rousseau (Prom.)	**BYZ**	22
Jura (R. du)	**AY**	24
Léon-Michaud (R.)	**AZ**	25
Maison-Rouge (R. de la)	**AY**	27
Montélaz (R. du)	**BZ**	30
Muguets (R. des)	**AZ**	31

Mujon (R. du)	**AY**	
Neuve (R.)	**B**	
Pêcheurs (R. des)	**BY**	
Pestalozzi (Pl.)	**AY**	
Pestalozzi (R. de)	**A**	
Pierre-de-Savoie (Av.)	**A**	
Plage (Av. de la)	**BY**	
Quatre-Marronniers		
(Av. des)	**B**	
Saint-Roch (R.)	**BY**	
Sallaz (Ch. de la)	**B**	
Thermes (R. des)	**B**	
William Barbey (R. de)	**AY**	

Les plans de villes sont disposés le Nord en haut.

332

La Prairie ⚘, 9 av. des Bains, ℰ 21 19 19, Fax 21 00 79, 🌫, parc, ❀ – 🕼 📺 ☎
ⓟ – 🔏 25/80. 🖭 ⓞ ⋿ 𝘝𝘐𝘚𝘈
BZ **b**
Rest. Français : Repas 57 (midi)/120 et à la carte 76/107 – *Le Café : Repas 21.50 -
44 et à la carte 46/88 –* **36 ch** ⫪ 160/230 – ½ P suppl. 45.

Motel des Bains, 21 av. des Bains, ℰ 23 12 81, Fax 22 14 94 – 🕼 📺 ☎ 👶 ⓟ –
🔏 25/100. 🖭 ⋿ 𝘝𝘐𝘚𝘈 ᴊᴄʙ
BZ **c**
Repas *17 -* 23 (midi) et à la carte 45/72 – **45 ch** ⫪ 118/180 – ½ P suppl. 33.

La Maison Blanche ⚘, chemin de Calamin, ℰ 21 26 42, Fax 21 06 33, 🌫, 🌳 – 📺
☎ ⓟ – **17 ch.**
BZ **d**

L'Ecusson Vaudois, 29 r. de la Plaine, ℰ 21 40 15, Fax 21 44 85 – 🖭 ⓞ ⋿ 𝘝𝘐𝘚𝘈
fermé 23 déc. au 8 janv. – **Repas** *(fermé dim.) 15.50* et à la carte 35/63, enf. 11 –
⫪ 9 – **9 ch** 55/110 – ½ P suppl. 25.
AZ **e**

à Cronay Sud-Est : 5,5 km par rte de Moudon – ✉ 1406 Cronay – 🕓 024 :

Aub. de Cronay, ℰ 33 11 40 – 🖭 ⓞ ⋿ 𝘝𝘐𝘚𝘈
fermé 1er au 8 janv., 1er au 20 août, dim. et lundi – **Repas** *16 -* 50/110 et à la carte
66/110.

VONAND 1462 Vaud (VD) 𝟚𝟙𝟟 ④ – 2 012 h. – alt. 434 – 🕓 024.
ern 70 – ◆Neuchâtel 48 – ◆Lausanne 41 – ◆Yverdon-les-Bains 9.

Gare, 11 r. du Temple, ℰ 31 24 04, Fax 31 24 06, 🌫 – 📺 ☎ ⓟ – 🔏 50. ⋿ 𝘝𝘐𝘚𝘈
fermé 2 au 24 janv. – **Repas** *18 -* 36/49 et à la carte 32/78, enf. 9 – **12 ch** ⫪ 70/110.

VORNE 1853 Vaud (VD) 𝟚𝟙𝟟 ⑭ – 967 h. – alt. 395 – 🕓 025.
ern 99 – ◆Montreux 15 – Aigle 2 – ◆Lausanne 36 – ◆Martigny 31.

🕸 ✿ **Aub. La Roseraie** (Martin), Nord-Ouest : 2,5 km sur rte cantonale de Montreux,
ℰ 26 53 67, Fax 26 55 29, 🌫 – ⓟ. 🖭 ⋿ 𝘝𝘐𝘚𝘈
fermé dim. soir et lundi – **Repas** 39 (midi)/135 et à la carte 72/113
Spéc. Foie de canard au pavot et curry. Truite de rivière farcie aux agrumes. Saumon
sauvage aux fèves (mai à sept.).

Le Torrent, ℰ 26 19 28, Fax 27 14 32, 🌫 – ⋿ 𝘝𝘐𝘚𝘈. ❀
fermé 23 déc. au 10 janv. et mardi – **Repas** *18 -* 48 (midi)/75 et à la carte 50/98.

ÄZIWIL Bern 𝟚𝟙𝟟 ⑦ – siehe Grosshöchstetten.

ELL 6144 Luzern (LU) 𝟚𝟙𝟞 ⑯ – 1 903 Ew. – Höhe 588 – 🕓 041.
ern 55 – Langnau im Emmental 38 – ◆Luzern 35 – ◆Olten 35.

Lindengarten mit Zim, ℰ 988 22 55, Fax 988 11 24, 🌫 – 📺 ☎ ⓟ. 🖭 ⓞ ⋿ 𝘝𝘐𝘚𝘈
Menu *15.50 -* 55 (mittags)/105 und à la carte 54/94 – **5 Zim** ⫪ 70/130.

ERMATT 3920 Wallis (VS) 𝟚𝟙𝟡 ④ – 4 896 Ew. – Höhe 1 616 – ❦ – Wintersport :
20/3 820 m ⤳ 12 ⥮ 22 ⥿ – 🕓 028.
henswert : Lage★★★.

sflugziel : Gornergrat★★★ Süd-Ost mit Zahnradbahn Z – Klein Matterhorn★★★ Süd-
est mit Luftseilbahn Z – Theodulgletscher★★ Süd mit Luftseilbahn – Unter Rothorn★★ Ost
t Standseilbahn Y – Schwarzsee★ Süd-West mit Luftseilbahn Z.

Kur- und Verkehrsverein, Bahnhofplatz, ℰ 66 11 81, Fax 66 11 85.
ern 204 – ◆Brig 38 – ◆Sierre 57 – ◆Sion 72.

mit dem Zug ab Täsch erreichbar

Stadtplan siehe nächste Seite

Grand Hotel Zermatterhof, ℰ 66 11 00, Telex 472145, Fax 67 48 42, ≤, 🌫, 𝘐𝘴,
⥌, 🖾, 🌳, ❀ – 🕼 📺 ☎ – 🔏 80. 🖭 ⓞ ⋿ 𝘝𝘐𝘚𝘈 ᴊᴄʙ. ❀ Rest
Z **w**
10. Okt. - 1. Dez. geschl. – **Menu** 58 (mittags)/80 und à la carte 62/142, Kinder 15
– **74 Zim** ⫪ 255/640, 12 Suiten – ½ P Zuschl. 35.

Mont Cervin und Residence, ℰ 66 88 88, Fax 67 28 78, ≤, « Grosszügige, moderne
Suiten in der Residence », 𝘐𝘴, ⥌, 🖾, 🌳 – 🕼 📺 ☎ – 🔏 25/200. 🖭 ⓞ ⋿ 𝘝𝘐𝘚𝘈
ᴊᴄʙ. ❀ Rest *- 2. Dez. - 20. April und 12. Juni - 5. Okt. –* **Menu** 72 (abends) – *Grill
(19. Dez. - 14. April und Mitte Juli - Mitte Sept. geöffnet ; im Sommer nur Abendessen, Dienstag, im Winter Montag geschl.)* **Menu** *38 -* 58 und à la carte 47/103 –
122 Zim ⫪ 240/710, 22 Suiten – ½ P Zuschl. 40.
Y **b**

ZERMATT

Bahnhofstrasse	YZ
Bachstrasse	Z
Getwingstrasse	Y
Hofmattstrasse	Y 3
Kirchstrasse	Z 4
Mattertalstrasse	Y
Obere Mattenstrasse	Y 6
Riedstrasse	Z 7
Schluhmattenstrasse	Z
Spissstrasse	Y
Steinmattenstrasse	Z 9
Uferstrasse (linke)	YZ 10
Uferstrasse (rechte)	YZ 12
Untere Mattenstrasse	Y 13
Wiestistrasse	Y

Bei Übernachtungen
in kleineren Orten
oder abgelegenen
Hotels empfehlen wir,
hauptsächlich
in der Saison,
rechtzeitige
telefonische Anmeldung.

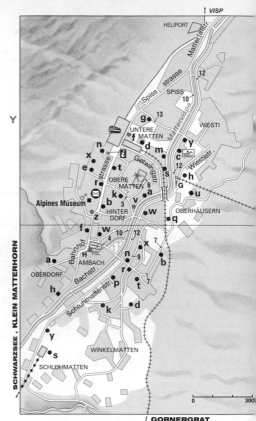

Alpenhof, ℘ 66 11 75, Fax 67 42 32, ≤, ℡, ≘s, ⊠ – ‖ ⊤⊽ ☎. ஊ ① Ɛ ⅴ⁄ℴ⅏ Rest Y

25. Nov. - 27. April und 1. Juni - 12. Okt. – **Menu** (siehe auch Rest. **Le Gourmet** **52 Zim** ⊒ 307/614, 9 Suiten – ½ P Zuschl. 15.

Alex Ⓜ, ℘ 67 17 26, Fax 67 19 43, ≤, ㄺ, ℡, ≘s, ⊠, ∰, ℀ – ‖ ⊤⊽ ☎ – 益 25/ Ɛ ⅴℴ⅏ ⌡ᴄʙ Y

Anfang Mai - Mitte Juni und Mitte Okt. - Mitte Nov. geschl. – **Menu** à la carte 39/ – **69 Zim** (nur ½ Pens.) ⊒ 180/480, 7 Suiten – ½ P Zuschl. 20.

La Ginabelle Ⓜ, ℘ 67 45 35, Fax 67 61 31, ≤, « Schöne rustikale Einrichtung », ∰ – ‖ ⊤⊽ ☎ ☆⍩. ஊ Ɛ ⅴℴ⅏ ℀ Y

21. April - 15. Mai und 13. Okt. - 16. Nov. geschl. – **Menu** (nur Abendess 26 - 34/55 und à la carte 51/113 – **38 Zim** ⊒ 175/470, 6 Suiten – ½ P Zusc 20.

Monte Rosa, ℘ 66 11 31, Fax 67 11 60, Einrichtung im Stil der Jahrhundertwen ≘s – ‖ ⊤⊽ ☎. ஊ ① Ɛ ⅴℴ⅏ ⌡ᴄʙ. ℀ Rest Z

Mitte Dez. - Mitte April und Mitte Juni - Ende Okt. – **Menu** (nur Abendess 30 - 56/80 und à la carte 49/108 – **45 Zim** ⊒ 235/480, 4 Suiten – ½ P Zusc 25.

Albana Real Ⓜ ⅏, ℘ 66 11 41, Fax 67 56 30, ≤, ≘s – ‖ ⊤⊽ ☎. ஊ ① Ɛ ⅴℴ⅏ ⅉ ℀ Rest Z

Menu (siehe auch Rest. **Barcadero**) – **Fuji of Zermatt** - japanische Küche - (nur Abe essen) **Menu** 45/83 und à la carte 30/95 – **32 Zim** ⊒ 237/450, 4 Suiter ½ P Zuschl. 25.

🕍 **Schönegg** Ⓜ ⤇, 𝒞 66 11 88, Fax 67 58 08, ≼, « Terrasse mit ≼ Zermatt und Matterhorn », ⓢ – |韋| ⊤Ⓥ ☎. ⒜Ⓔ ① Ⓔ 𝘝𝘐𝘚𝘈. ⦸ Rest   Y **u**
Hotel : 29. Nov. - 20. April und 2. Juni - 9. Okt. ; Rest. : 15. Dez. - 20. April und 16. Juni - 29. Sept. – **Gourmetstübli :** Menu 58/125 und à la carte 59/113 – **36 Zim** ⌖ 225/510 – ½ P Zuschl. 40.

🕍 **Sonne** Ⓜ ⤇, 𝒞 66 20 66, Fax 66 20 65, Thermarium, ⓢ, ⤢ – |韋| ⊤Ⓥ ☎. ① Ⓔ 𝘝𝘐𝘚𝘈. ⦸ Rest   Z **a**
Menu *(nur ½ Pens. für Hotelgäste) (mittags geschl.)* – **39 Zim** ⌖ 158/370 – ½ P Zuschl. 35.

🕍 **Mirabeau**, 𝒞 67 17 72, Fax 67 13 34, ≼, ≼, ⓢ, ▨, ⤢, ⦶ – |韋| ⊤Ⓥ ☎. ⒜Ⓔ ① Ⓔ 𝘝𝘐𝘚𝘈. ⦸ Rest   Y **g**
19. Nov. - 4. Mai und 7. Juni - 5. Okt. – **Menu** (siehe auch Rest. **Le Corbeau d'Or**) – **44 Zim** ⌖ 212/483 – ½ P Zuschl. 15.

🕍 **Berghof** Ⓜ ⤇, 𝒞 67 54 00, Fax 67 54 52, ≼, « Schöne rustikale Einrichtung », ⓢ, ▨, ⤢ – |韋| ⊤Ⓥ ☎. ⒜Ⓔ ① Ⓔ 𝘝𝘐𝘚𝘈   Z **s**
1. - 29. Juni geschl. – **Menu** *(nur Abendessen für Hotelgäste)* 48/85 – **25 Zim** ⌖ 250/390, 4 Suiten – ½ P Zuschl. 30.

🕍 **Nicoletta**, 𝒞 66 11 51, Fax 67 52 15, ≼, ⚗ (nur im Winter), 𝕱ㅎ, ⓢ, ▨ – |韋| ⊤Ⓥ ☎. ⒜Ⓔ ① Ⓔ 𝘝𝘐𝘚𝘈. ⦸ Rest   Y **k**
Anfang Dez. - Mitte April und Mitte Juni - Mitte Okt. – **Menu** *(nur Abendessen)* 58/75 und à la carte 45/85 – **59 Zim** ⌖ 245/535, 3 Suiten – ½ P Zuschl. 25.

🕍 **Schweizerhof**, 𝒞 66 11 55, Telex 472101, Fax 67 31 21, ⓢ, ▨, ⤢ – |韋| ⊤Ⓥ ☎ – ♨ 25/35. ⒜Ⓔ ① Ⓔ 𝘝𝘐𝘚𝘈 𝘑𝘊𝘉.   Y **t**
25. Sept. - 19. Dez. (ausser Rest. Schwyzer Stübli) geschl. – **Da Mario** - italienische Küche - *(nur Abendessen)* **Menu** 51 und à la carte 37/82, Kinder 13 – **Pratoborni** - Käse Spezialitäten - *(nur Abendessen)* **Menu** à la carte 32/78, Kinder 13 – **Schwyzer Stübli : Menu** *16* - 24 (mittags)/36 und à la carte 30/61, Kinder 13 – **95 Zim** ⌖ 275/520, 8 Suiten – ½ P Zuschl. 25.

🕍 **National**, 𝒞 66 11 66, Fax 67 59 07, ≼, ⓢ, ▨, ⤢ – |韋| ⊤Ⓥ ☎. ⒜Ⓔ ① Ⓔ 𝘝𝘐𝘚𝘈. ⦸ Rest   Y **s**
Mai und Okt. - Nov. geschl. – **Menu** *(nur Abendessen)* 39/52 – **50 Zim** ⌖ 233/356, 4 Suiten – ½ P Zuschl. 40.

🏨 **Alex Schlosshotel Tenne**, 𝒞 67 18 01, Fax 67 18 03, 𝕱ㅎ, ⓢ – |韋| ⊤Ⓥ ☎. ⒜Ⓔ Ⓔ 𝘝𝘐𝘚𝘈
30. Sept. - 15. Dez. – **Menu** *(nur Abendessen)* 35/75 – **28 Zim** ⌖ 170/400, 5 Suiten – ½ P Zuschl. 20.   Y **d**

🏨 **Antares** ⤇, 𝒞 67 36 64, Fax 67 52 36, ≼, ≼, ⓢ – |韋| ⊤Ⓥ ☎. ① Ⓔ 𝘝𝘐𝘚𝘈 𝘑𝘊𝘉. ⦸ Rest
5. - 11. Mai und 6. Okt. - 9. Nov. geschl. – **Menu** 58 (abends) und à la carte 52/97 – **36 Zim** ⌖ 178/400 – ½ P Zuschl. 25.   Z **y**

🏨 **Christiania**, 𝒞 67 19 07, Fax 67 26 35, ≼, ≼, 𝕱ㅎ, ⓢ, ▨, ⤢, ⦶ – |韋| ⊤Ⓥ ☎. ① Ⓔ 𝘝𝘐𝘚𝘈. ⦸ Rest   Y **c**
25. Nov. - 20. April und 6. Juni - 5. Okt. – **Menu** 37/75 (abends) und à la carte 65/119 – **70 Zim** ⌖ 155/430 – ½ P Zuschl. 25.

🏨 **Julen**, 𝒞 67 24 81, Fax 67 14 81, ≼, ≼, ⓢ, ⤢ – |韋| ⊤Ⓥ ☎. ⒜Ⓔ ① Ⓔ 𝘝𝘐𝘚𝘈   Z **r**
Julen : Menu *27* - 42 und à la carte 36/82 – **Schäferstübli** *(Mai und Okt. geschl.) (nur Abendessen)* **Menu** *27*- 38 und à la carte 28/92 – **37 Zim** ⌖ 150/346 – ½ P Zuschl. 15.

🏨 **Urania** Ⓜ garni, 𝒞 67 44 22, Fax 67 34 22, ≼, 𝕱ㅎ, ⓢ – |韋| ⊤Ⓥ ☎. ⒜Ⓔ ① Ⓔ 𝘝𝘐𝘚𝘈. ⦸
17. Dez. - 1. Mai und 23. Juni - 1. Okt. – **23 Zim** ⌖ 146/288.   Z **x**

🏨 **Pollux**, 𝒞 67 19 46, Fax 67 54 26, ⓢ, ⤢ – |韋| ⊤Ⓥ ☎ – ♨ 35. ⒜Ⓔ ① Ⓔ 𝘝𝘐𝘚𝘈   Y **r**
Menu *(Juni geschl.)* und à la carte 41/86 – **33 Zim** ⌖ 133/282 – ½ P Zuschl. 52.

🏨 **Simi**, 𝒞 66 46 00, Fax 66 46 05, 𝕱ㅎ, ⓢ – |韋| ⊤Ⓥ ☎. ⒜Ⓔ Ⓔ 𝘝𝘐𝘚𝘈 𝘑𝘊𝘉. ⦸ Rest   Y **e**
Nov. geschl. – **Menu** *(nur Abendessen)* à la carte 40/74 – **40 Zim** ⌖ 140/300 – ½ P Zuschl. 40.

🏨 **Riffelberg** ⤇, in Riffelberg : 2 582 m Höhe (mit Zahnradbahn Gornergrat erreichbar), 𝒞 67 22 16, Fax 67 39 94, ≼ Bergpanorama, ≼, ⓢ – ⊤Ⓥ. ⒜Ⓔ ① Ⓔ 𝘝𝘐𝘚𝘈 𝘑𝘊𝘉. ⦸ Zim
Hotel : 21. Dez. - 21. April und 25. Juni - 9. Okt. ; Rest : 26. Nov. - 30. April und 25. Juni - 9. Okt. – **Menu** *27*- 48 und à la carte 29/101 – **29 Zim** *(nur ½ Pens.)* ⌖ 133/256 – ½ P Zuschl. 30.

🏨 **Astoria**, 𝒞 67 52 22, Fax 67 56 72, ⓢ – |韋| ⊤Ⓥ ☎. ⒜Ⓔ ① Ⓔ 𝘝𝘐𝘚𝘈 𝘑𝘊𝘉. ⦸ Rest Z **n**
Menu *(nur Abendessen für Hotelgäste)* 55 – **21 Zim** ⌖ 160/345 – ½ P Zuschl. 30.

🏨 **Riffelalp** 🐾, in Riffelalp : 2222 m Höhe (mit Zahnradbahn Gornergrat erreichba
← 🖉 67 46 46, Fax 67 51 09, ≤ Bergpanorama, 🛬, ≦s, 🛲, 🛠 – 🛗 🕿. 🖭 ① 🖪 🖾
🛠 Rest
Mitte Dez. - 15. April und Mitte Juni - Anfang Okt. – **Menu** 20 - 34 (abends) und
la carte 31/75 – **24 Zim** 😅 178/320 – ½ P Zuschl. 45.

🏨 **Europe** 🐾, 🖉 67 10 66, Fax 67 55 48, ≤ Matterhorn, ≦s – 🛗 🖬 🕿. 🖪 🖾
🛠 Rest   Z
5. Mai - 14. Juni geschl. – **Menu** *(nur ½ Pens. für Hotelgäste) (mittags geschl.*
24 Zim 😅 130/280 – ½ P Zuschl. 30.

🏨 **Alpenblick** 🐾, 🖉 66 26 00, Fax 66 26 05, ≤, 🛬, 🗗 – 🛗 🖬 🕿. 🖭 ① 🖪 🖾
← 🛠 Rest   Z
Hotel : 1. Okt. - 20. Dez. geschl. ; Rest. : 1. Mai - 20. Juni und 1. Okt. - 20. Dez. gesc
– **Menu** 20 - 38 und à la carte 31/68, Kinder 8 – **30 Zim** 😅 125/300 – ½ P Zusc
35.

🏨 **Metropol** garni, 🖉 67 32 31, Fax 67 23 42, ≤ – 🛗 🕿. 🖭 ① 🖪 🖾   Y
1. Dez. - 30. April und 10. Juni - 31. Okt. – **24 Zim** 😅 120/260.

🏨 **Butterfly,** 🖉 66 41 66, Fax 66 41 65, ≤, ≦s – 🛗 🕿. 🖭 ① 🖪 🖾. 🛠 Rest   Y
24. Okt. - 16. Dez. geschl. – **Menu** *(nur Abendessen für Hotelgäste)* 42 – **38 Z**
😅 215/340 – ½ P Zuschl. 25.

🏨 **Jägerhof** 🐾, 🖉 67 37 14, Fax 67 45 45, ≤, 🛲 – 🛗 🖬 🕿. 🖪 🖾. 🛠 Rest Z
Menu *(nur Abendessen für Hotelgäste)* 30 – **43 Zim** 😅 97/194, 3 Suiter
½ P Zuschl. 30.

🏨 **Silvana** 🐾, in Furri : 1 864 m Höhe (mit Gondelbahn erreichbar), 🖉 67 20
← Fax 67 42 74, ≤, 🛬, 🗗, ≦s, 🗔 – 🛗 🖬 🕿. 🖪 🖾
Mai - Juni und Nov. geschl. – **Menu** 19 und à la carte 31/57 – **21 Zim** *(nur ½ Per*
😅 133/226 – ½ P Zuschl. 20.

🏨 **Abendruh,** 🖉 67 23 38, Fax 67 59 01, ≤, ≦s, 🛲 – 🛗 🖬 🕿. 🖪 🖾. 🛠 Zim Z
15. Dez. - 20. April und 15. Juni - 15. Okt. – **Menu** 45 und à la carte 38/74 – **25 Z**
😅 163/306 – ½ P Zuschl. 25.

🏨 **Adonis** 🐾 garni, 🖉 66 25 00, Fax 67 12 96, ≤, ≦s, 🛲 – 🛗 🖬 🕿. 🖭 ① 🖪 🖾
🛠   Z
Juni und Nov. geschl. – **21 Zim** 😅 100/200.

🏨 **Welschen** 🐾 garni, 🖉 67 54 22, Fax 67 54 23, ≤, 🛲 – 🕿. 🛠   Y
Dez. - April und Juli - Sept. – **16 Zim** 😅 92/196.

🏨 **Bella Vista** 🐾 garni, In Oberhäusern, 🖉 67 14 12, Fax 67 58 25, ≤ Zermatt u
Matterhorn – 🛗 🕿. 🖭 🖾   Y
Dez. - 1. Mai und 24. Mai - Ende Okt. – **21 Zim** 😅 95/208.

🏨 **Parnass,** 🖉 67 24 96, Fax 67 45 57, ≤ – 🕿. 🖭 ① 🖪 🖾. 🛠   Y
15. Dez. - 30. April und 1. Juni - 5. Okt. – **Menu** *(nur Abendessen für Hotelgäs*
40 – **30 Zim** 😅 98/222 – ½ P Zuschl. 25.

XXX **Le Corbeau d'Or** - Hotel Mirabeau, 🖉 67 17 72, Fax 67 13 34 – 🖭 ① 🖪 🖾
🛠   Y
7. Dez. - 27. April und 8. Juli - 21. Sept. geöffnet ; Montag geschl. – **Menu** 50/1
(abends) und à la carte 58/118.

XXX ⊛ **Le Gourmet** - Hotel Alpenhof, 🖉 66 11 75, Fax 67 42 32 – 🖭 ① 🖪 🖾. 🛠   Y
16. Dez. - 21. April und 6. Juli - 29. Sept. geöffnet ; Mittwoch geschl. – **Menu** *(r*
Abendessen) (Tischbestellung ratsam) 90/145 und à la carte 62/121
Spez. Saiblingfiletröllchen mit Morcheln auf Kefencremesauce. Gebratene Bresse-Taube
Ochsenschwanzragout an Trüffelsauce. Japonais und Marzipaneistorte auf Eierlikörsau

XX **Barcadero** - Hotel Albana Real, 🖉 66 11 41, Fax 67 56 30, « Elegante Einrichtung
Schiffstil » – 🖭 ① 🖪 🖾 🗾. 🛠   Z
Montag, Mai - Juni und Okt. - Nov. geschl. – **Menu** – italienische Küche – *(nur Abe.*
essen) 60/90 und à la carte 47/100.

XX **Casa Rustica,** 🖉 67 48 58, 🛬 – 🖭 🖪 🖾   Y
Anfang Mai - Ende Juni und 15. Okt. - 1. Dez. geschl. – **Menu** *(im Winter nur Abe.*
essen) (Tischbestellung ratsam) 24 und à la carte 39/89.

XX **Le Mazot,** 🖉 67 27 77, Fax 67 62 74 – 🖭 ① 🖪 🖾   Y
1. Dez. - 30. April und 21. Juni - 14. Okt. – **Menu** *(nur Abendessen)* (Tischbestellu
ratsam) à la carte 47/85.

X **Le Gitan,** 𝄆 67 10 98 – **E** _VISA_   Y **z**
Nov. geschl. – **Menu** - Grill - _(nur Abendessen)_ (Tischbestellung ratsam) à la carte
43/84.

X **Unter-Rothorn,** auf dem Unterrothorn : 3 150 m (mit Sunnegga Express, Gondel- und
Seilbahn erreichbar), 𝄆 67 26 75, ⁂ Monte Rosa Massiv und Matterhorn, 🏔
27. Nov. - 30. April und 1. Juli - 6. Okt. – **Menu** _(nur Mittagessen)_ 22 - 34 und à la
carte 31/77.

X **Furri,** in Furri : 1 864 m Höhe (mit Gondelbahn erreichbar), 𝄆 67 24 77, Fax 67 61 24,
◄, 🏔
Menu _(nur Mittagessen)_ 20 - 34 und à la carte 34/48, Kinder 6.

X **Zum See,** mit Gondelbahn bis Furri und Spazierweg (15 Min.) erreichbar, oder über
Schwarzseepromenade (40 Min.), 𝄆 67 20 45, Fax 67 18 70, 🏔
15. Dez. - 21. April und 26. Juni - 9. Okt. – **Menu** _(nur Mittagessen)_ (Tischbestellung
ratsam) à la carte 33/72.

X **Findlerhof,** in Findeln : 2 069 m Höhe (mit Sunnegga Express und Sessellift
erreichbar), 𝄆 67 25 88, ◄ Bergpanorama, 🏔
1. Dez. - 24. April und 16. Juni - 14. Okt. – **Menu** _(nur Mittagessen)_ 25/35 und à
la carte 35/76.

ERNEZ **7530** Graubünden (GR) 📙📙📙 ⑥ – 992 Ew. – Höhe 1 471 – ✪ 082 (ab 04/96 : 081).
henswert : Ofenstrasse★.

kale Veranstaltung
.03 : "Chalandamarz" alter Frühlingsbrauch und Kinderfest.

Verkehrsverein, Chasa Fuschina, 𝄆 8 13 00 (ab 04/96 : 856 13 00), Fax 8 11 55 (ab 04/96 :
6 11 55).

ern 313 – ◆Scuol 29 – ◆Davos 37 – Merano 104 – St. Moritz 34.

🏠 **Bär-Post,** 𝄆 8 11 41 (ab 04/96 : 856 11 41), Fax 8 13 79 (ab 04/96 : 856 13 79), 🏔,
⊆s, ⌱ – 📺 ☎ 🄿 – 🄼 40. 🄰🄴 ① **E** _VISA_
1. Nov. - 15. Dez. geschl. – **Menu** à la carte 38/72 – **46 Zim** ⊆ 85/150 – ½ P Zuschl.
20.

🏠 Spöl, 𝄆 8 12 79, Fax 8 19 48, 🏔, ⊆s – 📺 🄿 – **31 Zim**.

TZWIL **5732** Aargau (AG) 📙📙📙 ⑰ – 1 199 Ew. – Höhe 509 – ✪ 062.

ern 94 – ◆Aarau 16 – ◆Baden 38 – ◆Luzern 31 – ◆Olten 29.

X **Bären** mit Zim, Hauptstr. 13, 𝄆 773 12 06, Fax 773 19 40, 🏔 – 🄿. **E** _VISA_
Freitag mittags, Donnerstag und in Juni 3 Wochen geschl. – **Menu** 17 - 50 und à la
carte 52 (mittags) 46/100 – **4 Zim** ⊆ 80/140 – ½ P Zuschl. 20.

MMERWALD **3086** Bern (BE) 📙📙📙 ⑥ – 943 Ew. – Höhe 845 – ✪ 031.

ern 12 – ◆Fribourg 37 – Langnau im Emmental 35 – ◆Thun 28.

X **Löwen,** 𝄆 819 19 72, 🏔 – 🄿. **E** _VISA_
Montag - Dienstag, 18. - 29. Feb. und 7. - 31. Juli geschl. – **Menu** 18 und à la carte
39/83, Kinder 8.50.

NAL **3961** Valais (VS) 📙📙📙 ③ – alt. 1 678 – Sports d'hiver : 1 671/2 900 m 🎿1 🎿8 🎿
🎿 027.

Office du Tourisme, 𝄆 65 13 70, Fax 65 29 77.

ern 195 – ◆Brig 60 – ◆Sierre 27 – ◆Sion 42.

🏠 **Europe** 🄼, 𝄆 65 44 04, Fax 65 44 14, ◄, 🏔, 🛁, ⊆s – 🛗 📺 ☎ 🄿 – 🄼 30. 🄰🄴 ①
E _VISA_
fermé mai et nov. – **Repas** 18 - 25/50 et à la carte 28/73, enf. 10 – **34 ch** ⊆ 110/200
– ½ P suppl. 20.

🏠 **Le Besso** avec ch, 𝄆 65 31 65, Fax 65 49 82, ◄ Besso – ☎ 🄿 – 🄼 40. 🄰🄴 ① **E** _VISA_.
🎿 rest
fermé mai, nov., lundi en juin, sept. et oct. – **Repas** 85 et à la carte 44/84 – **10 ch**
⊆ 99/168 – ½ P suppl. 30.

X **La Ferme,** 𝄆 65 13 63, ◄ Besso, 🏔 – 🄰🄴 **E** _VISA_
fermé mai, nov. à mi-déc. et mardi hors saison – **Repas** 16 et à la carte 26/80.

ZIZERS 7205 Graubünden (GR) 🔢🔢🔢 ④ – 2 943 Ew. – Höhe 565 – ⑨ 081 :
◆Bern 233 – ◆Chur 15 – Bad Ragaz 11 – ◆Davos 56.

Nahe der Autobahnausfahrt Zizers-Untervaz Süd-West : 2 km

🏭 **Sportcenter Fünf-Dörfer**, ✉ 7201 Untervaz-Bahnhof, ℰ 51 69 00 (ab 04/9⬤
↔ 322 69 00), Fax 51 69 03 (ab 04/96 : 322 69 03), ⬛, ✗ – 📺 ☎ ℗ – 🏛 30. 🆎
🇪 𝘝𝘐𝘚𝘈
  Menu *14.50* und à la carte 42/74 – **34 Zim** ⊆ 83/125.

ZOFINGEN 4800 Aargau (AG) 🔢🔢🔢 ⑯ – 8 610 Ew. – Höhe 432 – ⑨ 062.
🅱 Verkehrsverein, Vordere Hauptgasse 33, ℰ 751 65 22, Fax 750 94 29.

◆Bern 70 – ◆Aarau 19 – ◆Luzern 43 – ◆Olten 12 – ◆Solothurn 39.

🏨 **Zofingen**, Kirchplatz 30, ℰ 752 30 30, Fax 752 22 08, 🌇 – 📶 🍴 Zim 📺 ⬤
↔ 🏛 25/60. 🆎 ⓞ 🇪 𝘝𝘐𝘚𝘈
  Thutstube : Menu *24* und à la carte 38/94, Kinder 13.50 – *Bögli :* **Menu** *19* und à
  carte 29/69, Kinder 13.50 – **45 Zim** ⊆ 150/220.

🏭 **Engel** garni, Engelgasse 4, ℰ 751 50 50, Fax 751 99 66 – 📶 📺 ☎. 🆎 ⓞ
𝘝𝘐𝘚𝘈
  23. Dez. - 7. Jan. und 20. Juli - 4. Aug. geschl. – **37 Zim** ⊆ 98/145.

Europe	Si le nom d'un hôtel figure en petits caractères demandez, à l'arrivée, les conditions à l'hôtelier.

ZOLLIKON Zürich 🔢🔢🔢 ⑱ – siehe Zürich.

ZUCHWIL Solothurn 🔢🔢🔢 ⑮ – siehe Solothurn.

ZUG 6300 🅺 Zug (ZG) 🔢🔢🔢 ⑱ – 21 668 Ew. – Höhe 425 – ⑨ 042 (ab 03/96 : 041)
  Sehenswert : Zuger See★★ – Die Quais★ : Ausblicke★ – Altstadt★ Z.
  Ausflugsziel : Zugerberg★ über ② : 7,5 km – Ehemalige Zisterzienserab⬤
  Kappel★ : Glasgemälde★ über ①.

  🏌 in Schönenberg, ✉ 8824 (April - Nov.), ℰ (01) 788 16 24, Fax (01) 788 20⬤
  über ① Nord-Ost : 14 km 🏌 Ennetsee, in Holzhäusern, ✉ 6343 Rotkreuz (Mä⬤
Nov.), ℰ 65 16 56 (ab 03/96 : 799 70 10), Fax 65 16 86 (ab 03/96 : 799 70 15).
🕸 Baarerstr. 21, ℰ 21 23 30, (ab 03/96 : 711 23 30) Fax 21 82 19 (ab 03/96 : 711 82 19).
🅰 Poststr. 15, ℰ 22 36 22 (ab 03/96 : 710 36 22), Fax 21 63 55 (ab 03/96 : 711 63 55).
◆Bern 139 ④ – ◆Luzern 28 ④ – ◆Aarau 58 ④ – ◆Schwyz 27 ③ – ◆Zürich 31 ①.

Stadtplan siehe gegenüberliegende Seite

🏨 **Parkhotel Zug** 🅼, Industriestr. 14, ℰ 22 66 11 (ab 03/96 : 711 66 11), Telex 8654⬤
  Fax 21 39 29 (ab 03/96 : 710 66 11), 🌇, 🅵, ⬛, 🖼 – 📶 🍴 Zim 📺 ☎ ⬤
  🏛 25/60. 🆎 ⓞ 🇪 𝘝𝘐𝘚𝘈 🅹🅲🅱
                                                                                Y
  Le Pavillon : **Menu** à la carte 50/90 – *Boulevard :* **Menu** *25* und à la carte 35/7⬤
  102 Zim ⊆ 260/360, 5 Suiten – ½ P Zuschl. 30.

🏨 **City-Hotel Ochsen**, Kolinplatz 11, ℰ 21 32 32 (ab 03/96 : 729 32 32), Fax 21 30⬤
↔ (ab 03/96 : 729 30 32) – 📶 📺 ☎ – 🏛 70. 🆎 ⓞ 🇪 𝘝𝘐𝘚𝘈
                                                                                Z
  Au Premier (Mitte Juli - 10. Aug. geschl.) **Menu** *18* und à la carte 45/101 – **46 ⬤**
  ⊆ 162/265.

🏨 **Rosenberg** ◇ garni, Rosenbergstr. 33 (über ②), ℰ 21 43 43 (ab 03/96 : 711 43 ⬤
  Fax 21 72 78 (ab 03/96 : 711 72 78), ≼, 🌇 – 📶 📺 video ☎ ℗. 🆎 ⓞ 🇪 ⬤
  ✗
  23. Dez. - 8. Jan. und 19. Juli - 18. Aug. geschl. – **38 Zim** ⊆ 140/220.

🏭 **Central,** Grabenstr. 9, ℰ 22 39 60 (ab 03/96 : 710 39 60), Fax 21 21 65 (ab 03/9⬤
  711 21 65), ≼ – 📶 📺 ☎. 🆎 ⓞ 🇪 𝘝𝘐𝘚𝘈
                                                                                Z
  20. Dez. - 15. Jan. geschl. – **Menu** *(Samstag - Sonntag geschl.) (nur Abendessen*
  Hotelgäste) 35 – **21 Zim** ⊆ 130/210 – ½ P Zuschl. 30.

🏭 **Zugertor,** Baarerstr. 97 (über ①), ℰ 21 11 93 (ab 03/96 : 711 11 93), Fax 21 32⬤
↔ (ab 03/96 : 711 32 03), ≼, 🌇 – 📶 📺 ☎ ℗. 🆎 ⓞ 🇪 𝘝𝘐𝘚𝘈
  24. Dez. - 2. Jan. geschl. – **Menu** *(Samstag - Sonntag geschl.) 19.50* und à la ca⬤
  42/87, Kinder 12 – ⊆ 14 – **27 Zim** 155/185 – ½ P Zuschl. 30.

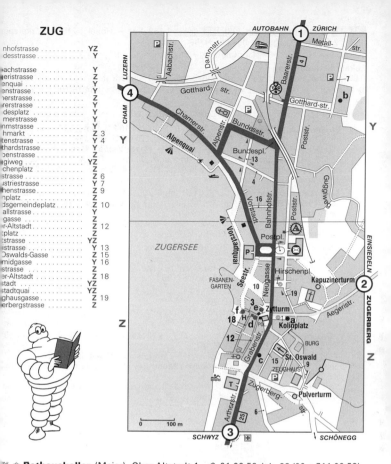

ZUG

nhofstrasse . . . . YZ
desstrasse . . . . Y

achstrasse . . . . Y
eristrasse . . . . Z
enquai . . . . Y
enstrasse . . . . Y
erstrasse . . . . Z
rerstrasse . . . . Y
desplatz . . . . Y
merstrasse . . . . Y
nmstrasse . . . . Y
hmarkt . . . . Z 3
tenstrasse . . . . Y 4
thardstrasse . . . . Y
benstrasse . . . . Y
igiweg . . . . YZ
chenplatz . . . . Z
strasse . . . . Z 6
ustriestrasse . . . . Y 7
henstrasse . . . . Z 9
nplatz . . . . Z
dsgemeindeplatz . . . . Z 10
allstrasse . . . . Y
gasse . . . . Z
r-Altstadt . . . . Z 12
cplatz . . . . Z
strasse . . . . YZ
istrasse . . . . Y 13
Oswalds-Gasse . . . . Z 15
midgasse . . . . Y 16
strasse . . . . Z
r-Altstadt . . . . Z 18
stadt . . . . YZ
stadtquai . . . . YZ
ghausgasse . . . . Z 19
erbergstrasse . . . . Z

❄ ⊛ Rathauskeller (Meier), Ober-Altstadt 1, ☎ 21 00 58 (ab 03/96 : 711 00 58),
Fax 22 49 77 (ab 03/96 : 710 49 77), 🌴, « Inneneinrichtung im regionalen Stil » – 🆀
🝰 VISA   Z **d**
Sonntag - Montag, 24. Dez. - 3. Jan., 8. - 15. April und 4. - 21. Aug. geschl. – **Menu**
(Tischbestellung erforderlich) *32* - 60 (mittags)/140 und à la carte 61/130
Spez. Filets de perche sauce aux herbes. Panaché de poissons de mer à la vapeur, sauce
au fumet de homard. Epaule d'agneau de lait aux oignons et pommes de terre nouvelles
(printemps).

❄ Aklin, Am Zytturm, ☎ 21 18 66 (ab 03/96 : 711 18 66), Fax 23 27 52 (ab 03/96 :
710 87 52) – 🆀 🕦 🝰 **VISA**   Z **e**
Sonntag - Montag und 14. Juli - 5. Aug. geschl. – **Menu** 54 (mittags)/125 und à la
carte 59/113.

❄ Hecht, Fischmarkt 2, ☎ 21 01 93 (ab 03/96 : 711 01 93), Fax 21 38 47 (ab 03/96 :
711 38 47), ≼ Zugersee – 🆀 🕦 🝰 **VISA**. 🍽   Z **f**
Donnerstag und 21. Dez. - 5. Jan. geschl. – **Menu** - Fischspezialitäten - à la carte
56/97.

❄ Rosenberg, Rosenbergstr. 30 (über ②), ☎ 21 71 71 (ab 03/96 : 711 71 71),
Fax 22 40 48 (ab 03/96 : 710 40 48), 🌴, « Terrasse ≼ See » – 🅿. 🆀 🕦 🝰 **VISA** 🝰
Samstag - Sonntag geschl. – **Menu** *23* - 98 und à la carte 61/109.

Information is given in the local language.

ZUOZ 7524 Graubünden (GR) 𝟚𝟙𝟠 ⑯ – 1 169 Ew. – Höhe 1 716 – Winterspo
1 750/2 500 m ≰4 ⤴ – ❸ 082 (ab 04/96 : 081).

Sehenswert : Lage★★ – Hauptplatz★★ – Engadiner Häuser★.

Lokale Veranstaltung
01.03 : "Chalandamarz", alter Frühlingsbrauch und Kinderfest.

🛈 Kur- und Verkehrsverein, via Maistra, ℘ 7 15 10 (ab 04/96 : 854 15 10), Fax 7 33 34
04/96 : 854 33 34).

◆Bern 329 – St. Moritz 17 – Scuol 46 – ◆Davos 54 – Merano 121.

🏨 **Posthotel Engiadina,** ℘ 7 10 21 (ab 04/96 : 854 10 21), Fax 7 33 03 (ab 854 33
≼, 🏛, ≾s, ☑, 🍴 – 📳 📺 ☎ ℗ – 🏛 80. 🆎 ⓪ 🅴 𝘝𝘐𝘚𝘈 ᴊᴄʙ
*17. Dez. - 8. April und 16. Mai - 12. Okt. – **Posta Veglia :** Menu 24 und à la ca
45/78 – **Chammana** (17. Dez. - 8. April und 15. Juni - 12. Okt. geöffnet ; Diens
geschl.) (nur Abendessen)* Menu à la carte 31/81 – **44 Zim** ⊇ 162/304 – ½ P Zus
34.

🏨 **Schlosshotel Castell** ⊛, ℘ 7 01 01 (ab 04/96 : 854 01 01), Fax 7 31 20 (ab 04/
854 31 20), ≼ Berge und Tal, 🏛, ≾s, 🍴, ⚲ – 📳 ☎ ⇔ ℗ – 🏛 60. 🆎 ⓪ 🅴 🔼
⚲ Rest
*15. Dez. - 8. April und 2. Juni - 20. Okt. – **Menu** 52 (abends) und à la carte 36/
Kinder 11 – **82 Zim** ⊇ 145/390 – ½ P Zuschl. 35.

🏩 **Klarer,** ℘ 7 13 21 (ab 04/96 : 854 13 21), Fax 7 12 14 (ab 04/96 : 854 12 14), 🏛
← 📳 ⋑ Rest ☎. 🆎 🅴 𝘝𝘐𝘚𝘈
*in der Zwischensaison Dienstag und Mitte April - Mitte Mai geschl. – **Menu** 18 - 25,
und à la carte 36/76 – **20 Zim** ⊇ 98/190 – ½ P Zuschl. 35.

🏩 **Bellaval,** ℘ 7 14 81 (ab 04/96 : 854 14 81), Fax 7 31 41 (ab 04/96 : 854 31 41), ≼,
🍴 – 📺 ☎ ⇔. 🆎 ⓪ 🅴 𝘝𝘐𝘚𝘈
*April und Nov. geschl. – **Menu** (nur Abendessen) 52 – **13 Zim** ⊇ 104/180 – ½
Zuschl. 40.

🍴🍴 ⚙ **Crusch Alva** (Jörimann) mit Zim, ℘ 7 13 19 (ab 04/96 : 854 13 19), Fax 7 24 59
04/96 : 854 24 59) – ☎. 🆎 🅴 𝘝𝘐𝘚𝘈
*4. Mai - Mitte Juni und Mitte Nov. - Mitte Dez. geschl. – **Stüva :** Menu 45 (mittags)/
und à la carte 79/124 – **Cruschetta :** Menu 24 - 45 und à la carte 48/87 – **13**
⊇ 150/310 – ½ P Zuschl. 50
Spez. Engadiner Heusuppe. Veltlinernudeln mit gemischtem Pilzragout. Geschmo
Tafelspitz vom Hirsch mit Schalotten.

Zürich

8000 Ⓚ Zürich (ZH)🔢 ⑱ – 345 235 Ew.
Höhe 409 – ✪ 01

Sehenswert : Die Quais★★ : Ausblicke★ FZ ; Mythenquai : Ausblicke★ CX – Kunsthaus★★ FZ – Stiftung Sammlung E. G. Bührle★★ BU **M³** – Fraumünster : Kreuzgang★ ; Fenster★ EZ – Felix-und-Regula-Kirche★ AT **E** – Zoo Dolder★ BT – Grossmünster★.

Museen : Schweizerisches Landesmuseum★★★ EY – Museum Rietberg★★ CX **M²**.

Ausflugsziele : Uetliberg★★ mit Bahn AU – Albisstrasse★ über ⑥ – Ehem. Kloster Kappel★ Süd-West : 22 km über ⑥ – Eglisau : Lage★ Nord : 27 km über ①.

Schiffahrten : Informationen bei der Zürichsee-Schiffahrtsgesellschaft – Bürkliplatz 10, ✆ 482 10 33.

🏌 Dolder TU F (April – 15 Nov.) ✆ 261 50 45, Fax 261 53 02 ; 🏌 in Zumikon, ✉ 8126 (April-Okt.) ✆ 918 00 50, Fax 918 00 37, Süd-Ost : 9 km ; 🏌 in Hittnau, ✉ 8335 (April-Nov.) ✆ 950 24 42, Fax 951 01 66, Ost : 33 km ; 🏌 in Breitenloo, ✉ 8309 Nürensdorf (April-Okt.) ✆ 836 40 80, Fax 837 10 85, Nord über ① : 22 km.

🏢 Offizielles Verkehrsbüro, Bahnhofplatz 15, ✆ 211 40 00, Fax 211 39 81
🕸 Alfred Escher-Str. 38, ✆ 286 86 86, Fax 286 86 87
🅰 Forchstr. 95 ✆ 422 15 00, Fax 422 15 37

✈ Zürich-Kloten, ✆ 816 22 11.

Fluggesellschaften

Swissair Hirschengraben 84, ✆ 258 34 34, Fax 258 34 40.
Crossair Zürich-Airport, ✆ 816 41 70, Fax 816 41 55
Air France Talstr. 70, ✆ 211 13 77, Fax 212 01 35
Alitalia Thurgauerstr. 39, ✆ 306 93 33, Fax 306 91 44
Austrian Airlines Hirschengraben 88, ✆ 258 34 34, Fax 258 34 40
British Airways Talacker 42, ✆ 211 40 90, Fax 212 06 35
Lufthansa Gutebergstr. 10, ✆ 286 70 00, Fax 286 72 07

Lokale Veranstaltungen

14.04 – 15.04 : "Sechseläuten" Frühlingsfest.
05.07 – 07.07 : New Orleans Jazz Festival
07.09 – 09.09 : Knabenschiessen, Schützenfest für Jugendliche

◆Bern 125 ⑦ – ◆Aarau 47 ⑦ – ◆Baden 24 ⑦ – ◆Chur 122 ⑤ – ◆Winterthur 28 ②.

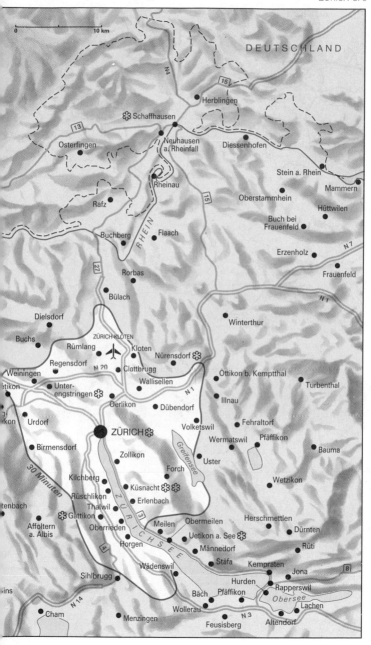

ZÜRICH

Bahnhofstrasse	**EYZ**
Bellevueplatz	**FZ**
Limmatquai	**FYZ**
Löwenstrasse	**EY**
Paradeplatz	**EZ**
Poststrasse	**EZ** 58
Rennweg	**EYZ** 63
Storchengasse	**EZ** 85
Strehlgasse	**EZ** 87
Uraniastrasse	**EYZ**

Allmendstrasse	**CX** 6
Augustinergasse	**EZ** 9
Bärengasse	**EZ** 10
Beethovenstrasse	**EZ** 12
Birmensdorferstrasse	**CX** 15
Claridenstrasse	**EZ** 18

Clausiusstrasse	**FY** 19
Culmannstrasse	**FY** 21
Dufourstrasse	**DX** 24
Feldstrasse	**CV** 27
Fraumünsterstrasse	**EZ** 28
Freiestrasse	**DVX** 30
Gablerstrasse	**CX** 31
General Wille-Strasse	**CX** 33
Hafnerstrasse	**EY** 36
Kantonsschulstrasse	**FZ** 39
Konradstrasse	**EY** 40
Kreuzstrasse	**DX** 42
Manessestrasse	**CX** 45
Marktgasse	**FZ** 46
Münsterhof	**EZ** 48
Museumstrasse	**EY** 49
Nelkenstrasse	**FY** 52
Neumarkt	**FZ** 54
Nordstrasse	**DV** 55
Rathausbrücke	**EFZ** 60

Rindermarkt	**FZ**
Schimmelstrasse	**CX**
Seebahnstrasse	**CX**
Selnaustrasse	**CX**
Sihlhölzlistrasse	**CX**
Stadelhoferstrasse	**FZ**
Stampfenbachplatz	**FY**
Stampfenbachstrasse	**EFY**
Stauffacherplatz	**CX**
Stauffacherstrasse	**CVX**
Sumatrastrasse	**FY**
Talacker	**EZ**
Tannenstrasse	**FY**
Theaterstrasse	**FZ**
Toblerstrasse	**DV**
Tunnelstrasse	**CX**
Usteristrasse	**EY**
Waffenplatzstrasse	**CX**
Weinbergfussweg	**FY**
Zollikerstrasse	**DX**

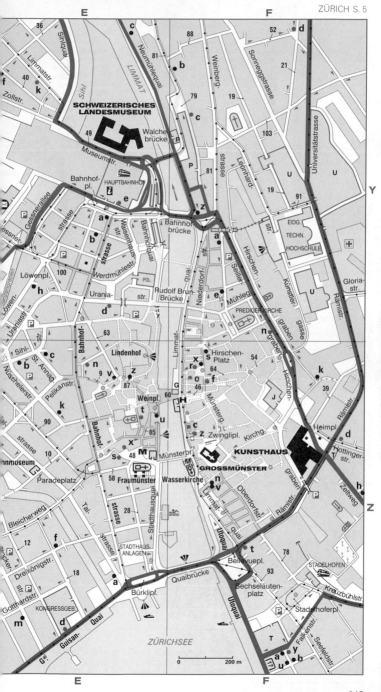

ZÜRICH

Albisriederstrasse . . . . **AU** 3
Albistrasse . . . . **AU** 4
Asylstrasse . . . . **BU** 7
Badenerstrasse . . . . **ATU**
Bellerivestrasse . . . . **BU**
Bergstrasse . . . . **BU** 13
Birmensdorferstrasse . . . . . . **AU**
Bucheggstrasse . . . . **ABT** 16
Dörflistrasse . . . . **BT** 22
Dübendorfstrasse . . . . **BT**

Emil Klöti-Strasse . . . . **AT**
Europabrücke . . . . **AT** 25
Forchstrasse . . . . **BU**
Gutstrasse . . . . **AU** 34
Hardstrasse . . . . **AT**
Hardturmstrasse . . . . **AT** 37
Hohlstrasse . . . . **AT**
Limmattalstrasse . . . . **AT**
Luggwegstrasse . . . . **AT** 43
Mythenquai . . . . **AU** 51
Nordstrasse . . . . **AT** 55
Ottenbergstrasse . . . . **AT** 57
Rautistrasse . . . . **ATU**

Regensbergstrasse . . . . . . **ABT**
Rotbuchstrasse . . . . **ABT**
Schaffhauserstrasse . . . . . . **BT**
Schweighofstrasse . . . . . . **AU**
Seestrasse . . . . **AU**
Thurgauerstrasse . . . . **BT**
Tobelhofstrasse . . . . **BTU**
Uetlibergstrasse . . . . **AU**
Wallisellenstrasse . . . . **BT**
Wehntalerstrasse . . . . **AT**
Winterthurerstrasse . . . . . **BT**
Witikonerstrasse . . . . **BU**
Zollikerstrasse . . . . **BU**

Die in diesem Führer angegebenen Preise folgen
der Entwicklung der allgemeinen Lebenshaltungskosten.
Lassen Sie sich bei der Zimmerreservierung
den endgültigen Preis vom Hotelier mitteilen.

Liste alphabétique des hôtels et restaurants
Alphabetisches Hotel- und Restaurantverzeichnis
Elenco alfabetico degli alberghi e ristoranti
Alphabetical list of hotels and restaurants

:cademia Piccoli 11
rport 12
nbassador 8
nmann 9
scot 10
lantis Sheraton 10
n Premier 12

ur au Lac 10
rnasconi, Da .. 12
aue Ente 10
asserie Lipp ... 12
uno's Rest. ... 12

rlton Elite 11
sa Ferlin 9
ntral Plaza 8
cy 11
nti-da Bianca .. 9

lder Grand Hotel 8

en au Lac 8
gematthof 11
rope 8

rhof 8
r Away 13
nziskaner 9

angrossi 11
glio, (Il) 12
rnischhof 11
ockenhof 11
ggach 9

H
Haus zum Rüden . 9
Helmhaus 8
Hexagone (L') ... 11
Hilton 12
Hirschberg 10

I – J
Intermezzo 11

J
Jacky's
Stapferstube 9

K
Kindli 11
Königstuhl 9
Kronenhalle 9
Krone Unterstrass 8

L
Limmat
Kongresszentrum 11

M
Montana 11
Mövenpick 12

N
Napoli 12
Neues Schloss .. 10
Nova-Park 10
Novotel
Zürich Airport . 12

O
Opera 8

R
Renaissance 12
Rex 8
Riesbächli 9
Rössli 13
Rütli 9

S
St. Gotthard 10
Sala of Tokyo ... 12
Schweizerhof ... 10

Seegarten 8
Seidenhof 11
Senator 11
Sofitel 8
Splügenschloss .. 10
Stoller 10
Storchen
(Zum) 10
Sukhothai 11
Swisshôtel
Zürich 12

T
Tiefenau 8
Top-Air 13
Tübli 9

V
Veltlinerkeller ... 11

W
Waldhaus
Dolder 8
Welcome
Inn 13
Wellenberg 8
Widder 10
Wirtschaft
Flühgass 9
Wirtschaft zur
Höhe 13
Wirtsstuben
Münsterhof ... 12
Wolfbach 10

Z
Zunfthaus zur
Zimmerleuten .. 9
Zunfthaus zur
Schmiden 9
Zunfthaus zur
Waag 12
Zürcherhof 9
Zürich und La
Résidence 8

Rechtes Ufer der Limmat (Universität, Kunsthaus)

🏰 **Dolder Grand Hotel** ⑳, Kurhausstr. 65, ✉ 8032, ℰ 251 62 31, Telex 81641
Fax 251 88 29, �, ▯₅, « In einer schönen Parkanlage, ≤ See und Berge », 🏊, ✵
|≢| 🗏 🔲 ☎ ⋈ ⬅ – 🏄 25/200. 🕮 ⓪ 🗲 𝖵𝖨𝖲𝖠 𝖩𝖢𝖡. ✵ Rest   S. 6 BU
La Rotonde : Menu 48 (mittags)/80 und à la carte 67/154 – **174 Zim** ⬒ 390/54
11 Suiten.

🏰 **Zürich und La Résidence,** Neumühlequai 42, ✉ 8001, ℰ 363 63 63, Telex 81758
◆ Fax 363 60 15, ≤, 🛏, ⇋, 🔲 – |≢| ⇌ Zim 🗏 🔲 video ☎ ⬅ – 🏄 25/250. 🕮 ⓪
🗲 𝖵𝖨𝖲𝖠. ✵ Rest   S. 5 EY
Scala : Menu 37 - 48 (mittags)/88 und à la carte 57/111 – **White Elephant** - Thaï-Küch
- *(Sonntag - Montag und 17. Dez. - 16. Jan. geschl.)* Menu 36 (mittags)/85 und
la carte 50/79 – *La Brasserie :* Menu 16.50 - 32(mittags) und à la carte 38/87 – **265 Zi**
⬒ 380/430, 10 Suiten.

🏰 **Eden au Lac,** Utoquai 45, ✉ 8023, ℰ 261 94 04, Fax 261 94 09, ≤, ⇋ – |≢| 🗏 🄲
☎ ⓟ. 🕮 ⓪ 🗲 𝖵𝖨𝖲𝖠. ✵ Rest   S. 4 DX
Menu 42 - 62/110 und à la carte 66/134 – **52 Zim** ⬒ 330/630, 3 Suiten.

🏰 **Waldhaus Dolder** ⑳, Kurhausstr. 20, ✉ 8032, ℰ 251 93 60, Telex 81646
Fax 251 00 29, ≤ Zürich und See, 🌧, ▯₅, ⇋, 🔲, ✵ – |≢| 🗏 Rest 🔲 ☎ ⬅ ⓟ
🏄 35. 🕮 ⓪ 🗲 𝖵𝖨𝖲𝖠   S. 6 BU
Menu 22 und à la carte 51/90, Kinder 15 – ⬒ 16 – **97 Zim** 250/500, 3 Suiten.

🏰 **Central Plaza** Ⓜ, Central 1, ✉ 8001, ℰ 251 55 55, Telex 817152, Fax 251 85 35
|≢| 🗏 🔲 video ☎ – 🏄 35. 🕮 ⓪ 🗲 𝖵𝖨𝖲𝖠 𝖩𝖢𝖡   S. 5 FY
Cascade (Samstag - Sonntag geschl.) Menu 42 und à la carte 48/100, Kinder 8
Entrecôte : Menu à la carte 48/76, Kinder 8 – ⬒ 24 – **94 Zim** 270/362, 6 Suiter

🏰 **Sofitel,** Stampfenbachstr. 60, ✉ 8035, ℰ 363 33 63, Fax 363 33 18 – |≢| ⇌ Zim
◆ ☎ ⬅ ⓟ – 🏄 25/70. 🕮 ⓪ 🗲 𝖵𝖨𝖲𝖠 𝖩𝖢𝖡. ✵ Rest   S. 5 FY
Diff : Menu 20 - 42 und à la carte 57/125 – ⬒ 16 – **176 Zim** 270/320.

🏨 **Europe** garni, Dufourstr. 4, ✉ 8008, ℰ 261 10 30, Fax 251 03 67 – |≢| 🗏 🔲 ☎.
⓪ 🗲 𝖵𝖨𝖲𝖠 𝖩𝖢𝖡 – **40 Zim** ⬒ 240/340.   S. 5 FZ

🏨 **Florhof** Ⓜ ⑳, Florhofgasse 4, ✉ 8001, ℰ 261 44 70, Fax 261 46 11, 🌧
« Geschmackvolle Einrichtung » – |≢| ⇌ Zim 🔲 ☎ ⓟ. 🕮 ⓪ 🗲 𝖵𝖨𝖲𝖠 S. 5 FZ
Menu *(Samstag - Sonntag und 23. Dez. - 15. Jan. geschl.)* 27 - 44 (mittags)/63 u
à la carte 60/96 – **33 Zim** ⬒ 200/330.

🏨 **Opera** garni, Dufourstr. 5, ✉ 8008, ℰ 251 90 90, Telex 816480, Fax 251 90 01 –
🗏 🔲 video ☎. 🕮 ⓪ 🗲 𝖵𝖨𝖲𝖠 𝖩𝖢𝖡   S. 5 FZ
23. Dez. - 3. Jan. geschl. – **67 Zim** ⬒ 195/340.

🏨 **Ambassador,** Falkenstr. 6, ✉ 8008, ℰ 261 76 00, Fax 251 23 94 – |≢| 🗏 🔲 vid
☎. 🕮 ⓪ 🗲 𝖵𝖨𝖲𝖠 𝖩𝖢𝖡   S. 5 FZ
Menu 23 und à la carte 44/109 – **46 Zim** ⬒ 195/340.

🏨 **Tiefenau** ⑳, Steinwiesstr. 8, ✉ 8032, ℰ 251 24 09, Fax 251 24 76, 🌧 – |≢| 🔲 vid
☎ ⓟ – 🏄 30. 🕮 ⓪ 🗲 𝖵𝖨𝖲𝖠 𝖩𝖢𝖡   S. 5 FZ
22. Dez. - 7. Jan. geschl. – *Züri-Stube :* Menu 30 und à la carte 40/96 – **27 Z**
⬒ 240/400, 3 Suiten – ½ P Zuschl. 40.

🏨 **Krone Unterstrass,** Schaffhauserstr. 1, ✉ 8006, ℰ 361 16 88, Fax 361 19 67 –
🔲 ☎ ⓟ – 🏄 25/90. 🕮 ⓪ 🗲 𝖵𝖨𝖲𝖠
Kronen-Grill : Menu 25.50 - 58 (abends) und à la carte 37/83 – **57 Zim** ⬒ 145/2

🏨 **Wellenberg** garni, Niederdorfstr. 10, ✉ 8001, ℰ 262 43 00, Fax 251 31 30 – |≢|
🔲 ☎. 🕮 ⓪ 🗲 𝖵𝖨𝖲𝖠   S. 5 FZ
45 Zim ⬒ 240/330.

🏩 **Helmhaus** garni, Schifflände 30, ✉ 8001, ℰ 251 88 10, Fax 251 04 30 – |≢| ⇌
🔲 ☎. 🕮 ⓪ 🗲 𝖵𝖨𝖲𝖠 𝖩𝖢𝖡   S. 5 FZ
25 Zim ⬒ 205/315.

🏩 **Rex** Ⓜ, Weinbergstr. 92, ✉ 8006, ℰ 360 25 25, Fax 360 25 52, 🌧 – |≢| 🔲 ☎
◆ 🕮 ⓪ 🗲 𝖵𝖨𝖲𝖠 𝖩𝖢𝖡   S. 4 DV
Blauer Apfel (Sonntag geschl.) Menu 16.50 und à la carte 34/78, Kinder 9.50 – **37 Z**
⬒ 125/225 – ½ P Zuschl. 20.

🏩 **Seegarten,** Seegartenstr. 14, ✉ 8008, ℰ 383 37 37, Fax 383 37 38, 🌧 – |≢| 🔲 vid
☎. 🕮 ⓪ 🗲 𝖵𝖨𝖲𝖠   S. 4 DX
Latino - italienische Küche - *(Samstag mittags und Sonntag geschl.)* Menu 25 und
la carte 38/85 – **28 Zim** ⬒ 165/269.

Zürcherhof, Zähringerstr. 21, ⊠ 8025, ℰ 262 10 40, Fax 262 04 84 – |≵| ▤ Rest 📺 video ☎. 𝘼𝙀 ⓞ 𝙀 𝘝𝙄𝙎𝘼 𝙟𝙘𝙗   S. 5   FY **e**
Menu - Walliser Spezialitäten - *(Samstag - Sonntag geschl.)* à la carte 40/81 – **35 Zim** ⫶ 185/260.

Rütli Ⓜ garni, Zähringerstr. 43, ⊠ 8001, ℰ 251 54 26, Fax 261 21 53 – |≵| 📺 ☎. 𝘼𝙀 ⓞ 𝙀 𝘝𝙄𝙎𝘼   S. 5   FY **a**
62 Zim ⫶ 180/260.

Franziskaner, Niederdorfstr. 1, ⊠ 8001, ℰ 252 01 20, Fax 252 61 78, 🏵 – |≵| ▤ Rest 📺 ☎. 𝘼𝙀 ⓞ 𝙀 𝘝𝙄𝙎𝘼   S. 5   FZ **x**
Menu *17* und à la carte 36/66 – **20 Zim** ⫶ 120/240.

Ammann garni, Kirchgasse 4, ⊠ 8001, ℰ 252 72 40, Fax 262 43 70 – |≵| 📺 ☎. 𝘼𝙀 ⓞ 𝙀 𝘝𝙄𝙎𝘼   S. 5   FZ **n**
23 Zim ⫶ 170/240.

✕ ⚙ **Tübli,** Hottingerstr. 5, ⊠ 8032, ℰ 251 26 26, Fax 252 50 62 – 𝘼𝙀 ⓞ 𝙀 𝘝𝙄𝙎𝘼
Samstag, Sonn- und Feiertage und im Feb. 2 Wochen geschl. – **Menu** (Tischbestellung ratsam) 56 (mittags)/170 und à la carte 77/138   S. 5   FZ **d**
Spez. Carpaccio vom Stör mit Fenchel- Kartoffelstock, Kaviar und Sauerrahm. Pochiertes Rindsfilet mit Merlot-Sauce und Kartoffelstroh. Schokoladen Millefeuille mit Mirabellenkompott.

✕ **Zunfthaus zur Schmiden,** Marktgasse 20, ⊠ 8001, ℰ 251 52 87, Fax 261 12 67, « Zunfthaus aus dem 15. Jh. » – ▤. 𝘼𝙀 ⓞ 𝙀 𝘝𝙄𝙎𝘼 𝙟𝙘𝙗   S. 5   FZ **f**
über Weihnachten, Ostern, Pfingsten und Mitte Juli - Mitte Aug. geschl. – **Menu** *24.50* und à la carte 55/107.

✕ **Königstuhl,** Stüssihofstatt 3, ⊠ 8001, ℰ 261 76 18, Fax 262 71 23, 🏵 – 𝘼𝙀 ⓞ 𝙀 𝘝𝙄𝙎𝘼   S. 5   FZ **r**
Menu (1. Etage) *28.50* - 45 (mittags)/95 und à la carte 58/109 – ***Bistro : Menu*** *18.50* und à la carte 49/95.

✕ **Kronenhalle,** Rämistr. 4, ⊠ 8001, ℰ 251 66 69, Fax 251 66 81, « Bemerkenswerte Kunstsammlung » – ▤. 𝘼𝙀 ⓞ 𝙀 𝘝𝙄𝙎𝘼. ✎   S. 5   FZ **t**
Menu *30* und à la carte 52/126.

✕ **Haus zum Rüden,** Limmatquai 42 (1. Etage), ⊠ 8001, ℰ 261 95 66, Fax 261 18 04, « Zunfthaus aus dem 13. Jh. » – ▤. 𝘼𝙀 ⓞ 𝙀 𝘝𝙄𝙎𝘼 𝙟𝙘𝙗   S. 5   FZ **c**
Samstag - Sonntag geschl. – **Menu** *45* - 52 (mittags)/92 und à la carte 60/112.

✕ **Zunfthaus zur Zimmerleuten,** Limmatquai 40 (1. Etage), ⊠ 8001, ℰ 252 08 34, Fax 252 08 48, « Zunfthaus aus dem 18. Jh. » – 𝘼𝙀 ⓞ 𝙀 𝘝𝙄𝙎𝘼   S. 5   FZ **z**
Sonntag und 14. Juli - 11. Aug. geschl. – **Menu** *22* und à la carte 42/98.

✕ **Wirtschaft Flühgass,** Zollikerstr. 214, ⊠ 8008, ℰ 381 12 15, Fax 422 75 32, « Gasthaus aus dem 16. Jh. » – 𝟎. 𝘼𝙀 𝙀 𝘝𝙄𝙎𝘼   S. 6   BU **s**
Samstag - Sonntag, 23. Dez. - 2. Jan. und 13. Juli - 11. Aug. geschl. – **Menu** (Tischbestellung erforderlich) *19* - 56 (mittags)/120 und à la carte 51/111.

✕ **Jacky's Stapferstube,** Culmannstr. 45, ⊠ 8006, ℰ 361 37 48, Fax 364 00 60 – 𝘼𝙀 ⓞ 𝙀 𝘝𝙄𝙎𝘼   S. 5   FY **d**
Sonntag - Montag und Mitte Juli - Mitte Aug. geschl. – **Menu** - Kalbs- und Rindsspezialitäten - à la carte 65/149.

✕ **Riesbächli,** Zollikerstr. 157, ⊠ 8008, ℰ 422 23 24 – 𝘼𝙀 ⓞ 𝙀 𝘝𝙄𝙎𝘼 𝙟𝙘𝙗
Samstag - Sonntag, 25. Dez. - 3. Jan. und 20. Juli - 10. Aug. geschl. – **Menu** *38* - 50 (mittags)/130 und à la carte 59/131.   S. 6   BU **k**

✕ **Guggach,** Am Bucheggplatz, Rötelstr. 150, ⊠ 8057, ℰ 363 32 10, Fax 361 11 86, « Rustikale Einrichtung » – ✖ ▤. 𝘼𝙀 ⓞ 𝙀 𝘝𝙄𝙎𝘼   S. 6   AT **d**
Samstag, Sonn- und Feiertage und 24. Dez. - 2. Jan. geschl. – **Menu** *17.50* und à la carte 34/67.

✕ **Conti-da Bianca,** Dufourstr. 1, ⊠ 8008, ℰ 251 06 66, Fax 251 06 67 – 𝘼𝙀 ⓞ 𝙀 𝘝𝙄𝙎𝘼. ✎   S. 5   FZ **y**
Samstag mittags, Sonntag, und Ende Juli - Anfang Aug. 2 Wochen geschl. – **Menu** - italienische Küche - *22.50* und à la carte 48/98.

✕ **Casa Ferlin,** Stampfenbachstr. 38, ⊠ 8006, ℰ 362 35 09 – ▤. 𝘼𝙀 ⓞ 𝙀 𝘝𝙄𝙎𝘼   S. 5   FY **c**
Samstag - Sonntag und Mitte Juli - Mitte Aug. geschl. – **Menu** - italienische Küche - *27* - 48 (mittags) und à la carte 60/108.

X **Blaue Ente,** Seefeldstr. 223 (Mühle Tiefenbrunnen), ⊠ 8008, ℰ 422 77
　Fax 422 77 41, 斎 – AE ⓪ E VISA　　　　　　　　　　　　　　 S. 6 BU
　24. Dez. - 5. Jan. und 14. Juli - 6. Aug. geschl. – **Menu** à la carte 57/92.

X **Wolfbach,** Wolfbachstr. 35, ⊠ 8032, ℰ 252 51 80, Fax 252 55 54, 斎 – AE ⓪
　VISA　　　　　　　　　　　　　　　　　　　　　　　　　　　 S. 4 DY
　Sonntag - Montag, 22. Dez. - 3. Jan. und 27. Juli - 20. Aug. geschl. – **Menu** - Fis
　spezialitäten - à la carte 53/92.

X Hirschberg, Seilergraben 9, ⊠ 8001, ℰ 251 75 11　　　　　　　 S. 5 FY

Linkes Ufer der Limmat (Hauptbahnhof, Geschäftszentrum) :

🏨 **Baur au Lac,** Talstr. 1, ⊠ 8022, ℰ 220 50 20, Telex 813567, Fax 220 50 44,
　« Garten und Terrasse » – 🛗 🖥 Zim 📺 ☎ ⇦ 🅿 – 🔬 25/150. AE ⓪ E VISA J
　🏊　　　　　　　　　　　　　　　　　　　　　　　　　　　　 S. 5 EZ
　(wegen Umbauarbeiten eingeschränkte Verfügbarkeit) – **Pavillon :** Menu 68/84
　à la carte 64/121 – **37 Zim** � 430/630, 16 Suiten.

🏨 **Schweizerhof** M, Bahnhofplatz 7, ⊠ 8023, ℰ 218 88 88, Telex 8137
　Fax 218 81 81 – 🛗 ⇥ Zim 🖥 📺 ☎ – 🔬 25/45. AE ⓪ E VISA J
　🏊 Rest　　　　　　　　　　　　　　　　　　　　　　　　　 S. 5 EY
　La Soupière (Samstag mittags und Sonntag geschl.) **Menu** 62 (mittags)/125 un
　la carte 67/122 – **115 Zim** ⊂ 340/470, – ½ P Zuschl. 62.

🏨 **Widder** M, Rennweg 7, ℰ 224 25 26, Fax 224 24 24 – 🛗 🖥 📺 ☎ 🍴 ⇦
　🔬 25/170. AE ⓪ E VISA JCB. 🏊 Rest　　　　　　　　　　　　 EZ
　38- 58 (mittags)/88 und à la carte 58/103 – **42 Zim** ⊂ 330/630, 7 Suiten.

🏨 **Atlantis Sheraton** ⌂, Döltschiweg 234, ⊠ 8055, ℰ 454 54 54, Fax 454 54 00,
　斎, Park, 🎿, ≦s, 🏊 – 🛗 ⇥ Zim 🖥 📺 ☎ ⇦ 🅿 – 🔬 25/200. AE ⓪ E VISA J
　🏊 Rest　　　　　　　　　　　　　　　　　　　　　　　　　 S. 6 AU
　Les Quatre Saisons (Samstag mittags geschl.) **Menu** 39 - 54 (mittags)/62 und à
　carte 60/116, Kinder 16 – *Döltschi Stube :* Menu 23.50 und à la carte 39/94, Kinder
　– **157 Zim** ⊂ 370/435, 3 Suiten – ½ P Zuschl. 45.

　🏨 Annexe Sheraton Inn ⌂ garni, ℰ 454 54 54, Fax 454 54 00 – 🛗 ⇥ 📺 ☎.
　⓪ E VISA JCB
　64 Zim ⊂ 200/250.

🏨 **St. Gotthard,** Bahnhofstr. 87, ⊠ 8023, ℰ 211 55 00, Fax 211 24 19, 斎, ≦s –
　⇥ Zim 🖥 📺 video ☎ – 🔬 25/45. AE ⓪ E VISA　　　　　　 S. 5 EY
　La Bouillabaisse : **Menu** 33 - 52 (mittags) und à la carte 52/140 – *Hummer- und
　sternbar :* Menu à la carte 70/141 – *Prime Grill (in Juli - Aug. Samstag und Sonn
　geschl.)* **Menu** à la carte 44/108 – ⊂ 27 – **135 Zim** 260/490.

🏨 **Ascot** M, Tessinerplatz 9, ⊠ 8002, ℰ 201 18 00, Telex 815454, Fax 202 72 10 –
　🖥 Rest 📺 ☎ ⇦ – 🔬 25/50. AE ⓪ E VISA JCB　　　　　　 S. 4 CX
　Lawrence : Menu 48 (mittags)/75 und à la carte 57/89 – *Fujiya of Japan* ℰ 201 11
　(Sonntag - Montag geschl.) **Menu** 48 (mittags)/85 und à la carte 58/82 – **73 Z**
　⊂ 290/510 – ½ P Zuschl. 41.

🏨 **Splügenschloss,** Splügenstr. 2 / Genferstrasse, ⊠ 8002, ℰ 201 08
　Telex 815553, Fax 201 42 86 – 🛗 ⇥ Zim 🖥 Zim 📺 ☎ 🅿. AE ⓪ E VISA JCB
　Menu 34 - 59/120 und à la carte 68/130 – **52 Zim** ⊂ 290/530.　 S. 4 CX

🏨 **Neues Schloss,** Stockerstr. 17, ⊠ 8022, ℰ 201 65 50, Telex 815560, Fax 201 64
　– 🛗 📺 ☎. AE ⓪ E VISA. 🏊 Rest　　　　　　　　　　　　　 S. 5 EZ
　Le Jardin (an Sonn- und Feiertagen nur Abendessen für Hotelgäste) Menu 36.50 -
　(mittags)/100 und à la carte 65/112 – **58 Zim** ⊂ 215/400.

🏨 **Nova-Park** M, Badenerstr. 420, ⊠ 8040, ℰ 404 44 44, Telex 822822, Fax 404 44
　斎, 🎿, ≦s, 🏊 – 🛗 ⇥ Zim 🖥 📺 ☎ ⇦ – 🔬 25/400. AE ⓪ E VISA JCB
　Menu à la carte 45/93 – ⊂ 21 – **363 Zim** 245/335.　　　　 S. 6 AT

🏨 **Stoller,** Badenerstr. 357, ⊠ 8040, ℰ 492 65 00, Fax 492 65 01, 斎 – 🛗 ⇥ Zim
　☎ 🅿 – 🔬 35. AE ⓪ E VISA JCB　　　　　　　　　　　　　 S. 6 AU
　Menu 18.50 - 38 (mittags)/63 und à la carte 53/98 – **79 Zim** ⊂ 220/340 – ½ P Zusc
　28.

🏨 **Zum Storchen,** Weinplatz 2, ⊠ 8001, ℰ 211 55 10, Fax 211 64 51, ≤ Limmat u
　Stadt, 斎, « Hübsche Lage an der Limmat », 🛗 – 🛗 ⇥ Zim 📺 ☎ – 🔬 30. AE
　E VISA JCB. 🏊 Rest　　　　　　　　　　　　　　　　　　　 S. 5 EZ
　Menu 44 und à la carte 64/95 – **78 Zim** ⊂ 240/530.

Glockenhof, Sihlstr. 31, ⊠ 8023, 𝒞 211 56 50, Fax 211 56 60, 🖼 – |♯| 🍽 Rest 📺
🕿. 𝔸𝔼 ⓪ 𝙴 𝑉𝐼𝑆𝐴 𝐽𝐶𝐵   S. 5   EZ **b**
Menu *19* und à la carte 41/83 – **128 Zim** ⊡ 240/350.

Carlton Elite, Bahnhofstr. 41, ⊠ 8001, 𝒞 211 65 60, Telex 282781, Fax 211 30 19,
🖼 – |♯| 📺 🕿 – 🔬 25/240. 𝔸𝔼 ⓪ 𝙴 𝑉𝐼𝑆𝐴 𝐽𝐶𝐵. ⅜ Rest   S. 5   EZ **k**
Locanda - italienische Küche - **Menu** *36* und à la carte 41/103 – ⊡ 26 – **73 Zim**
225/445.

Senator Ⓜ, Heinrichstr. 254, ⊠ 8005, 𝒞 272 20 21, Fax 272 25 85, 🖼 – |♯| ⅗ Zim
📺 🕿 ⟷ – 🔬 25/90. 𝔸𝔼 ⓪ 𝙴 𝑉𝐼𝑆𝐴 𝐽𝐶𝐵   S. 6   AT **a**
Menu *19* und à la carte 34/76 – ⊡ 15 – **102 Zim** 185/210.

Glärnischhof, Claridenstr. 30, ⊠ 8022, 𝒞 202 47 47, Fax 201 01 64 – |♯| 🍽 Rest 📺
🕿 – 🔬 30. 𝔸𝔼 ⓪ 𝙴 𝑉𝐼𝑆𝐴 𝐽𝐶𝐵   S. 5   EZ **f**
*wegen Umbauarbeiten Hotel vom 22. Dez. - 14. April und Rest. vom 22. Dez. -
4. Feb. geschl.* – **Menu** *24* - 48 und à la carte 52/98 – **63 Zim** ⊡ 260/420.

Engematthof, Engimattstr. 14, ⊠ 8002, 𝒞 284 16 16, Fax 201 25 16, 🖼, 🍴, ⅜ –
|♯| 📺 🕿 ⟷ – 🔬 25. 𝔸𝔼 ⓪ 𝙴 𝑉𝐼𝑆𝐴 𝐽𝐶𝐵   S. 4   CX **d**
Menu *19* und à la carte 42/90, Kinder 11.50 – **80 Zim** ⊡ 180/290 – ½ P Zuschl. 35.

Kindli, Pfalzgasse 1, ⊠ 8001, 𝒞 211 59 17, Fax 211 65 28, 🖼, « Einrichtung im
englischen Landstil » – |♯| 📺 🕿. 𝔸𝔼 ⓪ 𝙴 𝑉𝐼𝑆𝐴   S. 5   EZ **z**
Opus (Sonntag geschl.) **Menu** *19.50* und à la carte 46/88 – **21 Zim** ⊡ 160/260.

Montana, Konradstr. 39, ⊠ 8005, 𝒞 271 69 00, Telex 822640, Fax 272 30 70 – |♯| 📺
🕿 ♿ ⟷. 𝔸𝔼 ⓪ 𝙴 𝑉𝐼𝑆𝐴 𝐽𝐶𝐵   S. 5   EY **f**
Bistrot le Lyonnais (Samstag mittags und Sonntag geschl.) **Menu** *19* - 40 (abends)
und à la carte 41/95 – **74 Zim** ⊡ 210/290 – ½ P Zuschl. 30.

Seidenhof, Sihlstr. 9, ⊠ 8021, 𝒞 211 65 44, Fax 212 01 48 – |♯| 📺 🕿 –
85 Zim.   S. 5   EZ **c**

City, Löwenstr. 34, ⊠ 8021, 𝒞 211 20 55, Fax 212 00 36 – |♯| 📺 🕿. 𝔸𝔼 ⓪ 𝙴 𝑉𝐼𝑆𝐴
𝐽𝐶𝐵   S. 5   EY **h**
Menu *(Samstag abends und Sonntag geschl.)* *18* und à la carte 35/75 – **73 Zim**
⊡ 140/250.

Limmat Kongresszentrum, Limmatstr. 118, ⊠ 8005, 𝒞 271 52 40, Fax 272 86 76,
🖼 – |♯| 📺 🕿 ♿ – 🔬 25/800 𝔸𝔼 ⓪ 𝙴 𝑉𝐼𝑆𝐴   S. 4   CV **a**
Menu *(Sonntag geschl.)* *16* und à la carte 35/67 – **52 Zim** ⊡ 160/240 – ½ P Zuschl.
30.

🍴 **Sukhothai,** Erlachstr. 46, ⊠ 8003, 𝒞 462 66 22, Fax 462 66 54 – 🍽. 𝔸𝔼 𝙴 𝑉𝐼𝑆𝐴
⅜   S. 4   CX **h**
Samstag (ausser Sept. - Mai), Sonntag, über Ostern und 22. Juli - 14. Aug. geschl.
- **Menu** - thailändische Küche - *32* - 110/130 und à la carte 69/127.

🍴 ⊛ **Giangrossi** (Rosa Tschudi), Rebgasse 8, 𝒞 241 20 64, Fax 241 20 84, 🖼 – ⟷. 𝔸𝔼
⓪ 𝙴 𝑉𝐼𝑆𝐴   S. 4   CV **s**
Sonntag und Montag geschl. – **Menu** (Tischbestellung ratsam) 55 (mittags)/140 und
à la carte 80/125
Spez. Schwartenmagen mit Balsamicovinaigrette. Eglifilets Sauce Mousseline. Coq-au-vin
in Chambertinsauce mit Kartoffelpuree.

🍴 **L'Hexagone,** Kuttelgasse 15, ⊠ 8001, 𝒞 211 94 11, Fax 212 70 38, 🖼, Bistro – 𝔸𝔼
𝙴 𝑉𝐼𝑆𝐴   S. 5   EZ **n**
Samstag - Sonntag, 24. Dez. - 7. Jan. und 20. Juli - 12. Aug. geschl. – **Menu**
(Tischbestellung ratsam) *38* - 65 (mittags)/110 und à la carte 60/102.

🍴 **Intermezzo** - Kongresshaus Zürich, Gotthardstr. 5, ⊠ 8022, 𝒞 206 36 36, Fax 206 36 59
– 𝔸𝔼 ⓪ 𝙴 𝑉𝐼𝑆𝐴. ⅜   S. 5   EZ **d**
Samstag - Sonntag und 13. Juli - 4. Aug. geschl. – **Menu** 43 (mittags) und à la carte
52/89.

🍴 **Veltlinerkeller,** Schlüsselgasse 8, ⊠ 8001, 𝒞 221 32 28, Fax 212 20 94 – 𝔸𝔼 ⓪ 𝙴
𝑉𝐼𝑆𝐴 𝐽𝐶𝐵   S. 5   EZ **t**
*Samstag (ausser abends in Nov. und Dez.), Sonntag, 23. Dez. - 2. Jan. und 15. Juli
- 11. Aug. geschl.* – **Menu** à la carte 62/103.

🍴 **Accademia Piccoli,** Rotwandstr. 48, ⊠ 8004, 𝒞 241 42 02, Fax 241 62 43 – 🍽. 𝔸𝔼
𝙴 𝑉𝐼𝑆𝐴   S. 4   CV **n**
Samstag (ausser abends von Sept. - April) und Sonntag geschl. – **Menu** - italienische
Küche - à la carte 58/113.

XX **Sala of Tokyo,** Limmatstr. 29, ✉ 8031, ℰ 271 52 90, Fax 271 78 07 – AE Ⓞ E VISA
Sonntag - Montag, 24. Dez. - 15. Jan. und 21. Juli - 12. Aug. geschl. – **Me**
japanische Küche - 58/115 und à la carte 48/98.   S. 5   EY

XX **Zunfthaus zur Waag,** Münsterhof 8 (1. Etage), ✉ 8001, ℰ 211 07 30, Fax 212 01
« Zunfthaus der Weber aus dem 17. Jh. » – AE Ⓞ VISA JCB   S. 5   EZ
Menu *24* und à la carte 48/120.

XX **da Bernasconi,** Lavaterstr. 87, ✉ 8002, ℰ 201 16 13, Fax 201 16 49 – AE Ⓞ E
Menu - italienische Küche - *25* und à la carte 35/86.   S. 4   CX

X **Il Giglio,** Weberstr. 14, ✉ 8004, ℰ 242 85 97, Fax 291 01 83 – AE Ⓞ E VISA
Samstag mittags, Sonntag, 31. Dez. - 7. Jan. und Mitte Juli - Mitte Aug. geschl
Menu - italienische Küche - *30* - 38/92 und à la carte 43/94.   S. 4   CX

X **Wirtsstuben Münsterhof,** Münsterhof 6 (1. Etage), ✉ 8001, ℰ 211 53
Fax 383 16 35, « Fresken aus dem 14. Jh. » – AE Ⓞ E VISA   S. 5   EZ
Sonntag, von Jan. - Okt. auch Samstag, 23. Dez. - 3. Jan. und 13. Juli - 12. Aug. ges
– **Menu** *42* und à la carte 58/91.

X **Au Premier,** Bahnhofbuffet, Hauptbahnhof, ✉ 8023, ℰ 211 15 10, Fax 212 04 2
AE Ⓞ E VISA. ⅏   S. 5   EY
Menu *28.50* und à la carte 52/105.

X **Napoli,** Sandstr. 7, ✉ 8003, ℰ 462 07 64, 🍴 – Ⓟ. AE Ⓞ E VISA JCB S. 4   CX
Samstag mittags und Sonntag geschl. – **Menu** - italienische Küche - *28* und à la ca
52/110.

X **Brasserie Lipp,** Uraniastr. 9, ✉ 8001, ℰ 211 11 55, Fax 212 17 26 – AE Ⓞ E
in Juli - Aug. Sonntag geschl. – **Menu** *26* und à la carte 37/94.   S. 5   EY

in Zürich-Oerlikon Nord - BT – ✉ 8050 Zürich-Oerlikon – ⚙ 01 :

🏛 **Swissôtel Zürich** Ⓜ, Am Marktplatz, ℰ 311 43 41, Telex 823251, Fax 312 44 68,
🖘, 🞐 – 🛗 ⇔ Zim 🔲 📺 video ☎ ⇐⇒ – 🚗 25/650. AE Ⓞ E VISA JCB
Szenario **Menu** *23* - 30/45 (mittags) und à la carte 36/76, Kinder 9 – ☲ 25 – **334**
270/400, 11 Suiten.   S. 6   BT

in Glattbrugg Nord : 8 km über ① – ✉ 8152 Glattbrugg – ⚙ 01 :

🏨 **Renaissance** Ⓜ, Talackerstr. 1, ℰ 810 85 00, Telex 825003, Fax 810 87 55, 🏊,
🞐 – 🛗 ⇔ Zim 🔲 📺 ☎ ⚐ ⇐⇒ – 🚗 25/600. AE Ⓞ E VISA JCB. ⅏ Rest
Asian Place - asiatische Küche - *(Samstag und Sonntag jeweils mittags und Mitte*
- Mitte Aug. geschl.) **Menu** à la carte 49/124 – *Brasserie La Noblesse (Samsta*
Sonntag geschl.) **Menu** 44 (mittags) und à la carte 48/119, Kinder 10 – *The Boston*
- spanische Küche - **Menu** 44 (mittags) und à la carte 46/85 – ☲ 29 – **196**
245/304, 8 Suiten.

🏨 **Hilton,** Hohenbühlstr. 10, ℰ 810 31 31, Telex 825428, Fax 810 93 66, 🍴, 🖘 –
⇔ Zim 🔲 📺 ☎ ⚐ Ⓟ – 🚗 25/280. AE Ⓞ E VISA JCB
Harvest Grill (Samstag ausser mittags von Sept. - Juni, Sonntag mittags und M
Juli - Mitte Aug. geschl.) **Menu** 46 (mittags)/79 und à la carte 60/121 – *Taverr*
(Samstag ausser abends in Juli - Aug. und Sonntag geschl.) **Menu** 21 und à la ca
40/96 – ☲ 30 – **276 Zim** 265/365, 10 Suiten.

🏛 **Mövenpick** Ⓜ, Walter Mittelholzerstr. 8, ℰ 808 88 88, Fax 808 88 77 – 🛗 ⇔ Z
⬌ 🔲 📺 ☎ ⚐ Ⓟ – 🚗 25/250. AE Ⓞ E VISA JCB
Mövenpick Rest. : **Menu** *19.50* und à la carte 29/70 – *Appenzeller Stube (Mitte*
– Mitte Aug. geschl.) **Menu** à la carte 52/103 – *Dim Sum* – chinesische Küche
(Samstag mittags, Sonntag mittags und Anfang Juli. 3 Wochen geschl.) **Menu** 60 u
à la carte 37/76 – ☲ 23 – **335 Zim** 290/330.

🏛 **Novotel Zürich Airport,** Talackerstr. 21, ℰ 810 31 11, Telex 828770, Fax 810 81
🍴 – 🛗 ⇔ Zim 🔲 📺 ☎ ⚐ Ⓟ – 🚗 25/150. AE Ⓞ E VISA
Menu *22* und à la carte 33/67, Kinder 16 – ☲ 19 – **257 Zim** 150/203.

🏛 **Airport,** Oberhauserstr. 30, ℰ 810 44 44, Fax 810 97 08, 🍴 – 🛗 ⇔ Zim 📺 ☎
AE Ⓞ E VISA JCB
Edo Garden : **Menu** *28* - 62/78 und à la carte 47/85 – *Fujiya of Japan :* **Menu** 65/
und à la carte 57/92 – **44 Zim** ☲ 180/235.

XX **Bruno's Rest.,** Europastr. 2, ℰ 811 03 01, Fax 811 03 21, 🍴 – 🔲 Ⓟ. AE E VIS
Sonntag und 25. Dez. - 14. Jan. geschl. – **Menu** *30* - 58 (mittags) und à la carte 48/1
Kinder 18.

in Kloten Nord : 12 km über ① – ☒ 8302 Kloten – 🌐 01 :

Fly Away, Marktgasse 19, 𝄐 813 66 13, Fax 813 51 25 – |≢| 📺 video 🕿 ᕃ ⟵ 🅿.
⚫ 🅰🅴 ⓞ 🄴 *VISA*
Mercato - italienische Küche - **Menu** *17* und à la carte 33/65 – ⌑ 9.50 – **42 Zim**
150/185.

Welcome Inn, Holbergstr. 1, 𝄐 814 07 27, Fax 813 56 16, 🍴 – |≢| 📺 🕿 ⟵ 🅿. 🅰🅴
⚫ ⓞ 🄴 *VISA*
Menu *20* und à la carte 38/72, Kinder 13 – ⌑ 12 – **96 Zim** 128/158.

Top-Air, im Flughafen (Terminal A), 𝄐 814 33 00 (ab 02/96 : 816 60 60),
Fax 816 41 91, ≼ – ▤. 🅰🅴 ⓞ 🄴 *VISA*
Menu *34* - 52 und à la carte 41/116, Kinder 18.50.

in Zollikon Süd-Ost : 4 km über ④ – ☒ 8702 Zollikon – 🌐 01 :

Wirtschaft zur Höhe, Höhestr. 73, 𝄐 391 59 59, Fax 392 00 02, 🍴, « Ehemaliges
Bauernhaus » – 🅿. 🅰🅴 ⓞ 🄴 *VISA*   S. 6 BU **b**
Menu *32* - 47 (mittags)/85 und à la carte 67/122.

Rössli, Alte Landstr. 86, 𝄐 391 89 70, Fax 392 03 90, 400 jähriges Zürcher Riegelhaus
– 🅰🅴 ⓞ 🄴 *VISA* 🄹🄲🄱   S. 6 BU **a**
Sonntag - Montag. 9. - 19. April und 22. Juli - 6. Aug. geschl. – **Menu** *32* - 45
(mittags)/88 und à la carte 63/119.

JRZACH 5330 Aargau (AG) 𝟚𝟙𝟞 ⑥ – 3 752 Ew. – Höhe 339 – 🌐 056 – Kurort.

.ur- und Verkehrsverein, Quellenstr. 1, 𝄐 249 24 00, Fax 249 42 22.

rn 124 - ◆Aarau 44 - ◆Baden 29 - Freiburg i. Breisgau 86 - ◆Schaffhausen 45.

Park Hotel, Badstr. 44, 𝄐 249 01 51, Fax 249 38 08, 🍴, ⊜s ☒ (Solbad), 🛏 – |≢| 📺
🕿 ᕃ ⟵ 🅿 – ⚒ 25/120 – **117 Zim**.

Kurhotel 🍂, Quellenstr. 31, 𝄐 249 25 25, Fax 249 24 44, 🍴 – |≢| 📺 🕿 ᕃ ⟵. 🅰🅴 ⓞ
🄴 *VISA*
Menu 50 und à la carte 38/88 – **69 Zim** ⌑ 150/325 – ½ P Zuschl. 30.

Turmhotel mit Turmpavillon Ⓜ 🍂, Quellenstr. 30, 𝄐 249 24 40, Fax 249 24 44,
Direkter Zugang zum Thermalbad – |≢| ▤ Rest 📺 🕿 ᕃ ⟵ 🅿. 🅰🅴 ⓞ 🄴 *VISA*. ⥤ Rest
Menu *28.50* - 40 und à la carte 40/85 – **114 Zim** ⌑ 160/245 – ½ P Zuschl. 30.

Zurzacherhof 🍂, Dr. Martin-Erb-Str. 5, 𝄐 249 01 21, Fax 249 12 50, 🍴 – |≢| 📺 🕿
⟵. 🅰🅴 ⓞ 🄴 *VISA*. ⥤ Rest
Menu *20* - 37/78 und à la carte 36/80, Kinder 12 – **53 Zim** ⌑ 130/220 – ½ P Zuschl.
30.

Post, Hauptstr. 61, 𝄐 249 22 44, Fax 249 24 82, 🍴, ⊜s – |≢| ⥤ Zim 📺 🕿 ⟵ 🅿.
🅰🅴 ⓞ 🄴 *VISA* 🄹🄲🄱
Donnerstag geschl. – **Menu** *16* und à la carte 39/87 – **20 Zim** ⌑ 110/200 – ½ P
Zuschl. 30.

WEISIMMEN 3770 Bern (BE) 𝟚𝟙𝟟 ⑯ – 3 077 Ew. – Höhe 948 – Wintersport :
00/2 000 m ⃗1 ⃗4 ⃗ – 🌐 030.

/erkehrsverein, 𝄐 2 11 33, Fax 2 25 85.

rn 71 - ◆Interlaken 53 - Gstaad 17.

Sonnegg 🍂, 𝄐 2 23 33, Fax 2 23 54, ≼, 🍴, 🛏 – 📺 🕿 🅿. 🅰🅴 ⓞ 🄴 *VISA*
15. Okt. - 1. Dez. geschl. – **Menu** 25 und à la carte 32/75 – **10 Zim** ⌑ 120/180 –
½ P Zuschl. 28.

Liechtenstein

2️⃣1️⃣6️⃣ ㉑ ㉒, 4️⃣2️⃣7️⃣ ⑦ ⑧ ⑯ ⑰ – 29 386 Ew. – ⚙ 075

Die Hauptstadt des Fürstentums Liechtenstein, das eine Fläche von 160 km² und eine Einwohnerzahl von etwa 30 000 hat, ist VADUZ. Die Amtssprache ist Deutsch, darüberhinaus wird auch ein alemannischer Dialekt gesprochen. Landeswährung sind Schweizer Franken.

La principauté de Liechtenstein d'une superficie de 160 km², compte environ 30 000 habitants. La langue officielle est l'allemand, mais on y parle également un dialecte alémanique. Les prix sont établis en francs suisses.

Il principato del Liechtenstein ha una superficie di 160 km² e conta circa 30.000 abitanti. Capitale é VADUZ. La lingua ufficiale é il tedesco, ma vi si parla anche un dialetto alemanno. I prezzi sono stabiliti in franchi svizzeri.

The principality of Liechtenstein, covering an area of 10 000 square miles, has roughly 30 000 inhabitants. VADUZ is its capital. The official language is German, but a Germanic dialect is also spoken. Prices are in Swiss francs.

🛈 Liechtensteinische Fremdenverkehrszentrale, Postfach 139, ✉ 9490 Vaduz, ✆ 392 11 11, Fax 392 16 18.

ACFL Automobil Club des Fürstentums Liechtenstein Pflugstrasse 20, 9490 Vaduz, ✆ 232 60 66, Fax 233 30 50.

ATC Auto-Touring-Club Fürstentum Liechtenstein Im Zentrum 2, 9490 Vaduz, ✆ 232 31 43, Fax 233 11 72

Lokale Veranstaltungen

In Vaduz : 14.07 – 20.07 : Ligita, Liechtensteinische Gitarrentage
        15.08 : Staatsfeiertag mit Feuerwerk

Wintersportplätze – *Stations de sports d'hiver*
Stationi di sport invernali – *Winter sports stations*
MALBUN 1 606/2 000 m 6 ⛷
STEG 1 300/1 480 m 1 ⛷, 🎿

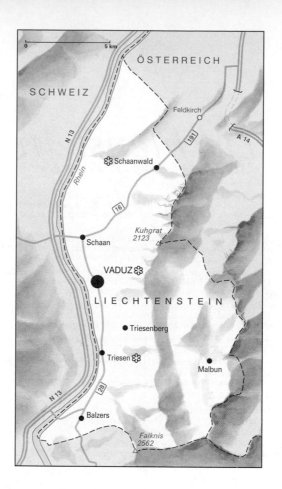

Balzers 9496 (FL) 216 21 22 – 3 752 Ew. – Höhe 474 – ✿ 075.
◆Bern 226 – Vaduz 8 – ◆Chur 35 – Feldkirch 22 – ◆Zürich 101.

🏠 **Post,** ℘ 388 14 00, Fax 388 14 55, � – 📺 ☎ 🅿. 🆎 ⓞ 🅴 𝑉𝐼𝑆𝐴
➤ **Menu** *(Samstag mittags, Dienstag und 15. - 30. Juni geschl.)* 17 - 45 und à la carte
36/85, Kinder 7.50 – **17 Zim** ⊑ 95/165 – ½ P Zuschl. 25.

Malbun (FL) 216 22 – Höhe 1 602 – Wintersport : 1 600/2 000 m ⚡6 ⚡ – ✉ 949
Triesenberg – ✿ 075.
◆Bern 248 – Vaduz 15 – ◆Chur 57 – Feldkirch 29 – ◆Zürich 123.

🏨 **Malbunerhof,** ℘ 263 29 44, Fax 263 95 61, ≤, �, 😋, 🔲 – 📢 📺 ☎ 🅿 – 🔏 3
🆎 ⓞ 🅴 𝑉𝐼𝑆𝐴. 🌿 Rest
21. Dez. - 14. April und 13. Mai - 14. Okt. – **Menu** 28 (mittags)/49 und à la carte
46/74 – **29 Zim** ⊑ 155/330 – ½ P Zuschl. 30.

🏨 **Gorfion,** ℘ 264 18 83, Fax 264 18 32, ≤, �, 🔲 – 📢 📺 ☎ 🅿 – 🔏 60. 🆎 ⓞ ⬛
𝑉𝐼𝑆𝐴. 🌿 Rest
14. April - 11. Mai und 3. Nov. - 7. Dez. geschl. – **Menu** 50 und à la carte 41/9⬛
Kinder 8 – **35 Zim** ⊑ 163/266 – ½ P Zuschl. 27.

🏠 Montana, ℘ 263 73 33, Fax 264 22 72, ≤, �, 😋 – 📢 📺 ☎ 🅿
nur Saison – **15 Zim**.

356

Schaan 9494 (FL) 🎑🎲 ⓦ – 5 035 Ew. – Höhe 450 – 🌼 075.

◆Bern 237 – Vaduz 4 – ◆Chur 47 – Feldkirch 11 – ◆Zürich 112.

🏨 **Sylva,** Saxgasse 6, ℘ 232 39 42, Fax 232 82 47, 🌿, 😂 – 🔟 ☎ ⓟ. 🗲 𝘝𝘐𝘚𝘈
Menu *(Samstag geschl.)* 24 - 38/85 und à la carte 42/90 – **8 Zim** � 130/180 –
½ P Zuschl. 32.

🏨 **Schaanerhof,** ℘ 232 18 77, Fax 233 16 27, 🌿, 😂, 🔲 – 🛊 ⇔ Zim 🔟 ☎ ⓟ. 🝙
🗲 𝘝𝘐𝘚𝘈, 🕸 Rest
März geschl. – **Menu** *(Sonntag geschl.)* à la carte 33/83, Kinder 8 – **31 Zim**
⊆ 100/170 – ½ P Zuschl. 35.

🏨 **Linde,** ℘ 232 17 04, Fax 232 09 29, 🌿 – 🔟 ☎ ⓟ. 🝙 🗲 𝘝𝘐𝘚𝘈
Sonntag und 20. Dez. - 16. Jan. geschl. – **Menu** 20 - 37 und à la carte 27/56, Kinder 10
– **23 Zim** ⊆ 63/120.

🏠 **Dux** 🦢, Duxweg 31, ℘ 232 17 27, Fax 232 48 78, ≤, 🌿, 🌳 – ⇔ 🔟 ☎ ⓟ. 🗲 𝘝𝘐𝘚𝘈
🃏
Feb. - März 3 Wochen und Sept. geschl. – **Menu** *(Mittwoch geschl.)* 19 und à la carte
31/79 – **10 Zim** ⊆ 65/135.

Schaanwald 9486 (FL) 🎑🎲 ⓦ – Höhe 456 – 🌼 075.

◆Bern 244 – Vaduz 11 – ◆Chur 54 – Feldkirch 4 – ◆Zürich 119.

🍴🍴 ⚘ **Waldhof** (Meier), ℘ 373 11 38, Fax 373 16 29, 🌿 – ⓟ. 🝙 ⓞ 🗲 𝘝𝘐𝘚𝘈
Sonntag - Montag und 24. Dez. - 20. Jan. geschl. – **Menu** 24 - 58/95 und à la carte
66/124
Spez. Milchlamm aus der Region (Frühling). Kutteln in Champagnersauce. Wild (Juni -
Nov.).

Triesen 9495 (FL) 🎑🎲 ⓦ – 3 586 Ew. – Höhe 466 – 🌼 075.

◆Bern 230 – Vaduz 4 – ◆Chur 39 – Feldkirch 18 – ◆Zürich 105.

🏨 ⚘ **Schatzmann** 🅼, ℘ 399 12 12, Fax 399 12 10, 🌿 – 🛊 🔟 ☎ 🚻 🚗 🛎 ⓟ. 🝙 ⓞ 🗲
𝘝𝘐𝘚𝘈
26. Dez. - 8. Jan. geschl. – **Menu** *(Samstag mittags, Sonntag, Montag und 7. - 29.
Juli geschl.)* 52 (mittags)/105 und à la carte 56/113 – **27 Zim** ⊆ 110/200 – ½ P
Zuschl. 45.
Spez. Wildlachs an Champagner-Schnittlauchcreme. Entenbrüstchen mit Pistazienpudding
an altem Porto. Quarksoufflé mit frischen Früchten.

🏨 **Schlosswald** 🅼, Meierhofstrasse, ℘ 392 24 88, Fax 392 24 36, ≤, 🌿, 🔲, 🌳 – 🛊
🔟 ☎ ⚅ 🛎 ⓟ. 🝙 ⓞ 🗲 𝘝𝘐𝘚𝘈
Menu *(Sonntag - Montag, 11. - 25. Feb. und 4. - 19. Aug. geschl.)* 21 - 60/82 und
à la carte 42/97 – **33 Zim** ⊆ 150/200.

🏨 **Meierhof,** ℘ 399 00 11, Fax 399 00 88, 🌿, 😂, 🔲 – 🛊 🔟 ☎ 🛎 ⓟ – 🔏 25/50.
🝙 ⓞ 🗲 𝘝𝘐𝘚𝘈
Menu *(Samstag, 23. Dez. - 15. Jan. und 21. Juli - 4. Aug. geschl.)* 18 - 35 und à la
carte 30/78, Kinder 12 – **40 Zim** ⊆ 115/180 – ½ P Zuschl. 30.

Triesenberg 9497 (FL) 🎑🎲 ⓦ – 2 403 Ew. – Höhe 884 – 🌼 075.

◆Bern 239 – Vaduz 6 – ◆Chur 48 – Feldkirch 20 – ◆Zürich 114.

🏨 **Kulm,** ℘ 262 87 77, Fax 268 28 61, ≤ Bergpanorama und Rheintal, 🌿 – 🛊 🔟 ☎.
🝙 ⓞ 🗲 𝘝𝘐𝘚𝘈
Menu *(Jan. geschl.)* 20 - 35 und à la carte 36/88, Kinder 10 – **20 Zim** ⊆ 90/152 –
½ P Zuschl. 24.50.

🏨 **Martha Bühler,** ℘ 262 57 77, Fax 268 15 20, ≤, 🌿 – 🔟 ☎ ⓟ. 🝙 ⓞ 🗲 𝘝𝘐𝘚𝘈
Jan. geschl. – **Menu** 15 - 30 und à la carte 28/71, Kinder 10 – **14 Zim** ⊆ 80/120.

Les hôtels ou restaurants agréables
sont indiqués dans le Guide par un signe rouge.
Aidez-nous en nous signalant les maisons où,
par expérience, vous savez qu'il fait bon vivre.
Votre **Guide Michelin** sera encore meilleur.

🏰🏰🏰 ... 🏠

XXXXX ... X

LIECHTENSTEIN

Vaduz **9490** (FL) 216 ⑳ – 4 887 Ew. – Höhe 468 – ✪ 075.

Sehenswert:
Liechtensteinische Staatliche Kunstsammlung:
Sammlung des Regierenden Fürsten *
◆Bern 233 – ◆Chur 43 – Feldkirch 15
St. Anton am Arlberg 76 – ◆Zürich 108.

▲▲ **Park-Hotel Sonnenhof** ⑤, ℰ 232 11 92, Fax 232 00 53, ≤, 常, « In eine gepflegten Park », ☎s, ⬜ – ⧌ 📺 ☎ ⒫. 🆎 ⓪ 🅴 𝘝𝘐𝘚𝘈 𝐉𝐂𝐁. ⍚ Rest
22. Dez. - 15. Feb. geschl. – **Menu** (Tischbestellung erforderlich) 115 und à la car
67/139 – **29 Zim** ⬳ 230/380 – ½ P Zuschl. 65.

🏛 **Schlössle,** ℰ 236 11 11, Fax 236 11 10, ≤, 常, ☎s – ⧌ 📺 ☎ ⬱ ⒫ – ✍ 80. ℰ
➡ ⓪ 🅴 𝘝𝘐𝘚𝘈
23. Dez. - 3. Jan. geschl. – **Menu** *20 - 51* (mittags)/79 und à la carte 52/93 – **27 Zi**
⬳ 145/345 – ½ P Zuschl. 45.

🏠 **Engel,** ℰ 232 03 13, Fax 233 11 59, 常 – ⧌ 📺 ☎ ⒫. 🆎 ⓪ 🅴 𝘝𝘐𝘚𝘈 𝐉𝐂𝐁
Menu *23* und à la carte 33/85 – **Chinatown** (1. Etage) - asiatische Küche - **Menu** *21.5*
26 (mittags)/75 und à la carte 40/80 – **20 Zim** ⬳ 120/175 – ½ P Zuschl. 25.

XXX ✿ **Real** mit Zim, ℰ 232 22 22, Fax 232 08 91, 常 – ⧌ 📺 ☎. 🆎 ⓪ 🅴 𝘝𝘐𝘚𝘈
über Weihnachten geschl. – **Au Premier** (1. Etage) **Menu** 50 (mittags)/145 und à
carte 78/122 – **Vaduzerstube : Menu** à la carte 66/99 – **13 Zim** ⬳ 175/310
Spez. Salade Isabelle. Forellenfilet an Rieslingsauce. Ganze Ente im Ofen gebraten mit jap
nischem Meerrettich.

XX **Löwen** mit Zim, Herrengasse 35, ℰ 232 00 66, Fax 232 04 58, 常 – 📺 ☎ ⒫. 🆎 ⓪
➡ 🅴 𝘝𝘐𝘚𝘈
23. Dez. - 8. Jan. geschl. – **Menu** *(von Okt. - April Sonntag - Montag geschl.)* 19.5
48 (mittags)/110 und à la carte 52/112 – **7 Zim** ⬳ 165/300.

XX **Torkel,** Hintergasse 9, ℰ 232 44 10, Fax 232 44 05, ≤, 常, « Alter Torkelbaum i
Restaurant, wechselnde Kunstausstellungen » – ⒫. 🆎 ⓪ 🅴 𝘝𝘐𝘚𝘈
Sonntag und 23. Dez. - 21. März geschl. – **Menu** 51/108 und à la carte 47/10

XX **Mühle** mit Zim, ℰ 232 41 41, Fax 232 14 58, 常 – 📺 ☎ ⒫. 🆎 ⓪ 🅴 𝘝𝘐𝘚𝘈 𝐉𝐂𝐁. ⍚ Zi
➡ *Montag - Dienstag und Feb. geschl.* – **Menu** *16.50 - 26* und à la carte 32/72 – **7 Zi**
⬳ 90/140.

Principales Stations
de sports d'hiver

Principali Stazioni
di sport invernali

* Changement de numéro de téléphone prévu en 1996, voir le texte de la locali
* Cambio di numero telefonica in 1996, vedere il testo della località.

	Voir p. S. Seite V.pagina	Alt./Höhe Mini/Maxi	Nombre Anzahl Numero	en/in km	
Adelboden (BE)	78	1356 m./2350 m.	24	40	
Alt St. Johann (SG)	81	894 m./1620 m.	5	40	
Andermatt (UR)	82	1444 m./2963 m.	9	20	
Anzere (VS)	–	1500 m./2420 m.	11	15	
Appenzell (AI)	83	785 m./922 m.	1	108	
Arosa (GR)	85	1739 m./2653 m.	16	25	
Bettmeralp (VS) (mit 🚡)	112	1950 m./2709 m.	13	10	
Bever (GR)	113	1710 m.		150	
Blatten/Belalp (VS)	–	1322 m./3100 m.	9		
Breil/Brigels (GR)	118	1289 m./2400 m.	7	25	
Celerina/Schlarigna (GR)	125	1730 m./3057 m.	9	150	
Cernier (Val-de-Ruz) (NE)	–	822 m./1435 m.	18	66	
Champéry (VS)	126	1049 m./2277 m.	6	7	
Charmey (FR)	127	882 m./1630 m.	8	29	
Château-d'Oex (VD)	127	968 m./1700 m.	16	28	
La Chaux-de-Fonds (NE)	128	994 m./1234 m.	2	210	
Churwalden (GR)	133	1230 m./2865 m.	11	50	
Crans-Montana (VS)	135	1500 m./2927 m.	40	52	
Davos (GR)	139	1560 m./2844 m.	35	75	
Les Diablerets (VD)	144	1155 m./3000 m.	25	60	
Disentis/Muster (GR)	145	1150 m./2903 m.	9	31	
Einsiedeln (SZ)	147	900 m./1113 m.	8	76	
Engelberg (OW)	148	1050 m./3020 m.	23	35	
Fiesch (VS)	152	1062 m./2869 m.	10	93	
Fleurier (Val de Travers) (NE)	–	742 m./1450 m.	6	120	
Flims-Waldhaus (GR)	153	1103 m./3018 m.	12	80	
Flumserberg (SG)	155	1390 m./2222 m.	18	20	
Grächen (VS)	179	1617 m./2920 m.	11	16	
Grimentz (VS)	180	1570 m./3000 m.	12	22	
Grindelwald (BE)	180	1034 m./2468 m.	17	35	
Gstaad (BE)	182	1000 m./3000 m.	17	140	
Hasliberg (BE)	–	1230 m./2433 m.	15	42	

Änderung der Telefonnummer in 1996, siehe Text der Ortschaft
Telefon numbers changing during 1996, see the text of the town.

Eisbahn / Pattinatoio	Pisc. couv. / Hallenbad / Pisc. coperta	Liaison avec / Verbindung mit / Collegate con	☎ : ☏	
	⛷	Lenk	033/73.80.80	**Adelboden** (BE)
		Unterwasser/Wildhaus	074/5.18.88*	**Alt St. Johann** (SG)
			044/6.74.54*	**Andermatt** (UR)
⛸	⛷		027/38.25.19	**Anzere** (VS)
	⛷		071/87.41.11*	**Appenzell** (AI)
⛸			081/31.51.51*	**Arosa** (GR)
⛸	⛷	Fiesch/Riederalp	028/27.12.91	(mit ⛷) **Bettmeralp** (VS)
			082/6.49.45*	**Bever** (GR)
	⛷		028/23.13.85	**Blatten/Belalp** (VS)
	⛷		081/941.13.31	**Breil/Brigels** (GR)
		St. Moritz/Marguns/ Corviglia/Piz Nair	082/3.39.66*	**Celerina/Schlarigna** (GR)
⛸	⛷		038/53.43.34	(Val-de-Ruz) **Cernier** (NE)
⛸	⛷	Les Portes-du-Soleil	025/79.11.41	**Champéry** (VS)
⛸	⛷		029/7.14.98	**Charmey** (FR)
⛸			029/4.77.88	**Château-d'Oex** (VD)
⛸	⛷		039/24.20.10	**La Chaux-de-Fonds** (NE)
		Lenzerheide-Valbella/ Parpan	081/35.14.35*	**Churwalden** (GR)
⛸	⛷		027/41.30.41	**Crans-Montana** (VS)
⛸	⛷	Klosters	081/45.21.21*	**Davos** (GR)
⛸	⛷	Villars-sur-Ollon/Gryon	025/53.13.58	**Les Diablerets** (VD)
⛸	⛷		081/947.58.22	**Disentis/Muster** (GR)
			055/53.44.88*	**Einsiedeln** (SZ)
	⛷		041/94.11.61*	**Engelberg** (OW)
	⛷	Bettmeralp/Riederalp	028/71.14.66	**Fiesch** (VS)
⛸			038/61.44.08	(Val-de-Travers) **Fleurier** (NE)
⛸	⛷	Laax/Falera	081/39.10.22*	**Flims-Waldhaus** (GR)
⛸			081/733.32.32	**Flumserberg** (SG)
			028/56.27.27	**Grächen** (VS)
⛸	⛷		027/65.14.93	**Grimentz** (VS)
⛸	⛷	Wengen/Mürren/ Schilthorn	036/53.12.12	**Grindelwald** (BE)
⛸	⛷	Rougemont	030/8.81.81	**Gstaad** (BE)
	⛷		036/71.32.22	**Hasliberg** (BE)

	Voir p. S. Seite V.pagina	Alt./Höhe Mini/Maxi 🚡 🚠	Nombre Anzahl Numero	🎿 en/in km	
Haute-Nendaz (VS)	184	1255 m./3330 m.	39	25	🎿
Hoch-Ybrig (SZ)	–	1048 m./1850 m.	9	30	
Kandersteg (BE)	192	1200 m./1950 m.	6	75	🎿
Klosters (GR)	193	1191 m./2844 m.	29	40	🎿
Laax (GR)	196	1023 m./2976 m.	19	60	
Lenk (BE)	207	1068 m./2098 m.	21	42	🎿
Lenzerheide/Lai (GR)	208	1476 m./2865 m.	37	50	🎿
Leukerbad (VS)	209	1411 m./2700 m.	18	23	🎿
Leysin (VD)	210	1268 m./2300 m.	19	39	🎿
Malbun (FL)	356	1606 m./2000 m.	6	10	
Maloja (GR)	231	1815 m./2159 m.	1	150	
Meiringen (BE)	235	595 m./2434 m.	15	40	
Les Mosses (VD)	–	1448 m./1874 m.	12	60	
Morgins (VS)	–	1320 m./2277 m.	18	20	
Münster (VS)	245	1359 m./2180 m.	1	85	
Mürren (BE) (mit Zahnradbahn)	246	1650 m./2950 m.	9	14	🎿
Oberiberg (SZ)	–	1135 m./1856 m.	12	30	
Obersaxen (GR)	257	1281 m./2310 m.	8	30	
Pontresina (GR)	262	1800 m./2978 m.	11	150	🎿
Riederalp (VS) (mit 🚡)	268	1930 m./2335 m.	10	8	
Rougemont (VD)	272	992 m./2156 m.	6	28	
Saas-Fee (VS)	273	1800 m./3600 m.	25	26	🎿
Saas-Grund (VS)	275	1560 m./3100 m.	5	34	
Saignelegier/Franches Montagnes (JU)	275	978 m.		75	
Saint-Cergue (VD)	–	1050 m./1677 m.	3	90	
Saint-Imier et Vallon (BE)	276	793 m./1460 m.	7	60	
Saint-Luc (VS)	277	1650 m./2580 m.	8	15	
Samedan (GR)	278	1720 m./2276 m.	5	150	🎿
Samnaun (GR)	278	1846 m./2872 m.	12	8	🎿
St. Moritz (GR)	285	1856 m./3030 m.	23	150	🎿
St. Stephan (BE)	–	993 m./1989 m.	3	48	
Savognin (GR)	290	1200 m./2713 m.	17	40	🎿
Schwarzsee (FR)	294	1050 m./1750 m.	10	10	
Scuol/Schuls (GR)	295	1244 m./2800 m.	17	60	🎿
Sedrun (GR)	297	1441 m./3000 m.	13	60	🎿
Le Sentier (Vallée de Joux) (VD)	298	1024 m./1476 m.	14	140	🎿
Sils-Maria (GR)	299	1815 m./3303 m.	8	150	🎿
Silvaplana (GR)	300	1816 m./3303 m.	7	150	🎿
Sörenberg (LU)	305	1166 m./2350 m.	19	27	
Splügen (GR)	306	1460 m./2230 m.	8	40	🎿
Tarasp-Vulpera (GR)	309	1268 m./2800 m.	16	60	🎿

Eisbahn Pattinatoio	Pisc. couv. Hallenbad Pisc. coperta	Liaison avec Verbindung mit 🎿 Collegate con 🎿	☎ : ✆	
	🏊	Verbier/Thyon-les-Collons/Veysonnaz/La Tzoumaz	027/88.14.44	**Haute-Nendaz** (VS)
			055/56.17.17*	**Hoch-Ybrig** (SZ)
⛸			033/75.22.33	**Kandersteg** (BE)
⛸		Davos	081/69.18.77*	**Klosters** (GR)
	🏊	Flims-Waldhaus/Falera	081/921.43.43	**Laax** (GR)
	🏊	Adelboden	030/3.15.95	**Lenk** (BE)
⛸	🏊	Valbella/Parpan/Churwalden	081/34.34.34*	**Lenzerheide/Lai** (GR)
⛸	🏊		027/62.71.71	**Leukerbad** (VS)
⛸	🏊		025/34.22.44	**Leysin** (VD)
⛸			075/263.65.77	**Malbun** (FL)
⛸			082/4.31.88*	**Maloja** (GR)
	🏊		036/71.43.22	**Meiringen** (BE)
			025/55.14.66	**Les Mosses** (VD)
⛸		Les Portes-du-Soleil	025/77.23.61	**Morgins** (VS)
			028/73.17.45	**Münster** (VS)
⛸	🏊	Wengen/Grindelwald/Schilthorn	036/56.86.86	**Mürren** (BE) (mit Zahnradbahn)
			055/56.15.75*	**Oberiberg** (SZ)
⛸			081/933.22.22	**Obersaxen** (GR)
⛸	🏊		082/6.64.88*	**Pontresina** (GR)
		Bettmeralp/Fiesch	028/27.13.65	(mit 🎿) **Riederalp** (VS)
	🏊	Gstaad	029/4.83.33	**Rougemont** (VD)
⛸	🏊		028/57.14.57	**Saas-Fee** (VS)
⛸	🏊		028/57.24.03	**Saas-Grund** (VS)
⛸	🏊		039/51.21.51	**Saignelegier/Franches Montagnes** (JU)
			022/360.13.14	**Saint-Cergue** (VD)
⛸	🏊		039/41.26.63	**Saint-Imier et Vallon** (BE)
⛸			027/65.14.12	**Saint-Luc** (VS)
			082/6.54.32*	**Samedan** (GR)
	🏊	Ischgl (A)	081/868.58.58	**Samnaun** (GR)
⛸	🏊	Celerina-Schlarigna/Marguns/Corviglia/Piz Nair	082/3.31.47*	**St. Moritz** (GR)
			030/2.19.51	**St. Stephan** (BE)
	🏊		081/74.22.22*	**Savognin** (GR)
			037/32.13.13	**Schwarzsee** (FR)
⛸	🏊		084/864.94.94	**Scuol/Schuls** (GR)
⛸	🏊		081/949.15.15	**Sedrun** (GR)
⛸	🏊		021/845.62.57	**Le Sentier** (Vallée de Joux) (VD)
		Silvaplana/Furtschellas	082/4.52.37*	**Sils-Maria** (GR)
⛸	🏊	Sils-Maria/Furtschellas	082/4.98.00*	**Silvaplana** (GR)
	🏊		041/78.11.85	**Sörenberg** (LU)
⛸			081/62.13.32*	**Splügen** (GR)
⛸	🏊		084/864.09.44	**Tarasp-Vulpera** (GR)

	Voir p. S. Seite V.pagina	Alt./Höhe Mini/Maxi	Nombre Anzahl Numero	en/in km	
Thyon – Les Collons (VS)	313	1802 m./2413 m.	11	3	
Ulrichen/Oberwald (VS)	257	1347 m./2080 m.	5	80	
Unteriberg (SZ)	–	931 m.		30	
Unterwasser (SG)	315	910 m./2262 m.	5	40	
Val Müstair (GR)	–	1248 m.		40	
Verbier (VS)	317	1406 m./3330 m.	49	40	
Veysonnaz (VS)	321	1235 m./3300 m.	10	10	
Villars-sur-Ollon (VD)	322	1253 m./2217 m.	25	58	
Wengen (BE) (mit Zahnradbahn)	327	1274 m./2440 m.	18	17	
Wildhaus (SG)	329	1098 m./2076 m.	11	40	
Zermatt (VS) (mit Zahnradbahn)	333	1620 m./3820 m.	34	22	
Zernez (GR)	337	1471 m.		150	
Zuoz (GR)	340	1750 m./2500 m.	4	150	
Zweisimmen (BE)	353	1000 m./2000 m.	5	80	

Eisbahn / Pattinatoio	Pisc. couv. / Hallenbad / Pisc. coperta	Liaison avec / Verbindung mit / Collegate con	☎	
	⛾	Verbier/Haute-Nendaz-Veysonnaz/La Tzoumaz	027/81.27.27	**Thyon-les Collons** (VS)
⛸			028/73.32.32	**Ulrichen/Oberwald** (VS)
	⛾		055/56.10.10*	**Unteriberg** (SZ)
	⛾	Alt. St. Johann Wildhaus	074/5.19.23*	**Unterwasser** (SG)
⛸	⛾		082/8.50.00*	**Val Müstair** (GR)
⛸	⛾	Haute-Nendaz/Thyon-les Collons/Veysonnaz/La Tzoumaz	026/31.62.22	**Verbier** (VS)
	⛾	Haute-Nendaz/Thyon-les Collons/Verbier/La Tzoumaz	027/27.10.53	**Veysonnaz** (VS)
⛸	⛾	Les Diablerets/Gryon	025/35.32.32	**Villars-sur-Ollon** (VD)
⛸		Grindelwald/Mürren/Schilthorn	036/55.14.14	**Wengen** (BE) (mit Zahnradbahn)
⛸		Alt. St. Johann/Unterwasser	074/5.27.27*	**Wildhaus** (SG)
⛸	⛾	Cervinia (I)/Valtournenche (I)	028/66.11.81	**Zermatt** (VS) (mit Zahnradbahn)
⛸	⛾		082/8.13.00*	**Zernez** (GR)
			082/7.15.10*	**Zuoz** (GR)
			030/2.11.33	**Zweisimmen** (BE)

Carte des stations de sports d'hiver _____

- •   Stations de sports-d'hiver
- ⊡▪▪▪⊡   Téléphérique
- ⊡┼┼┼┼⊡   Funiculaire, voie à crémaillère
- 🚗   Transport des autos par voie ferrée

Etat des routes Informations routières : ☏ 163

| 11-5 | Fermeture possible en période d'enneigement. (Ex : Nov.-Mai) |

Karte der Wintersportorte _____

- •   Wintersportort
- ⊡▪▪▪⊡   Seilbahn
- ⊡┼┼┼┼⊡   Standseilbahn, Zahnradbahn
- 🚗   Autotransport per Bahn

Strassenzustand Telefonische Auskunft: ☏ 163

| 11-5 | Ggf. Wintersperre. (Beisp. : Nov.-Mai) |

Carte delle stazioni di sport invernali _____

- •   Stazione di sport invernali
- ⊡▪▪▪⊡   Funivia
- ⊡┼┼┼┼⊡   Funicolare, ferrovia a cremagliera
- 🚗   Trasporto auto su treno

Informazioni sullo stato delle strade: ☏ 163

| 11-5 | Chiusura possibile in periodo d'innevamento. (Esempio : Nov.-Maggio) |

Map of winter sports stations _____

- •   Winter sports resort
- ⊡▪▪▪⊡   Cablecar
- ⊡┼┼┼┼⊡   Funicular, rack railway
- 🚗   Transportation of vehicles by rail

For the latest road conditions: ☏ 163

| 11-5 | Approximate period when roads are snowbound and possibly closed. (Ex : Nov.-May) |

Jours fériés en Suisse/Giorni festiv*

Date / Datum / Data	Jour férié / Feiertag / Giorno festivo	AI	AG	AR	BE	BL	BS	FR	GE	GL	GR	JU	LU	N
1 janv./Jan./ gennaio	Nouvel-An / Neujahrstag / Capodanno	•	•	•	•	•	•	•	•	•	•	•	•	•
2 janv./Jan./ gennaio	Berchtoldstag				•			•				•		•
6 janv./Jan. gennaio	Epiphanie / Dreikönigstag / Epifania													
1 mars/März/ marzo	Instauration de la République													
19 mars/März/ marzo	Saint-Joseph / Josephstag / San Giuseppe											•		
5 avril/April/ aprile	Vendredi-Saint / Karfreitag / Venerdì santo	•	•	•	•	•	•	•	•	•	•	•	•	•
8 avril/April/ aprile	Lundi de Pâques / Ostermontag / Lunedì di Pasqua	•	•	•	•	•	•	•	•	•	•	•	•	•
11 avril/April/ aprile	Fahrtsfest									•				
1 mai/Mai/ maggio	Fête du travail / Tag der Arbeit / Festa del Lavoro					•	•					•		
16 mai/Mai/ maggio	Ascencion/Auffahrt/ Ascensione	•	•	•	•	•	•	•	•	•	•	•	•	•
27 mai/Mai/ maggio	Lundi de Pentecôte/ Pfingstmontag/Lunedì di Pentecoste	•	•	•	•	•	•	•	•	•	•	•	•	•
6 juin/Juni/ giugno	Fête-Dieu / Fronleichnam / Corpus Domini	•	•					•				•	•	
23 juin/Juni/ giugno	Commémoration du Plébiscite jurassien											•		
29 juin/Juni/ giugno	Sts-Pierre-et-Paul / Peter und Paul / SS Pietro e Paolo													
1 août/Aug./ agosto	Fête Nationale / Bundesfeier / Festa nazionale	•	•	•	•	•	•	•	•	•	•	•	•	•
15 août/Aug./ agosto	Assomption / Maria Himmelfahrt / Assunzione	•	•					•				•	•	
5 sept./Sept./ settembre	Jeûne Genevois / Genfer Bettag / Digiuno ginevrino								•					
16 sept./Sept./ settembre	Lundi du Jeûne Fédéral/Bettagsmontag/ Lunedì del digiuno federale													
25 sept./Sept./ settembre	Fête de St-Nicolas de Flüe/Bruderklausenfest/San Nicolao della Flüe													
1 nov./Nov./ novembre	Toussaint / Allerheiligen / Ognissanti	•	•					•				•	•	
8 déc./Dez./ dicembre	Immaculée Conception / Maria Empfängnis / Immacolata	•	•					•				•		
25 déc./Dez./ dicembre	Noël/Weihnachtstag / Natale	•	•	•	•	•	•	•	•	•	•	•	•	•
26 déc./Dez./ dicembre	Saint-Etienne / Stephanstag / Santo Stefano	•	•	•	•					•	•	•	•	•
31 déc./Dez./ dicembre	Restauration de la République								•					

VOW	SG	SH	SO	SZ	TG	TI	UR	VD	VS	ZG	ZH	Jour férié / Feiertag / Giorno festivo	Date / Datum / Data
•	•	•	•	•	•	•	•	•	•	•	•	Nouvel-An / Neujahrstag / Capodanno	1 janv./Jan./gennaio
		•	•					•		•	•	Berchtoldstag	2 janv./Jan./gennaio
				•		•	•					Epiphanie / Dreikönigstag / Epifania	6 janv./Jan./gennaio
												Instauration de la République	1 mars/März/marzo
				•		•			•			Saint-Joseph / Josephstag / San Giuseppe	19 mars/März/marzo
•	•	•	•	•	•			•	•	•	•	Vendredi-Saint / Karfreitag / Venerdì santo	5 avril/April/aprile
•	•	•	•	•	•		•	•	•	•	•	Lundi de Pâques / Ostermontag / Lunedì di Pasque	8 avril/April/aprile
												Fahrtsfest	11 avril/April/aprile
		•		•		•					•	Fête du travail / Tag der Arbeit / Festa del Lavoro	1 mai/Mai/maggio
•	•	•	•	•	•	•	•	•	•	•	•	Ascension/Auffahrt/Ascensione	16 mai/Mai/maggio
•	•	•	•	•	•	•	•	•	•	•	•	Lundi de Pentecôte/Pfingstmontag/Lunedì di Pentecoste	27 mai/Mai/maggio
		•		•		•	•		•	•		Fête-Dieu / Fronleichnam / Corpus Domini	6 juin/Juni/giugno
												Commémoration du Plébiscite jurassien	23 juin/juni/giugno
						•						Sts-Pierre-et-Paul / Peter und Paul / SS. Pietro e Paolo	29 juin/Juni/giugno
•	•	•	•	•	•	•	•	•	•	•	•	Fête Nationale / Bundesfeier / Festa nazionale	1 août/Aug./agosto
•	•			•	•	•	•		•	•		Assomption / Maria Himmelfahrt / Assunzione	15 août/Aug./agosto
												Jeûne Genevois / Genfer Bettag / Digiuno ginevrino	5 sept./Sept./settembre
						•						Lundi du Jeûne Fédéral/Bettagsmontag/Lunedì del digiuno federale	16 sept./Sept./settembre
	•											Fête de St-Nicolas de Flüe/Bruderklausenfest/San Nicolao della Flüe	25 sept./Sept./settembre
•	•	•		•	•		•		•	•		Toussaint / Allerheiligen / Ognissanti	1 nov./Nov./novembre
•	•			•		•	•		•	•		Immaculée Conception / Maria Empfängnis / Immacolata	8 déc./Dez./dicembre
•	•	•	•	•	•	•	•	•	•	•	•	Noël/Weihnachtstag/Natale	25 déc./Dez./dicembre
•	•	•	•	•	•	•	•			•	•	Saint-Etienne / Stephanstag / Santo Stefano	26 déc./Dez./dicembre
												Restauration de la République	31 déc./Dez./dicembre

Adresses des marques automobiles
Adressen der Automobilfirmen
Indirizzi delle marche automobilistiche
Car manufacturer's addresses

ALFA ROMEO Alfa Romeo (Suisse) S.A.
108, rue de Lyon
Tél. (022) 338 38 38
1211 Genève
Fax (022) 45 17 18

AUDI Amag AG Aarauerstrasse 20
Tél. (056) 463 91 91
5116 Schinznach-Bad
Fax (056) 463 95 11

BMW BMW (Schweiz) AG
Industriestrasse 14
Tél. (01) 855 31 11
8157 Dielsdorf
Fax (01) 853 01 91

CHEVROLET Chevrolet Agence Américaine
Brüglingerstrasse 2
Tél. (061) 335 61 11
4053 Basel
Fax (061) 331 07 80

CHRYSLER Chrysler Jeep Import
(Switzerland) AG
Vulkanstrasse 120
Tél. (01) 434 82 00
8048 Zürich
Fax (01) 432 77 85

CITROEN Citroën (Suisse) S.A.
27, Route Acacias
Tél. (022) 308 01 11
1211 Genève
Fax (022) 342 60 42

DAEWOO Daewoo Auto Import
(Switzerland) S.A.
2, Route de Sécheron
Tél. (027) 35 30 11
1964 Conthey
Fax (027) 35 30 83

DAIHATSU Inchcape Motors
Switzerland S.A.
Route de Sécheron
Tél. (027) 35 30 11
1964 Conthey
Fax (027) 35 30 83

FIAT Fiat Auto (Suisse) S.A.
108, rue de Lyon
Tél. (022) 338 38 38
1211 Genève
Fax (022) 345 17 18

FORD Ford Motor Company
(Switzerland) S.A.
Kurvenstrasse 35
Tél. (01) 365 71 11
8021 Zürich
Fax (01) 365 72 48

HONDA Honda Automobiles
(Suisse) S.A.
5 Rue de la Bergère
Tél. (022) 989 05 00
1242 Satigny
Fax (022) 989 06 60

HYUNDAI Hyundai Auto Import A
Steigstrasse 28
Tél. (052) 203 63 60
8401 Winterthur
Fax (052) 203 82 79

JAGUAR Streag AG Industriestras
Tél. (062) 788 88 66
5745 Safenwil
Fax (062) 788 88 80

KIA Kia Motors AG.
Industriestrasse
Tél. (062) 788 88 99
5745 Safenwil
Fax. (062) 788 84 50

LADA Sares S.A.
Route de la Maladière
1022 Chavannes
Tél. (021) 24 27 25

LANCIA Lancia Auto (Suisse) S.A
108, rue de Lyon
Tél. (022) 338 38 38
1211 Genève
Fax (022) 45 17 18

MAZDA Mazda (Suisse) S.A.
14, Rue de Veyrot
Tél. (022) 719 33 00
1217 Meyrin
Fax (022) 719 97 19

MERCEDES Mercedes-Benz (Schweiz) A
Zürcherstrasse 109
Tél. (01) 732 51 11
8952 Schlieren
Fax (01) 730 07 40

MITSUBISHI	*Mitsubishi Automobile AG* *Steigstrasse 26* *Tél. (052) 203 57 31* *8401 Winterthur* *Fax (052) 203 41 24*		SAAB	*Scancars AG* *Talstrasse 82* *Tél. (061) 701 84 50* *4144 Arlesheim* *Fax (061) 701 87 74*
NISSAN	*Nissan Motor (Schweiz) AG* *Bergermoosstrasse 4* *Tél. (01) 736 55 11* *8902 Urdorf* *Fax (01) 734 01 22*		SEAT	*Spancars Automobile AG* *Bahnhofstrasse 32* *Tél. (01) 844 45 55* *8107 Buchs* *Fax (01) 844 45 63*
OPEL	*Opel (Suisse) S.A.* *Salzhausstrasse 21* *Tél. (032) 21 51 11* *2501 Biel (Bienne)* *Fax (032) 21 54 10*		SUBARU	*Streag AG Industriestrasse* *Tél. (062) 788 88 66* *5745 Safenwil* *Fax (062) 788 88 60*
PEUGEOT	*Peugeot Talbot (Suisse) S.A.* *Eigerplatz 2* *Tél. (031) 387 41 11* *3000 Bern 14* *Fax (031) 387 41 20*		SUZUKI	*Suzuki Automobile AG* *Brandbachstrasse 11* *Tél. (01) 833 47 47* *8305 Dietlikon* *Fax (01) 833 34 07*
PORSCHE	*Amag AG* *Aarauerstrasse* *20 Tél. (056) 463 91 91* *5116 Schinznach-Bad* *Fax (056) 463 95 11*		TOYOTA	*Toyota AG* *Schürmattstrasse 724* *Tél. (062) 788 88 44* *5745 Safenwil* *Fax (062) 788 86 00*
RENAULT	*Renault (Suisse) S.A.* *Riedthofstrasse 124* *Tél. (01) 842 42 42* *8104 Regensdorf* *Fax (01) 840 18 85*		VOLVO	*Volvo Automobile* *(Schweiz) AG* *Industriering 43* *Tél. (032) 84 71 11* *3250 Lyss* *Fax (032) 84 19 70*
ROVER	*Streag AG Industriestrasse* *Tél. (062) 788 88 66* *5745 Safenwil* *Fax (062) 788 88 80*		VOLKSWAGEN	*Amag AG* *Aarauerstrasse 20* *Tél. (056) 463 91 91* *5116 Schinznach-Bad* *Fax (056) 463 95 11*

Principales foires

Wichtigste Messen

Principali fiere

Main fairs

Basel (BS)	MUBA 96 (BS) : Die Publikums- und Erlebnismesse (La foire-événement grand public)	08.03 - 17.|
	BASEL 96 : Europäische Uhren- und Schmuckmesse (Foire européenne de l'horlogerie et de la bijouterie)	18.04 - 24.|
	ORBIT 96 : Fachmesse für Informatik, Kommunikation und Organisation (Salon de l'informatique, de la communication et de l'organisation)	08.10 - 12.
	Basler Herbstwarenmesse und 23. Basler Wymäss (Foire commerciale d'automne et 23ᵉ foire aux vins de Bâle)	26.10 - 04.⌐
Bern (BE)	BEA : Ausstellung für Gewerbe, Landwirtschaft, Handel und Industrie (Comptoir de Berne)	27.04 - 06.|
Genève (GE)	14ᵉ Salon international des véhicules utilitaires (14. Internationaler Nutzfahrzeugsalon)	12.01 - 21.|
	Salon international de l'automobile (Internationaler Automobil-Salon)	07.03 - 17.|
	Salon international des inventions, des techniques et produits nouveaux (Internationale Messe für Erfindungen, neue Techniken und Produkte)	19.04 - 28.|
	Salon international du livre et de la presse (Internationale Messe für Buch und Presse)	01.05 - 05.|
	MONDOLINGUA Genève : 8ᵉ Salon international des langues et des cultures (8. Internationale Messe für Sprachen und Kulturen)	01.05 - 05.⌐
	EUROP'ART : 5ᵉ Foire internationale d'art ancien, moderne et actuel (5. Internationale Messe für alte, moderne und aktuelle Kunst)	01.05 - 05.|
Lausanne (VD)	Exposition Habitat et Jardin (Haus und Garten Ausstellung)	24.02 - 03.|
	Comptoir Suisse : Foire nationale (Nationale Messe)	11.09 - 22.|
	GASTRONOMIA : 6ᵉ Salon international de l'alimentation, de la restauration et de l'hôtellerie (6. Internationale Fachmesse für Lebensmittel, Hotel- und Gastgewerbe)	23.11 - 27.|
Luzern (LU)	LUGA : Luzerner Landwirtschafs- und Gewerbeausstellung (Exposition pour l'agriculture et l'artisanat de la Suisse centrale)	26.04 - 05.|
St-Gallen (SG)	OFFA-Pferdemesse : Ostschweizer Frühlings- und Freizeitmesse mit OFFA Pferdemesse (Foire du printemps et des loisirs de la Suisse orientale avec exposition internationale de chevaux)	22.03 - 31.|
	MOBAUTECH : Internationale Messe für Modell- und Anlagenbau (Foire internationale de construction de modèles réduits et de maquettes)	04.09 - 08.|
	OLMA : Schweizer Messe für Land- und Milchwirtschaft (Foire suisse de l'agriculture et de l'industrie laitière)	10.10 - 20.|
Zürich (ZH)	ZÜSPA : Zürcher Herbstschau für Haushalt, Wohnen, Sport und Mode (Salon d'automne zurichois des arts ménagers, du logement, du sport et de la mode)	19.09 - 29.|
	EXPOVINA : Zürcher Wein Ausstellung (Salon du vin)	31.10 - 14.|

Lexique

(sieche S. 382)

Lessico

(vedere p. 389)

Lexicon

A

à louer	*zu vermieten*	*a noleggio*	*for hire*
addition	*Rechnung*	*conto*	*bill, check*
aéroport	*Flughafen*	*aeroporto*	*airport*
agence de voyage	*Reisebüro*	*agenzia di viaggio*	*travel bureau*
agencement	*Einrichtung*	*installazione*	*installation*
agneau	*Lamm*	*agnello*	*lamb*
ail	*Knoblauch*	*aglio*	*garlic*
amandes	*Mandeln*	*mandorle*	*almonds*
ancien, antique	*ehemalig, antik*	*vecchio, antico*	*old, antique*
août	*August*	*agosto*	*August*
art-déco	*Jugendstil*	*art-déco, liberty*	*Art Deco*
artichaut	*Artischoke*	*carciofo*	*artichoke*
asperges	*Spargeln*	*asparagi*	*asparagus*
auberge	*Gasthaus*	*locanda*	*inn*
aujourd'hui	*heute*	*oggi*	*today*
automne	*Herbst*	*autunno*	*autumn*
avion	*Flugzeug*	*aereo*	*aeroplane*
avril	*April*	*aprile*	*April*

B

bac	*Fähre*	*traghetto*	*ferry*
bagages	*Gepäck*	*bagagli*	*luggage*
bateau	*Boot, Schiff*	*barca*	*ship*
bateau à vapeur	*Dampfer*	*batello a vapore*	*steamer*
baudroie	*Seeteufel*	*pescatrice*	*angler fish*
beau	*schön*	*bello*	*fine, lovely*
beurre	*Butter*	*burro*	*butter*
bien, bon	*gut*	*bene, buono*	*good, well*
bière	*Bier*	*birra*	*beer*
billet d'entrée	*Eintrittskarte*	*biglietto d'ingresso*	*admission ticket*
blanchisserie	*Wäscherei*	*lavanderia*	*laundry*
bouillon	*Fleischbrühe*	*brodo*	*clear soup*
bouquetin	*Steinbock*	*stambecco*	*ibex*
bouteille	*Flasche*	*bottiglia*	*bottle*
brochet	*Hecht*	*luccio*	*pike*

C

cabri	*Zicklein*	*capretto*	*young goat*
café	*Kaffee*	*caffè*	*coffee*
café-restaurant	*Wirtschaft*	*ristorante-bar*	*café-restaurant*
caisse	*Kasse*	*cassa*	*cash desk*
campagne	*Land*	*campagna*	*country*
canard, caneton	*Ente, junge Ente*	*anatra*	*duck*
cannelle	*Zimt*	*cannella*	*cinnamon*
câpres	*Kapern*	*capperi*	*capers*
carvanal	*Fasnacht*	*carnevale*	*carnival*

carottes	Karotten	carote	carrots
carpe	Karpfe	carpa	carp
carte postale	Postkarte	cartolina postale	postcard
cascades, chutes	Fälle	cascate	waterfalls
céleri	Sellerie	sedano	celery
cépage	Rebsorte	ceppo	grape variety
cèpes, bolets	Steinpilze	boleto	ceps
cerf	Hirsch	cervo	stag (venison)
cerises	Kirschen	ciliegie	cherries
cervelle de veau	Kalbshirn	cervella di vitello	calf's brain
chaînes	Schneeketten	catene da neve	snow chain
chambre	Zimmer	camera	room
chamois	Gems	camoscio	chamois
champignons	Pilze	funghi	mushrooms
change	Geldwechsel	cambio	exchange
charcuterie	Aufschnitt	salumi	pork butcher's meat
château	Burg, Schloss	castello	castle
chevreau	Zicklein	capretto	young goat
chevreuil	Reh	capriolo	roe deer (venison)
chien	Hund	cane	dog
chou	Kraut, Kohl	cavolo	cabbage
chou de Bruxelles	Rosenkohl	cavolini di Bruxelles	Brussel sprouts
chou rouge	Rotkraut	Cavolo roso	red cabbage
chou-fleur	Blumenkohl	cavolfiore	cauliflower
choucroute	Sauerkraut	crauti	sauerkraut
circuit	Rundfahrt	circuito	round tour
citron	Zitrone	limone	lemon
clé	Schlüssel	chiave	key
col	Pass	passo	pass
collection	Sammlung	collezione	collection
combien ?	wieviel ?	quanto ?	how much ?
commissariat	Polizeirevier	commissariato	police headquarters
concombre	Gurke	cetriolo	cucumber
confiture	Konfitüre	marmellata	jam
corsé	kräftig	robusto	full bodied
côte de porc	Schweinekotelett	braciola di maiale	pork chop
côte de veau	Kalbskotelett	costata di vitello	veal chop
courgettes	Courgetten	zucchine	courgette
crème	Rahm	panna	cream
crêpes	Pfannkuchen	crespella	pancakes
crevaison	Reifenpanne	foratura	puncture
crevettes	Krevetten	gamberetti	shrimps, prawns
crudités	Rohkost	verdure crude	raw vegetables

D

débarcadère	Schiffanlegestelle	pontile di sbarco	landing-wharf
décembre	Dezember	dicembre	December
demain	morgen	domani	tomorrow
demander	fragen, bitten	domandare	to ask for
départ	Abfahrt	partenza	departure
dimanche	Sonntag	domenica	Sunday
docteur	Arzt	dottore	doctor
doux	mild	dolce	sweet, mild

E

eau gazeuse	mit Kohlensäure (Wasser)	acqua gasata	sparkling water
eau minérale	Mineralwasser	acqua minerale	mineral water
église	Kirche	chiesa	church
émincé	Geschnetzeltes	a fettine	thin slice
en daube, en sauce	geschmort, in Sauce	stracotto, in salsa	stewed, with sauce
en plein air	im Freien	all'aperto	outside
endive	Endivie	indivia	chicory
entrecôte	Zwischenrippenstück	costata	sirloin steak
enveloppes	Briefumschläge	buste	envelopes
épinards	Spinat	spinaci	spinach
escalope panée	Wienerschnitzel	cotoletta alla milanese	escalope in breadcrumbs
escargots	Schnecken	lumache	snails
étage	Stock, Etage	piano	floor
été	Sommer	estate	summer
excursion	Ausflug	escursione	excursion
exposition	Ausstellung	esposizione, mostra	exhibition, show

F

faisan	Fasan	fagiano	pheasant
farci	gefüllt	farcito	stuffed
féra	Felchen	coregone	dace
ferme	Bauernhaus	fattoria	farm
fermé	geschlossen	chiuso	closed
février	Februar	febbraio	February
filet de bœuf	Rinderfilet	filetto di bue	fillet of beef
filet de porc	Schweinefilet	filetto di maiale	fillet of pork
fleuve	Fluss	fiume	river
foie de veau	Kalbsleber	fegato di vitello	calf's liver
foire	Messe, Ausstellung	fiera	fair
forêt, bois	Wald	foresta, bosco	forest, wood
fraises	Erdbeeren	fragole	strawberries
framboises	Himbeeren	lamponi	raspberries
fresques	Fresken	affreschi	frescoes
frit	fritiert	fritto	fried
fromage	Käse	formaggio	cheese
fruité	fruchtig	fruttato	fruity
fruits de mer	Meeresfrüchte	frutti di mare	seafood
fumé	geräuchert	affumicato	smoked

G

gare	Bahnhof	stazione	station
gâteau	Kuchen	dolce	cake
genièvre	Wacholder	coccola	juniper berry
gingembre	Ingwer	zenzero	ginger
girolles	Pfifferlinge	gallinacci (funghi)	chanterelles
glacier	Gletscher	ghiacciaio	glacier
grillé	gegrillt	alla griglia	grilled
grotte	Höhle	grotta	cave

H

habitants	Einwohner	abitanti	residents, inhabitants
hebdomadaire	wöchentlich	settimanale	weekly
hier	gestern	ieri	yesterday
hiver	Winter	inverno	winter
homard	Hummer	astice	lobster
hôpital	Krankenhaus	ospedale	hospital
hôtel de ville, mairie	Rathaus	municipio	town hall
huile d'olives	Olivenöl	olio d'oliva	olive oil
huîtres	Austern	ostriche	oysters

I-J

interdit	verboten	vietato	prohibited
jambon (cru, cuit)	Schinken (roh, gekocht)	prosciutto (crudo, cotto)	ham (raw, cokked)
janvier	Januar	gennaio	January
jardin, parc	Garten, Park	giardino, parco	garden, park
jeudi	Donnerstag	giovedì	Thursday
journal	Zeitung	giornale	newspaper
jours fériés	Feiertage	festivi	bank holidays
juillet	Juli	luglio	July
juin	Juni	giugno	June
jus de fruits	Fruchtsaft	succo di frutta	fruit juice

L

lac	See	lago	lake
lait	Milch	latte	milk
langouste	Languste	aragosta	spiny lobster
langoustines	Langustinen	scampi	Dublin bay prawns
langue	Zunge	lingua	tongue
lapin	Kaninchen	coniglio	rabbit
léger	leicht	leggero	light
lièvre	Hase	lepre	hare
lit	Bett	letto	bed
lit d'enfant	Kinderbett	lettino	child's bed
lotte	Seeteufel	pescatrice	monkfish
loup de mer	Seewolf	branzino	sea bass
lundi	Montag	lunedì	Monday

M

mai	Mai	maggio	May
maison	Haus	casa	house
maison corporative	Zunfthaus	sede corporativa	guild house
manoir	Herrensitz	maniero	manor house
mardi	Dienstag	martedì	Tuesday
mariné	mariniert	marinato	marinated
mars	März	marzo	March
mercredi	Mittwoch	mercoledì	Wednesday
miel	Honig	miele	honey
moelleux	weich, gehaltvoll	vellutato	mellow
monument	Denkmal	monumento	monument
morilles	Morcheln	spugnole (funghi)	morels
moules	Muscheln	cozze	mussels
moulin	Mühle	mulino	mill
moutarde	Senf	senape	mustard

N

neige	Schnee	neve	snow
Noël	Weihnachten	Natale	Christmas
noisettes, noix	Haselnüsse, Nüsse	nocciole, noci	hazelnuts, nuts
nombre de couverts limités	Tischbestellung ratsam	coperti limitati-prenotare	booking essential
novembre	November	novembre	November

O

octobre	Oktober	ottobre	October
œuf à la coque	weiches Ei	uovo à la coque	soft-boiled egg
office de tourisme	Verkehrsverein	informazioni turistiche	tourist information office
oignons	Zwiebeln	cipolle	onions
omble chevalier	Saibling	salmerino	char
ombragé	schattig	ombreggiato	shaded

P

pain	Brot	pane	bread
Pâques	Ostern	pasqua	Easter
pâtisseries	Feingebäck, Kuchen	pasticceria	pastries
payer	bezahlen	pagare	to pay
pêches	Pfirsiche	pesche	peaches
peintures, tableaux	Malereien, Gemälde	dipinti, quadri	paintings
perche	Egli	persico	perch
perdrix, perdreau	Rebhuhn	pernice	partridge
petit déjeuner	Frühstück	prima colazione	breakfast
petits pois	grüne Erbsen	piselli	green peas
piétons	Fussgänger	pedoni	pedestrians
pigeon	Taube	piccione	pigeon
pinacothèque	Gemäldegalerie	pinacoteca	picture gallery
pintade	Perlhuhn	faraona	guinea fowl
piscine, – couverte	Schwimmbad – Hallen	piscina, – coperta	swimming pool, in-door –
plage	Strand	spiaggia	beach
pleurotes	Austernpilze	gelone	oyster mushrooms
pneu	Reifen	pneumatico	tyre
poireau	Lauch	porro	leek
poires	Birnen	pere	pears
pois gourmands	Zuckerschoten	taccole	mange tout
poisson	Fisch	pesce	fish
poivre	Pfeffer	pepe	pepper
police	Polizei	polizia	police
pommes	Äpfel	mele	apples
pommes de terre, – à l'eau	Kartoffeln, Salz –	patate, – bollite	potatoes, boiled –
pont	Brücke	ponte	bridge
ponton d'amarrage	Bootsteg	pontile	jetty
poulet	Hähnchen	pollo	chicken
pourboire	Trinkgeld	mancia	tip
printemps	Frühling	primavera	spring
promenade	Spaziergang	passeggiata	walk
prunes	Pflaumen	prugne	plums

R

raie	Rochen	razza	skate
raisin	Traube	uva	grape
régime	Diät	dieta	diet
remonte-pente	Skilift	ski-lift	ski-lift
renseignements	Auskünfte	informazioni	information
repas	Mahlzeit	pasto	meal
réservation	Tischbestellung	prenotazione	booking
résidents seulement	nur Hotelgäste	solo per clienti alloggiati	residents only
ris de veau	Kalbsries, Milken	animelle di vitello	sweetbread
rive, bord	Ufer	riva	shore, river bank
rivière	Fluss	fiume	river
riz	Reis	riso	rice
roches, rochers	Felsen	rocce	rocks
rognons	Nieren	rognone	kidneys
rôti	gebraten	arrosto	roasted
rouget	Rotbarbe	triglia	red mullet
rue	Strasse	strada	street
rustique	rustikal, ländlich	rustico	rustic

S

saignant	englisch gebraten	al sangue	rare
salle à manger	Speisesaal	sala da pranzo	dining-room
salle de bain	Badezimmer	stanza da bagno	bathroom
samedi	Samstag	sabato	Saturday
sandre	Zander	lucio perca	perch pike
sanglier	Wildschwein	cinghiale	wild boar
saucisse	Würstchen	salsiccia	sausage
saucisson	Trokenwurst	sausage	
saumon	Salm, Lachs	salmone	salmon
sculptures sur bois	Holzschnitzereien	sculture in legno	wood carvings
sec	trocken	secco	dry
sel	Salz	sale	salt
septembre	September	settembre	September
service compris	Bedienung inbegriffen	servizio incluso	service included
site, paysage	Landschaft	località, paesaggio	site, landscape
soir	Abend	sera	evening
sole	Seezunge	sogliola	sole
sucre	Zucker	zucchero	sugar
sur demande	auf Verlangen	a richiesta	on request
sureau	Holunder	sambuco	elderbarry

T

tarte	Torte	torta	tart
téléphérique	Luftseilbahn	funivia	cable car
télésiège	Sessellift	seggiovia	chair lift
thé	Tee	tè	tea
thon	Thunfisch	tonno	tuna
train	Zug	treno	train
train à crémaillère	Zahnradbahn	treno a cremagliera	rack railway
tripes	Kutteln	trippa	tripe
truffes	Trüffeln	tartufi	truffles
truite	Forelle	trota	trout
turbot	Steinbutt	rombo	turbot

V

vacances	Ferien	*vacanze*	holidays
vallée	Tal	*vallata*	valley
vendredi	Freitag	*venerdì*	Friday
verre	Glas	*bicchiere*	glass
viande séchée	Trockenfleisch	*carne secca*	dried meats
vignes, vignoble	Reben, Weinberg	*vite, vigneto*	vines, vineyard
vin blanc sec	herber Weisswein	*vino bianco secco*	dry white wine
vin rouge, rosé	Rotwein, Rosé	*vino rosso, rosato*	red wine, rosé
vinaigre	Essig	*aceto*	vinegar
voiture	Wagen	*machina*	car
vue	Aussicht	*vista*	view

Lexikon

Lexique

(voir page 375)

Lessico

(vedere p. 389)

Lexicon

A

Abend	soir	sera	evening
Abfahrt	départ	partenza	departure
Äpfel	pommes	mele	apples
April	avril	aprile	April
Artischoke	artichaut	carciofo	artichoke
Arzt	docteur	dottore	doctor
auf Verlangen	sur demande	a richiesta	on request
Aufschnitt	charcuterie	salumi	pork butcher's meat
August	août	agosto	August
Ausflug	excursion	escursione	excursion
Auskünfte	renseignements	informazioni	information
Aussicht	vue	vista	view
Ausstellung	exposition	esposizione, mostra	exhibition, show
Austern	huîtres	ostriche	oysters
Austernpilze	pleurotes	gelone	oyster mushrooms
Auto	voiture	Vettura	car

B

Badezimmer	salle de bain	stanza da bagno	bathroom
Bahnhof	gare	stazione	station
Bauernhaus	ferme	fattoria	farm
Bedienung inbegriffen	service compris	servizio incluso	service included
Bett	lit	letto	bed
bezahlen	payer	pagare	to pay
Bier	bière	birra	beer
Birnen	poires	pere	pears
Blumenkohl	chou-fleur	cavolfiore	cauliflower
Boot, Schiff	bateau	barca	ship
Bootsteg	pontond'amarrage	pontile	jetty
Briefumschläge	enveloppes	buste	envelopes
Brot	pain	pane	bread
Brücke	pont	ponte	bridge
Burg, Schloss	château	castello	castle
Butter	beurre	burro	butter

C - D

Courgetten	courgettes	zucchine	courgette
Dampfer	bateau à vapeur	batello a vapore	steamer
Denkmal	monument	monumento	monument
Dezember	décembre	dicembre	December

Diät	régime	dieta	diet
Dienstag	mardi	martedì	Tuesday
Donnerstag	jeudi	giovedì	Thursday

E

Egli	perche	persico	perch
ehemalig, antik	ancien, antique	vecchio, antico	old, antique
Ei	œuf	uovo	egg
Einrichtung	agencement	installazione	installation
Eintrittskarte	billet d'entrée	biglietto d'ingresso	admission ticket
Einwohner	habitants	abitanti	residents, inhabitants
Endivie	endive	indivia	chicory
englisch gebraten	saignant	al sangue	rare
Ente, junge Ente	canard, caneton	anatra	duck
Erdbeeren	fraises	fragole	strawberries
Essig	vinaigre	aceto	vinegar

F

Fähre	bac	traghetto	ferry
Fälle	cascades, chutes	cascate	waterfalls
Fasan	faisan	fagiano	pheasant
Fasnacht	carnaval	carnevale	carnival
Februar	février	febbraio	February
Feiertage	jours fériés	festivi	bank holidays
Feingebäck, Kuchen	pâtisseries	pasticceria	pastries
Felchen	féra	coregone	dace
Felsen	roches, rochers	rocce	rocks
Ferien	vacances	vacanze	holidays
Fisch	poisson	pesce	fish
Flasche	bouteille	bottiglia	bottle
Fleischbrühe	bouillon	brodo	clear soup
Flughafen	aéroport	aeroporto	airport
Flugzeug	avion	aereo	aeroplane
Fluss	fleuve, rivière	fiume	river
Forelle	truite	trota	trout
fragen, bitten	demander	domandare	to ask for
Freitag	vendredi	venerdì	Friday
Fresken	fresques	affreschi	frescoes
fruchtig	fruité	fruttato	fruity
Fruchtsaft	jus de fruits	succo di frutta	fruit juice
Frühling	printemps	primavera	spring
Frühstück	petit déjeuner	prima colazione	breakfast
Fussgänger	piétons	pedoni	pedestrians

G

Garten, Park	jardin, parc	giardino, parco	garden, park
Gasthaus	auberge	locanda	inn
gebacken	frit	fritto	fried
gebraten	rôti	arrosto	roasted
gefüllt	farci	farcito	stuffed
gegrillt	grillé	alla griglia	grilled
Geldwechsel	change	cambio	exchange
Gemäldegalerie	pinacothèque	pinacoteca	picture gallery
Gems	chamois	camoscio	chamois
Gepäck	bagages	bagagli	luggage
geräuchert	fumé	affumicato	smoked

geschlossen	fermé	chiuso	closed
geschmort, in	en daube,	stracotto,	stewed,
Sauce	en sauce	in salsa	with sauce
Geschnetzeltes	émincé	a fettine	thin slice
gestern	hier	ieri	yesterday
Glas	verre	bicchiere	glass
Gletscher	glacier	ghiacciaio	glacier
grüne Erbsen	petits pois	piselli	green peas
Gurke	concombre	cetriolo	cucumber
gut	bien, bon	bene, buono	good, well

H

Hähnchen	poulet	pollo	chicken
Hartwurst	saucisson	salame	sausage
Hase	lièvre	lepre	hare
Haselnüsse, Nüsse	noisettes, noix	nocciole, noci	hazelnuts, nuts
Haus	maison	casa	house
Hecht	brochet	luccio	pike
Herbst	automne	autunno	autumn
Herrensitz	manoir	maniero	manor house
heute	aujourd'hui	oggi	today
Himbeeren	framboises	lamponi	raspberries
Hirsch	cerf	cervo	stag (venison)
Höhle	grotte	grotta	cave
Holunder	sureau	sambuco	elderbarry
Holzschnitzereien	sculptures sur bois	sculture in legno	wood carvings
Honig	miel	miele	honey
Hummer	homard	astice	lobster
Hund	chien	cane	dog

I-J

im Freien	en plein air	all'aperto	outside
Ingwer	gingembre	zenzero	ginger
Januar	janvier	gennaio	January
Jugendstil	art-déco	art-déco, liberty	Art Deco
Juli	juillet	luglio	July
Juni	juin	giugno	June

K

Kaffee	café	caffè	coffee
Kalbshirn	cervelle de veau	cervella di vitello	calf's brain
Kalbskotelett	côte de veau	costata di vitello	veal chop
Kalbsleber	foie de veau	fegato di vitello	calf's liver
Kalbsries, Milken	ris de veau	animelle di vitello	sweetbread
Kaninchen	lapin	coniglio	rabbit
Kapern	câpres	capperi	capers
Karotten	carottes	carote	carrots
Karpfe	carpe	carpa	carp
Kartoffeln, Salz –	pommes de terre, – à l'eau	– à patate, bollite	potatoes, boiled
Käse	fromage	formaggio	cheese
Kasse	caisse	cassa	cash desk
Kinderbett	lit d'enfant	lettino	child's bed
Kirche	église	chiesa	church
Kirschen	cerises	ciliegie	cherries
Knoblauch	ail	aglio	garlic

Konfitüre	confiture	marmellata	jam
kräftig	corsé	robusto	full bodied
Krankenhaus	hôpital	ospedale	hospital
Kraut, Kohl	chou	cavolo	cabbage
Krevetten	crevettes	gamberetti	shrimps, prawns
Kuchen	gâteau	dolce	cake
Kutteln	tripes	trippa	tripe

L

Lamm	agneau	agnello	lamb
Land	campagne	campagna	country
Landschaft	site, paysage	località, paesaggio	site, landscape
Languste	langouste	aragosta	spiny lobster
Langustinen	langoustines	scampi	Dublin bay prawns
Lauch	poireau	porri	leek
leicht	léger	leggero	light
Luftseilbahn	téléphérique	funivia	cable car

M

Mahlzeit	repas	pasto	meal
Mai	mai	maggio	May
Malereien, Gemälde	peintures, tableaux	dipinti, quadri	paintings
Mandeln	amandes	mandorle	almonds
mariniert	mariné	marinato	marinated
März	mars	marzo	March
Meeresfrüchte	fruits de mer	frutti di mare	seafood
Messe, Ausstellung	foire	fiera	fair
Milch	lait	latte	milk
mild	doux	dolce	sweet, mild
Mineralwasser	eau minérale	acqua minerale	mineral water
mit Kohlensäure (Wasser)	eau gazeuse	acqua gasata	sparkling water
Mittwoch	mercredi	mercoledì	Wednesday
Montag	lundi	lunedì	Monday
Morcheln	morilles	spugnole (funghi)	morels
morgen	demain	domani	tomorrow
Mühle	moulin	mulino	mill
Muscheln	moules	cozze	mussels

N

Nieren	rognons	rognone	kidneys
November	novembre	novembre	November
nur für Hotelgäste	résidents seulement	solo per clienti alloggiati	residents only

O

Oktober	octobre	ottobre	October
Olivenöl	huile d'olives	olio d'oliva	olive oil
Ostern	Pâques	pasqua	Easter

P

paniertes Schnitzel	escalope panée	costoleta alla milanese	escalope in breadcrumbs
Pass	col	passo	pass
Perlhuhn	pintade	faraona	guinea fowl
Pfannkuchen	crêpes	crespella	pancakes
Pfeffer	poivre	pepe	pepper

Pfifferlinge	*girolles*	*gallinacci (funghi)*	*chanterelles*
Pfirsiche	*pêches*	*pesche*	*peaches*
Pflaumen	*prunes*	*prugne*	*plums*
Pilze	*champignons*	*funghi*	*mushrooms*
Polizei	*police*	*polizia*	*police*
Polizeirevier	*commissariat*	*commissariato*	*police headquarters*
Postkarte	*carte postale*	*cartolina postale*	*postcard*

R

Rahm	*crème*	*panna*	*cream*
Rathaus	*hôtel de ville, mairie*	*municipio*	*town hall*
Reben, Weinberg	*vignes, vignoble*	*vite, vigneto*	*vines, vineyard*
Rebhuhn	*perdrix, perdreaux*	*pernice*	*partridge*
Rebsorte	*cépage*	*ceppo*	*grape variety*
Rechnung	*addition*	*conto*	*bill, check*
Reh	*chevreuil*	*capriolo*	*roe deer (venison)*
Reifen	*pneu*	*pneumatico*	*tyre*
Reifenpanne	*crevaison*	*foratura*	*puncture*
Reis	*riz*	*riso*	*rice*
Reisebüro	*agence de voyage*	*agenzia di viaggio*	*travel bureau*
Rinderfilet	*filet de bœuf*	*filetto di bue*	*fillet of beef*
Rochen	*raie*	*razza*	*skate*
Rohkost	*crudités*	*verdure crude*	*raw vegetables*
Rosenkohl	*chou de Bruxelles*	*cavolini di Bruxelles*	*Brussel sprouts*
Rotbarbe	*rouget*	*triglia*	*red mullet*
Rotkraut	*chou rouge*	*cavolo rosso*	*red cabbage*
Rotwein, Rosé	*vin rouge, rosé*	*vino rosso, rosato*	*red wine, rosé*
Rundfahrt	*circuit*	*circuito*	*round tour*
rustikal, ländlich	*rustique*	*rustico*	*rustic*

S

Saibling	*omble chevalier*	*salmerino*	*char*
Salm, Lachs	*saumon*	*salmone*	*salmon*
Salz	*sel*	*sale*	*salt*
Sammlung	*collection*	*collezione*	*collection*
Samstag	*samedi*	*sabato*	*Saturday*
Sauerkraut	*choucroute*	*crauti*	*sauerkraut*
schattig	*ombragé*	*ombreggiato*	*shaded*
Schiffanlegestelle	*débarcadère*	*pontile di sbarco*	*landing-wharf*
Schinken (roh, gekocht)	*jambon (cru, cuit)*	*prosciutto (crudo, cotto)*	*ham (raw, cokked*
Schlüssel	*clé*	*chiave*	*key*
Schnecken	*escargots*	*lumache*	*snails*
Schnee	*neige*	*neve*	*snow*
Schneeketten	*chaînes*	*catene da neve*	*snow chain*
schön	*beau*	*bello*	*fine, lovely*
Schweinefilet	*filet de porc*	*filetto di maiale*	*fillet of pork*
Schweinekotelett	*côte de porc*	*braciola di maiale*	*pork chop*
Schwimmbad, Hallen –	*piscine, – couverte*	*piscina, – coperta*	*swimming pool, in-door –*
See	*lac*	*lago*	*lake*
Seeteufel	*baudroie*	*pescatrice*	*angler fish*
Seeteufel	*lotte*	*pescatrice*	*monkfish*

Seewolf	loup de mer	branzino	sea bass
Seezunge	sole	sogliola	sole
Seilbahn	téléphérique	funivia	cable car
Sellerie	céleri	sedano	celery
Senf	moutarde	senape	mustard
September	septembre	settembre	September
Sessellift	télésiège	seggiovia	chair lift
Skilift	remonte-pente	ski-lift	ski-lift
Sommer	été	estate	summer
Sonntag	dimanche	domenica	Sunday
Spargeln	asperges	asparagi	asparagus
Spaziergang	promenade	passeggiata	walk
Speisesaal	salle à manger	sala da pranzo	dining-room
Spinat	épinards	spinaci	spinach
Steinbock	bouquetin	stambecco	ibex
Steinbutt	turbot	rombo	turbot
Steinpilze	cèpes, bolets	boleto	ceps
Stock, Etage	étage	piano	floor
Strand	plage	spiaggia	beach
Strasse	rue	strada	street

T

Tal	vallée	vallata	valley
Taube	pigeon,	piccione	pigeon
Tee	thé	tè	tea
Thunfisch	thon	tonno	tuna
Tischbestellung	réservation	prenotazione	booking
Tischbestellung ratsam	nombre de couverts limités	coperti limitati- prenotare	booking essential
Torte	tarte	torta	tart
Traube	raisin	uva	grape
Trinkgeld	pourboire	mancia	tip
trocken	sec	secco	dry
trockener Weisswein	vin blanc sec	vino bianco secco	dry white wine
Trockenfleisch	viande séchée	carne secca	dried meats
Trüffeln	truffes	tartufi	truffles

U - V

Ufer	rive, bord	riva	shore, river bank
verboten	interdit	vietato	prohibited
Verkehrsverein	office de tourisme	informazioni turistiche	tourist information office

W

Wacholder	genièvre	coccola	juniper berry
Wald	forêt, bois	foresta, bosco	forest, wood
Wäscherei	blanchisserie	lavanderia	laundry
weich, gehaltvoll	moelleux	vellutato	mellow
weiches Ei	œuf à la coque	uovo à la coque	soft-boiled egg
Weihnachten	Noël	Natale	Christmas
wieviel ?	combien ?	quanto ?	how much ?
Wildschwein	sanglier	cinghiale	wild boar
Winter	hiver	inverno	winter
Wirtschaft	café-restaurant	ristorante-bar	café-restaurant
wöchentlich	hebdomadaire	settimanale	weekly
Würstchen	saucisse	salsiccia	sausage

Z

Zahnradbahn	*train à crémaillère*	*treno a cremagliera*	*rack railway*
Zander	*sandre*	*lucio perca*	*perch pike*
Zeitung	*journal*	*giornale*	*newspaper*
Zicklein	*chevreau, cabri*	*capretto*	*young goat*
Zimmer	*chambre*	*camera*	*room*
Zimt	*cannelle*	*cannella*	*cinnamon*
Zitrone	*citron*	*limone*	*lemon*
zu vermieten	*à louer*	*a noleggio*	*for hire*
Zucker	*sucre*	*zucchero*	*sugar*
Zuckerschoten	*pois gourmands*	*taccole*	*mange tout*
Zug	*train*	*treno*	*train*
Zunfthaus	*maison corporative*	*sede corporativa*	*guild house*
Zunge	*langue*	*lingua*	*tongue*
Zwiebeln	*oignons*	*cipolle*	*onions*
Zwischenrip-	*entrecôte*	*costata*	*sirloin steak*
penstück			

Lessico

Lexique

(voir page 375)

Lexikon

(sieche S. 382)

Lexicon

A

a fettine	émincé	Geschnetzeltes	thin slice
a noleggio	à louer	zu vermieten	for hire
a richiesta	sur demande	auf Verlangen	on request
abitanti	habitants	Einwohner	residents, inhabitants
aceto	vinaigre	Essig	vinegar
acqua gasata	eau gazeuse	mit Kohlensäure (Wasser)	sparkling water
acqua minerale	eau minérale	Mineralwasser	mineral water
aereo	avion	Flugzeug	aeroplane
aeroporto	aéroport	Flughafen	airport
affreschi	fresques	Fresken	frescoes
affumicato	fumé	geräuchert	smoked
enzia di viaggio	agence de voyage	Reisebüro	travel bureau
aglio	ail	Knoblauch	garlic
agnello	agneau	Lamm	lamb
agosto	août	August	August
al sangue	saignant	englisch gebraten	rare
all'aporto	en plein air	im Freien	outside
alla griglia	grillé	gegrillt	grilled
anatra	canard, caneton	Ente, junge Ente	duck
imelle di vitello	ris de veau	Kalbsries, Milken	sweetbread
aprile	avril	April	April
aragosta	langouste	Languste	spiny lobster
arrosto	rôti	gebraten	roasted
art-déco, liberty	art-déco	Jugendstil	Art Deco
asparagi	asperges	Spargeln	asparagus
astice	homard	Hummer	lobster
autunno	automne	Herbst	autumn

B

bagagli	bagages	Gepäck	luggage
barca	bateau	Boot, Schiff	ship
attello a vapore	bateau à vapeur	Dampfer	steamer
bello	beau	schön	fine, lovely
bene, buono	bien, bon	gut	good, well
bicchiere	verre	Glas	glass
biglietto d'ingresso	billet d'entrée	Eintrittskarte	admission ticket
birra	bière	Bier	beer
boleti	cèpes, bolets	Steinpilze	ceps
bottiglia	bouteille	Flasche	bottle
ciola di maiale	côte de porc	Schweinekotelett	pork chop
branzino	loup de mer	Seewolf	sea bass

389

brodo	bouillon	Fleischbrühe	clear soup
burro	beurre	Butter	butter
buste	enveloppes	Briefumschläge	envelopes

C

caffè	café	Kaffee	coffee
cambio	change	Geldwechsel	exchange
camera	chambre	Zimmer	room
camoscio	chamois	Gems	chamois
campagna	campagne	Land	country
cane	chien	Hund	dog
cannella	cannelle	Zimt	cinnamon
capperi	câpres	Kapern	capers
capretto	cabri	Zicklein	young goat
capretto	chevreau	Zicklein	young goat
capriolo	chevreuil	Reh	roe deer (venison)
carciofo	artichaut	Artischoke	artichoke
carne secca	viande séchée	Trockenfleisch	dried meats
carnevale	carnaval	Fasnacht	carnival
carote	carottes	Karotten	carrots
carpa	carpe	Karpfe	carp
cartolina postale	carte postale	Postkarte	postcard
casa	maison	Haus	house
cascate	cascades, chutes	Fälle	waterfalls
cassa	caisse	Kasse	cash desk
castello	château	Burg, Schloss	castle
catene da neve	chaînes	Schneeketten	snow chain
cavolfiore	chou-fleur	Blumenkohl	cauliflower
cavolini di Bruxelles	chou de Bruxelles	Rosenkohl	Brussel sprouts
cavolo	chou	Kraut, Kohl	cabbage
cavolo rosso	chou rouge	Rotkraut	red cabbage
cervella di vitello	cervelle de veau	Kalbshirn	calf's brain
cervo	cerf	Hirsch	stag (venison)
cetriolo	concombre	Gurke	cucumber
chiave	clé	Schlüssel	key
chiesa	église	Kirche	church
chiuso	fermé	geschlossen	closed
ciliegie	cerises	Kirschen	cherries
cinghiale	sanglier	Wildschwein	wild boar
cipolle	oignons	Zwiebeln	onions
circuito	circuit	Rundfahrt	round tour
collezione	collection	Sammlung	collection
commissariato	commissariat	Polizeirevier	police headquarters
coniglio	lapin	Kaninchen	rabbit
conto	addition	Rechnung	bill, check
coperti limitati-prenotare	nombre de couverts limités	Tichbestellung ratsam	booking essential
coregone	féra	Felchen	dace
costata	entrecôte	Zwischenrip-penstück	sirloin steak
costata di vitello	côte de veau	Kalbskotelett	veal chop
cotoletta alla milanese	escalope panée	Wienerschnitzel	escalope in breadcrumbs
cozze	moules	Muscheln	mussels

390

crauti	*choucroute*	*Sauerkraut*	*sauerkraut*
cremagliera	*train à crémaillère*	*Zahnradbahn*	*rack railway*
crespella	*crêpes*	*Pfannkuchen*	*pancakes*

D

dicembre	*décembre*	*Dezember*	*December*
dieta	*régime*	*Diät*	*diet*
dipinti, quadri	*peintures, tableaux*	*Malereien, Gemälde*	*paintings*
dolce	*gâteau*	*Kuchen*	*cake*
dolce	*doux*	*mild*	*sweet, mild*
domandare	*demander*	*fragen, bitten*	*to ask for*
domani	*demain*	*morgen*	*tomorrow*
domenica	*dimanche*	*Sonntag*	*Sunday*
dottore	*docteur*	*Arzt*	*doctor*

E

escursione	*excursion*	*Ausflug*	*excursion*
esposizione, mostra	*exposition*	*Ausstellung*	*exhibition, show*
estate	*été*	*Sommer*	*summer*

F

fagiano	*faisan*	*Fasan*	*pheasant*
faraona	*pintade*	*Perlhuhn*	*guinea fowl*
farcito	*farci*	*gefüllt*	*stuffed*
fattoria	*ferme*	*Bauernhaus*	*farm*
febbraio	*février*	*Februar*	*February*
fegato di vitello	*foie de veau*	*Kalbsleber*	*calf's liver*
festivi	*jours fériés*	*Feiertage*	*bank holidays*
fiera	*foire*	*Messe, Ausstellung*	*fair*
filetto di bue	*filet de bœuf*	*Rinderfilet*	*fillet of beef*
filetto di maiale	*filet de porc*	*Schweinefilet*	*fillet of pork*
fiume	*fleuve*	*Fluss*	*river*
fiume	*rivière*	*Fluss*	*river*
foratura	*crevaison*	*Reifenpanne*	*puncture*
foresta, bosco	*forêt, bois*	*Wald*	*forest, wood*
formaggio	*fromage*	*Käse*	*cheese*
fragole	*fraises*	*Erdbeeren*	*strawberries*
fritto	*frit*	*fritiert*	*fried*
fruttato	*fruité*	*fruchtig*	*fruity*
frutti di mare	*fruits de mer*	*Meeresfrüchte*	*seafood*
funghi	*champignons*	*Pilze*	*mushrooms*
funivia	*téléphérique*	*Luftseilbahn*	*cable car*

G

llinacci (funghi)	*girolles*	*Pfifferlinge*	*chanterelles*
gamberetti	*crevettes*	*Krevetten*	*shrimps, prawns*
gelone	*pleurotes*	*Austernpilze*	*oyster mushrooms*
gennaio	*janvier*	*Januar*	*January*
ghiacciaio	*glacier*	*Gletscher*	*glacier*
giardino, parco	*jardin, parc*	*Garten, Park*	*garden, park*
ginepro	*genièvre*	*Wacholder*	*juniper berry*
giornale	*journal*	*Zeitung*	*newspaper*
giovedì	*jeudi*	*Donnerstag*	*Thursday*
giugno	*juin*	*Juni*	*June*
grotta	*grotte*	*Höhle*	*cave*

I

ieri	hier	gestern	yesterday
indivia	endive	Endivie	chicory
informazioni	renseignements	Auskünfte	information
informazioni turistiche	office de tourisme	Verkehrsverein	tourist information office
installazione	agencement	Einrichtung	installation
inverno	hiver	Winter	winter

L

lago	lac	See	lake
lamponi	framboises	Himbeeren	raspberries
latte	lait	Milch	milk
lavanderia	blanchisserie	Wäscherei	laundry
leggero	léger	leicht	light
lepre	lièvre	Hase	hare
lettino	lit d'enfant	Kinderbett	child's bed
letto	lit	Bett	bed
limone	citron	Zitrone	lemon
lingua	langue	Zunge	tongue
località, paesaggio	site, paysage	Landschaft	site, landscape
locanda	auberge	Gasthaus	inn
luccio	brochet	Hecht	pike
luccio perca	sandre	Zander	perch pike
luglio	juillet	Juli	July
lumache	escargots	Schnecken	snails
lunedì	lundi	Montag	Monday

M

maggio	mai	Mai	May
mancia	pourboire	Trinkgeld	tip
mandorle	amandes	Mandeln	almonds
maniero	manoir	Herrensitz	manor house
marinato	mariné	mariniert	marinated
marmellata	confiture	Konfitüre	jam
martedì	mardi	Dienstag	Tuesday
marzo	mars	März	March
mele	pommes	Äpfel	apples
mercoledì	mercredi	Mittwoch	Wednesday
miele	miel	Honig	honey
monumento	monument	Denkmal	monument
morbido, cremoso	moelleux	weich, gehaltvoll	mellow
mulino	moulin	Mühle	mill
municipio	hôtel de ville, mairie	Rathaus	town hall

N-O

Natale	Noël	Weihnachten	Christmas
neve	neige	Schnee	snow
nocciole, noci	noisettes, noix	Haselnüsse, Nüsse	hazelnuts, nuts
novembre	novembre	November	November
oggi	aujourd'hui	heute	today
olio d'oliva	huile d'olives	Olivenöl	olive oil
ombreggiato	ombragé	schattig	shaded
ospedale	hôpital	Krankenhaus	hospital
ostriche	huîtres	Austern	oysters
ottobre	octobre	Oktober	October

P

pagare	*payer*	*bezahlen*	*to pay*
pane	*pain*	*Brot*	*bread*
panna	*crème*	*Rahm*	*cream*
partenza	*départ*	*Abfahrt*	*departure*
Pasqua	*Pâques*	*Ostern*	*Easter*
passeggiata	*promenade*	*Spaziergang*	*walk*
passo	*col*	*Pass*	*pass*
pasticceria	*pâtisseries*	*Feingebäck, Kuchen*	*pastries*
pasto	*repas*	*Mahlzeit*	*meal*
patate,	*pommes de terre,*	*Kartoffeln, Salz –*	*potatoes,*
– bollite	*– à l'eau*		*boiled –*
pedoni	*piétons*	*Fussgänger*	*pedestrians*
pepe	*poivre*	*Pfeffer*	*pepper*
pere	*poires*	*Birnen*	*pears*
pernice	*perdrix, perdreau*	*Rebhuhn*	*partridge*
persico	*perche*	*Egli*	*perch*
pescatrice	*baudroie*	*Seeteufel*	*angler fish*
pescatrice	*lotte*	*Seeteufel*	*monkfish*
pesce	*poisson*	*Fisch*	*fish*
pesche	*pêches*	*Pfirsiche*	*peaches*
piano	*étage*	*Stock, Etage*	*floor*
piccione	*pigeon, pigeonneau*	*Taube, junge Taube*	*pigeon*
pinacoteca	*pinacothèque*	*Gemäldegalerie*	*picture gallery*
piscina,	*piscine,*	*Schwimmbad,*	*swimming pool,*
– coperta	*– couverte*	*Hallen –*	*indoor –*
piselli	*petits pois*	*grüne Erbsen*	*green peas*
pneumatico	*pneu*	*Reifen*	*tyre*
polizia	*police*	*Polizei*	*police*
pollo	*poulet*	*Hähnchen*	*chicken*
ponte	*pont*	*Brücke*	*bridge*
pontile	*ponton d'amarrage*	*Bootsteg*	*jetty*
pontile di sbarco	*débarcadère*	*Schiffanlegestelle*	*landing-wharf*
porro	*poireau*	*Lauch*	*leek*
prenotazione	*réservation*	*Tischbestellung*	*booking*
prima colazione	*petit déjeuner*	*Frühstück*	*breakfast*
primavera	*printemps*	*Frühling*	*spring*
prosciutto (crudo, cotto)	*jambon (cru, cuit)*	*Schinken (roh, gekocht)*	*ham (raw, cokked)*
prugne	*prunes*	*Pflaumen*	*plums*

Q-R

quanto ?	*combien ?*	*wieviel ?*	*how much ?*
razza	*raie*	*Rochen*	*skate*
riso	*riz*	*Reis*	*rice*
ristorante-bar	*café-restaurant*	*Wirtschaft*	*café-restaurant*
riva	*rive, bord*	*Ufer*	*shore, river bank*
robusto	*corsé*	*kräftig*	*full bodied*
rocce	*roches, rochers*	*Felsen*	*rocks*
rognone	*rognons*	*Nieren*	*kidneys*
rombo	*turbot*	*Steinbutt*	*turbot*
rustico	*rustique*	*rustikal, ländlich*	*rustic*

S

sabato	samedi	Samstag	Saturday
sala da pranzo	salle à manger	Speisesaal	dining-room
salame	saucisson	Hartwurst	sauvage
sale	sel	Salz	salt
salmerino	omble chevalier	Saibling	char
salmone	saumon	Salm, Lachs	salmon
salsiccia	saucisse	Würstchen	sausage
salumi	charcuterie	Aufschnitt	pork butcher's meat
sambuco	sureau	Holunder	elderbarry
scampi	langoustines	Langustinen	Dublin bay prawns
sculture in legno	sculptures sur bois	Holzschnitzereien	wood carvings
secco	sec	trocken	dry
sedano	céleri	Sellerie	celery
sede corporativa	maison corporative	Zunfthaus	guild house
seggiovia	télésiège	Sessellift	chair lift
senape	moutarde	Senf	mustard
sera	soir	Abend	evening
servizio incluso	service compris	Bedienung inbegriffen	service included
settembre	septembre	September	September
settimanale	hebdomadaire	wöchentlich	weekly
ski-lift	remonte-pente	Skilift	ski-lift
sogliola	sole	Seezunge	sole
solo per clienti alloggiati	résidents seulement	nur für Hotelgäste	residents only
spiaggia	plage	Strand	beach
spinaci	épinards	Spinat	spinach
spugnole (funghi)	morilles	Morcheln	morels
stambecco	bouquetin	Steinbock	ibex
stanza da bagno	salle de bain	Badezimmer	bathroom
stazione	gare	Bahnhof	station
stracotto, in salsa	en daube, en sauce	geschmort, in Sauce	stewed, with sauce
strada	rue	Strasse	street
succo di frutta	jus de fruits	Fruchtsaft	fruit juice

T

taccole	pois gourmands	Zuckerschoten	mange tout
tartufi	truffes	Trüffeln	truffles
tè	thé	Tee	tea
tonno	thon	Thunfisch	tuna
torta	tarte	Torte	tart
traghetto	bac	Fähre	ferry
treno	train	Zug	train
triglia	rouget	Rotbarbe	red mullet
trippa	tripes	Kutteln	tripe
trota	truite	Forelle	trout

U-V

uovo à la coque	œuf à la coque	weiches Ei	soft-boiled egg
uva	raisin	Traube	grape
vacanze	vacances	Ferien	holidays

vallata	vallée	Tal	valley
vecchio, antico	ancien, antique	ehemalig, antik	old, antique
venerdì	vendredi	Freitag	Friday
verdure crude	crudités	Rohkost	raw vegetables
vettura	voiture	Auto	car
vietato	interdit	verboten	prohibited
ino bianco secco	vin blanc sec	herber Weisswein	dry white wine
ino rosso, rosato	vin rouge, rosé	Rotwein, Rosé	red wine, rosé
vista	vue	Aussicht	view
vite, vigneto	vignes, vignoble	Reben, Weinberg	vines, vineyard
vitigno	cépage	Rebsorte	grape variety

Z

zenzero	gingembre	Ingwer	ginger
zucchero	sucre	Zucker	sugar
zucchine	courgettes	Courgetten	courgette

Distances _____

Quelques précisions

*Au texte de chaque localité vous trouverez la distance des villes
environnantes et celle de Berne. Lorsque ces villes sont celles du
tableau de la page suivante, leur nom est précédé d'un losange
noir ♦.*

*Les distances sont comptées à partir du centre-ville et par la
route la plus pratique, c'est-à-dire celle qui offre les meilleures
conditions de roulage, mais qui n'est pas nécessairement la plus
courte.*

Entfernungen _____

Einige Erklärungen

*In jedem Ortstext finden Sie Entfernungen zu grösseren Städten
in der Umgebung und nach Bern. Wenn diese Städte auf der
nebenstehenden Tabelle aufgeführt sind, sind sie durch eine
Raute ♦ gekennzeichnet.*

*Die Entfernungen gelten ab Stadtmitte unter Berücksichtigung der
günstigsten (nicht kürzesten) Strecke.*

Distanze _____

Qualche chiarimento

*Nel testo di ciascuna località troverete la distanza dalle città
viciniori e da Berna. Quando queste città sono quelle della
tabella a lato, il loro nome è preceduto da una losanga ♦.*

*Le distanze sono calcolate a partire dal centro delle città e
seguendo la strada più pratica, ossia quella che offre le migliori
condizioni di viaggio ma che non è necessariamente la più
breve.*

Distances _____

Commentary

*The text of each town includes its distance from its immediate
neighbours and from Bern. Those cited opposite are preceded by
a lozenge ♦ in the text.*

*Distances are calculated from centres and along the best roads
from a motoring point of view – not necessarily the shortest.*

Distances entre principales villes

Distanze tra le principali città
Distances between major towns

Genève - Winterthur = 310 km

Distance chart (km) between major Swiss towns. Reading across each row gives the distance from the row-city to each column-city.

	Aarau	Baden	Basel	Bellinzona	Bern	Biel/Bienne	Brig	La Chaux-de-Fonds	Chur	Davos	Delémont	Frauenfeld	Fribourg	Genève	Lausanne	Locarno	Lugano	Luzern	Martigny	Montreux	Morges	Neuchâtel	Nyon	Olten	St. Gallen	Schaffhausen	Schwyz	Sierre	Sion	Solothurn	Thun	Vevey	Winterthur	Yverdon-les-Bains	Zug
Baden	27																																		
Basel	56	65																																	
Bellinzona	194	196	246																																
Bern	78	105	100	213																															
Biel/Bienne	70	97	92	250	192																														
Brig	171	189	223	127	158	234																													
La Chaux-de-Fonds	107	134	106	287	70	44	298																												
Chur	165	142	207	116	158	236	65	61																											
Davos	191	168	233	233	166	261	251	273	61																										
Delémont	77	100	45	238	88	72	196	101	115	307																									
Frauenfeld	88	65	117	271	158	223	124	136	153	307	136																								
Fribourg	108	135	130	336	34	48	179	101	173	384	178	46	115																						
Genève	240	202	197	315	159	162	216	270	409	295	193	307	115	62																					
Lausanne	175	214	264	353	101	91	21	178	295	295	75	193	115	40	39																				
Locarno	212	221	271	19	238	216	331	160	143	178	307	272	226	353	281	240																			
Lugano	219	233	288	46	271	220	355	171	143	237	382	307	260	370	319	284	26																		
Luzern	49	66	101	238	120	94	197	111	75	120	95	173	104	162	218	55	124	162																	
Martigny	206	186	228	315	157	151	38	294	409	304	289	384	238	161	124	321	335	294	161																
Montreux	164	214	246	271	183	151	53	243	321	319	236	319	243	46	110	271	285	243	110	28															
Morges	192	214	288	292	178	181	65	271	321	326	319	365	265	28	82	292	314	245	68	35	175														
Neuchâtel	104	131	126	314	90	37	151	94	182	314	141	195	132	37	57	249	280	95	164	123	148	101													
Nyon	218	245	240	249	175	197	151	289	409	351	173	280	205	73	74	314	292	151	82	68	90	132	160												
Olten	13	40	46	69	62	38	151	64	237	260	60	124	158	108	94	161	186	94	123	131	148	141	173	28											
St. Gallen	130	107	158	200	185	197	213	151	78	83	182	124	83	262	245	232	234	82	262	233	290	233	262	143	101										
Schaffhausen	77	69	98	208	170	181	213	116	94	64	179	55	64	277	182	178	204	68	277	233	309	217	277	90	78	91									
Schwyz	81	97	140	157	156	170	187	116	121	57	224	94	101	309	182	178	252	37	294	248	326	277	309	93	99	15	170								
Sierre	245	257	267	314	171	185	38	289	351	351	260	351	239	201	151	314	325	276	7	34	90	174	147	262	269	204	187	189							
Sion	230	252	252	325	156	170	55	264	325	307	233	307	233	187	150	325	325	262	24	57	117	288	160	277	309	201	234	91	15						
Solothurn	47	69	125	185	30	23	151	121	239	103	214	83	32	245	203	172	221	52	290	233	290	103	290	34	126	142	170	242	300	62					
Thun	103	130	182	182	65	65	178	153	264	230	83	214	84	245	203	176	221	60	174	64	147	94	147	177	239	133	91	73	76	119	117				
Vevey	160	187	112	147	100	94	18	147	351	299	178	178	26	165	26	172	251	31	37	37	80	192	278	83	26	215	142	26	26	94	117	230			
Winterthur	70	47	163	180	148	167	230	118	136	77	155	31	136	278	182	205	240	59	164	37	97	136	207	97	73	80	80	251	207	103	173	211	53		
Yverdon-les-Bains	141	163	126	147	87	72	179	121	143	136	167	118	118	235	95	219	278	57	224	64	80	142	192	94	64	97	125	207	192	117	125	117	208		
Zug	58	51	126	180	138	155	230	146	125	156	198	205	121	288	208	172	252	31	251	278	278	125	219	87	49	57	26	219	207	95	125	220	58	201	
Zürich	48	25	90	180	126	181	121	125	146	125	223	118	156	278	266	205	254	59	212	240	152	198	205	87	61	49	57	278	219	95	151	208	31	189	31

397

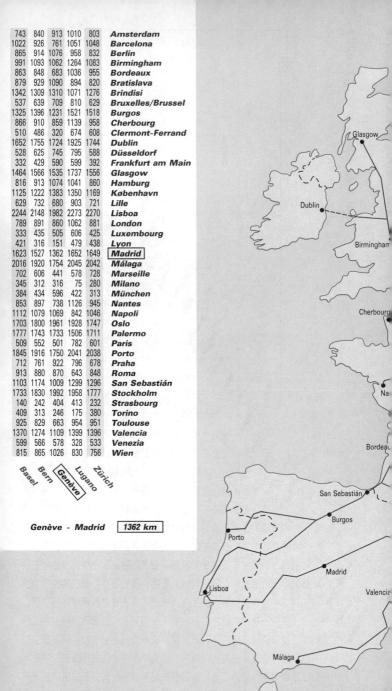

	Basel	Bern	Genève	Lugano	Zürich	
	743	840	913	1010	803	*Amsterdam*
	1022	926	761	1051	1048	*Barcelona*
	865	914	1076	958	832	*Berlin*
	991	1093	1062	1264	1083	*Birmingham*
	863	848	683	1036	955	*Bordeaux*
	879	929	1090	894	820	*Bratislava*
	1342	1309	1310	1071	1276	*Brindisi*
	537	639	709	810	629	*Bruxelles/Brussel*
	1325	1396	1231	1521	1518	*Burgos*
	866	910	859	1139	958	*Cherbourg*
	510	486	320	674	608	*Clermont-Ferrand*
	1652	1755	1724	1925	1744	*Dublin*
	528	625	745	795	588	*Düsseldorf*
	332	429	590	599	392	*Frankfurt am Main*
	1464	1566	1535	1737	1556	*Glasgow*
	816	913	1074	1041	860	*Hamburg*
	1125	1222	1383	1350	1169	*København*
	629	732	680	903	721	*Lille*
	2244	2148	1982	2273	2270	*Lisboa*
	789	891	860	1062	881	*London*
	333	435	505	606	425	*Luxembourg*
	421	316	151	479	438	*Lyon*
	1623	1527	1362	1652	1649	*Madrid*
	2016	1920	1754	2045	2042	*Málaga*
	702	606	441	578	728	*Marseille*
	345	312	316	75	280	*Milano*
	384	434	596	422	313	*München*
	853	897	738	1126	945	*Nantes*
	1112	1079	1069	842	1046	*Napoli*
	1703	1800	1961	1928	1747	*Oslo*
	1777	1743	1733	1506	1711	*Palermo*
	509	552	501	782	601	*Paris*
	1845	1916	1750	2041	2038	*Porto*
	712	761	922	796	678	*Praha*
	913	880	870	643	848	*Roma*
	1103	1174	1009	1299	1296	*San Sebastián*
	1733	1830	1992	1958	1777	*Stockholm*
	140	242	404	413	232	*Strasbourg*
	409	313	246	175	380	*Torino*
	925	829	663	954	951	*Toulouse*
	1370	1274	1109	1399	1396	*Valencia*
	599	566	578	328	533	*Venezia*
	815	865	1026	830	756	*Wien*

Basel *Bern* *Genève* *Lugano* *Zürich*

Genève - Madrid 1362 km

Glasgow

Dublin

Birmingham

Cherbourg

Na

Bordeau

San Sebastián

Burgos

Porto

Madrid

Valencia

Lisboa

Málaga

Principales routes

≡ Autoroute

1 Numéro de route

⌐ 20 ⌐ Distances partielles

🚗 Transport des véhicules par voie ferrée

Distances entre principales villes :
voir tableau

Hauptverkehrsstrassen

≡ Autobahn

1 Strassennummer

⌐ 20 ⌐ Teilentfernungen

🚗 Autotransport per Bahn

Entfernungen zwischen den
grösseren Städten : siehe Tabelle

Principali strade

≡ Autostrada

1 Numero della strada

⌐ 20 ⌐ Distanze parziali

🚗 Trasporto auto su treno

Distanze tra le principali città :
vedere tabella

Main roads

≡ Motorway

1 Road number

⌐ 20 ⌐ Intermediary distances

🚗 Transportation of vehicles by rail

Distances between major towns :
see table

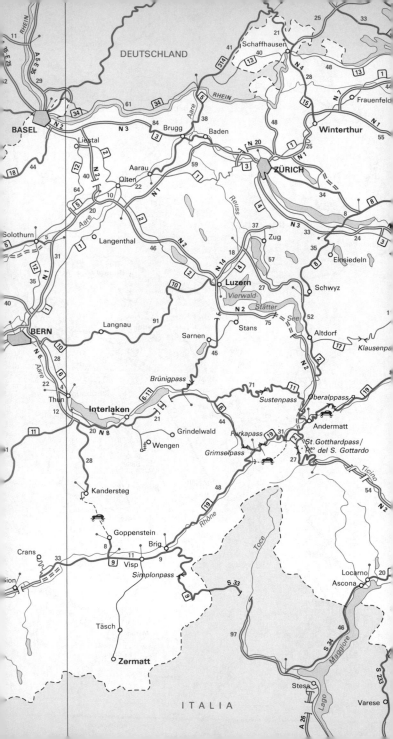

Index des localités

classées par canton

Ces localités sont toutes repérées sur la carte Michelin par un souligné rouge. Voir les numéros de carte et de pli au texte de chaque localité. Les symboles ⊨ et ✗ indiquent que vous trouverez un hôtel ou un restaurant dans ces localités.

Ortsverzeichnis

nach Kantonen geordnet

Diese Orte sind auf den Michelin-Karten angegeben und rot unterstrichen. Nummer und Falte der entsprechenden Karte ersehen Sie aus dem jeweiligen Ortstext. Die Symbole ⊨ und ✗ zeigen an, dass es in diesen Orten ein Hotel oder ein Restaurant gibt.

Indice delle localita

suddivise per cantoni

Queste località sono tutte sottolineate in rosso sulla carta Michelin. Il numero della carta e della piega è riportato nel testo di ciascuna località. I simboli ⊨ e ✗ indicano che troverete in questa località un albergo o un ristorante.

List of localities

by "Cantons"

On Michelin maps all localities in the Guide are underlined in red. The entry of each locality gives the map number and fold. The symbols ⊨ and ✗ indicate that you will find a hotel or restaurant in these towns.

ppenzell

**(Innerrhoden
Rhodes intérieures)**

33 Appenzell ⌂
78 Gonten ✗
27 Weissbad ⌂

**(Ausserrhoden
Rhodes extérieures)**

32 Grub ✗
85 Heiden ⌂
85 Herisau ✗
04 Schwägalp ⌂
07 Stein ✗
10 Teufen ⌂ ✗
13 Trogen ✗
15 Urnäsch ✗
24 Wald ✗
24 Wald bei
St. Peterzell ⌂
25 Walzenhausen ⌂

argau
(rgovie) AG

76 Aarau ⌂ ✗
78 Aarburg ⌂
02 Baden ⌂ ✗
03 Beinwil am See ✗
04 Bergdietikon ✗
04 Berikon ✗
07 Böttstein ✗
08 Bremgarten ⌂
21 Brugg ⌂ ✗
21 Brunegg ✗
09 Dättwil ✗
09 Ennetbaden ✗
53 Felsenau ✗
52 Fislisbach ⌂
84 Hägglingen ✗
03 Kleindöttingen ✗
08 Lenzburg ⌂
00 Magden ✗
05 Meisterschwanden ⌂

245 Mülligen ✗
245 Mumpf ✗
245 Muri ⌂
256 Oberentfelden ✗
256 Obererlinsbach ✗
267 Reinach ✗
268 Rheinfelden ⌂
269 Riken ✗
271 Rombach ⌂
272 Rothrist ⌂
293 Schneisingen ✗
297 Seengen ✗
300 Sins ⌂
306 Spreitenbach ⌂
309 Suhr ⌂
310 Teufenthal ✗
315 Untersiggenthal ✗
325 Wallbach ✗
328 Wettingen ⌂ ✗
328 Widen ✗
329 Wildegg ⌂ ✗
331 Würenlos ✗
337 Zetzwil ✗
338 Zofingen ⌂
353 Zurzach ⌂

Basel
(Bâle)

**BL (Basel-Landschaft
Bâle-Campagne)**

79 Aesch ✗
80 Allschwil ⌂ ✗
84 Arlesheim ⌂
115 Binningen ⌂ ✗
115 Birsfelden ⌂ ✗
117 Bottmingen ✗
122 Bubendorf ⌂ ✗
124 Burg im Leimental ✗
149 Eptingen ✗
156 Frenkendorf ✗
179 Grellingen ✗
197 Langenbruck ✗
198 Läufelfingen ✗
198 Laufen ⌂
211 Liestal ⌂ ✗
231 Maisprach ✗
257 Oberwil ✗

259 Ormalingen ✗
267 Reigoldswil ✗
293 Schauenburg,
Bad ⌂
303 Sissach ⌂
325 Waldenburg ✗

**BS (Basel-Stadt
Bâle-Ville)**

95 Basel
(Bâle) ⌂ ✗

Bern
(Berne) BE

78 Aarberg ⌂ ✗
78 Abländschen ✗
78 Adelboden ⌂
79 Aeschi bei Spiez ⌂
90 Attiswil ✗
102 Bätterkinden ✗
103 Beatenberg ⌂
103 Bellelay ⌂
104 Belprahon ✗
105 Bern ⌂ ✗
113 Biel (Bienne) ⌂ ✗
116 Blumenstein
116 Bönigen ⌂
118 Brienz ⌂
124 Büren
zum Hof ✗
124 Burgdorf ✗
134 Cortébert ✗
144 Diessbach
bei Büren ✗
146 Eggiwil ⌂
149 Erlach ✗
151 Faulensee ⌂
156 Fraubrunnen ✗
161 Frutigen ⌂
162 Gals ✗
176 Gerolfingen ✗
177 Gerzensee ✗

405

177 Giessbach ⊨	260 Ostermundigen ⊨	**Fribourg**
180 Grindelwald ⊨	261 Perrefitte ✗	(Freiburg) **FR**
181 Grosshöchstetten ✗	261 Péry-	
182 Gstaad ⊨ ✗	Reuchenette ✗	
184 Gunten ⊨	261 Le Pichoux ✗	
184 Guttannen ✗	261 Plagne ✗	
184 Habkern ⊨	262 Pohlern ✗	
185 Heimiswil ✗	267 Reichenbach ✗	91 Auboranges ✗
186 Hofstetten	269 Roches ✗	91 Avry-devant-
bei Brienz ⊨	269 Roggwil ✗	Pont ✗
186 Hünibach ✗	273 Saanen ✗	117 Bourguillon ✗
187 Huttwil ⊨	273 Saanenmöser ⊨	121 Broc ✗
192 Jungfraujoch ✗	276 Saint-	123 Bulle ⊨ ✗
187 Interlaken ⊨ ✗	Imier ⊨	126 Cerniat ✗
191 Iseltwald ⊨ ✗	279 Sangernboden ✗	127 Charmey ⊨
192 Kandersteg ⊨ ✗	289 Säriswil ✗	128 Châtel-
193 Kirchberg ⊨	293 Scheunenberg ✗	Saint-Denis ✗
193 Kirchdorf ✗	293 Schönbühl ✗	138 Crésuz ✗
194 Köniz ⊨	293 Schönried ⊨	146 Düdingen ⊨ ✗
194 Krattigen ⊨	294 Schwarzenburg ⊨	149 Ependes ✗
194 Krauchthal ✗	299 Sigriswil ⊨	150 Estavayer-
196 Lamboing ✗	305 Sonceboz ✗	le-Lac ⊨ ✗
197 Langenthal ⊨	305 Spiez ⊨	153 Flamatt ✗
197 Langnau im	307 Steffisburg ⊨ ✗	157 Fribourg ⊨ ✗
Emmental ⊨ ✗	308 Suberg ✗	162 Galmiz ✗
197 Lauenen ⊨	309 Sumiswald ⊨ ✗	162 Gempenach ✗
207 Lauterbrunnen ⊨	309 Sutz-	182 Gruyères ⊨ ✗
207 Lenk ⊨	Lattrigen ✗	185 Hauteville ✗
210 Liebefeld ✗	311 Thörigen ✗	192 Kerzers ✗
214 Loveresse ✗	311 Thun ⊨ ✗	232 Marly ⊨ ✗
214 Lüderenalp ⊨	311 Tramelan ⊨	234 Matran ✗
222 Lüscherz ✗	313 Trubschachen ✗	237 Meyriez ⊨
229 Lyss ✗	314 Tschugg ✗	237 Misery ✗
230 Madiswil ⊨ ✗	314 Twann ✗	237 Moléson-sur-
230 Magglingen	315 Ursenbach ✗	Gruyères ✗
(Macolin) ⊨ ✗	316 Utzenstorf ✗	244 Morlon ⊨
234 Meikirch ✗	324 Wabern ✗	245 Muntelier ⊨
235 Meiringen ⊨	324 Waldegg ⊨	246 Murten
236 Merligen ⊨	325 Wangen an der	(Morat) ⊨ ✗
237 Mont-	Aare ⊨	254 Neyruz ⊨
Crosin ✗	326 Weier im	260 Le Pâquier ✗
242 Mont-	Emmental ✗	261 Plaffeien ⊨
Soleil ⊨ ✗	327 Wengen ⊨	262 Pont-
244 Moutier ⊨	328 Wengernalp ⊨	la-Ville ⊨
245 Münchenbuchsee ✗	329 Wilderswil ⊨ ✗	271 Romont ✗
245 Münsingen ⊨ ✗	331 Wohlen	279 St. Antoni ✗
245 Muri bei Bern ⊨	bei Bern ✗	294 Schwarzsee ⊨
246 Mürren ⊨	331 Worb ⊨	298 Semsales ✗
254 La Neuveville ⊨ ✗	331 Worben ⊨	313 La Tour-de-Trême
254 Niedermuhlern ✗	331 Wynau ✗	314 Ulmiz ✗
254 Nods ⊨	333 Zäziwil ✗	321 Villarepos ✗
256 Oberbalm ✗	337 Zimmerwald ✗	322 Villars-sur-Glâne ✗
260 Orvin ✗	353 Zweisimmen ⊨	324 Vuippens ✗

Genève
(Genf) GE

93 Bellevue ⇌ ✗
25 Carouge ✗
25 Cartigny ✗
26 Céligny ⇌ ✗
26 Certoux ✗
26 Chambésy ✗
33 Cointrin ⇌ ✗
34 Cologny ✗
34 Conches ✗
34 Confignon ✗
53 Genève
    (Genf) ⇌ ✗
76 Genthod ✗
86 Hermance ✗
22 Lully ✗
37 Meyrin ⇌ ✗
51 Petit-
    Lancy ⇌
51 Plan-
    les-Ouates ✗
75 Saconnex
    d'Arve ✗
39 Satigny ✗
98 Sézegnin ✗
11 Thônex ✗
17 Vandœuvres ✗
19 Vésenaz ⇌ ✗
19 Vessy ✗
21 Veyrier ✗

Glarus
(Glaris) GL

17 Braunwald ⇌
47 Elm ⇌ ✗
52 Filzbach ⇌
78 Glarus ✗
11 Linthal ⇌
37 Mollis ✗
48 Näfels ✗
48 Netstal ✗

Graubünden
(Grisons) GR

81 Andeer ⇌
85 Arosa ⇌ ✗
91 Augio ⇌
104 Bergün ⇌
113 Bever ✗
116 Bonaduz ⇌ ✗
118 Breil (Brigels) ⇌ ✗
125 Celerina
    (Schlarigna) ⇌ ✗
127 Champfèr ⇌ ✗
131 Chur (Coire) ⇌ ✗
133 Churwalden ⇌
139 Davos ⇌ ✗
145 Disentis/
    Mustér ⇌
145 Domat-Ems ⇌
152 Fidaz ✗
152 Fideris ✗
152 Filisur ⇌
153 Fläsch ✗
153 Flims ⇌
161 Ftan ⇌
161 Fuldera ⇌
184 Guarda ⇌
187 Ilanz ⇌
191 Jenins ⇌
193 Klosters ⇌ ✗
196 Laax ⇌ ✗
197 Lantsch (Lenz) ✗
197 Laret ⇌
264 Le Prese ⇌
264 La Punt ✗
208 Lenzerheide
    (Lai) ⇌
222 Luzein
230 Madulain ✗
230 Maienfeld ✗
231 Malans ✗
231 Maloja ⇌
234 Martina ✗
247 Müstair ⇌
257 Obersaxen-
    Meierhof ⇌
260 Passugg-Araschgen ✗
262 Pontresina ⇌ ✗
264 Poschiavo ⇌

264 Präz ⇌
264 Putz ✗
275 Sagogn ✗
278 Samedan ⇌
278 Samnaun ⇌
279 San
    Bernardino ⇌
285 St. Moritz ⇌ ✗
288 Santa
    Maria ⇌ ✗
290 Savognin ⇌ ✗
293 Schnaus ✗
295 Scuol ⇌
297 Sedrun ⇌
298 Sent ⇌
300 Sils-Baselgia ⇌
299 Sils-
    Maria ⇌
300 Silvaplana ⇌
306 Splügen ⇌
306 Sporz ⇌
309 Tarasp ⇌
313 Thusis ⇌
314 Tschierv ⇌
316 Valbella ⇌
317 Vals ⇌
324 Vulpera ⇌
331 Wolfgang ⇌
337 Zernez ⇌
338 Zizers ⇌
340 Zuoz ⇌ ✗

Jura
JU

90 Asuel ✗
102 Bassecourt ⇌
116 Les Bois ✗
116 Boncourt ✗
118 Les Breuleux ⇌
133 Coeuve ✗
135 Courchavon
135 Courfaivre ✗
135 Courgenay ⇌ ✗
135 Courtemaiche ✗
143 Delémont ⇌ ✗
179 La Goule ⇌
237 Miécourt ✗
244 Mormont ✗

407

244 *Moulin Neuf* ⚏
254 *Le Noirmont* ⚏ ✂
262 *Pleigne* ✂
263 *Porrentruy* ⚏ ✂
266 *Réclére* ✂
275 *Saignelégier* ⚏
290 *Saulcy* ⚏
310 *La Theurre* ✂
317 *Vendlincourt* ✂
319 *Vermes* ⚏
321 *Vicques* ✂

Luzern
(Lucerne) **LU**

79 *Adligenswil* ✂
112 *Beromünster* ⚏
145 *Doppleschwand* ✂
146 *Ebikon* ⚏
147 *Eigenthal* ✂
149 *Entlebuch* ⚏
177 *Gisikon* ⚏
180 *Greppen* ✂
181 *Grossdietwil* ✂
185 *Heiligkreuz* ⚏
186 *Hildisrieden* ⚏
186 *Himmelrich* ⚏
186 *Horw* ⚏ ✂
192 *Kastanienbaum* ⚏
223 *Luzern* ⚏ ✂
232 *Marbach* ✂
234 *Meggen* ✂
236 *Menzberg* ⚏
248 *Nebikon* ✂
267 *Reiden* ✂
269 *Rigi-
     Kaltbad* ⚏
298 *Sempach-
     Station* ✂
298 *Sigigen* ✂
305 *Sörenberg* ⚏
309 *Sursee* ⚏
314 *Udligenswil* ✂
323 *Vitznau* ⚏
323 *Vogelsang* ✂
326 *Weggis* ⚏ ✂
329 *Wikon* ✂
333 *Zell* ✂
408

Neuchâtel
(Neuenburg) **NE**

91 *Auvernier* ✂
117 *Boudevilliers* ✂
118 *La Brévine* ⚏
128 *Chaumont* ⚏
128 *La Chaux-de-
     Fonds* ⚏ ✂
133 *Coffrane* ✂
134 *Colombier* ✂
134 *Cortaillod* ⚏
135 *Couvet* ⚏ ✂
138 *Cressier* ⚏
145 *Dombresson* ✂
149 *Enges* ✂
184 *Hauterive* ⚏ ✂
211 *Lignières* ✂
214 *Le Locle* ⚏ ✂
237 *Montézillon* ⚏
244 *Môtiers* ✂
249 *Neuchâtel* ⚏ ✂
261 *Peseux* ✂
264 *Le Prévoux* ✂
276 *Saint-
     Blaise* ✂
311 *Thielle* ⚏
313 *Travers* ✂

Nidwalden
(Nidwald) **NW**

103 *Beckenried* ⚏
123 *Buochs* ⚏
124 *Bürgenstock* ⚏
139 *Dallenwil* ✂
162 *Fürigen* ⚏
185 *Hergiswil* ⚏ ✂
307 *Stans* ✂
307 *Stansstad* ⚏

Obwalden
(Obwald) **OW**

91 *Auvernier* ✂
148 *Engelberg* ⚏
177 *Giswil* ⚏ ✂
192 *Kerns* ⚏
275 *Sachseln* ⚏
288 *St. Niklausen* ✂
289 *Sarnen* ⚏ ✂
314 *Trübsee* ⚏
329 *Wilen* ⚏

St. Gallen
(Saint-Gall) **SG**

78 *Abtwil* ⚏
81 *Alt St. Johann* ⚏
81 *Altstätten* ✂
81 *Amden* ⚏
84 *Arfenbühl* ⚏
84 *Arnegg* ✂
93 *Balgach* ✂
112 *Berneck* ✂
121 *Bronschhofen* ✂
122 *Buchs* ✂ ⚏
143 *Degersheim* ⚏
146 *Ebnat-
     Kappel* ⚏ ✂
153 *Flawil* ⚏
155 *Flumserberg* ⚏ ✂
179 *Gossau* ✂
185 *Heiligkreuz* ✂
191 *Jona* ✂
192 *Kempraten* ✂
214 *Lömmenschwil* ✂
236 *Mels* ✂
254 *Niederbüren* ✂
254 *Niederuzwil* ✂
261 *Pfäffers* ⚏
265 *Ragaz,
     Bad* ⚏ ✂
265 *Rapperswil* ⚏ ✂

57 Rheineck 🏠
71 Rorschach 🏠 ✗
31 St. Gallen 🏠 ✗
38 St. Peterzell ✗
39 Sargans 🏠 ✗
06 Staad 🏠
07 Steinach 🏠
?0 Thal 🏠
?5 Unterwasser 🏠
?6 Valens 🏠
?5 Walenstadt 🏠 ✗
?5 Wattwil 🏠 ✗
?6 Weesen 🏠 ✗
?7 Weite ✗
?8 Widnau 🏠
?9 Wil 🏠
?9 Wildhaus 🏠

chaffhausen
chaffhouse) **SH**

?2 Buchberg ✗
?5 Herblingen 🏠 ✗
?4 Neuhausen am
     Rheinfall ✗
?0 Osterfingen ✗
?1 Schaffhausen 🏠 ✗
?8 Stein
     am Rhein 🏠 ✗

chwyz

?0 Altendorf ✗
?7 Arth ✗
?1 Bäch ✗
?3 Biberbrugg 🏠
?2 Brunnen 🏠
?7 Einsiedeln 🏠 ✗
?4 Euthal ✗
?2 Feusisberg 🏠

176 Gersau 🏠 ✗
186 Hurden 🏠 ✗
187 Immensee ✗
195 Küssnacht am
     Rigi 🏠 ✗
196 Lachen ✗
198 Lauerz ✗
236 Merli-
     schachen 🏠 ✗
261 Pfäffikon ✗
290 Sattel ✗
294 Schwyz 🏠 ✗
308 Steinen ✗
308 Stoos 🏠
331 Wollerau ✗

Solothurn
(Soleure) **SO**

93 Balsthal 🏠
112 Bettlach 🏠
113 Biberist ✗
145 Dornach 🏠
146 Egerkingen 🏠 ✗
155 Flüh ✗
176 Gerlafingen ✗
179 Grenchen 🏠
186 Hessigkofen ✗
192 Kestenholz ✗
195 Kriegstetten 🏠
197 Langendorf ✗
234 Matzendorf ✗
236 Messen ✗
248 Nennigkofen ✗
253 Neuendorf ✗
254 Niedergösgen ✗
257 Oensingen 🏠
258 Olten 🏠 ✗
269 Riedholz ✗
293 Schönenwerd 🏠
303 Solothurn
     (Soleure) 🏠 ✗
308 Stüsslingen ✗
313 Trimbach ✗
338 Zuchwil 🏠

Ticino
(Tessin) **TI**

79 Agarone ✗
79 Agno 🏠
80 Airolo 🏠
80 Aldesago 🏠
87 Arzo ✗
87 Ascona 🏠 ✗
90 Astano ✗
91 Avegno ✗
93 Balerna 🏠
103 Bedano ✗
103 Bedigliora ✗
104 Bellinzona 🏠 ✗
113 Biasca ✗
115 Bioggio ✗
115 Bissone 🏠 ✗
116 Bogno ✗
116 Bosco-
     Luganese 🏠
117 Breganzona 🏠
120 Brione 🏠 ✗
121 Brissago 🏠
124 Cademario ✗
125 Cagiallo ✗
125 Capolago ✗
125 Carnago 🏠 ✗
125 Cuslano 🏠
125 Castagnola 🏠
130 Chiasso 🏠 ✗
130 Chiggiogna ✗
139 Cureglia ✗
151 Faido ✗
152 Figino 🏠
162 Fusio ✗
162 Gandria 🏠 ✗
178 Gnosca ✗
178 Golino 🏠 ✗
178 Gordevio ✗
190 Intragna 🏠 ✗
191 Iragna ✗
207 Lavertezzo ✗
207 Lavorgo ✗
211 Locarno 🏠 ✗
214 Losone 🏠 ✗
214 Ludiano ✗
215 Lugano 🏠 ✗
230 Magliasina ✗

409

230 Magliaso 🍴
234 Massagno ✂
235 Melide ✂
236 Mendrisio 🍴 ✂
237 Minusio 🍴 ✂
237 Montagnola ✂
242 Morcote 🍴
247 Muzzano ✂
255 Novazzano ✂
258 Olivone 🍴
259 Origlio
259 Orselina 🍴 ✂
261 Pazzallo ✂
261 Piodina 🍴 ✂
262 Ponte
      Brolla ✂
262 Ponte Tresa
271 Ronco sopra
      Ascona 🍴 ✂
272 Rovio 🍴
305 Soragno ✂
305 Sorengo ✂
306 Stabio ✂
310 Taverne ✂
310 Tesserete ✂
316 Vacallo ✂
321 Vezia 🍴 ✂
321 Vico Morcote ✂
323 Vira
      Gambarogno 🍴 ✂

Thurgau
(Thurgovie) **TG**

80 Altnau ✂
81 Amriswil ✂
84 Arbon 🍴 ✂
116 Bottighofen 🍴
122 Buch bei
      Frauenfeld ✂
144 Diessenhofen ✂
150 Erlen ✂
150 Ermatingen 🍴 ✂
150 Erzenholz ✂
150 Eschlikon ✂
156 Frauenfeld 🍴 ✂
161 Fruthwilen ✂
179 Gottlieben 🍴

186 Horn 🍴
187 Hüttwilen ✂
194 Kreuzlingen 🍴 ✂
197 Langrickenbach ✂
231 Mammern ✂
231 Mannenbach 🍴
268 Rickenbach ✂
269 Roggwil ✂
270 Romanshorn 🍴
288 St. Pelagiberg ✂
307 Steckborn 🍴
309 Tägerwilen 🍴 ✂
316 Uttwil ✂
326 Weinfelden 🍴 ✂
328 Wigoltingen ✂

Uri
UR

80 Altdorf ✂
82 Andermatt 🍴
102 Bauen ✂
155 Flüelen 🍴
184 Gurtnellen ✂
266 Realp

Valais
(Wallis) **VS**

79 Agarn 🍴
80 Albinen 🍴
84 Ardon 🍴
84 Arolla 🍴
91 Ausserberg 🍴
112 Bettmeralp 🍴
115 Binii ✂
116 Blatten 🍴
116 Bluche 🍴
117 Le Bouveret ✂
119 Brig 🍴 ✂
124 Bürchen ✂
126 Champéry 🍴
127 Champex 🍴
127 Chandolin 🍴

127 Chandolin-près-
      Savièse ✂
128 Le Châtelard 🍴
133 Collombey-
      le-Grand ✂
133 Les Collons 🍴 ✂
134 Conthey 🍴 ✂
134 Corin-de-
      la-Crête ✂
135 Crans-
      Montana 🍴 ✂
147 Emosson
      (Barrage d') ✂
151 Évolène 🍴
151 Les Evouettes ✂
152 Fiesch 🍴
152 Fiescheralp 🍴
155 La Fouly 🍴
161 Fully 🍴
177 Geschinen ✂
178 Goppenstein
179 Grächen 🍴
179 Granges ✂
179 Les Granges 🍴
180 Grimentz 🍴 ✂
184 Haute-Nendaz 🍴
209 Leukerbad
      (Loèche-
      les-Bains) 🍴
210 Leytron ✂
214 Lourtier 🍴
232 Les Marécottes 🍴
232 Martigny 🍴 ✂
234 Mayens-
      de-Riddes ✂
237 Montagnon ✂
237 Monthey 🍴 ✂
243 Mörel 🍴
245 Münster 🍴
245 La Muraz ✂
256 Obergesteln 🍴
257 Oberwald 🍴
260 Orsières 🍴 ✂
      Ouvrier 🍴
260 Ovronnaz 🍴
262 Pont-
      de-la-Morge ✂
265 Randogne ✂
266 Ravoire 🍴
266 Reckingen 🍴
268 Ried
      bei Brig 🍴
268 Riederalp 🍴 ✂

410

59 Ritzingen 🛏	116 Blonay 🛏	255 Nyon 🛏 ✕
73 Saas-Almagell 🛏	117 Boussens ✕	258 Ollon ✕
73 Saas-Fee 🛏 ✕	191 Le Brassus 🛏	259 Onnens 🛏
75 Saas-Grund 🛏	118 Brent ✕	259 Orbe 🛏 ✕
76 Saillon 🛏 ✕	123 Bugnaux-sur-Rolle ✕	260 Ouchy 🛏 ✕
76 Saint-Gingolph 🛏 ✕	124 Bursins ✕	260 Payerne
77 Saint-Luc ✕	124 Bussigny-près-Lausanne 🛏	261 Peney-le-Jorat ✕
77 Saint-Maurice 🛏 ✕	125 Caux ✕	261 Plambuit ✕
78 Salgesch 🛏 ✕	126 Chamby ✕	191 Le Pont 🛏
08 Sierre 🛏	127 Chardonne ✕	264 Préverenges 🛏 ✕
01 Sion (Sitten) 🛏 ✕	127 Château-d'Oex 🛏	264 Puidoux 🛏 ✕
06 Stalden 🛏	130 Chernex ✕	264 Pully ✕
09 Täsch 🛏	130 Chéserex ✕	266 Les Rasses 🛏
13 Thyon-Les Collons	130 Chexbres ✕	269 La Rippe ✕
15 Unterbäch 🛏	133 Clarens ✕	270 Rolle 🛏 ✕
16 Uvrier 🛏	133 Coinsins 🛏	270 Romainmôtier 🛏
17 Verbier 🛏 ✕	134 Coppet 🛏	270 Romanel-sur-Lausanne 🛏
19 Vercorin 🛏	134 Corseaux 🛏 ✕	270 Romanel-sur-Morges ✕
19 Vermala ✕	134 Cossonay ✕	272 Rossinière 🛏
21 Veyras ✕	138 Crans-près-Céligny ✕	272 Rougemont 🛏
21 Veysonnaz 🛏	138 Crissier 🛏 ✕	277 Saint-Légier ✕
23 Visp (Viège) 🛏 ✕	138 Cronay ✕	277 Saint-Saphorin ✕
23 Visperterminen 🛏	138 Croy ✕	277 Saint-Sulpice 🛏 ✕
23 Vissoie ✕	138 Cudrefin	278 Saint-Triphon ✕
24 Vouvry ✕	139 Cully ✕	276 Sainte-Croix
23 Zermatt 🛏 ✕	139 La Cure ✕	278 Salavaux ✕
17 Zinal 🛏 ✕	144 Les Diablerets 🛏 ✕	290 La Sauge ✕
	146 Duillier 🛏	191 Le Sentier 🛏
	146 Echandens ✕	303 Solalex ✕
aud	149 Epesses ✕	308 Sugnens ✕
(Vaadt) **VD**	150 Essertines-sur-Rolle ✕	309 Sullens ✕
	151 L'Etivaz 🛏	316 Vallamand-Dessous ✕
	151 Faoug ✕	317 Vaulion ✕
	151 Féchy ✕	319 Vers-chez-les-Blanc 🛏
11 L'Abbaye 🛏	177 Gilly ✕	319 Vers-chez-Perrin ✕
19 Agiez ✕	177 Gimel ✕	319 Vevey 🛏 ✕
10 Aigle 🛏	178 Glion 🛏	321 Vich ✕
10 Allaman ✕	199 Lausanne 🛏 ✕	321 Villard-sur-Chamby ✕
13 Apples ✕	207 Lavey-Village 🛏	322 Villars-sur-Ollon 🛏 ✕
13 Aran ✕	210 Leysin 🛏 ✕	322 Villeneuve 🛏
17 Arzier 🛏	222 Lutry ✕	324 Vufflens-le-Château ✕
10 Assens ✕	237 Mézières ✕	331 Yverdon-les-Bains 🛏
10 Aubonne ✕	238 Mont-Pèlerin 🛏	333 Yvonand 🛏
11 Les Avants 🛏 ✕	242 Le Mont-sur-Lausanne ✕	333 Yvorne ✕
11 Avenches 🛏 ✕	242 Mont-sur-Rolle 🛏	
13 Bex ✕	238 Montreux 🛏 ✕	
15 Bière 🛏	243 Morges 🛏 ✕	
11 Les Bioux 🛏	244 Moudon ✕	

Zug
ZG

124 Buonas ✂
126 Cham ✂
236 Menzingen ✂
243 Morgarten ✂
256 Oberägeri 🛏 ✂
269 Risch 🛏
324 Walchwil ✂
333 Zug 🛏 ✂

Zürich
ZH

79 Affoltern
     am Albis ✂
102 Bauma ✂
115 Birmensdorf 🛏
123 Buchs ✂
123 Bülach 🛏
144 Dielsdorf ✂
145 Dietikon 🛏
145 Dübendorf 🛏
146 Dürnten 🛏

150 Erlenbach ✂
151 Fehraltorf ✂
153 Flaach ✂
155 Forch 🛏
162 Gattikon ✂
178 Glattbrugg 🛏 ✂
186 Herschmettlen ✂
186 Horgen 🛏
187 Illnau ✂
191 Kilchberg ✂
194 Kloten 🛏 ✂
195 Küsnacht 🛏 ✂
231 Männedorf ✂
235 Meilen ✂
255 Nürensdorf ✂
256 Obermeilen 🛏 ✂
257 Oberrieden ✂
257 Oberstammheim ✂
257 Oerlikon 🛏
260 Ottenbach ✂
260 Ottikon bei
     Kemptthal ✂
261 Pfäffikon 🛏
264 Rafz ✂
267 Regensdorf 🛏
267 Rheinau ✂
271 Rorbas ✂
272 Rümlang 🛏
272 Rüschlikon 🛏
272 Rüti 🛏
299 Sihlbrugg ✂
306 Stäfa 🛏 ✂
310 Thalwil 🛏

314 Turbenthal 🛏 ✂
314 Uetikon
     am See 🛏 ✂
315 Unterengstringen ✂
315 Urdorf ✂
316 Uster 🛏
323 Volketswil 🛏 ✂
324 Wädenswil 🛏 ✂
325 Wallisellen 🛏 ✂
327 Weiningen ✂
328 Wermatswil ✂
328 Wetzikon 🛏
330 Winterthur 🛏 ✂
338 Zollikon ✂
341 Zürich 🛏 ✂

Liechtenstein
(Fürstentum,
Principauté)
FL

356 Balzers 🛏
356 Malbun 🛏
357 Schaan 🛏
357 Schaanwald ✂
357 Triesen 🛏
357 Triesenberg 🛏
358 Vaduz 🛏 ✂

Indicatifs téléphoniques européens
Telefon-Vorwahlnummern europäischer Länder
Indicativi telefonici dei pasesi europei
European dialling codes

Autriche (A)	Österreich	0043 Austria	Austria
Belgique (B)	Belgien	0032 Belgio	Belgium
Allemagne (D)	Deutschland	0049 Germania	Germany
Bulgarie (BG)	Bulgarien	00359 Bulgaria	Bulgaria
Danemark (DK)	Dänemark	0045 Danimarca	Denmark
Espagne (E)	Spanien	0034 Spana	Spain
Féd. de Russie (RUS)	Russische Fed.	007 Fed. Russia	Russian Fed.
Finlande (FIN)	Finnland	00358 Finlandia	Finland
France (F)	Frankreich	0033 Francia	France
Grande-Bretagne (GB)	Grossbritannien	0044 Gran Bretagna	Great Britain
Grèce (GR)	Griechenland	0030 Grecia	Greece
Hongrie (H)	Ungarn	0036 Ungheria	Hungary
Italie (I)	Italien	0039 Italia	Italy
Irlande (IRL)	Irland	00353 Irlanda	Ireland
Luxembourg (L)	Luxemburg	00352 Lussemburgo	Luxemburg
Monaco (MC)	Monaco	0033 Monaco	Monaco
Norvège (N)	Norwegen	0047 Norvegia	Norway
Pays-Bas (NL)	Niederlande	0031 Olanda	Netherlands
Pologne (PL)	Polen	0048 Polonia	Poland
Portugal (P)	Portugal	00351 Portogallo	Portugal
Rép. Tchèque (CZ)	Tschechien	0042 Rep. Ceca	Czech Rep.
Roumanie (RO)	Rumänien	0040 Romania	Romania
Slovaquie (SK)	Slovakei	0042 Slovacchia	Slovak Rep.
Suède (S)	Schweden	0046 Svezia	Sweden
Suisse (CH)	Schweiz	0041 Svizzera	Switzerland

Illustrations Cécile Imbert/MICHELIN : p.4 à 56 – Natha
Benavides/MICHELIN : p. 62, 94, 106, 131, 158, 162, 164, 200, 2
224, 250, 279, 280, 340, 342, 354, 381, 388, 395 – Narr
Systèmes/GENCLO : p. 64, 69, 156, 198, 248, 358, 364, 373.

Manufacture française des pneumatiques michelin

Société en commandite par actions au capital de 2 000 000 000 de frar
Place des Carmes-Déchaux – 63 Clermont-Ferrand (France)
R.C.S. Clermont-Fd B 855 200 507

Michelin et Cie, propriétaires-éditeurs, 1996
Dépôt légal Décembre 95 – ISBN 2 06 006 959-9

Printed in the EC 11-95
Photocomposition et impression : MAURY Imprimeur S.A., 45330 Malesherbe
N° 50459 G
Brochage : S.I.R.C., Marigny-le-Chatel